MARCEL DASSAULT

DU MÊME AUTEUR

Le Développement de l'aéronautique militaire française de 1958 à 1970, Cedocar, 1976.

L'Aéronautique française de 1945 à 1975, Lavauzelle, 1983.

Chronologie aérospatiale (1945-1985), CHAE, 1985.

L'Affaire Clément Ader. La vérité rétablie, Perrin, 1990.

CLAUDE CARLIER

MARCEL DASSAULT

La légende d'un siècle

PERRIN
12, avenue d'Italie
Paris

ISBN 2.262.00916.3

SOMMAIRE

Deuxième Partie

Dassault et l'aviation

Troisième Partie

Puissance, gloire et divertissements

INTRODUCTION

Paris, 22 janvier 1986 : une Rolls Royce gris métallisé, dernier modèle, quitte la place de la porte de Passy et glisse silencieusement vers le centre de la capitale. A l'intérieur, confortablement installé, un vieil homme regarde se dérouler le paysage habituel : la tour Eiffel, le Trocadéro, l'Arc de Triomphe, les Champs-Elysées, jusqu'aux grilles dorées d'un immeuble du Rond-Point que la voiture franchit sous le regard des gardes.

La limousine s'arrête au bas du perron. Le garde du corps ouvre la portière et aide le passager à gravir l'escalier qui mène au vestibule.

Que vient-il faire? Rendre visite à des amis? Percevoir des rentes? Se distraire?

Non, il vient travailler.

Il vient s'occuper de ses affaires : une des plus prestigieuses sociétés de construction d'avions au monde, une importante société d'électronique, un hebdomadaire à diffusion nationale.

Tandis que l'ascenseur le conduit vers son bureau situé au deuxième étage, il songe aux visiteurs qu'il doit recevoir : ses collaborateurs, bien sûr, mais aussi des hommes politiques car il est député, des hommes d'affaires puisqu'il est également présent dans la banque et à la Bourse.

Il sourit en pensant à la charmante jeune femme qu'il doit rencontrer : c'est la vedette de son prochain film; il est également producteur, scénariste.

Son architecte l'attend pour un nouveau projet qu'il vient de lancer car il a la passion de la construction.

Dans le couloir feutré menant à son bureau, il répond au salut de ses employés qui s'écartent respectueusement pour laisser passer *le patron.*

Il entre, ôte son chapeau, son manteau, son écharpe et s'assied. Face à lui, se trouve un tableau, offert par ses collaborateurs pour ses quatre-vingt-dix ans. Il y reconnaît les prototypes d'avions civils et militaires qu'il a construits jusqu'à ce jour.

Se souvient-il du jeune homme qui regardait évoluer les avions à Issy-les-Moulineaux, au temps des *« merveilleux fous volants dans leurs drôles de machines »?* Se souvient-il de Blériot, Farman, Voisin, Breguet, Potez? Ils sont tous morts. Il est le dernier; le dernier constructeur aéronautique au monde né avec l'aviation et encore aux commandes de sa société.

Il est riche, puissant, respecté, envié. Que peut-il encore espérer?

Vivre. Vivre pour compléter l'œuvre entreprise; vivre aussi pour oublier la haine, la guerre, la prison, Buchenwald. Vivre pour réaliser et se réaliser.

Ce 22 janvier 1986, il fête son anniversaire : *« Quatre-vingt-quatorze ans, c'est bien mais cent ans c'est mieux! »*

Cent ans! Il se met à rêver : après tout ce n'est que dans six ans!

*

Paris, 22 avril 1986 : Cour d'honneur de l'Hôtel national des Invalides.

Le Gouvernement français réuni au grand complet autour du Premier ministre rend un hommage solennel à un homme qui vient de disparaître, une mort qui *« fait mal à notre pays dont il fut l'un des plus grands et des plus prestigieux enfants* [1] *».*

C'est la première fois, dans l'histoire de la France, qu'un industriel fait l'objet d'une telle considération de la part des plus hautes autorités civiles et militaires de l'Etat.

Toute sa famille est là, émue et attentive, mais aussi ses collaborateurs, anciens et actuels, ses amis et de simples citoyens qui accompagnent, pour la dernière fois, celui qui reçoit ces honneurs : Marcel Dassault.

*

Pourquoi un tel hommage : quatre-vingt-quatorze années viennent de s'écouler pendant lesquelles s'est forgé un mythe.

De la conception de l'hélice Eclair en 1916 au Rafale de 1986, le nom de Dassault se confond avec celui de l'aviation française et peut-être même de la France.

En octobre 1990, le magazine *Géo* effectue, au Québec, un sondage d'opinion sur les dix personnalités françaises du passé ou du présent qui symbolisent le mieux la France. A côté de Charles de Gaulle, François Mitterrand, Yves Cousteau, Yves Montand, Louis Pasteur, Catherine Deneuve, Jeanne d'Arc, Alain Prost, Jean-Paul Sartre, on trouve Marcel Dassault.

Homme discret, se livrant peu, il a tenté de se forger une image que son autobiographie *Le Talisman* essaye de répandre mais qui laisse sur sa faim le lecteur curieux de mieux connaître un homme aussi exceptionnel.

---

1. Jacques Chirac, Premier ministre, lors des obsèques de Marcel Dassault.

Marcel Dassault est un personnage de légende. Certains, amis ou adversaires, entretiennent le mythe ce qui ne contribue pas à départager le vrai du faux. Un important travail de recherche et de critique a donc été nécessaire pour tenter d'établir la vérité. Outre la consultation de documents dans les principaux centres d'archives français et étrangers, c'est l'autorisation, accordée par la famille de Marcel Dassault, d'accéder librement à ses dossiers qui m'a considérablement aidé dans cette tâche.

Cette biographie tente de faire le point sur un certain nombre de grandes affaires qui émaillent la vie de Marcel Dassault afin de dissiper les illusions et les malentendus.

Dans la période d'avant-guerre, il est accusé de s'être enrichi, aux frais de l'Etat, en fabriquant des avions de qualité médiocre. Ses relations avec le pouvoir politique, surtout à partir de la nationalisation de 1936, sont souvent présentées comme troubles. Qu'en a-t-il été en réalité?

Alors qu'il atteint la cinquantaine, sa vie est marquée par de terribles épreuves : arrêté en 1940, déporté à Buchenwald en 1944, il a la chance d'en revenir. Tirant l'expérience de cette première partie de sa vie, il entreprend de devenir Marcel Dassault.

Les quarante et une années qui suivent voient progressivement s'instaurer le mythe Dassault.

C'est d'abord le capitaine d'industrie, constructeur d'avions célèbres qui volent sur les cinq continents : son plus grand titre de gloire. C'est aussi l'homme controversé : on le dit milliardaire excentrique, ayant fait fortune grâce aux excellentes relations qu'il a su entretenir avec la classe politique. Il surprend par ses activités très peu complémentaires : la construction aéronautique, la politique, la presse, le cinéma, la banque, les réalisations immobilières.

Il est souvent incompris. Son mode de vie, sa silhouette, sa voix même sont inhabituels. Ses raisonnements sont très simples, très concis. Ses propos sont même tellement peu compliqués qu'ils sont apparus incompréhensibles à ceux qui ont l'habitude de raisonner autrement.

Devant une telle personnalité, devant tant de contradictions, grandit l'envie d'en apprendre plus : d'où vient son inspiration, quelles sont ses méthodes? Est-il un génie ou un homme qui a su s'entourer ou bien les deux?

Expliquer sa réussite par la chance ou par la complicité d'hommes bien placés, c'est négliger d'autres éléments fondamentaux, peu connus de sa personnalité, que les témoignages de ses proches et l'accès à des documents inédits éclairent d'un jour nouveau comme sa compétence, son souci du détail, son esprit de synthèse, son intuition.

Cet ouvrage accorde une grande place aux activités aéronautiques de Marcel Dassault car c'est son œuvre principale, celle qui le fit entrer dans l'Histoire. Dans sa vie aéronautique, il a réalisé quatre-vingt-douze prototypes auxquels s'ajoutent les modèles dérivés. Devant une telle œuvre et pour ne pas rendre trop complexe la lecture, seuls les principaux programmes sont abordés, ceux qui sont les plus révélateurs de son œuvre, ceux qui éclairent le plus son influence dans leur déroulement.

L'industrie aéronautique et spatiale, secteur de pointe, constitue de nos jours l'un des éléments majeurs de la puissance des pays industrialisés. Pour jouer un rôle dans le monde, une nation doit être présente dans ce secteur périlleux sur le plan technique et financier. Cette industrie de haute technologie exige des nerfs d'acier, une bonne anticipation et une certaine maîtrise des événements. Elle met en œuvre des moyens qui dépassent souvent le cadre d'une seule société ou d'une seule nation.

La réussite de Marcel Dassault est exceptionnelle dans ce domaine. La part qu'il a prise dans le développement de l'aéronautique française est reconnue mais, aussi, occultée par quelques « affaires » et « ragots », inlassablement mis en avant, comme si la France ne pouvait accepter d'avoir eu un industriel hors du commun, ce que reconnaissent par contre volontiers les étrangers.

Véritable capitaine d'industrie, Marcel Dassault trouve également le temps de *se distraire* avec des activités qui, chacune dans son domaine, rempliraient la vie d'un homme : politique, presse, cinéma, Banque, Bourse, etc. Il s'y plonge méthodiquement avec passion, comme tout ce qu'il entreprend et adapte constamment sa démarche aux buts fixés.

La mort de Marcel Dassault, en 1986, ne marque pas la fin de son œuvre aéronautique. Celle-ci est perpétuée par son fils Serge à qui échoit la lourde responsabilité de succéder à un personnage d'exception dans des circonstances délicates et dans un contexte économique difficile. Ces questions font l'objet de chapitres contenant des informations inédites.

Cette biographie ne se limite pas à Marcel Dassault. L'avancement des recherches a fait apparaître un élément fondamental : la famille Dassault. Pour comprendre l'enchaînement des événements, leur logique, il était important d'en situer les membres. Ils ont bien voulu aborder tous les sujets sans restriction.

Les principaux collaborateurs de Marcel Dassault, dans les différentes branches de ses activités, des personnalités politiques, militaires, industrielles ont accepté de témoigner pour aider à mieux cerner sa personnalité, ses réussites, ses échecs. Sans leurs précieux concours, certains événements auraient été incompréhensibles.

De Marcel Dassault à Serge Dassault c'est un siècle d'aviation qui est parcouru. Les personnalités rencontrées ont essayé de se remémorer les événements vécus et quelquefois, pour certaines, en remontant aux années trente. En conséquence, il est normal que quelques souvenirs soient estompés et que ne subsistent que les faits essentiels. Il faut accepter les limites de l'histoire orale et la fragilité des témoignages humains.

Toutes les personnes rencontrées ont montré beaucoup de passion pour parler de Marcel Dassault. Incontestablement, il ne laisse personne indifférent.

Pour faciliter la lecture, une liste des témoins interrogés figure à la fin de l'ouvrage avec les fonctions qu'ils ont exercées, fonctions qui les ont amenés à rencontrer Marcel Dassault ou à travailler avec lui.

Marcel Dassault est né à la fin du XIXe siècle, son œuvre concerne le XXe siècle et engage même le début du XXIe. Pour bien comprendre le personnage, il faut avoir en permanence à l'esprit ces phrases de son autobiographie :

« *Sans fausse modestie, je dirai que je me suis efforcé de ne pas manquer d'imagination. Avec l'équipe que j'ai formée, j'ai beaucoup travaillé. Je ne me laisse pas décourager par les difficultés. J'ai la passion de mon travail et je sais, par volonté, écarter tout ce qui pourrait m'en détourner. J'ai une vie simple et heureuse. Tout autour de moi concourt, et doit concourir, à l'œuvre que je me suis assignée* [2]. »

La dernière phrase est capitale pour saisir son comportement. Il s'est incontestablement fixé un but dans la vie : construire des avions. Il met *tout* en œuvre pour l'atteindre. C'est ce *tout* qui a entraîné de nombreuses polémiques.

Marcel Dassault ajoute que les peines et les épreuves ne lui ont pas été plus épargnées qu'aux autres humains :

« *Mais il n'est pas dans ma manière d'être, c'est-à-dire d'exister, d'accepter que la tempête l'emporte sur mon dessein. Quel dessein? Réaliser. Réaliser quoi? Ce que ma réflexion et mon rêve conjugués m'ont fait entrevoir comme nécessaire et possible* [3]. »

Le ton est donné. Il convient alors d'essayer de découvrir et d'expliquer ce dessein et cette œuvre exceptionnels sans trahir la pensée de Marcel Dassault. C'est modestement le but de cet ouvrage.

*

Au terme de cette recherche, je tiens à remercier le président Serge Dassault et toute sa famille pour la compréhension et l'aide qu'ils ont bien voulu m'apporter pour faciliter mes investigations; Mlle Annick Besnard et M. Guy Archaix qui ont relu patiemment le manuscrit ainsi que Mlle Olivia Ricq, MM. Luc Berger, François Roudier et Jean-Luc Susini qui m'ont aidé à dégager l'essentiel de l'activité insatiable de Marcel Dassault.

Je souhaite au lecteur de trouver autant d'intérêt et de plaisir dans ce livre que j'en ai éprouvé à l'écrire en compagnie d'un des hommes les plus exceptionnels de ce siècle et d'une famille au destin hors du commun.

---

2. Marcel Dassault, *Le Talisman*, Editions J'ai Lu, 1970, page 8.
3. Marcel Dassault, *Ibid.*

Première Partie

MARCEL BLOCH
LE PORTEUR DE TALISMAN

1

DE L'ENFANT A L'HOMME

1892 : l'Europe est en paix, elle domine le monde. Victoria est reine d'Angleterre et impératrice des Indes; François-Joseph, empereur d'Autriche et Guillaume II, empereur d'Allemagne. Sadi Carnot, président de la République française, se débat avec le scandale financier et politique de Panama.

La technique est en pleine révolution avec la fée électricité, le moteur à vapeur puis à explosion. Cette année là, l'inventeur français Clément Ader signe, avec le ministère de la Guerre, une convention secrète pour réaliser un appareil plus lourd que l'air capable de voler, l'*Avion nº 3.* Sa réussite quant au premier vol reste controversée.

1892 : le 22 janvier à 8 h 30, Marcel Ferdinand Bloch vient de naître au 47, rue Blanche, dans le IXe arrondissement de Paris.

Les origines familiales

La famille paternelle de Marcel Bloch est originaire de Fénétrange, petit bourg du département de la Moselle, situé dans la vallée de la Sarre, aux confins de l'Alsace-Lorraine. Son aïeul, Joseph Bloch, né en 1789, exerce le métier de brocanteur. Il épouse Rosalie Cerf qui, le 2 avril 1813, lui donne un fils, Louis.

Celui-ci s'oriente vers la finance et devient changeur. Il épouse Babette, fille d'Abraham Lévi, née le 18 novembre 1820. Un de leurs trois fils, Adolphe, né à Strasbourg le 19 août 1843, vient à Paris pour y faire sa médecine. Il est interne des hôpitaux pendant le siège de la capitale durant la guerre franco-prussienne de 1870.

Après la défaite française de Sedan, les traités des 10 mai et 11 décembre 1871 donnent la possibilité aux habitants natifs de l'Alsace et de la Lorraine, annexées par l'Empire allemand, de choisir entre la nationalité allemande ou française. Le 29 août 1872, Adolphe Bloch, étudiant en médecine à l'Hôtel-Dieu, se rend à la mairie du IVe arrondissement de Paris et opte pour la nationalité française.

Il fait la connaissance de Noémie Allatini, née à Salonique le 10 juin 1860 [1], fille de David Marius Allatini, négociant, et de Hanna Annine Moïse née Fernandez; riche famille italienne. En 1878, il épouse Noémie à Marseille. C'est un mariage d'amour :

« *Je dis tout de suite, pour qu'on ne se fasse pas d'illusions, qu'à l'époque les filles n'héritaient pas. Cela ne retirait rien, ni à l'éducation, ni à l'intelligence, ni aux qualités du cœur* [2]. »

Nous ne saurons peut-être jamais où ni comment Adolphe a rencontré Noémie. Cependant, ils vont donner naissance à un enfant au destin exceptionnel.

Adolphe Bloch aurait pu se faire une riche clientèle privée grâce à la famille de sa femme. Il a préféré être médecin d'une société mutualiste, l'Union du commerce. Il soignait des petits employés de commerce ou de magasins de nouveautés :

« *Son sacerdoce fut la médecine, et vraiment c'en était un lorsqu'on pense que, pour faire ses visites, il devait se déplacer à pied ou en omnibus et monter chaque jour de nombreux étages, les ascenseurs n'existant pratiquement pas à cette époque* [3]. »

« *Quand on a commencé à avoir des ascenseurs, il les prenait avec regret car il n'avait pas confiance* [4]. »

« *Il est rare qu'un médecin dévoué à ses patients, dont le plus grand nombre est forcément de condition modeste, pense à lui-même et augmente ses ressources. Ce fut le cas de mon père. Aussi, après les dévaluations qui suivirent la guerre de 1914-1918, termina-t-il sa vie de dévouement complètement ruiné* [5]. »

« *Il a exercé son métier jusqu'à un âge avancé car, dans la médecine libre, il n'y a pas d'âge pour la retraite* [6]. »

De confession juive, le docteur Bloch et sa famille fréquentent la synagogue de la rue de la Victoire où se retrouvent de nombreux juifs alsaciens qui ont choisi la France.

Adolphe Bloch a un violon d'Ingres : l'anthropologie. Il écrit de nombreux articles sur le sujet. En 1927, sa compétence est reconnue par son élection à la présidence annuelle de la Société d'anthropologie de Paris. Pour son fils, Marcel :

---

1. Décédée à Neuilly-sur-Seine, le 15 septembre 1928.
2. Marcel Dassault, 19 janvier 1983, archives Dassault.
3. Marcel Dassault, *Le Talisman*, pages 13-14.
4. Marcel Dassault, 19 janvier 1983, archives Dassault.
5. Marcel Dassault, *Le Talisman*, pages 13-14.
6. Marcel Dassault, 19 janvier 1983, archives Dassault.

« Il n'a jamais cherché la pierre philosophale dans le crâne d'un singe, il n'avait jamais espéré l'y trouver [7]. »

La famille Bloch

De l'union d'Adolphe et de Noémie naissent quatre enfants. leur éducation est marquée par deux valeurs : le travail et le sentiment patriotique.

Le fils aîné, Jules, André, Albert, né à Paris le 17 mars 1879, fait une courte carrière commerciale dans l'assurance car il meurt jeune.

Le deuxième, Darius-Paul, né le 13 janvier 1882, est reçu en 1901 à l'Ecole polytechnique. Il commande un bataillon de chars pendant la guerre de 1914-1918. Il est sous-chef de l'état-major général des Armées en 1935. Après la défaite de 1939, il s'illustre dans la Résistance et devient membre de l'état-major des Francs-Tireurs et Partisans (FTP). A la Libération, il est général d'armée, gouverneur militaire de Paris en août 1944, puis nommé grand chancelier de l'ordre de la Légion d'honneur, fonction qu'il occupe jusqu'en novembre 1954.

Le troisième, René, né en 1887, médecin, chirurgien des hôpitaux de Paris, meurt en camp de déportation à Auschwitz.

Le quatrième enfant est Marcel Ferdinand.

Les trois premiers ressemblent au père dont ils héritent de la grande taille. Le petit dernier, au contraire, tient de sa mère : visage émacié, teint pâle, aspect fragile, presque timide mais toujours avec un sourire au coin des lèvres.

A Jacques Chancel qui, lors de l'émission « Radioscopie » du 6 janvier 1971, lui demande s'il a toujours eu dans la vie le sourire qu'il peut voir, il répond :

« Parfaitement ! Quand j'étais jeune, les professeurs me le reprochaient assez !

« Quand ils me faisaient une observation, je souriais. Bien entendu, ils croyaient que je me moquais d'eux. C'était tout simplement un sourire naturel. »

Il se dit d'humeur joyeuse et porté à l'optimisme parce que né d'une mère marseillaise :

« Dans le caractère méridional, la gaieté se mêle à la superstition. Quand j'étais enfant, j'avais une chaîne autour du cou avec un corail en pendeloque. C'est une magie moitié provençale, moitié italienne [8]. »

Marcel, comme ses frères, est élevé par une nourrice qu'il appelle « Nounou » et par sa mère qui occupe une grande place dans sa vie :

« Que dire d'une mère aimante, sinon qu'elle était adorable [9] ? »

---

7. Marcel Dassault, 19 janvier 1983, archives Dassault.
8. « Radioscopie », France Inter, 6 janvier 1971.
9. Marcel Dassault, *Le Talisman*, page 14.

Le jeune Marcel est attentif aux histoires qu'elle lui raconte sur les riches heures de la famille Allatini. Originaire de Constantinople, le père de Noémie était négociant. Ses activités commerciales s'étendaient de Constantinople à Marseille. Marcel apprend que son grand-père a hébergé, dans un de ses palais, le sultan de l'Empire ottoman Abdül-Hamid II quand il a été détrôné, en 1909, par Mustafa Kemal Atatürk et placé en résidence surveillée [10].

Le jeune garçon partage très vite la prédilection de sa famille maternelle pour les arts; il aime en particulier le dessin. Enfant, il allait voir la tante de sa mère, sa grand'tante, la comtesse Elise de Camondo, mère du comte Moïse de Camondo, banquier, qui réside dans un superbe hôtel particulier à côté du parc Monceau [11]. En compagnie de son cousin, Nissim de Camondo, du même âge que lui, il s'initie à l'art :

« *J'ai appris à connaître et à apprécier la peinture, la sculpture, les objets rares* [12]. »

Il y rencontre aussi son cousin germain, le compositeur Darius Milhaud, lui aussi de son âge, mais ne s'intéresse pas à la composition :

« *J'aime le fécond silence où naît pour moi une autre musique, celle des tâches, des projets, une musique où chante le futur. C'est celle-là que j'ai choisie, non que je ne sache apprécier l'autre, mais parce que celle du silence m'est nécessaire et l'autre ne m'est qu'agréable* [13]. »

Entre le square de la Trinité, la rue Blanche et la rue de Clichy, il joue aux barres et à chat perché. A dix ans, ses parents lui offrent une bicyclette *Hirondelle*, célèbre marque de la manufacture d'armes et de cycles de Saint-Etienne. Il aime aussi les cerfs-volants, une passion de jeunesse [14].

Une bonne entente règne entre les frères Bloch :

« *Nous étions nés à cinq années d'intervalle les uns des autres, toujours prêts à nous entraider et jamais la moindre discussion n'éclata entre nous. Chacun de nous était fier de ses succès et heureux de ceux des autres* [15]. »

Un jour il gagne à la loterie d'une fête communale un jeune lapin qu'il adopte et élève. Il en garde un si grand souvenir qu'il souhaite en avoir plus tard dans sa propriété [16].

Ses lectures marquent son personnage. Il est friand des romans de la comtesse de Ségur et surtout des fables de La Fontaine qui se concluent toujours par une morale :

« *Si, comme dans un jeu célèbre, je devais partir pour une île déserte,*

---

10. Entretien de Pierre de Bénouville avec l'auteur.
11. Actuellement musée Nissim de Camondo au 63, rue de Monceau. Après la mort de Nissim de Camondo (1892-1917), pilote pendant la Première Guerre mondiale, son père Moïse de Camondo (1860-1935) fait don à la ville de Paris de son hôtel particulier et des objets d'art qu'il contient.
12. Marcel Dassault, *Le Talisman*, page 10.
13. *Ibid.*, page 11.
14. Il y a beaucoup de cerfs-volants dans le film *L'Eté de nos quinze ans* coproduit par Marcel Dassault et Gaumont International en 1983.
15. Marcel Dassault, *Le Talisman*, page 15.
16. Entretien de Jean Le Cunff avec l'auteur.

j'emporterais avec moi La Fontaine où je trouve tout ce que l'on peut désirer, la morale, la sagesse, la poésie, le rêve et aussi les grandes leçons politiques qu'André Siegfried a su si bien en dégager. J'emporterais peut-être également Mme de Ségur, car toute ma vie s'est formée dans les années où j'étais son attentif petit lecteur. Cette bonne et charmante dame donne plus de leçons qu'il n'y paraît [17]. »

Marcel lit aussi l'auteur célèbre des *Cinq Sous de Lavarède*, Paul d'Ivoi [18], dont la série *Voyages excentriques* et notamment le gros recueil à couverture rouge intitulé *Le Docteur Mystère*, paru en 1900, qui allie l'aventure exotique et l'utilisation des innovations technologiques au service du bien. Ce dernier ouvrage est agrémenté de schémas techniques qui attisent la curiosité scientifique du jeune Marcel :

« *Je rêvais à toutes ces merveilles et je souhaitais en réaliser aussi un jour à mon tour* [19]. »

Il est également attentif aux histoires des malicieux lutins Plick et Plock qui s'ingénient à faire des farces dont ils sont les premières victimes. A l'issue de leurs aventures, ils finissent par découvrir une phrase magique, réfléchir avant d'agir, qui marque profondément le jeune Marcel [20].

En 1900, à l'âge de huit ans, il visite l'Exposition universelle, au Trocadéro, où règne la fée électricité. Comme tous les curieux, il perçoit la révolution de la technique :

« *Je me rappelle de la porte monumentale, je me rappelle surtout de la galerie des machines. Cette galerie des machines m'a impressionné parce qu'il y avait des machines à vapeur avec des volants énormes. Ces machines à vapeur entraînaient des alternateurs, cela ressemblait à une locomotive.*

« *Il y avait de la lumière partout alors qu'à cette époque il n'y en avait pas beaucoup et même pas dans ma chambre où j'avais une lampe à pétrole. Alors j'ai été intéressé par la mécanique* [21]. »

Le jeune garçon appartient à une époque qui se tourne vers la réussite industrielle : le chemin de fer, l'automobile, la tour Eiffel, le premier métropolitain. Le XXe siècle naissant apparaît prometteur aux esprits entreprenants.

Mais déjà les traces de la petite enfance s'effacent. Le temps de la formation, de l'acquisition du savoir dont dépend l'avenir prend désormais toute la place.

---

17. Marcel Dassault, *Le Talisman*, page 11.
18. Pseudonyme de Paul de Leutre.
19. Marcel Dassault, note du 25 février 1956, archives Dassault.
20. Ces histoires en images sont à l'origine de la bande dessinée française. Elles ont paru dans *Le Petit Français illustré* de 1893 à 1904 puis ont été réunies en un volume, *Les Malices de Plick et Plock* paru chez Armand Colin. L'auteur, Christophe, alias Georges Colomb, a aussi créé les personnages du *Sapeur Camembert*, du *Savant Cosinus* et de *La Famille Fenouillard*.
21. Marcel Dassault, Antenne 2, 1984.

Les études

En classe de sixième au lycée Condorcet, le jeune Marcel, qui a alors onze ans, obtient une première place en récitation et en dessin. Pour l'encourager, ses parents lui laissent choisir un cadeau. Après une assez longue recherche dans les magasins, il choisit une boîte d'expériences électriques :

« Ces deux événements marquèrent toute ma vie : le dessin qui sert à dessiner des avions, des maisons, de même qu'à faire la maquette d'un hebdomadaire; la boîte d'expériences électriques qui me donna la vocation d'ingénieur [22]. »

La boîte comprend une bobine de Ruhmkorff, un tube de Geissler ainsi qu'un moteur sur lequel on monte le tube pour le faire tourner :

« Par ailleurs, j'ai eu un appareil composé d'un disque en ébonite et de petites incrustations métalliques. En faisant tourner le disque avec une manivelle, cela produisait de l'électricité statique [23]. »

Il se passionne pour ses expériences qui étonnent beaucoup ses camarades et complète son laboratoire :

« J'ai eu également un tube de Crookes qui produisait les rayons X. Je n'avais pas d'écran mais je photographiais les clés dans une boîte.

« Cela a été pour moi une très bonne formation qui m'a conduit par la suite à l'électricité puis à l'aéronautique [24]. »

Les années passent. Le jeune Marcel quitte le petit lycée Condorcet de la rue d'Amsterdam, qui va jusqu'à la cinquième, pour le grand lycée de la rue Caumartin. Ce passage, c'est aussi la transition de l'enfance à l'adolescence. Le jour de la rentrée, il choisit son banc, au premier rang, près de la porte :

« J'avais posé ma serviette à l'emplacement choisi puis, pour prendre connaissance des maîtres, j'allai faire un tour dans la cour du lycée.

« Lorsque je rentrai dans la classe, je trouvai une autre serviette à la place de la mienne qui avait été poussée plus loin. Je la repris et m'assis à l'endroit que j'avais choisi. Quand l'intrus revint, il me bouscula et une bagarre commençait quand le professeur arriva. Je restai à ma place et l'autre s'assit à côté de moi.

« Il s'agissait de Georges Hennequin, qui devint un brillant architecte [25]. »

Georges Hennequin devient aussi son ami et lui présente un de ses camarades, Marcel Minckès dont le père, Hirch Minckès, est fabriquant de sièges et de meubles. Ce dernier, aîné de quatorze enfants, est originaire de Vilnius, en Lituanie, qu'il a quittée avec une simple boîte à outils d'ouvrier

---

22. Marcel Dassault, *Jours de France* n° 642, 1967.
23. Marcel Dassault, 9 septembre 1982, archives Dassault.
24. Marcel Dassault, *ibid.*
25. Marcel Dassault, *Le Talisman*, page 38.

tapissier, pour aller travailler en Belgique, puis à Paris où il a épousé Jeanne Selz, originaire de Boulogne-sur-Seine [26].

Ils forment rapidement un trio inséparable qui déjeune régulièrement chez les Minckès [27]. Marcel Bloch, qui a maintenant treize ans, fait la connaissance de la sœur de Marcel Minckès, une fillette de neuf ans sa cadette, Madeleine, sa future épouse :

« Nous avions déjà l'un pour l'autre une certaine forme d'amitié. Elle n'était qu'une petite fille, mais une petite fille très gentille [28]. »

Quelques années plus tard, il fait la connaissance de Marcel Bleustein [29] dont le père, négociant en meubles, est client et ami de Hirch Minckès. Marcel Bleustein-Blanchet se souvient du père de Madeleine :

« C'était un homme de qualité qui formait avec sa femme et ses enfants une famille très sympathique. Ils avaient une vie de famille intense, le sentiment de la qualité, ils étaient fiers et heureux d'être Français, la France était leur patrie [30] ».

Au lycée, Marcel Bloch se passionne de plus en plus pour la mécanique et l'électricité. Il est particulièrement impressionné par la vie de l'Américain Thomas Edison qui, de crieur de journaux, est devenu grand inventeur, grand savant et grand industriel :

« Mon esprit étant en éveil, vers l'année 1906, en classe de troisième, j'ai réfléchi que, si Edison avait pu enregistrer la voix humaine par un sillon plus ou moins profond creusé dans un cylindre de cire, il devrait être possible de l'enregistrer également sur un fil métallique qui passerait devant un électro aimant et qui recevrait des aimantations proportionnelles à l'intensité de la voix. C'était le magnétophone.

« Malheureusement, je n'avais aucun moyen de mener à bien cette invention, puis par la suite, mon esprit a été orienté vers d'autres problèmes. J'ai appris, quarante ans plus tard, que les Américains, au cours de la guerre 1939-1945, avaient réalisé d'une façon industrielle le magnétophone qui a eu, depuis, une expansion considérable dans le monde [31]. »

Marcel présente cette idée à son professeur de physique. Il la trouve sans intérêt [32].

Il est également passionné par la vie d'Henry Ford qui, d'abord fermier, devint un grand constructeur d'automobiles américain.

A dix-huit ans, en 1910, il obtient son baccalauréat. Son ami Georges Hennequin se préparant à entrer aux Beaux-Arts, il est tenté de le suivre mais hésite entre son goût pour le dessin et des études plus pratiques. Sa passion pour l'électricité l'emporte [33].

26. Entretien de Claude Dassault avec l'auteur.
27. Entretien de Madeleine Dassault avec l'auteur.
28. « Radioscopie », France Inter, 6 janvier 1971.
29. Futur fondateur de Publicis.
30. Entretien de Marcel Bleustein-Blanchet avec l'auteur.
31. Marcel Dassault, *Le Talisman*, page 19.
32. Entretien de Thierry Dassault avec l'auteur.
33. Entretien de Tigrane Hékimian avec l'auteur.

L'Ecole Breguet

Ses parents sont d'accords pour lui payer l'Ecole Breguet, école privée sensiblement du niveau de l'Ecole des arts et métiers, car elle lui permet de lier ses deux passions. Les études y sont à la fois pratiques et théoriques, faisant alterner le dessin industriel et l'atelier où il peut se familiariser avec différentes machines-outils :

« J'ai conservé de l'Ecole Breguet un excellent souvenir. J'ai apprécié les séances de dessin et d'atelier qui m'ont beaucoup servi par la suite[34]. »

Pourtant, l'électricité n'est pas la vie de Marcel ; sa vraie passion c'est très tôt l'aviation.

Darius Milhaud a raconté à Nicole Dassault, qu'un jour, venant rendre visite à son cousin Marcel, le docteur Adolphe Bloch, lui a répondu en allant le chercher :

« Marcel est en train de dessiner des aéroplanes. Je me demande bien à quoi ça pourra servir[35] *!* »

L'aviation vit ses débuts : les records de Santos-Dumont en 1906, le premier kilomètre en circuit fermé par Henry Farman et les vols de Wilbur Wright en France en 1908, l'exploit de la traversée de la Manche par Blériot en 1909. Cette même année se tient la première Exposition internationale de la locomotion aérienne à Paris, au Grand Palais, l'ancêtre du Salon de l'aéronautique et de l'espace du Bourget.

Le 18 octobre 1909, Marcel voit passer dans le ciel un aéroplane Wright piloté par le comte de Lambert. Il comprend que sa destinée c'est l'aviation :

« Je n'avais jamais vu d'avion et j'ai compris que l'aviation était entrée dans mon esprit et dans mon cœur[36]. »

Cette passion domine désormais tout le reste et occupe ses loisirs :

«Avec des amis, nous allions à Issy-les-Moulineaux voir Farman faire les essais d'un avion préparé avec le plus grand soin par les mécaniciens et quand il faisait un vol de 5 mètres de haut et de 200 mètres de long tout le monde était content. Ensuite, j'ai vu la Demoiselle de Santos Dumont voler à Bagatelle[37]. »

Ses autres loisirs sont peu connus. Il aurait mené joyeuse vie avec ses amis Georges Hennequin et Marcel Minkès allant aux spectacles et rendant visite aux actrices dans les coulisses. Le jeune homme montre déjà un certain goût pour les beaux spectacles et a même bâti des décors de théâtre pour une pièce ou pour une revue d'amateurs[38].

En 1912, Marcel Bloch obtient son diplôme de l'Ecole Breguet :

---

34. Marcel Dassault, 14 mai 1982, archives Dassault.
35. Entretien de Nicole Dassault avec l'auteur.
36. Marcel Dassault, *Le Talisman*, page 22.
37. Marcel Dassault, lors de la remise du prix Icare par l'Association des journalistes professionnels de l'aéronautique et de l'espace en 1982, archives Dassault.
38. Lettre du 26 mars 1968, archives Dassault.

« Le jour de la distribution des diplômes de l'Ecole, je reçus mon diplôme d'ingénieur électricien des mains du constructeur Louis Breguet. J'avais dix-neuf ans alors et j'étais loin de penser qu'un jour je deviendrais le principal actionnaire de la société Breguet-Aviation [39]. »

Durant l'été, il effectue un stage d'apprentissage aux automobiles Panhard et Levassor comme metteur au point et se familiarise avec la mécanique. Après être passé par divers ateliers, il est chargé de la mise au point des voitures à moteur 24 cv sans soupapes :

« Ce travail consistait, après le réglage du moteur, à faire un essai sur route du châssis, le siège étant composé d'une simple caisse à outils [40]. »

« Je ne sais pas si les clients ont été très contents de la mise au point, on n'en a jamais entendu parler depuis [41]. »

Il voit fonctionner un moteur d'avion, avec une disposition originale des soupapes, que la société Panhard envisage de construire en série :

« Un avion a volé au-dessus de Paris avec ce moteur. Je crois que le pilote, ou le propriétaire, s'appelait Dubonnet.

« On s'est aperçu ensuite que c'était une solution géniale, mais pas pratique et on l'a abandonnée [42]. »

Son stage est très formateur car il y découvre le milieu ouvrier :

« Ouvrier moi-même, travaillant avec des ouvriers, vivant avec eux, je connais parfaitement leurs réactions [43]. »

« J'ai ainsi appris à connaître l'organisation d'une grande usine de mécanique. J'ai aussi apprécié le travail des ouvriers, leur esprit d'équipe, leur joie quand la firme gagnait une course ou battait un record, ou lors de la sortie d'un nouveau type de voiture particulièrement réussi [44]. »

Le stage terminé, il doit choisir sa spécialisation. Il ne reste pas dans l'automobile, il choisit l'aviation.

L'Ecole supérieure d'aéronautique

Au début des années 1910, l'aéronautique connaît un essor spectaculaire. Les journaux annoncent sans cesse de nouveaux records et relatent des meetings qui réunissent des foules de curieux. L'aéronautique marque de son empreinte le début du siècle : les noms de Farman, Voisin, Blériot connaissent la célébrité; la France est au premier rang mondial.

Les militaires s'intéressent également à l'aviation. Le 22 octobre 1910, un décret crée l'embryon d'une armée de l'Air : l'Inspection permanente de l'aéronautique militaire. En 1911, les aéroplanes militaires sont appelés *avion* en hommage à l'œuvre de Clément Ader [45].

---

39. Marcel Dassault, *Le Talisman*, page 23.
40. *Ibid.*, page 25.
41. Déclaration de Marcel Dassault à Antenne 2, le 3 février 1981.
42. Marcel Dassault, lors de la remise du prix Icare par l'Association des journalistes professionnels de l'aéronautique et de l'espace en 1982, archives Dassault.
43. « Radioscopie », France Inter, 6 janvier 1971.
44. Marcel Dassault, *Le Talisman*, pages 26 et 27.
45. Cf. Claude Carlier, *L'Affaire Clément Ader*, Perrin, 1990, 266 pages.

L'année suivante, le président de la République, Armand Fallières, remet son premier drapeau à l'aéronautique militaire tandis que l'Inspection permanente décide que les avions militaires français porteront désormais une cocarde tricolore. A l'automne de 1912, une grande campagne de presse aboutit à la création d'un Comité national d'aviation qui organise une souscription nationale grâce à laquelle l'armée reçoit 170 appareils.

Le jeune Marcel Bloch, lui, rêve d'aviation :

« *Les premiers meetings aériens enfiévraient la jeunesse*[46]. »

Toujours intéressé par la mécanique, il se documente sur les moteurs d'aviation et notamment sur les moteurs Salmson :

« *Naturellement, je ne connaissais personne, mais le concierge de l'immeuble où habitaient mes parents avait un ami qui était dessinateur chez Salmson. Il a bien voulu m'y emmener, et comme le trajet en omnibus n'en finissait pas, nous avons pris le bateau-mouche à la Concorde et nous sommes arrivés à Boulogne juste devant l'usine des moteurs Salmson. Nous avons été très bien reçus par le dessinateur, ami du concierge, qui m'a fourni tous les documents dont j'avais besoin*[47]. »

Marcel Bloch comprend qu'il y a intérêt, pour un jeune, à démarrer dans une science nouvelle :

« *Evidemment, j'ai eu de la chance parce que j'ai été l'un des rares ingénieurs d'une science nouvelle. J'en déduis pour les jeunes qu'il est plus facile de réussir dans une science récente plutôt que dans des sciences anciennes où toutes les places ont été prises*[48]. »

C'est ainsi qu'après l'Ecole Breguet, il entre à l'Ecole supérieure d'aéronautique et de construction mécanique fondée en 1909 par le commandant Jean-Baptiste Roche :

« *Vous voyez l'enchaînement? Pour moi, les choses se suivent toujours, presque toutes seules : c'est la particularité de ma destinée*[49]. »

Cette école est la première au monde à dispenser un tel enseignement. Comme c'est une école privée[50], les cours y sont payants. Le commandant Roche, constatant que l'empirisme a souvent gouverné la science aéronautique, s'est attaché à réunir dans son école un corps enseignant très varié constitué de personnalités politiques, scientifiques et industrielles de haut niveau.

Paul Painlevé, à la fois mathématicien et ministre, enseigne l'aérodynamique et la mécanique des fluides ; le professeur Lecornu, la thermodynamique ; le commandant Paul Renard, l'aérostation ; le colonel Dorand, les hélices :

« *Tout était à réaliser, il fallait s'attacher à former des ingénieurs*

---

46. Marcel Dassault, *Jours de France* n° 642, 1967.
47. Marcel Dassault, lors de la remise du prix Icare par l'Association des journalistes professionnels de l'aéronautique et de l'espace en 1982, archives Dassault.
48. Lettre du 1er décembre 1976, archives Dassault.
49. « Radioscopie », France Inter, 6 janvier 1971.
50. L'Ecole est nationalisée en 1928. Elle prend le nom d'Ecole nationale supérieure de l'aéronautique.

capables d'allier la théorie à la pratique, de créer, de mettre au point des appareils, de contrôler et diriger les fabrications [51]. »

Devant le succès, l'école doit s'agrandir et, en 1910, quitte ses locaux de la rue Falguière pour ceux de la rue de Clignancourt dans le XVIIIe arrondissement de Paris.

En octobre 1912, Marcel Bloch fait partie des quarante-cinq élèves de la quatrième promotion qui intègrent l'école. Parmi eux, figurent quelques élèves étrangers, en particulier les Russes Meyer et Samuel Gourevitch, futurs créateurs des avions soviétiques MiG que les Mirage de Marcel Dassault auront un jour à combattre.

Marcel ne reste qu'un an à l'Ecole Supérieure d'Aéronautique et de Construction Mécanique, d'octobre 1912 à juin 1913, puisqu'il a l'équivalence de la première année en tant qu'ingénieur diplômé de l'Ecole Breguet. Entré directement en année de spécialisation, il effectue sa première étude :

« *M'étant consacré, non sans passion, à toutes ces matières, je fis alors un projet de ballon dirigeable qui fut classé premier, ce dont je n'étais pas peu fier* [52]. »

Il sort onzième sur quarante-cinq avec la moyenne de 16,24 sur 20 [53] et quitte l'école avec son diplôme en poche en juillet 1913.

Comme tous les jeunes hommes français, il doit maintenant effectuer son service militaire.

---

51. *Livre d'or de l'Ecole nationale supérieure de l'aéronautique*, 1959, page 26.
52. Marcel Dassault, *Le Talisman*, page 28.
53. Le diplôme n'est délivré qu'aux élèves ayant obtenu une moyenne générale égale ou supérieure à 14.

2

1914 – 1918 : UN ACTEUR DE LA VICTOIRE

En tant qu'ancien élève de l'Ecole supérieure d'aéronautique, Marcel Bloch est incorporé de droit, en octobre 1913, dans un régiment d'aviation du Génie. Il effectue trois mois de classes à Reims où il fait la connaissance de Dieudonné Costes :

« J'ai été dans la même chambrée que Costes, nos lits étaient côte à côte[1]. »

En janvier 1914, il est détaché au Laboratoire de recherches aéronautiques de Chalais-Meudon dirigé par le commandant Dorand, un de ses anciens professeurs.

Marcel a 22 ans, il brûle de mettre en pratique tout ce qu'il a appris à l'Ecole supérieure d'aéronautique. Son détachement au Laboratoire est une aubaine, il peut s'y familiariser avec diverses techniques. Pendant un temps, le jeune soldat travaille avec le commandant Saconnet au bureau d'aérostation et des cerfs-volants où il rencontre Henry Potez, sorti comme lui de l'Ecole supérieure d'aéronautique, deux ans auparavant. Tous deux se lient d'amitié avec le major de la promotion de Marcel Bloch, Louis Coroller. L'histoire va bouleverser leur destin.

La guerre

Un archiduc d'Autriche est assassiné, les armées européennes se mobilisent, la diplomatie s'efface et, le 2 août 1914, c'est la guerre. Pendant quatre ans, l'artillerie laboure l'Europe, des millions de soldats connaissent la boue, le froid, la mort. La Première Guerre mondiale est aussi la première guerre mécanique. Parmi les armes nouvelles, on voit apparaître, dès les premiers jours du conflit, l'aviation.

---

1. Lettre du 13 janvier 1976 de Marcel Dassault à Maurice Bellonte, archives Dassault. Dieudonné Costes et Maurice Bellonte ont effectué, en 1930, la première traversée de l'Atlantique Nord de Paris à New York sur Breguet *Point d'Interrogation.*

Au début, elle est seulement un service qui participe à la recherche des renseignements, à l'observation des mouvements des troupes ennemies, sans aucune autre mission particulière. Les événements modifient rapidement cette utilisation restreinte.

A la bataille de la Marne, elle fait preuve de son efficacité en permettant de déceler la manœuvre des troupes allemandes au nord-est de Paris ce qui entraîne la réaction française puis la victoire. L'état-major français arrive à la conclusion que les armées terrestres ne peuvent se passer d'aviation pour combattre. Indispensable pour l'observation, la reconnaissance, le guidage des tirs d'artillerie, l'aviation peut également porter la destruction chez l'adversaire et lutter contre ses intrusions en interdisant le survol du territoire national. Pour cela, il faut disposer d'avions capables d'accomplir des missions différentes : observation, bombardement, reconnaissance, chasse.

Issus de plusieurs commandes passées avant la guerre, les matériels sont trop disparates. Le 8 octobre 1914, deux mois seulement après la déclaration de guerre, le grand quartier général élabore un plan aéronautique. Dans un souci d'uniformisation, seuls quatre types d'avions sont retenus : le Farman VII pour la reconnaissance, le Caudron G 3 pour le réglage d'artillerie et l'observation, le Morane Saulnier Parasol pour la chasse et le Voisin LA 5 pour le bombardement et la reconnaissance. La fabrication de ces appareils est répartie entre les différents constructeurs pour utiliser au maximum les moyens de production.

Le capitaine Albert Etévé [2] constate un manque de coordination dans l'élaboration des plans du Caudron G 3 envoyés dans les quatre usines qui fabriquent cet appareil [3]. Il demande alors au commandant Dorand de lui détacher un ingénieur du Laboratoire d'aéronautique capable de mettre au point les plans puis d'assurer la coordination des fabrications. Marcel Bloch est désigné en 1915.

Devant l'importance du travail, le capitaine Etévé lui demande s'il connaît un camarade susceptible de l'aider : « *Henry Potez !* » répond Marcel Bloch. Son choix est accepté, son ami vient le rejoindre. Ils vont travailler sur les liasses de plans pendant près d'un an :

« *La mise à jour des plans était naturellement pressée et, un dimanche où l'usine était fermée, nous avons trouvé à Levallois une boutique qui était spécialisée dans le tirage des plans.*

« *Comme c'était dimanche, nous avons eu du mal à nous faire ouvrir. Nous avons été reçus par une brave femme qui nous a dit qu'elle n'avait pas d'ouvriers. Nous lui avons proposé de tirer nos bleus nous-mêmes, et elle a mis aimablement sa machine à notre disposition* [4]. »

Enthousiaste, Marcel Bloch vérifie les dessins, leur concordance, les pièces fabriquées et fait effectuer les modifications demandées par les

2. Chef du service des avions au service des fabrications de l'aviation.
3. Blériot à Suresnes, Spad à Paris, Caudron à Lyon et à Issy-les-Moulineaux.
4. Marcel Dassault à *Aviation Magazine*, 1er mai 1976.

pilotes. Le suivi des essais en vol lui fait prendre conscience de l'importance de leur jugement sur un nouvel avion. Il en tire des enseignements que l'on retrouve tout au long de sa carrière aéronautique; jamais il ne néglige l'avis des pilotes.

Quand le service des fabrications de l'aviation souhaite améliorer le Caudron G 3 en lui adaptant un gouvernail de profondeur, Marcel Bloch et Henry Potez sont chargés de ce travail. Un prototype, expérimenté chez Louis Blériot, donne satisfaction.

Au front, les pilotes signalent les difficultés que rencontrent les mitrailleurs assis devant eux pour se servir de leur arme. Caudron est invité à inverser les places pilote et mitrailleur en installant ce dernier à l'arrière où il y a plus de champ libre. Devant le refus de Caudron, le service de fabrication de l'aviation se tourne vers Marcel Bloch et Henry Potez qu'il charge de s'occuper de cette modification. Ils redessinent les plans du fuselage en alternant les places du pilote et du mitrailleur. L'avion prototype, construit chez Louis Blériot, vole à Buc, pour la première fois, le 14 juillet 1915.

Marcel Bloch et Henry Potez, acquièrent l'expérience des bureaux d'études, des ateliers et se familiarisent avec la construction des avions. Ils s'entendent bien avec les frères Caudron, avec le directeur technique de Spad, Louis Béchereau, ainsi qu'avec Louis Blériot. Comme tous sont satisfaits de leur travail, pour les récompenser, leurs supérieurs nomment Marcel Bloch, sergent, et Henry Potez, caporal, puis tous deux sont promus sous-lieutenants.

L'HÉLICE ECLAIR

Après avoir terminé la coordination de la fabrication du Caudron G 3, Henry Potez est muté comme dessinateur au bureau d'études de Caudron à Lyon tandis que Marcel Bloch est affecté à la réception des essais en vol des avions Farman à Buc :

« Mon rôle consistait à voler avec les pilotes et à établir ensuite un rapport sur les performances et les qualités de vol de chaque appareil[5]. »

«A cette occasion, j'effectuai de nombreux vols en qualité de chef de bord pour contrôler les temps de montée et la maniabilité de chaque appareil[6]. »

Il a aussi l'occasion d'effectuer plusieurs vols [7]en compagnie de Maurice Farman :

« Il appréciait surtout le vol en rase-mottes et nous voyions alors, sous notre F 40, s'égailler en tous sens les lapins et les perdrix qui pullulaient dans les champs, car la chasse était interdite en temps de guerre[8]. »

5. Marcel Dassault, *Le Talisman*, page 35.
6. Marcel Dassault, *Jours de France* n° 642, 1967.
7. Marcel Bloch a effectué 200 heures de vols pendant cette période ce qui contredit déjà totalement l'affirmation selon laquelle il n'aurait jamais volé en avion.
8. Marcel Dassault, *Le Talisman*, page 36.

Dès qu'il a du temps libre, Marcel Bloch entreprend d'améliorer l'hélice du Caudron G 3 dont il a constaté le médiocre rendement. Il travaille alors pour son propre compte.

Pour construire l'hélice qu'il étudie et dessine, le jeune ingénieur pense à son ami Marcel Minckès dont le père est fabricant de meubles au faubourg Saint-Antoine. Le père de son ami, homme *« très intelligent, travailleur et plein de bon sens* [9] *»*, est l'un des premiers à fabriquer en grande série des salons. Pour pouvoir répondre rapidement aux besoins de sa clientèle, il fait sculpter le bois et dorer chez d'autres artisans n'assurant lui-même que le montage final. Marcel Bloch s'adresse à lui :

« Il aimait qu'on fût hardi et entreprenant, aussi consentit-il à mettre à ma disposition un ébéniste et quelques planches de noyer [10]. *»*

Chez Hirch Minckès, il retrouve Madeleine, qui a grandi, et tombe sous le charme de ses dix-sept ans. Il lui offre un sac à main ce qui ne passe pas inaperçu. Madeleine, quant à elle, ne reste pas insensible à ce jeune homme si doué.

Mais d'abord, l'hélice. Ayant obtenu les moyens de la réaliser, il surveille personnellement sa fabrication :

« Je fis le dessin de mon hélice, je traçai les différentes sections, ce qui permit à l'ouvrier de réaliser des gabarits. Je restai à côté de lui pendant qu'il rabotait son hélice, de façon à conduire sa main vers des lignes harmonieuses [11]. *»*

Il baptise son hélice Eclair. Elle est essayée à Buc par un des pilotes de Blériot, puis est présentée au centre d'essais du Service technique à Villacoublay. L'armée lui en commande cinquante exemplaires à cent cinquante francs pièce [12]. Elle doit d'abord équiper les Caudron G 3 à moteur Clerget de 80 cv. C'est un bon début d'autant plus que la bataille de Verdun qui fait rage, depuis février 1916, entraîne des commandes supplémentaires d'avions donc d'hélices.

Ayant besoin de renfort, Marcel Bloch convainc Henry Potez de l'aider. Ils font revenir du front, en « affecté spécial », un menuisier qui fabriquait des hélices avant la guerre et que connaît Henry Potez.

Comme il faut produire, Marcel Bloch propose à Hirch Minckès de fabriquer ses hélices. Ce dernier consulte plusieurs de ses amis dont E. Dumaine, directeur général de la Société des moteurs Clerget, qui l'encourage dans cette voie. Une Société des Hélices Eclair est créée dont Marcel Bloch et Henry Potez sont directeurs techniques et auprès de laquelle l'armée les détache. Ils sont rétribués sous forme de redevances de licence sur le chiffre d'affaires.

Plusieurs menuisiers viennent renforcer leur équipe tandis que la Société

9. Marcel Dassault, *Le Talisman*, page 38.
10. *Ibid.*, page 39.
11. *Ibid.*, pages 39 et 40.
12. 1 650 francs de 1990.

Clerget les aide à démarrer en leur passant des commandes d'hélices-freins pour ses bancs d'essais. Leur affaire se développe et occupe un étage entier de la fabrique de meubles dont ils constituent une section à part. Selon Henry Potez, le vieux père Minckès, tout en étant un très brave homme, est têtu et ne veut pas de machines chez lui, « *des roues qui tournent* » disait-il. Les deux amis sous-traitent à l'extérieur les éléments qui doivent être usinés :

« *Nous faisions découper les pales à l'extérieur, nous les collions chez lui et il fallait ensuite les faire débillarder. Tous les fabricants de meubles du faubourg Saint-Antoine s'étaient mis à construire des hélices Eclair* [13]. »

Leur association est une réussite. Henry Potez se souvient :

«*Avec Marcel, on était en bonne entente. Mais nous commencions à trouver monotone notre travail. Nous avons fait beaucoup d'hélices, surmontant les difficultés que nous causaient les constructeurs en nous communiquant des critères trop brillants de leurs avions; il fallait ensuite rectifier le tir* [14]. »

Les hélices Eclair équipent le Sopwith britannique de reconnaissance construit sous licence en France, le Dorand AR et surtout les Spad, en particulier le Spad VII du plus célèbre des as français, Georges Guynemer, cher au cœur de Marcel Bloch :

« *Lorsque l'avion de Guynemer, le* Vieux Charles *aux dix-neuf victoires, fut présenté aux Invalides comme témoin de gloire, je suis allé le voir et en arrivant j'ai vu, naturellement, l'hélice. Or c'était une hélice que j'avais étudiée et construite. J'en ai ressenti une grande satisfaction et peut-être un peu d'orgueil* [15]. »

En 1917, c'est le succès pour les deux sous-lieutenants dont la société devient en quelques mois l'un des quatre grands constructeurs d'hélices alors qu'il n'existe pas moins de quarante fabricants et deux cent cinquante-trois séries différentes. L'Inspection du matériel décide de ne conserver que trois séries d'hélices au maximum pour un avion. Parmi ces trois meilleures figure l'hélice Eclair [16]. Marcel Bloch et Henry Potez viennent d'entrer dans la légende de l'aviation.

Le premier avion

Pour qu'une hélice puisse réaliser ses meilleures performances, les constructeurs d'avions doivent communiquer les plans et les caractéristiques : poids, surface, puissance du moteur, dispositifs aérodynamiques. C'est une bonne école pour apprendre la construction aéronautique :

« *Je connaissais donc les caractéristiques de tous les avions construits à l'époque. Je les suivais depuis le moment de leur conception jusqu'à la fin*

---

13. Marcel Dassault, *Le Talisman*, page 41.
14. Claude Paillat, *Les dossiers secrets de la France contemporaine*, Laffont, 1979, page 81.
15. Marcel Dassault à *Aviation Magazine*, 1er mai 1976.
16. SHAT, *Compte rendu du chef d'escadrons Le Vassor, commandant l'Inspection du matériel d'aviation aux armées*, 24 décembre 1917.

de leur mise au point pour m'assurer du bon fonctionnement de mes hélices. J'étais continuellement sur les champs d'aviation et notais avec soin les incidents survenus à la cellule ou au moteur, et la manière dont on y avait porté remède.

« *J'obtins ainsi la pratique des essais en vol et de la mise au point* [17]. »

Fabriquer des hélices ne suffit pas pour satisfaire l'appétit aéronautique de Marcel Bloch, il veut passer à l'étape ultime, la conception et la fabrication d'un avion, son avion :

«*Ayant appris à connaître les appareils qui avaient réussi et ceux qui n'avaient pas réussi, j'acquis ainsi une grande expérience de ce qu'il fallait ou ne fallait pas faire pour construire un bon avion* [18]. »

Prudent, il commence par construire ceux des autres, toujours avec son ami Henry Potez. Leur sous-traitance débute par des Spad VII dans une ancienne usine Antoinette à Puteaux qu'ils rachètent. Puis, forts de leur expérience, ils se lancent dans la conception d'un prototype sur une idée nouvelle :

« *Je constatai* [...] *à l'époque, qu'il n'y avait pas de biplace de chasse de valeur, d'où l'idée d'en construire un* [19]. »

«*Ayant travaillé dans les bureaux d'études et dans les ateliers, ayant fabriqué des hélices, ayant suivi les essais en vol, j'ai vu l'avion qu'il fallait faire. Alors je l'ai fait* [20]. »

Il leur faut trouver des capitaux car l'Etat ne finance pas les prototypes qui restent à la charge des constructeurs. Un ami de la famille Bloch, le fournisseur de papier peint René Lévy-Finger, apporte le financement. Il crée, avec Marcel Bloch et Henry Potez, une société en nom collectif : la Société d'études aéronautiques (SEA).

Ayant besoin d'aide pour dessiner leur avion, ils font naturellement appel à leur ami Louis Coroller qui collabore, depuis 1916, à Paris, au Service technique de l'aéronautique. Il les rejoint sans pourtant quitter son poste au ministère de la Guerre. Marcel Bloch et Henry Potez lui louent une garçonnière, boulevard des Invalides, où ils se retrouvent pour travailler :

« *Tous les soirs, de neuf heures à minuit, Potez, Coroller et moi-même venions là calculer et dessiner notre avion* [21]. »

La conception est confiée à Louis Coroller tandis que Marcel Bloch et Henry Potez se chargent des moyens techniques et de la fabrication. Marcel Bloch apprend ainsi le métier de constructeur :

« *Je n'avais que peu de moyens à l'époque. J'ai donc été forcé d'abord de déterminer le type d'avions que je voulais construire, ensuite d'en choisir le moteur, de déterminer moi-même les caractéristiques de ces appareils, de faire un essai de maquette au tunnel, de calculer la résistance des matériaux. Cette habitude que j'ai prise de travailler seul, eh bien par la suite*

17. Marcel Dassault, *Le Talisman*, pages 44 et 45.
18. *Ibid.*, pages 44 et 45.
19. Marcel Dassault, *Le Talisman*, pages 44 et 45.
20. « Radioscopie », France Inter, 6 janvier 1971.
21. Marcel Dassault, *Le Talisman*, page 48.

au fur et à mesure que mes bureaux d'études se sont étoffés, je l'ai conservée[22]. »

Les plans terminés, ils engagent un contremaître et quelques ouvriers pour construire la cellule de l'appareil à Suresnes dans l'usine où l'on fabrique déjà les Spad. Leur avion, biplace, est destiné à remplacer l'avion d'observation anglais Sopwith. Il doit être équipé d'un moteur Clerget de 200 cv que le motoriste met au point. Les essais, réalisés sur l'île de la Jatte à Puteaux, sont peu concluants. L'appareil, baptisé SEA 1, est un échec. L'adaptation de ce moteur nouveau sur leur cellule s'avère trop problématique. L'avion est abandonné.

Les études SEA 2 et SEA 3 restent à l'état de projet devant la difficulté de trouver un moteur plus performant jusqu'à l'apparition du moteur Lorraine de 370 cv qui leur permet de réaliser le SEA 4 :

« *Il fut essayé d'abord par notre pilote Douchy, un des as de la guerre 1914-1918, puis par les pilotes du Centre d'essais en vol de Villacoublay, et enfin par les pilotes du front*[23]. »

Les performances obtenues en font un avion biplace léger répondant à l'attente de l'état-major[24] : 320 kilos, vitesse maximale de 200 kilomètres à l'heure, temps de montée à 2 000 mètres de 7 minutes, autonomie de vol de deux heures et plafond de 6 500 mètres.

A la fin de 1917, lors d'une des réunions mensuelles qu'il organise avec les constructeurs dans un des grands salons de l'hôtel Claridge à Paris, le ministre de l'Armement et des Fabrications de guerre, Louis Loucheur, commande 1 000 appareils SEA 4. Ils viennent de remporter leur première commande d'avions :

« *A ce moment-là, j'avais vingt-six ans et Potez vingt-sept. C'était un assez beau début*[25]. »

La commande est assortie d'une exigence : les appareils doivent être construits avec la participation du constructeur de hangars Bessonneau à Angers. En août 1918, une autre société en nom collectif, Anjou-Aéronautique, est créée entre Julien Bessonneau, Marcel Bloch, Henry Potez, et René Lévy-Finger[26].

C'est ainsi qu'Henry Potez part se fixer à Angers pour superviser l'affaire alors que Marcel Bloch reste à Paris :

« *Potez était un très bon ingénieur, un excellent commerçant et un financier avisé. Aussi m'enseigna-t-il à l'époque bien des choses qui me furent très utiles par la suite*[27]. »

---

22. Marcel Dassault, Antenne 2, 8 décembre 1970.
23. Marcel Dassault, *Le Talisman*, page 49.
24. Le cours d'aéronautique de l'Ecole de guerre, en 1919, cite le SEA comme étant l'avion existant ayant le mieux rempli les performances demandées.
25. Marcel Dassault, *Le Talisman*, page 49.
26. Archives du Maine-et-Loire, 6U1/861.
27. Marcel Dassault, *Le Talisman*, page 48.

En octobre 1918, le grand quartier général prévoit que soit constituée une escadrille de SEA 4. Il estime qu'il devient indispensable d'en développer la fabrication pour atteindre, au cours du premier trimestre de 1919, une production mensuelle de 200 avions [28]qui doit permettre la mise en service de 400 appareils pour le 1er avril 1919. La fortune commence à sourire à Marcel Bloch et à ses associés.

Le premier SEA 4 de série sort d'usine le... 11 novembre 1918. Depuis l'aube, les canons se sont tus sur le champ de bataille, c'est l'armistice. Le marché de 1 000 avions est lors résilié, seule une centaine d'appareils en cours de fabrication sort et est livrée. C'est la fin de leurs espoirs.

Démobilisés, Marcel Bloch et Henry Potez retrouvent Louis Coroller. Le Service des fabrications de l'aviation ne les encourage pas à rester dans la construction aéronautique :

« La guerre que nous avions gagnée, et qui nous avait coûté si cher en vies humaines, dans l'esprit de tous était la dernière – d'où l'expression " la der des der " –. Le Service des fabrications de l'aviation nous dit que, si nous le souhaitions, nous pouvions construire des portes, des fenêtres ou des brouettes, mais qu'en tout cas on ne commanderait pas d'avions avant longtemps, et que si un jour on en commandait quelques-uns, ce serait aux grands constructeurs disposant de moyens et d'un personnel importants tels que Voisin, Breguet, Farman et autres [29]. »

Or, Marcel Bloch ne possède pas de grandes usines. Il décide donc de se retirer :

« On était sûr qu'il n'y aurait plus de guerre, c'est pourquoi j'ai fait tout autre chose à partir de 1919. »

Plus tard, il confiera à son chef pilote d'essai, Roland Glavany :

« J'ai volontairement laissé tomber l'aéronautique après la guerre car il y avait tout à perdre. Il valait mieux vendre des cravates dans le métro que des avions de grands raids [30]. »

Cette réaction est significative du personnage. Marcel Bloch est un passionné réaliste. Il sait jeter l'éponge là où d'autres persistent dans l'erreur.

Henry Potez rachète ses parts dans la SEA et fait équipe avec Louis Coroller [31]. En 1920, ils conçoivent le SEA VII qui devient le Potez VII pour deux ou trois passagers, dérivé du SEA 4, qu'utilise la Compagnie franco-roumaine de navigation aérienne.

Marcel Bloch doit choisir une nouvelle orientation professionnelle pour vivre et gagner de l'argent. Son mariage le mène à la fabrication de meubles.

---

28. *Note du général commandant en chef à Monsieur le sous-secrétaire d'Etat de l'aéronautique militaire et maritime*, 27 septembre 1918, SHAA, Z 25562.
29. Marcel Dassault, *Le Talisman*, pages 49 et 50.
30. Propos rapportés par Roland Glavany lors de son entretien avec l'auteur.
31. Louis Coroller devient directeur technique des avions Potez puis, après la Seconde Guerre mondiale, directeur technique de Nord-Aviation.

3

L'APPRENTISSAGE DES AFFAIRES ET LE RETOUR A L'AVIATION

Le jeudi 3 juillet 1919, à la mairie du IIIe arrondissement de Paris, rue Eugène Spuller, Marcel Bloch, âgé de vingt-sept ans, épouse Madeleine Minckès, « *une jeune fille charmante* [1] ». Cette histoire d'amour va durer toute une vie.

Les témoins du marié sont son frère Paul Bloch et le comte Moïse de Camondo; ceux de la mariée, ses deux oncles Adolphe et Maurice Selz. Le mariage religieux est célébré quelques jours plus tard, le lundi 7 juillet 1919, à la synagogue de la rue des Tournelles, près de la Bastille.

Marcel Bloch doit trouver une situation stable pour installer son foyer.

L'apprentissage des affaires

Marcel Bloch est toujours resté très discret sur ses activités des années vingt. Il approche alors de la trentaine, âge auquel, à cette époque, un homme doit avoir une situation.

Son beau-père l'embauche dans son entreprise de meubles. Marcel Bloch n'a pas beaucoup d'enthousiasme car, comme le dit Madeleine, sa femme : « *Le meuble ne l'intéresse pas* [2] ». Vendre des meubles après avoir construit des avions, c'est, pour lui, une sorte d'entracte supporté grâce à la compréhension de son épouse :

« *Elle m'a soutenu pendant ma traversée du désert* [3]. »

Il se tourne alors vers la construction immobilière. Apprenant que la ville de Paris décide de prolonger la rue Ledru-Rollin jusqu'à la place Voltaire, il achète trois petits terrains et fait construire des immeubles à usage commer-

---

1. Marcel Dassault, *Le Talisman*, page 38.
2. Entretien de Madeleine Dassault avec l'auteur.
3. Marcel Dassault, *Le Talisman*, page 50.

cial qu'il revend aux fabricants de meubles du quartier. Il en tire un « *revenu appréciable* [4] ».

Satisfait, il veut continuer mais sur une plus grande échelle. Il lui faut donc davantage de capitaux et doit, dès lors, emprunter ou s'associer. Il choisit la deuxième solution car il n'aime pas emprunter. Avec les banquiers Modiano et Mosseri, le député de la Marne, François Binet et son cousin, le carrossier Gino Fernandez, il crée la Société industrielle du meuble qui investit dans le mobilier et l'immobilier en faisant construire des immeubles à usage commercial et d'habitation, vendus par appartement.

Il rencontre quelques difficultés dans un milieu où l'on ne se fait pas de cadeaux, pourtant il s'en sort bien, mieux que d'autres :

« *Cette partie assez difficile de ma carrière m'apprit beaucoup de choses qu'ignorent ceux qui ont eu la chance – ou la malchance – d'arriver trop tôt à des situations importantes.*

« *En 1930, douze ans s'étaient passés depuis l'armistice, tous les constructeurs qui s'étaient orientés vers des activités de remplacement avaient plus ou moins fait de mauvaises affaires. J'étais à peu près le seul à avoir réussi ma conversion* [5]. »

Ce passage dans l'immobilier lui permet de constater qu'il possède un certain don pour les affaires. Il ne le cache pas et déclare, en 1971, à Jacques Chancel :

« *Vous ferai-je la confidence que, là encore, je n'ai pas mal réussi non plus* [6]. »

Pour compléter ses activités mobilières et immobilières, sur les conseils de Gino Fernandez, il s'intéresse à la carrosserie automobile et crée Bloch – Carrosserie Grand Sport, avenue Ledru-Rollin, sur un terrain qui lui appartient.

Marcel Bloch ne se contente pas de vendre; habité par le génie de la création, il transforme. C'est ainsi qu'à la fin de l'année 1924 et au début de 1925, deux brevets de « *perfectionnement aux carrosseries transformables de véhicules automobiles* » lui sont délivrés par la Direction de la propriété industrielle du ministère du Commerce et de l'Industrie [7].

Puis, son entreprise se transforme en Bloch et Fernandez avant de devenir, en janvier 1940, la seule propriété de Gino Fernandez.

Pendant ces années de transition, Marcel et Madeleine Bloch connaissent de grandes joies avec la naissance de leur deux fils, Claude, le 24 avril 1920 et Serge, le 4 avril 1925.

Les années s'écoulent doucement. Claude se souvient qu'à l'âge de cinq

---

4. Marcel Dassault, *Le Talisman*, page 52.
5. *Ibid.*, pages 52 et 53.
6. « Radioscopie », France Inter, 6 janvier 1971.
7. Brevet n° 586 286, délivré le 27 décembre 1924 et brevet n° 587 030, délivré le 12 janvier 1925 concernant des « *dispositifs d'articulation de la capote de véhicules à la carrosserie de type Torpedo-Cabriolet* ».

ans il accompagnait ses parents au théâtre pour assister à des opérettes, pour aller au cinéma :

« Un jour, alors que mon frère n'était pas encore né, j'ai été voir un film, Barcarolle, *tiré des* Contes d'Hoffmann, *seul avec mon père. C'est la seule fois où je suis sorti seul avec lui* [8]. »

Il se souvient également que ses parents l'emmenaient dans des pâtisseries :

«Avec mon père, nos goûts étaient complémentaires. Il m'offrait des tartes aux fruits; il mangeait la pâte, moi les fruits [9]. »

La passion de l'aviation

Si Marcel Bloch est heureux en famille, il souffre de ne pas pouvoir satisfaire sa passion pour l'aviation. En juillet 1921, dans un nouvel hebdomadaire aéronautique appelé *Les Ailes*, il peut lire un article intitulé « Les ailes s'ouvrent – Le tri-moteurs Henry Potez [10] ». Le rédacteur en chef, Georges Houard, signale des appareils construits *« dérivant d'un excellent avion de combat biplace à grand rayon d'action, le SEA, type IV C2 »*. L'article cite Louis Coroller mais omet Marcel Bloch. L'aéronautique oublie vite.

Pourtant, s'il n'est plus acteur, il continue à s'intéresser à l'aéronautique française – la première au monde en 1918 – qui vit maintenant sur son glorieux passé.

Les grands raids des aviateurs sillonnant le monde font vibrer l'opinion publique. Les lignes Latécoère puis l'Aéropostale, avec de prestigieux pilotes comme Antoine de Saint-Exupéry ou Jean Mermoz, entretiennent l'illusion d'un certain dynamisme. En réalité, il n'en est rien. Il n'y a plus de véritables innovations, on se contente de perfectionner un matériel dépassé. En aéronautique, comme dans beaucoup de domaines, la France se fige sur le souvenir de ses héros et de ses morts de la Grande Guerre alors qu'outre-Rhin monte une volonté de revanche et naissent des idées radicales.

Par son frère, le général Paul Bloch, Marcel Bloch apprend qu'un petit nombre d'officiers poussent cependant à la création d'un ministère de l'Air et d'une armée de l'Air autonome mais en vain. Les ailes françaises cumulent les retards, les avions allemands, italiens, anglais, américains sont plus rapides, plus modernes que les appareils français.

Marcel Bloch continue pourtant à s'intéresser à l'aviation et à ses grands événements :

« Un jour, ou plutôt un soir [11], *me trouvant au Bourget, je vis arriver Lindbergh sur le* Spirit of Saint Louis *qui venait de traverser l'Atlantique.*

---

8. Entretien de Claude Dassault avec l'auteur.
9. *Ibid.*
10. *Les Ailes*, n° 4, 14 juillet 1921.
11. Le 21 mai 1927.

J'ai compris alors qu'il y avait quelque chose de changé dans l'aviation et que l'aviation civile allait naître.

« Comme l'avion de Wilbur Wright m'avait conduit à l'aviation, le Spirit of Saint Louis *m'y a ramené* [12]. »

C'est joliment dit, mais c'est surtout la création du ministère de l'Air, le 14 septembre 1928, qui lui offre l'opportunité de revenir à l'aviation. Madeleine, son épouse, est la première à constater sa joie :

«A partir de ce moment-là, il s'est senti renaître [13]. »

Une nouvelle politique industrielle

André Victor Laurent-Eynac devient le premier ministre de l'Air. Afin de relancer l'aéronautique française, il décide de créer une Direction générale technique et industrielle et la confie à l'ingénieur Albert Caquot que Marcel Bloch a connu pendant la Première Guerre mondiale :

« C'est un des grands esprits de notre temps. [...] *C'est aussi un des meilleurs techniciens que l'aviation ait jamais connus. C'était un visionnaire qui, dans tous les domaines, abordait l'avenir* [14]. »

Ce visionnaire ne peut que plaire à Marcel Bloch qui se sent proche de lui sur le plan intellectuel. Désirant des avions de grande qualité, Albert Caquot lance une politique de prototypes destinée à rattraper le retard des avions français.

Elle vise à susciter le dynamisme, la concurrence, la création. Elle fait revenir à l'aviation des ingénieurs qui l'avaient quittée, d'autant plus qu'elle instaure un système de primes qui rend très intéressante la construction d'un prototype :

– Une première prime fixe, d'un montant de 80 % du prix de l'appareil convenu avec l'inventeur, est acquise quel que soit le résultat;

– Une seconde, variable, est attribuée en fonction de l'obtention de performances supplémentaires comme l'accroissement de la vitesse ou la réduction du temps de montée.

Pour Albert Caquot, l'avenir c'est la construction d'avions métalliques, en alliages légers, comme le fait déjà Junker en Allemagne ou Ford aux Etats-Unis. Il favorise ainsi l'arrivée ou le retour de constructeurs aux idées neuves, à l'esprit entreprenant. C'est le cas de Marcel Bloch mais aussi d'Emile Dewoitine, de Joseph Szydlowski [15], de Michel Wibault ou de René Couzinet.

Partant d'un bon principe, cette politique présente néanmoins deux inconvénients majeurs : elle favorise des constructeurs peu sérieux qui ne

12. Marcel Dassault, *Le Talisman*, page 39.
13. Entretien de Madeleine Dassault avec l'auteur.
14. Marcel Dassault, *Le Talisman*, page 56.
15. Fondateur de la société Turboméca.

soumettent des projets que pour toucher la prime de 80 % – même s'ils ne font pas longtemps illusion – et, surtout, elle mobilise la majorité des crédits sur des prototypes empêchant le passage à la fabrication en série.

Marcel Bloch rend visite à Albert Caquot :

« Je connaissais M. Caquot qui avait été directeur du service technique pendant la guerre 1914-1918 et qui se rappelait très bien mes hélices Eclair et le biplace de chasse SEA 4. J'allai le voir. Il me reçut très cordialement et me proposa de me commander un prototype du programme des trimoteurs postaux [16]. »

Le trimoteur postal

Un avion ! Un prototype ! Marcel Bloch reprend avec enthousiasme le chemin de la planche à dessin. Il étudie alors un trimoteur postal léger, à aile haute, propulsé par un moteur Salmson de 120 cv : le MB 60. L'appareil rompt avec l'habitude du bois, de la colle et de la toile. Il est entièrement métallique, en duralumin et à aile épaisse.

Il lui faut un moteur : pourquoi pas un Salmson?

Paul Magnet, alors employé de la société Salmson relate sa première rencontre avec Marcel Bloch qui cherche à acquérir trois moteurs de 120 cv pour son prototype d'avion postal :

« M. Thomas, le directeur commercial, me demanda un jour à brûle-pourpoint :

« – A votre avis, Magnet, combien faut-il vendre un moteur de 120 cv à un particulier? ».

« Je réfléchis quelques instants :

« – Ecoutez, dis-je, c'est bien simple : prenez un marché de l'Etat, divisez le montant du marché par le nombre de moteurs et doublez le prix trouvé.

« Marcel Bloch sortit son carnet de chèques et inscrivit la somme sans discuter. Quand on a raconté l'histoire au patron, il était stupéfait.

« – Mais qui est ce Bloch? nous dit-il, « Vous le connaissez?

« – Non.

« – Eh bien, renseignez-vous, un client qui paie cash trois moteurs pour un prototype, il faut s'en occuper [17]. »

Le trimoteur postal MB 60 est retenu pour le concours de prototypes, ce qui ravit Marcel Bloch :

« C'est en 1930 que j'ai fait mon véritable départ dans l'industrie aéronautique, seul [18]. »

Pour développer son entreprise, il doit rapidement embaucher des

---

16. Marcel Dassault, *Le Talisman*, page 57.
17. Raymond Barthélemy, *Le Temps des hélices*, chapitre 9 : « Le triomphe de la mécanique » par Paul Magnet, France Empire, 1972, page 192.
18. *L'Expansion*, octobre 1967.

hommes capables d'en constituer l'encadrement. Il choisit d'abord deux de ses amis qui en représentent les premiers piliers.

Germain Bloch [19], ancien pilote et moniteur pendant la Première Guerre mondiale, se voit confier les affaires administratives et financières. Il n'est pas d'un caractère facile mais possède beaucoup d'assurance et n'hésite pas à faire preuve d'autorité ce qui complète parfaitement le tempérament plus calme de Marcel Bloch.

Antoine Sels, camarade de promotion de l'Ecole supérieure d'aéronautique, devient directeur commercial, chargé des relations avec le ministère de l'Air.

Pour exécuter les plans de son trimoteur postal, Marcel Bloch crée un bureau d'études. Il engage l'ingénieur Marcel Riffard, une de ses relations, qui vient de quitter le constructeur d'avions Lioré et Olivier. Pour compléter son équipe, il passe des petites annonces dans l'hebdomadaire spécialisé *Les Ailes*.

Lors de la construction de l'appareil, Marcel Bloch reçoit Paul Magnet qui avait contribué à la vente des trois moteurs Salmson. Ce dernier [20] relate ainsi sa visite :

« Pour gagner l'atelier, il fallait traverser la salle à manger et la chambre à coucher. Il y avait le fuselage, les ailes posées sur des chevalets, et une quarantaine de compagnons qui s'affairaient autour. M. Bloch me laissa regarder quelques instants, tout en se dandinant, puis me demanda :

« – Alors, il vous plaît mon appareil? »

Comme Paul Magnet se refuse à émettre un jugement, arguant sa qualité de salarié de la société Salmson, Marcel Bloch lui déclare :

« C'est votre avis personnel que je demande, et vous n'allez tout de même pas me faire attendre jusqu'à 7 h 30? »

Paul Magnet finit par lui dire :

« – Dans la vie, il y a des vétérinaires et des maquignons. Je vais vous parler comme un maquignon. Qui va essayer votre appareil?

« – C'est Delmotte.

« – Mais Delmotte est chez Caudron.

« – Oui, mais j'ai une entente avec Caudron.

« – Où allez-vous l'essayer?

« – A Buc.

« – Mais Buc appartient à Blériot?

« – J'ai une entente avec Blériot.

« – Eh bien voilà. D'après moi, votre appareil a tel et tel défaut. Je répète que je ne parle pas en ingénieur, pas en vétérinaire ; je parle en maquignon. Prenez note de ce que je vous dis, si vous le voulez. Et si Delmotte, au retour de son premier vol, ne vous dit pas la même chose, c'est que je n'y connais rien.

---

19. Sans parenté avec Marcel Bloch.
20. Paul Magnet entre aux Avions Marcel Bloch le 1er janvier 1935 comme chef des Services techniques des formations.

« Pour toute réponse, il sortit de sa poche un Parker en or et me le tendit.

« – J'aimerais vous voir tous les samedis me dit-il. [...]

« – Je le vis tous les samedis. Chaque fois, il me questionnait :

« – Qu'est-ce que vous pensez de ça, qu'est-ce que vous pensez de ça? ».

« – Et chaque fois, il me donnait quelque chose : un chèque, une montre que j'ai encore. Il me remit un jour un chèque de 25 000 francs : c'était en 1927[21] *! »*

Au-delà de ces anecdotes, on perçoit la politique de compromis et de diplomatie de Marcel Bloch envers les autres constructeurs. On constate aussi qu'il sait déjà récompenser généreusement ceux qui acceptent de lui rendre service.

L'année 1929 s'achève avec l'effondrement de la bourse de New York, la crise s'installe. En France, la stratégie militaire est tournée vers la défensive, le principe de la ligne Maginot vient d'être adopté par le Parlement. Malgré les risques de crise politique et économique, Marcel Bloch continue à embaucher.

En août 1930, le centralien Henri Déplante, qui accomplit son service militaire avec le grade de sous-lieutenant à Lyon-Bron et qui a été détaché à Saint-Raphaël, consulte au mess *Les Ailes* et remarque une offre d'emploi de la société Marcel Bloch pour un poste de dessinateur dans sa fabrique d'avions de la région parisienne :

« J'ai pensé qu'étant ingénieur, je pourrais convenir[22]. *»*

Il se présente au rendez-vous fixé, avenue Ledru-Rollin, dans une grande pièce remplie de meubles présentés pour la vente. Il en est surpris mais Marcel Bloch l'accueille avec sympathie : *« Il me plaît comme patron »*, pense-t-il.

Lors de sa visite, Henri Déplante a la surprise de découvrir un avion métallique, un trimoteur postal en construction. Il est séduit par la possibilité de travailler sur des matériaux nouveaux. Marcel Bloch lui explique :

« Je reviens vers l'aviation. Les années ont passé, l'affaire reprend. Caquot m'a encouragé dans la voie des avions métalliques en alliages légers, il serait heureux que je reprenne mes activités[23]. *»*

L'opinion d'Henri Déplante est faite :

« Je suis venu, j'ai vu, je suis convaincu, je veux travailler avec ce jeune patron[24]. *»*

Ainsi débute une longue et fructueuse collaboration de plus d'un demi-siècle qui mène Henri Déplante à la direction générale technique des Avions Dassault.

Le 10 octobre 1930, il entre au bureau d'études du faubourg Saint-Antoine où le directeur technique Marcel Riffard coordonne les travaux de

---

21. Raymond Barthélemy, *Le Temps des hélices*, chapitre 9 : « Le triomphe de la mécanique » par Paul Magnet, France-Empire, 1972, pages 193 à 195.
22. Entretien d'Henri Déplante avec l'auteur.
23. *Ibid.*
24. *Ibid.*

quatre ingénieurs et de deux dessinateurs. Marcel Bloch lui confie d'emblée le calcul de la charge de rupture d'un assemblage de pièces. Sa conclusion est sans équivoque : « *Ce travail est idiot!* »

« *C'est bien ce qui me semblait* », approuve Marcel Bloch qui licencie sur le champ le chef de fabrication responsable [25].

Marcel Bloch est un étrange patron. Rapidement Henri Déplante découvre l'existence d'une autre équipe de recherche, à Menton, dirigée par M. Pinaud assisté de deux ingénieurs. Grand gazé de guerre, il doit résider à Menton pour sa santé. C'est lui qui a eu l'idée du trimoteur postal entièrement métallique.

Mais l'existence de deux bureaux d'études retarde l'avancement des recherches. A la suite d'un différend, Marcel Bloch se sépare à l'amiable de Marcel Riffard qui part chez Caudron pour se consacrer à l'aviation de compétition.

La situation industrielle n'est pas brillante; aucune commande n'est enregistrée au cours de l'hiver 1930-1931. Le bureau d'études de Menton est alors fermé tandis que celui de Paris est réduit à trois personnes : deux ingénieurs, Maurice Roussel embauché en 1929 et Henri Déplante, plus un excellent technicien, Eugène Landras.

Marcel Bloch se consacre alors, avec ses collaborateurs, à l'étude du trimoteur postal MB 60. L'appareil est terminé en sept mois dans les ateliers d'un constructeur de réservoirs d'avion. Il est ensuite confié à Henry Delmotte pour le vol initial à Buc, le 12 septembre 1930 puis testé au Centre d'essais en vol à Villacoublay. Il se classe premier au concours, c'est le succès.

Au cours des essais, l'attention de Marcel Bloch est attirée par les carences techniques d'un programme d'avion sanitaire en cours d'élaboration. Il propose sa participation mais il est trop tard, les crédits de ce programme sont épuisés. Qu'à cela ne tienne, ce type d'appareil étant peu onéreux, il entreprend sur ses fonds propres l'étude d'un avion sanitaire, le MB 80. Il s'agit d'un avion métallique à aile basse transportant un pilote et un blessé couché qui est construit chez un façonnier de l'aéronautique, les établissements Letord à Meudon.

Le pari est double : Marcel Bloch mène de front deux programmes en espérant pour chacun des commandes en série. Toutefois, malgré des débuts encourageants, la poste aérienne n'étant pas encore assez développée, l'appareil postal n'est pas retenu : deux exemplaires seulement sont construits. Etonnante décision consécutive aux erreurs de gestion commises par le ministère de l'Air qui manque encore d'expérience et qui veut répondre aux besoins avant qu'ils ne soient exprimés.

Marcel Bloch continue néanmoins les essais du trimoteur postal qui est présenté, fin avril 1931, à une commission sénatoriale au Centre d'essais de Villacoublay. Lors du décollage, l'appareil est accidenté à la suite d'une

25. Entretien d'Henri Déplante avec l'auteur.

inversion des commandes due à l'inadvertance d'un mécanicien. Le pilote d'essai, Zacharie Heu, trop confiant dans les succès des vols précédents, n'a pas procédé, de son côté, aux vérifications d'usage. C'est un des plus grands désappointements de Marcel Bloch :

« *Le pilote décolla et l'avion s'effondra, se disloquant en mille pièces. Comme il ne tomba que d'une hauteur de trois à quatre mètres, le pilote ne fut pas blessé. En fait, au cours de la révision, les commandes de gauchissement avaient été inversées.*

« *Le résultat ne fut pas brillant, mais M. Caquot qui accompagnait les sénateurs eut un mot aimable pour me consoler*[26]. »

L'assurance dédommage en partie Marcel Bloch mais celui-ci a des échéances financières importantes, notamment la paye de ses employés.

Persuadé de la qualité de la cellule de son trimoteur postal et jouant contre la fatalité, il propose à l'Etat un essai statique destiné à démontrer la valeur de l'avion dont les ailes et l'empennage horizontal n'ont pas trop souffert lors de l'accident.

Cet essai est effectué le 1er mai 1931 : les ailes doivent porter pendant une minute douze tonnes de sable en sacs qu'Henri Déplante, sans hésiter, a lui-même aidé à placer. Les ailes résistent : Marcel Bloch a démontré que la structure est saine. Encouragé, il extrapole une version trimoteur de 900 cv, le MB 70, suivie elle-même d'une nouvelle version qui aboutit au MB 120, trimoteur de transport pour dix passagers.

Malgré tout, les difficultés financières ne sont pas résolues pour autant. Marcel Bloch est contraint de fermer le bureau d'études de la rue Ledru-Rollin. A l'automne de 1931, il installe son personnel dans un modeste appartement du boulevard Beaumarchais, en face du sien : deux pièces avec deux ou trois planches à dessin et un petit bureau pour les secrétaires. De son côté, l'équipe d'atelier travaille sur l'avion sanitaire à Chalais-Meudon.

Marcel Bloch ne dessine pas lui-même mais supervise toujours avec soin les épures auxquelles il accorde une grande importance. Son fils Serge, qui a alors six ans, vient quelquefois jouer au bureau d'études où il mélange joyeusement les plans. Henri Déplante se souvient :

« *Quand il tripotait les papiers on lui tapotait gentiment les joues*[27] *!* »

Malgré cette ambiance bon enfant, Marcel Bloch est inquiet, il sait que son succès ne sera complet que lorsqu'il recevra ses premières commandes.

---

26. *Aviation Magazine international*, 23 mars 1976.
27. Entretien d'Henri Déplante avec l'auteur.

Les premières commandes

A la fin de 1931, Marcel Bloch est radieux. Il peut annoncer à ses collaborateurs l'acceptation, par les services officiels, du trimoteur de transport pour dix passagers et du monomoteur sanitaire. Henri Déplante se souvient :

« Vous imaginez comme nous étions heureux d'autant plus que notre patron nous a fait part d'un de ses bons mots. Comme le ministère de l'Air lui faisait remarquer que ses dossiers de présentation étaient un peu légers, il leur a répondu : " Légers peut-être, mais mes avions aussi ! " Cela nous a beaucoup amusés[28]. »

Il faut maintenant, d'une part, préparer la production et, d'autre part, regrouper les services d'études et de fabrication dans un cadre plus approprié. A la fin de 1931, l'équipe emménage à Boulogne, dans un garage désaffecté, rue de l'Ancienne-Mairie, loué par Marcel Bloch avec le produit de la vente d'un de ses immeubles de l'avenue Ledru-Rollin. Henri Déplante se souvient d'un local confortable, disposant de trois bureaux au premier étage :

« L'atelier était vitré, bien éclairé mais par contre régnait une épouvantable odeur de pipi de chat[29]. »

Pour construire ses avions et étudier d'autres prototypes, il loue, en septembre 1932, un local plus grand à Courbevoie, quai Paul Doumer.

Marcel Bloch est conscient du retard de la construction aéronautique française : elle manque surtout de moyens d'essais. Il compte essentiellement sur une progression méthodique guidée par le bon sens mais veut également aller vite. Il fait reposer tout le poids de la recherche sur les essais en vol sachant que les souffleries sommaires de l'époque ne peuvent apporter que des réponses incomplètes :

« Le ciel les remplacera et apportera celles de mes pilotes[30]. »

Bouillonnant d'idées et toujours tourné vers l'avenir, Marcel Bloch demande à son bureau d'études de concevoir trois nouveaux appareils :

– Un monomoteur de liaison pour les colonies, le MB 110, pouvant transporter quatre passagers, équipé d'un moteur Gnome et Rhône K 7. Le seul prototype construit ne suscite aucune commande;

– Un monomoteur grand tourisme à aile haute, commandé par un baron mécène pour partir à la chasse aux grands fauves, le MB 90. C'est un biplace en tandem, cabine fermée, propulsé par un moteur Renault Bengali équipé d'une hélice dont le dessin est confié à Henri Déplante. Le Grand Tourisme 92 qui en découle est équipé d'un moteur De Havilland Gipsy, il vole en septembre 1932. Ils ne sont pas construits en série;

---

28. Entretien d'Henri Déplante avec l'auteur.
29. *Ibid.*
30. Propos rapportés par Henri Déplante à l'auteur.

– Un bombardier de nuit bimoteur quadriplace, le MB 200, répondant à une fiche programme lancée par le ministère de l'Air. Là, l'enjeu industriel est différent, tout le bureau d'études en est conscient. Gagner un contrat sur cet avion militaire de grande taille peut permettre à la société Marcel Bloch de s'imposer comme constructeur aéronautique majeur.

Devant l'abondance du travail, Marcel Bloch, organise, rationalise et sous-traite le plus possible de travaux pour soulager au maximum son bureau d'études. Les études générales concernant les trains d'atterrissage, les circuits de carburants, les circuits électriques sont confiées aux équipementiers.

Ne pouvant, malgré son désir, être présent partout, et rencontrant des difficultés dans ses relations avec le ministère de l'Air, il demande à son frère Paul s'il connaît une personne pouvant l'aider. Ce dernier le met en relation avec un de ses amis, camarade de promotion à Polytechnique, le colonel Auguste Le Révérend, qui s'était distingué à Verdun en commandant l'aviation de chasse.

Le colonel Le Révérend accepte de travailler pour Marcel Bloch qui lui confie les relations avec le ministère de l'Air, rôle qui lui fait tenir une place prédominante dans le développement de la nouvelle société [31].

La vie quotidienne de Marcel Bloch

En cette période d'entre deux guerres, l'emploi du temps de Marcel Bloch est d'une grande régularité.

Chaque matin, dès 8 h 30, il transmet par téléphone à ses principaux collaborateurs des directives précises – rarement confirmées par écrit – leur laissant le soin de les diffuser et de veiller à leur bonne application.

Vers 10 heures, dans son automobile qu'il conduit lui-même – généralement un modèle de grande marque car il aime les belles voiture – habillé d'un manteau, coiffé d'un chapeau, chaudement protégé par un cache-col et une couverture sur les jambes, il commence ses visites.

A l'usine de Courbevoie, il s'intéresse particulièrement aux activités du bureau d'études et surtout aux capacités des nouveaux embauchés qu'il tient à juger lui-même. Il inspecte aussi les ateliers et les stocks.

Un peu plus tard, à Villacoublay, dans les deux hangars où sont préparés les prototypes, il fait le point avec les pilotes d'essais et les mécaniciens qu'il « confesse » littéralement tant est grand son souci d'exactitude.

Il ne manque pas également de rencontrer les responsables du centre d'essais de l'Etat à Villacoublay et de se rendre régulièrement au ministère de l'Air pour s'enquérir des souhaits de l'état-major afin de répondre au mieux aux fiches programmes des appareils.

Henri Déplante s'est senti très motivé par l'attitude de son patron : *« Cette présence journalière auprès de nous, assortie d'une permanence*

31. Entretien de René Massing, neveu du colonel Le Révérend, avec l'auteur.

dans la ténacité et dans l'effort ont été contagieuses. Elles ont développé un esprit d'équipe exemplaire auquel il a pu faire appel sans réserve, les faits l'ont démontré [32]. »

L'année 1931 se termine. Marcel Bloch commence à attirer l'attention. Les résultats obtenus sont encourageants mais sa réussite fait des envieux.

Les premiers ragots commencent à se répandre. Ils vont le poursuivre toute sa vie. Il porterait, lors des visites d'usines de ses concurrents, des semelles de crêpe permettant, par adhérence, de ramasser des débris à terre : il pourrait ainsi connaître la nature des matériaux utilisés dans la construction des avions. Une doublure à carreaux de son manteau, aux dimensions précises, lui permettrait de mesurer les appareils de ses rivaux ainsi que le double décimètre qu'il cacherait dans la manche de son pardessus. Il offrirait des montres et des stylos de luxe à ceux qui s'opposent à ses projets. Il bénéficierait de bonnes relations avec les journaux en leur passant de pleines pages de publicité, conseillé en ceci par son ami Marcel Bleustein, fondateur de Publicis en 1927.

Quelques éléments de réponse peuvent être apportés en fonction des habitudes et du tempérament de Marcel Bloch.

Il est exact qu'il porte souvent des semelles de crêpe, il en portera toute sa vie car, à cause de son hypothermie chronique [33], il craint le froid et l'humidité que les semelles de cuir transmettent plus facilement. Ses avions étant de construction métallique, en duralumin, et les ferrures en acier spécial, il apparaît étonnant qu'il puisse s'intéresser aux autres constructeurs qui en sont encore souvent à la construction en bois et toile.

Il est effectivement souvent vêtu d'un manteau ou d'un imperméable – pour les mêmes raisons d'hypothermie – dont la doublure comporte parfois de grands carreaux, mais la mode est ainsi faite. En ce qui concerne le double décimètre :

« *Que faire avec un double décimètre quand un avion n'est fait que de courbes ? Ayant toujours fait les meilleurs avions dans chaque programme, je ne vois pas ce que j'aurais pu prendre chez un autre constructeur* [34]. »

Quant aux cadeaux destinés à acheter des opposants ou à faciliter la signature de contrats, nulle trace n'est restée, si trace il y a eu. Il est exact que Marcel Bloch offrait des cadeaux à ceux qui lui rendaient service, il n'en a jamais fait mystère, sa générosité est proverbiale. L'accusation qu'il soudoie les responsables politiques ou militaires susceptibles de lui passer des commandes ne repose sur aucune preuve.

En ce qui concerne la publicité, il est exact qu'elle est relativement importante en ce début des années trente, particulièrement dans l'hebdomadaire *Les Ailes* où il fait aussi passer des petites annonces de recrutement, mais il

---

32. Entretien d'Henri Déplante avec l'auteur.

33. Marcel Dassault souffre depuis son enfance d'une hypothermie chronique, son corps a une température constante de 36,5 degrés.

34. Marcel Dassault, 19 janvier 1983, archives Dassault.

n'y a là rien d'anormal. C'est une publicité d'un style nouveau, souvent une page entière ne contenant que très peu de texte [35]. Contrairement à ce qui a quelquefois été dit, elle n'aurait pas été inspirée par Marcel Bleustein :
« *Les publicités dans* Les Ailes, *ce n'était pas mon métier. Je ne m'en suis jamais occupé, Marcel Bloch ne m'a jamais demandé de conseils* [36]. »

En 1931, Philippe Pétain, maréchal de France, est remplacé par le général Maxime Weygand à la vice-présidence du Conseil supérieur de la guerre. Dans son sillage, se trouve le frère de Marcel, le général Paul Bloch, nommé chef du cabinet technique à l'état-major général de l'Armée. Son rôle est de définir les caractéristiques des armes nouvelles en intégrant les progrès les plus récents de la science et de l'industrie. Peu de temps après, des esprits chagrins insinuent que Marcel Bloch profite du poste de son frère afin de favoriser ses matériels. C'est ignorer que Paul Bloch n'est chargé que de la cavalerie et des blindés !

Même si ces critiques sont souvent sans fondement, Marcel Bloch ne reste pas indifférent, à tel point qu'il envisage de changer de nom. Toutefois, sa mère et la famille de cette dernière s'opposent à ce qu'il s'appelle Allatini [37]. Il décide alors de conserver son nom mais sans trop de regrets :
« *En fait, je n'ai jamais pensé à appeler mes avions Bloch-Allatini parce que Allatini, bien qu'étant très honorable, est quand même de consonance étrangère et ce n'est pas bon pour un constructeur de l'Etat travaillant pour la Défense nationale.*
« *Par contre, j'ai appelé du nom de Bloch-Allatini une fabrique de meubles qui était située dans le faubourg Saint-Antoine* [38]. »

Quand débute l'année 1932, Marcel Bloch se préoccupe surtout de ses avions qui doivent effectuer leurs premiers vols. L'année s'annonce importante.

35. On retrouve ce style dépouillé quarante ans plus tard dans les publicités que le député Marcel Dassault rédige pour ses célèbres pages du « Café du Commerce ».
36. Entretien de Marcel Bleustein-Blanchet avec l'auteur.
37. Entretien de Madeleine Dassault avec l'auteur.
38. Marcel Dassault, 19 janvier 1983, archives Dassault.

4

LES DEBUTS D'INDUSTRIEL DE L'AERONAUTIQUE

Au début de l'été 1932, l'avion sanitaire et l'avion de transport sont prêts. C'est alors que l'ingénieur représentant de l'Etat met en doute la résistance des longerons d'aile des deux avions dont les calculs ont été effectués par Henri Déplante. Marcel Bloch, inquiet, lui garde néanmoins sa confiance. Les essais, en présence de l'ingénieur, leur donnent raison : le longeron tient. Henri Déplante triomphe tout en se promettant d'augmenter à l'avenir ses marges de sécurité [1].

Les premiers avions

C'est aussi pendant l'été 1932 qu'ont lieu les premiers vols des avions à Villacoublay. Zacharie Heu est le pilote d'essai, Eugène Landras le responsable de piste.

L'avion sanitaire, construit en six mois, vole le premier. Il s'impose par ses qualités aérodynamiques et la facilité avec laquelle le brancard peut être placé au centre de gravité de l'appareil. Marcel Bloch, pour gagner du temps, fait construire trois prototypes.

Comme la mise au point est rapide, l'appareil est présenté au Centre d'expérimentation du matériel de Villacoublay. L'Etat, satisfait, commande vingt exemplaires. Les premiers sont utilisés à la fin de 1933, au Maroc, pour évacuer les militaires français blessés lors de la guerre du Rif, puis en Syrie. Les derniers sont livrés à la fin de 1935.

Le trimoteur de transport MB 70, extrapolation du trimoteur postal MB 60, vole en juillet 1932. Ses essais officiels terminés en août, il est doté d'un matériel photographique destiné à réaliser une cartographie de la chaîne des Pyrénées. L'appareil, de retour en octobre, reçoit des mitrailleuses et des

1. Entretien d'Henri Déplante avec l'auteur.

lance-bombes pour une version coloniale MB 120. Il reprend l'air dans les dernières semaines de 1932. Finalement, dix avions sont commandés sans affectation bien précise et construits à Courbevoie.

A la fin de 1933, un exemplaire du MB 120 est aménagé en avion de prestige pour le ministre de l'Air, Pierre Cot, qui doit se rendre, avec une escadrille de MB 200, en visite en URSS. La mission étant finalement annulée, l'appareil retourne à sa destination première.

Marcel Bloch trouve une utilisation civile pour six de ces appareils qui sont pris en compte par la nouvelle compagnie aérienne Régie Air Afrique, créée le 28 février 1934. Ils sont utilisés pour le développement du réseau commercial de la France avec ses colonies africaines.

A l'automne de 1932, Marcel Bloch embauche le frère d'Henri Déplante, Paul, également centralien. Composé désormais de six membres, le bureau d'études s'est installé, en septembre, sur les bords de la Seine, face à l'île de la Jatte. Il doit parachever le MB 200 et démarrer la fabrication des petites séries de trimoteurs coloniaux et de monomoteurs sanitaires. L'usine mère de Courbevoie se spécialise alors dans l'exécution des prototypes et des petites séries.

L'organisation de l'aéronautique militaire française

En 1933, Marcel Bloch a quarante et un ans. Le 30 janvier, Adolf Hitler est élu chancelier d'Allemagne tandis qu'en France, le 31, Pierre Cot est nommé ministre de l'Air. En février, la conférence du désarmement s'ouvre sous les auspices de la Société des Nations à Genève. Elle doit notamment débattre de la guerre aérochimique et du bombardement aérien. C'est dans ce contexte que, le 1er avril, est créée l'armée de l'Air française tandis que la Marine conserve sa propre aviation : l'aéronautique navale.

La même année, à Villacoublay, est créé le Centre d'expérimentation des matériels aériens (CEMA) [2]. L'entente avec les constructeurs présents sur le terrain n'est pas des plus cordiales :

« *Leurs bâtiments et hangars étaient fermés hermétiquement et très surveillés, ils étaient très méfiants envers nous. D'ailleurs, à cette époque, la méfiance à l'égard des constructeurs était la règle d'or au CEMA* [3]. »

A la fin de 1934, le CEMA impose une modernisation des essais en vol. Le pilote d'essai de Marcel Bloch, Zacharie Heu, ne veut pas adopter les nouvelles normes; il est remplacé par André Curvale qui vient du CEMA. Zacharie Heu accepte cependant de rester pour assurer la réception des avions de série.

Marcel Bloch a compris que, pour éviter des tensions et des incompréhen-

---

2. Il voit le jour par fusion des deux divisions : Section des essais en vol et Groupe des avions nouveaux. Ultérieurement, il devient le Centre d'essais en vol (CEV).

3. Entretien d'Henri Déplante avec l'auteur.

sions avec le CEMA, il doit choisir un pilote initié aux nouvelles méthodes donc issu de cet organisme. Ultérieurement d'autres chefs pilotes prennent la relève : René Le Bail, ancien pilote d'essai sur le porte-avions *Béarn*, puis Pierre Trebod et Daniel Rastel, tous deux issus du CEMA.

Par petites annonces dans *Les Ailes*, Marcel Bloch continue à recruter. Quelquefois même, c'est le hasard. Ainsi pour Lucien Martin, futur chef mécanicien des essais en vol :

« *Parti un matin à l'embauche avec une lettre de recommandation pour un patron des avions Wibault, je suis passé devant une usine où des gens attendaient. Je leur ai demandé s'ils attendaient pour l'embauche, ils m'ont répondu oui, et je me suis présenté : on m'a fait faire un essai jugé satisfaisant, et j'ai commencé le boulot le lendemain; huit jours après j'étais convoqué au pointeau pour signer mon contrat d'engagement. Avec stupeur, j'ai constaté à ce moment là que j'étais embauché aux avions Marcel Bloch, c'était le 13 juin 1933.*

« *De mon temps, il n'y avait pas de formation professionnelle à l'usine, ni d'école, on se formait sur le tas! C'est un ancien compagnon qui m'avait pris en double, il m'a appris mon métier et l'esprit aéronautique*[4]. »

A l'automne de 1934, Bention Grebelsky, diplômé de l'Ecole supérieure d'aéronautique, est engagé. Germain Bloch porte le nom du nouveau venu sur le tableau noir où figurent les effectifs de la société, il est le cent soixante-huitième embauché. C'est le début d'une collaboration qui durera cinquante-trois ans et amènera le jeune ingénieur au poste de président directeur général[5] :

« *C'était la bonne époque. On faisait tout, c'était assez simple. On achetait des équipements. On assemblait tout ça. On modifiait les avions très rapidement en une nuit*[6]. »

Collaborateur de Maurice Roussel et d'Henri Déplante, Bention Grebelsky apprend à connaître Marcel Bloch en travaillant sur les prototypes dont il contribue à améliorer les qualités. C'est ainsi qu'après un vol à Villacoublay, Marcel Bloch vient le remercier :

« *Il me dit de rester au terrain et téléphona à M. Germain pour m'affecter ma première voiture de société afin de faire tous les trajets*[7]. »

Chez Marcel Bloch, Bention Claude Grebelsky fait la connaissance de Lucien Martin qui se souvient :

« *Benno Vallières, il a posé des rivets avec moi : il était très doué comme ajusteur. S'il n'avait pas réussi comme PDG, à mon avis, il aurait fait un excellent compagnon*[8]. »

---

4. Lucien Martin, *Dassault-Breguet Informations* n° 29, décembre 1975.
5. Bention Grébelsky change son nom en Benno Claude Vallières après la guerre. Il devient gérant de la GAMD en 1955 et président directeur général des Avions Marcel Dassault – Breguet Aviation de 1971 à 1986.
6. Benno Claude Vallières, *Dassault-Breguet Informations*, 1981.
7. Discours prononcé par Benno Claude Vallières, 6 novembre 1986, archives Dassault.
8. Lucien Martin, *Dassault-Breguet Informations* n° 29, décembre 1975.

Le 9 février 1934, le général Denain succède à Pierre Cot au ministère de l'Air. Le 5 mars, il supprime la Direction générale technique à qui il reproche une politique dispendieuse de prototypes au détriment des fabrications en série.

Le nouveau ministre fait adopter, le 6 juillet, un Plan I de rénovation du matériel de l'armée de l'Air. Ce plan prévoit la fabrication de 1 360 avions en trois ans dont 1 010 en première ligne, choisis parmi les prototypes étudiés entre 1928 et 1932. L'idée est bonne, mais ce plan est irréaliste, ses ambitions sont démesurées par rapport aux moyens industriels disponibles. Les conséquences sont très graves pour l'industrie aéronautique française qui n'est pas préparée à une telle mutation :

« *Parfois séduite et parfois effrayée par la masse inusitée de ces commandes, elle les accepte – d'enthousiasme ou non sous la pression de l'Etat – tout en étant sûre de ne pas tenir les délais prescrits. De ce fait, le plan* [...] *qui doit être réalisé au début de 1936, le sera deux ans plus tard*[9]. »

Les constructeurs doivent totalement se reconvertir. L'Etat leur avait demandé d'étudier des prototypes et de réaliser de courtes séries, ils doivent maintenant faire de la production de masse et trouver le financement des importants investissements à effectuer.

Le MB 200

Sans hésiter, Marcel Bloch saisit la balle au bond et répond au programme de bombardier de nuit BN 4 [10]. Il présente le MB 200, avion de bombardement léger (7,5 tonnes au décollage), bimoteur métallique à ailes hautes, équipé de deux moteurs Gnome et Rhône 14 K de 740 cv, capable de transporter une tonne de bombes à 1 000 kilomètres et à 285 kilomètres à l'heure. C'est, dans ses grandes lignes, le trimoteur de transport MB 120 militarisé et amélioré.

Les dessins sont terminés au début de 1933, l'avion vole pour la première fois, le 26 juin, piloté par Zacharie Heu. Les premiers essais en vol révèlent un bon appareil qui n'exige que peu de modifications, seuls les moteurs et leurs radiateurs d'huile posent des problèmes de fragilité. Un mois plus tard, le CEV confirme les premiers essais constructeurs.

La rapidité de Marcel Bloch fait forte impression au ministère de l'Air peu habitué à une telle promptitude. Marcel Bloch, prévoyant et optimiste, annonce qu'il a déjà une équipe chargée des études de la fabrication en série du MB 200.

---

9. Henri Bouché, *L'Illustration*, 19 novembre 1938.
10. C'est un bombardier de nuit à quatre membres d'équipage, cher au ministre de l'Air, le général Denain.

A l'automne de 1933, trente avions sont commandés dans le cadre du plan des 1 010 adopté par le ministre de l'Air. Les services officiels stipulent que la commande de série est à répartir entre les industriels en rupture de plan de charges. Comme Marcel Bloch ne dispose pas de moyens suffisants à Courbevoie pour construire le MB 200, cette exigence l'arrange. Il s'accorde avec Henry Potez qui en fabrique vingt-six dans son usine de Méaulte. C'est le retour de la coopération entre Marcel Bloch et Henry Potez.

Henry Potez accepte le risque de favoriser un concurrent car il estime pouvoir tirer profit de la conception moderne du MB 200. L'appareil est commandé à 188 unités pour l'armée de l'Air. Le premier exemplaire de série vole en juillet 1934. A la fin de l'année, vingt appareils ont été livrés, les derniers le sont en juillet 1936.

Deux variantes sont fabriquées, en 1933, sur fonds privés : le MB 201 bimoteur Hispano et le MB 202 quadrimoteur Gnome et Rhône 14 K 7 de 500 cv, mais sans suite. Marcel Bloch n'est d'ailleurs pas très content de son quadrimoteur et dit de l'ingénieur responsable :

« *Roussel attache ses moteurs sur une voilure comme on attache des lampions sur une branche d'arbre !* [11] »

En 1935, Marcel Bloch exporte son MB 200. La Tchécoslovaquie achète la licence de fabrication de l'avion qu'elle équipe du moteur tchèque Walker 14 K. Elle a le temps de fabriquer 114 appareils avant l'annexion allemande de 1938.

Marcel Bloch et Henry Potez, prévoyant la carence des moyens de production français, décident de s'associer pour créer, en 1934, la Société aéronautique du Sud-Ouest (SASO) en reprenant, à la disparition de la Société aérienne bordelaise, les vétustes chantiers de Bacalan. Ils se regroupent également pour racheter la majorité des actions de la Société des moteurs Lorraine. L'association Bloch-Potez devient la plus puissante de l'industrie aéronautique française. Sous des apparences de bonne coopération, Henri Déplante a néanmoins perçu quelques problèmes :

« *Quand Potez a compris que Marcel Bloch lui fauchait des commandes, ils m'ont semblé moins amis* [12]. »

Le MB 210

En 1934, au XIVe Salon de l'aéronautique qui se tient au Grand Palais à Paris, Marcel Bloch présente un nouveau prototype issu du MB 200 qui fait forte impression.

Il a demandé, à la fin de 1933, à son bureau d'études, déjà occupé par le MB 200, de dériver un nouvel avion, bombardier de nuit, cinq places : le MB 210. Le fuselage est agrandi afin de pouvoir transporter 1,5 tonne de bombes à 1 100 kilomètres. C'est, au départ, un programme demandé par la

---

11. Propos rapportés par Benno Claude Vallières, *Dassault-Breguet Informations*, 1981.
12. Entretien d'Henri Déplante avec l'auteur.

Marine qui souhaite un hydravion avec une aile basse. L'étude de ce modèle est confiée à Bention Grebelsky :

« Quand je suis rentré dans la société, en 1934, petit ingénieur, j'étais tout surpris. Premièrement du dynamisme de la société, deuxièmement, des décisions de M. Dassault qui consistaient à donner des responsabilités très grandes à de jeunes ingénieurs. Pouvait-on penser quelque part, dans une autre société, pas seulement en France, ni en Europe, ni en Amérique, de confier un hydravion à ma personne alors que j'avais vingt-cinq ans. Et c'était vrai, pas seulement pour moi, mais pour les autres avions c'était la même chose. Il y avait les frères Déplante et d'autres qui apprenaient, qui faisaient des essais et qui étaient complètement formés pour leur avenir[13]. »

Il essaye l'hydravion *MB 210* à Marignane, ce qui lui laisse un grand souvenir :

« Il fallait l'équiper de flotteurs tenus par des mâts, ce que je fis et un jour on lança l'avion sur l'eau. Tout fier, je téléphonai à M. Dassault qui me dit simplement : « Ah bon! Alors il n'a pas coulé[14]*? »*

Marcel Bloch pressent alors trois versions pour son nouveau modèle :

– Militaire sur flotteurs, d'abord testée en version terrestre à train fixe. Le premier vol est effectué le 23 novembre 1934, André Curvale est aux commandes. Le 8 février 1935, l'avion est présenté au CEV. Le 26 de ce même mois, la version sur flotteurs, adaptée par Bention Grebelsky, effectue son premier vol à Saint-Raphaël;

– Militaire terrestre dotée d'un train d'atterrissage rentrant et d'hélices à pas variable. Elle intéresse au plus haut point l'état-major de l'armée de l'Air qui l'inscrit comme programme prioritaire;

– Civile pour Air France. En avril 1935, le chef pilote de la compagnie aérienne, Lionel de Marmier, juge favorablement le prototype militaire qu'il a testé. Ce projet aboutit au MB 220, avion civil.

Le secret de la réussite de Marcel Bloch est simple. Il a ainsi su gagner, en anticipant leurs besoins, la confiance des trois importants clients : la Marine, l'armée de l'Air et Air France.

En mai 1935, l'armée de l'Air commande 130 avions aux usines Bloch, Hanriot et Caudron. Ultérieurement, ce nombre est porté à 298 dont 10 à livrer à la Roumanie, principal client d'avions militaires français.

L'appareil est accueilli favorablement dans les unités de l'armée de l'Air. Mais, assez rapidement, surviennent des accidents inexpliqués, en particulier des pannes de moteurs au décollage.

Une première enquête, demandée par Pierre Cot, confiée à un officier mécanicien du Centre d'essais en vol, incrimine les équipes de maintenance

---

13. Benno Claude Vallières, 15 octobre 1980, lors de son élévation à la dignité de grand officier de la Légion d'honneur.

14. Discours prononcé par Benno Claude Vallières, 6 novembre 1986.

qui ont laissé partir les avions par temps très chaud après des points fixes douteux [15].

Ces problèmes de moteurs, omniprésents, hypothèquent lourdement le développement des matériels aériens. Les moteurs, c'est le point faible de la production aéronautique française. Pourtant, il s'agit d'un phénomène ni nouveau ni inconnu. Déjà, en 1919, dans le cours d'aéronautique professé à l'Ecole supérieure de guerre, on peut lire :

« *Tout le problème de l'aviation se ramène à une question de moteurs* [16]. »

Le ministère de l'Air, à la suite de la plainte du 22 mai 1936 émanant de l'état-major de l'armée de l'Air, ordonne une nouvelle enquête sur les moteurs Gnome et Rhône 14 K montés sur les MB 210. Les conclusions, remises le 24 juin, mettent en évidence deux défauts principaux : une insuffisance des essais de réception des moteurs en usine et un grippage des pistons qui concerne 68 % des moteurs en août 1935 [17].

Les moteurs ne sont pas bons. A l'origine, l'appareil devait être équipé de deux moteurs Gnome et Rhône 14 K de 1 000 cv chacun. Ces moteurs n'atteignent, en réalité, que 600 cv, l'appareil est donc trop lourd pour la puissance développée. D'autre part, les capots moteurs sont mal conçus pour le refroidissement et les moteurs grillent pendant la montée.

De plus, les jeunes mécaniciens de l'armée de l'Air nouvellement créée manquent d'expérience pour assurer les services au sol. Les personnels navigants, trop rapidement formés, n'ont pas le temps de s'adapter à ces appareils. En effet, le MB 210, est l'appareil le plus moderne de l'armée de l'Air, il possède à la fois un train rentrant, des hélices à pas variable, des volets hypersustentateurs, une cabine fermée. Toutes ces améliorations, réunies sur un même modèle, sont difficilement assimilées par des personnels mal préparés. Le pilotage de l'appareil ne peut se comparer à celui des avions sur lesquels les pilotes ont déjà volé. La masse, et surtout l'inertie qui en découle, modifient les habitudes.

Après cette enquête, pendant l'hiver 1937-1938, les moteurs Gnome et Rhône 14 K sont remplacés par des 14 N à têtes de cylindres mieux refroidies. Equipé de ces nouveaux moteurs et sorti de ses « maladies de jeunesse », le Bloch 210 achève correctement sa carrière.

La version civile, le MB 220 qui vole le 11 juin 1936, est équipée de moteurs 14 N et ne connaît aucun problème majeur. Elle est appréciée par Air France qui dispose d'un appareil pouvant transporter 16 passagers à 300 kilomètres à l'heure. C'est sur un MB 220 que le président du Conseil, Edouard Daladier, se rend à Munich pour signer les célèbres accords. En 1945, le même type d'appareil, avec des moteurs Wright Cyclone, devient le MB 221 dont certains exemplaires assurent la liaison Paris-Londres.

---

15. Entretien d'Henri Déplante avec l'auteur. Un point fixe est un essai de moteur au sol.
16. Archives de l'Ecole supérieure de guerre.
17. Déposition de l'inspecteur général de l'Aéronautique Albert Etévé devant la Cour suprême de justice, 15 octobre 1940, Archives nationales, 496AP38.

Marcel Bloch a été critiqué pour le manque de fiabilité de ses avions MB 210 et violemment dénigré par une campagne de presse qui n'a tenu aucun compte des conclusions des rapports officiels. Il en a été fortement marqué comme en témoigne Pierre Messmer :

« Quand je suis devenu ministre des Armées, il m'en a parlé à notre première rencontre car il savait, qu'avant la guerre, j'avais fait un stage d'observateur aérien à Tours sur ses avions. Il m'a dit que si ces avions n'avaient pas une très bonne réputation, c'était à cause des moteurs [18]. »

Marcel Dassault a également apporté une réponse sur les défauts reprochés au MB 210 :

« Je réponds à cette affirmation diffamatoire que la cellule du Bloch 210 répondait à toutes les normes du ministère de l'Air. Notamment on a fait l'essai statique et les essais en vol au Service technique de Villacoublay, la cellule a été déclarée bonne pour la commande. Jamais personne ne s'est plaint de cette cellule. Pour le moteur, il m'était fourni par l'Etat, je n'ai pas à me justifier [19]. »

Dans cette explication, écrite en 1983, apparaît un des traits caractéristiques du personnage. Il n'est pas porté à la polémique, il laisse hurler les loups. Cependant, ce sont surtout les propos des loups qui ont été retenus. Faute d'avoir réagi en temps voulu et surtout de s'être véritablement expliqué, il voit certains de ses avions affublés, par une certaine presse, de dénominatifs peu flatteurs qui le blessent profondément.

La presse devient alors son obsession. S'il est généralement l'objet d'articles bienveillants dans la presse aéronautique, la presse non spécialisée s'en prend souvent à lui. *Gringoire* et *Je suis partout*, publications agressives et antisémites, dénoncent régulièrement les « combines du Juif Bloch ». Il est attaqué pour ce qui ne marche pas mais aussi pour ce qui marche. C'est un industriel qui monte, donc jalousé par ses concurrents. Les envieux, pour expliquer sa réussite, mettent en avant le poids du lobby juif, insinuent qu'il pratique des méthodes contestables. Pour l'instant, Marcel Bloch n'est pas trop vulnérable et se moque de ces ragots. En fait, il travaille vite, trop vite au goût de certains. Ses ennemis attendent le faux pas.

En 1935, à quarante-trois ans, Marcel Bloch se partage entre ses activités professionnelles, sa vie familiale et l'éducation de ses enfants. Serge se souvient d'avoir pris conscience de la personnalité de son père, de ses préoccupations et de son rôle, dès son enfance :

« J'avais dix ans, nous habitions avenue Henri-Martin. J'allais à pied au lycée Janson-de-Sailly. Mon père a toujours eu une vie très discrète et très sobre. Je n'ai pas le souvenir de mondanités ou de fêtes particulières, il sortait assez peu et était présent aux dîners. En revanche j'ai le souvenir d'une

18. Entretien de Pierre Messmer (ministre des Armées de 1960 à 1969) avec l'auteur.
19. Marcel Dassault, 19 janvier 1983, archives Dassault.

vie familiale assez forte. Le week-end, nous allions à la campagne à Vaucresson[20]. »

Marcel Bloch, toujours tenu par sa passion, sent que l'époque est propice à l'expansion, que le talent a sa chance :

« *Mon père ne parlait que très peu de ses affaires, mais des avions il en parlait continuellement. Je dois dire que mon univers d'enfant a été un univers de prototypes. Mon père était habité par l'aéronautique et souhaitait que je m'intéresse à l'aviation.*

« *Je l'ai toujours connu totalement investi dans son travail, y pensant sans cesse, demandant en retour une disponibilité totale à ses collaborateurs. Je dois dire que cette énorme capacité de travail, d'invention et d'innovation était remarquable*[21]. »

Marcel Bloch se tient régulièrement au courant des souhaits de ses clients. Il visite fréquemment le ministère de l'Air où il apprend à s'adapter aux changements d'hommes, de doctrine et recueille les souhaits des officiers de l'état-major de l'armée de l'Air.

Ses responsabilités l'amènent à côtoyer ceux qui influent sur les décisions du secteur aéronautique. Il évite pourtant d'évoquer ces problèmes en famille :

« *On parlait très peu de politique. On parlait hélice, technique, aviation. La politique avait très peu de place, du moins à mes yeux. Mon père parlait des personnalités qui étaient ses interlocuteurs privilégiés : Laurent-Eynac, Painlevé, Cot, Déat.*

« *Nous ne voyions notre père que le soir. Le dîner avait quelque chose de sacré, nous le faisions en famille, tous les quatre. Mais en dehors du dîner, je ne voyais pratiquement pas mon père qui travaillait. Cette vie-là était relativement bien réglée et n'avait rien d'extraordinaire.*

« *Le souvenir que j'ai de ces dîners est double. D'abord un énorme sentiment de tranquillité et d'affection familiale. Ensuite une préoccupation très forte de la part de mon père pour notre travail scolaire. Il se montrait très attentif pour tout ce qui se passait à l'école et me demandait souvent mes notes. Par contre, je ne me rappelle pas qu'il m'ait aidé à faire un devoir*[22]. »

Il y a aussi la détente, à Deauville où la famille Bloch fait la connaissance, sur la plage, de la famille Daugny. Les enfants sympathisent, Serge joue avec Bertrand qu'il retrouve à Paris où les jeux continuent avec le train électrique de Serge. Sans le savoir, Bertrand Daugny a rencontré son futur employeur[23].

---

20. Entretien de Serge Dassault avec l'auteur.
21. *Ibid.*
22. *Ibid.*
23. Bertrand Daugny entre chez Marcel Dassault en 1954 pour s'occuper d'électronique. Il devient président directeur général de Dassault Electronique en 1986.

Alors que la France reste pacifiste, les événements s'accélèrent de l'autre côté du Rhin. Le 11 mars 1935, Herman Gœring annonce la création de la *Luftwaffe*. Le 15 mars, Adolf Hitler proclame le service militaire obligatoire. L'Allemagne remilitarise, les esprits s'inquiètent.

En France, le ministère de l'Air essaie de réagir devant cette nouvelle menace. Comme il faut plus d'avions, le Plan I est porté à 1 500 appareils. L'effort est vain car ces commandes ne peuvent être honorées par une industrie vieillie, incapable de faire face et qui hésite à investir dans l'outillage spécialisé pourtant indispensable à la réalisation d'avions modernes.

Les avions du programme BCR

Alors que la majorité des industriels aéronautiques hésite à passer d'une production encore artisanale à une production industrielle, Marcel Bloch met les bouchées doubles. Encouragé par ses premiers succès, il s'engage dans le programme d'avion BCR (Bombardier-Combat-Renseignement) qui donne naissance au MB 130 Guynemer.

L'armée de l'Air veut un avion multiplaces qui doit voler de jour et donc être fortement défendu par des tourelles de mitrailleuses couvrant tous les angles.

L'état-major ne réalise pas que son postulat de la défense d'un avion dans tous les plans est rendu de plus en plus difficile par l'évolution des performances, notamment par la vitesse atteinte par les avions de chasse. Le MB 130 ressemble à une ligne Maginot volante. Henri Déplante n'est pas fier de son nouveau coursier :

« Les trois tourelles par trop byzantines apparaissent définitivement choquantes, la vitesse est insuffisante. Les conditions de vol étaient très désagréables en piqué car il fallait démontrer une importante capacité de survitesse, ça vibrait de partout [24]. »

Ces vibrations obligent à renforcer l'avion. C'est alors que le bureau d'études de Marcel Bloch apprend que le centre de tir de Cazaux a constaté qu'il était illusoire, au-delà de 300 kilomètres à l'heure, de penser atteindre avec une mitrailleuse de calibre de 7,5 millimètres un ennemi attaquant par le travers. Le vent latéral modifie la trajectoire de la balle à la sortie de l'arme :

« Cet effet qui porte l'appellation « gifle de Cazaux » sonne l'hallali des grandes tourelles rotatives conçues pour tirs tous azimuts avec mitrailleuses de 7,5 millimètres. Nous décidons alors de passer à un avion plus fin, le MB 131 [25]. »

En accord avec l'état-major de l'armée de l'Air, le MB 131 prend une forme plus fine. L'avant vitré qui ne comporte plus de tourelle de nez est mieux profilé, la vitesse et les conditions de tir sont également améliorées.

---

24. Entretien d'Henri Déplante avec l'auteur.
25. *Ibid.*

Ce bimoteur, commandé à 44 exemplaires en octobre 1935, est à l'origine de deux versions voisines munies d'empennages à deux dérives, les MB 132 et MB 133, à moteur Hispano de 1 000 cv. Au total, 112 appareils sont commandés dans ces deux versions.

Les importantes modifications de structure nécessitées par les vibrations en survitesse, conjuguées aux grèves de 1936, entraînent un retard dans la mise au point et dans la production. Cet appareil ne peut être présenté aux essais officiels qu'en novembre 1936; ils ne se terminent qu'en novembre 1937 après une mise au point laborieuse :

« Nous avons conscience d'avoir livré un avion aux honnêtes qualités mais aux performances très moyennes.

« Finalement, nous avons trouvé l'origine des vibrations. Marcel Bloch nous avait dit : " On a touché à tout sauf aux empennages, on va essayer ", et ça a marché! C'était l'empennage horizontal qui les créait, on l'a raccourci de trente centimètres et ça a été terminé[26]. »

Ces délais de mise au point n'inquiètent pas la Direction technique et industrielle du ministère de l'Air :

« Ce délai, qui dépasse la moyenne normale de durée des essais de prototype, n'est cependant pas démesuré si l'on considère les circonstances qui ont entouré la création et l'expérimentation de cet appareil[27]. »

L'armée de l'Air a besoin rapidement d'un grand nombre d'avions car :

« Il est certain que dans les périodes de tension comme celle que nous traversons actuellement, il peut être opportun de ne pas attendre une expérimentation prolongée du prototype.

« Cette méthode présente par contre des aléas. Néanmoins, elle a été estimée bonne dans beaucoup de cas comme ceux qui se présentent actuellement.

« Une réussite complète et rapide est alors un beau succès.

« Le cas du Bloch 131, qui est un appareil réussi mais qui aura payé sa mise au point définitive d'essais assez longs, n'est qu'un demi succès[28]. »

Des accidents de MB 131 entraînent des enquêtes aux conclusions contradictoires et déconcertantes. L'Inspection générale technique de l'armée de l'Air met en cause un défaut d'alimentation des moteurs analogue à celui constaté sur les MB 210, la Direction technique et industrielle du ministère de l'Air conteste cette cause et pense que ce sont les correcteurs altimétriques automatiques qu'il faut incriminer. Furieuse, la Direction du matériel aérien militaire estime que l'Inspection technique outrepasse ses droits en menant cette enquête qui fait double emploi avec la sienne [29]. Cette querelle entre services est caractéristique de l'ambiance qui règne au ministère de l'Air.

---

26. Entretien d'Henri Déplante avec l'auteur.
27. Service historique de l'armée de l'Air (SHAA), Z 12935, 16 mai 1938.
28. SHAA, Z 12935, 16 mai 1938.
29. SHAA, Z 11607, 26 décembre 1938.

En fait, les services techniques du ministère de l'Air pratiquent la fuite en avant. Par crainte d'être accusés de ne pas avoir les matériels les plus modernes, ils font régulièrement apporter des modifications lors de la fabrication : amélioration de la vitesse par changement de moteur, installation d'un armement plus performant. Ces initiatives sont louables mais entraînent des dépenses supplémentaires et surtout allongent les délais de sortie. Marcel Dassault n'oubliera pas la leçon des faiblesses de ces donneurs d'ordres industriels.

De leur côté, les constructeurs savent qu'ils doivent aller vite. Souvent, ils n'ont ni le temps ni même les moyens de résoudre tous les problèmes. Les appareils sont livrés imparfaits, en toute connaissance de cause, mais comment faire autrement?

Les solutions apportées sont quelquefois empiriques. « *On verra plus tard* » est la phrase la plus entendue dans les couloirs du ministère de l'Air où il ne faut jamais oublier de faire aussi plaisir au ministre.

Produire des avions, c'est utiliser des machines mais c'est surtout travailler avec des hommes, Marcel Bloch l'a très bien compris.

L'octroi des premiers congés payés en France

En 1935, alors que la situation sociale s'alourdit en France, le principal délégué syndical de l'usine Bloch de Courbevoie, Lucien Ledru [30], demande six jours ouvrables de congés payés ainsi qu'un contrôle syndical sur l'embauche et la débauche du personnel. Marcel Bloch négocie avec les syndicats et concède une semaine de congés payés. Du jamais vu! Il propose également à ses ouvriers un intéressement de 20 % sur les bénéfices :

« *Ils m'ont répondu qu'ils ne tenaient pas à avoir les responsabilités d'une gestion et que, par conséquent, les bénéfices ne les intéressaient pas.* [...] *La difficulté venait du fait que je ne parlais pas avec les ouvriers mais avec les délégués. Or les délégués ont des doctrines* [31]. »

Au cours des entretiens avec les délégués syndicaux, Marcel Bloch comprend leurs intentions :

« *En 1935, les délégués de mes ouvriers m'ont dit : " Ce que nous voulons, c'est l'usine, et parce que vous êtes un bon patron, on vous prendra comme directeur. "*

« *Dès cette époque-là, j'étais donc prévenu de ce qu'ils voulaient : l'usine. J'aurais pu avoir peur, mais je me suis dit : " Si cela arrive un jour, j'aurai quand même eu du bon temps dans l'intervalle ". Parce que pour moi, l'important ce ne sont pas les lingots* [d'or] *mais la construction d'usines. J'aime à faire travailler des ouvriers. Je suis heureux d'inventer des avions. Là, je prends du bon temps* [32]. »

30. Lucien Ledru, ouvrier ajusteur d'études, est l'interlocuteur syndical de Marcel Bloch.
31. « Radioscopie », France Inter, 6 janvier 1971.
32. *Ibid.*

Marcel Bloch croit aux idées sociales qui vont dans le sens de son réalisme industriel. Il est persuadé qu'un ouvrier heureux est un ouvrier qui travaille bien et a compris qu'une usine moderne ne peut pas travailler comme une usine du XIXe siècle.

Sa société dispose d'une protection sociale, d'une organisation du travail et d'une grille de rémunérations en avance par rapport au reste de l'industrie. Mais, ni le patronat français, ni la Chambre syndicale des industries aéronautiques ne comprennent ses motivations.

Alors qu'avant tout du calme, de la réflexion, de l'organisation et du temps seraient nécessaires pour lui permettre de mettre en place son plan d'aménagement industriel, survient un événement capital et inattendu : la nationalisation de l'industrie aéronautique.

5

NATIONALISATION ET ADAPTATION INDUSTRIELLE

Le 24 janvier 1936, Albert Sarraut devient président du Conseil et Marcel Déat ministre de l'Air. En mars, l'Allemagne, viole le traité de Versailles et occupe la Rhénanie; la France ne réagit pas. Si la situation internationale se dégrade, la situation intérieure française, surtout sur le plan social, n'est pas meilleure. Le mécontentement grandit, les esprits s'enflamment, les oppositions idéologiques de droite et de gauche s'exaspèrent.

Le syndicat des travailleurs de la métallurgie dont dépend l'aviation demande, comme les autres syndicats, la semaine de quarante heures, la conclusion de conventions collectives, les congés payés : les instances patronales, dont la Chambre syndicale des industries aéronautiques, opposent un refus définitif.

Les événements sociaux de 1936

Le 3 mai 1936, lors des élections législatives, la coalition des partis de gauche obtient la majorité à l'Assemblée nationale. Le 4 juin, le Front populaire est créé : Léon Blum devient président du Conseil et Pierre Cot retrouve son portefeuille de ministre de l'Air.

Marcel Bloch est favorable à ce changement :

« En 1936, j'étais radical-socialiste, donc je ne trouvais pas anormale cette révolution sociale de Léon Blum. Je la trouvais même plutôt bonne [1]*.»*

Le 11 mai 1936, dans l'usine Breguet du Havre, une grève éclate accompagnée d'occupation de locaux afin d'obtenir l'annulation du licenciement de deux ouvriers ayant chômé le 1er mai. Le 12, ils sont réintégrés. Le jour suivant, le même scénario se produit chez Latécoère à Toulouse. La grève ne dure qu'une journée car la direction cède également.

Le 14 mai, la société de Marcel Bloch est atteinte par le mouvement qui

---

1. Marcel Dassault sur la 2e chaîne de télévision, 8 décembre 1970.

s'étend à toute la France. L'usine de Courbevoie se met en grève, les sept cents ouvriers décident d'occuper les ateliers et d'y passer la nuit.

Serge Dassault garde le souvenir de cette époque :

« Il me reste de l'année 1936 des images très précises car c'est la première fois que j'ai vu mon père très préoccupé. Pour lui, cette grève représentait un énorme gaspillage de temps et d'énergie. Il continuait de travailler, de dessiner, d'inventer, mais la production ne suivait pas. Chaque jour, il espérait que les choses rentreraient dans l'ordre le lendemain afin que les usines puissent redémarrer et honorer les commandes [2]. »

Marcel Bloch est inquiet, ses usines ne tournent plus. Il entend alors régler lui-même le problème avec ses ouvriers :

« On m'a téléphoné que mon usine de Courbevoie était occupée, c'est-à-dire que les ouvriers étaient dedans, jouaient de la musique, etc. Alors, je suis allé seul à l'usine à huit heures du matin. J'ai parlé avec eux et puis, finalement, tout s'est arrangé. Ils ont évacué l'usine et tout s'est bien passé [3]. »

Marcel Bloch négocie très rapidement avec les syndicats :

« Cela s'est passé admirablement puisqu'en général je leur donnais tout ce qu'ils voulaient [4] *!* »

Le 16 mai 1936, il accorde des congés payés supplémentaires et accepte de régler les heures de grève. Passant sur les négociations difficiles, Marcel Dassault, trente-cinq ans plus tard, livre un souvenir idyllique des tractations de 1935-1936 :

« En 1935, dans mon usine de Courbevoie, j'avais proposé à mes délégués de leur donner 20 % des bénéfices. Ils m'avaient répondu : " Vous êtes bien gentil, mais nous, nous ne voulons pas collaborer avec le patronat. Notre souhait, c'est que l'usine nous appartienne un jour et comme vous êtes bon patron on vous prendra comme directeur ".

« Devant cette situation, j'ai pensé à autre chose qui puisse leur faire plaisir et je leur ai donné huit jours de vacances payées. C'était une nouveauté. Quand Blum donna quinze jours en 1937, j'ai accepté de leur donner trois semaines. Quand Renault a donné trois semaines j'en ai donné quatre et, quand on est arrivé à quatre, j'ai réfléchi que la meilleure solution était de les mettre au mois parce qu'un personnel au mois sort de sa condition ouvrière, qu'il est plus attaché à la maison qui l'emploie et plus intéressé à son avenir [5]. »

Trois semaines plus tard, le 7 juin 1936, le gouvernement du Front populaire signe les accords Matignon qui instituent les conventions collectives, les congés payés et la semaine de quarante heures. Les grèves de 1936 ont

---

2. Entretien de Serge Dassault avec l'auteur.
3. Marcel Dassault sur la 2e chaîne de télévision, 8 décembre 1970.
4. *Ibid.*
5. *Ibid.*

profondément marqué le secteur aéronautique même si elles le dépassent largement :

« La grève très dure de 1936 a été provoquée pour des motifs qui étaient totalement extérieurs aux conditions de travail de la société des avions Marcel Bloch. Les syndicats répondaient à un mot d'ordre politique, formulaient des revendications qui avaient été définies au niveau national et qui étaient pour la plupart sans objet puisqu'elles avaient été satisfaites. L'outil de travail était le moyen et l'alibi d'un conflit totalement étranger à l'entreprise.

« Politiquement, le climat était très tendu, tout le monde sentait qu'il fallait s'équiper de matériels militaires compte tenu de ce qui se préparait en Allemagne. Ce besoin potentiel non satisfait accroissait encore le sentiment de gaspillage et de ratage. Pour mon père, et c'est le souvenir que j'ai conservé de cette période de l'histoire, la grève représentait un retard extrêmement grave dans notre production d'armement qu'on ne rattraperait jamais[6]. »

Ayant réglé les problèmes sociaux, le Front populaire s'attaque à l'un de ses grands objectifs politiques : nationaliser l'industrie d'armement.

L'intervention de l'Etat

Le 26 juin, le projet de loi de nationalisation est déposé à la Chambre des députés. Il est le reflet de la préoccupation du gouvernement de Léon Blum qui, pour des motifs économiques, moraux et idéologiques, souhaite contrôler la fabrication des matériels de guerre destinés aux besoins de la Défense nationale. L'Etat espère aussi éviter que les activités d'armement puissent être, pour des particuliers, une source de bénéfices susceptibles de les encourager à pousser à la guerre.

Le projet de loi prévoit d'exproprier avec indemnisation, totale ou partielle, certaines entreprises qui fabriquent des matériels de guerre et de se limiter aux besoins normaux de la Défense nationale. Il envisage un contrôle strict des activités et des bénéfices des industries non expropriées qui se livrent à la fabrication et au commerce des matériels de guerre.

Leur définition est claire, il s'agit des armes à feu et leurs munitions, des engins destinés à porter les armes à feu et à les utiliser au combat. L'aéronautique est concernée au premier chef car le gouvernement veut faire de ce secteur un des modèles de ses ambitions industrielles et sociales.

Le 17 juillet 1936, la loi est adoptée par 485 voix contre 45 à la Chambre des députés. Le 7 août, le Sénat l'approuve et elle est publiée au *Journal officiel* du 11 août. Pour le législateur, elle doit permettre une concentration plus grande des entreprises avec constitution de sociétés disposant de per-

---

6. Entretien de Serge Dassault avec l'auteur.

sonnels, de moyens industriels et financiers adaptés. Il espère ainsi une accélération de la fabrication des avions en série et à meilleur coût.

Six sociétés d'économie mixte sont créées [7] au capital de 100 000 francs chacune, les deux tiers appartenant à l'Etat. Les décrets d'application, des 16 et 26 janvier 1937, complètent la loi et servent de base juridique aux nouvelles sociétés.

Le ministre de l'Air nomme Henry de l'Escaille, ancien dirigeant de Loire-Nieuport, président de l'ensemble des six sociétés nationales. A la tête de chacune, l'Etat nomme un administrateur-délégué.

Alors que le début de la guerre d'Espagne préoccupe l'opinion publique et éclipse la véritable révolution qui touche l'aéronautique, le ministère de l'Air fait désigner des experts pour évaluer les immeubles, les machines, les équipements, les terrains en vue d'une indemnisation.

Le ministre et son entourage sont prudents, ils ne souhaitent pas tout nationaliser. Conscient qu'il est plus facile de nationaliser les machines que les cerveaux, l'Etat entend se réserver l'outil de production mais souhaite laisser la possibilité aux firmes qui le désirent de conserver une liberté complète pour les travaux d'études et la réalisation des prototypes, avec les aléas que comportent ces activités. Pierre Cot entend récompenser la créativité :

« Cela nous permet de rémunérer, comme il convient, la découverte et l'activité. Il faut que l'Etat sache payer, et largement, ceux qui le servent. Il faut que toute invention dont l'Etat bénéficiera profite aussi à l'inventeur [8]. »

La production industrielle de série revient aux sociétés nationales qui conservent également une vocation au développement de produits nés dans leurs propres bureaux d'études.

Pierre Cot a compris qu'il hypothéquerait l'avenir en se privant de la collaboration des constructeurs existants. De plus, il ne possède pas dans son ministère de cadres assez qualifiés pour prendre la direction d'une société nationale. Il offre donc ces postes aux industriels expropriés. A ses yeux, leur acceptation est une des conditions essentielles de la réussite de son œuvre. Selon Henri Déplante :

« Pierre Cot était un homme honnête. Il s'entendait bien avec Marcel Bloch. Il avait été ébranlé par sa volonté de tenir les délais et parce qu'il produisait des avions dans des locaux neufs et modernes. Par contre, les services officiels étaient contre lui car il était de confession israélite [9]. »

Toutefois, les moyens financiers qui sont mis à la disposition du ministre ne sont pas à la mesure de ses objectifs.

---

7. Les Sociétés nationales de constructions aéronautiques du Nord (SNCAN), de l'Ouest (SNCAO), du Sud-Ouest (SNCASO), du Sud-Est (SNCASE), du Midi (SNCAM) et du Centre (SNCAC).
8. Pierre Cot, ministre de l'Air, *Revue de l'armée de l'Air* n° 98, septembre 1937, page 1023.
9. Entretien d'Henri Déplante avec l'auteur.

A l'origine, le ministère de l'Air, en accord avec celui des Finances, devait disposer de 400 millions de francs [10] pour nationaliser la quasi totalité des industries de cellules et de moteurs. Mais, 250 millions de francs seulement ayant pu être affectés à cette opération, le programme s'en trouve réduit d'autant : la concentration industrielle n'est pas réalisée, la décentralisation géographique est freinée.

Henry Potez et Marcel Bloch sont les seuls à accepter de signer un accord amiable avec l'Etat. Henry Potez, le premier, touche 38 millions de francs d'indemnités et accepte d'administrer la Société nationale de construction aéronautique du Nord dans laquelle il investit 5 millions de francs [11].

Marcel Bloch, ensuite, touche 27,2 millions de francs [12]. Il accepte d'administrer la Société nationale des constructions aéronautiques du Sud-Ouest (SNCASO) [13] dans laquelle il investit 5 millions de francs [14]. Il a touché en indemnités d'expropriation (immeubles, matériels et outillages) 15,4 millions pour Courbevoie, 10,7 millions pour Châteauroux, 1,1 million pour Villacoublay soit un total de 27,2 millions. De plus, il partage 9,3 millions avec Henry Potez pour la SASO (Bordeaux et Mérignac).

Le 16 décembre 1936, le contrôleur général Fernand Hederer informe Marcel Bloch que ses usines de Courbevoie et Villacoublay, son usine et ses terrains de Châteauroux-Déols sont expropriés pour constituer l'essentiel de la SNCASO. En ce qui concerne les études, il précise :

« Après ces expropriations, vous pourrez poursuivre votre activité industrielle en dehors des fabrications de matériels de guerre, et conserver un bureau d'études libre [15]. »

Le ministère de l'Air, ayant décidé de ne passer aucun marché de prototypes en dehors des sociétés nationales, propose aux industriels expropriés de signer une convention. Préparée dès le mois de novembre 1936, elle est à l'origine d'une violente polémique qui s'étend sur plusieurs années. Elle entraîne Marcel Bloch vers un destin tragique.

La création de la Société Anonyme des Avions Marcel Bloch

Comme sa société de constructions aéronautique a été nationalisée, Marcel Bloch n'a plus le droit de construire des avions en série. Il décide alors de créer une nouvelle société qui gère ses droits de licence et peut se livrer à d'autres activités industrielles comme les moteurs.

Le 12 décembre 1936, aux termes d'un acte sous signature privée, sont

10. Environ 1,1 milliard de francs 1990.
11. Environ 13 millions de francs 1990.
12. Environ 70 millions de francs 1990.
13. Henri Déplante, de son côté, est nommé Directeur technique de la nouvelle société.
14. Cour des comptes, Comptabilité administrative du ministère de l'Air.
15. Lettre 5092-BC, Fondation Nationale des Sciences Politiques (FNSP), Fonds Pierre Cot.

établis les statuts d'une société anonyme. Le 15 décembre, Marcel Bloch dépose chez maître Bonnel, notaire à Paris, les statuts et les attestations de souscription et de versement des actionnaires.

Le 16 décembre 1936, se tient la première assemblée générale constitutive. La feuille de présence est émargée par les huit souscripteurs : Marcel Bloch, Auguste Le Révérend, Germain Bloch, André Simon, Maurice Roussel, Antoine Sels, Robert Decante, Henri Déplante. La société prend le nom de Société Anonyme des Avions Marcel Bloch (SAAMB), son siège social est à Courbevoie. La société est formée au capital de 2 millions de francs divisés en 4 000 actions de 500 francs chacune dont 2 200 entièrement libérées ont été attribuées en représentation d'apports en nature représentés par les droits de licences accordés à Marcel Bloch par la nationalisation. Les 1 800 actions restantes ont été souscrites en numéraire le 15 décembre dont 1 708 par Marcel Bloch [16].

Le 24 décembre, une deuxième assemblée générale constitutive nomme Marcel Bloch administrateur-unique de la société, confirme la nomination du commissaire aux comptes décidée lors de la première assemblée et ajoute un commissaire suppléant. Les statuts sont publiés le même jour par le *Journal spécial des sociétés françaises par actions* [17].

Il est précisé que Marcel Bloch apporte à la société son bureau d'études (ingénieurs et archives) ainsi que l'entière propriété des droits de licences et notamment le droit au recouvrement éventuel des redevances de l'Etat français ou autres concernant ses avions : MB 210, MB 160, MB 130 et dérivés ainsi que les avions en cours de mise au point : MB 300, MB 220, MB 150, MB 134. C'est en représentation de ces apports que lui sont attribué 2 200 actions.

La société, de son côté, prend à sa charge le règlement des ingénieurs et employés du bureau d'études ainsi que toutes les dépenses concernant les avions en cours de mise au point.

Les statuts prévoient que la société est administrée soit par un administrateur unique soit par un conseil composé de trois membres au moins pris parmi les actionnaires et nommés en assemblée générale.

A l'issue de ces deux assemblées, la Société anonyme des avions Marcel Bloch est légalement constituée. Les documents constitutifs sont déposés le 24 décembre 1936 au greffe du tribunal de commerce du département de la Seine.

Le 11 janvier 1937, Marcel Bloch réunit l'assemblée générale de sa société. Il expose que lors de la constitution de la société, il n'a pas été fait apport à celle-ci des droits de licences concernant les avions MB 81, MB 120, MB 200, MB 170. Il précise qu'en ce qui concerne les trois premiers, cela n'avait pas été fait car ce sont des avions d'un modèle ancien qui

16. Procès-verbal du 16 décembre 1936, archives Dassault.
17. N° 296, pages 6238 à 6263.

ne produiront que très peu de redevances et que l'avion MB 170 est un appareil de tourisme dont la construction n'est pas achevée :

« Mais il est apparu depuis, à la suite, notamment, d'échanges de vues avec les services du ministère de l'Air que cette situation pouvait présenter des inconvénients, et qu'il était du plus grand intérêt que la Société des avions Marcel Bloch ait, au plus tôt, la possibilité de traiter, soit avec l'Etat, soit avec les clients éventuels, pour l'ensemble des questions intéressant la totalité du matériel Marcel Bloch [18]. »

L'assemblée générale approuve la cession des droits de licence moyennant le paiement à Marcel Bloch de la somme de 200 000 francs.

Marcel Bloch est satisfait, il possède à nouveau une société. Au même moment, l'Etat vient de terminer les négociations concernant la convention à signer avec les constructeurs aéronautiques.

La convention du 16 janvier 1937

Cette convention répond théoriquement à un objectif : maintenir la liberté des études. Théoriquement, car le même jour, est signé un avenant qui dit le contraire [19]. Or, c'est cet avenant qui fait force de loi. Il faut néanmoins préciser ce que dit la convention car c'est sur ce texte que Marcel Bloch est attaqué ultérieurement.

La convention précise que la réalisation des prototypes est laissée entièrement aux frais et risques de leurs propriétaires qui ne doivent être rémunérés que par des redevances annuelles de 15 %, 10 %, 5 % par tranche de 100 millions sur les matériels commandés :

« A dater de l'expropriation de ses usines, la Société des avions Marcel Bloch cessera la fabrication et la vente pour son compte des matériels qui ont fait l'objet de la loi du 11 août 1936 et qui sont énumérés par le décret du 14 août 1936.

« La Société des avions Marcel Bloch conserve la libre disposition de son bureau d'études et de son atelier d'études, étant bien entendu qu'en ce qui concerne les matériels susvisés, son activité sera limitée à la réalisation et à la mise au point de prototypes (à raison de deux appareils au maximum par prototype) et au concours technique qu'elle devra apporter en vertu de la présente convention, à l'Etat et aux sociétés nationales [20]. »

Ce projet de convention, valable pour toute l'industrie aéronautique, n'est, à nouveau, accepté que par Henry Potez et Marcel Bloch. Marcel Bloch a

18. Procès verbal du 11 janvier 1937, archives Dassault.
19. Voir ci-dessous : « L'intégration des bureaux d'études ».
20. *Convention entre le ministère de l'Air et la Société anonyme des avions Marcel Bloch, représentée par monsieur Marcel Bloch*, 16 janvier 1937. FNSP, fonds Pierre Cot.

conscience que la signature de cette convention entraîne certains risques industriels :

« *Néanmoins, cette méthode n'était pas pour nous déplaire, ayant presque toujours, avant la nationalisation, réalisé nos prototypes à nos risques et périls.*

« *Aussi, nous fûmes donc l'un des rares bureaux d'études libres ayant accepté cette convention*[21]. »

Les autres constructeurs, comme la société Hispano, exigent une redevance de 20 % non dégressive ou, comme Breguet, jugent les clauses trop sévères et les pourcentages annuels trop faibles. Les sociétés Amiot, Levasseur, Gourdou et Morane la refusent.

Les autres entreprises de construction aéronautique expropriées : Blériot, Farman, Hanriot, Loire-Nieuport, Les Mureaux, Romano, n'envisagent pas de continuer leurs études ni leurs fabrications et finissent par renoncer à l'aéronautique.

Marcel Bloch, comme Henry Potez, se retrouve donc administrateur-délégué d'une société nationale, dont il est aussi le directeur général, tout en étant propriétaire d'un bureau d'études indépendant.

L'intégration des bureaux d'études

Alors que le projet de convention est achevé, le ministère de l'Air s'aperçoit de la complexité et des risques de confusion que peut entraîner le cumul des responsabilités étatiques et privées. Il demande alors à Marcel Bloch et Henry Potez de renoncer à leur bureau d'études libres qu'autorise le projet de convention non encore signé. Le ministère souhaite qu'ils mettent leur bureau d'études à la disposition de la société nationale qu'ils vont diriger, pour le temps où ils en sont administrateurs-délégués. Marcel Bloch et Henry Potez sont contraints d'accepter cette exigence qui modifie complètement l'esprit de la convention originale.

La convention des bureaux d'études libres ne pouvant plus être appliquée, un avenant, signé également le 16 janvier 1937, concrétise les nouveaux régimes applicables aux prototypes. Les prototypes conçus avant la nationalisation restent la propriété des anciennes sociétés qui les ont créés et réalisés à leurs frais. L'Etat ne peut donc les posséder et les faire construire en série qu'en versant à leurs propriétaires des indemnités ou des redevances correspondantes.

Constatant la rapidité du réarmement de l'Allemagne, les autorités de tutelle du ministère de l'Air ont conscience qu'elles ne peuvent pas se passer des prototypes étudiés avant la nationalisation car ils représentent la base des fabrications immédiates et du proche avenir.

Certes, les sociétés nationales sont maintenant chargées de mettre à

21. *Note au sujet de la convention et de ses avenants*, FNSP, fonds Pierre Cot.

l'étude de nouveaux prototypes mais la création d'un nouvel avion demande au moins deux à trois ans.

Pour rémunérer les fabrications en série lancées avant la nationalisation, l'Etat maintient les conditions antérieures en les adaptant aux conditions nouvelles [22].

Pour la mise au point ou les essais de prototypes en cours d'études ou de construction pour lesquels aucun contrat n'a encore été passé avec l'Etat, leur propriété reste aux anciennes sociétés qui les achèvent à leurs frais et risques. Si les essais sont satisfaisants, l'Etat passe un marché et leur verse des droits de licence.

Cette procédure avantage l'Etat qui ne prend ainsi aucun risque [23]. La négociation avec les anciennes sociétés Bloch et Potez aboutit à un droit de licence de 12 % ne venant à expiration qu'à la fin des commandes des appareils concernés et de leurs dérivés [24]. Pour Marcel Bloch, il s'agit des avions MB 134, MB 150, MB 170 et dérivés.

Là encore, les autres sociétés aéronautiques refusent ce droit de redevance de 12 %. Elles l'estiment insuffisant pour rémunérer leur travail. Les contrats proposés à Breguet, Morane, Latécoère, Gourdou, Amiot, Levasseur accordent 15 %, ils les refusent [25].

L'Etat a calculé que, sur la base des marchés passés, les anciennes sociétés Henry Potez et Marcel Bloch doivent recevoir respectivement 16,5 et 1,3 million de francs [26] pour les exercices 1937 à 1939.

La convention du 16 janvier et les avenants sont approuvés lors de l'assemblée générale de la Société anonyme des avions Marcel Bloch, le 30 juin 1938.

Auparavant, le 10 février 1937, Marcel Bloch a informé ses associés qu'afin de les rémunérer du concours qu'il voudront bien lui apporter, il leur rétrocédera la moitié des licences qu'il percevra à titre personnel et directement du ministère de l'Air sur le montant du chiffre d'affaires annuel effectué en matériels Marcel Bloch créé par la SNCASO.

La question des prototypes étant réglé, l'Etat doit maintenant prévoir la rémunération de Marcel Bloch et d'Henry Potez comme administrateurs-délégués et comme directeurs généraux.

---

22. Les sommes versées dans ce cadre n'ont rien à voir avec les indemnités versées pour les expropriations. Il s'agit de redevances versées normalement pour des biens qui n'ont pas été expropriés et non de bénéfices réalisés à la suite des opérations de nationalisation.

23. Il est à noter que la majorité de la Commission de l'Air du Sénat réclame qu'on consacre cette solution à titre définitif. Elle demande qu'on laisse en dehors de la nationalisation les bureaux d'études et les prototypes et que l'Etat se charge simplement des fabrications de série.

24. Le taux de 15 % prévu à la convention de base est diminué de 3 % pour tenir compte des frais de gestion à assurer par la société nationale, une fois l'appareil commandé en série.

25. La moyenne des redevances, à l'étranger ou en France, est de 20 %. Ce taux est estimé nécessaire pour compenser les frais de recherches et de construction des prototypes.

26. Respectivement, environ 36 et 2,8 millions de francs 1990.

La question des rémunérations

La rémunération qu'ils touchent pour ces deux fonctions comprend des jetons de présence au conseil d'administration, un traitement fixe, des indemnités diverses de déplacement, voiture, frais de représentation. Cet ensemble est fixé forfaitairement à 360 000 francs [27] par an.

L'Etat étant le patron, il se réserve le droit de leur retirer sa délégation à son gré ce qui entraîne automatiquement la cessation de la fonction de directeur général.

La convention du 16 janvier 1937 est résiliable par l'Etat le 31 décembre de chaque année, avec un préavis de deux ans. Elle est révisable en cas de guerre.

En même temps, ainsi qu'il a été demandé par l'Etat, Marcel Bloch, comme Henry Potez, est directeur du bureau d'études qu'il met à la disposition de la société nationale dont il est administrateur-délégué et directeur général. Son bureau d'études est mis exclusivement à la disposition de la société nationale pendant le temps de son mandat. Cette dernière bénéficie de ses archives, de la jouissance de ses brevets, de ses licences et de ses procédés de fabrication.

Pour rémunérer cette collaboration technique et l'apport en jouissance, l'avenant précise un pourcentage sur le chiffre d'affaires en matériels créés par la société nationale pendant la période d'application du contrat. C'est-à-dire que Marcel Bloch et Henry Potez participent aux bénéfices réalisés grâce à leur concours. Le taux de redevance versée personnellement aux intéressés est de 4 %, dégressif jusqu'à 1 %, sur le montant des commandes en matériels conçus par leur bureau d'études mais à charge pour eux de rémunérer les aides qui leur sont nécessaires.

Pour l'Etat, ce système a l'avantage de ne rémunérer que les réussites. Si les bureaux d'études Henry Potez ou Marcel Bloch ne donnent pas de résultats, les sociétés nationales qu'ils dirigent construiront les avions conçus par d'autres bureaux d'études.

Si la réussite est au rendez-vous, les sommes attribuées annuellement seront partagées en deux parts égales, l'une revenant à la société anonyme des avions Marcel Bloch, l'autre à Marcel Bloch personnellement jusqu'à concurrence de un million de francs, le solde éventuel étant réparti, au gré de l'intéressé, entre ses collaborateurs. Marcel Bloch et Henry Potez acceptent cette clause par lettre du 10 février 1937.

Dans le cadre de la convention et de l'avenant, Henry Potez et Marcel Bloch, à titre de directeurs techniques, n'ont rien reçu pour les années 1937 et 1938. Par le jeu même du contrat, ils n'ont droit à des redevances que

27. Environ 900 000 de francs 1990.

lorsque les appareils créés par les sociétés nationales sont retenus et commandés par l'Etat. La nationalisation étant effective en 1937, ce n'est donc pas avant 1940 qu'ils peuvent espérer toucher une redevance puisqu'il faut en moyenne deux à trois ans pour créer un appareil.

La rumeur historique a toujours laissé croire que Marcel Bloch avait accepté la volonté de l'Etat parce que ce dernier lui laissait la possibilité de créer. Les souvenirs de son fils s'opposent à cette façon de voir :

« Le souvenir des nationalisations m'a moins marqué que celui de la grève. Le seul souvenir que je conserve, c'est que le climat à la maison était sombre. Mon père s'est battu très durement pour conserver non pas sa fortune mais un outil de travail. Et cet outil de travail a été détérioré, les équipes ont été démotivées. »

Pour Serge Dassault, la nationalisation répondait uniquement à une logique politique :

« Ce qui me frappe une fois de plus dans cette opération, c'est qu'elle aurait pu briser mon père, le décourager. En fait, la nationalisation l'a dopé. C'était une erreur du pouvoir politique mais pour lui c'était un défi qu'il lui fallait relever. Il s'est donc remis au travail avec son équipe d'ingénieurs.

« Il dirigeait cette entreprise qui n'était plus la sienne. Il s'occupait du bureau d'études qu'il avait conservé, et surtout il s'acharnait à développer la nouvelle Société des avions Marcel Bloch. Tout cela dans une situation politique de plus en plus trouble où on l'accusait à la fois d'être en retard dans les livraisons et d'en faire trop [28]. »

Marcel Bloch, ne laisse rien paraître, mais ses soucis le rendent étourdi. Un soir, en achetant son journal au kiosque, il laisse sa voiture – qu'il conduisait lui-même comme à l'accoutumée – sur place et rentre à pied sans y penser. Le lendemain, il voit arriver chez lui des policiers qui lui disent que sa voiture a été volée mais qu'elle a été retrouvée devant un kiosque à journaux. Plusieurs dizaines d'années plus tard, Marcel Dassault précise à son chauffeur :

« Je les ai remerciés mais je n'ai pas osé leur dire que je l'avais oubliée [29]. »

La signature de la convention et des avenants déclenche rapidement une très importante polémique politique dans la presse. C'est « l'affaire des licences ». Henry Potez et Marcel Bloch sont alors attaqués avec une rare violence [30].

En fait, il y a confusion entre les sommes qu'ils reçoivent, en tant que rémunération pour le concours technique qu'ils apportent aux sociétés nationales ainsi qu'en tant qu'administrateurs délégués et directeurs généraux, et

28. Entretien de Serge Dassault avec l'auteur.
29. Entretien de Gustave Parchet avec l'auteur.
30. Voir chapitre suivant.

celles versées aux anciennes sociétés Potez et Bloch par l'Etat pour l'acquisition de leurs actifs lors de la nationalisation. Dans ce dernier cas, ce sont les sociétés qui encaissent les fonds dont ils sont propriétaires sans en avoir la jouissance personnelle. C'est ainsi que sur les exercices 1937 et 1938, la Société anonyme des avions Marcel Bloch a reçu respectivement 6,9 et 8,1 millions de francs de redevances de licence qui figurent sur ses comptes.

L'esprit de la convention et surtout du premier avenant amène des contestations. Les sommes à percevoir sont devenues très importantes. En effet, les pourcentages alloués l'ont été dans les conditions économiques de 1936-1937 en tenant compte des commandes en cours. Or dès la fin de 1937, le ministère de l'Air et le Parlement se rendent compte que les nouveaux programmes de réarmement entraînent une augmentation des commandes donc des redevances à verser à Henry Potez et à Marcel Bloch. Les sommes qu'il faudra verser sont si élevées que certains responsables au ministère de l'Air et des parlementaires les qualifient de scandaleuses et immorales. L'affaire des droits de licences prend dès lors un caractère de règlement de comptes public.

L'adaptation industrielle

Nationalisés, Marcel Bloch et Henry Potez utilisent les indemnités des expropriations pour des activités aéronautiques mais aussi extra-aéronautiques.

Pour installer leurs bureaux, Marcel Bloch souhaite acheter l'immeuble mis en vente par Air France sur les Champs-Elysées, mais Henry Potez en préfère un autre, avenue Kléber, dans le XVIe arrondissement. Marcel Bloch se range à son avis et, ensemble, ils achètent l'immeuble du 46, avenue Kléber :

« Peu de temps après, il a acheté des terrains à Saint-Cloud où il reconstruisit une usine qui sera le point de départ de la société après la guerre et d'où également nous développerons, beaucoup plus tard, l'Electronique Marcel Dassault [31]. »

Marcel Bloch achète également, en 1937, des fonds d'Etat français indexés pour faire fructifier une partie de l'argent reçu des indemnisations de la nationalisation.

Comme le ministère de l'Air a décidé d'exproprier la totalité des locaux occupés par les Avions Marcel Bloch à Courbevoie en vue de les mettre à la disposition de la SNCASO, la Société anonyme des avions Marcel Bloch, nouvellement créée, se voit dans la nécessité de changer son siège social :

« Pour des raisons de commodité personnelle, je vous propose de transférer ledit siège social à Châteauroux (Indre) 29, rue des Américains, à

31. Entretien de Serge Dassault avec l'auteur.

dater du 1er février 1937. La ville de Châteauroux est, en effet, voisine de la plus importante usine de la société nationale, et je serai amené à y séjourner fréquemment[32]. »

Le 24 septembre 1937, Marcel Bloch convoque une nouvelle assemblée générale extraordinaire afin de changer le siège social. La SNCASO, qui vient d'absorber l'usine Blériot à Suresnes et voit son activité principale reportée dans la région parisienne, installe son siège social à Paris. Marcel Bloch, qui en est l'administrateur-délégué, trouve plus commode de ramener sur Paris, au 46 avenue Kléber, le siège de sa société.

Marcel Bloch, ne pouvant plus construire d'avions, se lance alors dans la fabrication de moteurs :

« *La Société anonyme des avions Marcel Bloch ayant reçu du ministère de l'Air l'autorisation d'ouvrir un bureau et un atelier d'études libres pour la fabrication des moteurs d'avions, ce bureau d'études sera momentanément installé à Paris, 46, avenue Kléber.*

« *Enfin, une usine de construction de prototypes moteurs sera probablement installée par la suite, dans la région parisienne*[33]. »

Au cours de l'année 1937, la Société anonyme des avions Marcel Bloch fait terminer par la SNCASO les prototypes qui avaient été commencés avant la nationalisation et pour lesquels elle ne possédait pas de marchés de prototypes, notamment les MB 150, MB 134 et MB 170 ainsi que le MB 135 dérivé du MB 134. Marcel Bloch constate que ces travaux se sont poursuivis dans de bonnes conditions :

« *Mais leur prix de revient s'est trouvé brusquement très élevé du fait de l'augmentation de la main d'œuvre et des matières premières, ayant pris leur source dans les lois sociales, la loi de quarante heures, ainsi que diverses circonstances économiques*[34]. »

C'est en ce qui concerne la branche moteurs qu'apparaissent les nouveautés. Le bureau d'études a terminé les dessins de construction de trois moteurs :

- Bloch 4 A de 100 cv destiné à l'Aviation populaire;
- Bloch 6 A de 160 cv;
- Bloch 12 A, moteur de 450 cv à compresseur et à réducteur.

La construction de ces moteurs est entreprise chez des sous-traitants et dans la nouvelle l'usine de Saint-Cloud qui a déjà commencé à tourner. La construction et l'équipement de l'usine doivent être terminés pour fin octobre 1938.

Alors que les bruits de bottes s'amplifient de mois en mois, la Société ano-

32. Procès-verbal de l'assemblée générale extraordinaire du 27 janvier 1937, archives Dassault.
33. Procès-verbal du 24 septembre 1937, archives Dassault.
34. Procès-verbal de l'assemblée générale ordinaire du 30 juin 1938 concernant les opérations de l'exercice 1937, archives Dassault.

nyme des avions Marcel Bloch poursuit son expansion. L'exercice 1937 se solde par un bénéfice de 3,59 millions de francs. Marcel Bloch décide, avec l'accord de l'assemblée générale, de ne pas distribuer de dividendes aux actionnaires, donc essentiellement à lui-même, et de les reporter sur l'exercice suivant après dotation de la réserve légale de 5 %, soit 3,41 millions de francs.

Pendant cette période de profonde restructuration et de flottement, le bureau d'études de Marcel Bloch continue à élaborer de nombreux projets. Préoccupé par l'évolution du contexte international, il tente de procurer à l'aéronautique militaire française un matériel qui lui permettrait de défendre le pays alors que la guerre apparaît de plus en plus probable.

6

VERS LA GUERRE

Au cours des années trente, l'aviation française prend un retard considérable sur ses homologues étrangères. La *Luftwaffe* est chaque jour plus puissante, ses avions de chasse et de bombardement sont redoutables. C'est naturellement ces deux types d'appareils que l'équipe de Marcel Bloch entreprend de réaliser pour répondre aux demandes de l'armée de l'Air française.

Le MB 150

Dès le printemps de 1935, les ingénieurs de Marcel Bloch commencent l'étude d'un monomoteur monoplace de combat, entièrement métallique, destiné à répondre au programme des avions de chasse lancé par le ministère de l'Air le 13 juillet 1934.

L'idée de Marcel Bloch est de construire un chasseur entièrement métallique, à aile basse, armé de deux canons et de deux mitrailleuses, pouvant atteindre une vitesse de 550 kilomètres à l'heure :

« En 1934, je pensais que puisque tous les avions de chasse étaient équipés de moteurs canon Hispano-Suiza et de ce fait n'avaient qu'un seul canon, je pensais que l'on pourrait mettre sur un avion un moteur Gnome et Rhône en étoile à la place du moteur Hispano-Suiza et deux canons dans les ailes, un de chaque côté [1]. »

Ce projet est examiné par le ministère de l'Air :

« Le ministère m'a répondu : " Cet avion ne nous intéresse pas car nous avons déjà commandé dix prototypes différents d'avions de chasse. Au surplus, nous ne savons pas si le tir avec des canons d'aile est suffisamment précis [2]. " »

1. Marcel Dassault, 19 janvier 1983, archives Dassault.
2. *Ibid.*

Marcel Bloch ne se décourage pas et décide de continuer à développer le MB 150 sur ses fonds privés.

L'avion commence mal sa carrière. Le 17 juillet 1936, à Villacoublay, avant son premier vol, il est accidenté en roulant sur la piste et casse sa béquille de queue. Remisé dans son hangar, il n'en sort plus pendant plusieurs mois.

Marcel Bloch revient à l'attaque le 5 octobre 1936. Il écrit au directeur des constructions aériennes :

« Je me permets de vous rappeler que je crois être le seul constructeur n'ayant pas encore bénéficié d'un marché d'avions de chasse monoplace.

« Pourtant cet avion a déjà volé et je ne mets pas en doute que si j'avais les moyens d'en poursuivre actuellement la mise au point cet avion aurait de grandes chances de figurer dans le lot des prototypes susceptibles de retenir votre intérêt[3]. »

Le 23 novembre, le directeur des constructions aériennes, Volpert, répond qu'il ne lui est pas possible d'envisager pour l'instant l'achat de cet appareil *« lequel, n'étant pas inscrit dans la présentation des avions monoplace de chasse, ne peut être admis à bénéficier des crédits réservés pour cette présentation*[4] ».

Marcel Bloch renonce à engager des sommes importantes pour perfectionner son prototype et décide de ne pas poursuivre.

Au début de 1937, la presse aéronautique fait état de nouveaux prototypes fabriqués, en Allemagne. Dans des usines modernes, le constructeur Willy Messerschmitt réalise son chasseur Me 109 qui apparaît redoutable. En Italie, Benito Mussolini fait de l'aviation l'enfant chérie du régime fasciste. En Grande-Bretagne, le Supermarine Spitfire doté du remarquable moteur Rolls Royce Merlin de 1 000 cv fait ses débuts. Partout, la norme de vitesse paraît maintenant être supérieure à 500 kilomètres à l'heure. L'aviation française a désormais des difficultés à soutenir la comparaison.

A la même époque, Marcel Bloch apprend que la plus grande inquiétude plane sur le programme du chasseur Morane 405 qui porte tous les espoirs de l'armée de l'Air. Les livraisons d'appareils sont fortement retardées par celles des moteurs Hispano qui n'atteignent que 30 par mois au lieu des 140 prévus. De plus, sa construction en série est trop compliquée, elle nécessite l'utilisation de machines outils, en particulier des forges de précision, dont n'est pas encore équipée l'usine de montage.

Marcel Bloch veut relancer son MB 150. Il pense qu'il peut doter l'armée de l'Air française de matériels modernes avant que l'Allemagne n'ait le temps de donner à ses moyens d'attaque une supériorité nouvelle :

« A cette époque, j'ai demandé à l'Etat de faire exécuter les essais en vol et les essais de tir au canon et de me facturer les frais correspondants. L'Etat était d'accord[5]. »

3. FNSP, PC/4.
4. *Ibid.*
5. Marcel Dassault, 19 janvier 1983, archives Dassault.

Auparavant, Marcel Bloch a fait modifier l'aile, les empennages et l'équipement de l'appareil. André Curvale pilote le prototype le 4 mai 1937. Les premières impressions ne sont pas très favorables. Marcel Bloch ne capitule pas. Il demande à son bureau d'études, plus particulièrement au concepteur de l'avion, Maurice Roussel, *« de passer l'avion à sa moulinette avec son talent pour les dessins express*[6] ».

Le 29 septembre 1937, l'avion redessiné, muni d'un nouveau train d'atterrissage, vole de nouveau mais ses performances restent médiocres. Le moteur Gnome et Rhône 14 K est remplacé par le 14 N 7 ce qui les améliore peu, la vitesse ne dépasse pas 435 kilomètres à l'heure. En décembre, on passe des 14 N 7 aux 14 N 11 puis, en mars 1938, au 14 N 21 plus puissant. Une amélioration s'ensuit mais du temps s'est écoulé :

« L'avion a été présenté pour ses essais en vol au centre d'essais de Villacoublay qui l'a jugé satisfaisant, les tirs au canon exécutés à Cazaux se sont révélés d'une précision parfaite[7]. »

En ce début de 1938, les événements politiques se précipitent, des changements surviennent dans les cabinets gouvernementaux. Le 18 janvier, Guy La Chambre succède à Pierre Cot à la tête du ministère de l'Air dans les cabinets Camille Chautemps puis Edouard Daladier. Le temps des règlements de comptes commence.

L'affaire des licences

Instabilité et politisation sont deux caractéristiques du ministère de l'Air depuis sa création. De 1928 à 1938, huit ministres s'y sont succédés. L'état-major de l'armée de l'Air, de son côté, a connu dix responsables. Depuis 1933, l'aviation allemande, n'a, elle, qu'un seul chef, Herman Gœring.

L'œuvre du ministère de l'Air est suivie – c'est une constante française – avec beaucoup d'attention par le Parlement. Toutefois, suivre ne veut pas dire soutenir et les parlementaires sont souvent plus prompts à critiquer qu'à donner de véritables moyens d'action à un ministère qui, de son côté, manque de rigueur et de cohésion.

Pierre Cot a toujours été critiqué, mais c'est surtout en 1938, après son départ, que se déclenche une campagne de presse contre lui. On lui attribue la responsabilité du désordre de l'industrie aéronautique française et la faiblesse de l'armée de l'Air. En même temps, Henry Potez et Marcel Bloch sont accusés d'avoir retiré de la nationalisation de l'industrie aéronautique des avantages exceptionnels et scandaleux grâce à son appui.

Pour *Gringoire*, journal de l'extrême droite virulente, l'aéronautique et la nationalisation sont un feuilleton à scandales. Pierre Cot et Marcel Bloch,

---

6. Entretien d'Henri Déplante avec l'auteur.
7. Marcel Dassault, 19 janvier 1983, archives Dassault.

mais aussi Paul-Louis Weiller et Henry Potez, y sont régulièrement attaqués en termes violents.

La cible principale reste cependant Marcel Bloch. On lui reproche d'avoir été, par démagogie, l'instigateur des premières grèves et le champion des revendications sociales, d'être responsable du désordre régnant à la SNCASO dont il est l'administrateur délégué. A ces accusations, constamment mêlées d'antisémitisme, s'ajoutent des reproches sur ses activités financières et industrielles qui lui permettraient de s'enrichir aux dépens de l'Etat et de la sécurité nationale.

Les comptes rendus de 1938 et de 1939 du Comité du matériel du ministère de l'Air sont très souvent consacrés aux avions Bloch – ce qui est en soi normal puisqu'il est, avec Henry Potez, un des principaux constructeurs – néanmoins les attaques sont de plus en plus nombreuses et acides à son encontre.

Dès son arrivée au ministère de l'Air, Guy La Chambre se penche sur le problème des droits de licences accordés à Marcel Bloch et Henry Potez. Il prend le contre-pied de la position de Pierre Cot et estime que le mandat d'administrateur-délégué d'une société nationale est incompatible avec une fonction dans une autre société du secteur aéronautique.

Par ailleurs, le contexte international s'est aggravé. Le gouvernement accentue son effort de réarmement, plus particulièrement dans le domaine aéronautique. Les sociétés reçoivent d'importantes commandes et, par voie de conséquence, les principaux concepteurs de matériels, Marcel Bloch et Henry Potez, vont être amenés à percevoir des droits de licences plus importants que ceux prévus par les contrats.

Pour Guy La Chambre, l'importance des séries envisagées aboutirait à des rémunérations trop élevées pour l'Etat et sans rapport avec les services rendus. Il souhaite revoir les conventions et demande à ses experts une analyse juridique des textes signés, particulièrement :

– La non dégressivité des taux de 12 % sans limitation de montant;

– La légalité de l'avenant signé par le ministre de l'Air et chacun des deux industriels agissant, légalement, à trois titres : personnellement d'une part, en qualité d'administrateur de leur société privée (Avions Marcel Bloch pour ce dernier) d'autre part et enfin comme directeur d'une société nationale de constructions aéronautiques (SNCASO pour Marcel Bloch). La loi de 1867 sur les sociétés impose que tout contrat passé entre une société et l'un de ses administrateurs soit soumis à autorisation préalable et ratifié postérieurement par l'assemblée générale. Le ministre de l'Air désire savoir si ces conditions ont été respectées.

Or, tout est en règle, le rapport conclut à la validité des conventions passées, elles sont donc incontournables juridiquement. Marcel Bloch, ultérieurement, définit ce principe des licences :

« Quand un constructeur a réussi un prototype et surtout quand il l'a fait à ses frais et risques, il espère une compensation à ses dépenses et à ses risques par une commande de série qui peut laisser un bénéfice.

« Or, voulant que tout le monde ait du travail, le ministère m'a souvent demandé, comme à d'autres, de confier la plus grande partie de mon travail à d'autres constructeurs qui n'en avaient pas.

« La redevance de licence a été inventée dès l'origine par M. Caquot pour donner une compensation aux créateurs d'un prototype quand ce n'était pas lui qui construisait la série[8]*. »*

Guy La Chambre demande alors à une personnalité extérieure, le contrôleur général Guinant, président de la Société nationale des chemins de fer français, et à la Direction technique et industrielle de préparer, chacun en ce qui le concerne, un projet d'accord amiable pour la révision de la convention de licence. La Société anonyme des avions Marcel Bloch se montre conciliante et accepte des taux de licence dégressifs. Les deux partis arrivent à un accord de principe mais Guy La Chambre refuse de signer. Il demande alors à Albert Caquot de réétudier la question.

Pour être certain d'imposer ses vues, le ministre fait adopter, par le Conseil des ministres du 14 juin 1938, un décret-loi rendant légale la révision des contrats de licence [9]. Les titulaires sont avisés qu'elle doit intervenir sous six mois ; parallèlement, le ministre charge Albert Caquot d'une mission auprès de Marcel Bloch et d'Henry Potez pour obtenir leur accord.

Les discussions traînent en longueur et aboutissent finalement à l'avenant n° 4 qui est signé le 25 octobre 1939 alors que la France est déjà en guerre.

Dans le cadre de cet avenant, l'Etat renforce son contrôle. Les bureaux d'études Marcel Bloch et Henry Potez sont alors définitivement absorbés, et sans indemnités, par les sociétés nationales SNCASO et SNCAN. Les redevances correspondant à l'apport de leurs bureaux d'études sont supprimées [10]. En ce qui concerne les matériels, les taux prévus dans les contrats de licence deviennent dégressifs. C'est ainsi que, pour les appareils dont l'Etat s'est déjà assuré le droit de reproduction, le taux de redevance est diminué de :

– 1 % pour les avions de types MB 131, MB 132, MB 133, MB 220 et MB 221;

– 2 % pour les MB 160, MB 161, MB 162, MB 163 et MB 300.

Ce taux de redevance ne s'applique qu'à la première tranche [11]; au-delà, la redevance est complètement supprimée. Aucune redevance n'est due sur les réparations.

En ce qui concerne les matériels créés entièrement aux frais de la Société anonyme des avions Marcel Bloch avant la nationalisation et pour l'acquisition du droit de reproduction des avions, les redevances pour les appareils de

8. Marcel Dassault, 19 janvier 1983, archives Dassault.
9. *Journal officiel*, 15 juin 1938, page 6 752.
10. Article 2 de l'avenant n° 4.
11. Les avions sont commandés par petites quantités successives appelées tranches.

types MB 134 et MB 150 ainsi que leurs dérivés MB 151, MB 152, MB 153, MB 155, sont fixées aux nouveaux taux suivants :

– 12 % jusqu'à 160 millions de francs de chiffre d'affaires;
– 8 % de 160 à 320 millions;
– 4 % de 320 à 480 millions;
– 1 % de 480 à 640 millions.

Aucune redevance n'est due au-delà de 640 millions; le maximum des sommes encaissées ne peut excéder 50 millions [12]. Aucune redevance n'est due sur les réparations.

Pour les avions MB 170 et dérivés, MB 174, MB 175, MB 176 et MB 177, les taux par tranches sont plus faibles pour tenir compte de la part prise par la SNCASO dans leur création :

– 6 % jusqu'à 80 millions de francs;
– 4 % de 80 à 160 millions;
– 2 % de 160 à 240 millions;
– 0,5 % de 240 à 320 millions.

Aucune redevance n'est due au-delà de ce dernier chiffre sur les pièces de rechange et les réparations.

En ce qui concerne le MB 170 et ses dérivés, le taux moyen est donc de 3,125 % avec une limitation à 320 millions de chiffre d'affaires [13].

L'Etat estime que ces modifications doivent permettre une réduction de dépenses de 81,7 à 47,2 millions de francs, soit une économie d'environ 34,5 millions de francs sur les commandes en cours.

Le 14 novembre 1939, devant l'assemblée générale de la Société anonyme des avions Marcel Bloch, son administrateur unique, Marcel Bloch, apporte des précisions sur les négociations ayant abouti à la signature de la convention :

« Dès les premières semaines de la guerre, M. le ministre de l'Air nous ayant demandé, pour régler cette affaire, de renoncer purement et simplement à nos droits, la période actuelle étant plus à l'action qu'à la discussion, nous avons accepté, sous réserve de votre approbation, de renoncer à toute espèce de redevance pour les avions créés par la société nationale, à l'aide de notre bureau d'études.

« En vous demandant d'accepter aujourd'hui l'Avenant n° 4, nous vous demandons de ratifier purement et simplement le projet d'accord Guinant que le ministre de l'Air a fait sien.

« Le ministre de l'Air nous a encore demandé de renoncer au bénéfice de la convention, en ce qui concerne les moteurs prototypes, créés par notre Société [14].

« Pour les mêmes raisons que ci-dessus, nous avons, à cette proposition, donné notre agrément [15]. »

---

12. Le chiffre d'affaires servant de base au calcul est le chiffre d'affaires total relatif à l'ensemble des deux types MB 134 et MB 150 ainsi que leurs dérivés.
13. Cette décision est très importante pour la suite des événements.
14. Article 4 de l'avenant n° 4.
15. Marcel Bloch, procès-verbal du 14 novembre 1939, archives Dassault.

Suivant la proposition de Marcel Bloch, l'assemblée générale adopte l'avenant n° 4 à l'unanimité.

Finalement, par discipline vis à vis de l'Etat, Marcel Bloch a tout accepté. Guy La Chambre a utilisé tous les moyens à sa disposition pour parvenir à ses fins. Un industriel, si puissant qu'il soit, ne peut rien contre le pouvoir politique qui peut changer les lois. Marcel Bloch en tirera la leçon.

La signature de ce nouvel avenant aurait dû calmer les esprits et cependant il n'en est rien. Les commissions parlementaires continuent de critiquer la qualité des matériels Marcel Bloch. La presse relaie ces critiques et insiste sur les sommes fabuleuses qu'il toucherait. Le cas d'Henry Potez se dissocie de celui de Marcel Bloch. Henry Potez dispose d'appuis politiques que ne possède pas son ami et, surtout, il n'est pas juif.

Pourtant, sous les critiques et la pression de l'Etat, Marcel Bloch continue l'étude et la fabrication de ses appareils.

La course à la production

Depuis le début de l'année 1937, un effort considérable a été fait pour augmenter le potentiel de l'industrie aéronautique. Un an après leur nationalisation, la puissance de production de ces entreprises a augmenté de 30 % grâce à la construction de nouvelles usines et à l'achat de machines-outils modernes. Pourtant, la production d'avions est toujours insuffisante. En fait, ce qui manque le plus c'est une véritable politique industrielle et militaire. Ainsi, pour maintenir leur potentiel industriel, les seules sociétés nationales devraient enregistrer 1,2 milliard de francs de commandes alors qu'elles n'en reçoivent que la moitié.

Dans une lettre adressée au ministre de l'Air, le 24 janvier 1938, le président des sociétés nationales de constructions aéronautiques, Henri de l'Escaille, précise que *« pour augmenter les livraisons actuelles dans le délai de six mois, il suffit d'avoir les crédits et de passer les commandes sans délai d'un matériel déjà en cours de fabrication*[16]. »

La situation internationale se dégrade. Nationalistes et Républicains s'entre-tuent en Espagne. Hitler vient d'annexer l'Autriche, le Reich étend son emprise sur l'Europe centrale. En France, le gouvernement décide d'accélérer le réarmement. Guy La Chambre fait accepter, le 15 mars 1938, un Plan V de réarmement aérien : 940 chasseurs modernes doivent être livrés chaque année. Comme Morane ne peut en fournir que 285 du fait de la carence des moteurs Hispano, le bureau d'études de Marcel Bloch est sollicité :

16. SHAA, Z 12936.

« On s'est alors retourné vers nous pour fournir l'appoint et quel appoint [17] *! »*

Bénéficiant de ce concours de circonstances, le MB 150 est commandé alors que sa mise au point n'est pas achevée :

« A la suite de ça, l'Etat a décidé de me commander 400 avions. Evidemment, si on me les avait commandés en 1934, le 10 mai 1940 il y en aurait eu mille au front et cela aurait changé la face des choses [18]. *»*

Il est évident qu'à partir de cette décision, le montant des redevances de licence attribué à Marcel Bloch sur le MB 150 augmente considérablement et attire l'attention du ministère de l'Air.

Au cours du Comité du matériel du 31 mars 1938, l'ingénieur en chef Mazer de la Direction technique et industrielle s'inquiète du retard de la production du Morane 406 et rappelle que 300 MB 150 peuvent être construits pour le 1er avril 1939. Le ministre de l'Air, Guy La Chambre, est sceptique et s'étonne *« que Bloch puisse construire 300 avions dans le même temps que Morane en produit 65* [19] *»*.

L'ingénieur en chef Mazer répond que 8 000 heures [20]de travail sont nécessaires pour construire le Bloch 150 contre 20 000 pour le Morane 406. Le ministre déplore cet état de chose et *« ne cache pas que, à ses yeux, tout se passe comme si l'on avait attendu Bloch pour lancer les commandes* [21] *»*. Guy La Chambre est dans l'impasse devant le déficit en Morane 406, il ne reste que deux solutions : commander le MB 150 ou s'adresser à l'étranger. L'état-major de l'Air préconise la première solution :

« Le ministère se trouva en présence d'un avion dont les performances étaient analogues à celles du Morane et qui ne comportait aucune de ses difficultés de construction, il vit là un moyen d'obtenir rapidement une aviation de chasse honnête et nombreuse [22]. *»*

Le 7 avril 1938, la SNCASO ne reçoit qu'une commande de trois MB 150 mais assortie d'une option sur 450 appareils si la mise au point s'avère satisfaisante [23]. Le contrat précise que la société s'engage à livrer à l'armée de l'Air 300 exemplaires avant le 1er avril 1939 et les derniers avant novembre de la même année. Marcel Bloch accepte les conditions minimales de vitesse à 5 000 mètres d'altitude : 472 kilomètres à l'heure pour le MB 151 et 492 kilomètres à l'heure pour le MB 152. Il fait preuve d'une grande imprudence car il sous-estime les délais de mise en place de la chaîne de fabrication ainsi que de mise au point définitive des prototypes, surtout

17. Entretien d'Henri Déplante avec l'auteur.
18. Marcel Dassault, 19 janvier 1983, archives Dassault.
19. SHAA, 1B4.
20. Ce nombre d'heures correspond au cumul de celles effectuées par tous les ouvriers sur un appareil.
21. SHAA, 1B4.
22. SHAA, 3D/944. Lettre de l'ingénieur de marque des MB 150/152, Pierre Satre, ingénieur à la SNCASE, 17 septembre 1941.
23. Cette commande est, par la suite, modifiée par 14 lettres rectificatives dont la dernière en date du 28 novembre 1939; SHAA, Z 12935.

en ce qui concerne le problème de refroidissement des moteurs, principal défaut de son avion :

« M. Bloch promit alors de sortir les premiers avions de la série en décembre 1938. Il ne fait aucun doute que M. Bloch ait eu tort de faire ces promesses ; il savait assez, par des expériences récentes (Bloch 131), qu'une nouvelle série ne sort pas sans heurt et que les délais calculés, en ne tenant aucun compte des aléas techniques, sont obligatoirement faux[24]. »

Le 25 mai 1938, lors de la réunion du Comité du matériel, le ministre de l'Air s'enquiert de l'avancement de la mise au point du MB 150 et s'inquiète de l'état d'un appareil sur lequel, vu l'urgence et la gravité de la situation – l'Allemagne menace alors la Tchécoslovaquie –, il *« se refuse alors à compter autrement que comme solution de secours*[25] ». Mais que faire? Aucun autre avion n'existe en remplacement immédiat, sauf si l'on augmente la production du Morane 406 ce que les participants présents jugent impossible.

Du côté des moteurs, rien ne va plus. La production est catastrophique. Le 24 juin 1938, Guy La Chambre apprend que le déficit de la production de moteurs est d'environ 300 par mois. Quelle confiance technique accorder aux moteurs Gnome et Rhône, en particulier aux 14 N qui doivent équiper les MB 150? Les représentants du Service technique ont *« formellement indiqué que, de leur point de vue, les difficultés techniques actuelles ne devaient pas faire impression et que le moteur pouvait être, sans inconvénients, commandé en série »*, sous réserve néanmoins d'une amélioration de la qualité du métal du pallier de vilebrequin qui est une pièce maîtresse [26].

Les essais du MB 150 se déroulent correctement. Ils révèlent que l'appareil présente un important potentiel de développement sous réserve de simplifier sa conception afin de faciliter une fabrication en grande série. Le bureau d'études élabore alors une nouvelle version de l'avion à un rythme accéléré. Le 18 août 1938, le nouveau modèle MB 151 est prêt et effectue son premier vol.

Tenant compte des améliorations demandées par le Centre d'essais, Marcel Bloch étudie une version améliorée de l'appareil, le MB 152, disposant d'un moteur encore plus puissant permettant d'atteindre 530 kilomètres à l'heure lors d'essais officiels. Cette dernière version vole le 15 décembre 1938.

Le ministère de l'Air se trouve en présence d'une famille d'avions MB 150 dont les performances sont sensiblement analogues à celles du Morane 406. Il répartit la commande initiale entre les différentes versions que Marcel Bloch et la SNCASO s'engagent à livrer dans les délais imposés. Promesse

---

24. Lettre de Pierre Satre, 17 novembre 1941, SHAA, 3D/944.
25. SHAA, 1B4.
26. SHAA, Z 11612.

bien imprudente car les problèmes de refroidissement du moteur ne sont pas résolus.

Ils se confirment dès les premières livraisons, en mars 1939, et retardent la construction en série. En effet, il est important de déterminer la forme idéale des capots moteurs qui concilie le meilleur cœfficient aérodynamique et le meilleur rendement permettant de refroidir convenablement le moteur.

Le capot moteur définitif n'est prêt qu'en décembre 1939. L'avion vole alors à 510 kilomètres à l'heure avec un refroidissement correct.

Le 3 octobre 1939, les premiers MB 152 sont opérationnels à Chantilly. A cette date cent soixante-deux MB 151 et 152 sont livrés à l'armée de l'Air. Le groupe de chasse GC II/1 a organisé une confrontation avec des Morane 406 :

« Les exercices de montée et de vitesse sont favorables au Bloch. Qu'est-ce qu'on avait donc à se plaindre? On ne se rendait pas compte du trésor que nous possédions[27]*. »*

Le 10 mai 1940, sept groupes de chasse sont équipés de MB 151 et de MB 152. Le total des livraisons se monte à cent quarante MB 151 et trois cent soixante-trois MB 152.

La lenteur de mise en service des avions tient à l'évolution de la technique aéronautique française. L'état-major de l'Air se rend compte beaucoup trop tard, en 1937, qu'il a besoin très rapidement d'un grand nombre d'avions. Il commande alors les matériels dans la hâte, une hâte qui tourne à la panique après les accords de Munich signés le 30 septembre 1938. Dans ce contexte, Marcel Bloch a sûrement eu le tort de vouloir honorer trop vite les demandes.

A la fin de 1938, débute l'étude du MB 155, dérivé du 152, disposant d'une plus grande autonomie et équipé d'un moteur Gnome et Rhône 14 N 49 de 1 000 cv. Le 3 décembre 1939, le MB 155 effectue son premier vol. Le contrat impose une vitesse de 550 kilomètres à l'heure à 15 kilomètres à l'heure près.

Doté d'un nouveau capot moteur et d'une nouvelle casserole d'hélice, le MB 155 atteint 520 kilomètres à l'heure grâce au moteur Gnome et Rhône 14 N 35 et 535 kilomètres à l'heure grâce au 14 N 49, *« ce qui a été officiellement jugé très satisfaisant*[28] *»*.

En septembre 1939, une deuxième commande de cinq cents MB 152 s'ajoute à celle de quatre cent cinquante d'avril 1938 : *« nous n'avons pu que rager d'avoir été si longtemps écartés de cette chasse gardée et surtout invités si tard à y participer*[29] *»*.

Marcel Bloch, toujours préoccupé par les insuffisances des moteurs,

---

27. SHAA, G7/785, Journal de marche du groupe de chasse GC II/1.
28. Entretien d'Henri Déplante avec l'auteur.
29. *Ibid.*

consulte Paul Louis Weiller, l'administrateur de Gnome et Rhône, qui lui promet rapidement un moteur de 1 500 cv dont les essais, affirme-t-il, se présentent bien. Rassuré, il lance l'étude d'un nouveau chasseur et d'un nouveau bombardier.

En septembre 1938, le cabinet militaire de Guy La Chambre réfléchit sur l'insuffisance de l'industrie aéronautique et lui remet un rapport. Le rendement médiocre est attribué à un recrutement insuffisant de main-d'œuvre spécialisée, à un outillage moderne trop réduit, à des prototypes réalisés sans tenir compte de la construction en série, à un commandement des usines défaillant.

A cet égard, il incrimine un défaut d'organisation ajouté à un manque de direction. La comparaison entre le nombre d'heures payées et le nombre d'heures nécessaires à la construction des matériels fait apparaître un écart variant de 67 % à 80 % selon les sociétés nationales.

Le rapport accable les fournisseurs dont il critique « *la psychologie suivante* » :

« – *L'Etat doit payer les outillages;*

« – *L'Etat doit rembourser toutes les dépenses et le surplus des dépenses de fabrication s'ils s'en trouvent;*

« – *L'Etat doit garantir l'industriel contre tout risque, celui-ci n'étant certain que du profit.*

« *C'est l'intérêt privé qui passe avant l'intérêt général et la course aux licences est une preuve nouvelle de cet état d'esprit. Il ne s'agit que de construire les appareils pour lesquels une redevance de licence est versée par l'Etat (Potez, Bloch).*

« *A ce même état d'esprit se rattache une propension marquée des industries à faire assumer par l'Etat les dépenses de mise au point des appareils (Bloch)* [30] ».

Le rapport dénonce enfin une course aux commandes avec des prévisions de fabrication « *démesurément optimistes d'Amiot et de Dewoitine* ». D'autres sociétés manifestent « *un manque d'initiative complet, laissant à l'Etat la responsabilité des tâches qui, normalement devraient être les leurs (Société de l'Ouest)* ». D'autres encore, « *continuent à vivre sans organisation industrielle (Société du Sud-Est)* ».

Il conclut en estimant que « *dans toutes les usines de production de cellules, il y a une organisation intérieure à remanier et une direction effective à assumer* ».

L'insuffisance de l'aéronautique française est perçue bien au-delà du petit cercle ministériel.

A partir de 1938, les attaques contre l'aéronautique s'amplifient. Il s'agit non seulement de règlements de comptes politiques entre partisans et opposants des nationalisations du Front populaire mais aussi entre le ministère et les industriels, la presse prenant le relai.

---

30. SHAA, Z 11612, 13 septembre 1938.

Les termes des différents rapports du ministère de l'Air tranchent avec les habitudes de l'administration et de ses hauts fonctionnaires qui savent tenir d'ordinaire des propos mesurés. Les affirmations succèdent aux affirmations, les rapports sont contradictoires selon les tendances politiques de leurs auteurs.

Le rapport du 13 septembre 1938, cité ci-dessus, en est un excellent exemple. Il ne tient aucun compte des motifs qui peuvent expliquer les mauvais résultats. Il accuse, insinue, sans chercher à prouver.

La situation financière des sociétés nationales est peu brillante en 1938. Effectivement, l'Etat continue de passer à ses sociétés des marchés avec irrégularité et surtout sans marge de bénéfice, voire même déficitaires ! Le président des sociétés nationales, Henri de l'Escaille, avait déjà précisé à Guy La Chambre, le 24 janvier 1938, que « *ces pratiques avaient conduit les anciennes sociétés à une situation difficile, elles créent aux sociétés nationales une situation angoissante du fait de leur insuffisance de trésorerie et de crédit* [31] ».

Il ajoute qu'aucune industrie, quelle que soit sa puissance, ne peut supporter longtemps de travailler à perte et que la seule solution pour constituer une trésorerie indispensable aux sociétés nationales est de passer des marchés permettant des bénéfices. Il répond d'avance à l'objection qu'on pourrait lui faire sur la répartition des dividendes :

« *Une exagération dans les bénéfices était sans inconvénient immédiat, puisqu'en dernière analyse, l'utilisation des bénéfices se décide en assemblée générale où l'Etat est majoritaire et pouvait donc décider que ces bénéfices seraient utilisés pour l'achat d'outillage ou la construction de prototypes sans marchés.* »

Henri de l'Escaille précise que, malgré ses interventions, l'Etat continue à pratiquer une politique de prix déficitaires, « *réalisant cette invraisemblance d'avoir amené les sociétés nationales à avoir un premier bilan déficitaire, à être acculées à la faillite* ». Pour lui, « *la seule explication plausible d'une pareille aberration est la volonté de certains de faire échouer l'œuvre entreprise, pour imposer la formule " arsenal "* [32] », c'est-à-dire une industrie aéronautique entièrement étatisée comme le sont, par exemple, les arsenaux de la Marine nationale.

On peut s'interroger sur la pertinence du rapport du cabinet du ministre Guy La Chambre qui explique que les sociétés nationales essaient de faire payer un maximum de factures à l'Etat. Le cabinet n'est-il pas au courant que l'Etat leur impose des contrats déficitaires? Cela relève d'une curieuse conception de la gestion des entreprises.

Dans ce contexte polémique, Marcel Bloch est l'objet de plaintes parlementaires qui mettent généralement en évidence tout ce qui est négatif en oubliant de signaler le positif.

---

31. SHAA, Z 12936.
32. *Ibid.*

Le 20 décembre 1938, le député de l'Allier, Lucien Lamoureux, adresse au ministère de la Guerre un rapport qui est un véritable réquisitoire sur le fonctionnement de l'usine de Courbevoie de la SNCASO d'où il résulte, à son avis, *« qu'il y a une carence complète d'autorité et que M. Bloch, depuis deux ans et surtout depuis les derniers événements, a fait la preuve décisive de son inaptitude à diriger une telle usine*[33] *»*.

Le député précise qu'il a alerté Guy La Chambre qui lui a répondu être au courant mais croit que Marcel Bloch est un inventeur de qualité dont il hésite à se priver.

C'est une réponse diplomatique car Guy La Chambre ordonne immédiatement une enquête. Le 5 janvier 1939, l'ingénieur de l'Air Thouvenot lui remet son rapport concluant à l'exactitude des faits signalés.

Le malaise de la Société nationale du Sud-Ouest est certain. Il est avant tout d'ordre social et provoqué par l'insuffisance de la production.

L'absence d'autorité de la direction est attribuée au fait que Marcel Bloch abdique régulièrement devant les délégués ouvriers :

« Lors de l'enquête effectuée, certains faits ont été relevés concernant deux délégués : MM. Servanty et Ledru, qui sont de nature à faire prononcer leur révocation immédiate[34]*. »*

Un rapport d'enquête complémentaire, en date du 6 janvier 1939, signale que les ouvriers sont encadrés par des chefs de section. Ils doivent obéir aux ordres des délégués. Toute infraction est immédiatement sanctionnée par des brimades ou des coups. Les ouvriers n'osent porter plainte par peur des représailles :

« Cette organisation, telle qu'elle est conçue, peut, comme l'a démontré la dernière grève générale[35]*, paralyser dans cinq minutes toutes les usines de la SNCASO*[36]*. »*

Le rapport ajoute que Lucien Ledru est le membre le plus agissant du syndicat CGT et qu'il a pris une autorité considérable sur tout le personnel :

« Il tient en échec l'autorité patronale, freine la production en imposant aux ouvriers de diminuer leur rendement sous prétexte qu'il existe encore des chômeurs.

«Aucune sanction n'a été prise à l'encontre de cet ouvrier bien que ses agissements au cours de la dernière grève aient été portés à la connaissance de M. l'administrateur délégué[37]*. »*

L'ingénieur de l'Air Thouvenot s'élève contre cet état de fait. Il précise que Marcel Bloch tolère ces faits, refuse de prendre des sanctions, admet des réintégrations injustifiées et feint de ne pas voir les brimades auxquelles sont exposés les ouvriers indépendants :

« L'enquête effectuée a même montré que les ouvriers étaient répartis par sections, avec un numéro de matricule, qu'une relève était faite pour la garde des locaux des délégués et que les pièces mises à la disposition de ces

33. SHAA, Z 12935.
34. *Ibid.*
35. Septembre 1938.
36. SHAA, Z 12935.
37. *Ibid.*

délégués servaient en quelque sorte de quartier général disposant de transmissions téléphoniques spéciales et d'une coopérative montée en intendance. »

Pour Thouvenot, la conclusion est claire et tranchée :

« *Une telle situation engage à considérer l'activité de M. Marcel Bloch, administrateur de la SNCASO, comme incompatible avec les fonctions qu'il doit assumer à la tête d'une société nationale et il semble qu'il y aurait lieu d'envisager des sanctions à son égard*[38]. »

De telles accusations devraient amener le ministre à prendre des sanctions : soit à l'encontre de l'ingénieur de l'Air Thouvenot si son rapport est exagéré et tendancieux soit à l'encontre de Marcel Bloch. Or Guy La Chambre ne réagit pas. Une seule certitude, Marcel Bloch fait de plus en plus figure de bouc émissaire. L'affaire des redevances, montée en épingle, commence à lui porter de plus en plus ombrage, beaucoup plus qu'à son ami Henry Potez qui bénéficie pourtant des mêmes conditions que lui.

Guy La Chambre est alors aux prises avec des soucis plus graves. Le 15 janvier 1939, lors d'une réunion du Comité du matériel, il constate un retard de plus de six mois dans la livraison des avions Morane Saulnier 406 et menace d'annuler la commande.

Le ministre durcit de plus en plus sa position. Il envoie une mission aux Etats-Unis, conduite par Jean Monnet, chargée d'acheter un millier d'avions modernes qu'il espère recevoir au plus tard en juillet 1939. Mais il surestime la capacité de production de l'industrie aéronautique américaine d'alors ainsi que l'état des finances françaises.

Les MB 170

Le temps est compté, l'armée de l'Air souhaite disposer d'urgence d'un avion de reconnaissance volant à plus de 500 kilomètres à l'heure. Marcel Bloch le comprend et étudie depuis 1937 le prototype d'un bimoteur, le MB 170 qui effectue son premier vol, le 15 février 1938, piloté par André Curvale.

Le 14 mars, l'avion est accidenté. La commande de profondeur trop élastique, modifiée par Henri Déplante, conjuguée à un aménagement de dernière heure des tabs[39] automatiques de profondeur en a été la cause :

« *J'étais responsable pour la première modification et Marcel Bloch, très sportivement, a pris la seconde à son compte*[40]. »

38. SHAA, Z12935.
39. Volets manœuvrables servant au soulagement ou à la compensation des parties mobiles de l'appareil.
40. Entretien d'Henri Déplante avec l'auteur.

Le 29 juillet 1938, lors de son premier vol, le deuxième prototype effectue un décollage prématuré. Marcel Bloch sanctionne le pilote *« en le mettant en pénitence et l'interdisant de vol pendant quelque temps*[41] ».

Marcel Bloch, toujours impatient, suit de près les essais en vol et accorde une importance primordiale aux réactions de ses pilotes. Il est intransigeant sur la discipline de vol et obtient des résultats remarquables. C'est ainsi que, de 1930 à 1940, les essais en vol, dans sa société, n'ont provoqué la perte d'aucun pilote.

S'il est également très exigeant avec son personnel d'encadrement, il le paye très bien. Il montre aussi l'exemple en suivant de près l'avancement des avions et se révèle un véritable meneur d'hommes :

« Nous avions tous l'impression d'être conduits par un chef et de constituer une équipe qui suivait ce chef. Il a toujours eu une grande maîtrise de lui.

« Il était adorable quand nous avions des problèmes difficiles à résoudre. Il nous remontait le moral dans l'adversité en nous encourageant puis reprenait les choses en main quand ça allait mieux[42]. »

Lors des essais du MB 170, Marcel Bloch se rend compte que l'équipage à deux préconisé par l'armée de l'Air est une erreur. Il semble impossible que le deuxième homme s'occupe à la fois de la radio, de la visée et des mitrailleuses.

L'état-major convaincu revient à un équipage à trois, mais il faut modifier l'avion en conséquence ce qui donne naissance au MB 174 qui vole le 5 janvier 1939. Sa vitesse (530 kilomètres à l'heure) et sa maniabilité lui permettent de rivaliser avec les avions de chasse. Il est équipé d'hélices tripales Chauvière à pas variable, produites par la Société anonyme des avions Marcel Bloch qui a fait entièrement rénover son usine de Saint-Cloud pour la consacrer à la fabrication d'hélices; c'est une sorte de retour aux sources. Les études du MB 174 sont menées avec célérité :

« Chaque soir, des plans partaient de la gare d'Austerlitz où les apportait un des neuf dessinateurs de l'équipe. Le lendemain matin, ils étaient récupérés à Bordeaux pour être immédiatement exploités[43]. »

Marcel Bloch pressent que le MB 174 devient prioritaire donc qu'il peut susciter d'importantes commandes. Il propose alors au ministre de ne pas prolonger la chaîne de fabrication des MB 131 qui ne lui paraissent pas être des avions exceptionnels et de poursuivre avec les MB 174. Le ministre accepte.

Marcel Bloch ne s'arrête plus de perfectionner le MB 174. Il fait modifier l'aile pour permettre le montage de bombes : l'avion devient un appareil de reconnaissance et de bombardement dans ses versions MB 175 et MB 176.

Pour pallier la carence des moteurs nationaux, le gouvernement français

---

41. Entretien d'Henri Déplante avec l'auteur.
42. Entretien de Xavier d'Irribarne avec l'auteur.
43. *Ibid.*

commande des moteurs américains Pratt & Whitney, équipés d'hélices Hamilton, pour le MB 176 :

« La coopération avec Pratt & Whitney s'est avérée d'emblée très efficace[44]. »

Le 22 mai 1939, le ministère de l'Air passe commande de 90 appareils MB 175 puis, en vue de compléter le Plan V, de 526 à livrer à la cadence de 50 par mois[45].

Le ministère de l'Air est conscient des efforts de Marcel Bloch pour augmenter sa production. Le 23 août 1939, le Comité du matériel signale que :

« Bloch est obligé, pour atteindre ce chiffre, d'ouvrir de nouvelles usines nécessitant des surfaces couvertes de 150 000 m2. Il fait le nécessaire pour trouver ces surfaces en Charente par réquisition, achat ou location[46]. »

Le Comité fait également état de difficultés avec Marcel Bloch quant à la fabrication d'hélices :

« Il est signalé accessoirement que Bloch ne ferait pas tous ses efforts pour pousser à son maximum sa production d'hélices, le prix du marché n'ayant pas été fixé définitivement car la Direction technique et industrielle trouve exagéré le prix demandé par le constructeur. »

Devant l'accélération des commandes, Marcel Bloch envoie Henri Déplante, en novembre 1939 à Bordeaux, pour mettre au point la série des MB 150 et MB 170, produits par l'usine de Mérignac dirigée, depuis 1937, par Bention Grebelsky.

Il le charge ainsi que son frère, Paul, et André Curvale, de monter une nouvelle usine privée qu'il dénomme Bordeaux-Aéronautique. Elle est située dans la banlieue bordelaise, à Talence.

Cette décision d'envoyer Henri Déplante à Bordeaux est très importante. Elle montre que Marcel Bloch a pris conscience de ses défauts : vouloir aller trop vite et sous-estimer les problèmes de la fabrication en série. Le ministère n'omet pas de le lui rappeler. Marcel Bloch a réussi à résoudre correctement la fabrication en série des MB 170, par contre il est trop tard pour accélérer la production du MB 150. De violentes polémiques s'engagent avec le ministère et l'armée de l'Air.

Ce comportement est bien caractéristique de Marcel Bloch puis de Marcel Dassault : les prototypes le passionnent, la série ne l'intéresse pas.

Les résultats de l'année 1938 de la SAAMB

En ce qui concerne les fabrications d'avions, la Société anonyme des avions Marcel Bloch continue de faire terminer par la SNCASO les prototypes MB 150, MB 134 et MB 170.

44. Entretien d'Henri Déplante avec l'auteur.
45. SHAA, Z 12936.
46. Comité du matériel, 23 août 1939, SHAA 1B4.

La branche moteurs est opérationnelle, l'usine de Saint-Cloud est terminée et dotée de matériels modernes nécessaires aux fabrications. La construction des moteurs Bloch 4 A de 100 cv, Bloch 6 A de 160 cv et Bloch 12 A de 450 cv se poursuit en utilisant partiellement le concours des sous-traitants.

L'étude d'un nouveau moteur est lancée, le Bloch 24 B de 1 200 cv [47]. Marcel Bloch souhaite en pousser très rapidement la mise au point pour passer à la fabrication.

L'exercice de l'année 1938 se caractérise par une augmentation importante des dépenses résultant de la construction et de l'aménagement de l'usine de Saint-Cloud. Comme la société n'est pas encore sortie de la période d'étude, aucune valeur ne peut être attribuée aux moteurs ou éléments de moteurs en cours de fabrication. En ce qui concerne les avions prototypes en cours de construction et de mise au point, la société ne les prend en compte et ne les estime, prudemment, qu'à la valeur des acomptes reçus de l'Etat. En 1938, la SAAMB connaît un déficit de 92 000 francs qui est imputé sur le bénéfice de l'exercice précédent qui avait été reporté [48]. Au total, les deux premières années se traduisent par un bénéfice de 3,4 millions de francs qui ne sont pas distribués mais, à nouveau, reportés sur l'exercice suivant.

L'avant-guerre

En 1939, Marcel Bloch a réussi. Ses avions, construits par la SNCASO, font de lui l'un des deux grands industriels français de cellules. On pourrait penser qu'il s'en satisfait, mais non car l'avenir l'inquiète. Son fils Serge, qui a quatorze ans cette année-là, se souvient :

« *J'étais en 4e au lycée Janson-de-Sailly. Le climat familial était très lourd, très inquiet. Mon père était très occupé pour deux raisons. D'une part la production de matériel militaire avait pris du retard compte tenu du manque de décision. D'autre part, il commençait à sentir des menaces de plus en plus précises sur lui et sa famille* [49]. »

Pour Claude, le fils aîné, cette époque a été l'occasion de se rapprocher de ses parents :

« *J'ai été élevé par des gouvernantes puis j'ai été en pension pendant six ans. Mon père ne m'a pas toujours compris dans ma jeunesse, il ne me croyait pas capable de faire quelque chose.*

« *Finalement, 1938-1939 a été pour moi une époque heureuse car j'ai vécu avec mes parents* [50]. »

Depuis 1936, le nom de Marcel Bloch revient fréquemment dans les conversations du microcosme aéronautique français. Le directeur de l'Ecole

---

47. Il s'agit d'un moteur à compresseur et réducteur.
48. Procès-verbal du 29 juin 1939, archives Dassault.
49. Entretien de Serge Dassault avec l'auteur.
50. Entretien de Claude Dassault avec l'auteur.

nationale supérieure d'aéronautique demande à ses élèves une étude sur les nationalisations. L'un d'eux, Jean Cabrière [51], décide de travailler sur Marcel Bloch :

« C'était un personnage dont on parlait. Il était controversé, ça m'a intéressé. Je l'ai vu, avec deux de mes camarades, dans son bureau à Villacoublay. Il nous a très bien reçus.

« Il trouvait que les nationalisations c'était très bien; qu'il fallait, en prévision d'une guerre, avoir des arsenaux d'une taille suffisante pour pouvoir produire. Il fallait que les moyens de production appartiennent à l'Etat qui seul pouvait entretenir à ne rien faire des usines jusqu'au jour où on en aurait besoin [52]. »

Au printemps de 1939, Marcel Bloch reçoit la promotion de Sup'Aéro dans son usine de Châteauroux :

« Il portait un pardessus avec un cache col. Il marchait lentement, parlait lentement, toussait un peu mais avait des yeux très présents. Nous avons visité une très belle usine dont il nous dit qu'il avait suivi de près l'architecture. Nous avons vu un magnifique Bloch 152 ce qui a fait dire à un de nos camarades polonais : " Quand on voit ça, on sait que Dantzig restera polonais ! "

« Quant à moi, je sentais que j'aimerais travailler là. Puis, nous avons été manger dans un très bon restaurant. Je m'en souviens, c'était de la poularde froide cimentée au foie gras. Plusieurs d'entre nous ne savaient pas comment la manger, nous étions empruntés [53]. »

Marcel Dassault est déjà ressenti comme un personnage peu ordinaire. Sa conception des relations industrielles diffère de celles de ses concurrents. C'est à cette époque qu'il a certainement lu le livre d'Auguste Detœuf, *Propos de O. L. Barenton Confiseur*, paru en 1938 [54]. Cet auteur, directeur de Thomson, a écrit un curieux ouvrage rempli de maximes et de boutades fort pertinentes, souvent amusantes, concernant la science et l'industrie. Marcel Bloch s'en est quelquefois inspiré dans ses propos et peut-être même dans sa conduite. En tout cas, il n'est certainement pas resté indifférent à cette maxime présentant le chapitre sur l'économie politique :

« Aide-toi, l'Etat ne t'aidera pas [55]. »

A la fin du printemps de 1939, la Sous-commission de contrôle des travaux et fabrications du ministère de l'Air du Sénat inspecte les usines aéronautiques. Dans son rapport final, elle s'étonne de la persistance du ministère de l'Air à commander des matériels en série dont les performances sont inférieures à celles des prototypes acceptés. Ceci concerne tous les constructeurs mais ce sont surtout les avions Bloch qui sont visés.

Le 5 juin 1939, Guy La Chambre est interrogé par la Sous-commission de

---

51. Futur directeur général technique des Avions Dassault.
52. Entretien de Jean Cabrière avec l'auteur.
53. Entretien de Jean Cabrière avec l'auteur.
54. Republié en 1977 par Seditas, Paris, 231 pages.
55. Auguste Detœuf, *Propos de O. L. Barenton Confiseur*, Seditas, 1977, page 37.

contrôle des travaux et fabrications du ministère de l'Air au Sénat. Il indique que les enquêtes effectuées sur les moteurs Gnome et Rhône 14 N montrent deux défauts : un flambage des bielles par compression et des ressauts sur les cylindres. Il en résulte des arrêts moteurs et de graves accidents qui rendent nécessaires de modifier les cylindres de ces moteurs.

Les problèmes de moteurs continuent de paralyser l'industrie aéronautique française.

Le 20 décembre 1939, pour faire le point sur l'état de l'aéronautique militaire, le ministre de l'Air adresse un mémoire à Edouard Daladier, président du Conseil, ministre de la Défense nationale et ministre des Affaires étrangères. Guy La Chambre, toujours aussi fortement attaqué au Sénat, attire à nouveau l'attention sur les moteurs. Il constate que, contrairement aux méthodes allemandes, il est impossible à partir des cellules existantes d'avions de chasse de substituer des moteurs plus puissants pour améliorer la vitesse, ceci faute de moteurs suffisamment au point :

« La réponse est, pour l'instant, négative. Le moteur Hispano 1 000 cv qui pourrait être substitué au moteur Hispano 860 cv équipant actuellement nos Morane ne commencera à sortir en série que dans le second semestre de 1940.

« Le moteur 14 R de 1 200 cv qui pourrait être substitué au moteur 14 N équipant les Bloch 151 et 152 ne sortira qu'au début de l'été 1940.

« Dans ces conditions, la modernisation ne peut être actuellement assurée que par la substitution d'un type d'appareil à un autre et non par une simple substitution des types de moteurs sur une cellule identique[56]. »

En Europe, les menaces de guerre se précisent. La Société anonyme des avions Marcel Bloch est amenée à s'orienter vers des activités intéressant plus immédiatement la Défense nationale :

« Les services de l'aviation, soucieux d'accroître le potentiel de la fabrication aéronautique, se sont rendu compte que la production des hélices étaient nettement déficitaire, et pour venir à leur aide, nous avons étudié les possibilités d'entreprendre cette fabrication en série[57]. »

Dans un premier temps, l'usine de Saint-Cloud est affectée à la réalisation d'hélices métalliques du type Chauvière mais, comme le gouvernement souhaite décentraliser l'industrie aéronautique, la SAAMB signe, avec la Caisse de compensation [58], un contrat prévoyant la construction d'usines à Thiers (Puy-de-Dôme) et à Monnaie (Indre-et-Loire) avec achat de machines-outils.

Alors que ces usines n'en sont encore qu'à l'état embryonnaire, la SAAMB, pour parer à toute éventualité, fait l'acquisition à Talence, près de Bordeaux, d'une usine en chômage. Cette usine n'ayant pas un emploi

56. Archives nationales, 496AP16.
57. Auguste le Révérend, procès verbal de l'assemblée générale ordinaire du 14 novembre 1941.
58. Créée pour cette décentralisation.

immédiat, la SAAMB la rétrocède à la société Bordeaux-Aéronautique, formée en octobre 1939 par Marcel Bloch. Entre-temps, en juillet, le ministère de l'Air demande d'arrêter les travaux de réalisation de l'usine de Monnaie et d'achever seulement celle de Thiers.

L'insuffisance des productions aéronautiques inquiète fortement Guy La Chambre. Il convoque séparément, en janvier 1939, ses hauts fonctionnaires et les chefs militaires pour fixer les cadences de production de l'année 1940. Quelles sont les possibilités? Quels sont les besoins? Les coordinateurs de la production aéronautique, Albert Caquot et Joseph Roos, lui répondent qu'ils peuvent produire 370 avions par mois, voire 500 ou 600 si des crédits sont accordés.

Les généraux Vuillemin et Keller leur succèdent dans son bureau. Guy La Chambre est stupéfait : ils demandent 40 avions par mois. Devant l'effarement qui se lit sur son visage, le général Keller rajoute : *« Disons 60*[59]. *»*

Cette différence de chiffres s'explique par un retard considérable dans la formation et l'entraînement des équipages. Il n'y a pas assez de personnel pour voler sur des avions plus nombreux. Deux mois plus tard, le ministre adopte une cadence de 330 avions par mois pour 1940 sans que le problème des personnels soit pour autant résolu.

La guerre

La guerre approche. C'est au cours de ses vacances d'été, en août 1939, que Marcel Bloch, en se promenant dans les champs, trouve un trèfle à quatre feuilles. Un peu superstitieux, il place précieusement ce talisman dans son portefeuille.

Le 3 septembre 1939, la Grande-Bretagne et la France déclarent la guerre à l'Allemagne. La Deuxième Guerre mondiale commence.

Le même jour, le ministre de l'Air établit un plan de production de temps de guerre. Les fabrications des avions de chasse Morane 406, Bloch 151 et Caudron 714 sont arrêtées à la fin de l'exécution de la commande passée avant la déclaration de guerre. Il faut des appareils plus modernes.

Les seuls avions dont la fabrication est maintenue pour l'armée de l'Air sont les avions de chasse Dewoitine 520 et Bloch 152, les bombardiers légers Bloch 175 et dérivés, les bombardiers moyens Amiot 353 et dérivés, ainsi que les Lioré 45, les appareils d'observation Potez 63 et dérivés, les avions d'assaut Breguet 691 et dérivés[60]. L'importance des avions Marcel Bloch dans ce programme est considérable : Guy La Chambre ne peut se permettre un échec.

Pour permettre à la Société anonyme des avions Marcel Bloch de mettre son capital en rapport avec ses activités, son propriétaire décide de l'augmenter de 3 millions de francs prélevés sur les réserves qu'il a su dégager

59. Henri Déplante, *A la conquête du ciel*, Edisud, 1985, pages 79 et 80.
60. SHAA, 3B6.

depuis la création de sa société. Les actionnaires doivent recevoir trois actions nouvelles contre deux anciennes. Le capital social est donc porté à 5 millions de francs divisés en 10 000 actions de 500 francs chacune. L'assemblée générale extraordinaire du 6 décembre 1939 adopte cette résolution à l'unanimité [61].

Tandis que Marcel Bloch adapte sa société, la déclaration de guerre bouleverse la vie des Français. Les parlementaires, la presse, l'opinion publique prennent véritablement conscience que la course contre la montre est engagée.

Marcel Bloch participe à cette course. Il lui faut fournir les matériels demandés et répondre aux critiques. Les événements et les hommes se liguent contre lui. Sa volonté d'honorer rapidement toutes les demandes du ministère finit par se retourner contre lui. La France est en guerre, les militaires réclament des matériels qui peuvent être immédiatement opérationnels alors que Marcel Bloch livre des appareils qui ont encore besoin d'une mise au point.

A l'état-major de l'Air qui n'a pas commandé assez d'avions en temps voulu, Marcel Bloch répond présent tout en sachant qu'il ne peut pas tenir les délais. Il ne croit pas à des opérations militaires immédiates, il pense avoir le temps de tout arranger à sa manière.

Les reproches fusent : la quantité promise des matériels n'est pas livrée; la qualité est aussi discutée mais souvent sans tenir compte de la provenance des matériels.

En effet, en aviation, le constructeur de la cellule est maître d'œuvre de l'appareil qui intègre des équipements qu'il n'a pas construits (train d'atterrissage, moteur, hélice, radio, armement). Si un avion connaît des problèmes, les critiques ne s'adressent pas forcément à la cellule, elles peuvent viser le moteur, les équipements ou l'armement. Mais comme l'avion porte le nom du concepteur, il en subit toujours les effets.

Les fonctionnaires du ministère de l'Air n'aiment pas Marcel Bloch. Parti de rien, il y a dix ans, il est devenu l'un des deux grands constructeurs français de cellules. Ils le soupçonnent de réaliser de gros bénéfices, alors qu'en fait, il est, comme toute l'aéronautique, sous leur contrôle technique et financier permanent.

Marcel Bloch apparaît de nouveau comme le bouc émissaire idéal. Il a un grand défaut : il a réussi. Ses ennemis, les envieux, les antisémites, attendent la faute qui permettra de le faire tomber.

61. Procès-verbal du 6 décembre 1939, archives Dassault.

7

L'EPREUVE DE LA GUERRE

C'est à nouveau la guerre. Celle de 1914-1918 devait pourtant être la *« der des der »*. L'épreuve touche tous les Français. Le jeune Serge la vit ainsi :

« En septembre 1939, je devais faire la rentrée scolaire en 3e au lycée Janson-de-Sailly, mais mon père a préféré nous faire quitter Paris pour Saint-Aignan dans le Loir-et-Cher où il venait d'acheter une maison. »

Marcel Bloch, comme d'autres pères de famille, considère que vivre à Paris peut devenir un danger. Il éloigne sa femme et ses fils et fait l'aller-retour entre Paris et le Loir-et-Cher plusieurs fois par semaine :

« J'ai donc commencé à très peu le voir, sauf qu'il se montrait toujours aussi attentif à ma scolarité. J'entrai en 3e au lycée de Blois, l'enseignement était dominé par le latin et les mathématiques [1]. »

Au printemps de 1940, alors même que l'année scolaire n'est pas terminée au lycée de Blois, Marcel Bloch décide de leur faire quitter le Loir-et-Cher. Ils sont encore trop près de Paris.

LES PREMIÈRES SANCTIONS

Les circonstances dramatiques permettent toujours aux chercheurs de boucs émissaires de s'exprimer. Encouragés par les circonstances, les ennemis de Marcel Bloch redoublent leurs attaques :

« Mon père était perpétuellement dans le collimateur de l'administration, des députés socialistes et du gouvernement, qui tous l'accusaient de leurs propres erreurs. Ensuite des informations très précises nous venaient d'Allemagne, elles faisaient état d'arrestations répétées d'opposants au régime ou de Juifs.

« Les nouvelles que mon père nous rapportait chaque semaine de Paris

1. Entretien de Serge Dassault avec l'auteur.

étaient de plus en plus alarmantes. Au début de l'année 1940, il était évident que la France était complètement sous équipée et qu'elle ne pourrait faire front [2]. »

Le 10 janvier 1940, Guy La Chambre annonce, au Comité du matériel, des décisions importantes quant à la production des avions Bloch. Le ministre fait connaître que, d'accord avec le général Vuillemin et Albert Caquot, il a décidé de couper la commande de Bloch 152.

«*Au Comité du matériel du 9 mai 1939, M. Joux, alors Directeur technique, a déclaré sur un renseignement verbal téléphonique du Service technique que cet appareil faisait 530 kilomètres à l'heure et ne serait par suite pas déclassé en 1940.*

« *Un rapport ultérieur du CEAM* [Centre d'Expériences Aériennes Militaires], *en date du 18 mai 1939, discutait ce chiffre de 530 kilomètres à l'heure, indiquait qu'il avait été obtenu en surpuissance, qu'il était entaché d'une erreur de mesure, l'étalonnage des appareils ayant été fait sur Bloch 151 et l'appareil essayé pesant 340 kilos de moins que l'appareil de série.*

« *Le ministre déclare qu'il y a eu légèreté de la part du Service technique de ne pas l'informer de ce rapport qu'il ignorait au moment où le marché a été signé, en juin-juillet.*

« *Il est regrettable qu'il n'ait pas été informé que le renseignement sur lequel la commande était basée était périmé* [3]. »

La discussion sur les performances définitives du MB 152 est lancée. Albert Caquot estime que la vitesse maximale pourra être de 510 kilomètres à l'heure. Toutefois, il omet de signaler que, par lettre du 21 décembre 1939, il a informé Marcel Bloch qu'il a donné des instructions pour que les appareils de chasse MB 152 soient reçus à la vitesse de 500 kilomètres à l'heure et que, le 27 décembre, par un nouveau courrier, il lui a rappelé que 530 kilomètres à l'heure était la vitesse prévue dans le contrat :

« *Je vous rappelle d'ailleurs que cette vitesse a été une des conditions de la non-résiliation de cette série d'avions* [4]. »

Le ministre s'interroge alors sur les fabrications de remplacement. Les participants sont en désaccord sur la formule à adopter :

«*Arrivée à ce point, la discussion atteint son comble de confusion. Le ministre décide de solliciter l'avis du général commandant en chef* [5]. »

De cette consultation, il ressort que le MB 152 n'est pas un bon avion. Pourtant, le rapport du Centre d'expériences aériennes militaires du 22 décembre 1939 sur les conditions d'emploi tactique du MB 152 [6] estime qu'il doit être un excellent avion de défense aérienne du territoire en l'équipant des nouveaux capots moteurs. Seules des réserves sont faites sur son utilisation en avion de chasse aux altitudes moyennes et basses. Par contre,

---

2. Entretien de Serge Dassault avec l'auteur.
3. SHAA, 3B8.
4. *Ibid.*
5. SHAA, 1B4.
6. SHAA, 2B165.

entre 4 000 et 8 000 mètres, il doit avoir un meilleur rendement qui peut être sensiblement accru dans les évolutions de combat s'il est muni d'une hélice à pas automatique, comme celle du Curtiss américain. On est en pleine contradiction.

A la réunion du 15 janvier 1940, le ministre de l'Air se range à la proposition d'Albert Caquot d'arrêter la fabrication de tous les avions MB 152 qui ne sont pas achevés à 50 % et de reporter la production de l'usine de Châteauroux sur les MB 175, ce qui soulagerait celle de Bordeaux.

Le directeur du CEAM fait alors connaître les résultats de l'étude systématique engagée par ses services pour l'amélioration des performances. Il escompte pouvoir obtenir une vitesse comprise entre 510 et 520 kilomètres à l'heure, alors que la vitesse de rebut prévue au contrat était de 530 kilomètres à l'heure.

Le ministre décide de prendre des sanctions et procède, à l'encontre de Marcel Bloch, à une retenue sur les mandatements qui lui sont dus (12 millions) égale au double des droits de licence qu'il aurait touchés pour les constructions faites par la Société du Sud-Ouest, à moins cependant que la suite de la série n'arrive à retrouver, conformément aux modifications définies avec le CEAM, les performances prévues au contrat.

Le 16 janvier, Guy La Chambre écrit à Marcel Bloch [7] qu'en raison des résultats insuffisants des MB 150, 151, 152, il a pris la décision de suspendre le paiement de toutes redevances de licences à la Société des avions Marcel Bloch. Il prévient que si les appareils ne respectent pas les conditions des contrats, il en résultera pour l'Etat un préjudice grave qui l'obligerait à réserver formellement les droits de l'Etat, et à poursuivre la réparation de ce préjudice par voie de dommages-intérêts à réclamer, tant à la Société nationale de constructions aéronautiques du Sud-Ouest, qu'à la Société anonyme des avions Marcel Bloch.

Le 20 janvier, le ministre de l'Air informe son collègue des Finances qu'il trouve incompatible les fonctions d'administrateur d'une société nationale avec un mandat d'administrateur auprès d'une société exerçant son activité dans la même branche que la société nationale.

Le même jour, il avertit Marcel Bloch qu'en raison de son cumul de fonctions à la SNCASO et à Bordeaux-Aéronautique fondée le 17 octobre 1939, il est amené à donner des ordres pour que soit exercé le contrôle des prix de revient et des bénéfices de Bordeaux-Aéronautique [8].

Le ministre ordonne également aux sociétés nationales de ne pas passer directement de commandes à Bordeaux-Aéronautique sans que les prix n'aient été discutés et agréés par ses services.

7. SHAA, 3B8.
8. *Ibid.*

L'affaire du MB 134 et la démission

Le 20 janvier, le contrôle téléphonique de la 5e région aérienne intercepte une communication entre Marcel Bloch à Saint-Aignan et le secrétaire technique de la SNCASO, M. Vinsonneau, à Paris. Elle concerne les essais d'évaluation en cours du Bloch 134. Marcel Bloch parle :

« Il est convenu qu'après la base on dira que les bougies sont encrassées et on enlèvera le réchauffage[9]. »

Le 21 janvier, l'ingénieur en chef, directeur du centre d'essais du matériel aérien de Bricy, est informé.

Le 22 janvier, à Villacoublay, après le vol qui se termine à 11 heures, l'équipage de l'avion déclare effectivement que les bougies sont encrassées et qu'il faut les vérifier. Les représentants du directeur du centre d'essais, sur ses instructions, répondent qu'ils ont été prévenus qu'on allait leur faire cette objection et demandent au pilote de conduire immédiatement l'avion à Orléans Bricy.

Le pilote refuse, faisant valoir que la neige s'est mise à tomber. L'appareil est alors placé dans un hangar sous surveillance, aucune modification du réchauffage ne peut être effectuée.

Le directeur du centre d'essais rencontre le 22 janvier Marcel Bloch de passage à Orléans Bricy. Ce dernier lui a « *avoué, avec quelques hésitations, qu'il avait l'intention de modifier le réchauffage du carburateur*[10] » en supprimant des canalisations d'air chaud à l'intérieur de la manche d'admission pour ne pas freiner l'écoulement des filets d'air.

Le 24, l'installation de réchauffage du carburateur est vérifiée. Contre toute attente, il est constaté que la modification indiquée par Marcel Bloch est réalisée. Une enquête menée par le directeur du centre ne permet pas de découvrir à quel moment elle l'a été.

Le 30 janvier, une note de la Sûreté nationale en informe le ministre de l'Air. Celui-ci charge le contrôleur général Ceccaldi d'ouvrir une enquête.

Entre-temps, le 23 janvier 1940, le ministre a pris connaissance d'un rapport du général d'Astier, commandant la zone d'opérations aériennes nord, qui dresse un bilan défavorable de la mise en service des Bloch 151 et 152.

D'abord, les moteurs Gnome et Rhône 14 N ont des difficultés de démarrage par temps froid ce qui est fort regrettable en cet hiver 1939-1940 particulièrement rigoureux. Il faut alors utiliser des camions insufflateurs d'air chaud mais toutes les bases aériennes n'en sont pas équipées. Ensuite, l'avion présente une forte instabilité latérale en virage qui exclut l'attaque en vol tournoyant. L'armement, de son côté, fonctionne de façon irrégulière, il faut changer le compresseur d'air qui alimente les armes. Le collimateur

---

9. Compte rendu de la Commission de contrôle téléphonique, Orléans, 22 janvier 1940.
10. Note du contrôleur général Charles Ceccaldi pour le ministre de l'Air : *Fraude au cours des essais à Villacoublay de l'avion Bloch 134 n° 1*, 9 février 1940, SHAA Z 12935, page 4.

de tir est instable, il entraîne des erreurs de pointage. La visée est impossible par temps humide en raison d'une condensation sur la lentille.

Par contre, le rapport estime que l'avion est apprécié pour ses bonnes qualités de vitesses rectiligne et ascensionnelle qui lui font tenir tête au Morane 406, mais que ces avantages ne compensent en aucun cas les inconvénients.

En conséquence, le général d'Astier demande que les groupes de chasse équipés de Bloch 151 et 152 soient rééquipés en Morane 406 jusqu'à ce que le MB 152 soit apte à remplir sa mission et souligne que si une solution aussi radicale est proposée c'est qu'elle « *traduit bien le malaise des exécutants* [11] ».

Ce rapport inquiète le ministre de l'Air et accentue sa prévention vis-à-vis de Marcel Bloch.

Le 26 janvier 1940, le ministre reçoit une note du général Vuillemin, commandant en chef de l'aviation française, concernant la rénovation de l'armée de l'Air. Pour celui-ci, le problème essentiel est de réduire au minimum les délais d'entrée en ligne du matériel :

« *La persistance de cet état de choses peut, s'il n'y est porté rapidement remède, conduire à un désastre consécutif à l'emploi au front d'avions mal et hâtivement mis au point.* »

Il compare avec l'industrie automobile :

« *L'industrie aéronautique doit donner à son client, l'armée de l'Air, la satisfaction que l'industrie automobile donne à sa clientèle civile ou militaire : toute voiture sortant d'usine est bonne, sur l'heure, pour l'utilisation. L'industrie aéronautique est très loin de cet idéal.* »

Les critiques concernent le manque de finition des avions eux-mêmes, de leurs équipements, principalement de l'armement, du ravitaillement technique. Plusieurs appareils sont passés en revue, c'est une catastrophe.

Sur les 56 avions Lioré 45 livrés, 14 seulement sont en état de vol. Les Breguet 691 de l'aviation d'assaut sont inutilisables du fait de défaillances de moteurs et de train d'atterrissage. Sur les 257 Potez 63 livrés, 130 sont également indisponibles par manque d'équipages : il manque des avions double commande pour les former.

Pour les Bloch 151-152, comme pour les autres avions, le général Vuillemin fait remarquer que les mécaniciens sont obligés de consacrer un temps considérable à des mises au point de matériels et d'équipements qui incombent normalement aux fabricants :

« *Le montage des avions Bloch est très mauvais, fait sans soin, sans contrôle et avec un manque total de conscience.*

« *Etant donné l'état dans lequel les avions ont été livrés au groupe, il est impossible que les services de contrôle de l'aviation aient fait leur métier* [12]. »

La tuyauterie de relevage du train, la béquille arrière sont jugées déficientes. Les moteurs 14 N 25 fonctionnent correctement mais leur montage

11. SHAA, 2B165.
12. *Ibid.*

et les accessoires ne font pas l'objet de suffisamment de soin. L'installation des postes de radio est très critiquée :

« Le montage sur Bloch des postes RI-537 a été fait par des incapables malhonnêtes.

« Quarante jours de travail de quatre spécialistes de la maison Radio-Industrie ont été nécessaires pour mettre les postes en état de fonctionner. »

De nombreux appareils ne peuvent être utilisés faute de pièces de rechanges, d'armement, ce qui réduit encore les effectifs aptes au combat.

Pour compléter ce tableau, le 13 février 1940, le général d'Harcourt, inspecteur et commandant supérieur de l'aviation de chasse, adresse au ministre de l'Air et au général commandant en chef des forces aériennes un rapport de quatorze pages passant en revue les anomalies constatées sur le Dewoitine 520 lors de l'évaluation par l'escadrille d'expérimentation.

Si certaines peuvent être considérées comme inévitables sur un nouvel appareil, d'autres *« relèvent d'une conception défectueuse. Les éléments incriminés ont été mal étudiés. Ils nécessitent de la part des services compétents une nouvelle étude, entraînant une perte de temps qui aurait pu et dû être évitée ».*

Les deux principales anomalies de cet appareil, sur lequel reposent tous les espoirs de l'armée de l'Air, concernent d'abord un mauvais fonctionnement des armes :

« Dès 1935, à l'apparition des premiers Dewoitine, des doléances justifiées avaient été formulées à ce sujet par les groupes de chasse.

« En cinq années aucune amélioration substantielle n'a été réalisée, malgré des demandes maintes fois renouvelées. »

Ensuite, l'échauffement anormal de l'huile du moteur qui *« ne permet pas de considérer le D 520 comme bon de guerre tant que des modifications n'auront pas été apportées au circuit de graissage*[13] ».

Enfin, la vitesse atteinte par les appareils de série, entre 505 et 515 kilomètres à l'heure à 5 300 mètres, est inférieure à celle réalisée par le prototype.

En ce qui concerne la date à laquelle le *Dewoitine 520* pourrait être déclaré « bon de guerre », la commission estime qu'il serait prématuré de la fixer.

Le constat est accablant pour l'aéronautique militaire française. Si aucun constructeur n'est épargné par l'état-major de l'armée de l'Air, cette dernière oublie ses responsabilités dans la désorganisation tant reprochée.

Henri Déplante a un point de vue particulier sur les appareils qui n'ont pas reçu leur armement en temps voulu :

« On a prétendu que des sabotages rendaient nécessaire d'armer les avions à Châteaudun. Les industriels devaient les livrer non armés.

« Après cette décision catastrophique, les avions étaient entassés à Châ-

13. SHAA, 2B165.

teaudun qui ne disposait pas du personnel qualifié ni du chef capable de faire face à la nouvelle situation.

« Certains officiers ont court-circuité la voie réglementaire en amenant directement leurs avions du front à Bordeaux pour être servis dans les meilleurs délais.

«Après le 10 mai, constatant son erreur, le ministère accepte que les avions soient à nouveau armés en usine mais c'est trop tard, la décision précédente ayant entraîné un ralentissement sérieux de l'approvisionnement des unités engagées [14]. »

A Châteaudun, 434 avions indisponibles sont stockés à l'entrepôt de l'armée de l'Air 301. On a toujours dit que les avions français étaient immobilisés par faute de pièces d'équipement, d'armement. Il n'en a pas toujours été ainsi. Un état de ces avions, en date du 20 mars 1940 [15], précise que les avions indisponibles ne le sont pas par manque d'accessoires.

Sur ces 434 appareils il y a 54 MB 151 et 182 MB 152 dont il est dit qu'ils ont été livrés conformément aux clauses du marché. Ils sont indisponibles car ils doivent subir des modifications, demandées par le ministère de l'Air, permettant d'obtenir une vitesse supérieure à 520 kilomètres à l'heure en remplaçant les capots moteurs, les collecteurs d'échappement et la fixation du train d'atterrissage. On stocke donc des avions qui peuvent voler!

Les MB 151 sont livrés armés aux formations au rythme d'un avion par jour, les MB 152 au rythme de cinq à six.

Pendant l'enquête du contrôleur général Ceccaldi, Marcel Bloch reçoit une demande d'explication émanant du président de la Commission sénatoriale de l'Air sur l'affaire de l'écoute téléphonique concernant le MB 134. Il y répond, le 5 février 1940, en démentant formellement les accusations dont il est l'objet. Il affirme avoir seulement voulu s'assurer que le moteur du MB 134 était bien muni d'une manche d'air du dernier modèle :

« Les derniers travaux exécutés sur le Bloch 134 B-4 remontant à plusieurs mois, je ne savais plus de quelle manche à air il était équipé [16]. »

Il ajoute qu'une vérification des bougies était faite systématiquement chaque fois qu'un appareil décollait de Villacoublay pour entreprendre un voyage. Il conclut qu'il continuera à agir comme par le passé : *« Prêt à prendre tous les risques à ma charge si cela doit, d'un instant, avancer la mise au point d'un appareil ou la livraison d'un appareil de série ».*

C'est dans ce contexte que l'inquiétude du ministre est portée à son comble, le 9 février 1940, par le rapport du contrôleur général Ceccaldi, sur l'affaire du MB 134 :

« Finalement l'affaire s'analyse de la manière suivante : M. Bloch a prescrit à son personnel l'utilisation d'un procédé frauduleux, en vue d'exé-

---

14. Entretien d'Henri Déplante avec l'auteur.
15. Archives nationales, 496AP33.
16. Lettre de Marcel Bloch au sénateur Benazet, 5 février 1940.

cuter, à l'insu de l'administration, sur un appareil en essai au titre d'un marché, une légère modification[17]. »

Il ajoute que si Marcel Bloch avait demandé l'autorisation de modifier son carburateur, celle-ci lui aurait été certainement accordée :

« *Dès lors on comprend mal pourquoi M. Bloch a procédé de la manière que l'Administration lui reproche actuellement. Peut-être y a-t-il été amené par des incidents antérieurs ignorés des services; peut-être encore a-t-il simplement obéi à un désir irraisonné d'éviter de demander une autorisation*[18]. »

Le contrôleur général estime que cette demande de modification est une fraude minime, d'un intérêt technique relatif qu'il ne convient donc de sanctionner que d'une manière administrative. Par contre, en ce qui concerne la tentative de fraude en elle-même, ses conclusions sont très sévères :

« [Cette fraude] *est révélatrice d'une étrange mentalité, chez l'administrateur délégué d'une société nationale, et elle entache l'honneur de tous ceux qui, de près ou de loin, y ont pris part.* [...]

« *Relativement à M. Bloch, on doit considérer que les fautes établies contre lui ne permettent plus à l'Administration de lui conserver la moindre parcelle de confiance.*

« *Il doit être chassé de la société nationale qu'il administre. M. le Ministre peut seul décider s'il y a lieu de l'inviter à démissionner, ou s'il convient, de demander à l'assemblée générale de prononcer sa déchéance*[19]. »

Marcel Bloch est constamment sur écoute téléphonique, ses communications sont analysées :

« *Un P.V. d'écoute en date du 28 janvier éclaire également d'un jour particulièrement défavorable la psychologie de l'actuel administrateur-délégué de la SNCASO*[20]. »

Le 13 février, Guy La Chambre convoque Marcel Bloch : il lui demande des explications sur les difficultés de mise au point des capots moteurs et le menace de stopper toutes les commandes.

Celui-ci rédige immédiatement un rapport pour se défendre mais la cause semble entendue car Guy La Chambre, violemment attaqué par le Parlement qui lui reproche sa gestion ainsi que les erreurs de ses prédécesseurs, est aux abois : une tête doit tomber.

Le 15 février, il convoque Marcel Bloch et lui demande de lui remettre sa démission.

Marcel Bloch démissionne. Retrouvant son collaborateur, Auguste Le Révérend, il lui dit : « *Maintenant, je suis chômeur* »... et se met immédiatement au travail[21].

---

17. Rapport Ceccaldi, *Ibid.*, page 6.
18. *Ibid.*, page 8.
19. *Ibid.*, page 10.
20. *Ibid.*
21. Propos rapporté par René Massing à l'auteur.

Apprenant la nouvelle, le président de la Commission sénatoriale de l'Air rappelle au ministre qu'il s'est toujours préoccupé d'obtenir des productions rapides et de qualité auprès de Marcel Bloch et que, dans la situation présente, une telle décision ne contribue certainement pas à accélérer la production :

« *Il est de mon devoir de vous demander s'il n'est pas encore temps de procéder d'une manière un peu différente et de vous dire tout net ce que j'aurais fait à votre place.*

« *J'aurais certainement tenu à épauler Marcel Bloch, je l'aurais conservé à la tête de ses fabrications dont il a la responsabilité, responsabilité dont il ne convient pas, à mon avis, de le décharger.*

« *J'aurais mis auprès de lui un ou plusieurs organisateurs lui laissant tout de même le soin de réaliser ce qu'il a promis.* »

Le Président de la Commission met en garde le ministre sur les conséquences éventuelles :

« *C'est ici que l'amitié que j'ai pour vous doit me permettre de vous exprimer tout le fond de ma pensée.*

« *C'est vous désormais, et vous seul qui serez entièrement responsable des causes de retards, des erreurs qui peuvent toujours être commises quelle que soit la bonne volonté de ceux qui assument la direction d'entreprises aussi délicates*[22]. »

Le ministre Guy La Chambre aura l'occasion de s'expliquer sur cette demande de démission, le 1er février 1941, lors de son audition devant la Cour suprême de Justice de Riom :

« *J'avais depuis longtemps des réserves à faire sur l'organisation des établissements Marcel Bloch qui n'employaient pas toujours au mieux leurs importants moyens.* [...]

« *D'autre part malgré d'éclatantes déconvenues, Marcel Bloch avait, comme constructeur de prototypes, des initiatives et des idées heureuses dont le Bloch 174 est le témoignage.*

« *L'échec du Bloch 152 dans sa version première sur lequel j'avais fondé de grandes espérances et qui demanda de très importantes transformations, me décida à saisir le premier prétexte pour l'écarter de la direction de la SNCASO. Ce prétexte me fut fourni par une infraction grave qu'il commit lors des essais de l'un de ses avions. Ayant fait confirmer les faits par un rapport du contrôleur général Ceccaldi, je lui demandai sa démission qu'il m'apporta dans les trois heures. Il fut entendu qu'il continuerait ses études de prototypes et qu'il surveillerait les modifications à apporter au Bloch 152. Quant à la conduite de M. Mazer, son successeur, je puis attester de sa parfaite honorabilité, mais peut-être s'est-il montré trop indulgent à l'égard de M. Bloch qui était très insinuant*[23]. »

Ces propos, il convient de le rappeler, sont tenus sous le régime de Vichy

22. SHAA, Z 12935.
23. Archives nationales, Cour Suprême de Justice de Riom, 2W28, 27 janvier 1941.

lors d'un procès destiné à désigner des responsables. Ils sont polémiques et doivent être lus avec prudence.

Il est difficile de croire que des hommes d'Etat, que des militaires, que des industriels aient sciemment participé à l'affaiblissement aéronautique ou qu'ils l'aient toléré. La vérité et simple et humaine : les responsables politiques et militaires n'ont pas toujours eu la perception des urgences qui se manifestaient et sont restés prisonniers de leurs idéologies.

Alors qu'il fallait agir, les plus hauts responsables se sont souvent contentés de demander des rapports, de remettre au lendemain des réformes indispensables ou finalement de faire tomber des têtes.

La démission de Marcel Bloch ne résout pas ses problèmes. Le 16 février 1940, le directeur de la police d'Etat de Seine-et-Oise adresse au préfet du département un rapport sur le ralentissement systématique de la production à la Société nationale de construction aéronautique du Sud-Ouest à Villacoublay où sont fabriqués les prototypes du MB 162 et du chasseur MB 155. L'attitude et le comportement d'un ingénieur, directeur d'atelier, auraient entraîné une baisse du rendement de 70 % de la production [24].

Le 17 février, sur ordre d'informer délivré par le général Armengaud, commandant la 2e région aérienne, le 3e tribunal militaire de Paris ouvre une instruction contre X et ses complices, pour actes sciemment accomplis de nature à nuire à la Défense nationale.

C'est dans cette ambiance de règlements de comptes que les usines de Marcel Bloch battent des records de production pendant les premiers mois de 1940 et qu'il lance de nouveaux modèles.

L'accélération des fabrications

Henri Déplante confie à Lucien Servanty l'étude d'une réplique française des bombardiers lourds quadrimoteurs anglais et américains, le MB 162. C'est un dérivé du MB 160 qui, en septembre 1937, a pris part à la course Istres-Damas. Ce nouvel appareil, d'un poids total de 20 tonnes, peut transporter 2,5 tonnes de bombes à 1 000 kilomètres de distance à une vitesse maximale de 500 kilomètres à l'heure, son équipage est de cinq hommes.

Le Comité du matériel du 25 septembre 1938 signale qu'il en avait été commandé trois, destinés primitivement à devenir des appareils de prestige tout en estimant que les performances escomptées étaient trop limitées pour envisager leur maintien dans cette affectation.

On avait néanmoins pensé leur donner une utilisation militaire, solution écartée car l'état-major a émis un avis défavorable. Deux appareils sont alors affectés au transport des hautes personnalités, le troisième est main-

24. Archives nationales, 496AP41.

tenu dans sa destination d'origine [25]; ils sont attribués au ministère des Colonies.

Une version civile MB 161 du même quadrimoteur, étudiée à partir d'avril 1938, avec la collaboration technique d'Air France, pour le transport de trente-trois passagers à 430 kilomètres à l'heure, est construite par les Ateliers Blériot de Suresnes.

Lucien Servanty s'occupe aussi d'un monoplace de chasse, le MB 157 dessiné autour du moteur Gnome et Rhône 14 R 4 pouvant développer 1 700 cv à 7 000 mètres grâce à un puissant compresseur. La vitesse maximale pouvant être atteinte est estimée à 700 kilomètres à l'heure ce qui est exceptionnel pour cette époque. Le prototype est construit à Villacoublay à partir de décembre 1939.

De 1934 à 1940, les ingénieurs issus du bureau d'études de Marcel Bloch ont conçu dix-huit prototypes différents qui ont été fabriqués. En six ans, cela représente une moyenne de trois prototypes par an, sans compter les versions dues au changement de moteur ou d'accessoires. Le bureau d'études de Marcel Bloch a fait preuve de beaucoup de dynamisme. Contrairement à ses concurrents, il va vite. On lui reproche cette rapidité.

Le bilan de l'année 1940 montre qu'en ce qui concerne les cellules, la Société anonyme des avions Marcel Bloch a continué à faire terminer en régie, par la SNCASO, les prototypes MB 150, MB 134 et MB 170. Elle a conclu avec l'Etat les contrats d'acquisition des MB 150 et MB 134 mais, les prix consentis étant loin de couvrir les dépenses engagées, cette partie de l'exploitation est déficitaire [26].

Pour les moteurs, les essais d'homologation du Bloch 4 B de 100 cv sont poursuivis ainsi que la fabrication des Bloch 6 A et Bloch 12 A. L'étude du Bloch 24 B de 1 200 cv n'a pu être suivie de réalisation du fait de l'état de guerre.

« *La drôle de guerre* » s'éternise, le gouvernement Daladier démissionne le 20 mars 1940. Paul Reynaud devient président du Conseil. Guy La Chambre s'en va et cède le ministère de l'Air à son créateur de 1928, André Laurent-Eynac.

En avril 1940, la SNCASO est retenue, dans le plus grand secret, pour le montage du premier turboréacteur français Rateau conçu par René Anxionnaz [27]. Le moteur doit être fixé sur une cellule d'avion de chasse biréacteur qu'étudie la société Rateau en association avec Marcel Riffard et l'équipe Henri Déplante, Maurice Hurel, Lucien Servanty de la SNCASO [28].

---

25. SHAA, Z 11607.
26. Rapport du Conseil d'administration du 14 novembre 1941, archives Dassault.
27. Un brevet, couvert par le secret, est déposé le 4 décembre 1939.
28. Le projet est terminé au début de 1942. L'invasion de la zone libre par les Allemands met fin à ce programme.

Le 27 avril, le Centre d'expériences aériennes militaires remet, sur la demande pressante du chef d'état-major de l'armée de l'Air, un rapport d'expérimentation d'un Messerschmitt 109 tombé dans les lignes françaises et capturé intact. L'appareil allemand est comparé à des avions français : Dewoitine 520, Bloch 152, Bloch 174, Potez 63. Le rapport conclut qu'entre le Messerschmitt et les avions de chasse français D 520 et MB 152, *« aucune supériorité manifeste n'a été constatée d'un côté comme de l'autre »*.

« Le Dewoitine 520 et le Bloch 152 modifiés, chacun avec ses qualités propres, peuvent affronter avec confiance le Messerschmitt 109. [...]

« Le Bloch 152 a sur le Messerschmitt 109 une nette supériorité de maniabilité qui doit l'inciter à rechercher le combat tournoyant. Sa tactique de combat doit rappeler celle du Curtiss 75 dont les qualités ont avec les siennes une certaine analogie[29]. »

Ce jugement sur le Bloch 152 est parfaitement contradictoire avec celui des généraux d'Astier et Vuillemin; il rejoint par contre les conclusions[30] du groupe de chasse II/1 du 21 décembre 1939 et celles du rapport d'évaluation du 22 décembre 1939. On s'interroge sur l'objectivité réelle des personnalités qui formulent des avis aussi opposés et on reste perplexe à la lecture de la conclusion de la lettre de l'ingénieur Pierre Satre[31], écrite le 17 septembre 1941 au contrôleur de l'administration aéronautique Chossat qui enquête sur les avions Bloch :

« Il ne faut pas regretter que les Bloch 152 aient été commandés. Ils tenaient une bonne place dans les 400 avions dont disposait l'état-major de l'armée de l'Air le 10 mai 1940. Ils avaient alors des performances et des qualités très acceptables.

« La lenteur de la mise en service de cet avion est due à la difficulté du problème posé, à un moment où la technique et l'industrie aéronautique française étaient en pleine évolution. Ce n'est qu'une conséquence du fait que notre état-major s'est aperçu trop tard, en 1937, qu'il lui fallait un grand nombre d'avions[32]. »

Le même rapport du Centre d'expériences aériennes militaires précise que le multiplace MB 174 peut offrir *« une défense efficace aux attaques des Messerschmitt et doit s'appuyer sur ses excellentes qualités de vitesse*[33] *»*.

Il en déduit également que les qualités des avions français, comparées à celles du Messerschmitt, doivent se conserver ou même s'améliorer à très haute altitude, les compresseurs des moteurs des avions français permettant de tenir les performances au-delà de l'altitude moyenne de combat de 5 000 mètres estimée la plus favorable pour le Me 109.

29. SHAA, 2B63.
30. Voir le chapitre 6 de la première partie.
31. Futur directeur général technique de Sud Aviation et un des pères de la Caravelle.
32. SHAA, 3D/494.
33. SHAA, 2B63.

Sur le plan technique, les appareils français semblent pouvoir rivaliser avec leurs adversaires allemands.

L'ATTAQUE ALLEMANDE

Le 10 mai 1940, les Panzers d'Hitler déferlent sur la Belgique. Le 12, ils atteignent la Meuse, ils la franchissent le 15. La manœuvre en tenaille vers Dunkerque commence. A cette date, l'armée de l'Air est essentiellement équipée d'avions de chasse Bloch :

« Il y avait 150 à 200 Bloch 150 sur le front. Comme le Dewoitine commandé comme avion moderne n'existait qu'à quelques exemplaires, on a fait appel à la génération précédente qui était le Bloch 150.

« Les pilotes français ont descendu un grand nombre de pilotes allemands. Les Allemands, de leur côté, ont détruit un grand nombre de Bloch 150, mais l'avantage est resté aux Français.

« De plus, cet avion était d'une solidité extraordinaire : il revenait souvent de mission les ailes et le fuselage criblés d'éclats d'obus, et même une fois l'un d'eux est rentré avec la moitié de sa dérive arrachée[34]. »

Devant le désastre militaire qui s'accélère, Paul Reynaud croit trouver, le 18 mai, l'homme providentiel. Il appelle le maréchal de France, Philippe Pétain, le vainqueur de Verdun, au gouvernement. Le général Gamelin est limogé et remplacé par le général Maxime Weygand.

Le 28 mai, l'état-major de l'Air, lors d'une conférence concernant les programmes de construction, envisage, *« en raison de l'intérêt que présentent les MB 174 et ses dérivés équipés de moteurs plus puissants*[35] », d'ouvrir une nouvelle chaîne de MB 175. Il estime que la cadence mensuelle de production des MB 174 et de ses dérivés peut être portée à 310 à dater de juin 1941 et précise qu'en octobre 1939, il a été *« décidé de construire 200 MB 174 par mois soit 2 400 par an, mais au bout de neuf mois la guerre était terminée*[36] ».

Le 31 mai, les armées franco-anglaises sont prises au piège à Dunkerque, seule une partie peut être embarquée pour l'Angleterre.

Henri Déplante revient alors à Paris en quête de consignes pour regrouper le personnel des bureaux d'études :

« La consigne est l'immobilisme, un immobilisme que je qualifierai de béat, tant il semble minimiser la gravité de la situation[37]. »

Le 9 juin, le prototype du MB 157 en cours de construction à Villacoublay est expédié vers le sud de la France pour éviter qu'il ne tombe entre les

34. Marcel Dassault, 19 janvier 1983, archives Dassault.
35. SHAA, 3B6.
36. Marcel Dassault, *Le Talisman*, page 64.
37. Henri Déplante, *A la conquête du ciel*, Edisud, 1985, page 86.

mains de l'adversaire. Toutefois, le convoi est intercepté et le prototype saisi.

Le 14 juin, Paris est déclarée ville ouverte et passe sous tutelle allemande.

Devant l'avance allemande, Bention Grebelsky et Henri Déplante obtiennent du général Vuillemin l'autorisation d'évacuer les usines de Bordeaux. Quatre bateaux sont mis à leur disposition pour transporter les matériels de valeur. Alors que le chargement est en cours, un ordre affecte ces navires à la Direction du matériel aérien. Le groupe technique de Bordeaux tente alors de partir vers Saint-Jean-de-Luz mais il est déjà trop tard.

Pendant ce temps, Marcel Bloch recherche un lieu de séjour plus sûr pour Madeleine, Claude et Serge :

« *Comme des millions de Français, c'est l'exode vers le sud. J'avais quinze ans. Je me souviens de la voiture chargée jusqu'au toit. Je me souviens de la maison de Saint-Aignan où je venais de passer une toute petite année. Je me souviens du départ. En fait, mon père ne savait pas où aller exactement, alors nous nous sommes arrêtés à La Bourboule, et de là, mon père est parti seul dans le Midi essayer de trouver un point de chute.*

« *Chacun, au moindre grondement de moteur, levait les yeux et se préparait à bondir dans les fossés, sous les arbres. On abandonnait les voitures, portières ouvertes, pour s'élancer, éperdus, vers les buissons. L'alerte passée, la randonnée reprenait sous le soleil, d'un village à l'autre, d'un pont à une rivière, toujours plus loin, vers le sud et de plus en plus de voitures sans essence étaient poussées dans les fossés.*

« *On se demandait surtout où étaient nos soldats, nos avions, nos chars et nos canons*[38]. »

Le 16 juin, Paul Reynaud démissionne, le maréchal Pétain le remplace à la présidence du Conseil, le général Pujo devient ministre de l'Air.

Le lendemain, la radio française transmet un message du maréchal Pétain. Le « cœur serré », il annonce aux Français qu'il a obtenu l'arrêt des combats et qu'il demande l'armistice à l'adversaire. Il est signé le 22 juin avec l'Allemagne et le 24 avec l'Italie. La bataille de France est terminée, la France est défaite, la France est occupée.

L'ARMISTICE

La stupeur de l'opinion publique se transforme en besoin de désigner des coupables. La défaite, c'est l'aviation qui en est responsable ! Tout le monde croit en détenir les preuves.

Les fantassins n'ont pas vu d'avions français, pourtant l'armée de l'Air a abattu près d'un millier d'avions allemands perdant seulement environ 450 des siens en combat aérien. Mais, pendant qu'elle se battait désespérément contre la chasse allemande pour la maîtrise du ciel, les avions de bombarde-

38. Entretien de Serge Dassault avec l'auteur.

ment en piqué Stuka pouvaient agir en toute impunité contre les colonnes françaises.

L'aéronautique française n'a pas été capable de fournir des avions en quantité suffisante car le réarmement français n'a commencé qu'en 1938 contre 1936 en Allemagne. La production est pourtant passée de 40 avions par mois en mars 1938 à 500 en mai 1940. Les effectifs sont passés de 88 000 personnes en janvier 1939 à 250 000 en mai 1940. Malgré tout, cet effort de réarmement aérien, le plus important parmi tous les belligérants, est arrivé trop tard pour doter l'aviation française d'appareils modernes en quantité suffisante.

Mais, même si les avions avaient été livrés en assez grand nombre, il n'y aurait pas eu assez d'équipages pour les utiliser, surtout dans le bombardement. Un mémorandum du 4 février 1940, sur la rénovation de l'armée de l'Air le reconnaît :

« Le nombre actuel des équipages confirmés se monte à environ 350, et le concours des écoles ne permet pas d'envisager une flotte de bombardement de plus de 500 équipages [39]. »

Le retard pris par la France provient initialement de l'erreur d'orientation de 1934. Les commandes massives d'appareils, étalées sur 1936, encombrent l'armée de l'Air de matériels périmés. La nationalisation de 1936 a vainement tenté de surmonter la crise, l'agitation sociale a entraîné une diminution du rendement et un retard des fabrications. Toute l'année 1937, les sociétés nationales ont végété au milieu des difficultés financières et sociales. Le ministère de l'Air n'a pu obtenir les crédits nécessaires pour lancer les nouvelles fabrications du programme de 1936 que les industriels n'ont, de surcroît, pas eu le temps de mettre au point.

C'est seulement au cours de l'année 1938, avec l'élaboration du Plan V qu'on prend conscience de l'ampleur du retard industriel. Des commandes d'avions et de machines-outils sont passées à l'étranger tandis que l'équipement des usines devient plus rationnel. Cet effort s'intensifie en 1939 dans un contexte international assombri. Alors que les crédits de mobilisation industrielle s'enflent presque démesurément, l'industrie n'est pas encore en état de suivre le rythme. Des retards se produisent, aggravés par la mise au point délicate de prototypes qu'il faut sans cesse retoucher, modifier, transformer.

La déclaration de guerre conduit à décupler les moyens de production tandis qu'apparaît dans toute son acuité l'absence de préparation à la mobilisation industrielle.

L'industrie aéronautique française était programmée pour atteindre son rendement optimum en 1941. Trop tard.

Henri Déplante porte un jugement sévère sur les conditions dans lesquelles il a travaillé de 1930 à 1940 :

39. SHAA, 2B/2.

« Je reprocherai tout d'abord au ministre de l'Air de nous avoir orientés au départ sur des programmes idiots et de nous avoir fait perdre ainsi de précieuses années. Tel fut le cas du multiplace de combat. Avant de nous demander « l'avion hérisson » protégé par de multiples tourelles tirant tout azimut (calibre 7,5 millimètres), il fallait s'assurer de la validité du tir sur le travers à des vitesses supérieures à 300 kilomètres à l'heure. C'était la mission du Centre de tir de Cazaux. On nous annoncera cyniquement l'horrible effet de gifle reçu par la balle quand nous serons profondément engagés sur la réalisation de ces avions (chez Potez, chez Amiot, chez nous) – Qui d'entre nous pouvait penser que de telles vérifications de base n'avaient pas été faites au départ – Bilan : quatre ans d'efforts anéantis.

« En deuxième lieu, je mettrai l'accent sur l'incroyable isolement technique dans lequel nous avons œuvré – Pas d'organisme d'Etat pour coordonner la recherche sur des sujets brûlants tels que les améliorations motrices – L'Etat a laissé les constructeurs « se battre » en isolés et n'a pas songé à faire profiter la confrérie des résultats intéressants acquis par l'un d'eux, ce qui était impardonnable à cette époque où la survie de la France était en jeu.

« Le constructeur était d'emblée jugé suspect !

« Pas de recherche de standardisation interconstructeurs ! Pas d'organisation pour collecter et diffuser les résultats prometteurs acquis par la Recherche à l'étranger[40]. »

Le Reich victorieux n'épargne pas l'aéronautique française. La défaite est totale, les clauses de l'armistice sont rigoureuses : « *Tout avion décollant sans autorisation préalable allemande sera considéré par l'aviation militaire allemande comme avion ennemi et traité comme tel* ». Les matériels, les stocks, les établissements industriels doivent être livrés intacts à l'Allemagne. C'est la quasi-disparition de l'armée de l'Air, de ce fait désarmée, et l'arrêt des fabrications.

Le 17 juin, le général de Gaulle part pour Londres. Parmi les premiers ralliés, figure le général Paul Bloch, frère de Marcel. Comme Charles de Gaulle, il est aussi partisan de l'arme blindée et annonce son ralliement à Londres sous le pseudonyme de Chardasso.

Marcel Bloch, de son côté, hésite sur la conduite à tenir :

« On a failli partir aux Etats-Unis au moment de l'invasion mais mon père a dit : " Non, je suis français, je reste en France "[41]. »

Il trouve alors une résidence à Cannes. Le 18 juillet 1940, il achète une maison meublée, la villa Saint-Cyrès, dans un quartier tranquille, avenue Albert-Ier où il s'installe avec sa femme et ses enfants :

« Je crois que nous nous sommes installés à Cannes parce que c'était l'une des villes de la zone libre les plus éloignées de Paris où mon père ne

---

40. Henri Déplante, *A la conquête du ciel*, 1985, page 91.
41. Entretien de Serge Dassault avec l'auteur.

pouvait plus rester et puis aussi parce que depuis longtemps sans doute il rêvait de la Côte d'Azur[42]. »

Aux termes de la convention d'armistice, le 17 juillet 1940, cinq mois après la démission de Marcel Bloch, une commission allemande, dirigée par Kurt Tank, directeur technique de Focke-Wulf, se présente à Mérignac. Au cours de son séjour d'évaluation, elle teste le MB 175 dont elle remarque les qualités. Henri Déplante est surpris :

« *C'est la première fois qu'on s'est fait féliciter ! Les Allemands ont su apprécier l'effort considérable que notre personnel a fourni !*[43]. »

La commission annonce qu'elle veut faire reprendre la construction au profit de l'Allemagne. Elle s'intéresse aussi aux MB 161, 162 et 800. Les installations de Châteauroux attirent également son attention.

Les Allemands qui avaient réussi à s'emparer du MB 157 l'ont fait apporter à l'usine de Mérignac où il est finalement assemblé. L'appareil effectue son premier vol en mars 1942. La vitesse maximale obtenue est de 710 kilomètres à l'heure à 7 800 mètres ce qui ne manque pas d'impressionner l'occupant.

Les Allemands, bien informés, ont pris conscience de la valeur de Marcel Bloch :

« *Ils avaient la plus grande admiration pour les ingénieurs français comme mon père, ils voulaient qu'il travaille pour eux. Ils le lui avaient fait savoir.*

« *Pour mon père, il était hors de question de collaborer. C'était impensable, inconcevable. Le bureau d'études composé des quelques cinquante ingénieurs qu'il avait formés a d'ailleurs déménagé dès le mois de juillet 1940 pour s'installer à Châteauroux. Mon père, lui, est resté à Cannes, car il ne se sentait pas en sécurité*[44]. »

L'équipe de Marcel Bloch restée à Bordeaux fait alors la connaissance d'un Allemand au comportement curieux, l'ingénieur Vogel. Tandis que les dirigeants français essaient de camoufler leurs réalisations et de conserver un maximum de personnel, Vogel ne manifeste aucun zèle pour les gêner, il leur fait même des confidences sur les difficultés que rencontre la Luftwaffe face aux Anglais pendant la bataille d'Angleterre[45].

La présence à Bordeaux, en zone occupée, des principaux concepteurs d'avions Bloch devient un risque inutile. En juillet 1940, une partie du bureau d'études emmenée par Henri Déplante rejoint Châteauroux, en zone libre. Il ne comprend pas pourquoi Vogel n'essaye pas de les poursuivre.

Pendant ce temps, à Cannes, Marcel Bloch ronge son frein. Pour Serge, c'est l'été, mais un été inhabituel :

42. Entretien de Serge Dassault avec l'auteur.
43. Entretien d'Henri Déplante avec l'auteur.
44. Entretien de Serge Dassault avec l'auteur.
45. Entretien d'Henri Déplante avec l'auteur.

« La vie à Cannes aurait pu être calme, douce et ensoleillée. Nous étions plongés dans une vie au ralenti, un peu artificielle, hors du temps. La vie aurait pu être agréable, il y avait la mer, le soleil, les collégiennes en jupes plissées et cet accent à l'aïoli qui me donnait parfois l'impression que tout cela n'était pas très sérieux, que notre vieux pays s'en sortirait toujours. »

En septembre 1940, il entre en seconde classique au lycée Carnot. De jours en jours, l'horizon s'assombrit :

« Les nouvelles de Paris pour mon père étaient de plus en plus mauvaises et inquiétantes. Les Allemands cherchaient à le convaincre de travailler pour eux. La presse d'extrême droite et notamment Gringoire *l'attaquait de plus en plus durement en le désignant comme le coupable à châtier. L'insulte et la diffamation deviennent bientôt légales en France par décision de Vichy*[46]. »

46. Entretien de Serge Dassault avec l'auteur.

8

LA PRISON

Le 6 septembre 1940, à l'occasion d'un remaniement ministériel du gouvernement de Vichy, le général Jean-Marie Bergeret devient secrétaire d'Etat à l'aviation. *Gringoire* et *Au pilori* exultent et se déchaînent contre Marcel Bloch.

Lors des auditions de la Cour suprême de justice de Riom chargée d'établir les responsabilités de la défaite, le comportement de Marcel Bloch est critiqué en termes sévères. Les dépositions d'hommes politiques, de militaires, d'industriels lui sont très défavorables. C'est ainsi que l'ancien directeur des fabrications de l'aviation au ministère de l'Air, chargé de l'exécution des marchés aéronautiques, déclare :

« La manière dont M. Bloch a fait adopter la fabrication des Bloch 200, Bloch 210, Bloch 131 et même, en partie, Bloch 150 est caractéristique à cet égard : il construisait hâtivement un prototype, il faisait avec celui-ci de premiers essais mettant en évidence une qualité de l'appareil au détriment des autres. Le Service technique ne pouvait homologuer ces essais puisqu'ils n'étaient pas faits dans des conditions régulières; il cherchait donc à obtenir des essais réguliers et une mise au point de l'appareil qui paraissait intéressant. C'était en vain, M. Bloch traînait alors indéfiniment ses essais en longueur ; mais pendant ce temps, il faisait campagne dans la presse, à la Chambre, auprès d'aviateurs militaires quelquefois mal informés, en faveur de son appareil; il faisait exercer toutes sortes de pressions sur le ministre. »

Il ajoute que, alors que les essais des prototypes n'avançaient pas, Marcel Bloch finissait par obtenir le maintien de cette commande malgré les réserves des services techniques. Aussitôt celle-ci obtenue, il mettait en route la fabrication des appareils de série sans mise au point du prototype, engageant des sommes considérables, obtenant des acomptes, si bien que, lorsque le premier appareil de la série faisait ses essais et qu'on constatait tous ses défauts, l'Etat était engagé à tel point qu'il ne pouvait se dégager :

« Cette manière de faire, sans être aussi caractérisée chez d'autres diri-

geants de sociétés nationales, est caractéristique de la façon dont beaucoup d'entre eux agissaient[1]. »

En lisant ce réquisitoire, on pourrait croire que le directeur des fabrications est hostile au MB 152. Or, plusieurs lettres signées de lui, antérieures au 10 mai 1940, ne montrent ni opposition ni réserves sur ce programme. Dans une lettre du 27 juin 1939, il demande même à un de ses collaborateurs « *d'intervenir chaque fois qu'il pourra être nécessaire* » pour « *hâter la livraison des approvisionnements* » sans lesquels les sorties des avions seraient retardées[2].

Trois mois après la signature de l'Armistice, le 3 octobre 1940, le gouvernement français promulgue la loi portant statut des Juifs. Toute une catégorie de citoyens est désormais astreinte à un régime juridique et social inférieur, enfants comme adultes. Les insultes dans la presse sont maintenant légalisées : *Gringoire* peut se livrer à ses attaques sans aucun risque[3].

La France de Vichy s'enfonce dans les règlements de comptes, les dénonciations et les accusations. Le 5 octobre, Marcel Bloch, considéré comme individu dangereux pour la défense nationale et la sécurité publique, est arrêté :

« *Un matin d'octobre 1940, mon père a reçu une convocation. Il devait se présenter devant un juge d'instruction, au palais de justice de Nice. Il y est allé tranquille, digne, comme toujours. Stupéfait, il a entendu le juge prononcer son inculpation et déclarer qu'il était placé sous mandat de dépôt. On lui reprochait de ne pas avoir construit assez d'avions avant la déclaration de guerre. Il devait comparaître devant le tribunal de Riom, en accusé de l'armée de l'Air, lui qui s'était tant battu pour elle*[4]. »

En prison à Pellevoisin

Marcel Bloch est interné administrativement en zone libre, à l'hôtel Notre-Dame à Pellevoisin dans l'Indre, non loin de Châteauroux, à une trentaine de kilomètres de la ligne de démarcation, dans un ancien couvent d'abord transformé en hôtel, puis en centre d'internement administratif. Il y retrouve des industriels de l'aéronautique, Emile Dewoitine et Paul-Louis Weiller, mais aussi des hommes politiques, tels Jules Moch, Vincent Auriol, Paul Reynaud, Charles Pomaret.

Les chambres sont individuelles, fermées à clef de l'extérieur, sommairement meublées mais correctement chauffées, le régime est semi-pénitentiaire, les familles peuvent envoyer des colis et rendre visite :

1. Archives nationales, 496AP38, 19 septembre 1940.
2. Archives nationales, 496AP38.
3. Ce journal n'est pas le seul. *L'Action française* entreprend également une campagne dirigée essentiellement contre les milieux aéronautiques et leurs « magouilles politico-financières » au détriment de la défense et du « rayonnement de la patrie ».
4. Entretien de Serge Dassault avec l'auteur.

« On recevait tous les jours les visites des femmes, des enfants et des amis. La nourriture était très correcte[5]. »

Les détenus ont droit, chaque jour, à deux promenades d'une demi-heure dans la cour mais il leur est interdit de parler entre eux.

L'internement de Marcel Bloch ne passe pas inaperçu, *Gringoire*, le 10 octobre 1940, se félicite de son arrestation *« à Cannes où la police mit fin à son confortable séjour »*.

Madeleine Bloch, pour faire libérer son mari, multiplie les démarches : *« Pendant l'instruction du dossier, ma mère avait reçu l'autorisation de lui rendre visite. Elle allait le voir chaque semaine. Elle nous racontait son courage, sa volonté de fer, son désir de faire éclater la vérité.*

« Moi, j'étais à Cannes et la seule chose qu'il m'avait demandée, c'était de poursuivre mes études[6]. »

Lors des visites de sa femme, le règlement est appliqué rigoureusement. L'ancien ministre Charles Pomaret, dont la cellule faisait face à la sienne, se souvient :

« Le plus malheureux de tous, en tout cas le plus mal traité, fut Marcel Bloch, devenu depuis Dassault, industriel d'aviation. L'administration de la maison d'internement s'appliqua à le brimer; par exemple, quand son épouse venait le voir, le règlement était appliqué avec une telle rigueur qu'un policier s'asseyait sur une chaise au seuil même de la porte ouverte. Marcel Dassault passait le plus clair de son temps à dessiner des modèles d'avions. Le bricoleur solitaire *a-t-on dit de lui. Les rapports avec lui étaient excellents*[7]. »

Dans sa prison, Marcel Bloch apprend tout l'intérêt que les Allemands accordent à ses appareils.

En effet, le 17 octobre 1940, le Service des commandes allemandes au ministère de la Production industrielle et du travail est informé que le Reich souhaite commander 200 MB 175 à la SNCASO. La société allemande Focke Wulf est chargée de représenter, auprès de la Société nationale, les intérêts de l'armée allemande par l'intermédiaire de l'énigmatique Vogel[8].

Henri Déplante, inquiet d'être sans nouvelles de son patron, obtient de lui rendre visite deux fois. Marcel Bloch prend argument de sa mauvaise santé pour être dispensé de travailler au profit des Allemands et ne semble pas s'inquiéter des attaques dont il est l'objet :

« Ne vous en faites pas, on en a vu d'autres en 70. Faites au mieux, préparez l'avenir, on se reverra[9]. »

Il lui recommande de réunir un maximum d'ingénieurs aéronautiques et

5. Marcel Dassault, 19 janvier 1983, archives Dassault.
6. Entretien de Serge Dassault avec l'auteur.
7. Charles Pomaret, *Le Dernier Témoin*, Presses de la Cité, 1968, page 303.
8. Archives nationales, 41AJ/637.
9. Entretien d'Henri Déplante avec l'auteur.

de les diriger vers la Grande-Bretagne ou les Etats-Unis pour constituer le noyau de la reconstruction de l'aéronautique française d'après-guerre.

Les collaborateurs de Marcel Bloch, en son absence, prennent des mesures conservatoires pour sauvegarder les intérêts de la Société anonyme des avions Marcel Bloch. Une assemblée générale extraordinaire est réunie le 31 décembre 1940 afin de désigner un nouveau responsable. Conformément aux statuts, un conseil d'administration est désigné. Marcel Bloch en est nommé président, Auguste Le Révérend et Georges Hennequin sont administrateurs. L'assemblée générale extraordinaire décide également de transférer le siège social de Saint-Cloud à Thiers (Puy-de-Dôme). Marcel Bloch est absent, de sa prison, il a délégué tous ses pouvoirs, par lettre, le 20 décembre 1940, à Henri Carol qui doit assurer les fonctions de directeur général de la société en zone occupée. Au début de 1941, désireux que sa société cesse toute activité en zone occupée, il demande à Henri Carol de fonder une société destinée à l'exploitation de l'usine de Saint-Cloud, la Société anonyme de constructions aéronautiques et mécaniques.

Alors que Marcel Bloch a pris des disposition pour remédier à son internement, le gouvernement français, craignant de voir les Allemands franchir la ligne de démarcation et s'emparer des célèbres prisonniers de Pellevoisin, décide de les transférer, dans la nuit du 31 décembre 1940, à Aubenas en Ardèche. Une dizaine de jours plus tard, ils sont emmenés à l'hôtel des Bains de Vals-les-Bains. L'amiral Darlan fait adoucir leur incarcération, ils peuvent désormais prendre leurs repas en commun.

Le 16 janvier 1941, le préfet de Nice signe un arrêté rapportant la mesure prise à son encontre en octobre 1940. L'internement administratif est transformé, Marcel Bloch est astreint à résider aux usines Bloch sises à Thiers dans le Puy-de-Dôme où, depuis le 31 décembre 1940, a été transféré le siège social de la Société anonyme des avions Marcel Bloch.

Il quitte Pellevoisin le 21 janvier 1941. Charles Pomaret raconte :

« Par lui, nous avons connu un sentiment très particulier, fait à la fois de gentillesse et d'envie. Il fut libéré un bon mois avant nous, à nos débuts à Vals-les-Bains, et Mme Bloch vint le chercher. Il fut autorisé à prendre congé de chacun de nous, et par nos fenêtres, nous le vîmes partir pour cette liberté qu'il recouvrait le premier. Et notre sentiment était double : d'abord la joie de voir libre un camarade agréable, et l'espoir que cette liberté nous serait bientôt donnée, puisque l'un de nous partait; mais aussi un secret pincement d'envie : pourquoi lui? Pourquoi pas nous? Hélas, pour lui, cette liberté fut de courte durée, et sa privation de liberté se prolongea pendant des années. Déjà, très peu de jours après sa sortie de Vals, une autre police l'appréhendait pour le diriger vers une autre prison[10]. »

Marcel Bloch est donc assigné à résidence à Thiers :

10. Charles Pomaret, *Le Dernier Témoin*, page 303.

« Ma mère traversait cette épreuve avec une volonté qui faisait l'admiration de tous : " Nous sortirons de la tourmente, disait-elle de sa voix douce, tu verras, un jour, nous serons réunis, mais tu dois travailler, devenir fort, réussir tous tes examens afin que ton père soit fier de toi lorsqu'il viendra nous rejoindre " [11] *»*

L'ASSIGNATION À RÉSIDENCE

Marcel Bloch ne pense qu'à l'avenir, c'est un trait de son caractère, le plus révélateur peut-être de sa réussite, sa confiance reste inébranlable.

Le 21 février 1941, il réunit le conseil d'administration de sa société et approuve les décisions prises en son absence. Il continue alors à diriger sa société dans un contexte très difficile.

Après *Gringoire*, *Au pilori*, *« hebdomadaire de combat contre la judéo-maçonnerie »* et *« organe social de la rénovation française »*, entreprend une nouvelle campagne de presse pour abattre Marcel Bloch. Le journaliste, Michel Labruyère, l'attaque inlassablement faisant état de malversations, de combines, de marchés étranges et de scandales.

Le 7 mars, un article intitulé « Lumières sur les scandales de l'aviation », s'élève contre ceux qui ont peur du scandale Bloch, en particulier le ministère de l'Air à qui il reproche son inaction. Il proteste contre le transfert de certains affectés spéciaux de la SNCASO à l'usine de Bordeaux-Aéronautique de Marcel Bloch, défavorisant ainsi la Société nationale et freinant sa production.

Il l'accuse d'avoir nommé des membres de sa famille et des amis à la tête d'usines de la SNCASO. Il lui reproche également d'avoir, afin de plaire au ministre, engagé comme directeur de la production de la SNCASO le journaliste de *L'Intransigeant*, Peyronnet de Torres, qui défendait régulièrement la gestion de Guy La Chambre dans son journal.

Le 27 mars 1941, le ton antisémite se durcit dans un article intitulé « Panorama de la juiverie aéronautique » où il n'hésite pas à écrire au sujet de Marcel Bloch :

« Nous ne désespérons pas de le voir, lui et sa guenille, pendre au bout d'une branche. »

Dans le même numéro, l'administrateur-délégué de la SNCASO, Paul Mazer, le successeur de Marcel Bloch, est accusé d'être son complice depuis 1935 où *« armé d'un magnifique stylo Parker très opportunément offert par Bloch il signe nonchalamment les procès-verbaux de paiement des fabrications du Juif Bloch. »*

Paul Mazer est également accusé d'avoir, en tant chef de l'arrondissement de contrôle Paris-Nord-Ouest au Service des fabrications aéronautiques, surévalué les usines Marcel Bloch lors de la nationalisation et d'avoir couvert de son autorité les malversations de Marcel Bloch, même après son départ de la SNCASO.

---

11. Entretien de Serge Dassault avec l'auteur.

Le 10 avril 1941, *Au pilori* titre sur six colonnes : « Bloch en prison! » sorte de réquisitoire récapitulant tous les griefs, surtout ceux qui concernent les conventions de licence et plus particulièrement l'avion MB 170. Marcel Bloch aurait substitué ce nouveau bimoteur à un avion biplace de tourisme portant également le numéro 170 et figurant sur l'avenant n° 1 afin de bénéficier des 12 % de redevances.

Au pilori affirme détenir les preuves de cette substitution. Le premier 170, rebaptisé 190, aurait été transporté à Châteauroux *« où le beau-frère Hirch-Minckès, directeur de l'usine, le met en pièces et à la ferraille sur les ordres de Bloch. Bloch a ainsi effacé la dernière trace de son escroquerie, ou tout au moins le croit-il* [...].

« Mais Bloch n'a pas pensé à tout. Les preuves de son escroquerie existent : la feuille originale de l'inventaire de l'avion 170 de tourisme, quelques dessins de l'appareil, les témoignages de l'ingénieur qui l'a dessiné, du chef d'atelier qui l'a construit, de l'ingénieur de la direction des Constructions aériennes qui a tout fait pour empêcher l'escroquerie.

« Messieurs les juges de la correctionnelle, à vous la parole et les actes. Une escroquerie de dix millions, ça vaut la peine d'ouvrir les cartons.

« Ou alors, faudra-t-il que Bloch vole un rutabaga pour retourner en prison? »

L'affaire du MB 170 est présentée de curieuse façon. L'appareil cité figure bien dans la convention de janvier 1936 mais l'hebdomadaire n'indique pas que l'avenant n° 4, en date du 25 octobre 1939, ramène le taux de 12 % à 3,125 % [12]. De plus, les conventions et avenants ne concernent que du matériel militaire, les modèles civils n'entrent pas en considération.

Marcel Bloch se tait, son absence de réaction accrédite les accusations de la presse. Même dans le contexte troublé de l'Etat Français, son attitude est difficile à comprendre : Marcel Bloch laisse toujours hurler les loups.

La maison d'arrêt de Riom

Le 10 avril 1941, à la suite d'une information ouverte sur l'ordre du général Bergeret, Marcel Bloch est arrêté à Thiers et incarcéré à la maison d'arrêt de Riom. *Gringoire* et *Au pilori* pavoisent.

Pour les Juifs français, la situation s'aggrave : Xavier Vallat laisse sa place à un homme qui plaît au *Pilori*, Louis Darquier dit de Pellepoix, dont une des premières décisions est de faire porter une étoile jaune aux Juifs.

Le docteur René Bloch, ancien combattant de la guerre 1914-1918, décide de la porter à côté de ses décorations, ce qui entraîne son arrestation puis sa déportation. Serge Dassault se souvient :

« Mon oncle, René Bloch, m'a beaucoup marqué. Je l'adorais car il était très proche de moi quand j'étais enfant. Pour braver les Allemands, le

12. Voir le chapitre 6 de la première partie sur l'affaire des licences.

14 juillet 1941, il est sorti dans la rue avec toutes ses décorations. Il a été arrêté le jour même, puis déporté dans un camp en Pologne [Auschwitz]. *Il n'en est jamais revenu* [13]. »

Marcel Dassault, de son côté, apporte des précisions sur son frère :

« *Mon frère René fut déporté en Allemagne où, en tant que chirurgien des hôpitaux, il aurait pu facilement trouver une " planque ", mais il n'a jamais voulu collaborer. Il était plus têtu comme un Alsacien que subtil comme un Italien.*

« *Personne n'a jamais reproché à Louis XI d'avoir roulé Charles le Téméraire quand il était son prisonnier à Péronne. Mon frère René n'était pas comme cela. Il avait gagné sa croix d'officier de la Légion d'honneur sur le champ de bataille pendant la guerre de 1914-1918, et il voulait la conserver. Comme les infirmiers allemands voulaient la lui arracher, cela fit l'objet d'un combat homérique qui se termina par une piqûre de poison dans le cœur. Cela nous a été raconté par un témoin oculaire.*

« *Ce genre de procédé ne m'étonne pas car moi-même, arrivant à la Gestapo à Lyon, un milicien français s'est précipité sur moi pour m'arracher ma croix d'officier de la Légion d'honneur. C'est un officier SS qui lui a intimé l'ordre de me laisser tranquille* [14]. »

Le 19 septembre 1941, Jean Théroigne signe un article particulièrement violent : « Nous clouons Au pilori Bloch, le vautour aux ailes brisées ». Après avoir repris les griefs habituels, il termine ainsi :

« *Une telle crapule n'a même pas besoin de jugement. Puisque nous sommes toujours en guerre, il suffirait d'un poteau, d'un fossé et de dix balles pour que justice soit faite. Ces ustensiles sont-ils si difficiles à trouver? Car nous ne pouvons penser que ce sont les juges qui manquent.*

« *Tant que de tels coupables ne seront pas exécutés, il n' y aura pas de révolution.*

« *Par la guillotine, le poteau ou la corde, exécutez Bloch ou alors... gare à la bombe.* »

De Riom, Marcel Bloch adresse à sa famille un message manuscrit lui conseillant la conduite à tenir pour le faire libérer. Cette lettre, non datée, est assez étonnante, certains passages éclairent le comportement de Marcel Bloch :

« *Chacune de ces notes a une importance considérable. Ne rien négliger pour les mener à bonne fin.*

« *Il faut bien vous mettre dans la tête que, si le ministère de l'Air est mon adversaire, c'est aussi mon juge. Si on ne veut pas parler avec l'adversaire, on se prive de parler avec le juge, et l'on ne termine jamais.*

« *Mettez-vous bien dans la tête que Bergeret n'est pas plus mal disposé qu'un autre, que naturellement c'est lui qui signe mais c'est le contrôle qui rédige la lettre.*

---

13. Entretien de Serge Dassault avec l'auteur.
14. Marcel Dassault, 19 janvier 1983, archives Dassault.

« Ce n'est pas Bergeret mais Pujo avec qui j'étais très bien qui m'a envoyé à Pellevoisin parce que le Contrôle lui avait dit de le faire [15]. »

Il explique à sa famille les raisons de ses démêlés avec le ministère de l'Air : un désaccord sur le prix de 150 fuselages de ses avions pour lesquels il est accusé d'avoir considéré le prix provisoire comme définitif et facturé ce coût à l'Etat. Il précise :

« [...] *Ne les contrarions pas puisque ce prix définitif ne laisse pas de bénéfice. Après, nous pourrons leur montrer le marché d'Etat et leur expliquer que le prix de prévision devait être fixé par avenant donc que le prix provisoire n'avait pas d'importance* [16]. »

Il estime que le ministère de l'Air se fonde sur autre chose que le prix des fuselages pour le maintenir en prison. Marcel Bloch pense que c'est sa société Bordeaux-Aéronautique qui est la cause du litige car le ministère de l'Air dit que s'il n'a pas été actionnaire de Bordeaux-Aéronautique au début, c'était pour mieux lui permettre de passer à des prix excessifs des commandes de la Société nationale à Bordeaux-Aéronautique :

« Il sait qu'il n'y a jamais eu d'intention puisque je n'ai jamais passé de commandes à Bordeaux-Aéronautique, que mes lettres des 7 et 13 novembre n'étaient pas valablement signées et que ce n'était que des projets de commandes, destinés à inviter Bordeaux-Aéronautique à se mettre en rapport avec le Service des marchés pour recevoir un marché d'Etat que Bordeaux-Aéronautique a du reste reçu. D'ailleurs, Caquot dit bien que la Société nationale n'avait pas le droit de passer un tel marché, c'est pour cela que l'on ne l'a pas passé.

« C'est à l'expert de donner son avis là-dessus [17]. »

Le message de Marcel Bloch se termine par un brouillon de lettre adressée à l'amiral Darlan, vice-président du Conseil, à Moisset, secrétaire général à la vice-présidence du Conseil ainsi qu'au ministre de la Justice. Comme l'expert commis dans cette affaire réclame six mois de délai pour rendre son avis, il demande que la présomption d'innocence qui s'attache à chaque inculpation ne lui soit pas refusée, et qu'en conséquence le ministre de la Justice veuille bien ordonner sa mise en liberté provisoire.

Ses collaborateurs essaient d'intervenir. Lors d'un déplacement clandestin en train entre la zone libre et la zone occupée, Henri Déplante rencontre par hasard l'ingénieur Henri Ziegler. Il lui expose la situation de Marcel Bloch. Henri Ziegler, en lutte contre les Allemands, essaye d'intercéder auprès de l'ingénieur général Volpert qui connaît le ministre de la Justice, Joseph Barthélemy.

Ce dernier, dans ses Mémoires, explique que le général Bergeret, secrétaire d'Etat à l'Air, « *poursuivait d'une haine égale et commune tous les*

15. Marcel Dassault, archives Dassault.
16. *Ibid.*
17. *Ibid.*

constructeurs d'avions [18] » et qu'il faisait perpétuellement pression sur les juges pour les faire inculper :

« *Bergeret me fait en Conseil des ministres une véritable scène de dépit furieux, parce que moi et mes agents nous n'avons pas conservé à sa disposition le personnage relaxé par les tribunaux. J'ai peine à lui faire comprendre le caractère scandaleux de ses plaintes* [19]. »

La liberté confisquée

Le juge de Thiers estime que son enquête nécessite au moins trois ans d'instruction. Alors que la santé de Marcel Bloch se dégrade, le juge décide de le mettre en liberté provisoire, sous caution, en accord avec le ministre de la Justice :

« *J'avais donné des instructions pour que ces cautions soient suffisantes pour donner au libéré un intérêt à revenir* [...].

« *Le juge de Thiers, pour se conformer à mes instructions générales, avait porté à huit cent mille francs* [20] *la caution de Bloch. Celui-ci rassemble les huit cents gros billets, les dépose, et le cœur soulagé, passe la porte de la prison. Là l'attendait l'agent de Bergeret qui l'arrête pour l'interner administrativement* [21]. »

En effet, sentant Marcel Bloch lui échapper, le général Bergeret fait appel de la mise en liberté provisoire. La chambre des mises en accusations de Riom le déboute le samedi matin 11 octobre 1941. L'après-midi du même jour, le général Bergeret fait décider par le Conseil des ministres de traduire Marcel Bloch devant le tribunal d'Etat de Lyon. Dans la même journée, ce dernier, qui croyait que son cauchemar se terminait, est à nouveau arrêté et interné à Vals-les-Bains, à l'hôtel du Vivarais transformé en lieu de détention, puis à Evaux-les-Bains.

Le ministre de la Justice qui estime que la plus grande faute des constructeurs d'avions a été de « *réaliser, dans le malheur de la patrie, des fortunes scandaleusement exagérées* », précise :

« *Tout de même, Bergeret faisait jouer à la Justice un rôle fâcheux : elle semblait avoir extorqué à Bloch une somme relativement considérable en vue d'une liberté qui ne lui avait pas été donnée* [22]. »

Le 7 juillet 1941, le commissariat aux Questions juives continue ses investigations sur l'encadrement de la SNCASO. Le style de la lettre est marqué par le ton de l'époque :

« *Il y a quelque temps, le Juif Boixeda a quitté la direction de l'usine de*

---

18. *Joseph Barthélemy*, ministre de la Justice (Vichy 1941-1943), Pygmalion, 1990, page 190.
19. *Ibid.*
20. Environ 1,2 million de francs 1990.
21. *Joseph Barthélemy*, ministre de la Justice, Pygmalion, 1990, page 190.
22. *Ibid.*

Châteauroux de la Société nationale de constructions aéronautiques du Sud Ouest (usine Marcel Bloch).

« Il n'aurait pas été vidé mais simplement muté à l'usine de Cannes.

« Il a été remplacé comme directeur par Avenet qui vient de faire sept mois de prison pour propagande communiste.

« Le nouveau sous-directeur est le Juif Simon, précédemment directeur de l'usine SNCASO de Bordeaux, muté.

« Le secrétaire de la Direction est le Juif Lansmann[23]. »

Le secrétariat d'Etat à l'aviation n'est pas en reste. Le 2 août 1941, puis le 17 septembre, pour l'instruction de l'affaire Bloch, il demande au général commandant la 1re région aérienne à Aix-en-Provence de vouloir bien faire effectuer d'urgence des recherches dans les archives de l'ex 2e région aérienne concernant le transfert d'affectés spéciaux de la Société nationale de constructions aéronautiques du Sud-Ouest à la société Bordeaux-Aéronautique[24].

Vingt-neuf personnes dont le directeur André Curvale et l'ingénieur Paul Déplante sont citées.

Le 16 août 1941, les autorités d'occupation décident de nommer M. Ramat administrateur provisoire des entreprises Marcel Bloch en zone occupée tandis que, le 15 novembre, le commissariat aux Questions juives nomme Jean de Broë pour la zone libre. Le 24 novembre, le commissariat prévient par lettre recommandée le directeur de la Banque nationale pour le commerce et l'industrie de Thiers que l'administrateur provisoire est habilité à saisir tous les comptes Marcel Bloch dans cette banque. Le 2 décembre, il précise à son directeur régional adjoint à Nice :

« Selon certains renseignements que Monsieur J. de Broë, administrateur provisoire des biens Marcel Bloch, n'a pu vérifier jusqu'ici, un bureau d'études privé, appartenant à Monsieur Marcel Bloch, fonctionnerait à Cannes actuellement.

« Je vous serais reconnaissant de vouloir bien effectuer une enquête à ce sujet et de m'en communiquer les résultats[25]. »

Pour accélérer les procédures, le commissariat général aux Questions juives écrit, le 13 décembre 1941, au secrétaire général pour la police du ministère de l'Intérieur de Vichy :

« Il est en effet du plus haut intérêt que des perquisitions soient faites simultanément aux adresses suivantes :

« – Germain Bloch, 2, rue Terrasse à Thiers,

« – Madeleine Bloch, villa Saint-Cyrès, avenue du Roi-Albert-1er à Cannes[26]. »

---

23. CDJC.
24. SHAA, 3D274.
25. CDJC.
26. *Ibid.*

La lettre propose de faire procéder à ces perquisitions par des inspecteurs délégués de Vichy afin d'en assurer le secret absolu.

Le 16 décembre, une nouvelle lettre précise que la perquisition se justifie *« par la recherche de titres, valeurs, documents techniques, industriels ou financiers, pour le compte du ministère de l'Air comme pour celui de mon commissariat ».*

Pendant que les Français attaquent Marcel Bloch, les Allemands s'intéressent de plus en plus à ses avions, particulièrement au MB 161 :

« J'avais construit également avant la guerre un quadrimoteur de transport de troupes, le Languedoc 161, le plus gros avion de transport français à l'époque. Lors de son premier vol, il décolla de Villacoublay pour se poser à Mérignac alors que les Allemands arrivaient à Paris. Mais ils ne s'arrêtèrent pas là et, quand ils furent à Mérignac, ils trouvèrent mon quadrimoteur qui fut envoyé en Allemagne où, après essais, les Allemands décidèrent d'en faire construire cent exemplaires par Sud-Aviation[27] *à Toulouse, désirant les utiliser comme transport de troupes*[28]*. »*

Le secrétariat d'Etat à l'Aviation, qui a accepté une présentation de l'avion aux autorités allemandes, fait savoir, le 6 mars 1942, au président de la délégation française auprès de la commission allemande d'armistice que *« le premier examen a eu lieu immédiatement et* [que] *les délégués allemands se sont déclarés très satisfaits des facilités qui leur ont ainsi été accordées*[29] *».*

En septembre 1942, les représentants d'Air France et de la *Lufthansa* ont établi les normes techniques des appareils à construire. Débaptisé, l'appareil s'appelle désormais SO 161 et doit être construit par la SNCASE à Toulouse car cette ville est en zone libre à la différence de Bordeaux où se trouve la SNCASO. La *Lufthansa* souhaite recevoir dix appareils avant la fin de 1944 mais les fabrications traînent :

« Les ingénieurs et les ouvriers de Sud-Aviation s'arrangèrent pour faire traîner les choses, si bien que ces appareils n'étaient pas encore prêts à être livrés au moment de l'armistice de 1945[30]*. »*

Marcel Bloch tente toujours de soustraire ses biens, en particulier Bordeaux-Aéronautique, à la convoitise de Vichy. Il possède 650 des 2 000 actions de la société; ses collaborateurs André Curvale et Henri Déplante en détiennent respectivement 655 et 390. Le 8 juillet 1942, André Curvale, directeur général de Bordeaux-Aéronautique, propose à l'administrateur provisoire d'acquérir, en son nom personnel et au nom de collaborateurs ou actionnaires de la société, les 650 actions de Marcel Bloch. L'administrateur provisoire se demande si certains actionnaires ne sont pas sous l'influence de

27. Marcel Dassault commet une confusion, il veut parler de la SNCASE. Sud Aviation est créé, en 1957, par fusion de la SNCASE et de la SNCASO.
28. Marcel Dassault, *Le Talisman*, page 65.
29. Archives nationales, 41/AJ/637.
30. Marcel Dassault, *Le Talisman*, page 66.

Marcel Bloch, il attend les conclusions d'un expert pour se prononcer sur l'aryanisation de la société.

Les collaborateurs de Marcel Bloch continuent à manœuvrer pour sauver également la Société anonyme des avions Marcel Bloch. Le 14 novembre 1941, se tient l'assemblée générale ordinaire devant adopter les comptes de l'exercice 1939 qui, malgré le coût onéreux de la construction des prototypes d'avions et de moteurs, se solde par un bénéfice de 7,47 millions de francs. Ce bénéfice n'est dû qu'au produit des redevances de licences qui se monte à 32,8 millions de francs. Après constitution de la réserve légale, 6 millions de francs sont destinés à constituer une réserve extraordinaire. Le solde, soit 1,15 million de francs, est reporté sur l'exercice suivant [31].

Auparavant, le conseil d'administration, à nouveau réuni sous la présidence d'Auguste Le Révérend, décide de faire prendre à la charge de la société tous les frais et débours entraînés par les instances engagées contre Marcel Bloch [32] et a pris acte de la nomination d'un deuxième administrateur provisoire, cette fois pour la zone occupée [33].

Se réunissant immédiatement après l'Assemblée générale ordinaire, le conseil d'administration constate que la société n'a plus de commandes pour ses usines de la zone libre et qu'il lui faut donc envisager de les mettre en location. Il prend acte du licenciement, par l'administrateur de la zone occupée, du directeur général de la société en zone occupée, Henri Carol, qui avait été nommé par Marcel Bloch [34].

En novembre 1942, les Américains débarquent en Afrique du Nord. Les Allemands franchissent la ligne de démarcation et, à partir du 11, occupent toute la France. Quelque temps avant ces événements, le colonel allemand Ernsting, coordinateur des fabrications aéronautiques, essaye de débaucher Henri Déplante. Pour le séduire, il lui propose de venir visiter les installations des usines françaises qui travaillent pour le Reich :

« C'est ainsi que je visite les installations de la zone occupée avec Hurel et Daniel Rastel. Nous visitons la chaîne de montage des trimoteurs Ju 52 chez Amiot à Colombes, des Siebel à la SNCAC à Bourges, celle des moteurs pour le FW 190 à Châtillon, celle des moteurs du petit Messerschmitt de liaison aux Mureaux. J'ai même volé avec un pilote allemand sur un avion allemand de liaison.

« Je suis également remis en relation avec M. Vogel qui m'invite à un déjeuner extraordinaire et me donne des détails sur un avion géant que met au point le Reich, une sorte de mille pattes. " Ce n'est pas brillant, on en bave ", m'a t-il dit [35]. »

Pour Henri Déplante, *« la chance que nous avons eue, c'est d'avoir eu Vogel ! »*.

31. Procès-verbal du 14 novembre 1941, archives Dassault.
32. Réunion du 18 juillet 1941, archives Dassault.
33. Réunion du 3 septembre 1941, archives Dassault.
34. Réunion du 14 novembre 1941, archives Dassault.
35. Entretien d'Henri Déplante avec l'auteur.

Pourquoi? Après la Libération, l'industriel aéronautique français Hurel rencontre Vogel dans le métro en uniforme américain. Stupéfait, il lui demande : *« Puis-je savoir monsieur Vogel quel maître vous servez? »* L'intéressé lui répond : *« Monsieur Hurel, est-ce que vous et vos camarades ont eu beaucoup à se plaindre de moi? »*

Vogel était un agent américain et servait l'amiral Canaris dans ses contacts avec les services secrets américains [36].

En 1942, alors que les mailles du filet se resserrent, Marcel Bloch apprend que ses collaborateurs se montrent dignes de ses espérances. Ils refusent de travailler pour les Allemands et rejoignent les Alliés.

Le 13 novembre, Henri Déplante et Bention Grebelsky décident de quitter la France par l'Espagne. Après de multiples difficultés – ils connaissent les geôles espagnoles – ils arrivent à rejoindre la Grande-Bretagne où ils s'engagent dans une unité combattante de parachutistes du prestigieux SAS, le Special Air Service [37].

Marcel Bloch sait qu'à l'instigation de la Direction technique de l'Air, quelques ingénieurs des sociétés nationales du Nord, du Centre et du Sud-Ouest ont été réunis en un Groupe technique à Cannes et qu'ils tentent de préserver l'avenir :

« On s'inventait des activités. On a ainsi étudié le train tricycle et l'avion à cabine étanche, études qui nous serviront bien par la suite. Les commandes de fabrication étaient passées à l'usine de Cannes [38]. *»*

De son côté, le directeur du Groupe, Raymond Boixeda, ancien directeur de l'usine de Châteauroux, a réussi à soustraire le fils aîné de Marcel Bloch, Claude, qui a alors vingt-trois ans, au Service du travail obligatoire en Allemagne :

« Il est intervenu pour me sauver en me faisant embaucher aux Chantiers navals d'Antibes [39]. *»*

La clinique-prison d'Ecully

En mars 1943, Marcel Bloch est malade, il est transféré à la clinique Mon Repos, une clinique-prison à Ecully, dans la région lyonnaise où il est bien soigné par les sœurs auxquelles *« il a gardé une grande reconnaissance »* [40]. Les conditions de détention sont adoucies :

« C'était une maison de santé confortable. Je pouvais me promener dans le jardin, et chaque jour un inspecteur venait me prendre pour faire une

36. Entretien d'Henri Déplante avec l'auteur.
37. Le 6 juin 1944, Henri Déplante commande une des quatre équipes parachutées lors du débarquement allié. Le 10 août, Bention Grebelsky, sous son nom de guerre : Claude Vallières, est, à son tour, parachuté en France.
38. Entretien d'Henri Déplante avec l'auteur.
39. Entretien de Claude Dassault avec l'auteur.
40. Entretien de Madeleine Dassault avec l'auteur.

promenade au cours de laquelle j'allais signer au commissariat de police de la commune pour attester de ma présence[41]. »

Il y retrouve un de ses compagnons de détention de Vals-les-Bains, Robert Bing[42], résistant condamné pour *« menées antinationales »*.

Heureux de le revoir, il discute avec lui de l'avenir de l'Europe, de l'antisémitisme. Il trouve que les problèmes de religion, *« ça ne rime à rien, il ne devrait y en avoir qu'une seule*[43] *»*.

Au cours d'une conversation, Robert Bing lui dit qu'il sait taper à la machine :

« Marcel Bloch a fait venir une machine et m'a fait taper des textes sur deux colonnes. D'un côté, il y avait les griefs portés contre lui et, en face, ses réponses. Je ne sais pas quel usage a été fait de ces textes, j'ai l'impression qu'il faisait ça pour sa propre satisfaction[44]. »

Ses amis et collaborateurs lui conseillent de s'évader. Il refuse car son départ le désignerait comme coupable et donnerait raison à ses accusateurs :

« Dès qu'on réussit on est envié, et en plus, avec mon nom, vous pensez[45] *! »*

Il réagit avec indifférence et mépris et veut se situer au-dessus des querelles nationales. De surcroît, il ne se sent peut-être pas la force physique de s'évader. Son fils Serge donne également une explication complémentaire :

« Il ne s'est pas évadé car il était discipliné et soucieux de l'autorité politique et de ce qu'elle décidait[46]. »

Ceci est un trait de caractère fondamental de Marcel Bloch. On retrouve ce respect de l'autorité établie tout au long de sa vie.

C'est à Ecully qu'intervient un fait complètement occulté dans sa carrière. Marcel Bloch aurait fait passer à la France libre des renseignements concernant l'Allemagne :

«Après avoir été interné par le gouvernement de Vichy dès octobre 1940, puis placé en résidence forcée à Ecully (Rhône), j'ai pu alors profiter de ce qui me restait de liberté pour prendre contact avec les Forces françaises libres, et leur faire parvenir sous le nom de Marcel Dassault des renseignements concernant, d'une part, les résultats des bombardements alliés en zone sud et, d'autre part, les progrès réalisés par la technique aéronautique allemande en France.

« C'est à la suite de l'envoi de ces messages et des visites que je recevais à Ecully pour les établir et les expédier que les Allemands, en mars 1944,

41. Marcel Dassault, 19 janvier 1983, archives Dassault.
42. Centralien, futur gérant de la Société centrale d'études Marcel Dassault.
43. Entretien de Robert Bing avec l'auteur.
44. *Ibid.*
45. Propos rapportés par Robert Bing.
46. Entretien de Serge Dassault avec l'auteur.

m'arrêtèrent puis me déportèrent quelques mois plus tard au camp de Buchenwald[47]*.* »

La famille de Marcel Bloch tente toujours, mais en vain, de le faire libérer. La vie continue à Cannes, Claude obtient la première partie du baccalauréat mais ne souhaite pas poursuivre ses études[48]. Serge passe son bac en 1943.

C'est à cette même époque qu'il croise, sans la remarquer, une jeune fille qui est en classe de cinquième et qui, comme lui, est réfugiée à Cannes, Nicole Raffel, sa future épouse :

« *Nous avions les mêmes amis à Cannes mais nous ne nous connaissions pas. Il avait six ans de plus que moi et ne me regardait pas*[49]*.* »

A la rentrée, Serge s'inscrit à Nice en mathématiques spéciales :

« *C'était le temps des assassins, le temps des otages, le temps de la haine et du courage. J'avais dix-huit ans. Depuis le début de la guerre, mon univers avait basculé. La vie qui me paraissait bien droite, ouverte devant moi, était à présent couleur de sang, couleur de boue. J'apprenais à serrer les poings. Je commençais à me débarrasser des lambeaux d'une enfance trop tendre. Rien ne serait plus comme avant. Il y avait trop de morts, trop de drames, trop de larmes.*

« *Je continuai à m'interroger sur les raisons de notre défaite et surtout de notre impréparation. Est-ce qu'elle n'était pas une conséquence de 1936 et du Front populaire? Je n'en savais rien, d'autant plus qu'au début de 1944, tout a basculé de nouveau*[50]*.* »

Au cours de l'hiver 1943-1944, Marcel Bloch décide de faire venir sa femme et ses fils dans la maison d'internement. Serge, qui avait alors dix-huit ans, se souvient d'un terrible hiver :

« *Il n'y avait plus de zone libre. Les Allemands étaient partout. Les rafles se multipliaient dans le Midi. Ma mère me suppliait de sortir le moins possible, de ne pas m'attarder à la nuit tombée. Mon père, informé du danger qui planait sur nous, se dit que nous serions peut-être plus en sécurité auprès de lui, la famille serait ainsi réunie, nous partagerions le même sort*[51]*.* »

Un matin de janvier 1944, la famille Bloch prend alors le train avec un minimum de bagages :

« *Je le revois encore, ce train glacial chargé de voyageurs entassés dans les couloirs, dans les soufflets, assis sur leurs valises. La tête dans les mains, ils roulaient comme nous, vers l'inconnu, vers un espoir peut-être.*

« *Nous nous sommes retrouvés les larmes aux yeux. Mon père ne se las-*

---

47. Lettre du 19 juillet 1948 adressée au garde des Sceaux, ministre de la Justice, archives Dassault.
48. Entretien de Claude Dassault avec l'auteur.
49. Entretien de Nicole Dassault avec l'auteur.
50. Entretien de Serge Dassault avec l'auteur.
51. *Ibid.*

sait pas de nous prendre dans ses bras. Il ne m'avait pas vu depuis trois ans : "Comme tu as grandi !" murmurait-il d'une voix brouillée. »

Alors que la famille Bloch se retrouve, l'occupant décide, en février 1944, de dissoudre le Groupe technique de Cannes et exige le retour des ingénieurs sur Paris.

Lucien Servanty travaille alors secrètement, avec une petite équipe, sur les plans d'un avion à réaction [52], tandis que, clandestinement, un noyau de recherche aéronautique français tente de subsister.

De son côté, Marcel Bloch refuse constamment les propositions allemandes de collaboration :

« *A différents moments les Allemands m'ont fait proposer de travailler pour eux, moyennant quoi je serais mis immédiatement en liberté* [53]. »

Deux mois s'écoulent. Au petit matin du 29 mars 1944, la Gestapo cerne la clinique d'Ecully, la police de Vichy l'accompagne :

« *Il y avait dans la cour et dans la rue des voitures noires, des camions militaires. Nous nous sommes regardés, très pâles, muets. Nous l'avions tant redouté ce moment. Je m'étais efforcé de m'y préparer mais je sentais dans ma gorge une boule d'angoisse et je restais là, sans rien dire, immobile.*

« *Un soldat a frappé du poing contre notre porte, mon père a fait trois pas en avant pour ouvrir, le soldat tenait une mitraillette braquée sur nous et hurla : "Schnell ! Raus ! Police allemande !"*

« *Je me souviendrai toujours de ces quatre mots, symbole de la perte subite d'une liberté dont je ne connaissais pas encore le prix.*

« *Dans le couloir, déjà d'autres familles étaient entraînées par les policiers. Les enfants pleuraient. Un soldat poussait dans le dos un vieillard qui pouvait à peine marcher. Nous ne comprenions pas pourquoi tant de haine, tant de brutalité. Les Allemands étaient-ils en guerre contre les civils désarmés, innocents, contre des enfants ? A quoi cela pouvait-il servir d'arrêter ces pauvres gens ? L'esprit ne pouvait pas trouver de réponses à ces questions parce que nous ne savions pas encore qu'il s'agissait simplement d'une entreprise démoniaque d'extermination* [54]. »

Les prisonniers rassemblent en hâte quelques affaires et tentent, dans la bousculade et les cris, de rester groupés :

« *Après un contrôle d'identité, ils ont fait monter mes parents dans un camion militaire avec d'autres personnes.*

« *Moi, j'ai été poussé dans une vieille Citroën entre deux policiers. Lorsque le convoi s'est mis en route, je me suis retourné pour voir si le camion qui emportait ma famille prenait la même direction que nous. Un des policiers, un Français, m'a obligé à courber la tête en posant sa poigne*

52. Le SO 6000 Triton qui effectue son premier vol le 11 novembre 1946.
53. Marcel Dassault, 19 janvier 1983, archives Dassault.
54. Entretien de Serge Dassault avec l'auteur.

sur ma nuque et en pointant sur moi sa mitraillette. Un de ses camarades lui dit en riant : "Attention, ça part quelquefois tout seul !"

« Nous avons roulé très vite le long des rues désertes. Les arbres étaient encore dépouillés. Une pluie fine tombait sur cette banlieue triste de Lyon que je ne reverrai plus. Combien de temps s'était écoulé? Une heure peut-être? Je ne saurais le dire. Nous étions entrés dans la ville, le convoi traversait Lyon à vive allure, ne s'arrêtant qu'aux feux rouges. Je voyais les gens traverser la rue insouciants, je les enviais furieusement. A certains moments, l'envie me prenait de sauter du véhicule, mais il redémarrait à chaque fois.

« La voiture de tête s'est enfin arrêtée, le convoi venait d'entrer dans la cour de la prison de Montluc où tant de résistants ont vécu leurs derniers instants. Le policier qui était à ma gauche a ouvert la portière, l'autre m'a poussé d'un coup d'épaule. Pendant tout le trajet, ils n'avaient pas échangé trois mots. »

Le fort de Montluc

Le jeune homme est regroupé avec sa famille, puis :

« Nous sommes restés entre les mains des gardiens allemands. Nous avons alors été séparés des femmes et des enfants.

« Pouvez-vous imaginer des visages d'enfants dans une prison? Je ne les oublierai jamais ! Ma mère s'est retournée une dernière fois pour un adieu, pour un regard dans lequel elle a mis toute sa tendresse. »

Les soldats les conduisent vers un baraquement de bois contenant une cinquantaine de lits superposés, séparés par une allée :

« Tous les yeux se sont alors tournés vers notre petit groupe. Les prisonniers cherchaient parmi nous un ami, un camarade de combat qui aurait pu leur donner des nouvelles de l'extérieur, de leurs familles, de la guerre.

« Nous avons dit à nos compagnons ce que nous savions : les désastres allemands sur le front russe, Stalingrad, le débarquement qui se préparait, là-bas, de l'autre côté de la Manche. On disait que des milliers de bateaux et d'avions, des soldats anglais, américains, canadiens, australiens et français étaient en train de se rassembler mais on ne savait pas quand il aurait lieu[55]*. »*

A Montluc, Marcel Bloch fait la connaissance d'André Frossard, de vingt-trois ans son cadet. Il connaissait son père, Ludovic Frossard, ancien député et ancien ministre. André Frossard raconte :

« Il est arrivé un jour d'hiver 1944 à la " baraque aux Juifs " du fort Montluc de Lyon, avec son fils Serge et après avoir dû laisser sa femme dans une cellule du bâtiment principal. Frêle, diaphane, horriblement frileux, il paraissait aussi peu fait que possible pour résister au régime d'une prison particulièrement inhospitalière où l'on mourait beaucoup.

---

55. Entretien de Serge Dassault avec l'auteur.

« Mais c'était un roseau à tige d'acier, flexible, résistant, d'une trempe exceptionnelle. C'était aussi un bel exemple de roseau pensant : c'est lui qui, trois mois avant le débarquement, nous en donnait la date, entre le 1er et le 15 juin, et le lieu, sur la côte normande entre Le Havre et le Cotentin. Il tirait cette prophétie du simple exercice de sa raison, " C'était une question de marée, disait-il, et de réseau routier littoral. " Il fallait aussi que ce débarquement eût lieu avant l'été, faute de quoi les Russes gagneraient la guerre tout seuls. Ce qui n'était pas dans l'intérêt des Alliés. Ces réflexions faites, il tint l'affaire pour close et n'en parla plus [56]. »

Marcel Bloch prévoyait aussi que les Allemands perdraient la guerre avant d'avoir eu le temps de fabriquer des prototypes et de les construire en série :

« Pour élaborer un prototype, il faut deux ans. Pour le mettre en fabrication, deux ans de plus. Dans quatre ans, il y a longtemps que ces... types-là auront perdu la guerre [57].

Serge Dassault se souvient de la vie à Montluc :

« Chacun avait sa paillasse. On nous apportait le matin un bol de café. A midi et le soir, nous avions une gamelle de soupe avec quelques pois chiche et un quignon de pain que nous dévorions. On peut ainsi très vite transformer un prisonnier en une sorte de bête qui attend sa pitance. Seuls les plus solides, les plus déterminés, parvenaient à garder leur dignité, leur courage, intacts. Parfois, mon père qui me regardait, affamé, me donnait sa part de soupe.

« J'appris à m'acclimater à ma vie de prisonnier. Une fois, deux fois par jour, nous faisions une promenade dans la cour. En file indienne, nous tournions entre ces quatre murs, enragés, les yeux en l'air pour voir un morceau de ciel [58]. »

André Frossard sympathise avec Marcel Bloch, son compagnon de cellule :

« Il ne quittait jamais sa pelisse, ni de jour ni de nuit, ni même sous la douche où il se bornait à lever son col pour s'abriter de l'averse. Je parlais beaucoup avec lui et il me remerciait de mon attachement en me donnant des recettes pour faire rapidement fortune [59]. »

« Comme il m'avait pris en sympathie, je l'accompagnais dans ses déambulations semées d'observations et de maximes à travers la Baraque. Je me faisais l'effet d'un contremaître suivant le patron dans une visite d'atelier. [...]

« Le soir, mon mentor s'étendait sur la paillasse voisine de la mienne, immobile et raide comme un gisant. C'était l'heure des rêves éveillés [...] *il élaborait de vastes projets à quelques-uns desquels il me faisait l'honneur*

56. André Frossard, *Figaro-Magazine* du 26 avril 1986.
57. Cité par André Frossard, *La Maison des otages*, Fayard, 1983, page 94.
58. Entretien de Serge Dassault avec l'auteur.
59. André Frossard, *Figaro-Magazine*, 26 avril 1986.

de m'associer. J'habitais avenue Foch, j'avais un avion personnel, je dirigeais des journaux où l'on parlerait quelquefois d'aviation. Il ne tournait jamais la tête, et parlait au plafond. Comme il me voulait du bien, il me donnait gentiment des moyens de faire fortune. Des moyens simples, à ma portée, ne présentant pas d'autre difficulté que celle de passer la porte. Son intelligence inlassablement inventive me captivait. Et aussi sous l'écorce diaphane la trempe de ce caractère, un roseau à tige d'acier[60]. »

Centre d'internement, Montluc est aussi un lieu d'interrogatoire :

« *Parfois, un soldat appelait l'un des prisonniers : " Sans bagages ", lui précisait-il. Il prononçait son nom de sa voix gutturale et l'homme se levait lentement, le visage serré, résigné. On l'entraînait pour les interrogatoires de la Gestapo.*

« *Il revenait le soir, martelé, sanglant, pouvant à peine marcher. Il bredouillait : " Je n'ai rien dit, hein? Je n'ai pas flanché? "*

« *Nous le déposions sur sa paillasse. Nous n'avions rien pour le soigner, seulement un peu d'eau que nous glissions entre ses lèvres tuméfiées. Toute la nuit nous l'entendions gémir et nous songions : "A qui le tour, demain? Serai-je courageux ou lâche devant la torture? " Qui peut répondre à cette question avant la terrible minute de vérité? Combien qui croyaient manquer de courage ont tenu le coup à l'heure du supplice*[61] *?*»

Chaque jour gagné est une victoire sur le temps, une chance de plus de voir la fin du cauchemar :

« *On essayait de s'organiser mais on n'y parvenait pas tant l'angoisse était grande.*

« *Deux fois par semaine, au petit matin, les Allemands appelaient une poignée d'hommes, une quinzaine, une vingtaine parfois, avec bagages. Les malheureux montaient dans des camions gardés par des soldats, mitraillette à la hanche. Ils ne revenaient jamais. Où allaient-ils?*

« *Le 20 mai 1944, notre tour est venu. J'ai entendu prononcer mon nom, je me suis avancé. Mon père est venu me rejoindre : " Non, pas vous " a crié un Allemand en le repoussant. J'ai été un peu soulagé quand j'ai entendu : "Avec bagages. "*

« *Il ne s'agissait donc pas d'un interrogatoire, mais d'un départ, pour où? Je n'en savais rien. Je suis monté, avec d'autres prisonniers, dans un camion. Quelques instants plus tard, silencieux, nous roulions vers notre destinée, sans savoir laquelle.*

«*Allions-nous être fusillés, torturés, déportés? Déportés, était un mot que nous avions entendu à plusieurs reprises. On parlait de camps de travail en Allemagne où la vie était dure pour les prisonniers, mais que pouvions-nous craindre? Que pouvaient-ils nous faire de plus qu'ici à Montluc? Comment aurions-nous pu imaginer cette dernière étape de l'enfer, le travail forcé, la maladie, la faim, la crémation?* »

---

60. André Frossard, *La Maison des otages*, pages 94 à 96.
61. Entretien de Serge Dassault avec l'auteur.

Le camion est bientôt rejoint par d'autres qui se dirigent vers la gare de Lyon-Perrache. Les soldats font descendre les hommes, les femmes, les enfants :

« Certains portaient des bagages, de misérables valises qui devaient contenir leurs derniers biens arrachés à la tourmente.

« Tout à coup, mon cœur a bondi. Je venais d'apercevoir dans cette foule la silhouette fragile de ma mère. Elle n'avait pas trop changé. Peut-être les joues un peu plus creuses, le teint plus pâle.

« J'ai crié. Elle a reconnu ma voix. Elle s'est retournée, les yeux brillants de joie. Nous ne parvenions pas à nous rejoindre dans ce pauvre troupeau qui commençait à s'entasser dans les wagons.

« Déjà ma mère était poussée, bousculée, contrainte de monter à son tour dans un compartiment. J'ai pu me glisser dans un wagon, à une trentaine de mètres à peine de celui où j'avais vu ma mère s'engouffrer. J'ignorais où nous allions et si c'était une chance ou non que ma mère partage cette nouvelle aventure avec moi. Peut-être nous envoyait-on vers la mort? Je ne pouvais pas y croire en voyant ces femmes et ces enfants autour de nous. On ne tue pas des femmes et des enfants, du moins le croyais-je. »

Ayant fait le plein de prisonniers, le train se dirige alors vers Paris :

« Nous avancions très lentement. Parfois, le train s'arrêtait en pleine campagne. Soudain, une rumeur est parvenue jusqu'à nous : les cheminots nous donnaient notre chance. Ils ralentissaient le convoi pour nous laisser le temps de sauter sur la voie et de nous échapper.

« Dans chaque wagon, un soldat montait la garde au milieu du couloir mais il n'était pas impossible de tromper sa surveillance, de bondir par la fenêtre bloquée par un simple fil de fer. " Il y en a trois qui ont sauté ! " dit une voix rauque sur ma gauche.

« En jouant des coudes, j'ai réussi à rejoindre ma mère. La sentinelle m'a laissé passer en grognant. Je lui avais dit : " Mutter! Mutter! " en montrant du doigt le compartiment suivant. Tandis que nous nous étreignions longuement, j'ai murmuré à l'oreille de ma mère : " Nous pouvons nous échapper. Le train roule lentement. D'autres ont déjà sauté. "

« Elle me répondit : " Non, Serge, ne fais pas cela! Je n'aurai pas la force de fuir avec toi. Et puis tu risques d'entraîner des représailles contre ton père qui est resté en otage entre leurs mains. " J'ai baissé la tête, elle avait sans doute raison, je n'ai pas sauté. »

Après de longues heures de voyage, le convoi arrive à Paris, gare de Lyon. A l'appel, les Allemands découvrent qu'il manque une vingtaine de prisonniers :

« Bien sûr, nous n'avions rien vu! Ils ont poussé des hurlements de rage[62]*. »*

Les prisonniers sont rassemblés, les Allemands les font monter dans des autobus qui les amènent vers le camp de regroupement de Drancy.

62. Entretien de Serge Dassault avec l'auteur.

9

LA DEPORTATION

Depuis 1941, le camp de Drancy est le principal centre de rassemblement et de tri pour la déportation des Juifs de France :

« C'était une ancienne caserne entourée de barbelés et de miradors, surveillée par des gardes mobiles français. On n'y restait pas longtemps mais pour aller où? Personne ne le savait. Personne ne pouvait imaginer le sort qui attendait les déportés [1]. »

Comme dans beaucoup de camps allemands, l'organisation intérieure est confiée aux plus anciens internés, les arrivants sont affectés à une activité particulière, le jeune Serge n'échappe pas à la règle :

« C'est ainsi que j'ai été d'abord aide-cuisinier, puis serrurier et enfin maître d'école. J'ai appris à faire des clés. Lorsqu'un convoi devait partir, je parvenais parfois à glisser quelques clés de cadenas à des déportés dans l'espoir qu'ils pourraient ouvrir les portes de leur wagon et sauter du train.

« Une grande solidarité régnait entre les internés. Chacun aidait de son mieux les plus démunis, les plus abandonnés. C'est là que j'ai compris que tous les hommes et les femmes d'une nation devaient avoir la conscience absolue de leur solidarité. Ce sentiment indispensable pour la survie d'une société devait être une des leçons que j'allais tirer de ces événements [2]. »

Tous les quinze jours environ, un convoi de déportés part vers l'Allemagne. Les prisonniers sont alors consignés à l'intérieur des bâtiments :

« Ceux qui avaient la chance de ne pas être désignés pour le départ voyaient par les fenêtres, dans la cour, de longues files d'hommes, de femmes et d'enfants monter dans des autobus qui se dirigeaient ensuite vers la gare et les wagons plombés de la mort. Mais ils n'en savaient rien et nous non plus.

« Un matin, nous avons vu arriver au camp plusieurs centaines d'enfants. Ils avaient été " raflés " dans divers orphelinats de Paris et de la région

1. Entretien de Serge Dassault avec l'auteur.
2. *Ibid.*

parisienne. Le plus âgé devait avoir douze ans. Ils sont restés quelques semaines. Certains d'entre eux sont venus s'asseoir dans la classe de fortune où je leur ai donné quelques leçons.

« Un jour, ils sont partis comme les autres, les enfants perdus de Paris, et aucun n'est revenu[3]. »

Le 8 juin 1944, les prisonniers de Drancy apprennent que les troupes alliées ont débarqué en Normandie :

« " Nous sommes sauvés ! " hurlait un homme en dansant de joie. Hélas, il devait être déporté quelques jours après[4]. »

Le 24 juillet 1944, Marcel Bloch est, à son tour, transféré de Montluc à Drancy :

« Dans la foule d'un nouveau convoi qui venait d'arriver au camp, j'ai cru reconnaître une silhouette familière : un homme avec un manteau bleu, le regard aigu derrière des lunettes cerclées d'écaille brune. Je me suis précipité, le cœur battant. C'était mon père. Il m'a serré dans ses bras. Nous étions incapables de dire un mot. Je l'ai entraîné vers ma chambrée.

« " Tu verras, ai-je dit, la vie est moins dure qu'à Montluc. Nous avons le droit de circuler librement dans le camp. Maman et Claude sont en bonne santé. Nous sommes réunis à présent. "

« Mon père nous a raconté que les Allemands lui avaient demandé une nouvelle fois de collaborer à la construction de leurs avions de chasse et de diriger une de leurs usines en Allemagne. Il n'avait pas cédé malgré les menaces.

« " Je crois qu'ils ne se font plus d'illusions, a-t-il dit, ils sont aux abois et je crains le pire à présent. "

« Nous avons alors vécu dans la terrible certitude de voir nos noms sur la prochaine liste des déportés[5]. »

Chaque jour, les détenus guettent désespérément le bruit des canons des Alliés, annonciateur de la délivrance. Le temps s'écoule, rien ne vient, c'est toujours le même rythme : appel, départ des convois.

Et puis subitement, le matin du 17 août 1944, quelques jours avant la libération de Paris, tout bascule :

« J'ai entendu prononcer, à l'heure de l'appel, le nom de mon père. Il était sur la liste des déportés. Tout tournait autour de moi. J'ai fermé les yeux. Ce n'était pas possible ! Il ne pouvait pas nous être arraché si près de la victoire. L'Allemagne était vaincue. A quoi pouvait bien servir de déporter encore d'autres hommes ? Il y avait sûrement quelque chose à tenter pour le sauver. Je mesurai tout à coup, avec quel lâche égoïsme nous regardions, le plus souvent, partir les autres.

« Mon père se préparait en silence. Il entassait dans une petite valise

3. Entretien de Serge Dassault avec l'auteur.
4. *Ibid.*
5. *Ibid.*

quelques vêtements, quelques livres, des photos sur lesquelles il évitait de baisser les yeux.

« "Allons, courage!" m'a-t-il dit en se retournant. Il a posé une main sur mon épaule: "Ta mère aura besoin de toi. Tu la protégeras, n'est-ce-pas Serge?"

« Je me suis mordu les lèvres. J'avais dix-neuf ans et mon père devait savoir que je marcherais sur son chemin. Je l'ai vu s'éloigner avec les autres. Il se tenait bien droit, je me souviens que, malgré le soleil, il avait remonté le col de son manteau bleu. »

Les Allemands sont pressés. Marcel Bloch refuse de partir. Le commandant de Drancy, Aloïs Brunner, vient alors le chercher revolver au poing tandis que Madeleine, qui veut partir avec lui, en est dissuadée par ses camarades de détention [6].

Il est amené, avec cinquante autres prisonniers, vers le convoi:

« Je l'ai vu partir, son béret noir sur la tête, obligé de marcher sous la menace d'un revolver. Les uns et les autres, nous savions qu'il n'y avait rien à faire. Nous avons pensé, avec ma mère, que nous ne le reverrions jamais [7]. »

Le départ de Marcel Bloch et le déroulement du voyage ont fait l'objet de descriptions étonnantes. Ces témoignages ont été publiés du vivant de Marcel Dassault qui n'a ni approuvé ni démenti.

C'est ainsi que, constatant qu'il est embarqué avec des « terroristes », c'est-à-dire des résistants arrêtés par les Allemands, il aurait eu ce commentaire:

«Alors, on nous embarque avec la racaille [8] *! »*

Marcel Bloch part alors dans le dernier convoi qu'arrivent à organiser les Allemands. Sa destination est inconnue.

En route vers le camp de la mort

Dans le wagon, il ne se lie pas avec ses compagnons, il reste près de la lucarne pour suivre le paysage:

« Il parle peu. Même pas aux otages. Derrière ses lunettes à monture d'acier, ses yeux minuscules regardent les événements avec dédain. Les deux petits plis qui prolongent les coins de ses lèvres lui donnent l'air d'esquisser un sourire qui n'arrive jamais. Il mange à peine. Ses seuls déplacements consistent à aller boire de temps en temps près du seau d'eau [...]

« Il ne se mêle pas de ce qui se passe dans le wagon.

---

6. Cf. Jean-François Chaigneau, *Le Dernier Wagon*, Julliard, 1981; Didier Epelbaum, *Aloïs Brunner*, Calmann-Lévy, 1990.
7. Entretien de Serge Dassault avec l'auteur.
8. Jean-François Chaigneau, *Le Dernier Wagon*, page 49.

«Ainsi cet homme qui se comporte comme si cette déportation ne le concernait pas, Marcel Bloch, continue-t-il, debout, son étonnante trajectoire de reclus[9]. »

Le 19 août, dans la matinée, le train n'a pas encore dépassé Soissons que des grondements de moteur se font entendre. Les prisonniers pensent à des chars américains, mais Marcel Bloch précise immédiatement :

« Ce ne sont pas des chars, mais des avions, des Spitfire[10]*!* »

Tous les prisonniers se jettent à plat ventre au fond du wagon tandis que Marcel Bloch observe, de la lucarne, l'attaque du train par les avions anglais :

« Le premier avion est passé, Marcel Bloch a regardé les impacts des balles soulever des éclats de pierrailles le long de la voie. Le second a déjà commencé à tirer. Il le voit disparaître, en plein piqué, dans l'alignement du train, à l'arrière. Un troisième, puis un quatrième. Bloch ne les quitte pas des yeux. Ils effectuent un large demi-tour pour un nouvel assaut. La vague recommence. Un concert d'abeilles rageuses qui se vengent. Il entend les balles ricocher sur la ferraille. Le wagon a craqué. L'homme debout se retourne. Il y a deux trous. Une balle a crevé le toit et traversé la paroi avant juste au-dessus des cabines des Kohn [compagnons de déportations]. *Elle a dû se perdre contre la réserve à charbon.*

« L'essaim bourdonnant s'éloigne vers l'est.

« " C'est fini ", dit Marcel Bloch. Il y a de la déception dans sa voix[11]. »

La locomotive est touchée. Pendant que les Allemands réparent, un des déportés demande à Marcel Bloch ce qu'il fait dans le civil. Quand il apprend qu'il fait des avions, il lui répond :

« [...] *Ah bon ! Des avions ! Justement, on a fait sauter des avions. Je me souviens, c'était une usine près de Châteauroux. Les Alliés l'avaient déjà bombardée une première fois. Mais ils n'avaient pas réussi à tout détruire. Alors ils nous ont demandé de finir leur boulot. Et nous, on a tout foutu en l'air.*

« " Oui, je sais, répond Bloch. C'était mon usine de la Martinerie ! " »

Tandis que son compagnon s'en excuse avec ironie, Marcel Bloch ajoute :

« Merci. Mais ce que les Alliés ont détruit sera payé, comme dommage de guerre. Tandis que vous, votre opération est considérée comme terroriste, et ce que vous avez fait sauter, qui le remboursera[12]*?* »

Un autre commentaire a été fait sur son comportement lors de ce voyage qui le mène à Buchenwald. Dans un article du *Monde*, en 1976, Pierre Viansson-Ponté donne une version similaire de la conversation du train. Il cite le témoin qui vient de reconnaître Marcel Bloch et à qui il aurait répondu furieux :

« Vous êtes des imbéciles. Pour mes usines détruites par les bombarde-

---

9. Jean-François Chaigneau, *Le Dernier Wagon*, pages 147 et 148.
10. *Ibid.*, page 150.
11. *Ibid.*, page 151.
12. *Ibid.*, page 153.

ments de la RAF, les Anglais m'indemniseront après la guerre. Mais les usines que la Résistance a fait sauter, qui me les paiera, celles-là? Pas toi, en tout cas, ni tes copains[13]. »

Dans ce wagon à la destination inconnue, Marcel Bloch fait à nouveau preuve d'optimisme pour l'avenir :

« *Je suis persuadé que les Allemands ne vont pas nous supprimer. Et puis la fin de la guerre approche. Ce n'est plus qu'une question de semaines. Et où que nous soyons, dans quelques jours, quelques mois au pire, les Américains arriveront. Alors il faut penser à l'après-guerre et attendre sagement. Tout risque est donc devenu inutile. Pourquoi même chercher à s'échapper? Il n'y a qu'une chose à craindre, c'est l'avertissement de Brücker* [le SS, chef du convoi]. *Souvenez-vous. Il a dit que, si quelqu'un s'évade, tout le monde sera fusillé. Alors à quoi bon risquer sa vie, puisque tout va se terminer bientôt*[14]? »

Quatre jours après leur départ, vers Saint-Quentin, une partie du train est décrochée, les déportés se retrouvent alors dans le dernier wagon du convoi. Les déportés « terroristes » organisent une évasion en enlevant une barre de la fenêtre. Un des détenus lui propose de les suivre dans leur tentative d'évasion :

« *En tant qu'officier le plus ancien dans le grade le plus élevé, monsieur Bloch, vous avez la priorité sur tous.*

« *Marcel Bloch le regarde. Il cherche ses mots, puis répond calmement :*

« *" Non, je ne partirai pas. Je suivrai le calvaire de la France jusqu'au bout*[15]. " »

Le 21 août, vers 1 heure du matin, vingt-six d'entre eux s'élancent au dehors, sous la pluie battante d'un violent orage qui empêche les gardes de les apercevoir.

Marcel Dassault ne s'est jamais véritablement expliqué sur son comportement. En 1978, interrogé par Anne Sinclair à la télévision sur son attitude lors des évasions, il répond : « *Là, je dois vous dire que je dormais paisiblement*[16]. »

Devant la surprise de la journaliste qui s'étonne que l'on puisse dormir dans un wagon de déportation quand d'autres s'évadent, il ajoute :

« *Oui. Si bien que, quand je me suis réveillé, je me suis aperçu que le wagon était à moitié vide et, à ce moment-là, il n'était plus temps de partir.* »

C'est ainsi que Marcel Bloch arrive, le 25 août 1944, au camp de Buchenwald comme otage politique et Juif; on lui attribue le matricule 39 611.

---

13. *Le Monde*, 7 novembre 1976.
14. Jean-François Chaigneau, *Le Dernier Wagon*, pages 153 et 154.
15. Jean-François Chaigneau, *Le Dernier Wagon*, page 173; et René S. Kapel qui était dans le wagon : *Un rabbin dans la tourmente (1940-1944)*, CDJC, Editions du Centre, 1985, page 169.
16. Interview réalisé par Anne Sinclair, Antenne 2, 23 novembre 1978.

La libération de Paris

Ce même jour, les premiers éléments de la 2e DB du général Leclerc se battent dans Paris. La capitale est libérée, les Allemands se rendent ou s'enfuient. Serge n'en revient pas :

« Le camp de Drancy s'est réveillé étrangement silencieux. Certains étaient déjà levés. Nous nous regardions sans rien dire. Un grand blond s'est penché à la fenêtre. Il a crié : " Il n'y a plus de gardes sur les miradors ! " et, en se retournant vers nous, il a ajouté, d'une voix bouleversée, cette phrase toute simple que l'on n'oublie pas : " Les Allemands sont partis ! "

« Dans le camp, ce jour-là, nous étions quelques centaines de rescapés. Nous n'osions croire à la fin de notre cauchemar. Au milieu de nos cris, de nos exclamations un peu folles, nous ne pouvions nous empêcher de penser à ceux qui ne vivraient pas cette minute, à tous ceux qui étaient partis et qui ne reviendraient pas.

« Nous nous embrassions, nous chantions, nous dansions. Dans cette foule en délire, chacun s'était vu arracher un parent, un ami. Les rires se brisaient et les chants s'arrêtaient sur un mot, sur une note. Je suis resté dans le camp avec un petit groupe jusqu'à la nuit.

« Un vieux phono surgi d'on ne sait où raclait sous son aiguille une valse musette. Moi, j'errais dans la cour, dans les chambrées vides, les poings au fond des poches, pour m'imprégner une dernière fois de cette odeur de peur et de mort, pour tenter de comprendre, pour être certain de ne jamais oublier ce cauchemar qui, heureusement pour moi, s'est arrêté en chemin[17]. »

Parmi les libérateurs de la capitale se trouve le général Paul Bloch, connu sous le pseudonyme de *Chardasso* ou *Dassault* dans la Résistance :

« Mon frère, le général, commandait un corps d'armée à la déclaration de guerre. Avec son corps d'armée il est entré dans la Sarre puis il a reçu l'ordre de se retirer. Au moment de la débâcle, s'il avait voulu rejoindre le général de Gaulle à Londres, il aurait été l'un des nombreux officiers généraux qui, après la guerre, ont été couverts d'honneurs.

« Mais il a préféré rester en France et se battre à la tête des résistants, ouvriers et cheminots, et il a été nommé commandant militaire des FTP. Lui-même a réalisé de nombreux coups personnels dont pourrait témoigner le ministre Tillon qui a beaucoup travaillé avec lui.

« Au moment de la libération de Paris, il commandait pratiquement le camp retranché de la capitale. Les Alliés craignant une révolution communiste car les FTP étaient armés, ont demandé au général de Gaulle d'envoyer le général Kœnig à mon frère afin de lui donner l'ordre de désarmer ses hommes. A tort ou à raison, mon frère a refusé en disant qu'il s'était

17. Entretien de Serge Dassault avec l'auteur.

donné assez de peine pour armer ses hommes dans la bataille pour, ensuite, avoir à les leur arracher.

« Le général de Gaulle a réglé le problème en nommant le général Kœnig gouverneur de Paris, et en nommant mon frère à titre provisoire grand chancelier de la Légion d'honneur. C'est plus tard Maurice Thorez[18] *qui a confirmé mon frère dans sa fonction de grand Chancelier de la Légion d'honneur par décision du gouvernement provisoire à la tête duquel se trouvait à l'époque M. Félix Gouin*[19]. »

Dès leur sortie, Madeleine et ses fils sont hébergés chez des amis, avenue Paul-Doumer, avant de trouver un appartement rue Pommereux. Après ces mois de prison, le jeune Serge, qui a maintenant vingt ans, réapprend à vivre :

« J'étais ivre d'une liberté retrouvée. Malgré les supplications de ma mère, je passais mes journées à courir les rues. Les miliciens, les derniers soldats allemands, en embuscade sur les toits, tiraient parfois. Je m'étais mêlé à un groupe de lycéens qui voulaient vivre ce moment passionnément. Nous galopions comme des fous de Saint-Germain-des-Prés à l'Hôtel de Ville, des Halles à la Concorde. Les balles sifflaient, on entendait gronder le canon et nous avions des chansons sur les lèvres. »

C'est le 26 août, au petit matin, avenue Mozart, que Serge Bloch voit tout à coup surgir un char de la division Leclerc :

« Il était là, en plein milieu de la rue, immobile, le canon tourné vers les toits. Monstre d'acier, il donnait une impression de puissance terrifiante. Son moteur tournait au ralenti. Une foule l'entourait en poussant des cris de joie. La tourelle s'est ouverte. Nous avons vu apparaître un visage jeune, casqué de cuir. Le soldat lentement s'est tourné vers nous et nous a dit, avec un terrible accent du Midi : "Alors, les Parisiens, quoi de neuf ?" »

Il voit alors une jeune fille se hisser sur le char pour embrasser le soldat :

« Je me tenais là, à quelques mètres sans rien dire. Je regardais en frissonnant le flanc droit de ce char où ondulait notre drapeau bleu, blanc, rouge, symbole de notre liberté retrouvée et de la France libérée. »

Subitement des coups de feu éclatent provenant de miliciens ou d'Allemands embusqués :

« Nous nous sommes jetés à plat ventre. Le tank a tiré quelques coups de canon en direction d'un balcon, puis il a poursuivi sa route bientôt suivi par d'autres chars de la 2ᵉDB venus libérer Paris avec le général Leclerc.

« Celui qui n'a pas vécu ces moments-là, celui qui n'était pas sur les Champs-Elysées, le 26 août 1944, pour voir le général de Gaulle, entouré de ses compagnons, de ses officiers, descendre l'avenue, ne peut imaginer la ferveur, l'émotion qui nous étreignaient.

« Ce jour-là, il n'y avait plus que des Françaises et des Français unis tous ensemble dans la joie de la liberté retrouvée[20]. »

---

18. Maurice Thorez était vice-président du Conseil du gouvernement Félix Gouin.
19. Marcel Dassault, 19 janvier 1983, archives Dassault.
20. Entretien de Serge Dassault avec l'auteur.

La vie reprend son cours. En octobre 1944, Serge Bloch retourne au lycée Janson-de-Sailly où il entre en mathématiques spéciales.

BUCHENWALD

Alors que Paris se libère, Marcel Bloch découvre l'univers concentrationnaire :

« En arrivant sur la place d'appel sur laquelle, matin et soir, étaient rassemblés pour être comptés les 40 000 prisonniers du camp, je vis une haute cheminée dont les briques étaient incandescentes et d'où s'échappait une épaisse fumée noire.

« Je demandai à un déporté arrivé au camp avant moi quelle était l'origine de ce feu de cheminée. Il me répondit que c'était le four crématoire et que, lorsqu'on était à Buchenwald, le tout était de savoir si un jour on en sortirait par la porte ou par la cheminée[21]. »

« Quand on arrivait à Buchenwald, on vous faisait mettre vos vêtements dans un sac, soi-disant pour la désinfection. On ne les a jamais revus. On entrait dans une salle de douches où l'on était une centaine. On sortait par une autre porte et on vous donnait un pantalon, une veste de treillis et on partait pieds nus, on ne savait pas où.

« Il aurait suffi du plus léger coup d'épaule pour m'envoyer dans le fossé où je serais resté comme un simple V 1[22]. »

Les déportés sont alors menés vers « le petit camp » où ils ne travaillent pas. Ils sont en quarantaine, en attente d'affectation définitive : camp de travail ou d'extermination. Les détenus sont logés dans des hangars abritant un millier de prisonniers où les conditions d'hygiène sont épouvantables. Il n'y a pas de lits mais des grands plateaux de bois sur lesquels les déportés s'allongent :

« Enfin, on nous a désigné ce qu'on appelait un bloc, c'est-à-dire une baraque qui comprenait à peu près mille personnes. A droite, il y avait une chambre; à gauche, il y en avait une autre[23]. »

«A Buchenwald, il n'y avait pas de chambres à gaz. [...] *Les morts de Buchenwald sont morts de faim, de fatigue et de mauvais traitements. Le matin, quand on se levait pour sortir, on enjambait une dizaine de cadavres qui étaient là sur le trottoir. Ils étaient morts pendant la nuit. Quand on disait bonsoir à son camarade, le lendemain matin on s'apercevait qu'il était mort*[24]. »

Puis Marcel Bloch est transféré au bloc 57 du « grand camp », celui qui fournit en personnel les usines entourant Buchenwald :

---

21. Marcel Dassault, *Le Talisman*, pages 67 et 68.
22. Marcel Dassault, 19 janvier 1983, archives Dassault.
23. Interview réalisé par Léon Zitrone, Antenne 2, 1984.
24. Entretien avec Anne Sinclair, Antenne 2, 23 novembre 1978.

« Chaque bloc avait son commandant : le nôtre était polonais. Pour chaque chambre il y avait un chef de chambre. Dans ce bloc 57, se trouvait Marcel Paul, qui était l'un des responsables du camp. Il nous accueillit avec bonté et, à notre grand étonnement, nous fit connaître le dernier communiqué de la radio de Londres : " Les Français parlent aux Français ". Cela fut tout de suite pour nous un grand réconfort.

« Dans la fabrication des V 2, il y avait beaucoup d'électronique. Un déporté de talent avait réussi, en dérobant quelques éléments essentiels, à se confectionner un poste de radio[25]*. »*

Pierre Julitte confirme qu'effectivement deux déportés de l'équipe de contrôle des matériels radio fabriqués à l'usine de La Mibau et destinés aux V 2, avaient monté un poste récepteur qu'ils utilisaient à l'intérieur de l'usine[26].

Marcel Bloch apprend aussi que les internés du camp travaillent dans deux usines. Dans la première, La Mibau, sont fabriqués des composants banalisés de fusées V 2 qui, avec ceux provenant d'autres usines, convergent vers la deuxième : Dora. Il s'agit d'une usine souterraine d'assemblage des fusées où les conditions de vie sont effroyables. Les déportés envoyés dans les tunnels de Dora n'en ressortaient pas car, pour protéger le secret, les Allemands laissaient les déportés mourir d'épuisement. Comprenant ce qui se prépare à Dora, les déportés de l'usine de La Mibau réussissent à faire passer aux Alliés les plans de leur usine. Cette action courageuse permet son bombardement par l'aviation américaine, le 24 août 1944, entraînant un important retard dans la fabrication des armes de représailles allemandes [27]Marcel Bloch arrive trois jours après ce bombardement :

« Comme on ne pouvait plus travailler à Buchenwald puisque l'usine avait été détruite, mon premier souci fut d'y rester plutôt que d'être envoyé dans un autre camp comportant une usine, à Dora par exemple[28]*. »*

Marcel Bloch a été envoyé à Buchenwald en tant qu'otage politique et Juif. Plus considéré comme otage politique que comme Juif, il porte un triangle rouge, cousu sur la veste et sur le pantalon, marqué d'un F (Français) surmonté de son matricule, et non l'étoile jaune. Les déportés ne portent pas que des uniformes rayés, ils sont aussi vêtus d'oripeaux civils récupérés.

Il n'est pas traité comme un déporté ordinaire. Les Allemands prenant la précaution de conserver vivant une partie de ceux qu'ils estiment pouvoir leur être utiles après la guerre, il bénéficie d'un régime spécial dont une des caractéristiques est de pouvoir porter les cheveux longs :

« Marcel Bloch n'ayant que peu de cheveux s'est laissé pousser les che-

---

25. Marcel Dassault, *Le Talisman*, page 69.
26. Entretien de Pierre Julitte avec l'auteur.
27. Entretien de Pierre Julitte avec l'auteur. Cf. son livre *L'arbre de Gœthe*, France Empire, 1984, 323 pages, qui relate cette action.
28. Marcel Dassault, *Le Talisman*, page 74.

veux sur les tempes et derrière la tête, ce qui formait une espèce de couronne, mais surtout il s'est laissé pousser des moustaches à la Brassens[29]*.* »

Les Juifs du camp lui ont fait comprendre qu'il devait d'abord se considérer comme Juif avant d'être Français. Il a été profondément choqué par ce comportement qu'il a refusé : « *Cela l'a rendu furieux, il ne l'a pas oublié*[30]*!* »

Marcel Bloch découvre que l'organisation interne du camp est aux mains des communistes, les SS se cantonnant dans un rôle de direction et de contrôle. Marcel Paul[31], explique pourquoi :

« *Les SS avaient confié les postes administratifs aux détenus de droit commun. On les a chassés et c'est nous qui administrions l'intérieur du camp. Nous avons pu ainsi sauver la plupart des Juifs. Nous avons aussi sauvé des enfants en les cachant dans les blocs. Prévus pour trois cents personnes, ils en contenaient mille ou deux mille. C'était incontrôlable*[32]*.* »

Avec le colonel Frédéric Henri Manhès, Marcel Paul a formé deux groupes clandestins :

« *Un groupe de combat destiné à prendre les armes en cas de révolte des prisonniers du camp ou en vue d'intervenir au moment de la libération du camp par les troupes alliées; l'autre groupe était chargé de conseiller les Français sur l'attitude à prendre vis-à-vis des SS et également à les protéger, sans qu'ils s'en doutent eux-mêmes, le cas échéant*[33]*.* »

Marcel Bloch bénéficie de cette protection communiste qui, selon lui, fut rendue possible grâce à son comportement avant la guerre :

« *Je dois dire que j'ai toujours été social et qu'avant la guerre je m'occupais personnellement de ma société dont j'étais le président directeur général. J'avais affaire aux ouvriers et aux délégués et j'avais une assez bonne réputation.*

«*Alors j'étais très bien vu par les ouvriers et comme il y en avait beaucoup dans le camp, même de chez moi, d'Hispano, de la SNECMA*[34]*, j'avais une assez bonne réputation*[35]*.* »

Une autre version est également avancée. Les communistes français du camp ont recensé les déportés français d'une certaine importance et susceptibles, la paix revenue, de jouer un rôle en leur faveur. Il fallait donc les protéger, Marcel Bloch est du nombre.

Jamais il ne manqua de reconnaissance aux communistes qui lui ont sauvé la vie. Quand, après la guerre, Marcel Paul est l'objet d'attaques tendant à

29. Entretien de Pierre Julitte avec l'auteur.
30. Entretien de Madeleine Dassault avec l'auteur.
31. Marcel Paul, membre du parti communiste français depuis 1924, est déporté, en 1941, à Auschwitz puis à Buchenwald. Il devient, à la Libération, ministre de la Production industrielle des gouvernements de Gaulle, Gouin et Bidault.
32. Marcel Paul, *L'Humanité*, 19 février 1979.
33. Marcel Dassault, *Le Talisman*, page 70.
34. Marcel Dassault commet une confusion et veut certainement dire Gnome et Rhône ou la SNCAM, la SNECMA n'étant créée qu'en mai 1945.
35. Entretien avec Anne Sinclair, Antenne 2, 23 novembre 1978.

démontrer que les communistes ont sélectionné les Français qu'ils voulaient sauver, Marcel Dassault écrit en 1951 :

« Pendant ma présence dans le camp, j'ai été le témoin du dévouement sans limite des communistes français et en particulier de Marcel Paul.

« Dès l'arrivée à Buchenwald leur solidarité se manifestait, et des mourants des suites de " transports " ont été, par eux, sauvés, et cela sans discrimination d'appartenance politique.

« J'estime devoir à la vérité de déclarer en particulier que, en ce qui me concerne, quoique dénoncé comme capitaliste par des politiques allemands, et en ce qui concerne les autres Français d'un certain niveau social avec lesquels je me trouvais au camp, le parti communiste français nous est toujours venu en aide, sans attacher la moindre importance à toute distinction de classe, en considérant tous les déportés résistants ou politiques français comme des frères [36]. »

Si l'usine de La Mibau est détruite, les assemblages de V 2 n'en continuent pas moins, mais au ralenti, à l'usine souterraine de Dora qui a toujours besoin de personnel. Pour ne pas y être envoyé, Marcel Bloch décide de se faire porter malade. Il est admis au bloc 43, celui des dysentériques, aidé par Roger Bellon :

« Il y avait dans le bloc où je me trouvais un médecin français qui avait un frère jumeau, médecin également, attaché au bloc des dysentériques. Je demandai à ce médecin de m'envoyer dans le bloc de son frère. Il me dit qu'il le ferait le lendemain matin et que je serais reconnu malade par Roger Bellon, le célèbre fondateur de la Société de pharmacie Roger Bellon, qui exerçait auprès du docteur le rôle d'infirmier.

« Roger Bellon s'empressa de me reconnaître malade et c'est ainsi que j'entrai au bloc des dysentériques.

« Par la suite, le médecin français fut remplacé par un médecin tchécoslovaque qui ne fut pas long à découvrir la supercherie et nous renvoya dans nos blocs respectifs [37]. »

Il réintègre donc le bloc 61. Mais, lors d'un examen médical, destiné à recenser ceux qui sont aptes au travail, Marcel Bloch est reconnu par un médecin SS :

« Un jour – on passait des espèces de conseils de révision périodiquement – il y a un médecin SS, en me voyant, qui m'a dit :

« " Mais c'est le Junker français. C'est idiot de le laisser dans un camp de concentration. Il faudrait l'envoyer dans une usine ".

« Alors ils m'ont demandé : " Vous avez fait des avions de chasse? "

« Comme ils le savaient, je ne pouvais pas dire le contraire [38]. »

« Je fus très flatté d'être appelé le Junker français, car si j'avais construit

36. Témoignage de Marcel Dassault paru dans le *Bulletin de Buchenwald-Dora* le 1er juillet 1951.
37. Marcel Dassault, *Le Talisman*, pages 75 et 76.
38. Interview réalisée par Léon Zitrone, Antenne 2, 1984.

quelques avions de transport, Junker, lui, était un très grand constructeur d'avions allemands[39]. »

Encore une fois, les Allemands cherchent à récupérer pour eux le constructeur des MB 160 et MB 175 qu'ils apprécient. Quelques semaines plus tard, Marcel Bloch est appelé au portail d'entrée, puis conduit à la résidence des SS, hors du camp, où l'attendent des représentants du ministère de l'Air et du ministère du Travail :

« *Ils étaient venus à Buchenwald chercher un certain nombre d'ouvriers pour créer une nouvelle usine, et me dirent que j'en serais le directeur*[40]. »

«*Alors j'ai dit : " Mais je ne pourrais rien faire, je ne sais pas l'allemand. "*

« *Les SS répondent :*

« *" On va vous désigner un interprète " et ils m'ont désigné un interprète.*

« *Et puis alors, tout ce monde, moi, l'interprète et deux cents ouvriers, on est allé dans un bloc qu'on appelle le bloc de départ. On séjourne là et, d'une minute à l'autre, on peut partir pour n'importe quelle direction. Alors j'ai été trouver Marcel Paul et je lui ai dit :*

« *" Ils veulent m'envoyer diriger une usine de Focke Wulf. Je n'ai pas voulu collaborer jusqu'ici, je ne tiens pas à commencer, il faudrait m'envoyer à l'infirmerie. "*

« *Marcel Paul m'a envoyé à l'infirmerie. Il n'était plus question de diriger une usine, par contre j'y ai attrapé la diphtérie*[41]. »

A la fin du mois de mars 1945, les Allemands affichent les noms de quarante otages condamnés à être pendus : Marcel Bloch est du nombre. Un bombardement allié annule providentiellement les exécutions. Les communistes le font transférer dans un autre bloc :

« *Nous l'avons sauvé d'un " transport ". C'était le transfert dans un commando de travail très dur où presque tous mouraient. Au S 3 – c'était un de ces commandos – on durait huit jours, pas plus*[42]. »

Les communistes le sauvent une nouvelle fois :

« *Les Allemands craignaient que les déportés qui s'étaient armés clandestinement dans le camp prennent les armes avant l'arrivée des Américains, ils ont décidé pour refroidir leur ardeur de pendre un certain nombre de déportés dont j'étais, les autres étant des communistes.*

« *Mais, comme les communistes étaient au courant de tout ce qui se passait dans le camp, ils avaient soigneusement indiqué à leurs camarades de ne pas se rendre à l'appel des SS.*

« *Moi, je m'apprêtais à le faire quand un ouvrier tourneur de Suresnes qui n'avait pas travaillé chez moi, que je ne connaissais pas mais qui me connaissait, me dit : " N'y va pas. " Il me donna le numéro d'un mort de la*

39. Marcel Dassault, *Le Talisman*, page 77.
40. Marcel Dassault, *Le Talisman*, page 78. Selon l'attestation délivrée par Albert Baudet, le 15 juin 1946, il s'agirait d'une usine Focke Wulf dans le Hanovre.
41. Interview réalisée par Léon Zitrone, Antenne 2, 1984.
42. Marcel Paul, *L'Humanité*, 19 février 1979.

nuit précédente, il en mourait chaque nuit des milliers. Grâce à lui j'ai pu changer de bloc[43]. »

Le 8 avril, les Allemands décident de convoyer par la route vers l'Autriche les hommes qu'ils jugent valides :

« Je me trouvais sur les rangs lorsqu'un homme portant un brassard – qui indiquait sa qualité de policier du camp – me dit : " Suivez-moi, vous êtes sous la protection du parti communiste . " Le chef de bloc ne s'opposa pas à mon départ. Le policier me conduisit dans un autre bloc où le tri pour le départ avait déjà été fait, ce qui me permit d'attendre trois jours la libération du camp. Ce policier était évidemment un homme du groupe créé par Manhès et Marcel Paul pour protéger les déportés français.

« Si j'étais parti dans le convoi qui se dirigeait à pied vers l'Autriche, avec ma paralysie post-diphtérique des jambes dont je ressentais les premiers symptômes, il est évident que je serais resté sur le bord de la route, et on sait ce qu'il advenait en pareil cas[44]. »

Le 11 avril, Buchenwald est libéré. Le 13, les Américains prennent le camp en charge :

« Le jour de la libération, le brave homme qui m'avait sauvé de la pendaison en me donnant le numéro d'un mort, mourait de faim. Il a tué les chiens de la Gestapo pour les manger. Il m'en a offert un morceau, mais j'ai refusé car lorsqu'on est maigrichon on subsiste beaucoup plus facilement avec rien, qu'un grand costaud qui a besoin de manger pour vivre. Par la suite, je l'ai retrouvé malade dans les hôpitaux, je l'ai fait soigner pendant de nombreuses années, malheureusement je n'ai pas réussi à le sauver[45]. »

Le 19, sur la place d'appel du camp de Buchenwald, une cérémonie émouvante a lieu : 21 000 déportés, dont Marcel Bloch, prêtent le « Serment de Buchenwald » qui se termine par ces phrases :

« Sur ces lieux des crimes fascistes nous jurons, devant le monde entier, de poursuivre la lutte tant que le dernier des responsables n'aura pas été condamné par le tribunal de toutes les nations. Nous le devons à nos camarades disparus et à leurs familles.

« L'écrasement définitif du nazisme est notre but. Notre idéal est la construction d'un monde nouveau dans la paix et la liberté.

« Levez vos mains et jurez pour démontrer que vous êtes prêts à la lutte[46]. »

Selon Marcel Dassault, les 21 000 bras se lèvent et on entend alors crier dans toutes les langues : *« Nous le jurons »*.

Le cauchemar est fini :

---

43. Marcel Dassault, 19 janvier 1983, archives Dassault.
44. Marcel Dassault, *Le Talisman*, page 81.
45. Marcel Dassault, 19 janvier 1983, archives Dassault.
46. Marcel Dassault, *Le Talisman*, page 84.

« Si j'en suis sorti, c'est parce que j'étais âgé. Ne pouvaient s'en sortir que les jeunes parce qu'ils étaient résistants et les gens qui avaient mon âge parce qu'ils avaient besoin de moins de calories. Ceux de la tranche d'âge entre deux ou au-dessus n'avaient que peu de chances[47]. »

Il est encore à Buchenwald quand il apprend par un officier français visitant le camp avec une mission interalliée que son frère, le général Paul Bloch, a été nommé par le général de Gaulle, grand chancelier de l'ordre de la Légion d'honneur.

Marcel Bloch rentre en France, avec le biologiste Roger Bellon, dans la voiture d'un de ses amis venu le chercher. Un convoi de plusieurs voitures quitte l'Allemagne pour la France. La baronne de Rothschild, colonel de l'armée américaine, les invite à dîner lors de leur passage à Erfurt.

Deux jours plus tard, ils arrivent à Strasbourg. Sur le terrain d'aviation de la ville, ils prennent un Junker Ju 52 pour Paris :

« Comme cet avion était piloté par un capitaine français qui me connaissait, ne sachant pas ce que ma famille était devenue depuis mon départ pour Buchenwald, je demandai au commandant de bord de télégraphier à mon frère à la Grande Chancellerie de la Légion d'honneur pour avertir ma famille que j'arrivais au Bourget, et c'est ainsi que j'ai retrouvé les miens[48]. »

LE RETOUR EN FRANCE

Alors que Marcel Bloch s'apprête à rentrer en France, sa famille est sans nouvelles depuis août 1944 :

« Mai 1945, voilà plus de neuf mois que toutes nos démarches pour tenter de retrouver mon père sont restées vaines. Je surprends souvent ma mère en larmes. Je sais qu'elle ne se résigne pas plus que moi, mais chaque jour qui passe augmente notre désespoir.

« A cette époque difficile, elle a, je crois, montré une énergie et une force de caractère assez étonnantes car elle n'a pas cessé, alors que nous étions en danger, de protester contre les internements de mon père. Elle n'a pas cessé d'entreprendre et de multiplier les démarches pour le faire libérer, mais en vain. A côté de mon père qui est plutôt rigoureux et d'une exigence extrême avec les gens qu'il aime ou en qui il a confiance, ma mère nous a toujours apporté sa tendresse et son indulgence[49]. »

Ses collaborateurs sont également inquiets. André Curvale et Paul Déplante veillent sur les intérêts de Marcel Bloch dans Bordeaux-Aéronautique tandis que le colonel Auguste Le Révérend est le gérant de

47. Explication donnée par Marcel Dassault à Claude Flohic, rapportée lors de son entretien avec l'auteur.
48. Marcel Dassault, *Le Talisman*, pages 87 et 88.
49. Entretien de Serge Dassault avec l'auteur.

l'usine de Saint-Cloud. Ils interviennent auprès des cabinets du général de Gaulle et du nouveau ministre de l'Air, Charles Tillon, pour avoir des nouvelles. Le consul de Suède à Paris, Raoul Nordling, qui a sauvé la capitale de la destruction en août 1944, est également sollicité, mais en vain. En attendant, ils continuent de gérer la Société anonyme des avions Marcel Bloch.

Le 31 août 1944, ils réunissent le premier conseil d'administration de leur société dans Paris libéré et tentent de dresser un premier bilan de la gestion des administrateurs nommés par Vichy. Depuis le 15 janvier 1944, l'usine de Saint-Cloud a été louée à la Société de constructions aéronautiques et mécaniques de Saint-Cloud, dépendant du groupe Amiot, qui ne souhaite pas maintenir sa location au-delà du 31 août de la même année [50].

Un deuxième conseil, le 4 septembre, décide de réserver le poste de président directeur général à Marcel Bloch jusqu'à son retour de captivité et de nommer provisoirement pendant cette période Auguste Le Révérend comme président-directeur général par intérim et Henri Carol directeur général par intérim [51].

Le 29 septembre, Germain Bloch ayant regagné Paris, le conseil d'administration l'investit des pouvoirs administratifs et financiers tels que les lui avait donnés Marcel Bloch quand il était administrateur unique [52].

Le 10 avril 1945, le conseil d'administration prépare l'assemblée générale prévue pour le 22 mai, toujours en l'absence de Marcel Bloch. C'est alors qu'intervient la nouvelle de son retour.

C'est à Paris que Madeleine et ses enfants ont appris ce retour, le 22 avril :

« *Un matin, la sonnerie du téléphone nous a fait sursauter au moment où je m'apprêtais à partir au lycée.*

« *C'était mon oncle Paul. Il venait d'apprendre par un officier américain que mon père avait été libéré à Buchenwald. “ Il est sain et sauf! criait mon oncle, il est vivant, il arrivera demain au Bourget! ”*

« *Le lendemain, la gorge serrée, nous étions tous à l'aéroport du Bourget* [53]. »

La nuit précédant son arrivée, son épouse qui n'a jamais désespéré, rêve qu'il va débarquer en chapeau mou gris, elle en parle à ses enfants [54].

Marcel Bloch arrive le lundi 23 avril 1945, à 14 heures, au Bourget :

« *En début d'après-midi, un Junker trimoteur s'est posé sur la piste. Il pleuvait. Un grand silence s'est abattu sur la foule qui venait chercher un parent déporté. Les soldats, les infirmières se tenaient sur chaque marche de l'escalier de fer qui menait à l'avion, pour aider ceux qui pouvaient à peine marcher.*

50. Réunion du 31 août 1944, archives Dassault.
51. Réunion du 4 septembre 1944, archives Dassault.
52. Réunion du 29 septembre 1944, archives Dassault.
53. Entretien de Serge Dassault avec l'auteur.
54. Entretien de Madeleine Dassault avec l'auteur.

« Je l'ai reconnu tout de suite et ma mère au même instant a serré mon bras. C'était le deuxième à descendre. Il portait encore son manteau bleu, son vieux manteau trop grand pour lui. Sa main tâtonnait, cherchait un appui mais son regard gris, toujours aussi perçant, fouillait déjà la foule pour tenter d'apercevoir un visage aimé.

« Lorsqu'il nous a vus, ses traits se sont éclairés. Ma mère s'est jetée dans ses bras[55]. »

Dans la joie des retrouvailles, Madeleine remarque à peine que son mari porte un chapeau gris :

« C'était d'autant plus étrange que le jour où je suis parti [à Buchenwald], *mon chapeau était bleu !*

«Au moment où on nous a libérés, le chef de camp a dit à ceux qui partaient : " Habillez-vous comme vous le voulez ! " Moi, j'ai récupéré le chapeau gris d'un déporté, probablement mort[56]. »

Son fils Serge se rappelle que, dans la voiture les ramenant vers Paris, son père dévorait du regard le paysage : *« Les arbres, les pavillons, les vieux hangars, un chien tout frisé qui gambadait sur le trottoir. " Je ne croyais pas revoir cela un jour " murmurait-il.*

« En arrivant aux portes de Paris, il se mit soudain à nous cribler de questions : il voulait savoir ce qui se passait en France et si ses usines s'étaient remises à tourner. " Et toi, Serge, me dit-il soudain, où en es-tu ? "

« En apprenant que je n'avais pas perdu un instant pour reprendre mes études, il a hoché la tête simplement : " C'est bien, Serge, c'est très bien. C'est par le travail que tu arriveras. C'est l'avenir qui est important et qu'il faut sans cesse préparer en travaillant. "

« Sur les épreuves qu'il venait de subir il tenait à garder le secret. Il évitait nos questions comme s'il voulait enfouir pour toujours, au plus profond de lui, la nuit et le brouillard[57]. »

Comme beaucoup de ses compagnons de malheur, Marcel Dassault a toujours été d'une extrême discrétion et d'une grande pudeur sur les souffrances endurées à Buchenwald. Même sa famille n'a pas pu recueillir beaucoup de confidences :

« C'est bien des années plus tard quand il écrira Le Talisman *que nous saurons ce que furent ces huit mois passés à Buchenwald. Il ne dira jamais un mot des camps de la mort, se contentant de souligner que d'autres l'avaient fait avant lui, mieux que lui*[58]. »

« De ces années de calvaire, il n'a jamais fait étalage. Il nous en a toujours très peu parlé, préférant sans doute ne pas remuer des souvenirs pénibles[59]. »

---

55. Entretien de Serge Dassault avec l'auteur.
56. « Radioscopie », France Inter, 6 janvier 1971.
57. Entretien de Serge Dassault avec l'auteur.
58. *Ibid.*
59. Entretien d'Olivier Dassault avec l'auteur.

En ce printemps de 1945, la famille de Marcel Bloch est de nouveau réunie. La vie peut reprendre son cours; cependant, plus rien n'est comme avant.

Quelles traces de telles épreuves peuvent-elles laisser dans l'esprit d'un homme de cinquante-trois ans? Il pourrait se reposer, se résigner. Mais Marcel Bloch n'entend pas se résigner, au contraire, il entame une nouvelle vie.

Deuxième partie

DASSAULT ET L'AVIATION

1

DE MARCEL BLOCH A MARCEL DASSAULT UN HOMME NOUVEAU

Marcel Bloch n'est pas le seul à sortir de l'univers concentrationnaire mais, pour beaucoup de ses survivants, la vie est brisée. Certains, trop faibles, meurent dans les mois qui suivent leur retour. Marcel Bloch, qui a passé huit mois à Buchenwald, est, lui aussi, diminué car, si Buchenwald n'a pu tuer l'esprit de l'homme, l'épreuve physique laisse de profondes séquelles :

« Peu de jours après être rentré en France, j'eus ma paralysie post-diphtérique des jambes qui nécessita un traitement de six mois[1]. »

« Dans la phase initiale de la crise, les membres inférieurs ne possèdent plus aucune force et ne sont plus capables de vous porter[2].»

A cinquante-trois ans, on peut penser qu'il va, au terme d'une longue convalescence, se remettre de l'épreuve puis, peut-être, essayer de reprendre goût aux affaires.

Mais la force de caractère de Marcel Bloch n'est pas celle de tout un chacun.

Dès son retour, il tient une réunion avec Auguste Le Révérend et Georges Hennequin. Le conseil d'administration de la Société anonyme des avions Marcel Bloch est à nouveau reconstitué :

« Dès l'ouverture de la séance, M. Le Révérend exprime à M. Marcel Bloch l'immense satisfaction éprouvée par tout le personnel de la Maison dès qu'il a été prévenu de l'imminence de son retour; il assure en même temps M. Bloch du dévouement complet de tous dans la tâche difficile de ramener à la Maison qu'il a créée l'activité et la prospérité de jadis.

« M. Marcel Bloch remercie ses collaborateurs des efforts qui ont été fournis à tous les échelons pour sauvegarder son affaire et lui redonner un

---

1. Marcel Dassault, *Le Talisman*, page 89.
2. *Ibid.*, page 80.

peu de vie dans la période la plus ingrate qui a suivi la libération de Paris [3]. »

Afin de se reposer, Marcel Bloch entreprend de fréquents séjours dans sa propriété de Cannes, séjours entrecoupés par la visite de ses collaborateurs et par les réunions du conseil d'administration [4].

La convalescence

C'est ainsi que, faisant en sorte d'oublier sa maladie, il reprend ardemment ses activités :

« *Dès le lendemain de son retour à Paris, mon père réclamait une planche à dessin. Cloué sur son lit, il voulait se remettre au travail sans perdre une minute.*

« *Ce qui était extraordinaire, c'est qu'après les années noires qu'il venait de traverser, il aurait pu baisser les bras, se décourager et vivre oisivement. En fait, pour lui, seul le travail comptait. Je l'ai toujours connu comme cela* [5]. »

Enthousiasmé par les progrès de l'aviation pendant la guerre, il se fait expliquer le processus de son évolution et pressent un redémarrage prochain grâce aux techniques nouvelles notamment la propulsion à réaction :

« *Il semblait avoir, dès son retour, des projets très précis, comme s'il n'avait cessé d'y penser pendant sa déportation. Il se lança tout de suite dans des dessins d'avions civils. Il voulait réaliser des avions long-courriers capables de traverser l'Atlantique. Il devinait que c'était là un marché d'avenir mais il devait se heurter à d'immenses difficultés : le ministère des Transports n'avait aucun crédits.*

« *On sentait également un blocage de la part des services techniques qui, à l'époque, dépendaient d'un ministre de l'Air communiste. Le parti communiste, en effet, ne voulait à aucun prix laisser mon père retrouver sa place dans le domaine aéronautique. Un haut fonctionnaire lui avait même déclaré : " Vous pouvez faire éventuellement des hélices mais certainement pas des avions ".* »

Deux mois après son retour, Marcel Bloch reçoit une lettre du ministère des Anciens Combattants et des Déportés lui demandant de venir récupérer ses effets personnels laissés à Buchenwald :

« *En arrivant à Buchenwald, naturellement, on vous prend tout ce que vous avez, aussi bien les vêtements que les montres, les portefeuilles, etc. Et puis là, une fois rentré à Paris, deux mois après, je reçois une lettre du*

---

3. Procès-verbal de la réunion du conseil d'administration en date du 23 avril 1945, archives Dassault. La date du 23 avril est certainement une erreur puisque Marcel Bloch est rentré ce même jour de Buchenwald.
4. Voir le chapitre suivant.
5. Entretien de Serge Dassault avec l'auteur.

ministre des Déportés disant : " Venez à tel endroit chercher les papiers vous concernant ".

« Alors j'y suis allé. Ils m'ont rendu ma montre, mon portefeuille et dans mon portefeuille il y avait le trèfle à quatre feuilles. C'est extraordinaire qu'un trèfle à quatre feuilles fasse le voyage et puis, cela prouve aussi que les Allemands avaient beaucoup d'ordre[6] *!»*

Mais, pour Marcel Bloch, c'est déjà du passé et, bien qu'immobilisé, il reçoit régulièrement ses anciens collaborateurs. Henri Déplante se rappelle :

« Il était encore faible mais de son regard toujours aussi intelligent émanaient de la volonté et de la clairvoyance. Je lui ai posé une question sur sa dure épreuve. Il m'a répondu : " Je veux oublier. Il est certain que le moral et la chance m'ont sauvé[7] *". »*

Il retrouve également Robert Bing qui, interné avec lui à Ecully en 1943, lui avait été « utile » en lui servant de dactylo. Il l'invite chez lui. Robert Bing lui apprend qu'il travaille dans un organisme gouvernemental de répartition de l'acier mais que cela ne l'enthousiasme guère :

« – Vous n'avez qu'à entrer chez moi, me propose-t-il.

« – Quand je lui réponds que je ne connais rien à l'aviation, il dit simplement :

« – Je trouverai bien un endroit où vous me serez utile.

« C'est ainsi que je suis entré, en septembre 1945, pour m'occuper d'immobilier et ce jusqu'en 1984[8]*. »*

Marcel Bloch, convalescent, n'a qu'un souci : redémarrer. Henri Déplante lui apporte des nouvelles de ses fonctions à la SNCASO :

« Je l'informe que ce sont les délégués syndicaux de la SNCASO qui ont demandé mon retour comme directeur technique et qu'ils demandent aussi son retour à la tête de la société nationale. Il sourit et me dit : " J'aurais aimé voir la tête de Tillon à la réception de cette demande ! ". »

Quand Henri Déplante déplore la dispersion persistante des bureaux d'études de la SNCASO dans Paris, il lui répond :

« Votre président vivra ce que vivent les roses et quand vous en aurez vu plusieurs, lassé, vous viendrez me rejoindre, mais vous aurez fait entretemps un travail très utile[9]*. »*

Mais, avant de reprendre véritablement ses activités industrielles, avant ce nouveau départ, Marcel Bloch a un compte à régler avec son passé.

Quelles leçons a-t-il tirées de ses internements? Nul ne le sait avec certitude. Il est quelquefois, dans l'histoire des hommes, des organisations ou des institutions, des périodes qui marquent un tournant, une rupture. Marcel Bloch, c'est le passé, les luttes, les difficultés dans la réussite, l'internement,

6. Marcel Dassault sur *Antenne 2*, 1984.
7. Entretien d'Henri Déplante avec l'auteur.
8. Entretien de Robert Bing avec l'auteur.
9. Henri Déplante, *A la conquête du ciel*, Edisud, 1985, page 110.

la déportation. Il a souffert, il n'est plus le même homme. Marcel Bloch est mort à Buchenwald.

Alors que d'autres ne pensent qu'à la retraite, il va amorcer un nouveau départ et, à cinquante-trois ans, façonner un nouveau personnage, Marcel Dassault :

« Combien de rescapés des camps de la mort auront eu le courage et le talent d'accomplir par la seule force de l'intelligence et du caractère une telle suite de réussites techniques et financières poursuivies pendant quarante ans[10]. »

Les dix dernières années lui ont beaucoup appris. Il combattait ses adversaires pied à pied, il s'épuisait. Il veut désormais intervenir personnellement dans les domaines qui comptent pour neutraliser ses opposants en douceur :

– Il a été pénalisé par son nom : il veut en changer;

– Il a subi ses origines juives : il ne veut plus en parler et entend changer de religion;

– Il n'avait pas d'appuis dans la presse : il lui faut posséder un journal;

– Il n'avait pas su se protéger politiquement : il veut entrer en politique;

- Il a survécu à la prison et à la déportation grâce à l'entraide : il prône l'union nationale.

Une nouvelle phase de sa vie commence. Il fait table rase du passé, assurant sa sécurité et celle de sa famille. A ceux qui pensent qu'il est impossible de changer à son âge, il donne une formidable leçon.

De Marcel Bloch à Marcel Dassault

Un certain nombre de Français demandent chaque année pour des raisons diverses à changer de nom. Quelles ont pu être celles de Marcel Bloch?

Selon Marcel Bleustein-Blanchet, et sans autre explication, *« son nom Bloch le gênait*[11] ». Dès lors, quel nom prendre?

Son frère Paul ayant adopté le pseudonyme de Dassault dans la Résistance, les deux frères décident d'en faire leur nouveau patronyme :

« Le nom de Dassault a été choisi par mon oncle Paul pendant la guerre où il prit le nom de général Chardasso, c'est sous ce pseudonyme qu'il fut cité à la radio de Londres. C'est lui qui a donné son nom à la famille, celui de Dassault, un nom qui symbolise le combat, l'action et l'offensive.

« Son attitude et son rôle, pas assez connus pendant la guerre, nous ont impressionnés. Mais, j'ai vécu son héroïsme d'assez loin, ce qui a encore grandi son image à mes yeux[12]. »

Un changement de nom obéit à des règles juridiques précises. Marcel Bloch entreprend, dès octobre 1945, les démarches nécessaires.

---

10. Oraison funèbre du père Michel Riquet prononcée lors des obsèques de Marcel Dassault, le 22 avril 1986.
11. Entretien de Marcel Bleustein-Blanchet avec l'auteur.
12. Entretien de Serge Dassault avec l'auteur.

Le 12 juin 1946, le *Journal officiel quotidien d'annonces légales et judiciaires, d'informations et d'avis divers* signale qu'il demande au garde des Sceaux l'autorisation d'adjoindre à son nom patronymique celui de Dassault, qu'il a utilisé dans la clandestinité, afin de s'appeler légalement à l'avenir Bloch-Dassault.

Un décret du 27 novembre 1946 concrétise son souhait [13].

Le nom Bloch disparaît alors progressivement.

Le 21 août 1947, il reçoit la croix de guerre avec étoile d'argent. La citation, à l'ordre de la division, est attribuée à « Dassault Marcel – (Bloch-Dassault) » :

« *Bien que placé en résidence forcée, a fait parvenir à la France libre des renseignements techniques importants. Arrêté par la Gestapo et déporté à Buchenwald, n'a pas accepté, malgré les risques encourus, d'en être libéré pour travailler comme ingénieur dans une usine d'aviation où les Allemands voulaient utiliser sa compétence* [14]. »

En 1948, il est élevé au grade de commandeur de la Légion d'honneur sous le nom de Bloch-Dassault, dit Dassault [15]. Puis, cette même année, il est nommé membre du Conseil technique et industriel des fabrications aéronautiques auprès du secrétaire d'Etat à l'Air sous le nom de Dassault [16].

Après cette première étape, Marcel Bloch-Dassault, désire se faire appeler Dassault tout court.

Le 12 juillet 1948, le *Journal officiel* publie l'annonce de sa requête de changement de nom. Le 19, il écrit au garde des Sceaux pour justifier sa demande :

« *Comme mon frère le général d'armée, grand chancelier de la Légion d'honneur qui a donné dans la Résistance une grande notoriété au nom de Dassault, j'ai moi-même utilisé dans la clandestinité le nom de Dassault* [17]. »

Le 1er octobre 1948, il fait part à son avocat d'une raison supplémentaire pour changer de nom :

« [...] *Du fait de la similitude de nom ayant existé entre moi-même et l'administrateur communiste, président directeur général de la Société nationale de constructions aéronautiques du Centre* [18]. »

Il précise cependant que ces inconvénients viennent de disparaître :

« [...] *Cet administrateur nommé par le ministre Tillon ayant été, peu de temps avant les vacances, révoqué de ses fonctions par M. Teitgen, ministre des Forces Armées.* »

Le 12 février 1949, un second décret complète le changement de nom : « *Bloch-Dassault (Marcel Ferdinand)* [...] *est autorisé à substituer à son*

---

13. *Journal officiel*, 4 décembre 1946.
14. Archives Dassault.
15. *Journal officiel*, 10 février 1948.
16. *Ibid.*
17. Archives Dassault.
18. *Ibid.*

nom patronymique celui de Dassault afin de s'appeler légalement à l'avenir Dassault au lieu de Bloch-Dassault[19]. »

A partir de ce moment, il n'existe plus que Marcel Dassault. Désormais, il gomme toute information, si banale soit elle, sur ses origines. Son autobiographie, *Le Talisman*, n'y fait aucune allusion. Fait significatif, il n'y désigne plus ses avions d'avant-guerre que sous leur numéro : le 174, le 210, etc.

Quelques années plus tard, dans les articles des numéros spéciaux de la revue *Pionniers* consacrés à l'œuvre aéronautique de l'industriel[20], Marcel Bloch est appelé Marcel Dassault depuis sa naissance, tous ses avions d'avant guerre portent l'abréviation MD au lieu de MB. Il avait veillé lui-même, en relisant les textes soumis à son approbation, à ce que ne figure aucune mention de son ancien nom.

Pourtant, curieusement, en novembre 1985, lors d'un colloque[21] commémorant quarante années de développement aérospatial français (1945-1985), la société Avions Marcel Dassault-Breguet Aviation édite, pour cette occasion, une plaquette rétrospective dont la première phrase signale que Marcel Bloch devait plus tard prendre le nom de Dassault.

Marcel Dassault a alors 93 ans. Est-il lassé de son combat sur ses origines ou a-t-il simplement accepté, peu de temps avant sa mort, que l'histoire reprenne ses droits? Nul ne le sait.

Après la Deuxième Guerre mondiale, le changement de nom n'est pas apparu suffisant à Marcel Dassault. Il va plus loin encore, il désire changer de religion. C'est une véritable conversion qu'il entend réaliser au cœur de sa vie.

Du judaïsme au catholicisme

La famille de Marcel Dassault et celle de son épouse Madeleine sont de confession israélite. Ils se sont mariés à la synagogue.

Un changement de religion, plus qu'un changement de nom, ne s'improvise pas. Il résulte d'une réflexion personnelle, d'une introspection spirituelle. Les avis divergent sur les motivations de Marcel Dassault :

– Il serait devenu catholique pour qu'on ne puisse plus lui reprocher d'être juif et ainsi éviter le renouvellement des persécutions antisémites dont sa famille et lui-même avaient été l'objet;

– Il aurait été particulièrement choqué par l'attitude de certains Juifs qui, à Buchenwald, se considéraient d'abord juifs avant d'être français;

– Il aurait beaucoup apprécié le dévouement, à son égard, des Petites Sœurs des pauvres à l'hôpital-prison d'Ecully.

19. *Journal officiel*, 15 février 1949, page 1 687.
20. Numéros 58 d'octobre 1978 et 59 de janvier 1979.
21. Organisé par le Centre d'histoire de l'aéronautique et de l'espace les 26 et 27 novembre 1985 à la Sorbonne.

Marcel Bloch n'était pas pratiquant. Selon Marcel Bleustein-Blanchet : *« Il ne s'est jamais préoccupé de problèmes juifs, il ne se sentait pas concerné, il n'allait pas au temple. Il avait un certain agnosticisme* [22]. »

C'est lors de sa détention à Evaux-les-Bains, que Marcel Bloch a l'occasion d'approcher la doctrine chrétienne :

« Un ancien secrétaire d'Etat m'a prêté une bible protestante. Je n'avais jamais lu le Nouveau Testament. J'y ai appris beaucoup de choses, ce qui a occasionné pour moi de nombreuses réflexions [23]. »

Pour Pierre de Bénouville, qui a joué un rôle important dans sa conversion, Marcel Dassault « *savait que le judaïsme et le christianisme sont la cause et la conséquence et que, quand on enlève la haine, ils peuvent s'entendre* [24] ».

Une préparation de plus de dix années va précéder sa conversion. Pour une fois, Marcel Dassault prend son temps.

En compagnie de Pierre de Bénouville, il rencontre régulièrement un jeune prêtre puis un compagnon de résistance du général, le père Michel Riquet, de la compagnie de Jésus, croix de guerre 1914-1918 et 1939-1945, médaillé de la Résistance, il a déjà un esprit œcuménique et devient le catéchiste de Marcel Dassault qu'il rencontre régulièrement et longuement :

« Je lui ai expliqué – et il a abondé dans mon sens – que devenir chrétien n'était pas renier son judaïsme ancestral mais lui donner son véritable aboutissement car le christianisme va plus loin et s'universalise [25]. »

Son « élève » est à la recherche de Dieu à travers la religion catholique car, pour lui, c'est celle qui se rapproche le plus de son idéal :

« Marcel Dassault avait un sentiment religieux profond, il avait le sens de Dieu. En même temps, il pensait qu'en devenant catholique, il deviendrait complètement français et, de ce fait, il serait complètement intégré [26]. »

Au cours de ses sorties avec le père Riquet, Marcel Dassault visite des églises :

« Un jour, je l'avais amené faire une excursion à la chapelle Notre-Dame-du-Haut-de-Ronchamp, construite par Le Corbusier. Il y avait un confessionnal, je lui ai expliqué sa signification. A la fin, il m'a dit en riant, parlant du général de Bénouville : « Pierre ferait bien d'y passer [27] *! »*

Marcel et Madeleine sont baptisés à l'église des sœurs auxiliatrices – l'une d'elles a catéchisé Madeleine – rue Saint-Jean-Baptiste-de-la-Salle. Pierre de Bénouville est leur parrain, une amie de la famille, la sœur de Georges Hennequin, appelée tante Irène, leur marraine. Ils sont tous les

22. Entretien de Marcel Bleustein-Blanchet avec l'auteur.
23. Marcel Dassault, 19 janvier 1983, archives Dassault.
24. Entretien de Pierre de Bénouville avec l'auteur.
25. Entretien du père Michel Riquet avec l'auteur.
26. *Ibid.*
27. *Ibid.*

deux confirmés par monseigneur Stanislas Courbe, évêque auxiliaire de Paris.

Leurs petits-enfants reçoivent aussi le baptême mais leurs fils Claude et Serge, malgré le désir de leur père, conservent leur foi israélite.

Madeleine Dassault, très croyante, voue un culte particulier à la Vierge :

« Alors que nous étions séparés, lors de son internement, nous avons prié la Vierge au même moment. Je Lui demande régulièrement d'exhausser mes demandes, Elle le fait. Marie c'est tout pour moi. »

Parlant de son mari, elle ajoute :

« Le Bon Dieu lui a donné toute la force, il était très croyant. Son Dieu était le Dieu de tous[28]*. »*

Marcel Dassault déclare effectivement à ce sujet :

« Les juifs, les chrétiens, les protestants et les mahométans ont tous le même Dieu. Il faut aller chercher les bouddhistes pour qu'il en soit autrement[29]*. »*

Comme pour son nom, Marcel Dassault veille à ce qu'il ne soit jamais fait mention de son ancienne religion, sans pour cela la renier. Il soutient d'ailleurs certaines œuvres juives :

« Depuis des dizaines d'années, je cotise à l'Appel unifié juif de France pour trois millions par an avant la création du nouveau franc, puis trois millions de centimes depuis[30]*. »*

De son côté, Marcel Bleustein-Blanchet rappelle :

« Un jour pour une œuvre du Centre israélite de Montmartre que je présidais, je lui ai demandé s'il pouvait me prêter une salle.

« Sans hésiter, il a fait arrêter le film, en cours de semaine, à son cinéma Le Paris *et m'a prêté la salle pour une soirée*[31]*. »*

Pour le père Riquet :

« Il a toujours eu le souci d'aider les œuvres israélites. Il s'en sentait le devoir car il n'avait pas renié ses origines en devenant catholique. Il avait compris que le christianisme est au-delà du judaïsme. Il n'en est pas la négation mais l'épanouissement et le développement[32]*. »*

Dans son homélie aux obsèques de Marcel Dassault, il précise :

« Il était fier d'avoir procuré à l'Etat d'Israël l'aviation qui lui permit de vaincre spectaculairement la coalition de ses adversaires résolus à le détruire. »

Marcel Dassault évite également de parler des camps de la mort et des souffrances des Juifs :

« Je dis qu'au point de vue des Juifs, il n'y a pas intérêt à revenir tout le temps sur les mêmes histoires et que le mieux c'est l'oubli.

---

28. Entretien de Madeleine Dassault avec l'auteur.
29. Archives Dassault.
30. *Ibid.*
31. Entretien de Marcel Bleustein-Blanchet avec l'auteur.
32. Entretien du père Michel Riquet avec l'auteur.

« Il est dit dans l'Evangile : « Pardonnez les offenses ». De temps en temps, je crois qu'il est bon de pardonner les offenses[33]. »

Il ne reproche rien. Pour lui, tout cela c'est le passé. Cela n'a plus d'importance, seul l'avenir compte.

L'HOMME ET LA FOI

Toujours très discret sur ses origines juives et sa conversion au catholicisme, Marcel Dassault s'est néanmoins exprimé sur la religion lors de l'émission « Radioscopie », en 1971. A la question : *« Etes-vous croyant? »*, il répond : *« Oui »*. Comme Jacques Chancel insiste, il déclare :

« Je crois en Dieu. Je ne suis pas pratiquant. La nature est en soi une telle merveille qu'on peut adorer Dieu dans les prés, dans les champs, dans les bois, dans les animaux – comme les écureuils que je trouve charmants. On peut aussi L'adorer en soi-même. La meilleure façon, c'est de converser avec Lui et pour cela, aucune nécessité de se réunir en groupe. Remarquez bien que je ne critique absolument pas ceux qui désirent se réunir dans un temple ou dans une église. C'est leur manière de faire, moi j'en ai une autre[34]. »

Effectivement, il ne va pas à l'église mais regarde la messe à la télévision, le dimanche matin. Ses principaux collaborateurs savent qu'il n'aime pas être dérangé à cette heure-là.

Quand Jacques Chancel lui demande s'il est de ceux qui ont rencontré Dieu, il répond :

« Je ne L'ai pas rencontré, mais je L'ai senti. Je Le connais. Je Lui parle souvent[35]. »

Marcel Dassault a également évoqué la religion quelques mois avant sa mort :

« De mes quatre ans de captivité, j'ai ramené une foi indestructible dans le Christ, la bienveillance, la fidélité en amitié et le sens de l'équipe. Et une certitude : la vie ce n'est pas hier, c'est demain[36]. »

Cette confiance dans l'avenir et le refus d'hier sont caractéristiques de son comportement. Comme il s'est peu livré sur la religion, il est difficile de formuler une analyse certaine de son attitude.

Sa foi était-elle réelle? Etait-ce seulement une garantie en cas de renouvellement des attaques dont il avait été l'objet? Aucune réponse catégorique ne peut être apportée. Il paraît évident qu'ayant été baptisé à plus de soixante ans, sa conception de la pratique de sa nouvelle religion pouvait être différente de celle d'un catholique de naissance.

---

33. Antenne 2, 23 novembre 1978.
34. « Radioscopie », France-Inter, 6 janvier 1971.
35. *Ibid.*
36. Cité par Pierre Darcourt dans *Le Figaro*, 23 avril 1986.

Son sujet tabou, c'est la mort qu'il assimile au passé. Pour lui, la vie c'est l'avenir. A-t-il peur de la mort? :

« Ce serait ridicule d'avoir peur de la mort puisqu'elle est fatale. Je suis un homme pratique : je n'ai pas peur de ce qui doit forcément arriver. Lorsqu'il y a une chance d'éviter un inconvénient, il faut tout tenter pour le faire. Mais lorsqu'il n'y a pas de parade possible, il n'y a aucune raison d'avoir peur [37]. »

S'il déclare ne pas avoir peur de la mort, il préfère pourtant éviter d'en parler. Il accepte davantage la maladie « *parce que ça peut se soigner* »; il en parle, il aime même conseiller dans ce domaine :

« La maladie était pour lui un combat, il aimait ça, mais il ne fallait pas parler de la mort. Un jour il m'a dit :

« – La mort ne m'intéresse pas car il n'y a rien à faire [38]. »

Malgré cela, il a pris, de son vivant, des dispositions pour sa sépulture. Il a dessiné son caveau et l'a fait construire au cimetière de la porte de Passy.

Ceux qui l'ont assisté alors qu'il était proche de sa fin apportent un éclairage différent à cette réponse. Ainsi au professeur Paul Milliez, il confie paradoxalement :

« Pour la première fois de ma vie, je n'ai pas peur de mourir [39]. »

A la veille de sa mort, Marcel Dassault fait appeler le père Michel Riquet afin qu'il lui administre l'extrême-onction. L'ayant reçue, il prononce cette phrase :

« Notre Père qui êtes aux cieux, je sais tout cela et j'y crois [40] », qui a profondément marqué ses enfants Claude et Serge. Elle est une des raisons de leur conversion ultérieure au catholicisme.

Désormais Marcel Bloch est devenu Marcel Dassault. C'est un homme différent qui entreprend de retrouver une place dans l'aéronautique française.

37. « Radioscopie », France-Inter, 6 janvier 1971.
38. Entretien de Pierre Gallois avec l'auteur.
39. Entretien de Paul Milliez avec l'auteur.
40. Entretien du père Michel Riquet avec l'auteur.

2

LE DEUXIEME RETOUR A L'AVIATION

En cet été de 1945, Marcel Bloch n'est pas encore un mythe comme le deviendra Marcel Dassault. Il désire libérer sa soif de création étouffée pendant la guerre. L'inaction lui pèse.

Alors que la France se reconstruit, il n'a qu'une idée : obtenir une commande et remettre ses ouvriers au travail. Mais avant tout, il lui faut restructurer ses affaires et recréer son outil de production.

UNE NOUVELLE STRUCTURE FINANCIÈRE ET INDUSTRIELLE

Marcel Dassault retrouve après la guerre une partie de ses biens qu'il entreprend de réorganiser en tenant compte des leçons du passé.

Le conseil d'administration, daté du 23 avril 1945, l'a confirmé dans ses fonctions de président du conseil d'administration qu'il avait exercées jusqu'à sa déportation :

« *Comme il aura besoin de prendre encore des ménagements pendant un temps assez long, M. Marcel Bloch demande à M. Le Révérend de garder pendant cette période de transition les attributions détenues par lui précédemment, notamment pour assurer le fonctionnement de l'usine de Saint-Cloud* [1]. »

Se partageant entre Cannes et Paris, Marcel Bloch profite de sa convalescence pour mettre à jour la gestion de sa société.

Le 7 mai, il préside un conseil d'administration et, le 22 mai, l'assemblée générale de sa société qui approuve les opérations de l'exercice 1940 se soldant par un déficit de 456 000 francs.

Le 12 juin, une réunion du conseil d'administration charge Auguste Le

1. Procès-verbal de la réunion du conseil d'administration du 23 avril 1945, archives Dassault.

Révérend de suivre particulièrement les questions relatives à l'usine de Bordeaux et confie la direction de l'usine de Saint-Cloud à Raymond Boixeda.

Le 3 juillet, il préside l'assemblée générale destinée à approuver les comptes de l'exercice 1941 qui donnent un résultat positif de 4,7 millions de francs. Ce résultat est obtenu grâce aux redevances de licences, en instance de recouvrement, se rattachant à des exercices anciens, de 1938 à 1941, et se montant à 29,9 millions de francs. Fidèle à ses habitudes, il ne distribue pas les bénéfices mais les reporte sur l'exercice suivant [2].

Le 24 juillet 1945, se tient l'assemblée générale statuant sur les exercices 1942 et 1943 qui sont réunis parce qu'ils correspondent aux gestions des administrateurs provisoires nommés par Vichy et les Allemands. La société n'ayant pas eu d'activité industrielle, les résultats font apparaître un solde déficitaire de 6,4 millions de francs qui sont imputés sur le report des années précédentes.

Le 10 novembre 1945, Marcel Bloch préside l'assemblée générale concernant l'exercice de l'année 1944 qui a subi de janvier à août la gestion de l'administrateur provisoire nommé par les Allemands. Dans son rapport, il constate que si sa société a retrouvé la quasi-totalité de ses actifs immobilisés, elle doit redémarrer dans des conditions difficiles :

« A notre rentrée, la totalité du personnel était en chômage et il a fallu rechercher des commandes de telle sorte que la mise en route s'avère très pénible et qu'elle a grevé lourdement les derniers mois de l'année [3]. »

Dans ces conditions, l'exercice présente un déficit comptable de 2,7 millions de francs.

Le même jour, ses actionnaires réunis en assemblée générale extraordinaire, décident de la transformation de sa société anonyme en société à responsabilité limitée qui prend le nom de Société des avions Marcel Bloch, ce dernier en devenant le gérant. Cette modification de forme est apparue nécessaire :

« *Le conseil* [...] *constate que la forme de société anonyme ne correspond pas au caractère de son groupement dans lequel les rapports entre les personnes deviennent de plus en plus prépondérants; il reconnaît que la forme de société à responsabilité limitée correspond exactement à cette situation* [4]. »

Le 6 décembre 1945, Marcel Bloch, Auguste Le Révérend et Georges Hennequin créent la Société des moteurs et hélices Marcel Bloch. La Société des avions Marcel Bloch, dont le fondateur est le gérant, concourt à la création de la nouvelle société dont le siège social est situé à Saint-Cloud.

Les activités de la Société des avions Marcel Bloch, qui avait été créée en 1936, sont regroupées, à partir du 23 décembre 1946, en une Société des avions Marcel Dassault. Le 24, poursuivant son entreprise de changement de nom, Marcel Bloch-Dassault demande au greffe du tribunal de

2. Assemblée générale du 3 juillet 1945, archives Dassault.
3. Rapport du conseil d'administration du 10 novembre 1945, archives Dassault.
4. Procès-verbal du conseil d'administration du 18 septembre 1945, archives Dassault.

commerce de Thiers de faire le nécessaire afin de changer celui de la Société des avions Marcel Bloch en Société des avions Marcel Dassault. Le 7 février 1947, le siège social de la société est transféré à Cannes, villa Saint-Cyrès.

La page est définitivement tournée sur le passé industriel. Marcel Dassault peut maintenant s'intéresser à d'autres affaires.

Le 31 décembre 1948, il constitue au Maroc, à Casablanca, la société Lignes aériennes Marcel Dassault qui devient Air Atlantique, le 21 décembre 1949. Cette société, dont le siège social est transféré avenue Kléber à Paris le 29 janvier 1959, n'a rien d'une compagnie aérienne, elle est chargée de la gestion d'un portefeuille de valeurs mobilières et immobilières. Elle prend la dénomination Investissement Atlantique le 29 mai 1962.

Toujours à Casablanca, il constitue, le 22 août 1950, la Société immobilière Casablanca Marcel Dassault destinée d'une façon générale à toutes opérations commerciales, financières, mobilières, immobilières, industrielles ou publicitaires. Le siège social est également transféré à Paris en 1959 et le 20 septembre 1960, la société devient Société d'Etudes Marcel Dassault.

Pourquoi ces sociétés à Casablanca? Marcel Dassault est méfiant. Devant la situation internationale qui se dégrade – le monde est alors en pleine guerre froide – il tient compte des leçons du passé et cherche à protéger un avenir encore incertain.

Le 20 décembre 1950, la Société des avions Marcel Dassault devient la Société Marcel Dassault. Le 20 octobre 1951, cette société change son nom en Société immobilière Marcel Dassault. C'est un holding spécialisé dans les opérations commerciales, industrielles, financières, mobilières et immobilières, et en particulier toutes opérations de presse, d'édition et d'impression quelles qu'elles soient.

Si dans les secteurs financiers, mobiliers et immobiliers, Marcel Dassault peut s'organiser selon ses souhaits, il n'en est pas de même dans le domaine aéronautique.

En effet, en 1945, l'Etat a confirmé le principe des nationalisations de 1936. Si Marcel Dassault ne peut toujours pas fabriquer des avions, il peut par contre, comme avant 1940, étudier des prototypes. Le rêve pour lui!

Toutefois, l'Etat ne respecte pas longtemps sa décision et passe à nouveau des commandes aux sociétés privées qui tentent alors de faire surface. C'est, en particulier, le cas de Breguet, de Potez, de Morane-Saulnier et, bien entendu, de Marcel Bloch.

En 1947, sa structure industrielle se résume à trois sociétés qui correspondent à trois usines : Talence-Avions Marcel Dassault qui devient Mérignac-Avions Marcel Dassault en 1949, Boulogne-Avions Marcel Dassault pour les fabrications en série et Saint-Cloud-Avions Marcel Dassault pour la réalisation des prototypes :

« A cette époque, nous n'étions pas encore une grande entreprise, tout le monde se connaissait, il y avait une atmosphère de pionniers, des relations privilégiées [5]. »

Pour sa réinstallation à Mérignac, Marcel Dassault a bénéficié d'un concours de circonstances favorables :

« J'avais eu la chance, au début de la guerre, en vue de construire une nouvelle usine, de commander une charpente métallique à un entrepreneur particulièrement consciencieux. Il avait réussi à cacher cette charpente pendant toute l'occupation et était prêt à me la livrer.

« J'achetai donc un terrain à Mérignac, sur lequel je montai cette charpente et je me trouvai ainsi rapidement à la tête d'une usine moderne située sur un champ d'aviation [6]. »

Marcel Dassault n'oublia jamais le geste de René Thibaut, président directeur général de la Société des travaux en fer de Maubeuge. Jusqu'à la fin de la vie de l'entrepreneur, il lui confia presque tous les travaux métalliques de ses entreprises, sans concurrence, par simple fidélité [7].

Dès juin 1945, Marcel Dassault s'est rendu au ministère de l'Air. Il sait que le ministre de l'Air, le communiste Charles Tillon, privilégie les sociétés nationales :

« Le général de Gaulle m'avait dit qu'il voulait que je crée une véritable industrie aéronautique.

« Mon premier souci a été de donner du travail aux ouvriers. J'entendais que l'on n'étouffe pas les sociétés nationales en leur refusant des crédits. Si on en donne à des protégés de l'Etat, ils s'enrichissent. J'ai voulu empêcher cela [8]. »

Marcel Dassault doit faire tourner ses usines, il commence par effectuer des travaux de sous-traitance au profit des sociétés Latécoère, SNCASE et SNCASO. Mais, il veut reprendre véritablement pied dans la construction aéronautique en concevant et réalisant des avions complets.

Il propose alors son avion de transport quadrimoteur Languedoc dont il a repris et modernisé les plans, en particulier en le dotant d'un train d'atterrissage tricycle : le MB 360 Transatlantique. Selon Serge Dassault, *« ce projet aurait permis de faire du Languedoc un véritable DC 4* [9] ». C'était un appareil équipé de quatre moteurs, capable de transporter 40 passagers couchés.

Un autre modification du Languedoc est envisagée par le Service technique du ministère de l'Air en dotant l'avion de deux turbopropulseurs, développant une puissance de 2 140 cv à 5 000 mètres d'altitude, ce qui per-

5. Entretien de René Massing avec l'auteur.
6. Marcel Dassault, *Le Talisman*, pages 90 et 91.
7. Entretien de Tigrane Hékimian avec l'auteur.
8. Entretien de Charles Tillon avec l'auteur.
9. A cette époque, le Douglas DC 4 est l'appareil le plus moderne.

mettrait une vitesse de 500 kilomètres à l'heure [10]. Les turbopropulseurs doivent être fabriqués par la Compagnie électro-mécanique.

Toutefois, les ingénieurs généraux Louis Bonte et Joseph Roos déconseillent de faire un avion commercial dérivé du Languedoc car les progrès techniques réalisés par les Anglais, très en avance dans la formule du turbopropulseur, rendent aléatoire la réussite du projet français :

« Finalement, les services officiels repoussèrent son idée. La Société nationale de constructions aéronautiques du Sud-Est se mit alors à construire le Languedoc dans sa version de 1939 [11]*. »*

Marcel Dassault discute avec les services techniques du ministère et comprend qu'il n'a pas beaucoup d'avenir dans l'aviation commerciale. Suivant leurs conseils, il contacte l'état-major de l'armée de l'Air. Ce dernier est encore indécis sur les caractéristiques de son futur avion de combat, par contre il souhaite posséder rapidement un avion de liaison et ouvre un concours pour la création d'un petit bimoteur. Marcel Dassault saisit l'opportunité.

Le Flamant

Dès son retour de déportation, Marcel Dassault demande à Paul Déplante de lui ressortir le projet de bimoteur de liaison BA 30 étudié par Bordeaux-Aéronautique pendant l'occupation :

« Il examine longuement l'ensemble trois vues, accepte l'aile médiane qui a l'avantage d'assurer une silhouette élégante, remonte l'empennage horizontal et demande d'allonger le nez du fuselage pour y loger la roue avant, il augmente aussi la puissance des moteurs et définit les hélices [12]*. »*

C'est ainsi que prend forme le projet d'un avion baptisé Flamant. La réalisation d'une maquette grandeur nature est immédiatement lancée à Talence. De son côté, la SNCASO présente un projet concurrent, le SO 94. Le ministère de l'Air veut comparer les performances en vol des deux prototypes avant de choisir.

Le 5 juillet 1945, Bention Grébelsky, écrit à Marcel Dassault, qui se repose à Cannes, pour lui faire part de ses discussions avec le ministère de l'Air, en particulier avec l'ingénieur général Louis Bonte :

« En ce qui concerne le cas du type 30, cet avion rentre complètement dans ses vues, car moins cher que le SO 90 ou le Siebel. De plus, c'est bien le genre d'activité qu'il voit chez nous. Il nous a recommandé de faire une construction simple permettant des prix peu élevés [13]*. »*

Par la même lettre, il informe Marcel Dassault qu'il est en train de se faire démobiliser :

« Bonte que j'ai vu aujourd'hui va vous écrire une lettre disant qu'il me

10. 30 août 1945, archives Dassault.
11. Entretien de Serge Dassault avec l'auteur.
12. Entretien d'Henri Déplante avec l'auteur.
13. 5 juillet 1945, archives Dassault.

met dès maintenant à la disposition de la Société des avions Marcel Bloch en attendant que ma démobilisation arrive. »

Lorsque l'état-major annonce son intention d'ajouter une variante pour l'école de bombardement et de navigation à celle de liaison outre-mer, Marcel Dassault se précipite et fait réaliser deux nouvelles maquettes qu'il présente le 7 février 1946. La structure n'est guère nouvelle. Prudent, il s'inspire de celle du MB 175 qui a fait ses preuves avant la guerre.

Le 30 juillet 1946, un an après la décision de faire étudier l'appareil, un marché officiel lui est notifié pour deux prototypes MB 30 rebaptisés MB 303, à moteur Lorraine Béarn. C'est le soulagement pour l'équipe de Talence qui s'accorde quelques jours de repos.

La mise au point du moteur Lorraine Béarn s'avère difficile, Marcel Dassault adopte alors le moteur SNECMA 12 S, version française du moteur allemand Argus qui équipe les Siebel fabriqués en France et semble avoir les faveurs de l'état-major. En octobre 1946, il décide de jouer deux cartes : le MB 303 commandé par l'Etat avec le Béarn et un avion à peu près identique, le MB 315 avec l'Argus qu'il lance à ses frais :

« *Pour charmer mes loisirs, j'entrepris de fixer les caractéristiques d'un nouveau bimoteur de liaison équipé de ces mêmes moteurs 12 S*[14]. »

Et c'est ainsi que, tout « *en charmant ses loisirs* », il reprend pied dans l'aviation.

Ayant recréé son bureau d'études, il décide de renforcer son équipe des essais en vol. Le 23 octobre 1946, le colonel Konstantin Wladimir Rozanoff[15] devient le chef pilote d'essai de la firme.

Le bureau d'études, qui ne comprend que 23 personnes en février 1947, doit s'adapter aux bouleversements techniques entraînés par le second conflit mondial. Les standards antérieurs sont à revoir complètement. Pour l'aménagement du poste de pilotage de l'avion, les ingénieurs s'inspirent de celui du Douglas B 26 Marauder américain.

En cette période d'après-guerre, les conditions de travail sont difficiles :

« *Liaisons téléphoniques interurbaines presque inexploitables, déplacements longs et épuisants, fournitures de bureau délivrées au compte-gouttes – quand il y en a –. Il faut quelquefois acheter ses punaises, pas de papier pour les notes, calculs, plannings, autre que le dos de dessins périmés ; une seule et minuscule machine à calculer à manivelle, d'ailleurs réservée à la comptabilité*[16]. »

Le premier vol du bimoteur MB 303, piloté par Kostia Rozanoff, est effectué, le 10 février 1947, à Mérignac. Tous les collaborateurs de Marcel

14. Marcel Dassault, *Le Talisman*, page 89.
15. Plus connu sous le nom de Kostia Rozanoff.
16. Guy Audrain, *Le Bureau d'études de Bordeaux*, document interne des AMD-BA, 1982, page 6, archives Dassault.

Dassault ont conscience que l'avenir de leur société va se jouer au cours des prochains mois :

« *L'enjeu est d'une importance capitale. Le bureau d'études assure lui-même de jour et de nuit le suivi de piste et d'essais en vol; en plus de ses activités de direction technique et de production, Paul Déplante se consacre personnellement à cette tâche avec l'aide de R. Vial* [17]. »

Le 6 juillet 1947, à la tombée de la nuit, le MB 315 effectue un premier vol de dix minutes, train sorti. Une mise au point rapide permet de comparer avec le SO 94 et le NC 701 Siebel, le 4 octobre à Marignane. La différence se fait sur la vitesse ascensionnelle : le MB 315 l'emporte. « *C'est la gloire ... et la grève* », écrit Guy Audrain. Effectivement, la France est plongée, en cette fin d'année 1947, dans un climat social difficile. Grèves et occupations d'usines se multiplient.

Le 7 décembre 1947, un premier marché est signé pour 65 appareils, suivi un an plus tard d'un autre de 200 avions supplémentaires plus 25 pour la Marine, soit, avec les prototypes, 325 avions.

Marcel Dassault organise alors la fabrication de ses appareils en tenant compte des souhaits de répartition de l'Etat. C'est ainsi que les principaux sous-traitants sont :

– La SNCASE à Toulouse pour le fuselage;
– La SNCASO à Nantes pour la voilure;
– La SNCAN à Bourges pour les plans centraux;
– Morane à Tarbes-Ossun pour les empennages et les volets.

De son côté, la société Dassault se réserve la construction du plan central, effectue le montage général et les essais en vol. Pour ce faire, elle doit agrandir ses installations. Ses ingénieurs créent le *Groupe des ingénieurs des Avions Marcel Dassault* qui fait le siège des élus de la région bordelaise pour obtenir des terrains et des locaux complémentaires.

Le député-maire de Bordeaux, Jacques Chaban-Delmas, intervient et l'armée de l'Air met à leur disposition d'anciens hangars à Mérignac près de celui où sont déjà assemblés les prototypes.

Trois modèles de Flamant sont construits :

– Le MD 311, caractérisé par son nez vitré, pour l'entraînement à la navigation et au bombardement;
– Le MD 312, avion de liaison et d'école de pilotage, une version MD 312 M existe pour la Marine nationale;
– Le MD 315, appareil destiné aux missions d'outre-mer et à usage sanitaire.

Les deux derniers modèles ne diffèrent que par les aménagements intérieurs.

La fabrication des avions de série pose immédiatement de nouveaux problèmes liés à l'interchangeabilité et à la dispersion des différents sous-

17. Guy Audrain, *Le Bureau d'études de Bordeaux*, document interne des AND-BA, 1989, page 12, archives Dassault.

traitants. Les outillages doivent être très élaborés afin d'être compatibles avec les chaînes des différentes usines. Le bureau d'études, dont l'effectif est porté à 45 personnes à la fin de 1947, est chargé de ce travail supplémentaire.

Fidèle à sa politique d'avant-guerre, Marcel Dassault entreprend de développer des versions améliorées du MD 315 d'origine en utilisant des moteurs mieux adaptés, en substituant une seule dérive à la double dérive voire même en étudiant de nouveaux modèles [18] :

« Tout cela doit se faire vite mais sans jamais sacrifier les qualités essentielles sur lesquelles M. Dassault veille personnellement de très près : robustesse, fabrication soignée et esthétique.

« Combien de drames avons-nous rencontrés à propos d'un échantillonnage malencontreusement diminué, d'un enjoliveur de cabine inélégant ou de la courbe provinciale d'un speeder. Rigueur et efficacité telles étaient nos consignes [19]. »

La volonté de réussir son retour dans l'aéronautique n'empêche pas Marcel Dassault de suivre le parcours de ses fils.

Les études des enfants

Serge est maintenant au lycée Saint-Louis en classe préparatoire aux grandes écoles. Son souhait est d'intégrer l'Ecole polytechnique. S'il ne réussit pas à sa première tentative, il est néanmoins reçu au concours d'entrée à l'Ecole centrale mais :

« J'ai préféré représenter Polytechnique car j'ai été élevé avec cette idée. Je crois que je n'avais pas le choix. Aujourd'hui, je ne le regrette pas, mais quel travail !

« 1947 fut pour moi une année de travail acharné pour la préparation des concours des grandes écoles. J'apprenais mes cours de mathématiques et de physique et faisais d'innombrables problèmes. Je passais des nuits entières à les résoudre. Les chiffres et les équations dansaient devant mes yeux. Le temps d'avaler une tasse de café dans la cuisine, de me passer un peu d'eau fraîche sur le visage et je retournais sous la lampe, à pas de loup, dans la maison silencieuse, continuer mon travail.

« Plus question de samedi, de dimanche, de vacances. Un seul but pour moi : être reçu à l'Ecole polytechnique, à l'X. C'était quasiment une obsession [20] *! »*

Un des camarades de Serge Dassault se rappelle :

« Nous étions demi-pensionnaires et avions nos tables côte à côte pendant les cours. Serge était un grand bosseur. Il continuait à travailler pendant

18. Voir le chapitre 6 de la IIe partie sur l'aviation civile.
19. Guy Audrain, *Le Bureau d'études de Bordeaux*, page 15.
20. Entretien de Serge Dassault avec l'auteur.

les récréations pour ne pas perdre de temps et faisait systématiquement tous les exercices des recueils de questions posées aux oraux des concours. « Je ne savais pas qu'il était le fils du constructeur d'avions, il n'en avait jamais parlé. Je ne l'ai découvert qu'après avoir été visiter le premier Salon de l'aéronautique d'après-guerre quand j'ai vu un avion à son nom[21]. »

De son côté, Claude Dassault, passionné de musique classique et d'opéra, travaille chez son oncle Hirch Minckès pendant deux ans puis change d'orientation :

« *J'ai fait une année dans une école de comptabilité, rue de la Pompe puis, en 1948, je suis entré dans la société de mon père pour assister le directeur des affaires immobilières, Robert Bing*[22]. »

Tout en veillant sur ses fils, Marcel Dassault réalise le MD 315. Il en est satisfait mais voudrait entrer dans le club des grands constructeurs, celui des concepteurs de chasseurs à réaction. Il suit de près l'adaptation de ce nouveau moyen de propulsion à l'aéronautique militaire.

Les débuts dans l'aviation à réaction

La chance, une nouvelle fois, sourit à Marcel Dassault mais aussi à l'aéronautique française.

En 1945-1946 le retard français en matière de moteurs à pistons est considérable. La France ne peut que s'épuiser à concurrencer les puissants et fiables moteurs de Rolls Royce ou de Pratt & Whitney qui ont bénéficié de l'expérience des productions de plusieurs années de guerre.

Il n'en est pas de même dans le domaine des moteurs à réaction. Comme les autres nations aéronautiques, la Grande-Bretagne, les Etats-Unis et l'Union soviétique, elle a tout à découvrir de cette nouvelle technique. Certes, le premier appareil à réaction opérationnel, le Messerschmitt 262 allemand, a beaucoup impressionné les forces aériennes, mais les moteurs ne sont pas fiables et les bureaux d'études ignorent tout des vitesses supersoniques. Par contre, tout le monde a compris que le moteur à réaction affranchit des contraintes du moteur à hélice permettant d'aller toujours plus haut, toujours plus loin, toujours plus vite.

L'Allemagne ayant le plus d'avance en ce domaine, les vainqueurs se penchent avec intérêt sur ses réalisations. Henri Déplante se souvient de cet apport à la recherche française qui s'est concrétisé de façon un peu spéciale :

« *Un sergent français, ayant appris d'une Gretchen amoureuse la présence dans sa cave de documents provenant de bureaux d'études aéro-*

21. Entretien de Jérôme Résal avec l'auteur.
22. Entretien de Claude Dassault avec l'auteur.

nautiques allemands, parvient à les faire envoyer au Service technique aéronautique à Paris.

« L'expert aérodynamicien Jean Dupuis qui les réceptionne me les confie pour les photographier avant de les rendre aux Américains qui, bien entendu, les réclament[23]*. »*

Dans les papiers, il trouve des projets d'avions à réaction à ailes en flèche : *« Ça a été capital pour nous*[24]*. »*

Les Français découvrent également l'appareil américain à réaction Lockheed P 80 Shooting Star par le truchement de documents que la Mission technique de l'armement de l'ambassade de France à Washington leur a fait parvenir :

« Marcel Dassault avait compris tout l'intérêt d'une coopération étroite entre les services officiels et lui car les ingénieurs de l'Air avaient la possibilité d'aller aux Etats-Unis d'où ils ramenaient de nombreuses informations[25]*. »*

Les missions d'études envoyées aux Etats-Unis et en Grande-Bretagne préconisent d'abord une mise à niveau par la coopération avant de s'engager dans des réalisations strictement nationales [26]Le ministère de l'Air n'y croit pas et pense qu'un avion d'origine française est préférable.

Le 11 novembre 1946, le premier avion à réaction français, le SO 6000 Triton de la SNCASO effectue son premier vol. La nouvelle connaît un certain retentissement mais l'exploit est un peu illusoire : le moteur est allemand, l'avion bien peu performant [27]Marcel Dassault qui suit avec attention ce programme en constate rapidement les limites puis l'échec.

Le gouvernement français entend néanmoins équiper ses forces armées de matériels nouveaux. Le 19 juillet 1946, l'état-major de l'armée de l'Air présente un plan Air portant commande, essentiellement aux sociétés nationales, de plusieurs catégories d'avions de combat.

Marcel Dassault a peu d'espoir de décrocher une commande, le ministère de l'Air veillant à assurer, en priorité, le plan de charges de ses sociétés. Il compte en outre sur un étonnant prototype, étudié par l'ingénieur René Leduc autour d'une tuyère thermopropulsive, appelée statoréacteur [28], dont il est aussi l'inventeur, et, plus sûrement, sur le SO 6020 Espadon dont il souhaite commander 360 exemplaires auxquels doit s'ajouter environ une centaine d'exemplaires pour constituer une réserve [29].

Les sociétés nationales connaissent de grandes difficultés de mise au point

23. Entretien d'Henri Déplante avec l'auteur.
24. *Ibid.*
25. Entretien d'Emile Blanc avec l'auteur.
26. Entretien d'Henri Ziegler avec l'auteur.
27. Cf. les actes du colloque Air 86, CHAE-IHCC, 1987, 234 pages.
28. Le statoréacteur est une sorte de tuyau dans lequel on injecte du pétrole qui, en brûlant, provoque un mouvement de réaction faisant avancer l'appareil. Le concept est simple mais sa mise au point est extrêmement difficile.
29. Lettre du 3 juin 1947 du ministre de l'Air au président du conseil, Archives nationales.

de leurs appareils. La technologie n'est pas maîtrisée, le coût devient trop important, elles ne parviennent pas à honorer les programmes.

Marcel Dassault a pressenti leur échec, il estime qu'il peut tenter sa chance dans la catégorie des avions de combat en évitant leurs erreurs.

Le MD 450 Ouragan

Il commence aussitôt l'étude, sans aide de l'Etat, d'un chasseur à réaction, le MD 450 Ouragan qu'il confie au bureau d'études de Paris car celui de Bordeaux est trop occupé par le MD 315.

Rapidement, Marcel Dassault s'aperçoit qu'il a vu juste. En septembre 1947, le Bureau de programme du matériel de l'armée de l'Air prend conscience que l'avion de chasse SO 6020 Espadon sur lequel repose tous ses espoirs est un échec : il est trop lourd, peu maniable, il exige des pistes trop longues. Quant au Leduc 010, il est retardé par sa mise au point.

L'armée de l'Air souhaite un avion à réaction. Elle ne désire pas s'adresser pas à Marcel Dassault car, pour le ministère de l'Air et l'état-major, il vient de redémarrer dans l'aviation et n'a aucune crédibilité dans les avions à réaction. L'Etat choisit alors un appareil anglais à fabriquer sous licence par les sociétés nationales, le De Havilland Vampire équipé du réacteur Rolls Royce Nene.

Malgré ce contretemps, Marcel Dassault accélère la mise au point et la construction du prototype de l'Ouragan. Les premières épures remontent à octobre 1947, les premiers travaux de construction du prototype commencent le 7 avril 1948, six mois seulement se sont écoulés !

Pour aller encore plus vite, il recrute du personnel. En novembre 1947, Jean Cabrière [30]entre à son bureau d'études :

« *J'avais travaillé avec Henri Déplante au groupe technique de Cannes pendant la guerre puis, après la guerre, à la SNCASO à Suresnes sur le SO 90 concurrent du MD 315. A cette même époque, j'ai aussi travaillé avec Lucien Servanty et Lucien Cormery sur les avant-projets d'avions à réaction, j'étais le dessinateur de l'équipe. En 1947, j'ai trouvé les avant-projets trop théoriques. En plus, j'étais mal payé, j'étais marié et j'avais deux enfants.*

« *Henri Déplante m'a recommandé auprès de Marcel Dassault que j'ai rencontré à Saint-Cloud. Il m'a embauché pour travailler sur les nouveaux avions de chasse qu'il avait en tête. Pour moi c'était le rêve, c'était inespéré* [31]. »

Le bureau d'études est installé dans un pavillon vétuste entre le grand hall de Saint-Cloud et la Seine :

---

30. Futur directeur général technique des Avions Marcel Dassault-Breguet Aviation qu'il quitte en 1987.

31. Entretien de Jean Cabrière avec l'auteur.

« Le bureau d'études avions avait installé ses quelques planches à dessin au premier étage qui avait encore toutes ses vitres. le chauffage était assuré par un petit poêle en fonte et lorsque Marcel Dassault venait faire le tour de nos planches, nous le poussions au rouge au risque de mettre le feu, ce qui a d'ailleurs fini par nous arriver [32] *! »*

C'est à Jean Cabrière qu'il confie l'avant-projet Ouragan. Dans l'esprit de son patron, *« le nouvel avion de chasse devait être le développement à réaction des MB 152 et MB 155 d'avant-guerre* [33]. »

Marcel Dassault conserve son rythme d'avant-guerre et suit ses usines de très près. Il vient tous les jours à Saint-Cloud où il ne se contente pas d'examiner les prototypes mais observe également la tenue de l'usine et celle du personnel. Aimant l'ordre et ne supportant pas la saleté, les tenues débraillées et les hommes mal rasés, il en fait la remarque aux responsables :

« Dites donc! C'est la cour des Miracles ici [34] *! »*

Parallèlement, il se tient au courant des productions étrangères décrites dans les revues américaines spécialisées. Mais Marcel Dassault ne connaît pas l'anglais, seulement quelques termes aéronautiques, aussi regarde-t-il les photos et s'attarde-t-il surtout sur les plans trois vues, c'est-à-dire les dessins des appareils vus de dessus, de face et de profil.

Pendant les trois premiers mois, Jean Cabrière ne travaille que sur l'Ouragan :

« J'ai fait un plan trois vues, comme un projet d'école avec un devis de poids, de performances. L'aile basse et l'empennage haut sont des idées de Marcel Dassault, l'entrée d'air et la chambre de tranquillisation sont de moi.

« Il s'occupait beaucoup de l'esthétique de l'avion et rectifiait lui-même les lignes sur la planche à dessin [35]. »

Marcel Dassault observe les erreurs de ses concurrents et sait ce qu'il désire :

« Je veux un avion d'arme et non un avion expérimental comme l'Espadon. Je le veux capable de chasser avec des canons de 20 millimètres et d'attaquer les objectifs terrestres avec bombes ou roquettes sous les ailes. Nous logerons le maximum de combustible interne et ajouterons plus tard des réservoirs largables en bout d'ailes. Nous l'équiperons du Rolls Nene et du siège éjectable Martin-Baker; le train sera Messier, mais vous pourrez faire appel aux accessoiristes britanniques si les nôtres s'avèrent déficients.

« Nous commencerons par une aile à flèche modérée assez mince (disons 13 % à l'emplanture et 12 % à l'extrémité) et planterons l'empennage horizontal dans le bas de la dérive. J'estime par ailleurs sage d'adopter une

---

32. Jean Cabrière, *Dassault-Breguet Informations* n° 18, octobre 1973.
33. Entretien de Jean Cabrière avec l'auteur.
34. Propos rapportés par Jean Cabrière à l'auteur.
35. Entretien de Jean Cabrière avec l'auteur.

entrée d'air frontale plutôt que les deux entrées latérales du Shooting Star [36].

« Nous sommes en février 1948, il me faut cet avion en vol dans un an, au plus tard. Nos deux usines vont construire chacune un prototype; au vu de l'état d'avancement dans six mois, le vainqueur portera le n° 01 [37]. »

Parallèlement à l'évolution des travaux, le bureau d'études dont l'effectif augmente encore – souvent avec des transfuges de la SNCASO – s'installe à l'usine de Boulogne où est construit l'un des deux prototypes de l'Ouragan. Marcel Dassault vient les examiner en moyenne tous les deux jours.

Une certaine émulation ayant été suscitée, une course de vitesse s'engage entre les deux centres de la région parisienne. Elle tourne à l'avantage de l'usine de Saint-Cloud dirigée par Benno Claude Vallières [38].

Le bureau d'études est à nouveau transféré de Boulogne à Saint-Cloud où Marcel Dassault a l'œil sur tout. Pour gagner encore du temps, il dispense le prototype 01 de l'armement et de la cabine pressurisée, qui figureront par contre sur le prototype 02 de Boulogne.

En même temps, Marcel Dassault se tient informé des oppositions qui existent sur le choix des programmes au sein de l'armée de l'Air :

« Il avait de très bonnes relations avec le Bureau plans et matériels qui s'intéressait à cet avion pourtant non commandé par l'armée de l'Air. En effet, notre avion ne correspondait pas à la fiche programme de l'état-major qui souhaitait un avion pouvant atteindre 0,9 de Mach, armé de quatre canons de 30 millimètres et propulsé par le réacteur anglais Nene. C'est à cette fiche programme qu'essayait de répondre notre concurrent le SO 6020 Espadon.

« Marcel Dassault voulait absolument un avion aussi performant que le permettait le moteur. Il voulait un petit avion léger et peu cher. Il insistait pour le raccourcir à l'avant et à l'arrière d'où un empennage haut ce qui a permis de le raccourcir. Il voulait un avion de neuf mètres de longueur maximum.

« Pour avoir satisfaction, il maintenait une pression constante sur les dessinateurs en disant : " Un avion, ça se vend au kilo! "

« Son génie c'est qu'il disait l'avion qu'il fallait faire. Il sentait l'avion dont on allait avoir besoin [39]. »

Impressionné par la rapidité de Marcel Dassault et inquiet des résultats des sociétés nationales, le secrétaire d'Etat à l'Air, André Maroselli, lui passe commande de trois prototypes, le 19 juillet 1948.

La même année, Marcel Dassault apprend que les avions de combat sont susceptibles d'être, un jour, équipés de radars. Or, sur l'Ouragan, on ne peut

36. Décision suggérée par Jean Cabrière qui avait connu, à la SNCASO, les difficultés de mise au point des entrées d'air latérales du Triton et de l'Espadon.

37. Henri Déplante, *A la conquête du ciel*, Edisud, 1985, pages 115 et 116.

38. Si l'usine de Saint-Cloud a gagné, c'est parce qu'elle a adopté un système de rivetage intérieur des entrées d'air plus simple.

39. Entretien de Jean Cabrière avec l'auteur.

pas en placer car l'entrée d'air est à l'avant. Il est furieux et convoque Jean Cabrière :

« C'est une imbécillité! Vous m'avez embarqué dans une drôle d'histoire! Il ne faut pas être têtu, faites-moi un dessin avec des entrées d'air latérales [40] *! »*

Celui-ci propose alors un nouveau dessin accepté par Marcel Dassault. Ce dernier demande au chef d'atelier de scier l'avion là où il le lui indique, puis annonce qu'il part dans le sud de la France. Deux heures après, le téléphone retentit chez Jean Cabrière. C'est Marcel Dassault qui veut savoir si le travail demandé a été accompli.

Gêné, Jean Cabrière répond : *« Pas encore ».*

Marcel Dassault lui dit alors : *« Heureusement car le BPM* [41] *n'en veut pas ! »*

Jean Cabrière apprend, plus tard, le fin mot de l'histoire :

« Il était passé se renseigner, avant de prendre le train, à l'état-major de l'armée de l'Air, au BPM. Vous avez là un exemple de sa rapidité de décision [42]. »

Le 28 février 1949, à Villaroche, le MD 450 Ouragan, piloté par Kostia Rozanoff, effectue son premier vol. L'équipe de Marcel Dassault a été capable de passer, en dix-huit mois, de la planche à dessin au vol initial de son premier avion à réaction. Lucien Martin, chef mécanicien, se souvient :

« J'ai travaillé sur tous les prototypes Dassault, jusqu'au Mirage IV [...] *de jour comme de nuit, le samedi comme le dimanche, nous avions tous, au coude à coude, un seul objectif: sortir l'avion* [43]. »

Les collaborateurs de Marcel Dassault ne ménagent pas leurs efforts pour respecter les délais et obtenir une commande de série. A cet effet, le *Groupe des ingénieurs de la Société des avions Marcel Dassault* intervient à nouveau auprès des élus bordelais en faisant valoir que si l'avion est commandé, il peut être monté à Bordeaux-Mérignac.

Le 13 juin 1949, Jacques Chaban-Delmas peut leur écrire qu'ayant beaucoup insisté auprès des responsables, il lui semble que le ministère de l'Air est maintenant enclin à commander des Ouragan en nombre :

« A Bordeaux, Marcel Dassault rencontrait à 100 % ma tentative de faire sortir la ville et la région du vin, de la forêt, du négoce, pour en faire un pôle industriel puissant. Dans ces conditions, avoir Dassault à Mérignac, c'était une carte maîtresse [44]. »

Effectivement, le ministère de l'Air commande l'Ouragan pour équiper l'armée de l'Air. C'est son premier avion à réaction de conception et de réalisation françaises.

40. Entretien de Jean Cabrière avec l'auteur.
41. Bureau plans et matériels de l'armée de l'Air.
42. Entretien de Jean Cabrière avec l'auteur.
43. Lucien Martin, *Dassault-Breguet Informations* n° 29, décembre 1975.
44. Entretien de Jacques Chaban-Delmas avec l'auteur.

Marcel Dassault charge Xavier d'Irribarne de s'occuper de la fabrication en série. Ce dernier, qui travaillait à la SNCASO, est revenu chez son ancien patron, le 1er mai 1949 :

« J'en avais assez de la SNCASO qui était très politisée. En plus, le Président était pieds et poings liés devant les directeurs techniques, il n'y connaissait rien ce qui n'était pas le cas de Marcel Dassault[45]. »

Il organise un bureau d'études chargé de la bonne réalisation des liasses de série car Marcel Dassault a connu des déboires avec celles du MD 315 qui ont été mal constituées. La SNCASO lui avait alors facturé des dépassements de devis, ce qu'il n'avait pas oublié. Il se souvient de la période d'avant-guerre et ne veut pas avoir la réputation de quelqu'un qui ne sait faire que des avions prototypes. Conscient que les éléments de l'Ouragan sont compliqués à assembler, il donne des consignes précises, trois idées très simples de management industriel :

« – En série, ne pas dénaturer le prototype;

– Bien vérifier les documents avant de les transmettre;

– Gérer avec soins les modifications et, s'il y en a, en faire adopter le maximum par les services officiels[46]. »

Marcel Dassault donne alors carte blanche à Xavier d'Irribarne. C'est une tâche très lourde :

« Notre directeur du contrôle de l'époque m'a beaucoup aidé à mettre en place les spécifications pour résoudre les problèmes d'interchangeabilité. J'ai été aussi beaucoup aidé par les ingénieurs du bureau d'études car Marcel Dassault leur avait appris non seulement à faire des plans mais à en suivre l'évolution en atelier[47]. »

Les sociétés nationales vont mal, les avions ne sortent pas. Henri Déplante, directeur technique de la SNCASO, décide alors, lui aussi, de retourner chez Marcel Dassault :

« La SNCASO, ce fut mon purgatoire. J'ai dû diminuer les effectifs pléthoriques du bureau d'études et supprimer les projets fumeux. J'en avais marre de la valse des présidents : quatre en quatre ans. Je suis retourné auprès de mon vrai patron comme d'ailleurs il l'avait prévu quand je l'avais retrouvé en 1945[48]. »

En septembre 1949, il devient directeur général technique. Il retrouve son frère Paul à Mérignac. Jean Cabrière, qui travaille à Saint-Cloud, dépend désormais de lui :

« Je suis passé sous ses ordres tout en restant sous l'autorité directe de Marcel Dassault pour m'occuper des avant-projets.

« Je pense que Marcel Dassault a certainement voulu nous mettre en concurrence. Il n'y est pas arrivé car je me suis toujours bien entendu avec Henri Déplante[49]. »

---

45. Entretien de Xavier d'Irribarne avec l'auteur.
46. *Ibid.*
47. *Ibid.*
48. Entretien d'Henri Déplante avec l'auteur.
49. Entretien de Jean Cabrière avec l'auteur.

Marcel Dassault s'applique à susciter la concurrence entre les équipes, c'est une des caractéristiques de sa politique industrielle. De plus, il n'est pas toujours commode avec ses ingénieurs :

« Il fallait être capable de lui expliquer ce qu'il ne comprenait pas. Si on n'en était pas capable, c'est qu'on n'avait rien compris.

« Il ne fallait pas faire de l'à-peu-près car il recoupait constamment les informations. Il avait la mémoire des explications techniques. Il lisait toutes les revues et me demandait de lui expliquer quand il ne comprenait pas [50]. »

La vie de famille

Marcel Dassault est attentif à la vie familiale de ses collaborateurs; il apprécie ceux qui la mènent sereinement et en suit les grands événements. Pour lui, un homme heureux est un homme qui travaille bien. S'il veut des hommes sans problèmes, c'est surtout pour qu'ils soient toujours disponibles. En compensation, il sait être généreux, ainsi pour Jean Cabrière :

« Quand j'ai fait construire ma maison, il m'a prêté son architecte et suivait les plans de construction en me disant : " Une bonne maison, ça a un sous-sol ". Comme je manquais de moyens financiers pour réaliser mes projets, il m'a offert le terrain de ma maison [51]. »

Par ailleurs, il suit les études de Serge qui prépare Polytechnique :

« Le matin où j'ai appris que l'on commençait à afficher la liste des admissibles, je me suis rendu, le cœur battant, rue Descartes.

« Mon nom était sur la liste. Je le regardais sans trop y croire, bousculé par d'autres candidats qui poussaient des cris de bonheur ou qui s'éloignaient la tête basse. Je reculais de trois pas et ne pouvais m'empêcher de retourner vers cette liste pour voir si je n'avais pas rêvé et si mon nom était bien là.

« Après les épreuves orales complémentaires, j'ai été définitivement reçu, tous mes efforts étaient récompensés. Mon père a sans doute dû être satisfait par mon entrée à Polytechnique mais il n'a jamais extériorisé ses sentiments. Il m'a simplement dit : " C'est bien! " Je crois qu'il éprouvait plus d'émotion qu'il ne voulait en laisser paraître [52]. »

Après sa réussite, Serge Dassault intègre Polytechnique où, heureux, il relâche un peu ses efforts :

« Après avoir très durement travaillé, pour le concours à l'X, je me suis mis à sortir et surtout à rentrer très tard dans la nuit ou tôt le matin. Une nuit, sur le coup de quatre heures du matin, rentrant discrètement dans ma chambre pour ne réveiller personne, j'ai trouvé sur ma table de travail, une lettre. C'était mon père qui m'écrivait :

---

50. Entretien de Jean Cabrière avec l'auteur.
51. *Ibid.*
52. Entretien de Serge Dassault avec l'auteur.

“ Que tu sois entré à Polytechnique, c'est bien, me disait-il en substance, mais il faut que tu saches que seuls les ingénieurs sortis dans les premiers, dans la botte, m'intéressent. ”

« C'était clair, net et précis. C'était sa façon à lui de signifier que seul le travail comptait vraiment[53]*. »*

Serge Dassault se souvient de ses années à Polytechnique :

« La vie à l'Ecole était à la fois passionnante et très dure. Nous étions encadrés par des adjudants qui ne badinaient pas sur le chapitre de la discipline. Nous étions levés au son du clairon, douche froide, petit déjeuner et départ pour les amphithéâtres où nous suivions des cours très poussés de mathématiques et de physique en alternance avec des examens écrits ou oraux systématiques qui permettaient d'établir un classement permanent des élèves.

« L'après-midi était consacré au sport et aux études en salle. Le soir, après le dîner, souvent de nouveaux amphis de culture générale. A onze heures, appel et couvre-feu. Tous ceux qui, malgré le “ polochon ” dans leur lit faisant croire à leur présence, se faisaient prendre, allaient passer quelques jours d'arrêt de rigueur dans la “ prison ” de l'Ecole.

« La majorité des élèves travaillait avec acharnement pour avoir le meilleur classement possible afin de choisir l'Ecole d'application où il serait affecté. Pour ma part, je voulais devenir ingénieur de l'Armement et entrer à l'Ecole supérieure de l'Aéronautique pour apprendre mon futur métier d'ingénieur de l'aéronautique[54]*. »*

Il sort de Polytechnique à vingt-quatre ans, en octobre 1949, son rang lui permet d'être nommé ingénieur militaire de l'Air. Il choisit l'Ecole supérieure d'aéronautique (Sup'Aéro) où il passe deux années :

«A Sup'Aéro, j'ai aussi appris à piloter, j'ai fait du vol à voile et du Stampe à Villacoublay puis je n'ai plus eu le temps.

« L'ENA, le droit ou les lettres sont des formations qui ne me sont jamais venues à l'esprit. J'ai baigné, depuis ma petite enfance, dans un climat d'ingénieurs, de techniciens, je n'ai jamais vu mon père dessiner autre chose que des avions. Je crois que je ne pouvais pas échapper à cette destinée d'autant qu'elle correspondait à mon goût et à ma forme de sensibilité[55]*. »*

C'est également à cette époque qu'il fait la connaissance d'une jeune fille, Nicole Raffel :

« J'ai rencontré Nicole, ma future femme, le 17 mars 1950, lors d'une fête de Sciences po à laquelle j'avais été convié par des amis et où je n'étais jamais allé.

« Un de mes amis me présenta Nicole qui passait devant nous avec ses cheveux blonds et ses yeux gris-bleu, jolie, vive, enjouée, intelligente, avec dans le regard un brin de rêverie. J'eus le coup de foudre et elle aussi.

---

53. Entretien de Serge Dassault avec l'auteur.
54. *Ibid.*
55. *Ibid.*

Quatre mois plus tard, nous étions mariés. J'ai fait un vrai et grand mariage d'amour[56]. »

De son côté, Nicole Dassault qui avait connu pendant la guerre de dramatiques épreuves, se souvient :

« *Mon père a été arrêté par la Milice puis déporté, il n'est pas revenu. Ma mère s'est retrouvée seule avec deux enfants démunie de tout. C'est ainsi que j'ai fait mes études comme boursière et pupille de la Nation.*

« *J'ai été impressionnée par l'amour que m'apportait Serge, j'avais dix-neuf ans. J'ai été emportée par un tourbillon. On s'est fiancés le 3 avril 1950. J'étais sur un nuage, j'ai été émue de cet amour.*

« *Je ne connaissais pas l'existence des Avions Dassault. Quand j'ai connu mes beaux-parents, je n'ai pas été éblouie par leur richesse. J'ai été tout de suite à l'aise avec eux et ils ont été exceptionnels avec moi*[57]. »

Le mariage est célébré à Paris, le 5 juillet 1950, à la mairie du XVIe arrondissement :

« *La réception eut lieu au palais de la Légion d'honneur dont mon oncle Paul était grand chancelier*[58]. »

Alors que se célèbre ce mariage, depuis un mois l'histoire a accéléré son cours.

La guerre de Corée a éclaté en juin 1950. Les Américains interviennent sous la bannière des Nations-unies. Cette guerre bouleverse toute la stratégie des Etats-Unis en Europe où ils craignent l'ouverture d'un deuxième front. Pour parer à une éventuelle menace, ils demandent un réarmement de l'Allemagne de l'Ouest et renforcent l'assistance économique et militaire à leurs alliés.

Le gouvernement français prend rapidement conscience de la nécessité d'un réarmement. Les hommes politiques, l'opinion publique pensent qu'une troisième guerre mondiale est proche.

La percée industrielle

C'est dans ce contexte international troublé que Marcel Dassault réalise ses premiers avions d'après-guerre. L'entente des vainqueurs ne survit pas à l'armistice ; selon l'expression de Winston Churchill, « *Un rideau de fer est tombé sur l'Europe* » : la guerre froide commence.

La signature, le 4 avril 1949, du traité de l'Atlantique Nord, donne naissance à l'Organisation du Traité de l'Atlantique Nord (OTAN). Afin de faire face à ses responsabilités, la France entreprend de développer, dans la mesure de ses possibilités, une industrie aéronautique qui permettrait de doter ses forces armées de moyens nationaux. En attendant, elle compte sur l'aide de ses alliés.

---

56. Entretien de Serge Dassault avec l'auteur.
57. Entretien de Nicole Dassault avec l'auteur.
58. Entretien de Serge Dassault avec l'auteur.

En août 1950, le Parlement français adopte un plan quinquennal de constructions aéronautiques pour la période 1951-1955. Ce plan, retardé par la guerre d'Indochine puis par la guerre d'Algérie, est pourtant à la base du renouveau de l'aéronautique française [59].

Pendant cette période, Marcel Dassault prend véritablement son essor en réalisant, avec une rapidité étonnante, des appareils qui marquent non seulement l'histoire de l'aéronautique française mais aussi celle de l'aéronautique mondiale. En effet, c'est au terme de ce plan que, le 25 juin 1955, vole le premier prototype du célèbre Mirage.

Mais, avant d'en arriver là, Marcel Dassault avance à petits pas, à petits pas rapides.

Une première commande de série du MD 450 Ouragan est passée par l'armée de l'Air, en janvier 1952, à laquelle s'ajoute une deuxième en juillet 1954 soit un total de 175 Ouragan.

Pour aller vite, Marcel Dassault n'hésite pas à proposer des équipements d'origine étrangère sur ses appareils :

« *Marcel Dassault a installé des équipements anglais en nombre sur la série des Ouragan car il lui aurait fallu attendre au moins trois ans pour que des équipements français puissent être mis au point. De leur côté, les sociétés nationales acceptaient d'attendre.*

« *Marcel Dassault avait du bon sens et, étant lui-même le patron, il a pu imposer ses idées* [60]. »

La création d'Intertechnique

L'achat d'équipements étrangers ne permettant pas toujours de compenser le manque d'équipements nationaux, Marcel Dassault n'est pas satisfait.

Quand, pour le 14 Juillet, l'armée de l'Air décide de faire participer trois Ouragan au défilé aérien, Marcel Dassault est très heureux que son avion soit le premier avion à réaction français à participer à la célèbre revue. Mais, quelques jours avant l'événement, un pilote d'Ouragan perd connaissance lors d'un vol à haute altitude à la suite d'une panne du système d'alimentation en oxygène. Le directeur du Centre d'essais en vol interdit alors les Ouragan de vol en attendant la conclusion de l'enquête. Cette décision empêche les avions de défiler.

Marcel Dassault, très déçu, comprend alors que certains équipements sur ses avions sont de mauvaise qualité et décide de les faire fabriquer par la GAMD ou par une filiale de sa société. Cette décision entraîne une levée de boucliers auprès des fabricants français d'équipements qui crient au monopole. Pour éviter les problèmes, il crée alors, en 1951, une société entièrement autonome, Intertechnique, qu'il confie à Jacques Maillet :

« *Il possédait 80 % de la société, il m'a offert le reste. Quand j'ai diversi-*

---

59. Cf. Claude Carlier, *L'Aéronautique française 1945-1975*, Lavauzelle, 1983, 645 pages.
60. Entretien de Xavier d'Irribarne avec l'auteur.

fié la société vers les équipements nucléaires, il s'est montré peu intéressé et m'a demandé de racheter ses parts en bourse.

« Marcel Dassault me les a vendues à leur valeur nominale, c'était un beau cadeau[61]*. »*

Ultérieurement, Marcel Dassault décide de revenir dans Intertechnique et demande à Jacques Maillet de lui vendre 25 % des actions de sa société :

« C'est ce que j'ai fait. Il a alors acheté mes actions au cours du marché[62]*. »*

PREMIÈRES EXPORTATIONS ET EXPANSION INDUSTRIELLE

En 1953, pour la première fois depuis les années trente, la France exporte des avions de combat. L'Inde commande 104 Ouragan et, l'année suivante, l'Etat d'Israël en acquiert 71[63]. Marcel Dassault n'a pas recherché ces commandes, il est surpris.

Curieusement, il n'est pas très enthousiaste pour exporter car il a toujours la hantise des critiques qui pourraient nuire à sa nouvelle image de marque. Il craint aussi que les acheteurs ne sachent pas assurer l'entretien de ses appareils :

« On dira alors que nos avions sont des cochonneries[64]*! »*

Il accepte finalement comprenant que les prix seront abaissés. Cependant, en contrepartie, cela nécessite la mise en place d'une structure nouvelle dans sa société :

« Il a fallu s'adapter à l'exportation et rédiger les documents en conséquence; nous n'en avions pas l'habitude, ça n'a pas été facile[65]*. »*

Pour répondre aux besoins de ses clients et même pour les anticiper, le bureau d'études de Marcel Dassault, fidèle à sa politique, élabore plusieurs prototypes différents mais assez voisins les uns des autres.

C'est ainsi que l'entrée d'air frontale de l'Ouragan empêchant l'installation dans la pointe avant d'équipements électroniques (radar ou appareils photographiques), il présente, en 1951, le MD 450-30 L muni d'entrées d'air latérales mais qui n'est pas commandé.

Les états-majors souhaitant utiliser des terrains sommairement aménagés, un Ouragan est alors transformé en Barougan par adjonction d'un train d'atterrissage spécial et de quatre roues à basse pression, montées en diabolo, à quoi s'ajoute un parachute de queue. Cet appareil, pouvant se poser sur des pistes en herbe, se veut le concurrent du Baroudeur que développe la

61. Entretien de Jacques Maillet avec l'auteur.
62. *Ibid.*
63. Les commandes françaises et étrangères représentent une fabrication totale de 350 Ouragan.
64. Propos rapportés par Xavier d'Irribarne lors de son entretien avec l'auteur.
65. Entretien de Jean Cabrière avec l'auteur.

SNCASE, appareil équipé d'un patin d'atterrissage à la place des roues. Tout comme le Baroudeur, le Barougan n'est pas commandé.

Malgré la réussite du MD 315 Flamant et de l'Ouragan, Marcel Dassault est d'une extraordinaire sobriété à leur sujet dans *Le Talisman.* Il se contente d'écrire que *« le MD 315 fut, encore une fois, jugé le meilleur de sa catégorie et commandé à 300 exemplaires »* et que son premier avion à réaction, *« l'Ouragan qui, de l'avis des aviateurs, portait bien son nom, donna toute satisfaction à l'armée de l'Air*[66] *».*

Dans le même temps, Marcel Dassault continue de recruter des ingénieurs ou des pilotes d'essai. C'est ainsi que lors de la course aérienne Paris-Cannes, en août 1954, il déclare qu'il est prêt à embaucher le premier arrivé. Le vainqueur est le lieutenant Jean-Marie Saget sur MD 450 Ouragan :

« Le soir, lors de la réception officielle, je vois un vieux monsieur en smoking blanc qui s'approche de moi et me dit : "Alors, c'est vous qui avez gagné la course? – Oui Monsieur – Alors on se reverra! »

" Qui est-ce? demandai-je à mon voisin. – Comment! Mais c'est M. Marcel Dassault, notre député. "

«Après une entrevue, fin septembre, avec Marcel Dassault, je me laisse littéralement démissionner. Le 1er mai 1955, je deviens civil[67]*. »*

En 1984, Marcel Dassault, lors de la remise de la croix d'officier de la Légion d'honneur à Jean-Marie Saget, a apporté un complément d'information sur ce recrutement :

« Je suis allé voir le secrétaire d'Etat qui était venu également pour assister à la fin de la course, j'ai demandé si la Société des avions Marcel Dassault pouvait engager Saget en qualité de pilote d'essai, il m'a dit oui, et ainsi, ce jour-là, vous m'avez connu et vous êtes entré comme pilote d'essai à la Société des avions Marcel Dassault[68]*. »*

L'Ouragan a beaucoup apporté à la Société Dassault. Il a rendu possible la constitution d'un bureau d'études de qualité qui travaille désormais sur les avions à réaction, sur la compressivité de l'air; ces études mènent au franchissement du mur du son.

Fidèle à sa tactique, Marcel Dassault ne perd pas de temps. Alors que l'Ouragan est encore aux essais, il lance, à la fin de 1949, l'étude d'un nouvel avion, le Mystère, dont il a lui-même choisi le nom :

« Dans mon enfance, j'aimais particulièrement la lecture des livres de Paul d'Ivoi qui était un auteur dans le genre de Jules Verne. Son livre le plus connu est Les Cinq Sous de Lavarède *mais il écrivit également un autre livre qui s'appelait* Le Docteur Mystère.

---

66. Marcel Dassault, *Le Talisman*, pages 91 et 92.
67. Journal de marche des essais en vol des Avions Marcel Dassault-Breguet Aviation, témoignage de Jean-Marie Saget, archives Dassault.
68. Marcel Dassault, archives Dassault.

« Ce docteur disposait de toutes sortes d'appareils électriques inconnus. C'est ainsi qu'il avait installé un écran qui lui permettait de voir tous les événements qui se passaient dans le monde, par exemple le carnaval de Rio, l'élection d'un président de la République des Etats-Unis d'Amérique, la revue du 14 Juillet à Longchamp, etc. Ce livre avait été écrit vers 1900, c'était donc une anticipation d'un radar panoramique qui voyait non seulement à travers les nuages mais également par-delà les collines.

« C'est en souvenir du livre Le Docteur Mystère, *qui m'avait passionné dans mon enfance, que j'ai appelé mon premier avion supersonique* Mystère [69]. »

Une nouvelle page de l'aéronautique militaire française s'ouvre.

69. Marcel Dassault, *Le Talisman*, pages 99 et 100.

3

L'AILE EN FLECHE CONTRE LE MUR DU SON

A la fin des années quarante, il reste à vaincre un démon caché dans les nuages : le mur du son. Comme les souffleries ne permettent pas d'essais à grande vitesse, il faut *« aller voir »* avec les avions eux-mêmes. Cela coûte la vie à de nombreux pilotes.

L'exploit est réalisé, pour la première fois, par l'Américain Charles " Chuck " Yeager, sur Bell X 1, en 1947. En France, les constructeurs et les aviateurs cherchent aussi à franchir la barrière sonique.

Le Mystère II

Pour concevoir un appareil qui répond aux souhaits de l'armée de l'Air, Marcel Dassault fréquente avec assiduité le Bureau plans et matériels, les bases aériennes, les mess. Ses interlocuteurs ne sont pas que des généraux :

« Marcel Dassault avait tellement le souci de répondre aux besoins des opérationnels qu'il n'hésitait pas à discuter avec eux. Le colonel, commandant le Bureau plans et matériels, était pour lui un des personnages les plus importants qu'il n'hésitait pas à aller voir lui-même.

« Il s'adressait d'ailleurs aussi bien aux ministres, qu'aux chefs d'états-majors ou qu'aux officiers de rang moins élevé qui occupaient un poste qui pouvait le renseigner. Il s'ouvrait à tout le monde et n'écoutait pas qu'un seul son de cloche.

« Il avait l'art de la synthèse des intérêts de chacun et du sien. Il avait le sens de ce qui allait pouvoir être réalisé [1]. »

C'est ainsi qu'il constate que l'armée de l'Air a besoin d'un nouvel avion aux performances supérieures à celles de l'Ouragan. Il définit alors le MD 452 Mystère II qui garde la même entrée d'air et le même réacteur mais présente une aile à plus forte flèche (30 degrés) et moins épaisse (9 %) :

1. Entretien de Bernard Capillon avec l'auteur.

« Le service technique, devant le succès de l'Ouragan, nous a demandé de concevoir une sorte d'Ouragan doté d'un réacteur Atar. Le premier Mystère II avait, de ce fait, le fuselage et la cabine de l'Ouragan.

« L'état-major a ensuite demandé de remplacer les canons de 20 millimètres par des canons de 30 millimètres ce qui a changé le fuselage. Il a également demandé une augmentation de la vitesse ce qui a entraîné une modification du profil de la voilure[2]*. »*

Pour assister les commandes de vol, Marcel Dassault fait équiper son avion de servocommandes[3] mais comme celles qu'il achète ne lui conviennent pas, il décide de les fabriquer. Il confie les études à son département d'études mécaniques dirigé par Joseph Ritzenthaler qui avait déjà conçu l'hélice hydraulique du MD 315.

Marcel Dassault est hanté par la sécurité de ses avions : il se souvient des attaques dont il a été l'objet avant-guerre. Il comprend l'importance de ces matériels :

« Les servocommandes feront la qualité de mes avions. Je ne veux pas qu'on les vende car si d'autres avions en étaient équipés et avaient des accidents on dirait que c'est la faute à mes servocommandes[4]*. »*

Les servocommandes sont construites à Saint-Cloud où Marcel Dassault réalise les coûteux investissements nécessaires pour que cette nouvelle fabrication soit faite avec beaucoup de précision et de fiabilité :

« Ce qui comptait c'est que nos servo soient faites sur mesures donc parfaitement adaptées à nos avions, ce qui a été le cas[5]*. »*

Le Mystère II est le premier avion Dassault d'après-guerre qui témoigne de la célèbre politique des « petits pas » chère à l'avionneur. Cette politique est simple et logique : on évite d'accumuler trop d'innovations sur un même prototype.

Le premier vol du Mystère II, piloté par Kostia Rozanoff, a lieu, le 23 février 1951. Il s'effectue correctement mais le pilote signale quelques vibrations. Depuis l'avant-guerre, elles sont la hantise des ingénieurs :

« Les vibrations étaient la terreur de Marcel Dassault. Il a mis beaucoup de temps à faire la distinction entre les vibrations normales et non dangereuses et un début de flutter. C'est pour cela qu'on employait plutôt les expressions " vibrotis ", " frisottis "[6]*. »*

Les responsables du programme sont inquiets et s'installent sur place. Marcel Dassault les rejoint :

« Au terrain, notre Patron commence avec Rozanoff ses parties de " vols fictifs " qui vont bien vite le mettre au parfum du nouveau langage technique fait de Machs, nœuds, etc. Suivent les appels téléphoniques les plus

2. Entretien de Jean Cabrière avec l'auteur.
3. Petit organe moteur permettant de mettre en jeu une force importante avec un effort minime, c'est une sorte de direction assistée que l'on retrouve sur les automobiles.
4. Propos rapportés par Jean Cabrière à l'auteur.
5. Entretien de Jean Cabrière avec l'auteur.
6. *Ibid.*

divers. Tard dans la soirée M. Dassault se retire après avoir fait un dernier tour d'atelier et salué tout particulièrement son sympathique contremaître, accompagnant son geste de sa " pensée du soir ". Les ingénieurs s'en iront quand la relève de l'équipe de nuit sera assurée[7]. »

Le vol fictif est une des méthodes de Marcel Dassault pour analyser le déroulement d'un vol. Il fait raconter au pilote, au sol, tout le comportement de son appareil dans les différentes phases du vol et le « décortique » avec lui pour mieux anticiper les incidents.

Il fait d'ailleurs la même chose quand il rend visite à une personnalité. Dans la voiture, avec l'un de ses collaborateurs, il répète la réunion et envisage tous les thèmes que pourrait aborder son interlocuteur.

Marcel Dassault est extrêmement attentif aux suggestions de ses pilotes. Dans son rapport de vol du 16 mars 1951, Kostia Rozanoff propose une modification des gouvernes de profondeur :

« *M. Marcel Dassault décida simplement de remonter de dix centimètres le plan fixe et, comme par miracle, les inconvénients constatés disparurent. Dans des cas de ce genre, il reste à tirer son chapeau et à se réjouir.*

« *La chance ou l'imagination créatrice obtiennent parfois, en désespoir de cause, un résultat efficace où les calculs et les essais avaient échoués*[8]. »

Marcel Dassault est également très attentif aux remarques de son équipe de mécaniciens, en particulier du chef mécanicien, Lucien Martin :

« *Il suivait les défauts présentés par l'avion. Il décidait des modifications, on peut dire que chaque fois il voyait juste et l'amélioration était constatée. On cite souvent le fait qu'il rallongeait ou raccourcissait un fuselage, un empennage ou une gouverne, eh bien, c'était vrai*[9] *!* »

Au début d'août 1951, le Centre d'essais en vol teste l'appareil qui approche la vitesse de Mach 1 en piqué.

Les 6 et 7 septembre, le Mystère II reçoit des visiteurs importants : le colonel Charles " Chuck " Yeager en personne avec le général Richard Boyd, directeur du Centre d'essais en vol des Etats-Unis. Ils testent l'appareil en duo : un sur North American Sabre, l'autre sur le Mystère. Le rapport des pilotes américains est élogieux. Ils déclarent à Kostia Rozanoff :

« *Colonel, votre avion vole bien; il est très agréable et possède très sensiblement la même vitesse ascensionnelle que notre Sabre; il a l'aile lourde vers Mach 0,87 mais votre servo la retient correctement – C'est bien*[10] *!* »

Le mur du son

Voler en subsonique c'est, à l'époque, déjà une performance, mais l'appareil français n'a encore jamais franchi le fameux mur du son. Kostia Roza-

7. Henri Déplante, *A la conquête du ciel*, page 122.
8. Konstantin Rozanoff, *Double Bang*, Presses de la Cité, 1962.
9. Lucien Martin, *Dassault-Breguet Informations* n° 29, décembre 1975.
10. Henri Déplante, *A la conquête du ciel*, page 123.

noff s'y emploie mais n'arrive pas à faire entendre le célèbre « Bang ». Il a l'impression que son appareil passe le mur du son mais rien n'est perceptible au sol. Marcel Dassault, avec son impatience habituelle, ronge son frein mais reste calme. Kostia Rozanoff se souvient :

« S'il m'est arrivé, à une période de ma vie de ne pas respecter intégralement la loi de prudence que je me suis fixée, je crois que ce fût à ce moment. M. Marcel Dassault ne se pressait pas derrière moi pour me dire : " Je veux entendre le boum ! " Nous en avions tellement envie l'un et l'autre que nous n'en parlions pas. Je savais quel bien ferait à mon patron et aux ailes françaises un succès dans ce domaine. Il n'ignorait pas que je cherchais de toutes mes forces à l'obtenir [11]. »

Les pilotes de la société Dassault ont-ils passé le mur du son à cette période? Henri Déplante en est persuadé :

« Ils avaient constaté, au cours de leurs piqués, des variations d'efforts sur la gouverne de profondeur. Ils étaient convaincus d'avoir franchi le but mais ne pouvaient pas le prouver [12]. »

Un jour, il apprend par la presse qu'une explosion a soufflé, en partie, la toiture des ateliers Rosengart, près de la place de Champerret, à Paris. Il téléphone pour se renseigner et constate que l'heure de l'explosion correspond aux essais de Kostia Rozanoff qui faisait, au départ de Melun-Villaroche, des piqués orientés vers Paris.

Informé de ce fait, le directeur de l'entreprise adresse à Marcel Dassault un devis de réparation que celui-ci refuse jugeant la preuve un peu légère.

En octobre 1952, trois pilotes américains volent sur le Mystère II. Le 28, le major Marion Davis, qui connaît la recette pour « confectionner » le bruit audible en dirigeant vers le public l'onde sonore provoquée par le passage de la barrière sonique, fait entendre le fameux « Bang ». Marcel Dassault est content mais il regrette que cette technique ait été ignorée des pilotes français.

Le 12 décembre 1952, le commandant Carpentier du Centre d'essais en vol est le premier Français à avoir passé officiellement le mur du son. Marcel Dassault en est heureux mais aurait aimé que ce soit un pilote de sa société. Les relations avec Kostia Rozanoff s'en ressentent.

L'entrée de Serge Dassault dans la Société

En cette année 1951, Marcel Dassault peut sembler totalement absorbé par le développement de ses avions. Or il n'en est rien : c'est l'année où il

11. Konstantin Rozanoff, *Double Bang*, page 139.
12. Entretien d'Henri Déplante avec l'auteur.

débute une carrière politique et se fait élire député [13], ce qui ne manque pas de surprendre ses collaborateurs qu'il n'a pas prévenus.

C'est également en 1951, au mois d'octobre, que Serge Dassault, ayant achevé Sup'Aéro, commence à travailler comme ingénieur aux Avions Marcel Dassault :

« Après Sup'Aéro mon père m'a proposé d'entrer chez lui. Sur le moment, je ne me suis pas posé la question d'aller ailleurs. Compte tenu de ma formation et de mon environnement, j'étais programmé pour aller travailler aux Avions.

« J'ai été affecté dans un bureau d'études, chez Xavier d'Irribarne, où je devais dessiner des éléments pour la production en série du Mystère IV A. Je n'étais qu'un ingénieur parmi d'autres, dont beaucoup de camarades de promotion qui apprenaient aussi leur métier au bas de l'échelle.

« Quelques temps après, je suis passé au bureau d'études des prototypes. Je dois dire que cette période a été assez extraordinaire pour moi car j'ai eu la chance de voir mon père travailler [14]. »

Pour Serge Dassault, le bureau d'études des prototypes est un laboratoire où les projets naissent et se concrétisent. C'est le sanctuaire de l'entreprise où son père joue un rôle fondamental :

« Mon père donnait un simple coup de téléphone ou envoyait un mot avec des instructions très précises et toute l'équipe se lançait sur une idée de prototype. Pratiquement chaque jour, il passait au milieu des tables à dessin et regardait ce que nous faisions et notamment les plans trois vues, dont tout dépend. Parfois, il sortait de sa poche un gros crayon à papier et corrigeait l'allure d'une courbe, le profil d'une dérive ou d'une aile. Après, nous devions reprendre et reproduire son trait. »

Son père est directif, exigeant, demandant une grande disponibilité à ses collaborateurs :

« Je peux vous assurer qu'il ne m'a fait aucun cadeau ! »

Henri Déplante se souvient également de cette époque :

« Serge a débuté à l'usine de Saint-Cloud par un court passage au bureau d'études avant d'entreprendre le métier d'ingénieur d'essais au pied d'un avion prototype.

« Les rapports avec son père étaient très curieux. Ça n'accrochait pas entre père et fils. Marcel Dassault était gêné de voir son fils travailler avec lui, il voulait être seul à commander. De son côté, Serge voulait jouer un rôle et était tenace. Ça n'a pas été facile pour lui, on ne peut pas dire qu'il ait été pistonné par son père [15]. »

L'apprentissage du bureau d'études et des essais en vol permet à Serge Dassault d'apprécier les méthodes de travail de son père :

« Il était doué d'une intuition géniale, il fallait suivre et exécuter son

---

13. Les activités politiques de Marcel Dassault font l'objet du chapitre 6 de la IIIe partie.
14. Entretien de Serge Dassault avec l'auteur.
15. Entretien d'Henri Déplante avec l'auteur.

idée. Il ne donnait d'ailleurs pas beaucoup d'explications. Ses instructions étaient brèves, concises et précises. Je me souviens qu'il disait souvent que les avions sont des oiseaux, qu'ils doivent être beaux pour bien voler[16]. »

En effet, Marcel Dassault se montre toujours extrêmement attentif à l'esthétique de ses productions. Il faut qu'un avion soit beau, c'est la première condition de sa performance :

« *Chaque fois qu'un avion est beau, il vole bien. Quand je dis beau, cela veut dire qu'il a une forme aérodynamique agréable qui laisse présager que l'écoulement des filets d'air se fera harmonieusement autour de lui, ce qui est nécessaire pour qu'il ait de bonnes performances*[17]. »

Serge Dassault constate que son père, après la phase d'étude du prototype, vient constamment surveiller sa construction dans l'atelier :

« *C'est là qu'il pouvait faire refaire le nez, le cockpit ou les entrées d'air parce que les formes ne lui plaisaient pas. Il ne donnait pas d'autres raisons*[18]. »

C'est au bureau d'études que Serge Dassault fait la connaissance de Jean Le Cunff[19], entré dans la société en mars 1950, à sa sortie de l'Ecole supérieure d'Electricité. Il n'a pas oublié son premier mois chez Marcel Dassault :

« *J'ai commencé à travailler sur les installations électriques de l'Ouragan. Nous étions une vingtaine d'ingénieurs et nous travaillons presque tous sur la planche à dessin. Marcel Dassault passait tous les jours devant chaque planche et regardait. Il ne m'a pas impressionné à l'époque comme je l'ai été par la suite.*

« *J'étais là depuis quelques jours quand Henri Déplante me dit : " M. Dassault est content de vous, il m'a dit de vous augmenter. "*

« *Une dizaine de jours après, Henri Déplante me redit la même chose. C'était ma deuxième augmentation, j'étais très content.*

« *Une semaine après, j'entends Marcel Dassault dire à Henri Déplante, en parlant de moi : " C'est un électricien? Ah bon! Et en plus il sait dessiner? Il faut l'augmenter ! "*

« *C'est ainsi que j'ai eu trois augmentations en un mois ce qui a accru mon salaire de près de 50 %*[20]. »

POLITIQUE, PRESSE ET DIFFICULTÉS AÉRONAUTIQUES

Marcel Dassault pourrait être satisfait. S'il l'est globalement en ce qui concerne l'aviation, il enregistre deux échecs dans d'autres domaines :

– En politique, il est déçu dans ses ambitions de faire construire des mai-

16. Entretien de Serge Dassault avec l'auteur.
17. Marcel Dassault, *Vogue Homme*, juin 1979
18. Entretien de Serge Dassault avec l'auteur.
19. Futur directeur technique de Dassault Aviation.
20. Entretien de Jean Le Cunff avec l'auteur.

sons individuelles, la construction immobilière étant avec l'aéronautique une de ses grandes passions [21] ;

– Il est aussi déçu par ses premiers pas dans la presse. Le 9 mai 1952, il a lancé l'hebdomadaire *Semaine de France* mais c'est rapidement un échec. La parution s'arrête en novembre 1952 [22]. La création de ce journal entraîne quelques vives critiques :

« On dépense sans compter, surtout au ministère de la Guerre. Or, une diminution de 2 à 3 % et même à 5 % sur les marchés, donnerait une part des crédits qui manquent. Or M. Bloch-Dassault, qui n'a fait que trois prototypes, alors que l'Etat est son seul client et qu'il n'avait pas un sou à la Libération, vient de créer un journal : La Semaine de France *(400 millions), l'entretient, achète des immeubles, soutient le RPF et d'autres partis, et vient de créer une banque. Est-ce que l'on ne pourrait pas vraiment vérifier sa comptabilité et réduire les prix d'achats, c'est-à-dire les bénéfices?*

« Je le dis et le répète; nul ne bouge [23]. »

Insensible à ces attaques, Marcel Dassault reste fidèle à son objectif prioritaire : la réalisation de ses programmes aéronautiques.

Alors que le Mystère II ne vole que depuis sept mois, il fait étudier un nouveau modèle, le Mystère IV, qui attire immédiatement l'attention non seulement du ministère de l'Air français mais également de l'OTAN. L'organisation interalliée ne s'intéresse plus au Mystère II qu'elle considère comme un avion intermédiaire qui, selon Roland Glavany, *« était une sorte de vilain petit canard coincé entre l'Ouragan et le prestigieux Mystère IV ».*

Le Mystère II C est tout de même commandé et fabriqué à 150 exemplaires. Il entre en service opérationnel dans l'armée de l'Air au même moment que le Mystère IV. L'avion connaît une carrière difficile émaillée de pannes fréquentes : réacteur, train d'atterrissage, siège éjectable. De plus, il est sans cesse comparé à son successeur plus performant.

Les difficultés en vitesse transsonique [24] du Mystère II sont finalement surmontées de manière radicale par Marcel Dassault :

« Il avait constaté que les empennages horizontaux et verticaux du Mystère IV, qui volait déjà, ne posaient aucun problème. Il a dit alors : " Ne perdez pas votre temps. Puisque ces empennages marchent bien sur le Mystère IV montez-les sur le Mystère II ". Il a fait réaliser la transformation à ses frais et tout est rentré dans l'ordre [25] *! »*

Un drame survient le 3 mars 1953. Charles Monnier [26] se tue, au cours d'un vol à basse altitude, lors d'un essai de largage de bidons de bout d'aile.

---

21. Voir le chapitre 2 de la IIIe partie.
22. Voir le chapitre 3 de la IIIe partie.
23. Vincent Auriol, *Mon septennat 1947-1954*, chapitre : « Réflexions sur la politique de Pinay (notes du 23 juillet 1952) », 1970, pages 457 et 458.
24. Vitesse qui est à la limite de Mach 1.
25. Entretien de Jean Cabrière avec l'auteur.
26. Ancien de l'escadrille Normandie-Niemen, plus connu sous le surnom de Popoff.

Ceux-ci ont heurté l'empennage de l'avion qui, déséquilibré, a touché le sol à grande vitesse. Marcel Dassault en est affecté : pour la première fois depuis qu'il a débuté sa carrière de constructeur, l'un de ses pilotes d'essai se tue sur l'un de ses avions.

Les Mystère II seront finalement réformés en 1958, certains d'entre eux ayant moins de cent heures de vol [27]. Cet appareil ne laisse pas un grand souvenir dans l'armée de l'Air ni à Marcel Dassault qui ne l'aime pas et n'en parle pas dans *Le Talisman* alors qu'il y célèbre la réussite du Mystère IV.

Le Mystère IV

Avant de réaliser le Mystère II et le Mystère IV, Marcel Dassault a fait construire le MD 453 Mystère III, biplace, doté d'un radar dans le nez, ce qui nécessite des entrées d'air latérales. Cet appareil, baptisé Mystère de nuit, vole le 18 juillet 1953 mais n'est pas commandé en série.

Le Mystère IV est un bel avion. C'est tout d'abord un appareil entièrement redessiné. Il présente une aile à plus forte flèche (38 degrés), plus mince (7,5 %) et un réacteur plus puissant, le Rolls Royce Tay, ainsi qu'un fuselage plus affiné.

Le Service technique, qui désire un avion atteignant Mach 1, ne commande qu'un prototype expérimental sans envisager de construction en série. Marcel Dassault ne manifeste pas son désaccord mais précise à Jean Cabrière :

« Il faut prévoir que ce sera un prototype militaire. L'avion doit être conçu, dès la planche à dessin, dans ce sens [28]*. »*

Le premier vol se déroule le 28 septembre 1952, Kostia Rozanoff étant aux commandes.

Les pilotes d'essai américains Richard Boyd et Charles Yeager le testent également et en sont satisfaits. Au cours d'un déjeuner, Marcel Dassault les interroge sur les nouvelles formules d'avions étudiées aux Etats-Unis. Ils évoquent les Convair F 102 Delta Dart et F 106 Delta Dagger, dotés d'une aile delta, et en disent beaucoup de bien :

« Pour Marcel Dassault, les avis des pilotes américains, Boyd et Yeager, étaient reçus comme paroles d'Evangile [29]*. »*

En avril 1953, l'OTAN confirme son intérêt pour l'appareil et passe

---

27. De son côté, le Mystère IV effectue une carrière d'un quart de siècle dans l'armée de l'Air française.
28. Entretien de Jean Cabrière avec l'auteur.
29. Entretien de Roland Glavany avec l'auteur.

commande de 225 Mystère IV A qui sont offerts à l'armée de l'Air française [30].

Ce marché inespéré propulse la Société Dassault sur la scène internationale. C'est aussi un ballon d'oxygène pour l'industrie aéronautique française qui manque de crédits pour se développer.

Alors que l'Ouragan et le Mystère II ont été essentiellement construits dans les usines des sociétés nationales, le Mystère IV est davantage fabriqué dans la Société Dassault.

Cette décision a été prise par Marcel Dassault à la suite d'un rapport d'une mission d'études française aux Etats-Unis qui conclut qu'en France on ne sait pas s'organiser pour les fabrications en série et cite la Société Dassault en précisant qu'elle ne sait faire que des prototypes :

« Marcel Dassault a été convaincu par Vallières qu'il fallait faire de l'industrie [31]*. »*

Marcel Dassault agrandit l'usine d'Argenteuil et en fait le principal centre de production de la région parisienne. Elle fabrique la partie avant, la plus difficile, celle qui comprend le poste de pilotage. L'usine de réalisation des prototypes de Saint-Cloud est également développée tandis que celle de Mérignac assemble tous les Mystère IV commandés.

Pour la première fois en Europe, le 24 février 1954, Kostia Rozanoff, aux commandes d'une version plus puissante, le Mystère IV B, franchit le mur du son en vol horizontal. Kostia Rozanoff et Marcel Dassault sont fiers de leur coursier car les Américains n'ont passé le mur du son en vol horizontal que quelques semaines avant eux et que les Anglais n'y sont pas encore parvenus.

Après cet exploit, la Société des avions Dassault acquiert une véritable importance :

« M. Pleven, ministre de la Défense nationale à l'époque, m'adressa devant l'Assemblée nationale ses compliments pour avoir créé l'appareil qui, le premier en Europe, passa le mur du son [en vol horizontal] *et qui avait été l'objet d'une commande off-shore* [32]*. »*

La mort de Kostia Rozanoff

Kostia Rozanoff, qui se ressent de ses dissensions avec Marcel Dassault, envisage de quitter sa société et cherche un successeur. Le commandant Roland Glavany, du Centre d'essais en vol, a sa préférence :

« Début 1954, Rozanoff qui voulait passer la main m'a proposé de lui succéder. Je fus interloqué d'un tel honneur. Comment ne pas être ébloui

30. Commande passée au titre des *US Off Shore Procurment Program.* La commande est de 225 Mystère IV A (112 équipés du Rolls Royce Tay de 2 850 kilos de poussée et 130 Verdon dérivés du Tay de 3 500 kilos étudié et réalisé par Hispano).

31. Entretien de Jean Cabrière avec l'auteur.

32. Marcel Dassault, *Le Talisman*, page 92.

d'être pressenti pour succéder à celui qui était alors le chef pilote d'essai le plus connu en France.

« Rozanoff était célèbre pour ses colères inutilement retentissantes mais pardonnées par son culte de l'amitié et son extrême rigueur professionnelle.

« Le colonel Rozanoff allait orienter ma vie[33]*. »*

Sur les recommandations de Kostia Rozanoff, Marcel Dassault reçoit le commandant Roland Glavany à déjeuner :

« Il se moquait comme d'une guigne d'entretenir la conversation mais approuvait le choix de Rozanoff. Il ne buvait que de l'eau. Sa plus grande fantaisie gastronomique consistait en quelques tranches de saucisson à l'ail[34]*. »*

Le 3 avril 1954, c'est le drame alors que le programme Mystère se déroule bien. Kostia Rozanoff se tue sur un Mystère IV B lors d'une présentation de l'appareil à basse altitude et à grande vitesse devant des officiels étrangers, il avait quarante-neuf ans :

« Notre chef pilote était un homme extraordinaire auquel nous étions profondément attachés. Son expérience, sa hardiesse et ses connaissances techniques étaient telles qu'après quelques minutes aux commandes d'un appareil il en analysait les qualités et les faiblesses avec une justesse, une clarté qui surprenaient les ingénieurs.

« Il se permettait de parler à mon père avec une grande liberté de ton. Mon père avait une énorme confiance en lui car il avait une solide réputation.

« Kostia Rozanoff disait : " Faire de l'aviation sans ferveur, autant s'intéresser au diabolo ou à l'escarpolette ! "

« Rien ne lui était plus étranger que l'orgueil, le goût de l'acte gratuit ou l'improvisation. Il savait que nos plus beaux titres de gloire, nous les devions à la prudence et à la méticulosité. Je me souviens l'avoir entendu quelquefois refuser de voler parce qu'il ne se sentait pas en forme. Il disait : " Nous sommes des passionnés lucides. Le pilote d'un prototype n'est qu'un chef d'orchestre. La partition de l'avion a été composée par les ingénieurs, transcrite par les ouvriers, les mécanos, les compagnons de piste, l'ensemble des collaborateurs de notre firme. "

« Sa reconnaissance à leur égard était telle qu'il lui arrivait parfois, à la suite d'un essai réussi, de les remercier par radio du haut du ciel. Kostia était un seigneur de l'air, un chevalier.

« Il s'est tué lors d'une démonstration devant les autorités françaises, suédoises et anglaises dont le ministre de la Défense René Pleven et son homologue britannique Duncan Sandys. Nous voulions prouver avec cette démonstration que nous étions revenus à la hauteur de la concurrence étrangère en dépit du retard pris pendant la guerre. Lors d'un passage à très basse altitude et à grande vitesse, l'aile gauche a touché le sol.

---

33. Entretien de Roland Glavany avec l'auteur.
34. *Ibid.*

« Ce fut une énorme perte pour la Société [35]. »

Le commandant Roland Glavany pressenti pour le remplacer demande et obtient un congé de cinq ans sans solde à dater du 31 décembre 1954. Il est remplacé au CEV par René Bigand.

Le directeur du CEV, l'ingénieur général Louis Bonte, *« le dernier ingénieur d'Etat capable, et sans se forcer, de réprimander M. Marcel Dassault* [36] », a longuement hésité à laisser partir Roland Glavany. Il trouve que ses meilleurs pilotes ont un peu trop tendance à rejoindre Marcel Dassault :

« Il était furieux de mon départ et m'a dit : " Dassault... c'est le diable ! " »

En 1955, Roland Glavany entre chez Marcel Dassault comme chef pilote :

« J'ai vécu quelques-unes des années les plus intenses de ma vie au sein de la Société des avions Marcel Dassault [37]. »

Roland Glavany devient chef pilote d'essai et directeur adjoint des essais sous la direction de Serge Dassault qui, en 1953, avait été muté au service des essais en vol pour suivre la mise au point du prototype Mystère IV N, biplace de nuit pouvant recevoir un radar de guidage dans le nez :

« Pour moi, c'était un changement de vie, je quittais la table à dessin pour le terrain. Je passais d'un groupe d'ingénieurs à une équipe de pilotes et de mécaniciens, une équipe soudée par la même volonté : la mise au point des prototypes avec le maximum de sécurité. C'est de cette époque que date ma profonde conviction de la solidarité qui lie tous ceux qui travaillent ensemble dans un atelier, une usine, une entreprise.

« Aux essais en vol, cette solidarité est particulièrement évidente. Ingénieurs, pilotes d'essai, mécaniciens de piste, ouvriers forment une véritable équipe. Que de nuits nous avons passées à travailler ensemble, partageant le même casse-croûte, pour préparer les prototypes, les régler, trouver les pannes, modifiant les structures, changeant des équipements pour qu'au petit matin, après un essai réacteur le pilote puisse continuer ses vols [38]. »

Les exportations de Mystère IV

Tout comme l'Ouragan, le Mystère IV A intéresse des pays étrangers. Marcel Dassault est toujours inquiet :

« Ils ne vont pas savoir entretenir mes avions. Ils vont mettre du fil de fer et du scotch [39]. »

---

35. Entretien de Serge Dassault avec l'auteur.
36. Entretien de Roland Glavany avec l'auteur.
37. *Ibid.*
38. Entretien de Serge Dassault avec l'auteur.
39. Propos rapportés par Pierre François à l'auteur.

L'Inde souhaite en acquérir 110 et l'Etat d'Israël 59 [40]. Alors qu'il commence à se laisser tenter, il est informé qu'il reste des problèmes d'oscillations à résoudre. Sa réaction ne se fait pas attendre et, lors d'une de ses habituelles réunions du samedi après-midi avec ses principaux collaborateurs, il déclare catégorique :

« Je ne vois pas ce qu'on va faire en Inde, puisque notre avion n'est pas au point ! »

Ils lui répondent qu'ils ont trouvé la solution. Marcel Dassault insiste :

« Vous croyez définitivement tous encore au Père Noël ! Sachez que je n'ai pas envie de perdre ma réputation là-bas ! »

Roland Glavany intervient :

« Planter une deuxième fois en Inde le drapeau français, c'est quand même quelque chose que l'on ne peut négliger ! »

Irrité, Marcel Dassault rétorque sèchement :

« Vous êtes bien gentils avec vos cocoricos ; vous n'êtes pas capables de vendre des cravates sur les grands boulevards et vous voulez m'apprendre à bonimenter en Inde ! »

Quand Benno Claude Vallières lui demande ce qu'il doit faire car il doit signer le contrat la semaine suivante, il répond en s'en allant :

« Nous en reparlerons [41] ! »

Les problèmes d'oscillations sont résolus dans les trois jours, Benno Claude Vallières peut partir en Inde [42].

Quelques autres contacts sont pris avec la Suisse, les Pays-Bas et la République fédérale d'Allemagne mais restent sans suite [43].

La patrouille de France

Marcel Dassault connaît une grande satisfaction quand son Mystère IV est adopté comme appareil de démonstration pour la patrouille de France.

Le général Bernard Capillon, alors capitaine, se souvient de sa première rencontre avec Marcel Dassault :

« C'est quand j'ai commandé la patrouille de France sur Mystère IV que j'ai rencontré, pour la première fois, Marcel Dassault. Il était très réservé. Comme les grands maîtres, il ne faisait pas de longues phrases. Il m'a quand même dit qu'il était très fier que la patrouille soit équipée de son avion. Pour ma part, j'étais heureux de voler sur un avion de combat national.

« Il nous a marqué son intérêt et ses remerciements en nous offrant des boutons de manchettes. Nous étions à l'époque en patrouille de cinq. Sur un

40. Les Mystère IV israéliens participeront à la campagne de Suez de 1956 et à la guerre des Six-Jours de 1967.
41. Henri Déplante, *A la conquête du ciel*, page 130.
42. Les Mystère IV de l'Inde participeront à deux guerres contre le Pakistan en 1965 et 1971.
43. 411 avions Mystère IV sont fabriqués, dont 242 pour l'armée de l'Air française, par la GAMD et la SNCASO.

côté du bouton il y avait quatre Mystère en patrouille et de l'autre côté un Mystère en solo[44]. »

En 1957, au salon du Bourget, la patrouille de France, sur Mystère IV, est la première au monde à utiliser des fumigènes trois couleurs (bleu, blanc, rouge)[45] :

« *Nous avions posé le problème à la Société Dassault. Comme d'habitude, chez eux, il y a une solution rapide. Ils ont enlevé les caissons à munitions et mis des réservoirs pour les fumigènes, nous appelions ça de la mélasse.*

« *Le blanc c'est simplement de l'huile qui brûle et qui fait de la fumée blanche. Il faut des pigments pour faire du rouge et du bleu. Quand les Italiens ont vu le panache tricolore, ils ont voulu faire du vert, blanc, rouge. Ils se sont renseignés auprès de nos mécaniciens en leur offrant de nombreux pots. Nos mécaniciens leur ont alors remis un petit flacon de rouge et de bleu.*

« *Peu de temps après, les Italiens ont voulu " leur faire la peau ". Le premier flacon contenait du bleu de méthylène, le deuxième du mercurochrome. On a bien ri*[46] *!* »

La création d'Electronique Marcel Dassault

Comme pour l'Ouragan, Marcel Dassault fait développer des versions améliorées du Mystère IV mais qui ne sont pas commandées en série :

– Le Mystère IV B est le premier avion français doté d'un moteur Rolls Royce Avon équipé de post-combustion, il vole le 16 décembre 1953[47]. Dix exemplaires seulement sont fabriqués;

– Le Mystère IV N est la version biplace du IV B mais équipée d'un radar pour la chasse de nuit, il vole le 19 juillet 1954 piloté par Gérard Muselli. Le fuselage a été modifié, l'entrée d'air est ventrale. C'est sur cet appareil que Jacqueline Auriol bat, le 31 mai 1955, le record du monde féminin de vitesse à 1 151 kilomètres à l'heure. L'avion est une réussite mais se trouve confronté à un problème de taille : la France ne fabrique pas encore de radar aéroporté !

Pour Marcel Dassault, être freiné dans la construction de ses prototypes est impossible. Il décide alors de se lancer dans l'électronique et embauche Bertrand Daugny.

Sorti de l'Ecole supérieure d'électricité (Sup'Elec) en juillet 1948, Bertrand Daugny entre chez Thomson Houston au département radar – hyperfréquences qui vient d'être créé.

44. Entretien de Bernard Capillon avec l'auteur.
45. Les Italiens ont été les premiers à utiliser des fumigènes (fumée blanche uniquement).
46. Entretien de Bernard Capillon avec l'auteur.
47. C'est sur cet appareil que disparaît Kostia Rozanoff.

Au bout de six mois, il participe à un appel d'offre sur un radar de conduite de tir d'artillerie lourde et gagne un contrat de 200 radars :

« Je devins un héros chez Thomson et du coup un des responsables. J'étais le plus jeune ingénieur en chef de la société. Mais en 1953-1954, j'avais vingt-neuf ans, je voulais faire autre chose[48]. »

L'aviation se développant, Bertrand Daugny souhaite concevoir des matériels légers et non de gros instruments comme des commandes de tir. En 1954, il propose à Thomson de travailler avec une petite équipe sur un radar de bord. Sa proposition n'est pas retenue, il décide alors de quitter la société.

Au même moment, Marcel Dassault recherche un électronicien pour créer un nouveau département dans sa société. Il en parle à son fils Serge :

« Un jour mon père m'a dit : " Je cherche un garçon de ta génération, un électronicien, un fonceur. Connais-tu quelqu'un parmi tes amis? "

« J'ai aussitôt pensé à un ami d'enfance, ingénieur de Sup'Elec que je voyais de temps en temps, Bertrand Daugny. Je lui ai téléphoné le lendemain, et après m'avoir fait visiter une de ses usines, nous nous retrouvâmes, comme de vieux amis qui effacent les années, à la terrasse d'un petit bistrot et je lui expliquai la situation.

« Il m'écouta longuement. Il n'était pas homme à tergiverser. Il vida son verre de bière posément et me tendit une main ferme : " OK Serge, j'accepte de voir ton père[49] *! " »*

Bertrand Daugny rencontre alors Marcel Dassault pour discuter de son embauche :

« Je lui ai demandé à être engagé à un salaire normal d'ingénieur mais à être intéressé sur le développement du chiffre d'affaires. Il a accepté en me disant : " Je vous embauche ! " Comme je lui demandais : " Pour faire quoi? ", il m'a répondu : " Ce que vous voulez ! " puis, après un temps de silence, il a ajouté : " Pour mes avions bien sûr ! "

« C'est ainsi que j'ai commencé à travailler, d'abord dans une loge de concierge puis dans un couloir, à étudier des équipements électroniques[50]. »

Bertrand Daugny s'entoure immédiatement de jeunes techniciens qu'il connaît bien, généralement d'anciens condisciples de Sup'Elec ou de chez Thomson.

Au bout de quelques mois passés à exécuter des tâches qui ne le passionnent pas, Bertrand Daugny explique, par lettre, à Marcel Dassault ce qu'il souhaite faire, en particulier un radar aéroporté.

La réponse est foudroyante :

« Dites au jeune Daugny que c'est moi qui décide ici[51] *! »*

Comme l'intéressé insiste, il lui répond vertement lors d'une rencontre :

---

48. Entretien de Bertrand Daugny avec l'auteur.
49. Entretien de Serge Dassault avec l'auteur.
50. Entretien de Bertrand Daugny avec l'auteur.
51. *Ibid.*

« Ce n'est pas parce que vous avez joué au train électrique avec Serge qu'il faut m'emmer... ! »

Bertrand Daugny, persuadé d'avoir raison, revient à la charge :

« Je voulais faire un radar aéroporté pour le programme d'intercepteurs légers. J'ai fini par pouvoir en parler avec Marcel Dassault qui m'a demandé ce que cela pourrait coûter. Je lui ai dit : " Ça vous coûtera 100 millions de francs [52]. *Donnez-moi 100 millions et laissez-moi embaucher qui je veux. "*

« Je ne voulais pas utiliser les filières d'embauche avions car ils n'étaient pas au courant de l'électronique.

« Après m'avoir écouté, Marcel Dassault a ouvert le tiroir de son bureau et a pris son carnet de chèques. Il a rédigé et signé un chèque de 100 millions, il me l'a tendu en disant : " C'est le premier et le dernier que vous recevrez de moi, regardez-le bien! "

« J'ai été porter le chèque à la comptabilité en méditant sur les risques que j'encourais en cas d'échec de mon radar [53]. *»*

Comme il n'existe pas de composants en France, Bertrand Daugny part une quinzaine de jours aux Etats-Unis et revient avec deux valises de pièces détachées de radar, ce qui n'est pas passé inaperçu à la douane. La division électronique des Avions Marcel Dassault peut démarrer :

« Nous avons fait un radar qui est le premier radar aéroporté de France avec une douzaine de personnes à Argenteuil. Ce radar a été fait en six mois, – il a volé sur un MD 315 en juillet 1955 – et l'enveloppe de 100 millions n'a pas été dépassée.

« Finalement, ce radar a été attribué au Trident car l'administration ne voulait pas que Marcel Dassault soit son propre équipementier [54]. *»*

Marcel Dassault finit par admettre que l'électronique pourrait, un jour, se substituer, pour certaines tâches, au pilote. Bertrand Daugny se rappelle que, juste après le premier vol du Mystère IV N équipé du radar Aladin, il lui a déclaré :

« Vous allez prendre un essor formidable. Au moins 30 % du prix de l'avion, ce sera de l'électronique [55] *! »*

Quand, au milieu des années cinquante est intervenue la révolution du transistor Marcel Dassault a voulu construire des postes de radio. C'est ainsi que le département d'électronique de la GAMD à Argenteuil fabrique un des premiers postes de radio français à transistor. Environ 12 000 appareils ont été construits. Il s'agit d'un petit poste pouvant recevoir les grandes et petites ondes. Il est présenté dans un boîtier, gainé de cuir couleur fauve, qui se referme comme un réveil de voyage. Marcel Dassault a dessiné la boîte du poste, déterminé l'emplacement des boutons, le gainage, la dorure.

---

52. Il s'agit d'anciens francs.
53. Entretien de Bertrand Daugny avec l'auteur.
54. *Ibid.*
55. *Ibid.*

Quant au nom du poste... Mirage, il est écrit sur le haut-parleur en lettres plaquées or.

Quand il a fallu définir le gainage idéal pour le poste, Marcel Dassault a hésité :

« C'est du féminin, je vais demander à Madeleine ce qu'elle préfère [56]. »

Comme c'est un poste relativement cher, la vente n'a pas été importante, il a surtout servi à faire des cadeaux.

Le département électronique prend une importance croissante en diversifiant ses activités. Le 28 janvier 1963, il est constituée en société anonyme sous l'appellation Electronique Marcel Dassault dont le président est Benno Claude Vallières et les directeurs généraux adjoints, Serge Dassault et Bertrand Daugny.

Marcel Dassault, à sa façon, raconte les débuts de l'électronique dans sa société :

« Notre secteur électronique a débuté par une sorte de nécessité inhérente à l'aviation. C'était il y a douze ans. J'ai pris un jeune homme pour s'occuper de cette nouvelle partie, et on a fait un bureau d'études électronique dans la loge du concierge. Et puis, grâce à l'imagination de ceux qui s'occupaient de ce secteur, on est arrivé aujourd'hui à faire 250 millions de chiffre d'affaires et 6 millions de bénéfices avant impôts. Nous fabriquons par exemple un système qui permet de guérir la maladie de Parkinson, ainsi qu'un dispositif permettant dans une ambulance, de faire connaître à l'hôpital, situé quelquefois à 100 kilomètres, les coordonnées du malade : tension artérielle, etc [57]. »

En 1967, Serge Dassault devient président directeur général. Interrogé sur ses relations avec l'Electronique, Marcel Dassault précise, la même année :

« Je ne m'en occupe pas. C'est l'affaire de mon fils, qui a avec lui un de ses amis d'enfance, Bertrand Daugny, que je crois être le meilleur électronicien de la place [58]. »

Le Super Mystère

Marcel Dassault n'a pas le temps de s'endormir sur ses lauriers. La concurrence internationale ne chôme pas. En 1954, il lance l'étude d'un nouveau dérivé du Mystère IV, le Super Mystère qui bénéficie d'une aile plus mince et davantage en flèche (45 degrés) [59].

Le premier exemplaire, Super Mystère B1, équipé d'un Rolls Royce

---

56. Propos rapportés par Bertrand Daugny à l'auteur.
57. Marcel Dassault, *L'Expansion*, octobre 1967.
58. *Ibid.*
59. Sa fabrication fait appel à la nouvelle technologie dite de la structure intégrale et au titane pour la boulonnerie et certaines pièces mécaniques.

Avon, vole le 2 mars 1955 aux mains de Paul Boudier. L'appareil est commandé, en 1956, mais avec un réacteur français, le SNECMA Atar 101 à post-combustion. Il devient alors le Super Mystère B 2 qui effectue son premier vol le 15 mai 1956 piloté par Gérard Muselli.

Marcel Dassault, toujours pressé, manifeste à Roland Glavany son impatience de voir l'avion atteindre Mach 1,3 :

« *C'était une attitude assez exceptionnelle de sa part sur un terrain d'essais. Ce fut alors vraiment " banzaï " sans préparation avec un piqué à partir de 46 000 pieds, pleine combustion, vers la terre. Les 1,3 y furent et je revins content* [60]. »

Cet appareil est le premier en Europe capable de tenir une vitesse supérieure à Mach 1 en vol horizontal. Sa construction est répartie entre les Sociétés nationales du Nord, du Sud-Ouest et du Sud-Est ainsi que la Société Dassault. Il est commandé à 144 exemplaires par l'armée de l'Air française et à 36 par Israël.

Pour réaliser la série, Marcel Dassault équipe l'usine d'Argenteuil de machines à grande capacité de fraisage, améliorant ainsi le rendement de sa société.

En ce milieu des années cinquante, Marcel Dassault connaît une belle réussite industrielle. Cela ne l'empêche pas d'avoir un nouvel hobby. Toujours aussi actif et volontaire pour atteindre les buts qu'il s'est fixés, il fonde, en 1954, un hebdomadaire : *Jours de France*. C'est le début d'une longue histoire [61].

Les avions Etendard

Depuis un an, la France est engagée dans la guerre d'Algérie. L'état-major de l'armée de l'Air demande un avion d'appui tactique pour la lutte anti-guérilla. Marcel Dassault fait étudier deux dérivés du Super Mystère, qui prennent le nom d'Etendard. Les modèles Etendard II, biréacteur Turboméca Gabizo, et Etendard IV-R, monoréacteur SNECMA Atar 8, volent en juillet 1956.

Au même moment, l'OTAN lance un concours de chasseur léger qui doit être équipé du réacteur Orpheus de Bristol. Marcel Dassault présente une version plus petite de l'Etendard IV-R : l'Etendard VI qui vole le 15 mars 1957. Ses concurrents sont le Breguet Taon et le Fiat G 91.

C'est la première fois que l'équipe Dassault travaille sous l'autorité d'un comité directeur international. Ses ingénieurs sont méfiants. Henri Déplante se souvient d'une boutade du professeur von Karman, président du comité directeur OTAN :

« *Le chameau est un cheval dessiné par un comité* [62] *!* »

---

60. Entretien de Roland Glavany avec l'auteur.
61. Voir le chapitre 3 de la IIIe partie.
62. Henri Déplante, *A la conquête du ciel*, page 143.

Finalement, la Société Dassault ne manifeste pas un grand enthousiasme et c'est le Fiat G 91 qui remporte le concours au printemps de 1957.

A la même époque, la Marine nationale recherche des avions embarqués pour les deux porte-avions *Clemenceau* et *Foch* qu'elle doit recevoir. Marcel Dassault fait étudier un nouveau dérivé de l'Etendard, l'Etendard IV M, qui vole pour la première fois, le 21 mai 1958, aux mains de Jean-Marie Saget.

Au cours des essais d'appontage, le pilote du Centre d'essais en vol de l'Etat critique la visibilité en approche :

« *Les conférenciers ergotent sur l'opportunité d'une modification. M. Dassault, alerté, fait son apparition :*

« – *Sciez votre nez et basculez-le de deux degrés : on n'en parlera plus !*

« – *Mais monsieur...*

« – *Trop tard, notre Patron s'est éloigné et sa modification est adoptée sans autre discussion*[63]. »

La Marine est satisfaite et commande 91 appareils dont 30 en version reconnaissance photographique.

De 1949 à 1956, la Société Dassault a été capable de mettre au point et de fabriquer en série trois types d'appareils : l'Ouragan, le Mystère, le Super-Mystère, de ce dernier sont dérivés les Etendard.

Les avions Mystère ont constitué une famille de même formule aérodynamique (aile basse en flèche, empennage horizontal à mi-dérive), dont la flèche et la minceur de l'aile ont été progressivement accentuées. Ces avions ont ouvert la porte des vols supersoniques.

En 1956, le nom de Dassault est connu mais n'est pas encore célèbre. C'est pourtant cette année que la firme fait voler le prototype de l'appareil symbole de sa réussite : le Mirage III à aile delta.

Cet appareil, issu du plan quinquennal aéronautique 1951-1955, en constitue l'apothéose au même titre que deux autres appareils fabriqués par les sociétés nationales : l'hélicoptère SE 3130 Alouette II et le biréacteur moyen courrier SE 210 Caravelle.

Dix ans après la fin de la Seconde Guerre mondiale, la France a conçu trois prototypes qui, chacun dans leur catégorie, marquent l'histoire de l'aviation.

En 1955, devant l'expansion industrielle que connaît sa société, Marcel Dassault entreprend une restructuration.

Le 7 décembre 1955, pour réaliser ses appareils, Marcel Dassault organise ses usines en filiales d'une société holding, la société Avions Marcel Dassault[64] dont le siège est avenue Kléber à Paris.

C'est ainsi que Saint-Cloud Avions Marcel Dassault devient Générale aéronautique Marcel Dassault (GAMD) avec Benno Claude Vallières

---

63. Henri Déplante, *A la conquête du ciel*, page 140.
64. Elle devient Société Marcel Dassault le 31 décembre 1956.

comme gérant. Les sociétés Boulogne Avions Marcel Dassault et Mérignac Avions Marcel Dassault sont transformées en sociétés immobilières qui louent leurs terrains et les locaux à la GAMD. Il en est de même de la Société Immobilière Argenteuil Le Parc qui rachète, en mai 1956, les terrains et bâtiments de la Société des moteurs et automobiles Lorraine (SMAL) qui appartenait, à part égale, à Henry Potez et Marcel Dassault.

Ainsi réorganisée, l'activité industrielle peut se développer pour répondre à la réussite entraînée par le programme Mirage.

4

L'AVENTURE DES MIRAGE III ET IV

Le 5 juin 1967, à l'aube, une poignée de Mirage III israéliens détruit en quelques heures l'essentiel des aviations arabes coalisées. Le Mirage vient de gagner une guerre. Subitement, à travers son avion, Marcel Dassault acquiert une notoriété mondiale. Pour ses collaborateurs, cet avion est son plus grand coup de génie. C'est aussi son préféré :

« Son nom vient de ce que cet avion ayant des qualités exceptionnelles est dangereux à l'attaque pour l'adversaire. Quand il se sent menacé, il a des qualités d'évasive qui fait qu'on ne peut pas l'atteindre. Alors, par analogie avec ce qui se passe pour le voyageur du désert qui, quand il voit un mirage, le poursuit et ne l'atteint jamais, on a appelé cet avion aux qualités exceptionnelles Mirage [1]. »

Le premier Mirage

Le concept du Mirage est celui de l'intercepteur léger. Il découle de plusieurs enseignements et principalement de ceux acquis par les pilotes américains durant la guerre de Corée. Ces derniers se sont aperçus qu'en altitude, les MiG 15 soviétiques sont nettement plus maniables que les North American F 86 Sabre, alourdis par de nombreux perfectionnements. De plus, les états-majors s'inquiètent de l'augmentation de la taille, du poids, donc du prix des appareils. Il faut faire plus simple et plus léger. Ce constat est une aubaine pour l'aéronautique française qui ne dispose pas de réacteurs de forte puissance.

Les solutions les plus diverses sont envisagées pour diminuer le poids des avions : les états-majors espèrent remplacer le radar de bord par un guidage à partir du sol et les canons par des missiles air-air dont le développement arrive à maturité.

1. Marcel Dassault, 2e chaîne de télévision, 8 décembre 1970.

Les progrès envisagés dans le domaine de la post-combustion et dans celui des moteurs fusées offrent la possibilité de se doter d'intercepteurs à hautes performances [2], voisines de Mach 2.

En France, plusieurs appareils sont étudiés. Pour leur donner une bonne vitesse de montée et une certaine maniabilité en altitude, il est décidé de les doter de systèmes combinés de réacteurs et de moteurs-fusées pour compenser le manque de poussée des réacteurs français.

Marcel Dassault s'est déjà vu confier, au début de 1952, le marché d'études d'un intercepteur pour lequel il avait défini une aile delta. Son projet, le Mystère-Delta bénéficie de l'expérience acquise avec les Ouragan et Mystère ainsi que leurs dérivés. Il comprend qu'étant arrivé au stade ultime des améliorations sur ces avions, il lui faut changer de formule.

Quand, le 4 février 1953, paraît la fiche programme d'un intercepteur léger, la Société Dassault propose deux appareils, le MD 550 biréacteur et le MD 560 monoréacteur. Sur ces deux appareils, étudiés par une équipe dirigée par Jean Rouault, est prévue une poussée supplémentaire par l'utilisation d'un moteur-fusée. Au début de 1954, seul le MD 550 est retenu pour le concours.

Le 22 mars 1954, le secrétariat d'Etat à l'Air passe commande à la société holding, la Société centrale d'études et d'investissements (SCEI), propriétaire de la société des avions Marcel Dassault, un marché pour l'étude, la fourniture et les essais de deux avions prototypes MD 550 biréacteurs [3].

Le secrétariat d'Etat aux Forces armées Air a élaboré un programme qui aboutit à la réalisation d'avions légers pour l'interception :

– Le SO 9000 Trident de la SNCASO vole le 2 mars 1953. Cet appareil à aile droite est équipé de deux réacteurs légers Turboméca Marboré en bout d'aile auxquels s'ajoute un puissant groupe de fusées [4] à l'extrémité arrière du fuselage;

– La SNCASE étudie un avion à aile delta, le SE 212 Durandal qui vole en avril 1956. L'appareil est propulsé par un réacteur Atar 101 plus une fusée d'appoint SEPR;

– La Générale aéronautique Marcel Dassault reçoit *« les restes »*, selon Henri Déplante, c'est-à-dire la commande d'un petit avion à aile delta, le MD 550, biréacteur Gabizo avec post-combustion assisté d'un moteur fusée : le MD 550.

En cas d'échec des trois appareils retenus, l'état-major de l'armée de l'Air prévoit des solutions de dépannage :

---

2. Aux Etats-Unis, Ed Heinneman dessine le Douglas Skyhawk A 4 et Clarence Kelly Johnson le Lockheed F 104 Starfighter. En Grande-Bretagne, W. Petter dessine le Folland Gnat et Mikoyan, en Union Soviétique, le MiG 21.

3. Cette commande, passée directement à la SCEI, est très importante pour la suite, voir chapitre 10 de la IIe partie.

4. Fabriqué par la Société d'études pour la propulsion à réaction (SEPR).

– Le Leduc 021 à statoréacteur de l'ingénieur René Leduc qui vole le 7 août 1953 mais, trop d'avant-garde, reste expérimental;

– La SFECMAS [5] réalise le Gerfaut qui effectue son premier vol le 15 janvier 1954;

– La SNCAN construit l'avion à aile delta N 1500 Griffon propulsé par un statoréacteur assisté d'un réacteur SNECMA Atar qui vole en septembre 1955.

Pour les services techniques du secrétariat d'Etat à l'Air, des cinq appareils, c'est le delta de Marcel Dassault qui paraît le moins porteur d'avenir. Son constructeur s'emploie néanmoins à valoriser les qualités de la formule.

Marcel Dassault avait d'abord pensé à une aile classique dont il aurait augmenté la flèche comme il l'avait déjà fait en passant de l'Ouragan au Mystère. Toutefois, pour atteindre des vitesses supersoniques, l'aile doit avoir une faible épaisseur mais les alliages dont dispose l'aéronautique française ne le permettent pas [6].

L'aile delta, par contre, a l'avantage d'être rigide et autorise de grandes vitesses. Elle autorise également une aile épaisse capable d'emporter davantage de carburant. Son principal défaut est d'exiger à l'atterrissage un cabré et une vitesse supérieurs aux formules d'ailes traditionnelles.

Les Américains ont déjà adopté cette forme sur leurs Convair F 102 Delta Dart et F 106 Delta Dagger ainsi que les Anglais sur leur Fairey Delta :

« Les performances des avions américains impressionnaient Marcel Dassault mais il était excessivement réaliste sur les possibilités de la France [7]. *»*

Marcel Dassault demande alors au Service technique de l'aéronautique de mettre à sa disposition l'Atar 8, doté d'une post-combustion, qu'étudie la SNECMA. Le Service technique refuse. Comme les réacteurs Turboméca Gabizo ne sont pas encore disponibles, Marcel Dassault crée son propre département réacteurs qu'il confie à Jean Ritzenthaler. Il prend alors la licence du réacteur anglais Armstrong Siddeley Viper qu'il fait doter d'une post-combustion. Le MD 550 devient alors le Mirage I.

La mise au point du Mirage se poursuit en veillant particulièrement à la rigidité de l'aile. Le Mirage I prend forme et, le 25 juin 1955, il effectue son premier vol aux mains de Roland Glavany.

La première tranche de vols permet de mettre au point la configuration aérodynamique et révèle la nécessité de changer la forme de la dérive. Rapidement l'appareil montre les limites de la formule : la vitesse atteinte ne dépasse pas Mach 1,5, en particulier à cause des entrées d'air qui ne sont pas réglables.

---

5. Quand l'Arsenal est absorbé par la Société nationale de constructions aéronautiques du Nord, il constitue un département spécial qui devient la Société française d'étude et de construction de matériels aériens spéciaux.

6. A la même époque Lockheed réalise le F 104 Starfighter doté d'une aile en flèche à faible épaisseur, qui vole en février 1954.

7. Entretien de Jean Cabrière avec l'auteur.

Marcel Dassault n'est pas satisfait de son avion : il est même persuadé que cette formule n'a pas d'avenir.

De son côté, l'état-major de l'armée de l'Air constate que son concept d'intercepteur léger présente de sérieuses limites :

– Le guidage de l'interception par téléaffichage à partir d'un réseau de radars au sol apparaît présomptueux, les matériels n'existent pas;

– Dans le cadre de la nouvelle politique de représailles massives de l'OTAN, la mission d'interception pure est remise en question. Les états-majors préfèrent un avion également capable d'attaquer les bases de l'adversaire.

Tous les appareils prévus à l'origine sont maintenant trop petits, ils n'emportent pas assez de carburant pour pouvoir rechercher l'adversaire et le combattre. La solution consiste à créer un avion pouvant emporter un radar. Pour cela, il faut disposer d'appareils d'une taille suffisante pour loger, à la fois, les systèmes électroniques et les réservoirs de carburant.

Marcel Dassault constate que son Mirage I s'avère inapte à la mission pour laquelle il a été conçu mais peut constituer la base d'un appareil répondant aux nouvelles exigences.

Il envisage d'abandonner la formule delta. C'est alors qu'il apprend, par la presse spécialisée américaine, que le *National Advisory Committe for Aeronautics* [8] a mis au point une nouvelle formule, la loi des aires, permettant d'augmenter la vitesse. Elle consiste à étrangler le fuselage au niveau où il se raccorde à l'aile, il ressemble alors à la taille d'une guêpe ou à une bouteille de Coca-Cola. Marcel Dassault et ses collaborateurs se penchent avec intérêt sur la découverte américaine :

« Nous savions lire les revues américaines. Elles sont bavardes [9] *! »*

Encouragé par les réussites anglaises sur le Fairey Delta, Marcel Dassault décide de lancer, en décembre 1955, sans aide de l'Etat, un nouvel avion, dérivé du projet MD 560 monoréacteur non retenu en 1953 mais qui, cette fois-ci, applique la loi des aires.

Son principal concurrent est le Durandal de la SNCASE. S'il veut emporter le marché, Marcel Dassault doit aller plus vite et faire mieux que la société nationale.

Le Mirage III

Le nouveau prototype, dont les dessins sont terminés en janvier 1956, présente des caractéristiques qui en font un appareil très différent du Mirage I :

– Adoption de la loi des aires et modification complète du fuselage qui est agrandi, les entrées d'air des réacteurs comportent des noyaux coniques

8. Ancêtre de la NASA, *National Aeronautics and Space Administration.*
9. Entretien d'Henri Déplante avec l'auteur.

mobiles appelés *souris* qui régulent le débit d'air [10] et que sait maintenant réaliser l'équipe dirigée par Jean-Jacques Samin;

– L'avion devient monoréacteur SNECMA Atar 101 G à post-combustion. Prudemment, Marcel Dassault a adopté le moteur fonctionnant déjà sur le Super Mystère B2.

Pour Roland Glavany, c'est à l'occasion de ces judicieuses prises de décision pour passer du Mirage I au Mirage III que Marcel Dassault *« fit la preuve la plus éclatante de son génie industriel* [11] ».

Le 10 mars, alors que Marcel Dassault s'apprête à présenter son projet aux services officiels, l'avion anglais Fairey Delta FD 2 porte le record du monde de vitesse à 1 822 kilomètres à l'heure.

Persuadé que la formule delta a de l'avenir, il parvient à intéresser les services techniques qui acceptent de lui laisser utiliser l'aile commandée par l'Etat pour le Mirage I 02 ou Mirage II qui a été abandonné. Dans le cadre d'un nouveau programme d'intercepteur léger baptisé Stade II, il obtient également de pouvoir utiliser ultérieurement l'Atar 9 de la SNECMA. Cette autorisation, qu'il n'avait pu obtenir pour le Mirage I, s'explique par la création d'un département moteurs à réaction à l'intérieur de sa société :

« Marcel Dassault avait voulu faire avec les moteurs Viper la même chose que pour l'électronique mais il ne pouvait créer une deuxième SNECMA; il ne pouvait concurrencer l'Etat dans ce domaine alors qu'il pouvait le faire dans l'électronique, secteur privé [12]. »

La sous-motorisation de ses avions l'a profondément marqué. Il est conscient que les réacteurs anglais ou américains donnent une poussée de 20 à 30 % supérieure aux moteurs français. Il doit pourtant s'accommoder de cet handicap qu'il considère comme permanent et concevoir des avions très affinés sur le plan aérodynamique pour compenser, en partie, le manque de puissance des moteurs. S'adressant au président directeur général de la SNECMA, Henri Desbruères, il lui déclare :

« Je sais que je dois faire de bons avions avec des moteurs qui poussent gentiment [13] *! »*

Le général Bernard Capillon, ancien président directeur général de la SNECMA, apporte des précisions complémentaires :

« Les possibilités de cellule des avions Dassault ont été longtemps au-dessus de ce que les moteurs ont pu leur apporter. De toute façon, pour les pilotes, ça ne pousse jamais assez.

« Dassault-SNECMA, c'était un couple qui avait des orages mais qui se savait indissolublement lié parce que c'était une politique nationale normale [14]. »

---

10. Les *souris* sont montées peu après le premier vol, elles permettent à l'appareil d'atteindre Mach 1,8 en septembre 1957.
11. Entretien de Jean Glavany avec l'auteur.
12. Entretien de Bertrand Daugny avec l'auteur.
13. Propos rapportés par Pierre François à l'auteur.
14. Entretien de Bernard Capillon avec l'auteur.

Conscient de l'enjeu, Marcel Dassault exige l'impossible de son bureau d'études et de ses ateliers pour que le prototype vole en un temps record. Lancé à la fin de 1955, le Mirage III 001 vole le 17 novembre 1956 aux mains de Roland Glavany, Serge Dassault est alors directeur des essais en vol.

L'avion est malicieusement baptisé Balzac : l'indicatif téléphonique du publiciste parisien Jean Mineur étant, à l'époque Balzac 001. Selon Roland Glavany, c'est le colonel Pierre Faure, officier de marque de l'avion, qui a proposé l'appellation Balzac en soulignant que chez Dassault, « *On sait faire sa publicité*[15] *!* »

Une association des amis d'Honoré de Balzac a écrit à la Société Dassault pour la remercier d'avoir ainsi baptisé l'avion du nom du grand écrivain français.

Marcel Dassault écoute toujours ses pilotes. Dans les années cinquante, il fait régulièrement le point avec eux juste après le vol, à chaud :

« *Il suivait de très près les essais en vol surtout au début car il se méfiait des interprétations des ingénieurs. Il attendait le pilote au bout de la piste, dans sa voiture. Il discutait seul avec lui jusqu'à une demi heure, il le confessait littéralement*[16]. »

Marcel Dassault interroge également les mécaniciens de ses prototypes car il est très attentif à la sécurité. Ses visites ne passent pas inaperçues :

« *Marcel Dassault venait souvent au terrain et même le dimanche à Villaroche. Il avait une belle voiture qui me fascinait. Un jour j'ai parlé avec son chauffeur Bob et on a fait un tour ensemble. Pas de chance! M. Dassault tombe sur nous au retour, je m'attendais à un orage et il me dit : "Alors, elle vous plaît ma bagnole?" Je lui réponds : " J'aimerais bien aller en vacances avec " et il conclut : " Elle vous encombrerait probablement. "*

« *M. Dassault voyait tout. Un jour il regarde ma mauvaise mine et m'en demande la cause, j'avais mal au ventre. " C'est comme moi " me dit-il et il me remit un tube de cachets qu'il utilisait lui-même*[17]. »

Pour compléter les enseignements apportés par les pilotes et les mécaniciens, Marcel Dassault réunit longuement ses principaux collaborateurs, d'abord le dimanche après-midi, puis le samedi après-midi, enfin le samedi matin. C'est l'occasion d'échanges dirigés entre les responsables du bureau d'études et ceux des essais en vol, c'est aussi l'origine des grandes décisions. Avec l'âge, ces réunions s'espacent. Les participants en gardent un grand souvenir :

« *Lors de ces réunions, Marcel Dassault envisageait toutes les solutions dans ce qu'il appelait des vols fictifs. Il se faisait répéter plusieurs fois les*

15. Entretien de Roland Glavany avec l'auteur.
16. Entretien de Jean Cabrière avec l'auteur.
17. Lucien Martin, *Dassault-Breguet Informations* n° 29, décembre 1975.

choses pour recouper les informations. Il faisait des enquêtes de juge d'instruction. C'est ainsi qu'il arrivait à extirper du fond de la mémoire des intéressés des éléments permettant de trouver la solution aux problèmes.

« A partir de là, ses décisions étaient simples et claires. Il avait le génie de la simplification tout en étant précis. Quand il dictait son courrier à sa secrétaire, il complétait constamment son texte au grand désespoir de cette dernière[18]. »

Henri Déplante évoque les réunions du samedi après-midi :

« J'aime bien le rugby et particulièrement les matches du tournoi des Cinq Nations qui ont lieu le samedi après-midi.

« De temps en temps, je m'absentais de la salle de réunion sous quelque prétexte. J'en profitais pour aller demander au gardien l'évolution du match et je revenais tenter de transmettre le score de la partie aux participants sous l'œil interrogateur de Marcel Dassault qui se demandait ce que je pouvais bien leur dire.

« Ces réunions étaient de véritables réunions de travail qui étaient suivies de décisions importantes[19]. »

On peut s'étonner de constater que Marcel Dassault, ingénieur sorti de l'Ecole supérieure d'aéronautique en 1913, soit capable de discuter, cinquante ans après, avec des ingénieurs sortis des plus grandes écoles et même d'imposer des solutions complètement nouvelles.

Roland Glavany apporte une explication :

« S'il n'était pas véritablement un grand ingénieur – les grands ingénieurs, il les avait soigneusement choisis –, il était un grand industriel, conduisant une politique de prudence technique, refusant les impasses, s'inspirant largement des prototypes expérimentaux volant dans le monde, très attaché aux marchés d'Etat qui supprimaient les risques financiers et très méfiant, au moins au départ, devant les marchés à l'exportation[20]. »

Grâce à la nouvelle forme du fuselage et à un réacteur puissant, les premiers essais du Mirage III s'avèrent prometteurs. Jean Cabrière, de son côté, constate la justesse de ses calculs :

« J'avais parié avec Vallières une bouteille de champagne par point de Mach au-delà de Mach 1,4. J'en ai gagné deux caisses[21] *!* »

Au cinquième vol, le commandant Jean Franqui, du Centre d'essais en vol, peut prendre l'avion en main. Devant les bons résultats, le ministère de l'Air décide d'acheter le Mirage III 001, d'en faire un programme financé par l'Etat et passe commande, en avril 1957, de dix avions de présérie dits Mirage III A.

Les avions de présérie sont d'une taille légèrement plus grande que le prototype pour pouvoir embarquer les équipements demandés par l'armée de l'Air. Ils sont dotés du réacteur SNECMA Atar 9 B de 6 tonnes de poussée

18. Entretien de Jean Cabrière avec l'auteur.
19. Entretien d'Henri Déplante avec l'auteur.
20. Entretien de Roland Glavany avec l'auteur.
21. Entretien de Jean Cabrière avec l'auteur.

avec post-combustion. Le radar de nez est un Thomson-CSF Cyrano qui a été choisi de préférence au Super Aïda d'Electronique Marcel Dassault.

La commande du Mirage III à la société Dassault lui fait prendre une grande longueur d'avance sur ses concurrents des sociétés nationales qui sont maintenant distancés dans le domaine des avions militaires à hautes performances. Le Durandal de la SNCASE est alors abandonné par l'état-major de l'armée de l'Air.

Le premier Mirage III A vole le 12 mai 1958, à Melun-Villaroche, piloté par Roland Glavany [22]. Les essais sont ponctués de succès et de records :

– Le 24 octobre 1958, Roland Glavany atteint Mach 2, en palier, sans fusée d'appoint. C'est la première fois que cette vitesse est atteinte en Europe;

– Le 19 juin 1959, Gérard Muselli porte le record international de vitesse sur 100 kilomètres en circuit fermé à 1 762 kilomètres à l'heure.

Roland Glavany estime que les deux plus grands titres de gloire des ingénieurs de Dassault sont les entrées d'air et les commandes de vol du Mirage III. Les réussites dans ces domaines ayant largement contribué aux performances [23].

L'armée de l'Air et les services de tutelle comprennent que le nouvel avion peut réaliser des missions de chasse, d'appui tactique et de reconnaissance. Il répond à la nouvelle stratégie préconisée par l'OTAN qui souhaite des appareils les plus indépendants possible des terrains et des radars de guidage au sol. Le 5 août 1958, l'armée de l'Air française commande cent Mirage III C.

Marcel Dassault a bien compris que l'armée de l'Air n'a pas les moyens de se payer un avion pour chacune de ses missions. C'est pour cela qu'il choisit de fabriquer en série le Mirage – monovalent sur le plan industriel et polyvalent sur le plan militaire – en veillant à ce qu'il ait une structure adaptable à plusieurs missions.

Les différentes versions du Mirage III

La chaîne de montage est organisée de façon à ce que chaque avion reçoive au dernier moment, une finition conforme à sa spécificité. En simplifiant, on peut dire que chaque client achète le même appareil de base doté de la même cellule et du même moteur, mais qu'il a le choix entre quatre versions :

– Le Mirage III B, biplace d'entraînement opérationnel, vole le 20 octobre 1959, à Villaroche, piloté par René Bigand;

– Le Mirage III C, version intercepteur. Le premier modèle de série vole le 9 octobre 1960 aux mains de Jean Coureau ;

22. Cet appareil a été surnommé Honoré, prénom de Balzac.
23. Entretien de Roland Glavany avec l'auteur.

– Le Mirage III E, plus complexe, pour l'attaque d'objectifs au sol à basse altitude. Le fuselage a été allongé pour loger l'électronique adéquate, il est également doté d'un réacteur plus puissant, l'Atar 9 C. Il effectue son premier vol à Istres, le 5 avril 1961, piloté par Jean Coureau. La version française de cet appareil reçoit ultérieurement l'arme nucléaire tactique AN 52;

– Le Mirage III R pour la reconnaissance tactique et les photos. Son premier vol a lieu à Istres, le 31 octobre 1961, aux mains de Jean Coureau.

La simplicité de cette conception dote le Mirage III d'une adaptabilité et d'une souplesse d'emploi incomparables :

« L'appareil retenu a été le Mirage III parce que: il répondait le mieux aux besoins de l'armée de l'Air par l'étendue de ses possibilités d'utilisation, notamment pour les missions d'interception et d'appui tactique ; ses aléas de mise au point étaient les plus réduits alors que l'urgence de la fourniture d'avions nouveaux à l'armée de l'Air venait de s'accroître en raison de la réduction du nombre de Super Mystère B 2[24].

« Le Mirage III s'imposa alors par sa qualité et par le réalisme de sa conception face à des projets qui ne pouvaient que difficilement conduire à des avions opérationnels[25]. »

Le 7 juillet 1961, la base de Dijon reçoit son premier Mirage III C. Le capitaine Bernard Capillon est l'un des pilotes des premiers Mirage :

« Les Allemands avaient le F 104, nous avions le Mirage. Nous étions très fiers de notre avion. C'était un intercepteur dont un pilote du CEV disait que quand il montait on avait l'impression d'être assis sur les omoplates !

« Malgré sa faible autonomie, on en tirait le maximum. L'avion était merveilleux. Nous avons reçu, en même temps que l'avion, son simulateur de vol. Je me souviens qu'il n'était pas insonorisé et que l'on entendait le cliquetis du débit-mètre. A chaque seconde on entendait " Tac ", et à chaque " Tac ", cela signifiait que c'était dix litres de pétrole qui étaient consommés. Croyez-moi, ça vous sensibilisait sur le problème de la consommation[26] *!* »

Le 22 juin 1962, Jacqueline Auriol, sur un Mirage III C de série, porte le record du monde international de vitesse féminin sur 100 kilomètres en circuit fermé à 1 849 kilomètres à l'heure. Le 14 juin 1963, elle porte le même record à 2 030 kilomètres à l'heure cette fois sur Mirage III R, également de série.

---

24. Louis Christiaens, secrétaire d'Etat aux Forces armées Air, *Journal officiel des débats*, Assemblée nationale, 28 février 1958, page 1 151.
25. Général Claude Grigaut, chef d'état-major de l'armée de l'Air, revue *Défense nationale*, août-septembre 1975, page 16.
26. Entretien de Bernard Capillon avec l'auteur.

La fabrication du Mirage III est répartie entre la GAMD et plusieurs coopérants et sous-traitants. Cette politique de partage des fabrications est conforme aux principes adoptés, dès la fin de la guerre, par le Service des marchés et de la production aéronautique. La concurrence existe au niveau des bureaux d'études, pas au niveau des productions.

La Société nationale de constructions aéronautiques du Nord, à Méaulte, fabrique la voilure ce qui représente 9 % du prix de l'avion; la SNECMA et Hispano-Suiza sont concernées par le moteur pour 26 % du total; les équipements, répartis entre plusieurs sociétés, représentent 36 % tandis que la GAMD qui est le maître d'œuvre, c'est-à-dire qui assemble et teste les avions, construit la cellule pour 29 % du total.

Aux versions du Mirage III, s'ajoute, au milieu des années soixante, un dérivé qui connaît de grands succès à l'exportation, le Mirage 5.

Le Mirage 5

Alors que les Américains préconisent un emploi d'avions en tandem avec le McDonnell Phantom supersonique pour la supériorité aérienne et le Douglas A 4 Skyhawk subsonique pour l'attaque au sol, la société Dassault estime qu'il existe un créneau pour une formule mixte. Elle a l'idée de fondre en un seul appareil la capacité d'aller loin avec beaucoup de bombes, la possibilité de s'échapper très vite et, si besoin est, d'intercepter. Pour effectuer toutes ces missions, il faut sacrifier quelques capacités tous temps ce qui a aussi l'avantage de diminuer le prix de vente de l'appareil.

Allégé de la lourde électronique tous temps du Mirage III, le Mirage 5 peut emporter un tiers de carburant en plus donc augmenter son autonomie. L'armée de l'Air israélienne se montre très intéressée par cet appareil dont elle désire acquérir 50 exemplaires [27].

Avec le Mirage 5, la gamme disponible de la formule Mirage III permet de répondre à toute demande en variant les systèmes d'armes, notion acquise et développée au moment de la mise au point du Mirage III E dans l'armée de l'Air française et perfectionnée lors des confrontations avec les concurrents étrangers.

Avec la famille Mirage III, la France prouve à ses alliés qu'ils ne peuvent plus la considérer comme une nation militaire de second plan. Ceci s'affirme encore plus quand apparaît le Mirage IV, vecteur de l'arme nucléaire française.

---

27. Voir le chapitre 9 de la IIe partie consacré aux exportations de *Mirage*.

Le bombardier stratégique Mirage IV

Le Mirage IV est l'avion porteur de l'arme nucléaire française, arme qui est expérimentée pour la première fois en février 1960.

Au milieu des années cinquante, les discussions sur l'arme nucléaire sont rares en France. Peu d'hommes politiques se prononcent sur l'utilité ou non d'en doter le pays. Néanmoins, en 1955, on peut lire dans *Jours de France*, sous la signature de Marcel Dassault, député des Alpes Maritimes, un surprenant éditorial :

« *Si les discussions sur le désarmement duraient trop longtemps, ou, en fin de compte, n'aboutissaient pas, il deviendrait alors indispensable que nous disposions également de l'armement atomique. Nous ne pouvons plus nous dissimuler que la puissance est liée à cet impératif et prétendre siéger parmi les " Grands " sans posséder les moyens dont disposent les autres " Grands ".*

« *La France abandonnée à ses seuls moyens de défense, est une ville ouverte*[28]. »

Le ministère des Armées a également pensé à l'atome et à la réalisation de son vecteur. C'est ainsi que les premières définitions du futur Mirage IV A démarrent en février 1956.

Au départ, il ne s'agit pas d'étudier un bombardier stratégique mais un successeur du Mirage III, c'est-à-dire un avion de chasse portant l'appellation Mirage IV C, le C signifiant chasseur.

Marcel Dassault propose un avion monoréacteur équipé d'un Rolls Royce Avon. Mais comme les services officiels préfèrent l'Atar 9 de la SNECMA, il présente un nouveau dossier avec ce moteur.

A la demande de l'état-major le projet évolue vers un avion plus gros, permettant une plus grande capacité en pétrole, capable de missions à basse altitude, ce qui est inhabituel pour un avion d'interception. Dans le même temps, le Service technique de l'aéronautique demande que l'appareil soit équipé de fusées d'appoints pour atteindre une altitude plus élevée.

En juin 1956, la société Dassault adresse au ministère de la Défense nationale un dossier de présentation du Mirage IV, monoréacteur Atar 9 plus fusées d'appoint SEPR. Quelques jours plus tard, le 19 juillet, le Service technique de l'aéronautique demande des modifications tendant à faire de cet appareil un avion tout temps ainsi qu'une augmentation de la vitesse en palier à 15 000 mètres.

Le 24 septembre, Marcel Dassault et Jean Cabrière présentent trois projets au ministère de la Défense nationale : un monoréacteur SNECMA Atar 9, un biréacteur Atar 9, un monoréacteur De Havilland Gyron. Leurs interlocuteurs souhaitant un appareil à long rayon d'action, le biréacteur est préféré. Les deux réacteurs Atar 9 ont une poussée totale de 12 tonnes. Comme l'avion a un poids au décollage de 11 tonnes, il possède un rapport poussée

28. *Jours de France* n° 49.

sur poids supérieur à 1 qui laisse envisager des performances exceptionnelles.

Au même moment, l'armée de l'Air cherche un successeur à son bombardier tactique SO 4050 Vautour. La SNCASO travaille sur une extrapolation, le SO 4060 Super Vautour, pouvant atteindre Mach 1,3. Elle étudie également, à la demande du Service technique de l'aéronautique, un bombardier supersonique capable de transporter une charge nucléaire.

Les événements internationaux vont changer la nature du programme Mirage IV.

Le virage vers l'arme nucléaire et son vecteur

Le 26 juillet 1956, le colonel Nasser nationalise la Compagnie internationale du canal de Suez. Le 26 octobre, la Grande-Bretagne et la France, aidées par l'Etat d'Israël, décident de répondre par une intervention militaire afin reprendre leurs droits sur le canal et, le 31, attaquent l'Egypte. Les Américains s'opposent à l'expédition franco-britannique tandis que les Soviétiques demandent aux trois pays quelle serait leur situation s'ils étaient « *l'objet d'une agression de la part d'autres Etats, disposant des terribles moyens de destruction modernes* [29] ». Les menaces d'intervention à peine voilées des Soviétiques, ajoutées au lâchage américain, amènent le retrait de l'expédition. C'est un électrochoc qui entraîne une prise de conscience soudaine pour les deux pays : leur puissance coloniale n'existe plus.

Alors que la Grande-Bretagne aligne désormais sa politique extérieure sur celle des Etats-Unis, la France estime que si elle veut avoir une politique indépendante il lui faut, comme les deux Grands, posséder l'arme nucléaire ainsi que son vecteur.

Dès novembre 1956, en pleine crise de Suez, les responsables du bureau d'études de Dassault se rendent compte que le Service technique de l'aéronautique se renseigne discrètement sur ce que pourrait être un Mirage IV C plus gros correspondant plus à un avion de bombardement qu'à un chasseur.

Le 15 novembre, le directeur de ce service fait connaître à Marcel Dassault les décisions du ministère des Armées. Le seul chasseur dont l'étude doit être poursuivie est le Mirage III A. Le biréacteur Mirage IV C doit évoluer vers un avion de bombardement.

Jean Cabrière, qui accompagne Marcel Dassault lors de cette réunion, se souvient de sa réaction peu enthousiaste :

« *On n'a pas fini d'être embêté! Qu'est-ce qu'on va se faire engueuler* [30] *!* »

---

29. Lettre du 5 novembre 1956 adressée par le président du Conseil de l'URSS, le maréchal Boulganine, au président du Conseil français, Guy Mollet, *La Vie politique en France*, année 1956, page 526.
30. Entretien de Jean Cabrière avec l'auteur.

Cette réaction s'explique. Marcel Dassault a compris que fabriquer un avion pour la « force de frappe » allait le propulser sur le devant de la scène politique et qu'il allait, inévitablement, subir les critiques des opposants à l'arme nucléaire. Mais, il regrette surtout l'abandon du chasseur biréacteur qui aurait pu constituer un concurrent du McDonnell F 4 Phantom américain.

Le 17 novembre, la fiche programme d'un bombardier biplace est communiquée à la Société Dassault. Elle prévoit que la vitesse de l'avion devra être supérieure à Mach 1,8 à 18 000 mètres d'altitude. Le rayon d'action demandé, sans ravitaillement en vol [31], est de 1 500 kilomètres dont la moitié devra être effectuée à une vitesse proche de Mach 2. La charge militaire, d'un poids d'une tonne, devrait avoir 5,5 mètres de longueur et 0,65 mètres de diamètre.

Le 28 novembre 1956, le secrétariat d'Etat à l'Air passe commande des études du Mirage biréacteur bombardier en précisant que, devant les nombreux problèmes que poseront les vols nettement supersoniques de ce prototype (Mach 2), il n'est pas nécessaire d'attendre d'autres précisions sur l'armement. Cet avion doit pouvoir effectuer la moitié de sa mission à l'aller et au retour et le lâcher de sa bombe à vitesse supersonique et à haute altitude.

Il n'est fait aucune allusion à une charge nucléaire mais celle-ci est dans tous les esprits.

Le 30 novembre, moins d'un mois après le cessez-le-feu en Egypte, le ministère des Armées et le secrétariat d'Etat aux questions atomiques, signent un protocole d'accord qui définit un programme de travaux à réaliser sur cinq ans. Il répartit également la responsabilité des études et des essais d'une arme nucléaire entre le ministère des Armées et le Commissariat à l'énergie atomique.

Le 6 décembre, le ministre de la Défense nationale, Maurice Bourgès-Maunoury, déclare à la tribune de l'Assemblée nationale :

« La capacité de riposte est liée aussi à la possession de bombardiers ou d'engins de longue portée. Les trois armées ont reçu des instructions formelles et les crédits nécessaires pour réaliser au plus tôt, en prototypes et en séries, les bombardiers et les engins de toutes sortes susceptibles de nous donner un potentiel suffisant d'engins porteurs [32]. »

Ayant tiré les leçons de la crise de Suez, le gouvernement Guy Mollet engage résolument la France dans la fabrication de l'arme nucléaire et de ses vecteurs.

---

31. Le ravitaillement en vol est néanmoins déjà envisagé selon le système *Probe and Drogue* de la société anglaise Flight Refueling.
32. *Journal officiel des débats*, 6 décembre 1956, page 5 564.

L'ADAPTATION DU MIRAGE IV À LA NOUVELLE STRATÉGIE FRANÇAISE

Pour les ingénieurs du bureau d'études de la GAMD dirigée par Jean-Jacques Samin assisté de Jean Rouault pour la réalisation du Système de navigation et de bombardement, la réalisation du Mirage IV constitue un défi considérable. Jusqu'à cette date, aucun avion français n'a démontré son aptitude à maintenir une vitesse en croisière supérieure à Mach 1,8. Les incertitudes technologiques et opérationnelles sont considérables.

En mars 1957, les caractéristiques du bombardier sont définies. L'état-major a fixé le profil de la mission et s'y tient ce qui facilite la mise au point du très complexe Système de navigation et de bombardement (SNB). Par contre, il n'en est pas de même du rayon d'action. Pour loger le combustible nécessaire à une mission de 3 000 kilomètres, le fuselage est allongé d'environ 2,5 mètres. Pour tenir compte de l'augmentation de poids qui en découle la surface de l'aile passe de 55 à 70 mètres carrés.

Le 28 avril, le Service technique de l'aéronautique commande un prototype Mirage IV 01. Cet appareil ressemble au Mirage III dont il hérite de la définition aérodynamique. Sa taille, par contre, est sensiblement le double ce qui permet d'emporter trois fois plus de carburant interne et de pouvoir mieux loger les équipements. Ainsi défini, l'avion doit pouvoir atteindre Mach 2,1 en palier.

Les performances envisagées sont séduisantes mais il faut les concrétiser. De nombreux problèmes de structure et de matériaux restent à résoudre, en particulier ceux dus à l'échauffement cinétique [33]. Alors que le Mirage III vole à Mach 2 pendant quelques minutes, sur le Mirage IV il faut tenir plusieurs dizaines de minutes. Sur le Mirage III, les températures élevées ne sont localisées qu'aux bords d'attaque de l'aile et aux lèvres des entrées d'air; sur le Mirage IV c'est toute la cellule de l'avion qui subit l'échauffement.

Les études et essais ont permis de fixer à 120 degrés la température maximale pouvant être atteinte sans limitation de durée. Les équipements du nouvel avion posent alors d'importants problèmes car les matériels disponibles ne supportent pas une température supérieure à 70 degrés. Une étude thermique de chaque composant est entreprise en fonction de l'emplacement qu'il doit occuper dans l'avion ce qui entraîne quelquefois une refonte complète de sa définition.

Le Mirage IV est équipé de commandes électriques, c'est la première fois en France qu'une telle réalisation est entreprise [34].

Les moteurs choisis sont des Atar 9 B de la SNECMA, ils développent six

33. Augmentation de la température due au frottement de l'air sur les parois de l'avion.
34. Pour assurer une parfaite intégration des commandes de vol dans l'ensemble du système de navigation et de bombardement à travers le pilote automatique, les servocommandes hydrauliques ne reçoivent que des ordres électriques; une liaison par bielles est néanmoins prévue en secours.

tonnes de poussée chacun avec post-combustion. Ils conviennent bien à la demande des utilisateurs [35].

La fabrication du Mirage IV 01 dans l'usine de Saint-Cloud dure environ 18 mois, jusqu'à la fin de 1958. L'avion est alors transporté à Melun-Villaroche pour ses premiers essais au sol.

Les ingénieurs sont préoccupés par les phénomènes de flottement de la structure face aux forces aérodynamiques. Si les calculs ont permis d'avoir une garantie sur la tenue de l'aile qui n'a pourtant que 3,5 % d'épaisseur relative contre 4,5 % sur le Mirage III [36], des inquiétudes sont nées quant à la tenue de la dérive et des gouvernes de directions.

De nombreuses et parfois orageuses réunions entre ingénieurs de l'ONERA, du Service technique de l'aéronautique et de la Société Dassault, permettent d'autant moins de parvenir à une solution que les méthodes de calculs sont insuffisantes : en ce début de 1959, la France manque d'ordinateurs puissants.

Marcel Dassault, qui craint un enlisement, intervient. Il décide, avec l'accord du Service technique de l'aéronautique, de réduire la hauteur de la dérive de 70 centimètres et de modifier l'emplacement de la servo-commande de la gouverne de direction. Ces modifications nécessitent quatre mois de travail.

Le 17 juin 1959, Roland Glavany effectue le premier vol. Marcel Dassault suit de très près le déroulement des essais :

« C'était le constructeur qui tenait le plus compte de l'avis de ses pilotes d'essais, trop peut-être car il nous fallait éviter tout jugement trop rapide propre à déclencher une nouvelle et inutile modification [37]. »

A son troisième vol, le Mirage IV est autorisé à effectuer un passage au salon du Bourget. Parmi les spectateurs particulièrement attentif à la présentation de l'appareil : le président de la République, Charles de Gaulle.

Pendant l'été, quelques modifications permettent d'augmenter la rigidité de la partie avant du fuselage. Ce sont les dernières modifications majeures de l'appareil qui effectue, dès septembre, des vols prolongés à Mach 1,8 et atteint Mach 2 en décembre.

Marcel Dassault ne manque pas de faire connaître les performances de son appareil aux plus hautes autorités, ainsi il va voir Michel Debré :

« Un jour – j'étais alors Premier ministre – Bénouville m'appelle et me dit : " Marcel Dassault voudrait que tu le reçoives, il a une information à te donner. "

« Il est venu me voir avec Bénouville, très fier et très content de lui, pour

---

35. La conception initiale de la famille Atar, à taux de compression relativement faible, se révèle parfaitement adaptée au vol supersonique. La post-combustion mise au point par la SNECMA est longtemps la seule au monde à permettre un réglage de la poussée sans variation du régime moteur, donc du débit d'air ce qui simplifie l'adaptation de la géométrie des entrées d'air.

36. A titre de comparaison, une lame de couteau fait en général autour de 5 %.

37. Entretien de Roland Glavany avec l'auteur.

m'annoncer que le Mirage IV avait atteint Mach 2 puis n'ayant plus rien à me dire, il s'est levé et a pris congé. C'était son style, il ne voulait pas me déranger davantage[38]. »

C'est en septembre 1959 que René Bigand remplace Roland Glavany qui retourne dans l'armée de l'Air. Jean-François Cazaubiel devient directeur des essais en vol tandis que Serge Dassault prend la direction des exportations.

Ces mutations ne sont pas le fait du hasard. Elles résultent d'un important différend sur le problème des essais en vol entre Jean Glavany, Serge Dassault et Marcel Dassault.

Le problème des essais en vol

Jusqu'au milieu des années cinquante, les essais en vol des avions s'effectuent dans la région parisienne à Melun-Villaroche ou à Villacoublay. Marcel Dassault entretient de bonnes relations avec le Centre d'essais en vol (CEV) de Brétigny :

« *Il a accepté le CEV de l'Etat et compris que monter le sien était une erreur – il avait essayé à Melun-Villaroche –, il avait compris que c'était inutile et qu'il valait mieux travailler en coopération avec Brétigny. Les relations du CEV avec les sociétés nationales n'étaient pas aussi faciles qu'avec lui*[39]. »

L'extension de l'agglomération parisienne, l'augmentation du trafic aérien civil d'Orly avec l'apparition des quadriréacteurs de transport, amènent les responsables du contrôle de la navigation aérienne à souhaiter un transfert des essais en vol des prototypes à Istres. Serge Dassault et Roland Glavany y sont favorables, Marcel Dassault y est totalement opposé.

Il faut rappeler que les prototypes sont une de ses grandes passions. Comment va-t-il pouvoir venir régulièrement les examiner s'ils sont basés dans le sud de la France?

Tous les samedis après-midi, lors des réunions avec ses principaux collaborateurs, il interroge directement les pilotes sur les performances et sur les difficultés rencontrées. Le déménagement des essais en vol à Istres le priverait de ce contact direct avec ses prototypes.

Roland Glavany se souvient de cette époque :

« *Je travaillais en étroite collaboration avec Serge Dassault qui était extrêmement méthodique et très ouvert sur les problèmes humains. Il s'est passionné pour ses nouvelles responsabilités qui ne lui ont valu aucune indulgence de son père qui avait, dans son entourage, des personnes qui contribuaient à séparer le père du fils pour conserver une certaine audience.*

« *Marcel Dassault adorait venir le samedi à Villaroche tourner autour*

---

38. Entretien de Michel Debré avec l'auteur.
39. Entretien d'Emile Blanc avec l'auteur.

de ses prototypes. Il s'offrait le luxe du coup de crayon élégant qui définissait une modification de cellule soigneusement réétudiée ensuite par les ingénieurs en bureau d'études [40]. »

Roland Glavany insiste auprès de Marcel Dassault :

« *Il a très mal pris ma proposition qu'il a considérée comme une trahison. Il me l'a fait savoir par lettre en des termes si durs que leur lecture me surprend encore. Au moment où j'étais plongé dans des tranches d'essais difficiles, perdre la confiance de mon patron me toucha profondément.*

« *C'était un patron total et indiscuté. Les avions prototypes étaient ses maîtresses. Toutes décisions les concernant ne relevaient que de lui. Il décidait seul, en dernier ressort et faisait exécuter ses ordres au plus vite. Là est le seul secret de son succès* [41]. »

Son contrat de cinq ans se terminant, fatigué par les essais en vol, attentif aux événements d'Algérie et souhaitant revenir servir dans l'armée de l'Air, Roland Glavany annonce à Marcel Dassault son intention de le quitter :

« *J'avais commis un crime de lèse-majesté : on ne quittait pas M. Dassault. Notre dernière entrevue a été orageuse mais il m'a quand même serré la main quand je suis parti.*

« *Le 19 septembre 1959, un Dakota me menait à Alger où je reprenais du service* [42]. »

De son côté, Serge Dassault demande de passer de la direction des essais en vol à celle des exportations :

« *Ma décision de déménager le Centre d'essais en vol à Istres a été jugée anti-conformiste mais elle m'était inspirée par le CEV qui lui aussi déménageait une partie de ses installations à Istres. Pendant des mois, mon père s'y est opposé en faisant la sourde oreille. Il m'a pourtant fallu obtempérer, ce que j'ai fait en créant la base d'essais d'Istres. Il en a été très fâché mais nous ne pouvions pas faire autrement puisque les essais en vol dans la région parisienne allaient devenir impossibles* [43]. »

Madeleine Dassault a souffert de ce différend entre son mari et son fils :

« *Serge avait ses idées mais Marcel voulait que les prototypes continuent à voler à Villaroche pour pouvoir mieux surveiller. Il voulait avoir l'œil sur tout. Serge les voulait dans le Midi car le temps était meilleur. C'est ce différend qui est à la base de leur rupture. Serge a été affecté dans les exportations puis dans l'électronique* [44]. »

Les rapports entre Marcel et Serge sont particuliers. Marcel Dassault estime qu'il doit être le seul à décider. Associer son fils, cela lui donne l'impression de s'en aller, de voir sa fin :

« *Mon père ne m'a jamais beaucoup associé à ses affaires. Il faut dire aussi que je critiquais ce qu'il disait. Il n'aimait pas ça, j'avais l'esprit indépendant.*

---

40. Entretien de Roland Glavany avec l'auteur.
41. *Ibid.*
42. *Ibid.*
43. Entretien de Serge Dassault avec l'auteur.
44. Entretien de Madeleine Dassault avec l'auteur.

« Les fonctions de directeur du Centre d'essais en vol ne devaient pas me satisfaire pleinement car, très vite je me suis mêlé de promotion pour l'exportation.

« Toutefois, l'aspect commercial de mon activité n'était pas toujours accepté par mon père et Vallières, son collaborateur le plus direct. J'avais envie de faire des choses, de créer, d'imaginer. J'ai certainement pris des décisions sans demander l'avis ou l'aval de Vallières comme par exemple celle de m'investir dans l'exportation. Heureusement, j'y ai réussi[45] *! »*

Le Mirage IV B

Les essais en vol continuent. Le 22 septembre 1960, René Bigand porte le record international de vitesse sur 1 000 kilomètres en circuit fermé de 1 126 à 1 820 kilomètres à l'heure. Au cours de ce vol, l'avion se comporte parfaitement : il tient une vitesse comprise entre Mach 1,8 et Mach 2 pendant plus de 30 minutes.

Cet exploit satisfait pleinement le général de Gaulle qui voit son effort pour doter la France de ses propres moyens de dissuasion se matérialiser de plus en plus.

Pourtant, malgré les performances du Mirage IV, la GAMD, rassurée par l'annulation du programme concurrent, Super Vautour SO 4060, n'est pas certaine que son appareil sera commandé en série.

Mais, en ce début de Ve République qui voit le retrait progressif de l'Algérie, une haute priorité est donnée aux vecteurs de la « force de frappe » ce qui exige des choix immédiats. Le Mirage IV est alors adopté parce qu'il bénéficie des bons résultats du Mirage III et parce qu'il présente les meilleures probabilités d'aboutissement rapide.

Alors qu'elle met au point son Mirage IV-01, la GAMD est l'objet, en janvier 1959, d'une nouvelle demande. L'état-major constate qu'avec deux réacteurs Atar 9, cet appareil ne peut atteindre les objectifs à bombarder que s'il est ravitaillé en vol. Il réclame alors un appareil ayant un rayon d'action double de celui du Mirage IV 01. Le gouvernement souhaite commander 80 appareils dont 53 en version bombardier et 27 en version reconnaissance et guerre électronique.

La GAMD étudie alors le Mirage IV B dont la taille est sensiblement le double de celle du Mirage IV 01 et le poids total au décollage porté à 57 tonnes dont 31 de carburant. La SNECMA, qui ne dispose pas de réacteurs suffisamment puissants, prend la licence de fabrication du Pratt & Whitney J 75.

Pour répondre au nouveau défi technique et aux délais, les services officiels, en accord avec la GAMD, lui confient l'entière responsabilité de l'ensemble du système d'armes.

En mai 1959, trois prototypes de présérie du Mirage IV B sont comman-

45. Entretien de Serge Dassault avec l'auteur.

dés. Le premier avion de série doit voler à la fin de 1963. Au début de juin, le prototype est mis en fabrication mais, le 3 septembre, coup de théâtre : une lettre du délégué ministériel à l'Armement stoppe le programme.

De nouvelles décisions gouvernementales conduisent à son abandon car le coût et les délais sont apparus incertains. Le gouvernement, qui étudie une loi de programme militaire pour 1960-1964 [46] qu'il doit présenter au Parlement, a opté pour une première génération de la force nucléaire plus légère donc moins coûteuse. Il veut un avion moins gros que le Mirage IV B. Cette décision a l'avantage de permettre une entrée en service opérationnel plus rapide en attendant la réalisation des générations suivantes composées des missiles sol-sol balistiques stratégiques et des sous-marins nucléaires lanceurs d'engins.

Les collaborateurs de Marcel Dassault s'étonnent de ces changements qui perturbent le déroulement des programmes. Pas lui, pour qui le client est roi :

« Puisqu'ils le veulent, il n'y a qu'à leur faire plaisir [47] ! »

Le retour au Mirage IV A

La GAMD concentre alors ses efforts sur le Mirage IV 01 pour lequel elle conserve la maîtrise d'œuvre de l'ensemble du système d'armes, comme pour le Mirage IV B. C'est la première fois que l'Etat confie à un constructeur la maîtrise d'œuvre non seulement de la cellule mais de la livraison d'un système complet et opérationnel. Cette décision permet une meilleure appréciation des risques et des moyens, elle fait gagner du temps. La charge nucléaire, mise au point et fabriquée par le Commissariat à l'énergie atomique, prend place dans un corps de bombe profilé, construit sous la responsabilité de la GAMD.

L'état-major de l'armée de l'Air, qui s'est rangé à la solution d'un avion ravitaillable en vol, réclame maintenant un accroissement de l'autonomie sans ravitaillement, acceptant éventuellement une diminution de la vitesse.

La GAMD s'engage alors dans une augmentation de la taille du Mirage IV 01, rendue possible par la mise au point de réacteurs plus puissants : les Atar 9 D de 7,2 tonnes de poussée, ce qui permet d'emporter 30 % de carburant en plus. Pour mieux décoller par temps chaud au poids maximum, l'appareil peut être aidé par douze fusées à poudre Jato de 500 kilogrammes de poussée chacune pendant 15 secondes.

C'est cette nouvelle définition de l'avion d'un poids total de 32 tonnes, pouvant également transporter des réservoirs largables de 2 500 litres chacun, qui est adoptée en octobre 1959. A la fin de mars 1960, trois prototypes Mirage IV A sont commandés.

---

46. Sur la *loi de programme relative à certains équipements militaires*, cf. Claude Carlier, *L'Aéronautique française, 1945-1975*, op. cit.
47. Entretien de Jean Cabrière avec l'auteur.

Toute l'équipe du bureau d'études travaille d'arrache-pied pour tenir les délais. Chacun sait l'importance que le général de Gaulle accorde à la force nucléaire.

Lors d'essais statiques au Centre d'essais aéronautiques de Toulouse (CEAT) le cadre de l'aile casse avant la limite; chacun s'emploie à trouver le remède avant qu'on ne le sache en haut lieu. Marcel Dassault apprend l'incident et s'écrie, très « embêté » :

« De Gaulle va en entendre parler! C'est la faute d'orthographe, il faut réparer très vite[48] *! »*

Jamais jusqu'alors l'aéronautique française n'avait eu à définir un système d'armes aussi complexe que celui du Mirage IV. Il faut réaliser une coordination optimale entre l'avion, son système de navigation-bombardement étudié par le département électronique de la GAMD, la charge nucléaire et son système de mise à feu conçus par le Commissariat à l'énergie atomique et le ravitailleur en vol Boeing KC 135 F. En outre, l'utilisation opérationnelle nécessite un double système de codage et de commande de tir par l'équipage de façon à assurer, avec redondance, le contrôle gouvernemental.

Avec la « force de frappe », l'utilisation des matériels a changé. Le Mirage IV n'est pas qu'un avion militaire, c'est surtout un instrument politique.

En mai 1962, le ministère des Armées passe commande de cinquante Mirage IV-A à laquelle s'ajoute, en novembre 1965, une commande supplémentaire de douze appareils. Le 62e et dernier est livré en mars 1968.

La fabrication en série nécessite la coopération de toute l'aéronautique française : Sud-Aviation construit l'aile, le fuselage central et le fuselage arrière, Breguet la dérive et Morane les pointes avant démontables.

La GAMD fabrique le fuselage avant, la partie extrême arrière et assemble, en qualité de maître d'œuvre, les divers éléments du fuselage dans son usine d'Argenteuil. L'assemblage final et le contrôle des avions complets sont effectués à Bordeaux-Mérignac où ont également lieu les essais en vol de contrôle et de réception. La part de travail exécutée en propre par la GAMD est évaluée à 17 % du coût total d'un avion à sa sortie de chaîne.

Le premier Mirage IV A vole le 12 octobre 1961 aux mains de René Bigand. Les trois premiers prototypes, assistés par des avions de servitude, permettent de mener la mise au point simultanée de la cellule, des réacteurs, du système de navigation et de bombardement ainsi que de l'armement.

Le premier avion de série est équipé de nouveaux réacteurs Atar 9 K dont la poussée, avec post-combustion a été portée de 6,1 à 6,7 tonnes. Il effectue

48. Entretien d'Henri Déplante avec l'auteur. L'expression « faute d'orthographe » est souvent employée par Marcel Dassault et Henri Déplante quand se produit un incident imprévisible.

son premier vol en décembre 1963 , l'armée de l'Air le reçoit en février 1964 avec un retard de deux mois seulement sur les premières prévisions.

Le premier escadron de Mirage IV est déclaré opérationnel, sur la base aérienne de Mont-de-Marsan, en octobre 1964. Le pari de rendre opérationnel les premiers avions avant la fin de 1964 est ainsi gagné. La France est une puissance nucléaire, le général de Gaulle a, lui aussi, gagné son pari.

Equipant les escadrons des Forces aériennes stratégiques, les Mirage IV fournissent à la France son premier vecteur de l'arme nucléaire. La validation complète du système d'armes est faite sur l'avion de série n° 9, en juillet 1966, au Centre d'essais du Pacifique où est effectué un tir nucléaire réel.

Prévoyant une nouvelle étape dans le cadre du développement de la force nucléaire, le ministère des Armées et l'armée de l'Air envisagent, au début des années soixante, le programme Minerve. Il s'agit de faire transporter par un avion un engin air sol balistique stratégique, bi-étage, pesant huit tonnes et ayant une portée de 1 800 à 2 000 kilomètres. Le missile serait largué à 20 000 mètres d'altitude et à Mach 2. L'avion porteur pourrait être un Mirage IV A modifié, équipé des moteurs Pratt & Whitney dont la SNECMA avait acquis la licence de fabrication pour l'avion à décollage vertical en cours d'étude [49].

Avec ces moteurs à double flux, le nouveau Mirage IV, rebaptisé Super Mirage II, d'un poids de 60 tonnes, pourrait franchir 4 400 kilomètres à basse altitude, à l'abri des radars qui ne peuvent détecter, à cette époque, que les avions volant à haute altitude. Une commande de cinquante appareils est envisagée avec une mise en service à partir de 1970, le coût est estimé à 4 700 millions de francs.

Finalement, devant les incertitudes de réalisation des matériels nécessaires à la navigation et au guidage, le projet ne voit pas le jour, le gouvernement ayant décidé d'équiper la deuxième génération de la Force nucléaire stratégique d'engins sol-sol enterrés, basés sur le plateau d'Albion en Haute-Provence.

Conçus à l'origine comme vecteurs supersoniques à haute altitude, les Mirage IV connaissent une refonte dans les années soixante-dix pour faire face à l'augmentation de la menace représentée par les missiles sol-air. Modifiés, ils sont alors adaptés à des missions de pénétration à basse altitude.

En 1973, à la suite de la décision de moderniser dix-huit Mirage IV A, une nouvelle version est étudiée et réalisée : le Mirage IV P. La mise au point d'un avion de série modifié est effectuée par la société Dassault. Les dix-huit appareils sont transformés par l'Atelier industriel de l'armée de l'Air de Clermont-Ferrand.

La modification porte sur le système de navigation et de bombardement ainsi que sur l'armement. Le Mirage IV P transporte un missile super-

49. Voir chapitre suivant.

sonique Air Sol à Moyenne Portée (ASMP) à tête nucléaire, propulsé par un statoréacteur. Ce missile, fabriqué par l'Aérospatiale équipe également les Mirage 2000 N et les Super Etendard.

L'exécution du programme Mirage IV a été qualifiée d'exemplaire, les performances et les délais ont été respectés :

« *Ce succès est à porter au crédit de tous ceux qui ont participé à ce programme et ils peuvent en être fiers. Il est dû aussi à la volonté clairement affirmée des plus hautes instances de l'Etat, qui avaient défini sans ambiguïté le but à atteindre et donné les moyens d'y parvenir.*

« *Mais surtout, le programme Mirage IV a représenté pour tous les participants, un défi national qui a rassemblé les énergies et animé un esprit de coopération, entre les services de l'Etat, l'armée de l'Air et les industriels qui a permis de surmonter toutes les difficultés et a été un des éléments déterminants de sa réussite.*

« *S'il fallait en donner une preuve, je n'hésiterais pas à affirmer que pour tous ceux qui les ont vécues ces années de travail en commun comptent parmi les meilleurs souvenirs de leur vie professionnelle*[50]. »

Avec la réalisation des Mirage III et IV, la société Dassault entre dans le club très fermé des plus grands constructeurs aéronautiques mondiaux. En ayant su réaliser les matériels indispensables à la politique d'indépendance nationale de la France, elle est devenue une société d'importance stratégique et son fondateur, Marcel Dassault, un des hommes clés de la politique de la Ve République. C'est ce qu'a compris Michel Debré, alors Premier ministre :

« *J'avais été très impressionné par les propos de Corniglion-Molinier qui m'avait dit quelques années auparavant que Marcel Dassault était unique.*

« *En effet, il était devenu intouchable car unique. Il alliait les qualités de l'ingénieur au talent du chef d'entreprise. Etre en même temps ingénieur et un très grand industriel, croyez-moi c'est beaucoup*[51]. »

La France s'est dotée avec les Mirage III et Mirage IV d'appareils de niveau international qui font sa réputation. Marcel Dassault ne peut s'arrêter là, il réfléchit déjà aux autres « enfants » de la famille d'avions la plus célèbre au monde.

---

50. Déclaration de Jean Cabrière au colloque *L'Arme nucléaire et ses vecteurs*, CHAE-IHCC, Grand amphithéâtre de la Sorbonne, 24 janvier 1989.
51. Entretien de Michel Debré avec l'auteur.

5

LA SAGA DES MIRAGE DASSAULT ET BREGUET

Mirage. A lui seul, ce nom incarne Dassault, il se confond avec lui. Tous deux sont synonymes de réussite, de grandeur, d'argent, de politique internationale. Au-delà du Mirage se profile une véritable lignée d'avions où chacun a sa place et son caractère propre. Fidèle à sa politique de petits pas, Marcel Dassault multiplie les programmes :

« Il faut prendre les problèmes les uns après les autres et ne pas vouloir faire des bonds trop grands d'un programme à un autre. C'est notre méthode, qui consiste à monter les escaliers marche par marche plutôt que de monter quatre marches à la fois, et cela nous a toujours réussi [1]. »

Le Mirage à décollage vertical

Depuis toujours, ingénieurs et états-majors rêvent d'une formule qui permettrait aux avions de décoller et d'atterrir verticalement dans un minimum d'espace pour pouvoir les amener à opérer le plus près possible de la ligne du front. Par la même occasion, cela permettrait de s'affranchir des contraintes des longues pistes vulnérables.

A la fin des années cinquante, l'ingénieur français Michel Wibault dépose le brevet d'un réacteur dont les gaz d'échappement peuvent être dirigés par deux grandes tuyères orientables, de l'horizontale à la verticale, au gré du pilote. Ce moteur peut à la fois sustenter et propulser un avion. La France ne s'intéresse pas au projet de Michel Wibault qui vend sa licence à la société britannique Bristol. Baptisé Pegasus, ce moteur connaît une brillante carrière en équipant les Harrier à décollage vertical [2].

Ce moteur a pourtant intéressé Marcel Dassault qui a fait étudier un

1. Conférence de presse de Marcel Dassault, 17 octobre 1968.
2. Cet avion équipe, entre autres, la Royal Air Force, la Royal Navy (Sea Harrier) et l'aviation du Corps des Marines aux Etats-Unis.

avion appelé Cavalier. Présenté à l'état-major de l'armée de l'Air, ce projet n'a pas été retenu par le responsable des programmes nouveaux.

Au début des années soixante, l'armée de l'Air française envisage de se doter d'avions à décollage et atterrissage verticaux dans le cadre d'un programme OTAN défini en décembre 1960.

La société Breguet souhaite coopérer avec Hawker Siddeley sur le Harrier ce que rejettent les services officiels français qui préfèrent un avion équipé de réacteurs de sustentation et d'un réacteur de propulsion. Le choix de cette formule mixte, réacteurs verticaux-réacteur horizontal, peut paraître curieux. Il s'explique par la volonté de l'armée de l'Air de disposer d'un avion supersonique ce que ne permet pas le réacteur Pegasus. De plus, elle pense que plusieurs réacteurs verticaux assurent davantage de sécurité.

En 1960, le programme prend corps, un projet à aile delta est lancé. Dassault et Sud-Aviation s'associent pour ce nouveau programme Mirage III V, V pour Vertical :

« Le choix de notre avion a peut-être été hâtif mais il s'explique par notre succès sur le Mirage III et la qualité de nos spécialistes en servomécanique et électronique[3]. »

Prudente, la Société Dassault réalise d'abord un appareil expérimental avant de s'engager dans un modèle définitif. Il est dessiné par une équipe dirigée par Jacques Alberto en utilisant la voilure du Mirage III 001 Balzac ainsi qu'un fuselage étudié et construit en coopération avec Sud-Aviation. Le fuselage loge un réacteur de propulsion Bristol Siddeley Orpheus anglais et huit réacteurs de sustentation Rolls Royce RB 108.

Marcel Dassault n'aime pas cette formule et déclare à Jean Cabrière : *« Vous avez dessiné une pomme de terre avec deux allumettes comme ailes*[4] *! »*

Le 13 octobre 1962, à Melun-Villaroche, René Bigand décolle le nouveau Balzac V 001 assuré par des câbles. Le 18 octobre, il procède au premier vol libre. Le 18 mars 1963, au 17ᵉ vol, il effectue sa première transition du vol vertical au vol horizontal et, le 29 mars, réalise le premier cycle complet décollage vertical – vol horizontal – atterrissage vertical. L'appareil se comporte de façon relativement satisfaisante malgré des problèmes persistants en vol vertical.

En dépit de deux accidents, deux prototypes Mirage III V sont commandés à la fin de 1962. Leur étude est confiée à une équipe dirigée par François Cordié. De leur côté, les Allemands suivent avec intérêt le programme vertical français et, en 1963, engagent des discussions pour l'élaboration d'un programme commun mais qui n'aboutissent pas.

Le Mirage III V est un avion bisonique plus lourd qui préfigure la version opérationnelle. Il est doté de huit réacteurs de sustentation Rolls Royce RB

3. Entretien d'Henri Déplante avec l'auteur.
4. Entretien de Jean Cabrière avec l'auteur.

162 plus puissants et d'un réacteur Pratt et Whitney JTF 10 francisé SNECMA TF 104/106.

Un avion banc d'essais est construit pour ces réacteurs supersoniques à double-flux et post-combustion, le Mirage III T. Il effectue son premier vol le 4 juin 1964 à Istres, piloté par Jean Coureau. D'abord équipé du TF 104, il vole, le 26 janvier 1965 puis avec le TF 106 plus puissant mais qui pose des problèmes :

« Le Mirage III T n'a jamais marché correctement. Quand on allumait la post-combustion, ça faisait " boum-boum " et le moteur s'étouffait[5]. »

Le Mirage vertical amène la Société Dassault à resserrer ses liens avec Boeing. Des relations avaient déjà été ébauchées pour le Mirage III. La société américaine souhaite toujours entrer sur le marché des petits avions de combat en coopérant avec le constructeur français :

« Nous avons eu une très bonne coopération avec Boeing sur le décollage vertical. On a commencé à rédiger un accord d'échange d'informations sur l'aérodynamique, les matériaux, les systèmes. Nous les avons renseignés sur le militaire, ils nous ont renseignés sur le civil.

« Toutefois, Marcel Dassault n'a pas accepté de se lier par cette association. Il était effrayé par la taille de Boeing et a refusé tout accord formel tout en maintenant de bonnes relations informelles[6]. »

De son côté, l'armée de l'Air des Etats-Unis envisage l'achat de deux Mirage III V pour tester la formule mais ne concrétise pas cette éventualité.

Le 12 février 1965, le Mirage III V 01 fait son premier vol stationnaire à Melun-Villaroche aux mains de René Bigand, avec un moteur TF 104. Il effectue sa première transition du vol stationnaire au vol horizontal le 24 mars 1966, piloté par Jean-Marie Saget. Le Mirage III V 02, de son côté, est équipé du réacteur TF 306 de la SNECMA, version française du JTF 30 plus puissant.

Le 12 septembre, le 02 atteint Mach 2,04 en palier. C'est toujours, en 1991, le seul avion à décollage et atterrissage verticaux dans le monde à avoir dépassé Mach 2.

Les essais du Mirage III V s'avèrent complexes :

« Huit moteurs verticaux, un horizontal, plus un autre pour le générateur d'électricité; rien que pour les mettre en route, c'était déjà un problème[7] *!* »

De leur côté, les services officiels commencent à douter du bien-fondé de leur programme. En effet, ils finissent par s'apercevoir, alors que l'avion coûte très cher, que le décollage vertical pénalise les performances, notamment en rayon d'action. Des améliorations, très onéreuses, sur les moteurs apparaissent inévitables pour rendre la formule plus attrayante. Par ailleurs,

---

5. Entretien de Jean Cabrière avec l'auteur.
6. Entretien de Jean Cabrière avec l'auteur. Sur les relations informelles Boeing-Dassault, voir le chapitre 6 de la IIe partie consacré aux appareils civils.
7. Entretien de Jean Cabrière avec l'auteur.

si un tel avion est capable d'opérer à partir de n'importe quel terrain, les problèmes qui en découlent sont difficilement surmontables et donnent lieu à controverse car il faut quand même l'approvisionner en pétrole, en munitions, pouvoir le réparer ce qui n'affranchit pas d'une lourde logistique.

Marcel Dassault est inquiet pour d'autres raisons. Il en fait part, dès juin 1965, au Premier ministre, Georges Pompidou :

« Du fait des retards apportés par la société Rolls Royce pour le développement de ses réacteurs de sustentation, nous nous voyons dans la nécessité de retarder de plusieurs années la sortie en série des avions à décollage vertical Mirage III V, malgré l'excellence de la cellule et notre avance technique dans le monde [8]. »

Le 28 mars 1966, le ministère des Armées décide d'arrêter le programme, invoquant le coût et les difficultés rencontrées dans la mise au point des prototypes tout en laissant se poursuivre les essais. Mais, lorsque le 28 novembre 1966 à Istres, le Mirage III V 02 est accidentellement détruit lors d'essais en vol dérapé, l'occasion est saisie pour arrêter définitivement le développement du programme :

« Ainsi se terminèrent nos efforts. Les programmes verticaux furent très coûteux et stérilisèrent nos énergies sans laisser d'acquis valables.

« La bonne réponse (hélas ! sans suite) était notre premier projet Cavalier à réacteur Bristol Pegasus. Le compromis du décollage sur petite course au sol se révélera être une bonne solution et sera retenue d'ailleurs par les Marines britannique et américaine [9]. »

La Cour des comptes juge sévèrement le ministère des Armées dans son appréciation du coût d'un programme abandonné après une dépense de 267 millions de francs [10]. Elle estime que c'est au moment de lancer l'étude qu'il convenait de comparer l'intérêt de ce type d'avion à son prix de fabrication :

« Or, c'est seulement après l'abandon du projet, soit six ans après le début des études, qu'il fut décidé de comparer le coût de la réalisation d'appareils à décollage vertical avec celui des avions classiques de performances sensiblement équivalentes, afin d'apprécier l'importance relative des servitudes inhérentes à la formule du décollage vertical [11]. »

En 1974, Marcel Dassault apporte de nouvelles explications :

« Le réacteur TF 306, qu'on a eu le tort d'abandonner car c'est ce même réacteur qui équipe aujourd'hui les deux avions américains [12]*, a coûté à la France 75 milliards d'anciens francs.*

« Les réacteurs de Rolls-Royce pour la sustentation ont coûté 25 milliards [13].

---

8. Lettre du 14 juin 1965 au Premier ministre Georges Pompidou, archives Dassault.
9. Henri Déplante, *A la conquête du ciel*, page 179.
10. Environ 1,2 milliard de francs 1990.
11. Rapport de la Cour des comptes au président de la République sur l'année 1970, *Journal officiel* du 4 juillet 1972, page 471.
12. Marcel Dassault fait allusion aux prototypes General Dynamics F 16 et Northrop F 17.
13. Marcel Dassault a l'habitude de compter en anciens francs.

« Retirez 100 milliards de l'expérience d'un avion supersonique à décollage vertical qui n'existe nulle part dans le monde, et vous verrez ce qui reste pour la cellule [14]. »

Le ministère des Armées, qui avait demandé l'étude d'appareils à décollage et atterrissage verticaux, s'est aperçu de l'impasse et a fait étudier une solution de remplacement. L'état-major de l'armée de l'Air réclame l'étude d'avions à ailes fixes mais aussi d'avions à flèche variable. Le bureau d'études de la Société Dassault va alors réaliser le tour de force d'étudier et de réaliser conjointement ces deux programmes d'appareils.

Le retour à l'aile en flèche : les Mirage F 2 et F 3

En 1963, l'état-major de l'armée de l'Air avait déjà élaboré un projet d'avion de pénétration basse altitude tous temps, apte à utiliser les pistes courtes et peu préparées, avec une vitesse d'approche inférieure à 140 nœuds (260 kilomètres à l'heure), tout en étant capable d'interceptions à vitesse supersonique.

L'équipe de Jean-Jacques Samin avait étudié le projet Mirage III F 2 biplace qui, pour assurer la condition des 140 nœuds de vitesse d'approche, abandonne l'aile delta. Elle est remplacée par une aile haute à forte flèche largement hypersustentée.

Marcel Dassault n'est pas très enthousiaste devant cet avion, il préférerait une autre solution. Il l'écrit au général de Gaulle :

« Il serait possible de construire un Phantom français équipé de deux réacteurs TF 30 qui serait équivalent à l'appareil américain et probablement supérieur.

« Malheureusement, cet avion de 25 tonnes requiert des crédits importants dont l'armée de l'Air ne dispose pas.

« On en arrive à envisager la construction d'un demi Phantom, le F 2, c'est-à-dire un appareil de 16 tonnes utilisant un seul réacteur TF 30 [15]. »

Le projet intéresse les états-majors français et israéliens. Deux prototypes sont lancés. Le 12 juin 1966 à Istres, Jean Coureau décolle le Mirage III F 2 01. Deux jours plus tard, il atteint Mach 1,2 et, le lendemain, René Bigand passe Mach 1,5. Rebaptisé Mirage F 2 01, ses essais se déroulent de façon satisfaisante.

Cependant, en novembre 1967, constatant la réussite des vols du Mirage G 01, l'état-major se prononce pour des avions à géométrie variable et bimoteurs. Le Mirage F 2 01 est alors officiellement arrêté ce qui ne mécontente pas Marcel Dassault qui, préfèrant construire un avion de chasse qui per-

14. Note de Marcel Dassault du 8 novembre 1974, archives Dassault.
15. Lettre de Marcel Dassault au général de Gaulle du 26 novembre 1965, archives Dassault.

mettrait de concurrencer le Phantom américain, n'apprécie pas cet avion de pénétration.

Un second prototype du F 2, plus petit, demandé par l'armée de l'Air, pour des missions de chasse, d'appui tactique et de maîtrise du ciel, monoplace, le Mirage F 3 n'est pas réalisé du fait de la réussite des programmes d'avions à flèche variable et d'un nouveau changement dans la définition des missions prioritaires de l'armée de l'Air.

Constatant que l'état-major de l'armée de l'Air ne sait pas toujours ce qu'il veut et engage des dépenses importantes sur des programmes qui restent à l'état de prototypes, la Cour des comptes poursuit ses critiques et juge sévèrement le déroulement de ces programmes. Elle regrette que les estimations ayant amené l'annulation soient toujours aussi tardives :

« *Faites en temps utile, elles auraient permis non seulement d'économiser la majeure partie du coût des études en cause, mais aussi d'arrêter plus tôt celles du Mirage F 2 et de ne pas lancer celles du Mirage F 3, qui, à elles deux, reviennent ainsi, moteurs et équipements électroniques compris, à 600 millions de francs environ* [16]. »

Toutes ces hésitations dans les programmes préoccupent Marcel Dassault qui ne voit pas de successeur immédiat au Mirage III.

Le Mirage F 1

A la fin de 1965, il décide de lancer, sur ses fonds propres, un petit F 2 bisonique. Le nouvel appareil, baptisé Mirage F 1, est équipé du réacteur Atar 9 K de la SNECMA, moteur qui équipe le Mirage IV A, et du système d'armes du Mirage III E.

Henri Déplante, de son côté, est partisan d'une remotorisation du Mirage III avec le réacteur Atar 9 K qui équipe le Mirage IV A. La solution qui intéresse un temps l'armée de l'Air n'est finalement pas retenue [17]. De son côté, Marcel Dassault veut absolument répondre aux critiques formulées par l'état-major de l'armée de l'Air sur les trop grandes vitesses à l'atterrissage de la formule delta. Comme ses collaborateurs sont réticents à l'idée d'abandonner l'aile delta, il déclare :

« *Vous êtes bien gentils, mais quand je vous demande d'améliorer l'aile delta, vous ne savez que me dire : " Mettons-lui un moteur plus puissant et un peu plus de combustible. "* [...]

« *Je veux un petit F 2, que nous appellerons d'ailleurs Mirage F 1, respectant l'esprit de la fiche programme de notre état-major; c'est-à-dire capable d'approches à 140 nœuds et de terrains peu préparés. Je veux qu'il*

16. Rapport de la Cour des comptes au président de la République sur l'année 1970, *Journal officiel*, 4 juillet 1972, page 471.
17. Cette solution est adoptée dix ans plus tard, elle donne le Mirage 50.

plaise à nos aviateurs, car il est certain que nous ne pourrons réussir à l'exporter que si notre armée de l'Air l'adopte[18]. »

En choisissant un avion à aile en flèche, Marcel Dassault répond également aux services officiels qui laissent entendre que sa société ne saura pas concevoir des dispositifs hypersustentateurs pour un avion à hautes performances.

Dans son esprit, le Mirage F 1 est un avion de transition en attendant la réalisation d'un bimoteur que souhaite toujours l'armée de l'Air et qu'il aimerait bien construire.

Etudié par l'équipe de François Cordié et Pierre Atlan, réalisé en un temps record, le *Mirage F 1* fait son premier vol à Melun-Villaroche, le 23 décembre 1966, piloté par René Bigand. Le 7 janvier 1967, il atteint Mach 2 à son quatrième vol.

L'armée de l'Air française se trouve alors devant un cruel dilemme. Tous les prototypes qu'elle a demandés : décollage vertical, flèche variable, F 2 et F 3 ne lui conviennent pas pour des raisons techniques, financières ou parce qu'elle change de fiche programme. Elle se retrouve finalement sans avion pour succéder au Mirage III. Il ne lui reste plus qu'à adopter la solution de repli prudemment étudiée par Marcel Dassault sur fonds privés, le Mirage F 1. En mars 1967, une fiche programme est établie :

« *Jamais un avion n'a aussi bien répondu à sa fiche programme... elle a été faite après*[19] *!* »

Serge Dassault apporte des précisions sur les choix de son père :

« *Je crois qu'une des raisons du succès de son entreprise, c'est qu'il avait le génie du possible et de l'opérationnel. C'est ainsi qu'il modifiait quelquefois les spécifications de l'état-major parce qu'il savait qu'elles n'aboutiraient pas à un bon avion*[20]. »

Alors que les essais en vol du F 1 se déroulent, quelques inquiétudes surgissent sur le comportement de l'empennage horizontal. Les calculs amènent à limiter provisoirement la vitesse de l'avion à 600 nœuds. Le 18 mai 1967, au cours d'un vol à basse altitude et à grande vitesse, c'est l'accident. Les empennages horizontaux se sont détachés, l'avion percute le sol près de Fos-sur-Mer. René Bigand, chef pilote de la société vient de se tuer. Marcel Dassault accuse le coup :

« *Il se repliait alors sur lui-même dans une sorte de grande pudeur et refusait d'en parler comme si la mort devait rester étrangère à son univers. Alors que ce n'était pas un grand sentimental, il était traumatisé par la mort de ses pilotes, il la ressentait comme un échec, il se sentait respon-*

---

18. Henri Déplante, *A la conquête du ciel*, pages 190 et 191.
19. Entretien de Roland Glavany avec l'auteur.
20. Entretien de Serge Dassault avec l'auteur.

sable. Je me souviens qu'il me disait souvent avant un vol : " Que Dieu vous garde[21] *! " »*

Malgré l'accident, les services officiels demandent la poursuite du programme qui, jusqu'alors, avait donné satisfaction. En septembre 1967, trois avions de présérie à réacteur Atar 9 K 50 sont commandés. Ils sont étudiés par l'équipe de Jean-Jacques Samin.

L'armée de l'Air française subit ses erreurs et s'équipe d'un appareil qu'elle n'avait pas commandé. Cela ne lui plaît guère, ce qui fait dire à son chef d'état-major en 1975 :

« Les choses ne se sont pas passées comme le souhaitait l'armée de l'Air, bien qu'à l'époque le monopole n'existât pas encore. Le F 1 fut imposé à l'armée de l'Air. Celle-ci n'en voulait pas, non pas parce qu'elle avait des doutes sur la réussite de cette machine, mais parce qu'au point de vue opérationnel, cet avion ne présentait pas par rapport au Mirage III, un progrès suffisant pour justifier les dépenses considérables qu'entraîne l'acquisition d'un nouveau type d'appareil, sans compter les problèmes de maintenance et de ravitaillement dont elle s'accompagne. Il y eut alors influence du constructeur sur les choix de l'armée de l'Air[22]. »

Le Mirage F 1 02, corrigé des défauts de son prédécesseur, accomplit son premier vol à Istres, le 20 mars 1969, piloté par Jean-Marie Saget et atteint Mach 1,15.

Les essais se poursuivent à un rythme accéléré et, le 23 avril 1969, Jean Coureau atteint Mach 2,12 lors du 15ᵉ vol.

La série du Mirage F 1 C, à réacteur Atar 9 K 50 est lancée. Le premier vol a lieu à Mérignac, le 15 février 1973, aux mains d'un nouveau pilote Guy Mitaux-Maurouard[23].

Comme pour les autres productions de série, la fabrication est répartie entre plusieurs coopérants et sous-traitants français et même étrangers.

Un temps, le Mirage F 1 fait l'objet de l'intérêt de la société Boeing qui veut toujours revenir sur le marché des avions de combat. Cet intérêt entraîne une relance des tentatives de coopération entre les deux sociétés. C'est ainsi que Marcel Dassault écrit en 1971 :

« C'est avec plaisir que nous envisageons une collaboration avec votre société, notamment en ce qui concerne l'intercepteur F 1[24]. »

Boeing demande un avion équipé de réacteurs américains. La société Dassault étudie un appareil qui pourrait être propulsé par un General Electric J 79 ou par un Pratt & Whitney TF 306. Mais, une nouvelle fois, le projet de coopération ne peut se concrétiser car il apparaît vite que l'armée de l'Air

21. Entretien de Roland Glavany avec l'auteur.
22. Général Claude Grigaut, revue *Défense nationale*, août-septembre 1975, page 17.
23. Futur chef pilote de Dassault Aviation, premier pilote d'essai du Rafale.
24. Lettre au Senior Vice President de Boeing, 5 janvier 1971, archives Dassault.

des Etats-Unis ne peut accepter un avion qui ne soit pas entièrement national.

Dès le début, le Mirage F 1 connaît un grand succès à l'exportation. Pour ses clients, Dassault étudie des versions différentes mais toutes équipées du réacteur Atar 9 K 50, à une exception près : le Mirage F 1 E équipé d'un M 53 de la SNECMA, lancé le 16 mars 1973 avec le soutien du gouvernement. La construction d'un prototype à réacteur M 53 est étudiée par l'équipe dirigée par Bruno Revellin-Falcoz.

Le Mirage F 1 E – M 53 répond aux besoins de quatre pays, membres de l'OTAN soucieux de remplacer leur Lockheed F 104 Starfighter. L'avion se trouve en concurrence avec les prototypes américains General Dynamics F 16 et Northrop F 17 puis avec le seul F 16 avec lequel s'engage une âpre compétition [25].

Alors qu'elle développe ses avions à aile en flèche F 2, F 3 puis F 1, la société Dassault est également engagée dans d'importants programmes d'appareils à flèche variable.

Le Mirage à flèche variable

En 1961, l'OTAN lance un nouveau programme d'avion de combat et préconise une aile à flèche variable [26]. Dès 1962, la société Dassault effectue ses premières études sur la flèche variable. L'année suivante, les services officiels français confient une étude de faisabilité à Breguet qui, en 1964, dévoile un projet bientôt en concurrence avec celui de Nord-Aviation.

Voulant participer à ce nouveau programme OTAN destiné aux marines de l'Alliance atlantique, Marcel Dassault décide d'étudier, sur ses propres fonds, un appareil biréacteur embarqué MD 800, doté d'aile à flèche variable [27].

Pour le lancement des nouveaux programmes, Marcel Dassault, maître incontesté chez lui, tient néanmoins compte de l'avis de ses proches collaborateurs et particulièrement de celui de Benno Claude Vallières, le président. Entre eux, c'est en apparence le jeu du chat et de la souris, en réalité ils sont parfaitement en harmonie.

Quand Marcel Dassault veut lancer une modification qui entraîne des dépenses, il dit : « *Il va falloir en parler à Vallières* ». L'intéressé, qui tient les cordons de la bourse, répond souvent que ce n'est pas possible. Marcel

25. La compétition Mirage F 1 E – F 16 fait l'objet d'une analyse dans le chapitre 9 de la IIe partie consacré aux exportations.

26. Les ailes se plient vers l'arrière pour les grandes vitesses et se déploient pour les vitesses moindres ainsi que pour le décollage et l'atterrissage. L'expression géométrie variable est aussi employée.

27. Cet appareil est également destiné à répondre au programme *Daphné* de l'Aéronautique navale française.

Dassault insiste : « *Mais si, ça ne coûte pas si cher que ça !* ». Comme Benno Claude Vallières s'y refuse encore et lui dit qu'il va faire faillite, Marcel Dassault tranche alors en disant :

« *Bon, si vous n'avez pas assez, je compléterai avec mes petites économies* [28] *!* »

En juillet 1964, dans le cadre du programme d'avion école et d'appui tactique (ECAT) demandé par l'armée de l'Air, le bureau d'études de Dassault propose les MD 921 et MD 922, biréacteurs à géométrie variable.

En février 1965, le projet Dassault, étudié par l'équipe de Jean-Paul Emoré, est choisi. Le Mirage G, version optimisée à flèche variable du Mirage F 2, intéresse l'armée de l'Air et l'Aéronautique navale.

L'ÉCHEC DE LA COOPÉRATION FRANCO-BRITANNIQUE

Dans le cadre d'accords franco-britanniques sur la construction en commun du Jaguar [29], un programme complémentaire de biréacteur à flèche variable est lancé le 17 mai 1965.

L'attribution de la maîtrise d'œuvre du projet fait l'objet d'une curieuse répartition : British Aircraft Corporation est maître d'œuvre pour la cellule et la SNECMA pour le moteur :

« *C'était une idée contre nature* [30] *!* »

Marcel Dassault n'accepte pas d'être relégué à la deuxième place et décide de se retirer :

« *Dassault se sentait capable de faire la géométrie variable seul. Il ne voulait pas la faire avec les Anglais. Il a traîné les pieds dans cette affaire et a fait traîner les pieds par les responsables de l'armée de l'Air* [31]. »

En fait, Marcel Dassault n'a pas confiance dans la volonté des Britanniques. Pourquoi construiraient-ils un avion à flèche variable alors que la *Royal Air Force* vient de s'équiper d'avions américains McDonnell Phantom? Il craint que la construction en série de l'avion à flèche variable ne se trouve retardée jusqu'au milieu des années soixante-dix :

« *D'où la nécessité pour l'armée de l'Air, pour l'industrie et pour la continuation de nos exportations, de construire des Phantom français qui sont les Mirage F 2* [32]. »

Sa décision est approuvée par le gouvernement français qui voit avec inquiétude l'avion prendre du poids donc coûter plus cher. Le retrait est finalement annoncé le 29 juin 1967.

Pierre Messmer apporte des éléments complémentaires :

« *Quand on a négocié, les Anglais voulaient absolument faire la cellule. Ils avaient une idée derrière la tête. Ils pensaient que Rolls Royce ayant un*

---

28. Propos rapportés par Jean Cabrière à l'auteur.
29. Voir pages suivantes.
30. Entretien de Jean Cabrière avec l'auteur.
31. Entretien de Pierre Messmer avec l'auteur.
32. Lettre du 14 juin 1965 au Premier ministre Georges Pompidou, archives Dassault.

bon plan de charges pouvait se passer de la maîtrise d'œuvre sur le moteur mais aussi que la SNECMA ne serait pas capable de le réaliser donc qu'il finirait par récupérer le programme complet. C'est la raison profonde de l'échec [33]. »

Lors d'une conférence de presse, un journaliste questionne Marcel Dassault :

« Pourquoi avez-vous décidé de continuer seul avec l'avion à géométrie variable plutôt qu'avec les Anglais, en collaboration? »

Il répond, avec une grande diplomatie :

« Je ne peux pas oublier que c'est l'aviation anglaise qui a gagné la bataille d'Angleterre, qu'on pourrait aussi bien appeler la bataille de la Liberté. D'un autre côté, les constructeurs anglais ont toujours eu beaucoup d'estime pour moi, comme j'en ai pour eux : ils m'ont décerné la grande médaille d'or de la Royal Aeronautical Society.

« Je suis le premier Français après Blériot à avoir reçu cette distinction. Je n'ai pas à me plaindre, et j'aurais été très heureux de faire un avion franco-anglais. »

Cette aimable entrée en matière cache une suite plus incisive :

« Seulement, il est arrivé ceci : c'est que dans la collaboration franco-britannique, il y a eu un premier projet qui a été le Jaguar, et un second, le Concorde.

« Ces deux projets sont partis avec une certaine dépense qui s'est trouvée augmentée, si bien que, lorsque la Société Dassault est arrivée en troisième position pour faire un avion à géométrie variable avec les Anglais, après nous avoir fait travailler pendant un certain nombre de mois, le gouvernement français a déclaré qu'il n'avait pas d'argent pour faire ce programme, tout au moins dans les délais qui étaient envisagés à l'époque. »

Il énonce un autre problème, celui des moteurs :

« Pour faire le programme franco-anglais, il fallait non seulement faire un avion, mais il fallait faire aussi un moteur, puisqu'il était question d'un bimoteur. Avec les moyens du bord en quelque sorte, et pour un prix relativement très modique, nous avons sorti le Mirage G monomoteur, qui nous a placés dans le domaine de la géométrie variable. Mais, si un jour il y a une occasion de reprendre un projet avec les Anglais, j'en serais le premier heureux, et mes collaborateurs également [34]. »

Marcel Dassault poursuit les études sur son propre appareil : le Mirage G. Le 13 octobre 1965, il obtient la commande du ministère des Armées :

« On a lancé un modèle français parce que c'était intéressant [35]. »

33. Entretien de Pierre Messmer avec l'auteur.
34. Conférence de presse du 17 octobre 1968.
35. Entretien de Pierre Messmer avec l'auteur.

Le Mirage G

C'est un appareil biplace d'un poids de 15 tonnes, monoréacteur Pratt & Whitney/SNECMA TF 306. Il vole à Istres, pour la première fois, le 18 novembre 1967, aux mains de Jean Coureau, la flèche de l'aile est calée à 25 degrés.

Le 24 novembre, il vole avec 55 degrés de flèche et, le 25 novembre, au 7e vol avec la flèche maximale de 70 degrés, il atteint Mach 1,5. Le 8 décembre, trois semaines seulement après le premier vol, Jean Coureau atteint Mach 2,1. Le lendemain, l'avion est aux mains du Centre d'essais en vol.

Des pilotes de l'*US Navy* testent l'appareil en 1968 et en font l'éloge. Une visite du directeur technique de l'armée de l'Air des Etats-Unis confirme ces premières impressions positives mais, en même temps, sème l'inquiétude en annonçant que l'*US Air Force* semble s'orienter vers un appareil à aile fixe : le McDonnell Douglas F 15.

A cette époque, les relations des industriels français avec le gouvernement américain vont moins bien.

Dans son discours de Pnom Penh, le 1er septembre 1966, le général de Gaulle a vivement critiqué l'intervention américaine au Vietnam; les relations franco-américaines en pâtissent. Les Etats-Unis émettent les plus expresses réserves sur une éventuelle demande d'exportation d'avions français équipés de leurs réacteurs Pratt & Whitney. Pierre Messmer se souvient du problème :

« Les moteurs, c'était une constante chez Marcel Dassault et des difficultés pour mon ministère. Marcel Dassault considérait que la France avait de mauvais moteurs sauf en ce qui concerne les petites puissances. Il préférait des moteurs américains, c'était également le cas de l'état-major de l'armée de l'Air. La Délégation ministérielle pour l'Armement et moi étions contre car si nous voulions que la SNECMA puisse devenir un bon motoriste, il fallait lui passer des commandes. D'un autre côté, Marcel Dassault s'est vite rendu compte qu'il fallait posséder un moteur français pour exporter [36]. »

Finalement, la Marine nationale annonce qu'elle ne souhaite plus se doter d'un avion à flèche variable; Marcel Dassault arrête alors le programme du monoréacteur.

Néanmoins, encouragée par des essais particulièrement prometteurs, la Société Dassault propose divers développements rendus possibles par les études menées pendant la période de coopération franco-britannique.

Le programme Mirage G entraîne une nouvelle tentative de coopération de la Société Dassault avec les Etats-Unis.

---

36. Entretien de Pierre Messmer avec l'auteur.

En 1968, une quinzaine de personnes du bureau d'études de Dassault passe l'été aux Etats-Unis, chez LTV (Ling Temco Vought) pour travailler sur un dossier commun pour le Pentagone qui vient de lancer un concours d'avion à flèche variable pour la Marine américaine.

Le 17 octobre, dans une importante conférence de presse, Marcel Dassault annonce que sa société a fait l'étude d'un biréacteur à géométrie variable pour le compte de la société américaine. Cette dernière se réserve la création du système d'armes complet de l'appareil qu'elle compte présenter au concours de la Marine.

Cette annonce entraîne de vives réactions de la part des Britanniques qui s'estiment trahis et affirment n'avoir jamais été tenus au courant de l'existence des projets français. Jean Cabrière ne partage pas ce point de vue :

« C'est moi qui leur en ai parlé et qui, devant leur incrédulité, leur ai fait visiter le prototype du Mirage G[37]*. »*

Finalement, le concours de l'*US Navy* est remporté par le biréacteur F 14 Tomcat de Grumman :

« Quand on a perdu, les Américains nous ont dit : " Vous êtes des enfants de chœur. LTV ne pouvait gagner mais c'était pour avoir à l'œil votre savoir-faire dans ce domaine. "

« On a été surpris quand Grumman nous a demandé quelques renseignements complémentaires sur notre dossier, mais les choses ont été bien arrangées entre nous[38]*. »*

En effet, aux Etats-Unis, la coutume veut que le gagnant d'un concours ait accès à tous les dossiers techniques des perdants. Les Français l'ignoraient.

Le Mirage G 4

En France, l'état-major de l'armée de l'Air décide d'opter pour un biréacteur purement français destiné à remplir des missions de Reconnaissance, Attaque, Guerre Electronique Lointaine (programme RAGEL) et commande deux prototypes, baptisés Mirage G 4, en septembre 1968.

Les moteurs américains n'étant plus disponibles, le Mirage G 4 est équipé de deux réacteurs 9 K 50 de la SNECMA. L'avion est étudié par l'équipe dirigée par Jean-Claude Brabant.

Deux ans plus tard, il apparaît que le coût du programme excède les possibilités financières de l'armée de l'Air qui, de plus, a changé la priorité des missions. L'état-major s'oriente alors vers une version G 8 monoplace biréacteur plus légère pour des missions d'interception.

---

37. Entretien de Jean Cabrière avec l'auteur.
38. *Ibid.*

Le Mirage G 8

La commande des deux prototypes G 4 n'est pas annulée mais le programme évolue. Le Mirage G 4 01 biplace prend le nom de G 8 01. Il fait son premier vol à Istres, le 8 mai 1971, piloté par Jean-Marie Saget et dépasse Mach 2 à son quatrième vol.

Le deuxième prototype, en cours de construction, est transformé en monoplace. Il devient le Mirage G 8 02 qui effectue son premier vol à Istres, le 13 juillet 1972, piloté par Jean-Marie Saget. Il atteint, le 13 juillet 1973, pour son premier anniversaire, la plus grande vitesse jamais réalisée par un avion européen : Mach 2,34 à 15 000 mètres d'altitude [39].

Marcel Dassault s'inquiète de tous les changements de missions que demande l'état-major. Ils risquent de pénaliser le programme :

« *Je crois que la géométrie variable est surtout intéressante pour les décollages courts, en particulier pour les pays qui ont des porte-avions qui peuvent emmener des avions lourds. La géométrie variable est avantageuse pour les missions à basse altitude. Par contre, la géométrie fixe est supérieure pour l'air-superiority et pour l'appui. Alors, c'est à l'état-major de définir ses missions* [40]. »

Changeant à nouveau d'avis, l'état-major de l'armée de l'Air demande un avion pour des missions de supériorité aérienne et un appareil adapté à l'appui tactique !

Finalement trop cher et inadapté aux missions, le programme d'avions à flèche variable est abandonné. L'*US Air Force* avait donné l'exemple en adoptant une aile fixe pour le F 15 [41] :

« *On l'a annulé car ça coûtait trop cher. Nous ne pouvions commander que peu d'avions et en plus le prix les rendait inexportables. Ou bien on faisait la géométrie variable et on avait au plus qu'une centaine d'appareils ou on en faisait un moins brillant et on en avait davantage* [42]. »

Le gouvernement français, en voulant s'engager seul dans des projets dont l'ampleur financière le dépassait, a peut-être laissé passer l'occasion de participer au programme Tornado dont l'industrie aéronautique française maîtrisait parfaitement les données techniques :

« *Je voulais que la France se maintienne dans la course technologique. J'espérais que la coopération internationale nous permettrait de rester à niveau dans ce domaine mais ça ne s'est pas fait* [43]. »

De son côté, Marcel Dassault regrette l'abandon du programme à flèche

39. En 1991, cette vitesse est toujours inégalée.
40. Conférence de presse de Marcel Dassault du 3 juillet 1972.
41. Le McDonnell F 15 Eagle a effectué son premier vol le 27 juillet 1972.
42. Entretien de Pierre Messmer avec l'auteur.
43. *Ibid.*

variable qui constitue, à ses yeux, une de ses plus belles innovations et réalisations [44] :

« Les avions à géométrie variable ont été parfaitement réussis et ont fait l'admiration des Américains qui sont venus les faire voler.

« S'ils ont été abandonnés, c'est parce que la France ne pouvait pas se payer deux types d'avions : un pour la pénétration à basse altitude et l'autre pour la supériorité aérienne. La géométrie variable ne convenait pas pour la supériorité aérienne parce que trop chargée au mètre carré [45]. »

Les demandes de l'état-major de l'armée de l'Air évoluent alors vers un avion moins chargé au mètre carré pour obtenir une meilleure maniabilité afin d'esquiver les nouveaux engins air-air et air-sol qui deviennent très performants.

L'Avion de Combat Futur : ACF

Au mois de mai 1972, une nouvelle fiche programme de l'armée de l'Air fait évoluer la formule de la flèche variable au profit d'une voilure fixe de surface plus importante. Elle donne naissance au projet d'Avion de combat futur (ACF). La Société Dassault propose un biréacteur SNECMA M 53 doté d'une voilure de 41 mètres carrés avec une flèche de 55 degrés au bord d'attaque, montée sur un fuselage du type Mirage G 8.

Marcel Dassault aime construire des prototypes d'avions bimoteurs mais il reste conscient de la nécessité de conserver un créneau d'avion monoréacteur et l'écrit à Valéry Giscard d'Estaing :

« Du fait qu'il ne subsistera aucun crédit pour réaliser un monomoteur, nous risquons de perdre notre clientèle à l'exportation de monomoteurs qui s'élève aujourd'hui à plus de 1 500 Mirage, et qui font vivre l'ensemble de l'industrie aéronautique.

« Nous sommes si conscients de ce problème qu'en même temps que nous signerons le marché de l'ACF, nous nous engagerons à construire à nos frais et sans aide de l'Etat un monomoteur Mirage 2000, delta moderne, dont les performances étonnantes sont appréciées par tous les services de la défense et de l'état-major.

« Ainsi sommes-nous assurés de conserver et de développer notre clientèle de monomoteurs [46]. »

Bernard Capillon apporte des précisions sur les réactions de Marcel Dassault à cette époque :

« Quand j'étais à l'Elysée, à l'état-major particulier du président de la République, j'ai fait des dossiers sur l'ACF que voulait le chef d'état-major

44. Lettre de Marcel Dassault du 22 octobre 1971, archives Dassault.
45. Note de Marcel Dassault du 8 novembre 1974.
46. Lettre de Marcel Dassault au président Valéry Giscard d'Estaing du 4 novembre 1975, archives Dassault.

de l'époque, le général Grigaut. J'ai été marqué par le fait que Marcel Dassault était non seulement au service du client mais qu'il était aussi apte à lui expliquer que ce qu'il voulait devait être dans le domaine du réalisable. Si, pour des raisons diverses, il en était autrement, il savait s'adapter aux circonstances avec le souci premier de servir la France puis son entreprise[47]. »

Le programme ACF couvrirait une fabrication de 100 appareils. Il est estimé à 18 milliards de francs à amortir sur une période de huit ans. L'avion s'avère vite trop coûteux et donc difficilement exportable. Il disparaît à son tour après une dépense de 610 millions de francs[48] avant même que le prototype n'ait volé. Quand Marcel Dassault apprend que l'appareil ne sera pas commandé, il adopte immédiatement une solution de repli : «*Ah bon! On n'a pas d'argent! Alors on va faire un monomoteur*[49]. »

En novembre 1975, le président Valéry Giscard d'Estaing consulte Marcel Dassault sur son intention d'arrêter le programme ACF. Ce dernier répond :

« *J'ai l'honneur de vous faire savoir que, suivant vos conseils, j'ai beaucoup réfléchi.*

«*Avec un regret pour l'ACF, vous seul étant capable d'envisager ce problème dans son ensemble, je sais que la décision que vous prendrez sera la meilleure dans l'intérêt du Pays*[50]. »

En décembre 1975, le Conseil de défense décide l'abandon du programme ACF et se rallie à la solution proposée par la Société Dassault d'un appareil à aile delta qu'elle a étudié sur ses propres fonds depuis 1974, le Mirage 2000.

Le Mirage 2000, réutilise une partie des études du programme ACF essentiellement pour la définition du système d'armes[51]. Mais, comme il est d'une conception aérodynamique différente, il ne reprend presque aucune autre donnée définie sur l'ACF.

L'explication des hésitations dans la définition des missions

Cette décision de commander le Mirage 2000 peut paraître surprenante. En fait, elle est la conséquence des hésitations des responsables politiques et militaires.

Dans un monde en perpétuelle évolution, les stratégies de défense doivent s'adapter. Aux divers changements de stratégie succède généralement un projet d'avion différent qui provoque l'annulation du programme précédent et oblige les bureaux d'études à s'adapter rapidement à la nouvelle

---

47. Entretien de Bernard Capillon avec l'auteur.
48. Environ 1,8 milliard de francs 1990.
49. Propos rapportés par Henri Martre, alors délégué général pour l'armement, à l'auteur.
50. Lettre du 24 novembre 1975, archives Dassault.
51. Un tiers environ des dépenses totale de l'ACF.

demande. Ceci peut être accepté et relève de la responsabilité des hommes politiques chargés d'orienter la politique de défense.

Aux divers changements de chef d'état-major succède souvent une nouvelle conception des missions des avions. Une nouvelle fois, les programmes à l'étude ou en expérimentation sont soit modifiés, soit purement et simplement annulés. Ceci est moins acceptable.

C'est ainsi qu'entre 1960 et 1975, l'état-major de l'armée de l'Air a successivement envisagé :

– La recherche de la « survie » avec les avions à décollage et atterrissage verticaux Balzac et Mirage III V en 1960;

– En 1964, la pénétration offensive à basse altitude avec le Mirage F 2 biplace;

– La polyvalence avec l'avion à flèche variable franco-britannique en 1965;

– En 1966, l'interception à haute altitude avec le Mirage F 3 monoplace;

– En 1968, la reconnaissance et la guerre électronique avec l'appareil à flèche variable Mirage G 4;

– La supériorité aérienne avec le Mirage G 8 à flèche variable en 1969 puis avec l'avion de combat futur ACF à aile fixe en 1972;

– En 1973, faute du radar nécessaire, retour à la pénétration offensive à basse altitude;

– En 1974, pour faciliter l'exportation, un Conseil de défense décide d'accorder la priorité à la supériorité aérienne avec le Mirage G 8 A;

– Début 1975, à nouveau, faute de l'indispensable radar, retour à la mission de pénétration avec un Mirage G 8 allégé. En juin, la construction du prototype est stoppée devant l'ampleur financière du programme. En juillet, l'état-major propose le retour à la supériorité aérienne mais avec un radar simplifié. Le 18 décembre 1975, le gouvernement décide l'abandon du programme Mirage G 8 allégé pour commander le Mirage Delta 2000 proposé par Dassault pour des missions polyvalentes.

Le coût total des programmes d'avions et de moteurs annulés de 1960 à 1975 a été estimé à 1 930 millions de francs [52]. Sur cette somme, environ 250 millions ont contribué à l'acquisition d'un savoir faire utile pour le Mirage 2 000. En 1977, ces dépenses ont été sévèrement jugées par l'Assemblée nationale :

«Au cours de la dernière décennie, l'état-major a fait preuve, en matière d'aéronautique militaire, d'une certaine irrésolution, qui explique les remises en causes successives de programmes d'avions d'armes. [...]

« Des remises en cause trop fréquentes des programmes furent-elles les conséquences de la succession des hommes à la tête de l'armée de l'Air? La réponse paraît évidente. Elle suppose toutefois que la Délégation ministérielle pour l'armement se soit cantonnée dans un rôle strictement technique et n'ait pas tenté de représenter l'élément de permanence face au défilé des chefs militaires. Fort heureusement, la valeur des bureaux d'études et la

52. Environ 6 milliards de francs 1990.

capacité d'adaptation des industriels français ont permis de présenter des matériels compétitifs, leurs succès à l'exportation en témoigne[53].

A l'intérieur de la Société Dassault, certains responsables protestent régulièrement quand on aborde le fait que Marcel Dassault ait pu imposer ses vues craignant qu'on en déduise qu'il est en grande partie responsable du gaspillage des deniers de l'Etat :

« *Ce gaspillage est plutôt dû aux atermoiements de l'Etat qui change trop souvent de mission principale (pénétration longue distance/défense aérienne).*

« *Je crois qu'on ferait mieux de présenter les choses d'une autre façon. Tous les dix ans, on a fait une série d'avions de combat, et c'est ce qui a permis d'alimenter l'armée de l'Air en produits performants : Mirage III, puis F 1, puis 2000, puis Rafale. Entre-temps, pour ne pas disloquer les équipes et pour faire progresser la technologie, l'Etat nous paie des avions expérimentaux, de technique plus aléatoire, qui pourraient éventuellement déboucher sur des produits valables : les V dans les années soixante, les G dans les années soixante-dix, le Rafale dans les années quatre-vingt*[54]. »

Tout le problème réside dans la possibilité qu'a ou n'a pas l'Etat d'entretenir le bureau d'études avec des prototypes expérimentaux qui ne débouchent pas sur des fabrications en série. On ne peut que remarquer que tous les appareils commandés sur initiative de l'Etat, Mirage I, Mirage F 2 et F 3, les Mirage à flèche variable et l'ACF, qui étaient prévus pour faire l'objet de séries et pas seulement pour faire avancer la technologie, ont tous été abandonnés alors que certains étaient réussis technologiquement.

Si Marcel Dassault n'avait pas su prévoir et financer sur fonds privés l'avion qu'il fallait (Mirage III, Mirage F 1, Mirage 2000) en fonction des moyens financiers de l'Etat et des impératifs d'exportation, sa société se serait retrouvée sans travail, le bureau d'études aurait été dissous et ses ingénieurs dispersés. C'est parce qu'il a su prendre de tels risques industriels que sa société s'est non seulement maintenue mais a progressé et que l'armée de l'Air a pu être équipée de modèles d'avions français même si elle ne les souhaitait pas à l'origine.

53. *Journal officiel*, Assemblée nationale, Annexe n° 2 815 du 21 avril 1977, « Rapport de la Commission d'enquête parlementaire sur l'utilisation des fonds publics alloués aux entreprises privées ou publiques de construction aéronautique », page 160.

54. Source privée.

Le retour à la formule delta : le Mirage 2000

Etudié par l'équipe de Jean-Paul Emoré le Mirage 2000 est doté du nouveau moteur SNECMA M 53. Il est d'abord appelé Delta 2000 car il marque le retour à l'aile delta [55].

Dès décembre 1975, quatre prototypes du Mirage 2000 sont lancés sous contrat officiel. Le Mirage 2000-01 effectue son premier vol à Istres, le 10 mars 1978, piloté par Jean Coureau. Cet appareil est le meilleur aboutissement de la formule delta grâce à l'introduction des commandes électriques :

« La plus grande innovation technologique de l'après-guerre, c'est le tout électrique qui a permis de faire voler un avion instable ainsi que le tout digital [56]. »

« La stabilité artificielle des avions actuels constitue le plus grand progrès, c'est ce qui m'a le plus étonné depuis la guerre [57]. »

Néanmoins, le Mirage 2000 présente deux inconvénients : il n'a ni son moteur ni son radar définitifs car ce n'était pas ce type d'avion qui était prévu pour équiper l'armée de l'Air mais l'ACF d'une taille supérieure et bimoteur.

Le radar demandé par l'armée de l'Air est du type Doppler à impulsion, c'est-à-dire qu'il peut détecter des cibles vers le bas en les distinguant des échos du sol. Malheureusement, un tel radar n'est pas encore disponible :

« Il y a dix ans environ, ayant pressenti que l'armée de l'Air aurait un jour besoin d'un radar Pulse Doppler, j'ai, en accord avec M. Ponte, président directeur général de la CSF à l'époque, proposé au Service technique du ministère de la Défense la réalisation d'un tel radar.

« Avec l'accord de vos services, nous avons commencé cette étude, et au bout d'un an nous avions déjà réalisé une maquette sur table qui semblait donner satisfaction.

« Mais, comme il arrive souvent – probablement par manque de crédits – cette étude a été arrêtée [58]. »

Le radar prévu à l'origine était celui de l'ACF mais il est trop volumineux pour tenir dans le nez du Mirage 2000, il faut donc le remettre à l'étude et l'adapter au nouvel avion.

Quant au réacteur, la version retenue, le SNECMA M 53 P 2 de 9,5 tonnes de poussée n'étant pas encore disponible, les premiers exemplaires de Mirage 2000 livrés à l'armée de l'Air sont alors équipés du M 53-5 de 8,5 tonnes de poussée.

---

55. Il est muni de commandes de vol électriques et doté d'une stabilité longitudinale artificielle ce qui lui permet d'augmenter sa portance en combat et en approche par apport d'un braquage d'élevons favorable. Cette formule constitue une première en France pour un avion de combat. L'emploi de matériaux composites à base de fibres de carbone ainsi qu'un système d'armes intégré et numérisé le rendent nettement plus léger.
56. Entretien de Jean Cabrière avec l'auteur.
57. Entretien d'Henri Déplante avec l'auteur.
58. Lettre de Marcel Dassault du 9 septembre 1975 au ministre de la Défense Yvon Bourges, archives Dassault.

Deux versions successives sont donc réalisées, le Mirage 2000 équipé du M 53-5 et du radar RDM puis le Mirage 2000, réacteur M 53 P2, radar RDI.

Finalement, le réacteur et le radar définitifs ne sont opérationnels, dans l'armée de l'Air, qu'en 1990. Elle dispose donc de deux modèles d'intercepteur alors que la cellule est identique. Marcel Dassault est conscient de ces points faibles. En 1978, il déclarait déjà sur RTL :

« Devant le manque de puissance des moteurs français, pour le 2000 nous sommes revenus à la solution du delta parce qu'elle est plus légère, plus simple, moins coûteuse, plus rustique, etc. Néanmoins nous avons mis au point de nouveaux dispositifs qui font que finalement le 2000, bien que delta, se pose et décolle encore mieux que le F 1. Mais il est évident que si nous avions des moteurs de la puissance des moteurs américains, nous serions beaucoup plus tranquilles. Alors pour arriver à être compétitifs il faut vraiment que les cellules fassent une gymnastique épouvantable. Jusqu'à présent on a réussi, on espère que cela va durer [59]. »

Ces retards freinent les ventes à l'exportation du Mirage 2000 :

« Le moteur n'était pas au point et le radar non plus, alors nous avons préféré vendre l'ancien modèle, c'est-à-dire le F 1 qu'on pouvait livrer. Maintenant que le moteur et le radar commencent à se mettre au point, nous commençons à vendre des 2000 [60]. »

Dès que le réacteur M 53 P2 a pu être disponible, en 1984, les ventes ont démarré. Le Mirage 2000 a été vendu à l'Inde, à l'Egypte, au Pérou, à la Grèce, aux Emirats Arabes Unis [61].

Pour répondre aux appareils américains bimoteurs et particulièrement au McDonnell Douglas F 15 Eagle, la Société Dassault entreprend la mise au point d'une version extrapolée du Mirage 2000, le Mirage 4000.

Le Mirage 4000

Le Mirage 4000 est le résultat d'une analyse de la Société Dassault qui veut réaliser un appareil complémentaire du Mirage 2000 mais concernant également les besoins de la République fédérale d'Allemagne :

« Les Anglais et les Allemands ont fait un avion et un moteur ensemble. Il se trouve que ce sont les Allemands qui sont maîtres d'œuvre du moteur, un moteur de 7,5 tonnes, et ce sont les Anglais qui sont maîtres d'œuvre de l'avion qui s'appelle le Tornado. Bon. C'est un avion à géométrie variable. Comme le 2000 est très réussi, un jour un général allemand a dit à M. Vallières : " Je vous donnerais bien les deux moteurs de 7,5 tonnes que nous

---

59. Marcel Dassault sur RTL, 3 novembre 1978.
60. Marcel Dassault sur Europe 1, 10 avril 1981.
61. Les problèmes d'exportation du Mirage 2000 dans les années quatre-vingt sont analysés au chapitre 10 de la IIIe partie.

fabriquons en Allemagne pour le Tornado pour les monter sur le Mirage 3000. " Alors Vallières a dit : " Bon, eh bien, si vous voulez, la cellule du 2000 est capable de recevoir deux petits moteurs à la place d'un moyen. "

« Et puis il se trouve que dans un accident récent d'hélicoptère de la SNIAS[62]*, ce brave général allemand a trouvé la mort. Il n'est pas dit du tout que ses successeurs aient les mêmes idées que lui et nous ne tenons pas absolument à faire un bimoteur de 7,5 tonnes puisque le 4000 est un bimoteur de 8,5 tonnes*[63]*. »*

Le 9 mars 1979, un an après le prototype Mirage 2000, le Mirage 4000, biplace biréacteur SNECMA M 53, effectue son premier vol à Istres, piloté par Jean-Marie Saget. Cet avion, dû à l'équipe de Bruno Revellin-Falcoz, a été réalisé par la Société Dassault, sous risque privé, avec l'aide des équipementiers, les réacteurs étant prêtés par l'Etat.

Avec le Mirage 4000, Marcel Dassault retrouve son projet de Mirage IV C, avion de chasse envisagé vingt ans plus tôt.

Lors de la commande des Mirage 2000 pour l'armée de l'Air, Marcel Dassault s'entretient avec le président Valéry Giscard d'Estaing à propos du choix entre un bimoteur et un monomoteur, c'est-à-dire entre le Mirage 2000 et le Mirage 4000. A cette époque l'état-major préconise un bimoteur et le président de la République un monomoteur car il pense en vendre davantage à l'exportation.

Marcel Dassault envisage les deux solutions. Si c'est le Mirage 4000 qui est commandé, il construira aux frais de sa société un monomoteur, le 2000, pour l'exportation; si c'est le monomoteur qui est financé, il construira, aux frais de sa société, le 4000, pour l'exportation.

Selon Jean Cabrière, le président Valéry Giscard d'Estaing, recevant Marcel Dassault à l'Elysée, lui aurait dit en tête à tête :

« Je ne commanderai pas le 4000. Je commande le 2000 mais je soutiendrai le 4000 à l'exportation. L'armée de l'Air aura un escadron expérimental[64]*. »*

Marcel Dassault, comme toujours, cherche à rendre son avion polyvalent et veut aussi faire de son Mirage 4000 le successeur du bombardier Mirage IV. Cette possibilité n'intéresse pas le gouvernement qui se prononce contre l'opportunité de donner un successeur au bombardier stratégique. Marcel Dassault fait alors construire un prototype, le Mirage 4000, qui ne répond qu'à une mission : la supériorité aérienne.

Au début des années quatre-vingt, un groupe de pays arabes, regroupés autour de la Jordanie, envisage de commander 200 Mirage 4000 mais finalement ne donne pas suite.

Une commande française de présérie de cinq Mirage 4000 serait néces-

62. Ancienne appellation de la Société Aérospatiale.
63. Marcel Dassault, Antenne 2, 23 novembre 1978.
64. Entretien de Jean Cabrière avec l'auteur.

saire pour lancer ce programme qui suscite à nouveau l'intérêt de plusieurs pays dont l'Arabie Saoudite et l'Irak.

Marcel Dassault hésite à lancer en série un avion qu'il n'a pas les moyens de financer et qui n'est pas commandé par l'armée de l'Air française. Le Mirage 4000 est cher. Ainsi, une série de 50 appareils construite à raison de 12 avions par an entraînerait une dépense d'environ 130 millions de francs, valeur 1985, par appareil.

Marcel Dassault s'est ouvert de cette question au chef d'état-major de l'armée de l'Air qui lui répond qu'il serait très satisfait de posséder des Mirage 4000, mais que cela ne lui paraît pas possible car aucun crédit n'est prévu au budget de l'armée de l'Air et qu'il ne veut, en aucun cas, que l'on diminue les crédits de la série des Mirage 2000.

Devant l'absence de commande nationale, la Société Dassault renonce au programme :

Finalement, le Mirage 4000, c'est peut-être une erreur de la part de Marcel Dassault. Et puis, l'arrivée du Rafale a tué ce programme[65]. »

La Société Dassault commence alors à étudier ce nouveau projet dont l'allure générale et le dessin des entrées d'air tranchent radicalement avec les Mirage tout en conservant l'aile delta complétée d'un empennage canard pilotable[66].

La Société Dassault est célèbre par ses avions Mirage présents sur tous les continents mais elle a aussi réalisé d'autres appareils dont elle n'est pas à l'origine. En effet, en 1967, Dassault a racheté Breguet.

La fusion Dassault – Breguet

En 1966, les pouvoirs publics désirent restructurer l'industrie aéronautique. Le gouvernement demande alors à Marcel Dassault de racheter la société Breguet Aviation fondée, en 1911, par Louis Breguet[67] et appartenant à Sylvain Floirat depuis 1955. Ce dernier estime que Breguet ne rapporte pas assez, il veut s'en séparer pour développer ses activités dans Matra et dans les médias.

Breguet, avec 4 100 employés, a réalisé 275 millions de francs de chiffre d'affaires en 1966. De son côté, la Société Dassault, avec ses 8 500 salariés, a réalisé 1 250 millions de francs.

Les principales productions de Breguet sont l'Atlantic, patrouilleur OTAN et l'Alizé ainsi que la réalisation de fuselages de Fokker F 27 après un accord industriel passé avec cette société en 1961. Elle dispose de deux programmes en coopération qui viennent d'être approuvés par le gouverne-

---

65. Entretien de Jean Cabrière avec l'auteur.
66. Le programme Rafale est analysé aux chapitres 10 et 11 de la IIIe partie.
67. Décédé le 4 mai 1955.

ment : le Jaguar avec la Grande-Bretagne et l'Alpha Jet avec la République fédérale d'Allemagne.

Les négociations aboutissent rapidement, chaque partenaire trouvant un intérêt dans la transaction [68]. Sylvain Floirat effectue une bonne opération financière en vendant les 47 % des actions qu'il possède personnellement; quant à Marcel Dassault, il renforce sa position sur le marché des avions militaires.

Selon Henri Ziegler, directeur général de Breguet à l'époque des négociations et futur président directeur général de Sud Aviation :

« Dassault a acheté très cher Breguet à Floirat qui a fait une excellente affaire.

« Le gouvernement a favorisé ce rapprochement en défavorisant Sud Aviation. Il faut savoir que la différence entre une société d'Etat et une société privée est qu'en période électorale le patron privé peut financer les campagnes [69]. »

Pour faciliter la fusion, les pouvoirs publics ont garanti des programmes nouveaux afin d'assurer un maintien du plan de charges :

« Ces assurances nous ont été données à la fois pour le Jaguar pour la société Breguet et pour le F 1 pour la société Dassault [70]. »

Le 27 juin 1967, Benno Claude Vallières devient président directeur général de Breguet Aviation qui garde son individualité juridique, technique, industrielle et commerciale. Marcel Dassault se montre très satisfait :

« J'ai confié la présidence de ma société à M. Vallières, qui a commencé avec moi et est chez moi depuis 1934. La gestion financière, la discussion des marchés, les relations avec le personnel, c'est lui désormais. J'ai le champ libre pour faire ce qui me plaît, ce qui m'amuse, c'est-à-dire des avions [71]. »

La reprise du personnel et des usines Breguet s'effectue dans son intégralité. Pour éviter les problèmes, Marcel Dassault nomme le directeur du personnel de la GAMD, Michel Logan, ancien syndicaliste CFTC, directeur général du personnel et des affaires sociales et lui donne comme adjoint, le directeur du personnel de Breguet, Pierre Bergougnan.

Les personnels de Breguet sont progressivement mis au niveau statutaire de la Société Dassault ce qui entraîne pour eux une importante augmentation de salaire et des avantages sociaux.

L'ancienne usine de Toulouse-Montaudran est remplacée par une usine moderne construite à Colomiers pour l'assemblage final du Jaguar et de l'Alpha Jet. Quand Marcel Dassault rachète Breguet, il doit faire taire les rumeurs selon lesquelles il ne va pas s'en occuper. Il a alors fait dessiner la nouvelle usine en précisant à son architecte :

---

68. La Société des avions Marcel Dassault a acquis 66 % du capital de Breguet Aviation pour environ 80 millions de francs (200 millions de francs 1990).
69. Entretien d'Henri Ziegler avec l'auteur.
70. Conférence de presse de Benno Claude Vallières, 28 juin 1977.
71. Marcel Dassault, *L'Expansion*, octobre 1967.

« Vous allez leur faire une usine plus belle que les miennes[72] *! »*

Terminée en 1970, l'usine occupe une surface de 18 000 mètres carrés auxquels s'ajoutent 5 000 mètres carrés de bureaux d'études.

Pour faciliter la fusion, les directeurs techniques des deux sociétés, Georges Ricard et Henri Déplante, se retirent; Jean Cabrière devient le directeur technique des deux.

Henri Déplante peut alors se consacrer à sa passion pour les arts et surtout la peinture[73] tout en restant conseiller du président des AMD-BA. Il peut aussi revoir ses amis :

« J'étais très pris par mon travail. On ne se voyait que très peu entre sociétés et quand c'était le cas, c'était souvent lors des enterrements[74]. *»*

En 1981, Henri Déplante qui a alors soixante-quatorze ans, veut se retirer définitivement. Il fait valoir qu'il est fatigué. Marcel Dassault, mécontent, renâcle. Accompagné de Pierre de Bénouville, il vient chercher son collaborateur en voiture pour l'amener passer une visite médicale afin de lui prouver que tout va bien :

« Marcel Dassault a dit au docteur qui m'examinait : " Vous voyez bien que ce jeune homme se porte très bien ! " et comme le docteur hésitait, il a insisté : " Mais si... Mais si[75] *! " »*

Malgré cette ultime tentative, Henri Déplante finit par partir, au grand mécontentement de Marcel Dassault. A l'occasion de la réception offerte lors de son départ, ce dernier lui déclare :

« Cher Henri,

« Vous qui avez une mine superbe, vous n'allez tout de même pas nous laisser tomber, nous qui sommes tout pâles et faméliques.

« Alors vous, quand vous passerez au bureau d'études vous direz aux ingénieurs : " Messieurs les ingénieurs, excusez-moi si je ne suis plus ingénieur que de temps en temps. "

« Donc je pense que cet adieu n'est qu'un au revoir[76]. *»*

A la retraite, Henri Déplante écrit *A la conquête du ciel*, ouvrage relatant les années *« chaudes et laborieuses »* de sa vie. Il y décrit l'évolution technologique des avions qu'il a réalisés depuis qu'il travaille avec Marcel Dassault qu'il appelle souvent son *« petit patron »* :

« Le terme patron est péjoratif mais petit patron, c'est charmant[77] *! »*

Henri Déplante a pu constater la réaction de Marcel Dassault à son encontre lors d'une exposition de ses tableaux dans une galerie :

---

72. Entretien de Tigrane Hékimian avec l'auteur.
73. La décoration du restaurant de la direction du Centre d'essais en vol de Dassault Aviation à Istres est essentiellement constituée de tableaux d'Henri Déplante.
74. Entretien d'Henri Déplante avec l'auteur.
75. *Ibid.*
76. Allocution de Marcel Dassault, archives Dassault.
77. Entretien d'Henri Déplante avec l'auteur.

«A ma grande surprise, Marcel Dassault est venu la visiter et m'a dit : "Je suis votre petit patron, mais vous êtes mon grand ami [78]*." »*

La création des Avions Marcel Dassault – Breguet Aviation

La fusion complète est effective le 14 décembre 1971. Marcel Dassault profite de cette opération pour introduire sa société en bourse. Comme Breguet Aviation est déjà cotée, c'est théoriquement elle qui absorbe la Générale Aéronautique Marcel Dassault. La nouvelle société s'appelle Avions Marcel Dassault – Breguet Aviation, son président directeur général est Benno Claude Vallières.

Le nouveau groupe comprend 15 000 personnes. En ce début des années soixante-dix, un nouvel outil industriel est en place pour produire et mettre en vol les avions de combat et d'affaires à Mérignac, les avions d'appui tactique, d'école, de lutte anti-sous-marine à Toulouse, le Mercure à Istres.

La fusion entraîne le mariage de deux sociétés à la culture industrielle opposée. La Société Dassault est une puissante société à vocation jusqu'alors essentiellement nationale. L'exportation vient en plus, même si elle représente l'essentiel du chiffre d'affaires :

« La Société Dassault estimait avoir une mission messianique de fabrication d'avions militaires pour la défense de la France [79]*. »*

La société Breguet, plus petite, est tournée vers la coopération internationale avec les programmes Atlantic, Jaguar et Alpha Jet.

En absorbant Breguet, la Société Dassault a les cartes en main pour prendre la tête de l'industrie aéronautique européenne d'armement. Mais veut-elle et peut-elle le faire dans le cadre d'une aéronautique européenne, morcelée et nationaliste, dont les programmes réalisés en coopération sont loin d'être un exemple de rigueur industrielle?

Le Br 1150 Atlantic

Cet appareil répond à un programme de patrouilleur de lutte anti-sous-marine défini par l'OTAN en 1958 pour succéder aux Lockheed P 2 Neptune. La société Breguet qui a remporté le marché est désignée comme maître d'œuvre technique. L'appareil effectue son premier vol, à Toulouse, le 21 octobre 1961.

Première opération de coopération européenne, ce programme bénéficie d'une certaine identité de vue des marines de guerre sur la lutte anti-sous-marine. La coordination technique a été confiée, dès le début du programme, à un comité directeur bénéficiant d'une double délégation d'autorité nationale et internationale ; la règle de l'unanimité demeurant pour les

78. Entretien d'Henri Déplante avec l'auteur.
79. Source privée.

décisions importantes. Destiné à équiper les marines de l'OTAN, le Breguet Atlantic est construit avec la participation de la République fédérale d'Allemagne, de la Belgique, des Pays-Bas pour la cellule ; des Britanniques pour les turbopropulseurs, des Américains pour l'électronique [80].

Une telle coopération devrait entraîner un nombre important de commandes, en fait il n'en est rien. Les Etats-Unis développent un avion concurrent, le Lockheed P 3 Orion, les Britanniques construisent une version maritime de l'avion de ligne Comet, le Nimrod. Seuls, la France, l'Italie, les Pays-Bas et la RFA commandent l'appareil pour un total limité à 87 machines. Une partie des coopérants n'a pas joué le jeu préférant un avion national à un avion construit en coopération internationale.

Le Jaguar

Le projet de cet avion remonte à 1964 quand l'armée de l'Air française définit la fiche programme d'un avion d'entraînement avancé pour remplacer ses Fouga-Magister. La société Breguet remporte le marché avec son Br 121. Au même moment, la Grande-Bretagne désire également un avion d'entraînement.

A la suite de l'annulation, en 1965, des principaux programmes d'avions britanniques, consécutive aux commandes passées aux Etats-Unis, le gouvernement Harold Wilson désire faire un geste d'apaisement envers la France. Le 17 mai 1965, est signé un accord de construction, en coopération, de l'avion français Breguet 121 qui doit être équipé d'un réacteur anglo-français, le Rolls Royce/Turboméca Adour. British Aircraft Corporation et Breguet Aviation assurent, chacun sur sa propre chaîne, la construction de l'avion.

Les états-majors militaires des deux pays changent plusieurs fois d'optique. Le Jaguar, conçu à l'origine comme un avion école, finit par devenir un avion d'appui tactique au poids et au prix sans commune mesure avec la fiche programme d'origine.

La décision de lancer un tel programme et son déroulement entraînent de vives réactions au Parlement :

« *Pour la première fois en France, depuis 1945, un avion va être lancé en série aux frais de l'Etat, avant même que d'avoir volé ou avant même une évaluation rapide de la formule par le Centre d'Essais en Vol. Les crédits vont être engagés immédiatement au moins vingt mois avant le premier vol du Jaguar.*

« *Le Jaguar, dans sa configuration actuelle, sinon définitive est un acte de foi dans les possibilités techniques des coopérants français et britanniques qui n'ont jamais, ni l'un ni l'autre réalisé une cellule supersonique à*

80. Cf. *Multinational Development of Large Aircraft, The European Experience*, Rand Corporation R-2596, juillet 1980, Santa Monica, Californie.

ce jour, et un acte de foi en des moteurs, fruits d'une coopération Rolls-Royce-Turboméca, d'un type entièrement nouveau[81]. »

Le premier vol du Jaguar a lieu le 8 septembre 1968 piloté par Bernard Witt.

La commande franco-britannique s'élève à 426 avions. Ils sont fabriqués par deux chaînes de montage, l'une en Grande-Bretagne, l'autre en France. L'Inde a produit l'avion sous licence. Le total commandé est de 580 avions pour 6 pays.

La Cour des comptes n'a pas manqué de se pencher sur l'aspect financier :

« *Le coût global des études, évalué à 1 200 millions*[82], *paraît singulièrement élevé si on le compare à celui des études du Mirage IV, appareil pourtant plus complexe, qui n'a atteint que 635 millions, en francs courants il est vrai, ou à celui du Mirage F 1, contemporain du Jaguar, évalué à 670 millions*[83]. »

De plus, cet appareil entre en concurrence avec les productions de la Société Dassault qui vient de racheter Breguet :

« *Le F 1 peut faire toutes les missions du Jaguar en le dotant des équipements adaptés et en plus c'est un intercepteur*[84]. »

Le cas du Jaguar représente, pour les programmes de coopération, un cas extrême qui reflète les difficultés de ce genre d'opérations dans lesquelles sont engagées des sommes très importantes et dont la conduite s'avère délicate. En plus des dépassements de crédits, le Jaguar, présenté comme un avion urgent à réaliser par l'état-major de l'Air en 1964, n'entre en service qu'en 1972 et il faut, en plus, développer un nouvel avion école.

L'Alpha Jet

Si l'Atlantic et le Jaguar sont des programmes dans lesquels la société Dassault n'est que très peu intervenue, il n'en a pas été de même du nouveau programme d'avion-école, destiné à succéder aux Fouga-Magister, entrepris en coopération avec la société allemande Dornier.

Quand Dornier et Breguet se sont associés pour réaliser un avion école, chaque bureau d'études a présenté son modèle. A la prise de contrôle de Breguet, Marcel Dassault demande à son bureau d'études de lui présenter un projet :

« *Il les a comparés aux projets de Breguet et de Dornier, il a vu que celui de Dornier était le meilleur.*

---

81. Pierre Closterman (UNR), rapporteur de la Commission de la défense nationale pour la section Air, *Journal Officiel*, Assemblée nationale, annexe n° 2 076, page 576.
82. Environ 5,5 milliards de francs 1990.
83. *Journal officiel*, rapport de la Cour des comptes au président de la République, rapport sur l'année 1970, page 472.
84. Entretien de Jean Cabrière avec l'auteur.

« Il a alors invité Claudius Dornier à déjeuner pour lui faire part de sa décision. Jusqu'au dessert, il lui a parlé de tout sauf des avions. Là, il lui a annoncé qu'il choisissait le projet Dornier. Autant vous dire que Claudius Dornier n'en revenait pas, il était persuadé qu'il n'avait aucune chance et que Marcel Dassault choisirait un avion Dassault [85]. »

L'accord franco-allemand sur l'Alpha Jet est signé le 23 juillet 1970. Durant sa phase de développement, les Allemands font dériver le programme vers un avion d'appui tactique ce qu'aurait voulu éviter Michel Debré, alors ministre de la Défense :

«Au cours des années passées et à peu près sans exception, nos efforts de coopération aéronautique ont abouti à doter notre armée d'avions qui ne correspondent pas exactement à ses besoins et qui, parfois, dépassent ses possibilités financières [86]. »

Le premier vol se déroule à Istres le 26 octobre 1973, Jean-Marie Saget en est le pilote.

Le réacteur Larzac, fabriqué en commun par la SNECMA et Turbo-méca, fait l'objet d'un échange de lettres entre Marcel Dassault et René Ravaud, président directeur général de la société nationale. Marcel Dassault, comme d'habitude, se plaint du manque de puissance du moteur avec des expressions originales :

« Cher Ami,

« On ne peut pas faire sortir du sang des pierres.

« On ne peut pas non plus faire donner 1 350 kilos à un moteur de 1 000 kilos.

« Et si on réussit à le faire on fait un moteur fragile.

« Quand vous déciderez-vous à faire un moteur de 1 500 kilos détaré à 1 350 kilos sans attendre dix ans et sans demander 10 milliards à l'Etat?

« Recevez toutes mes amitiés [87]. »

Comme René Ravaud répond du tac au tac, la querelle n'en finit pas ce qui n'empêche pas Marcel Dassault de conclure ainsi une autre lettre de critique :

« J'espère que vous allez bien, que vous ne travaillez pas trop, que vous vous distrayez un peu, et je vous prie de recevoir toutes mes amitiés [88]. »

Il ne faut pas déduire de ces quelques exemples que Marcel Dassault entretient de mauvaises relations avec la SNECMA. Jean Calmon, son ancien directeur technique témoigne :

«Avec la Société Dassault, les relations étaient exigeantes, sévères mais confiantes. Ce qui était dit, était dit. Il n'y avait pas d'agressivité. Ce sont des gens de parole, ils ne se défilent pas. Mais on discutait tout pied à pied, les clauses techniques et financières.

---

85. Entretien d'André Gintrand avec l'auteur.
86. Entretien de Michel Debré avec l'auteur.
87. Lettre du 19 septembre 1978, archives Dassault.
88. Archives Dassault.

« En tant que motoriste, j'ai rencontré plus de difficultés avec les sociétés nationales qu'avec Dassault[89]. »

Le total des Alpha Jet produits est, en 1990, de 506 appareils pour 10 armées de l'Air. L'Egypte l'a assemblé sous licence.

Si Marcel Dassault est célèbre pour la qualité de ses appareils militaires, le grand public connaît moins ses avions civils. Pourtant, la famille Mystère-Falcon est unanimement appréciée des milieux d'affaires internationaux.

89. Entretien de Jean Calmon avec l'auteur.

6

LA PERCEE DANS L'AVIATION CIVILE LES MYSTERE – FALCON

Dès avant la guerre, Marcel Dassault avait fabriqué des avions commerciaux comme le MB 161 Languedoc, repris et fabriqué en cent exemplaires par la SNCASE peu après la Libération.

Tout en développant ses Ouragan, ses Mystère, ses Mirage, il n'oublie pas la construction civile. En mai 1957, il examine avec son bureau d'études un projet d'avion de transport civil. Deux formules sont envisagées : celle d'un monoréacteur doté d'une aile delta qui apparaît peu fiable et celle d'un quadriréacteur à aile basse, trop onéreuse.

En juin, Marcel Dassault réoriente le projet vers un avion à aile en flèche avec deux réacteurs à l'arrière comme sur la Caravelle.

Le Communauté et le Spirale

L'année suivante, il lance l'étude d'un avion de liaison et d'entraînement pouvant transporter douze passagers, équipé de deux turbopropulseurs Turboméca Bastan, le MD 415 Communauté, destiné à succéder au MD 315 Flamant. Cet appareil effectue son premier vol le 10 mai 1959, à Mérignac, piloté par Paul Boudier.

Il est suivi, le 8 avril 1960, par le MD 410 Spirale à décollage et atterrissage courts, version militaire du Communauté pour l'observation et l'intervention armée. Le Spirale est également envisagé pour transporter l'environnement logistique des Mirage à décollage vertical. Pour le Spirale, Marcel Dassault a utilisé l'aile du Communauté sur laquelle il a placé un fuselage plus réduit, mieux adapté aux missions d'attaques au sol.

Il pense, avec ces deux appareils, répondre aux besoins de l'armée de l'Air en Algérie et à ceux des petites compagnies aériennes pour les lignes secondaires; en même temps, il concurrence le Nord 262 et le Potez 840.

Malgré ses efforts de persuasion, ces deux appareils ne sont pas commandés par l'Etat français ce qui entraîne leur abandon [1].

LE MÉDITERRANÉE

A la fin de 1960, Marcel Dassault ne veut plus perdre son temps sur des avions à hélice. Il décide de lancer l'étude d'un avion équipé de deux réacteurs Super-Viper, extrapolés du Viper anglais dont il a acquis la licence de fabrication :

« Ce petit avion s'appellera Méditerranée. Je ne veux plus entendre parler de Communauté ou de Spirale, pas plus que de turbopropulseurs. L'avenir est au turboréacteur, Caravelle l'a bien démontré [2]. »

Henri Déplante est partisan d'équiper l'avion des nouveaux réacteurs à double flux [3] qu'étudie le motoriste américain General Electric mais Marcel Dassault préfère le réacteur à simple flux de Pratt & Whitney déjà en service :

« Je sais bien que vous pensez au double flux sur " papier " de General Electric. Décidément vous êtes intoxiqués par ce motoriste. Bon, je vois que vous ne voulez rien faire ! »

Henri Déplante et ses collaborateurs protestent. Marcel Dassault met un terme aux discussions :

« N'en parlons plus [4] ! »

Cette première tentative de réalisation d'un biréacteur d'affaires ne dépasse pas le stade de la maquette grandeur nature car Marcel Dassault n'a pas les moyens de construire seul le Super Viper :

« Quand j'ai demandé au Ministère de m'aider pour le produire en série, on m'a répondu qu'il n'y avait déjà pas assez d'argent pour faire vivre la SNECMA et qu'il n'était pas question de me commander quoi que ce soit [5]. »

Toutefois, souhaitant toujours diversifier ses activités, il revient à la charge auprès d'Henri Déplante, au début de 1962 :

« Je ne veux plus tourner en rond. Nous allons dessiner un avion d'affaires capable d'emporter 8 à 10 passagers et équipé de deux Pratt & Whitney JT-12. Ce n'est pas un double flux certes, mais il a un bon compresseur et doit être économique. Je suis certain que nous n'aurons pas de peine à faire mieux que Lear [6]. Je vais m'entendre avec Sud-Aviation

---

1. L'Italie et l'Australie ont, un temps, manifesté leur intérêt pour le Spirale.
2. Henri Déplante, *A la conquête du ciel*, page 166.
3. Un réacteur à double flux permet une moindre consommation de pétrole, il est également moins bruyant.
4. Henri Déplante, *A la conquête du ciel*, page 167.
5. Lettre de Marcel Dassault du 9 décembre 1982, archives Dassault.
6. L'avion américain Lear Jet apparaît, à l'époque, comme un des avions d'affaires de référence.

pour faire le prototype à risques partagés. Ce sera une bonne occupation pour votre frère Paul et Chassagne qui doivent commencer à s'ennuyer à Mérignac [7] ! »

Le Mystère 20

C'est ainsi qu'est lancé, sans étude de marché, sur fonds privés, le programme Mystère 20, avion biréacteur pour dix passagers, vitesse Mach 0,8 et moteur Pratt & Whitney JT 12 :

« En aviation, il est une règle d'or : la haute performance est toujours payante. C'est pourquoi, en dépit des réserves de beaucoup, je me lançai dans l'étude, et aussitôt après, dans la fabrication ultra-rapide d'un avion pour huit à douze passagers, capable de croiser à une vitesse voisine de 0,9 de Mach et de parcourir des distances de 2 500 kilomètres [8]. »

Pour en limiter le coût, Marcel Dassault s'inspire des éléments qui ont fait leur preuve sur ses avions précédents :

« Les réacteurs d'avions de liaison s'étant développés, nous avons réalisé le Mystère 20 en nous appuyant :

« – D'une part, pour le vol subsonique (Mach 0,8), sur notre expérience du Mystère IV, d'où le nom de Mystère 20;

« – D'autre part, pour la construction du fuselage, sur notre expérience en avions de liaison, le 316 T notamment;

« Du Mystère IV nous avons tiré la structure de la voilure et l'adaptation des servo-commandes qui, elles-mêmes, avaient été étudiées et construites par la Société d'Etudes Marcel Dassault.

« Il est à noter que le marché du Mystère IV remonte à 1951.

« Le Mystère 20 construit par la Société des avions Marcel Dassault en 1963 a donc trouvé ses origines dans le Mystère IV de 1951 et dans le 316 T, avion de liaison de 1953 [9]. »

Le pari est très risqué. En effet, quatre appareils dominent déjà le marché, le Lear Jet, le Lockheed Jetstar, le Sabreliner de North American et le HS 125 de Hawker Siddeley-De Havilland. Pour vendre son avion à une clientèle exigeante, la Société Dassault doit faire mieux.

Le directeur pour la prospection à l'étranger, Bernard Waquet, entreprend alors une étude du marché américain qui apparaît comme le plus important. Il constate l'intérêt de la clientèle pour le Mystère 20 et réalise qu'il est nécessaire de bien définir le goût des clients et surtout de s'y adapter. Il essaye de convaincre le bureau d'études mais n'y parvient que difficilement.

Serge Dassault effectue également un voyage de prospection aux Etats-

7. Henri Déplante, *A la conquête du ciel*, page 167.
8. Note de Marcel Dassault du 8 mai 1969, archives Dassault.
9. *Ibid.*

Unis. L'appareil rencontre un accueil favorable lors de la présentation d'une maquette à l'exposition de la National Business Aviation Association à Pittsburgh, en octobre 1962.

Marcel Dassault laisse faire mais ne se montre pas intéressé par ce marché dont il se méfie après les désillusions et les déboires des ventes de la Caravelle par Sud-Aviation :

« Je ne veux ni vendre d'appareils ni donner d'option à un agent américain en ce qui concerne les Mystère 20 tant que les premiers appareils de série français n'auront pas eu un an d'exploitation en formation, c'est-à-dire pas avant trois ans au moins.

« Il va sans dire que s'il n'est jamais vendu d'appareils à la France, il ne sera jamais vendu d'appareils ailleurs [10]. »

Tandis que les études du prototype se poursuivent, la GAMD signe un accord de coopération avec Sud Aviation, le 7 juin 1962. La société nationale est chargée de la fabrication de la voilure [11] tandis que Dassault, à Mérignac, est responsable de la totalité des études et de l'assemblage final.

Comme pour ses avions militaires, Marcel Dassault est omniprésent, tous les aspects de l'appareil l'intéressent et particulièrement les aménagements intérieurs. Au sujet de banquettes qui ne lui plaisent pas, il écrit à ses ingénieurs :

« Dès aujourd'hui retirez vos banquettes : il est préférable d'avoir un avion avec quatre fauteuils puisqu'on n'en a pas huit que d'avoir un avion d'affaires avec un aménagement de troupier [12]. »

Il envoie ses directeurs en Grande-Bretagne pour chercher des sièges anglais qu'il juge plus confortables. Quand il les voit, il leur écrit :

« Je vous retourne, inclus, votre modèle de fauteuil anglais pour le Mystère 20. Il est très bien; il n'y a vraiment que les Anglais pour avoir le chic anglais [13]. »

Le 1er avril 1963, l'appareil sort d'usine. Le 4 mai, il est prêt à effectuer son premier vol auquel on surseoit [14] à l'annonce d'une visite importante : Charles Lindbergh, accompagné d'une délégation de la compagnie aérienne Pan American World Airways, souhaite voir l'avion.

La commande inattendue de Pan American

Pan American cherche à diversifier ses activités en mettant sa compétence technique et son réseau commercial au service d'une distribution d'avions d'affaires. Son choix s'est d'abord arrêté sur le De Havilland DH 125 anglais. Toutefois, elle souhaite que le constructeur monte sur son

10. Note de Marcel Dassault du 7 février 1963, archives Dassault.
11. Elle a aussi réalisé celle du Spirale.
12. Lettre de Marcel Dassault du 12 novembre 1962, archives Dassault.
13. Lettre de Marcel Dassault du 28 novembre 1962, archives Dassault.
14. Il est réalisé par René Bigand, après 17 heures.

avion un réacteur américain, condition imposée par le gouvernement des Etats-Unis pour autoriser l'achat d'un avion étranger. Cette modification permet aussi d'augmenter le rayon d'action. De Havilland refuse de se séparer de ses réacteurs Rolls Royce. C'est la rupture entre les deux sociétés. Pan American qui croit au marché continue sa recherche et s'intéresse au Mystère 20. Informé, Marcel Dassault est très étonné :

« Vous me dites qu'ils sont prêts à signer un contrat de série sans attendre le premier vol ! Ils sont fous ces Américains [15] *! »*

Lors de leur visite, les Américains se montrent très intéressés par l'avion français qu'ils jugent bien construit, ainsi d'ailleurs que les Mirage qu'ils ont pu observer sur le parking de Mérignac. Charles Lindbergh, homme de grande taille, est interrogé sur l'habitabilité et le confort de l'avion. Il répond, à la grande satisfaction des Français, qu'il le trouve suffisamment spacieux.

Une légende tenace, mais non confirmée, prétend que Charles Lindbergh [16] aurait télégraphié ou téléphoné, le jour même, au président de Pan American, Juan Trippe : « *I've found your bird* / J'ai trouvé votre oiseau. »

Dix jours seulement après cette visite, le 14 mai 1963, Franklin Gledhill, vice-président de Pan American, écrit à la Société Dassault pour lui annoncer son intention de passer une première commande de quarante Mystère 20 dont sa société assurera la commercialisation aux Etats-Unis et au Canada. Elle envisage une commande totale pouvant atteindre deux cents appareils. A l'usine de Bordeaux Mérignac, c'est la stupéfaction et la joie; quant à Marcel Dassault, il a vite compris que la commande de Pan American équivalait à une commande de l'Etat français et qu'il pouvait se lancer dans cette opération.

Le 17 mai, une nouvelle délégation de Pan American se rend à Mérignac. Elle se dit prête à passer commande mais à condition que les avions soient équipés de réacteurs à double flux General Electric CF 700 ce qui permettrait d'augmenter l'autonomie de 25 %.

Pour pouvoir réaliser son nouveau programme, Marcel Dassault contacte le Secrétariat général à l'aviation civile pour obtenir des avances de l'Etat. Il demande environ la moitié des 96 millions de francs correspondant à l'évaluation totale des investissements. Les services officiels de l'aéronautique, très impressionnés par la lettre d'intention de la Pan Am, interviennent immédiatement auprès du gouvernement pour faire accorder des crédits.

Mais, le conseil interministériel restreint du 28 mai, consacré au Plan intérimaire pour l'industrie aéronautique, écarte toute aide à l'opération Mystère 20 en raison de l'insuffisance des crédits disponibles et de l'incertitude qui existe sur l'avenir de ce programme.

---

15. Henri Déplante, *A la conquête du ciel*, page 168.
16. Charles Lindbergh a effectué la première traversée en solitaire de l'Atlantique-Nord, d'ouest en est, en 1927.

Les services officiels de l'aéronautique s'adressent alors directement au Premier ministre, Georges Pompidou, pour que l'aide demandée (48 millions de francs [17]) soit accordée.

Le 4 juillet 1963, Pan American, à l'époque premier transporteur aérien mondial [18], signe avec la Générale Aéronautique Marcel Dassault un contrat d'achat ferme de 40 avions plus une option sur 120 autres. Pierre François, secrétaire général de la GAMD, qui a signé ce contrat se souvient :

« C'était le jour de l'Independance Day. J'ai discuté pendant trente-neuf heures non stop avec les Américains avant de conclure l'accord [19]. »

Marcel Dassault insiste alors pour avoir une participation de l'Etat aux frais d'investissement de cette opération.

Le 1er août, un conseil restreint sous la présidence de Georges Pompidou décide d'allouer les 48 millions de francs demandés.

En contrepartie de l'aide financière de l'Etat, la GAMD versera au trésor 1 % de la part française du prix d'exportation des Mystère 20 à compter du premier appareil exporté ; le montant de cette redevance sera de 5 % sur le prix de vente des pièces de rechange exportées. La GAMD bénéficiera également d'une assurance contre les risques économiques pour une durée de sept ans sur la base des indices de prix de mars 1963.

A partir de l'officialisation de l'intérêt de l'Etat pour le programme Mystère 20, les événements s'accélèrent.

En septembre 1963, Marcel Dassault définit les caractéristiques de l'avion de série :

« Marcel Dassault a accepté les nombreuses modifications souhaitées par PanAm dont la connaissance du marché était indiscutable. Il a accepté d'apprendre avec Pan Am [20]. »

Le 10 juillet 1964, seize mois après la décision, le premier prototype, équipé de réacteurs General Electric, effectue son premier vol. Des problèmes de nacelle-moteur imposent leur changement complet. L'opération est réalisée pendant l'été.

Le 1er janvier 1965, le premier avion de série effectue son premier vol aux mains de René Bigand et Hervé Leprince-Ringuet.

Le 4 février, le président de Pan American, Juan Trippe, accompagné de Charles Lindbergh, se rend à Mérignac. Il déclare beaucoup aimer l'avion et signe, le lendemain, une commande ferme complémentaire de 14 appareils.

Le 9 juin, cinq mois après son premier vol, les certificats de navigabilité français et américains sont obtenus :

« Dans le cadre d'accords informels entre Boeing et nous après l'affaire du Mirage vertical, la société américaine nous a prêté, pendant deux ans,

---

17. Environ 290 millions de francs 1990.
18. C'est elle qui a défini avec Boeing l'avion gros porteur Boeing 747.
19. Entretien de Pierre François avec l'auteur.
20. Entretien de Bernard Latreille avec l'auteur.

un de ses ingénieurs qui avait été le responsable de la certification du Boeing 727. De notre côté, nous lui avons prêté un ingénieur qui avait été le numéro deux sur le programme vertical.

« C'est ainsi que nous avons épaté la Federal Aviation Agency lors de la certification du Mystère 20. Nos dossiers étaient présentés comme ils le souhaitaient, ce qui nous a permis d'obtenir la certification très rapidement [21]. »

En août 1965, Pan American prend en charge ses cinq premiers avions. En octobre, la cadence mensuelle de fabrication des Mystère 20 est de quatre avions. Sud-Aviation, craignant des modifications ultérieures sur la voilure, demande de construire le fuselage, l'empennage et les nacelles. Ce changement s'avère très déficitaire pour la société nationale, il est à l'origine d'un lourd contentieux entre les deux firmes [22].

Les avions construits à Mérignac sont convoyés aux Etats-Unis où ils reçoivent leurs aménagements intérieurs mais aussi un nouveau nom. En effet, l'appellation Mystère 20 ne convient pas pour un pays qui ne parle pas le français. De plus, à cette époque, les relations politiques entre la France du général de Gaulle et les Etats-Unis ne sont pas au beau fixe et Pan Am souhaite masquer l'origine française de l'avion. Il est alors décidé d'appeler l'appareil Fan Jet Falcon. Ce nouveau nom, Falcon, finit par désigner tous les appareils de la famille d'avions d'affaires à réaction de la Société Dassault.

La Pan American assure l'assistance totale des avions pour l'Amérique du Nord ce qui nécessite la création d'une filiale commune franco-américaine Falcon Jet Corporation.

Pour commercialiser l'avion, en dehors de la zone Amérique-Canada réservée à Pan American, la GAMD doit créer un réseau de vente qui couvre l'Europe, l'Afrique, l'Asie. Nullement préparée à cette nouvelle tâche, elle doit surmonter un certain nombre d'obstacles à commencer par celui de la langue. Il est nécessaire de travailler en anglais avec Pan American et de rédiger en cette langue l'intégralité des manuels de vol et d'utilisation. Les livraisons étant effectuées dans le monde entier, la société doit mettre au point un département après-vente pour informer les utilisateurs des modifications et des améliorations à apporter ainsi que pour répondre à leurs demandes.

L'aménagement du Mystère 20

Marcel Dassault continue à veiller aux aménagements du Mystère 20. Il écrit, par exemple, pour demander de partager en deux le vestiaire de l'avion et de placer des tablettes pour recevoir des chapeaux, des serviettes

---

21. Entretien de Jean Cabrière avec l'auteur.
22. Voir chapitre 10 de la IIe partie.

et des bagages à mains. Il demande que soit modifié le diamètre des pneus du train avant et termine sa lettre par cette phrase :

« Cessons d'attendre des miracles, mettons-nous courageusement au travail, devant l'adversité soyons forts[23]. »

Il n'hésite pas non plus à manifester son mécontentement. Ainsi à un de ses directeurs :

« Chaque fois que vous faites une bêtise, et Dieu sait si vous en faites souvent, vous êtes toujours excusé.

« Mais quand vous vous abstenez d'appliquer une modification de sécurité que j'ai décidée, alors vous trahissez ma confiance et cela ne peut que me conduire à ne plus faire de prototypes à Mérignac[24]. »

Le ton de cette lettre peut surprendre. En réalité, le destinataire possède toute la confiance de Marcel Dassault qui, dans des courriers plus sereins, lui manifeste toute son amitié. C'est un des traits curieux du personnage.

Dans une autre lettre, il proteste au sujet d'études dont il n'a pas entendu parler :

« J'interdis de la façon la plus formelle, et une fois pour toutes, que P. et C. passent leur temps à faire des projets idiots et venir en discuter à Paris hors de ma présence.

« Ce projet, dont je n'ai eu connaissance que par téléphone, tient le milieu entre le Jet Commander et la Super Caravelle de Dassault, c'est-à-dire un fuselage dans lequel les passagers sont remplacés par des réacteurs et des entrées d'air.

« Outre que cette attitude est inconvenante à mon égard, si mes ingénieurs ne veulent plus travailler sous ma direction ils n'ont qu'à aller travailler ailleurs[25]. »

Marcel Dassault s'est montré particulièrement fier de la réussite de sa société dans le secteur des avions d'affaires. Interrogé sur les raisons de son succès, il répond :

« Le succès du Mystère 20? C'est comme celui de la Caravelle : j'ai fait mieux que les Américains et j'ai trouvé une place. »

Quant à l'étude de marché, il apporte une réponse très claire :

« Rien du tout! J'ai fait un prototype sans m'occuper des commandes. Lindbergh l'a trouvé bien. La Pan Am l'a acheté.

« Ce que je fais mieux, toujours par rapport aux Américains, c'est le jet d'affaires, qui, en ce moment, a la préférence de la clientèle.

« Nous avons vendu et nous vendrons en Amérique chaque fois que nous avons ou aurons un matériel meilleur que les constructeurs américains. La Caravelle, c'était cela : cinq ans d'avance dans le moyen courrier à réaction; les autres constructeurs anglais et américains sont venus derrière[26]. »

---

23. Lettre du 17 juillet 1965, archives Dassault.
24. Lettre du 14 mars 1966, archives Dassault.
25. Lettre du 18 janvier 1968, archives Dassault.
26. *L'Expansion*, octobre 1967.

Les ventes aux Etats-Unis montrent la validité du concept qui a présidé à la création du Falcon 20. Une autre grande société américaine, spécialisée dans le transport rapide de fret, Federal Express, s'intéresse à l'appareil. Elle commence par acheter trente-deux Falcon 20 qu'elle fait modifier en ajoutant une porte cargo au grand désespoir de Marcel Dassault :

« Ils vont transformer mon avion en camionnette[27] *! »*

Toutefois, devant le succès de l'opération, il laisse faire sa filiale américaine. Federal Express devient alors le plus important client de la société Dassault des années soixante-dix avant de passer à des avions gros porteurs répondant à la demande sans cesse croissante de sa clientèle.

Alors que la GAMD se lance dans la production en série du Mystère-Falcon 20, Marcel Dassault apprend que l'état-major de l'armée de l'Air est intéressé par un avion capable de remplacer ses Beechcraft 18 et ses Douglas DC 3 pour l'entraînement des pilotes et la liaison. Cet appareil doit être équipé de turbopropulseurs Turboméca Astazou.

L'Hirondelle

L'étude du MD 320 Hirondelle débute en mai 1967 :

« Cet avion fut décidé par Marcel Dassault autour d'une tasse de thé prise avec Roland Glavany[28]. »

Le premier vol a lieu à Mérignac, le 11 septembre 1968, aux mains d'Hervé Leprince-Ringuet et de Jean Coureau :

« Il était bruyant, ses qualités au décrochage motorisé modestes mais ses performances meilleures que ses concurrents[29]. »

Prévu pour transporter de 8 à 12 passagers, il possède une aérodynamique dérivée du Communauté et la voilure du Mystère 20. Le volume de la cabine et la distance franchissable sont identiques à ceux du Mystère 20. La vitesse n'est que de 500 kilomètres à l'heure comparée aux 800 du Mystère 20 mais il coûte moitié moins cher.

Marcel Dassault rêve d'une utilisation civile :

Nous avons décidé de construire comme avion d'apport pour de petites lignes à courtes distances, un biturbopropulseur Astazou pour 14 passagers plus l'équipage : l'Hirondelle. [...]

On peut dire qu'avec l'encombrement des autoroutes, il y aura intérêt demain à habiter Orléans où l'on peut disposer pour le même prix de terrains beaucoup plus grands, d'air plus pur et d'où un Parisien pourra se rendre à son travail beaucoup plus vite en empruntant une ligne aérienne utilisant des Hirondelle qu'en roulant sur l'autoroute de l'Ouest, à condi-

---

27. Propos rapportés par Bernard Latreille à l'auteur.
28. Journal de marche des essais en vol des Avions Marcel Dassault Breguet Aviation, archives Dassault.
29. *Ibid.*

tion bien entendu que l'on crée des aéroports près des villes pour les petits avions de liaison[30]. »

Les espoirs se brisent la même année lorsque l'état-major de l'armée de l'Air, qui préfère un avion utilisant des réacteurs, renonce à cet appareil. La Société Dassault ne voit plus alors l'utilité de présenter l'Hirondelle au salon du Bourget de 1969 comme prévu.

Mécontents, les pilotes d'essai écrivent à Benno Claude Vallières et aux principaux directeurs pour contester cette décision. Ils reçoivent alors, le 17 mars 1969, une lettre de deux pages de Marcel Dassault :

« *Par ces temps de contestation, je n'ai pas outre mesure été surpris de votre lettre-circulaire à laquelle je réponds :*

« *Entrés à la Maison depuis relativement peu d'années, vous n'êtes pas forcés de savoir que cette société dans laquelle vous semblez être heureux de travailler a été créée par moi, et par moi seul.*

« *J'ai très tôt bénéficié de la collaboration efficace de Henri Déplante et de Paul Déplante. Vallières est venu après, ses conseils techniques sont toujours judicieux, c'est un industriel et un administrateur hors de pair*[31]. »

Ces choses mises au point, Marcel Dassault critique la conception de l'avion :

« *Le fait que j'aie laissé les ingénieurs décider l'Hirondelle à leur idée nous a valu notamment un avion qui n'avait pas l'empennage horizontal à la même place, dont les moteurs n'échappaient pas vers l'arrière, qui avait un fuselage trop court et des empennages trop petits.* »

Il attribue la note 17 sur 20 au Spirale et ne donne pas plus de 11 à l'Hirondelle :

« *L'Hirondelle, contrairement à ce qu'on pense, est un avion très difficile à réussir. Vous vous rappelez peut-être que l'excellent pilote Carpentier, qui avait été le premier pilote français à passer le mur du son sur Mystère II, s'est tué sur le Voltigeur de Sud Aviation, l'appareil concurrent du Spirale.* »

Il termine son propos en apportant encore une précision :

« *A l'avenir, je dessinerai moi-même, comme autrefois, les dessins trois vues des appareils dont dépendent les qualités de vol.* »

Comme si de rien n'était, il assure ses pilotes de ses sentiments les plus cordiaux.

La même année, il fait une analyse des risques encourus en se lançant dans les avions de transport :

« *Le fait que la Société d'études Marcel Dassault a étudié le Spirale qui a été construit par la Société des avions Marcel Dassault sans marché, que le concurrent du Spirale était le Voltigeur de Sud Aviation faisant l'objet d'un marché de l'Etat de six à neuf milliards d'anciens francs, que ce Vol-*

30. *Le Journal du dimanche*, 1er juin 1969.
31. Archives Dassault.

tigeur s'est cassé en vol et que le Spirale allait être commandé en série lorsque l'Etat-Major a changé de programme, ce qui lui arrive souvent;

« Le fait que, sur un programme établi par l'état-major, la Société des avions Marcel Dassault a construit sans marché l'Hirondelle, pour 2 pilotes et 8 passagers, qui va être présenté au prochain Salon, et que l'état-major n'en veut plus, qu'il préconise maintenant un petit avion à réaction pour lequel nous présentons une maquette au prochain Salon, le Mini-Falcon;

« montre que tout n'est pas toujours rose dans l'aviation, et qu'en se basant sur le prix du marché du Voltigeur on voit que la Société d'études Marcel Dassault a engagé des dépenses énormes pour la construction sans marché du 316 X, du 316 T, et qu'il en est de même pour la Société des avions Marcel Dassault avec le Spirale et l'Hirondelle.

« La Société des avions Marcel Dassault trouve une compensation dans la production en série du Mystère 20 et des Mirage.

« La Société d'études Marcel Dassault reste avec ses pertes, en partie compensées par les licences [32]. »

Le programme Hirondelle étant arrêté et tirant profit de l'expérience acquise sur cet appareil, la société Dassault, à qui Pan American réclame un avion plus petit que le Mystère 20, propose un mini Mystère 20 qui prend le nom de Mystère 10 puis de Falcon 10.

LE MYSTÈRE – FALCON 10

Si Pan American est intéressée, l'état-major de l'armée de l'Air l'est également car il souhaite un petit avion de liaison ayant les performances du Mystère 20 mais moins cher d'où le Mini-Falcon.

L'étude est entreprise au début de 1969. L'appareil doit être équipé de deux turboréacteurs Larzac; il est directement dérivé du Mystère 20 pour 4 à 7 passagers. Marcel Dassault s'adresse à son bureau d'études déjà surchargé de travail :

« Je ne vous demande pas grand-chose pour l'instant, mais tout simplement un dessin d'ensemble et une maquette grandeur de fuselage pour notre état-major qui est à la recherche d'un avion de liaison. »

Henri Déplante et ses ingénieurs se lancent alors dans l'étude demandée :

« M. Dassault motive toujours ses demandes et a l'art de nous attendrir [33]. »

Cet appareil doit rivaliser avec le Lear Jet et le DH 125 d'une taille inférieure à celle du Mystère 20. En même temps, apparaît un nouveau concurrent, inattendu, le Corvette, de la société nationale Sud Aviation.

Les deux sociétés françaises se livrent alors à une lutte sans merci. Les publicités de la société nationale comparent son avion à une Renault 16 tan-

32. Lettre de Marcel Dassault du 8 mai 1969, archives Dassault.
33. Henri Déplante, *A la conquête du ciel*, page 171.

dis que celles de Dassault définissent le Falcon comme « *Le roi des avions, l'avion des présidents* ». C'est ce dernier qui l'emporte [34].

Jacques Chirac, alors secrétaire d'Etat à l'Economie et aux Finances, donne l'accord de son ministère ce qui permet de passer à l'industrialisation du programme [35].

Marcel Dassault est omniprésent dans la définition du nouvel avion. Il s'intéresse à tout et surtout à l'aménagement. La disposition des toilettes entraîne un véritable drame. Il les veut à l'arrière de l'appareil, ses ingénieurs font valoir un problème de centrage qui nécessite de les placer à l'avant. Marcel Dassault est furieux :

« *Chez moi, elles ne sont pas face à la porte d'entrée* [36] *!* »

L'appareil vole pour la première fois le 1er décembre 1970. Le 31 octobre 1972, survient un accident mortel lors d'un essai de dérapage aérofreins sortis. Le fuselage casse juste en avant des empennages. L'avion, déséquilibré, passe sur le dos et plonge vers le sol pendant plus d'une minute. Cet accident entraîne la mort de l'équipage composé d'Alain Tretout et de Jacques Ladeux.

La certification s'en trouve retardée jusqu'en septembre 1973 pour modifier l'appareil.

D'autres versions du Falcon voient également le jour.

Les Falcon 30, 40 et 50

Le Falcon 30, extrapolé du Falcon 20, peut emporter de 18 à 24 passagers.

Marcel Dassault annonce, le 3 juillet 1972, dans une conférence de presse, qu'il doit voler au début de 1973. Cet avion, unique en son genre, dont la capacité peut être portée à 30 passagers, peut voler à 800 kilomètres à l'heure. Il est destiné à des lignes commerciales secondaires.

Il effectue son premier vol le 11 mai 1973 mais ne fait pas l'objet de fabrications en série.

En mai 1974, une coopération est envisagée avec la SNIAS pour développer le Falcon 40 directement issu du Falcon 30, mais ce projet ne voit pas le jour.

La clientèle américaine réclame un avion à plus long rayon d'action, Marcel Dassault lance le Falcon 50 qui peut parcourir 6 300 kilomètres, c'est-à-

34. Les motivations de la société nationale dans le lancement du Corvette sont expliquées dans le chapitre suivant consacré au Mercure.
35. Entretien de Jacques Chirac avec l'auteur.
36. Propos rapportés par Bernard Latreille à l'auteur.

dire traverser l'Atlantique-Nord ou les Etats-Unis d'un océan à l'autre sans escale.

Cet appareil haut de gamme, triréacteur, concurrent du Grumman Gulfstream, vole le 7 novembre 1976.

C'est à cette époque que le bureau d'études de la Société Dassault conçoit, grâce aux ordinateurs, un nouveau profil d'aile appelé profil supercritique, qui permet à l'appareil d'aller plus loin avec les mêmes moteurs.

Marcel Dassault est séduit et veut installer cette nouvelle voilure sur le Falcon 50. Benno Claude Vallières fait valoir le coût supplémentaire que cela entraîne et prononce une de ses phrases habituelles : *« On va faire faillite ! »*

Marcel Dassault réplique :

« Vous, Vallières, ne m'embêtez pas avec vos milliards ! Ce que je veux, c'est la meilleure aile [37] *! »*

Marcel Dassault n'est pas prisonnier de sa politique d'optimisation des acquis, il sait changer et adopter un nouveau modèle quand cela apporte un net progrès car il veut ce qu'il y a de mieux :

« Entre mieux et beaucoup mieux, il préférait beaucoup mieux mais à petits pas [38]. »

Le bond technologique entraîné par le choix de l'aile supercritique est considérable. Il permet à la société Dassault d'équiper le nouveau modèle Falcon 900 et même le futur Falcon 2000 en n'apportant qu'une légère optimisation. Le choix imposé par Marcel Dassault s'est avéré porteur d'avenir :

« Le Falcon 50 avec sa nouvelle aile a été une grande chance pour notre société [39]. »

Marcel Dassault a apprécié la réalisation du Falcon 50 dont il a su percevoir la capacité d'évolution.

A l'un de ses directeurs qui lui adresse ses vœux de bonne année accompagnés d'un dessin du Falcon 50, Marcel Dassault répond :

« Je vous remercie pour votre ravissant dessin du Falcon 50. J'espère que les moteurs marcheront aussi bien qu'il est beau [40]. »

Interrogé, en 1968, sur sa vision des avions d'affaires des années quatre-vingt, Marcel Dassault donne une réponse très futuriste :

« Il ne dépend que de la Pan Am de nous commander un avion à géométrie variable, ce qu'elle fera peut-être un jour. Ce serait le premier avion d'affaires à géométrie variable. Il serait très facile à réaliser puisqu'il aurait le tonnage du Mirage G [41]. »

Il précise l'année suivante :

« Après avoir construit en série des avions militaires à géométrie variable

37. Propos rapportés par Raoul Rouot à l'auteur.
38. Entretien de Raoul Rouot avec l'auteur.
39. Entretien de Bernard Latreille avec l'auteur.
40. Lettre du 28 décembre 1978, archives Dassault.
41. Conférence de presse du 17 octobre 1968.

et le Mercure, je penserai probablement à la réalisation d'un avion de transport supersonique à géométrie variable[42]. »

Cette définition trouve peut-être un écho auprès du dessinateur belge Hergé, père des célèbres Tintin et Milou qui publie, en 1968, *Vol 714 pour Sydney*. Dans cette aventure, Tintin, le chien Milou, le capitaine Haddock et le professeur Tournesol sont enlevés dans l'avion d'un milliardaire excentrique. Ce dernier, Laszlo Carreidas[43], constructeur d'avions, exigeant, coléreux, vêtu d'un manteau, d'un chapeau gris, d'une écharpe, portant des lunettes, fait inévitablement penser à Marcel Dassault. Quant à l'avion, c'est, avant l'heure, une sorte de Falcon 50 allongé avec des ailes à flèche variable.

Le Falcon 50 a été commandé par la présidence de la République. La qualité des aménagements intérieurs n'ayant pas été à la hauteur de la perfection technique de l'appareil, le président de la République a demandé à ce qu'elle soit revue.

Marcel Dassault se penche alors personnellement sur cet aménagement, en particulier les sièges, n'hésitant pas à aller visiter l'usine qui les fabriquait afin de s'assurer de la parfaite exécution de sa commande.

La participation au programme Concorde

L'étude d'un avion de transport supersonique débute en France par un projet commun Sud Aviation/Dassault. Les deux sociétés sont d'accord pour doter l'appareil d'une aile delta. Le 30 mars 1960, elles signent une convention pour réaliser un moyen courrier pouvant atteindre Mach 2,2, d'un poids de 75 tonnes et d'une autonomie de 3 500 kilomètres :

« A cette époque, Sud Aviation rencontrait de grands succès avec la Caravelle et s'imposait dans le transport à réaction. La Société des Avions Marcel Dassault, elle, faisait des avions supersoniques. M. Bonte convoqua M. Héreil et moi-même et nous dit en substance : " Sud Aviation est spécialisée dans le transport, Dassault dans le supersonique, faites-moi une proposition pour un avion de transport supersonique[44]. " »

Le projet évolue avec l'arrivée des Britanniques; le 14 novembre 1962, le Conseil des ministres approuve la construction d'un avion de transport supersonique en coopération avec la Grande-Bretagne. Les Anglais estiment que le rayon d'action est trop court et qu'il est préférable de construire un long courrier d'au moins 6 000 kilomètres d'autonomie, ce qu'acceptent les Français.

---

42. *Le Journal du dimanche*, 1er juin 1969.
43. Un carré d'as (Carreidas) ne ressemble-t-il pas à un trèfle à quatre feuilles, le talisman de Marcel Dassault?
44. Conférence de presse de Marcel Dassault du 5 avril 1971.

Dans cette coopération franco-britannique, la Société Dassault se sent mal à l'aise. Finalement, elle se retire du programme :

« Les Anglais tenant à faire un long-courrier et le moteur n'existant pas, j'ai compris à ce moment-là que tout cela coûterait très cher et durerait très longtemps, qu'au surplus Sud-Aviation et la British Aircraft Corporation étaient largement suffisants pour mettre au point le Concorde[45]. »

Dès 1967, Marcel Dassault porte un jugement sévère sur l'opération Concorde alors que l'appareil n'a pas encore effectué son premier vol :

« Il fallait faire évoluer la Caravelle en plus long ou en plus court. Il fallait l'améliorer. Or, toutes les énergies – et tous les crédits – ont été misés sur le Concorde. On a un peu lâché le présent pour l'avenir. Le présent, c'est-à-dire un marché où nous étions les premiers. Et l'avenir, c'est-à-dire un appareil prestigieux mais cher. »

Interrogé sur les possibilités de réussite du programme Concorde, il se contente de répondre :

« Dieu seul le sait[46] *! »*

Marcel Dassault a parfaitement compris que toute l'opération Concorde repose sur les possibilités de motorisation :

« Il faut donc dès maintenant préparer le réacteur du supersonique de l'avenir. »

Il préconise une coopération internationale, y compris avec l'URSS, pour étudier un réacteur de 30 tonnes de poussée sans post-combustion destiné à un Super-Concorde :

« Si nous ne faisons pas cela, dans sept ans, en Europe, nous n'aurons pas de moteur et l'épopée du Concorde aura été sans lendemain[47]. »

Comme le craignait Marcel Dassault, le programme Concorde s'englue dans le cadre d'un système de Comité :

« Ceci a institué une situation où les décisions même secondaires étaient retardées parce qu'elles rencontraient des motivations nationalistes qui étaient en conflit.

« De surcroît, le développement du système de propulsion rencontra des difficultés parfois techniques, mais également dues aux troubles financiers et sociaux que Rolls Royce connut pendant cette période. Le développement de ce projet a pour ces diverses raisons été beaucoup plus long que prévu, quatorze années entre le démarrage et la mise en service avec des conséquences très importantes sur les coûts[48]. »

Un autre projet monopolise maintenant l'attention de Marcel Dassault, « son » avion de transport civil, le Mercure.

---

45. Conférence de presse de Marcel Dassault du 5 avril 1971.
46. *L'Expansion*, octobre 1967.
47. Conférence de presse de Marcel Dassault du 5 avril 1971.
48. Entretien d'Henri Ziegler avec l'auteur.

7

LES DECONVENUES DU PROGRAMME MERCURE

C'est en 1965, lors d'un symposium à Londres que plusieurs constructeurs européens confrontent leur point de vue sur l'avenir d'un avion à grande capacité appelé alors Aérobus.

Selon Henri Déplante, c'est pendant l'été de 1968 que Marcel Dassault lance le projet d'avion de ligne bimoteur capable de succéder à la Caravelle, en disant :

« *Georges Héreil*[1] *s'est endormi sur son succès et a laissé les BAC 111 et Douglas DC 9 investir la place. Il faut les bouter dehors*[2] *!* »

Avant cette date, la Société Dassault avait déjà entrepris d'étudier des avions commerciaux en coopération avec Sud Aviation. C'est ainsi que Marcel Dassault a proposé à Georges Héreil de concevoir une Caravelle améliorée :

« *Vous me prêtez une Caravelle, je la transforme à mes frais, je place une aile en flèche dotée d'un profil plus mince pour lui faire faire un bond technologique de dix ans. Vous préparerez ainsi l'avenir*[3]. »

En 1963, Marcel Dassault envisage l'étude d'un avion de 150 places volant à Mach 0,9, baptisé Mystère 1000. Cet appareil doit être construit dans les usines de Sud Aviation à Toulouse. Il est destiné à répondre à la concurrence du Boeing 727[4].

Aucun projet n'aboutit, l'Etat et Sud Aviation sont trop engagés dans le programme Concorde pour lancer un nouvel appareil.

Quand Marcel Dassault veut faire dessiner son avion, il s'adresse à Henri Déplante qui lui signale être déjà très occupé par le programme d'avion à flèche variable. Marcel Dassault lui répond avec beaucoup de persuasion :

---

1. Président directeur général de Sud Aviation jusqu'en 1962.
2. Henri Déplante, *A la conquête du ciel*, page 204.
3. Propos rapportés par Jacques Maillet à l'auteur.
4. Note du 16 janvier 1963, archives Dassault.

« La géométrie variable vole, c'est fini ! Vous n'avez plus grand chose à faire et puis ça vous changera un peu!

« J'ai le feu vert pour lancer l'avion de transport. Je viens de voir Chirac, j'ai son accord de principe [5]. »

L'adoption par les Etats-Unis d'avions à fuselage large entraîne un choix identique dans les bureaux d'études français. Marcel Dassault essaye alors de s'associer avec Sud Aviation pour un avion gros porteur, le Galion [6]. Le projet évolue favorablement jusqu'à ce que les sociétés Nord Aviation, Breguet, l'Anglais De Havilland et l'Allemand MBB soient associés au programme. Déçu de la tournure prise par les événements, Marcel Dassault se retire.

Selon Henri Déplante, les présidents de Nord et Sud Aviation faisaient de l'anti-Dassault. Ce dernier leur déclare lors de leur dernière réunion :

« Je vous vois nombreux et compétents. Il vous reste à mener à bien le travail amorcé... Au revoir et bonne chance [7] *!* »

Marcel Dassault se lance alors seul dans l'étude d'un avion court-courrier. En effet, il a constaté, comme la Direction générale de l'aviation civile, que de nombreuses lignes mondiales correspondent à de petites distances :

« J'ai fait étudier 3 500 lignes commerciales dans le monde entier et j'ai découvert que huit vols sur dix couvrent des distances inférieures à 1 500 kilomètres. Les appareils desservant ces lignes ont été conçus pour des distances plus grandes et ne peuvent être exploités au maximum. Il fallait un appareil taillé sur mesure [8]. »

Les services officiels approuvent son attitude et sa proposition; c'est une sorte d'assurance au cas où le gros avion, l'Airbus, construit en coopération par les sociétés nationales, ne se vendrait pas. Au départ, ils ne demandent qu'une étude papier autour du réacteur américain JT 8 D qui est imposé en attendant que la SNECMA lance, avec General Electric, un nouveau moteur [9] :

« Marcel Dassault a sauté sur l'occasion et n'est pas resté à l'étude papier. Il a voulu construire un prototype, c'était une manière de forcer la main [10]. »

LE MERCURE 100

La Direction générale de l'aviation civile (DGAC) propose à Marcel Dassault de concurrencer le Boeing 737 par le haut de la gamme, c'est-à-dire

5. Entretien d'Henri Déplante avec l'auteur.
6. Ce projet est à l'origine du programme Airbus A 300.
7. Entretien d'Henri Déplante avec l'auteur.
8. *Corriere della Serra*, Milan, 14 mars 1970.
9. Cette coopération permet la réalisation d'un moteur de 10 tonnes de poussée, le célèbre CFM 56.
10. Entretien d'André Gintrand avec l'auteur.

par un appareil comportant 140 sièges. De plus, elle pense que c'est une occasion d'appliquer le savoir-faire de la Société Dassault, en aérodynamique des hautes vitesses et dans la sustentation à basses vitesses, au transport civil. En fait, le ministère des Transports pense qu'entre Concorde et Airbus, il est souhaitable d'avoir une solution de secours : le Mercure.

Le bureau d'études de la Société Dassault prépare alors une version pour 110-120 passagers propulsée par deux réacteurs Rolls Royce Spey placés à l'arrière, puis adopte une définition d'avion pour 150 passagers ayant 1 000 kilomètres de rayon d'action. L'appareil, propulsé par deux réacteurs à double flux Pratt & Whitney JT8 D 15 placés sous les ailes, est baptisé Mercure :

« Voulant donner le nom d'un dieu de la mythologie grecque, je n'en ai trouvé qu'un qui eût des ailes à son casque et des ailerons à ses pieds, d'où le nom de Mercure [11]. »

A un journaliste italien qui lui fait remarquer que Mercure c'est aussi le dieu des voleurs, Marcel Dassault répond laconiquement, en souriant : *« Je le sais* [12] *! »*

Marcel Dassault propose l'avion aux services officiels en faisant valoir que si Concorde ne marche pas cet appareil pourra assurer un plan de charge à Sud-Aviation qui arrive au terme de ses Caravelle. L'Etat accepte alors de participer au programme si la Société Dassault trouve des partenaires européens prêts à s'associer financièrement à l'opération :

« Nous avons été épaulés par Jacques Chirac à qui Marcel Dassault avait été présenter le projet.

« Marcel Dassault avait aussi proposé de faire construire son avion un peu partout en France dans de nouvelles usines : Lille, Bordeaux, Toulouse, Istres. Jacques Chirac a trouvé cela excellent [13]. »

La Société Dassault rallie à son programme des pays étrangers : l'Espagne avec Casa qui termine ses Northrop F 5, l'Italie avec Fiat qui achève ses F 104 Starfighter, la fabrique suisse d'Emmen qui conclut son programme de fabrication de Mirage III S. La Belgique s'associe également car Marcel Dassault a promis de fournir du travail aux ateliers de Charleroi et à la SABCA. Le Mercure devient ainsi le premier avion civil de grande taille réalisé par la France en coopération européenne.

Le 9 avril 1969, l'Etat signe avec la société Dassault un protocole d'accord relatif à la réalisation de l'avion de transport pour étapes courtes Mercure. Une avance remboursable d'un montant de 600 millions de francs est consentie pour les phases prototypes et d'industrialisation pour la série. L'Etat prend en charge 80 % du coût estimé, la Société Dassault prenant à son compte les 20 % restant soit 150 millions de francs. Le remboursement

11. Marcel Dassault, *Le Talisman*, page 100.
12. *Corriere della Serra*, Milan, 14 mars 1970.
13. Entretien d'Henri Déplante avec l'auteur.

est prévu à partir du premier appareil : 350 000 francs jusqu'au 150e avion, 1,5 million de francs à partir du 151e appareil vendu.

Le Mercure est adapté aux étapes courtes, Marcel Dassault vante ses avantages :

« *En faisant un appareil spécialement conçu pour transporter 150 passagers sur 300 à 1 000 kilomètres, il a été possible de réaliser un avion plus léger, moins coûteux et d'un prix de revient plus faible au kilomètre-passager.*

« *Une étude de marché a montré que l'on pourrait vendre 1 500 appareils de ce type dans le monde. Comme par la suite il se trouvera certainement des concurrents, c'est quand même un marché très important que nous pouvons conquérir* [14]. »

Cette incursion de la société Dassault dans la construction des gros avions civils est extrêmement mal vécue par Sud Aviation puis par la SNIAS [15] :

« *Le fait que la société AMD-BA ait voulu développer le programme Mercure a été ressenti par la SNIAS comme un outrage* [16]. »

La réaction ne se fait pas attendre : la SNIAS développe un avion concurrent des Mystère-Falcon, le Corvette, qui s'avère être un échec cuisant. Le programme est stoppé après la construction du quarantième appareil et une perte dépassant un milliard de francs [17]. La Cour des comptes juge sévèrement cette concurrence franco-française. Dans sa réponse, le ministère des Transports reconnaît les erreurs :

« *Il est certain que le programme Corvette est et restera un échec commercial et financier important qui alourdit considérablement les déficits récents de la SNIAS.*

« *Ce programme a été lancé sous l'entière responsabilité des dirigeants de la société, contre l'avis défavorable des administrations intéressées, en particulier du ministère de l'Equipement (Transports) qui n'a jamais accepté les quelques études de marché présentées par l'industriel et a toujours refusé d'apporter une aide financière quelconque au programme* [18]. »

Marcel Dassault croit en l'avenir du programme Mercure, il est un peu le seul :

« *Nous n'étions pas très optimistes. Nous comprenions bien que le gouvernement ne pouvait pas soutenir, à la fois, le programme Airbus et celui du Mercure. L'Etat pouvait aider une société nationale mais pas une société privée* [19]. »

---

14. Marcel Dassault, *Le Journal du dimanche*, 1er juin 1969.
15. Le 1er janvier 1970, Sud-Aviation, Nord-Aviation et la Société d'études et de réalisations d'engins balistiques (SEREB) fusionnent pour constituer la Société nationale industrielle aérospatiale (SNIAS). Elle a pris depuis le nom plus commercial d'Aérospatiale.
16. Assemblée nationale, *Journal officiel*, rapport n° 1 099 de la Commission de la défense nationale et des Forces armées du 23 mai 1979, page 5.
17. Environ 2,5 milliards de francs 1990.
18. Rapport de la Cour des comptes sur l'année 1977, *Journal officiel*, page 102.
19. Entretien de Jean Cabrière avec l'auteur.

Pour commercialiser son appareil aux Etats-Unis, la Société Dassault embauche, à la fin de 1969, un Français, Francis Gervès, auparavant chargé de la vente des avions de transport Lockheed en Europe après avoir travaillé au bureau d'études avancées de la firme américaine. Il devient vice-président de Dassault International USA et s'installe à New York. Au cours d'un de ses voyages, il rencontre James McDonnell[20] :

«A la fin d'un déjeuner il m'a déclaré : " Vous avez un patron très intéressant, c'est un ingénieur comme moi. J'aimerais le rencontrer. " J'ai fait remarquer à M. McDonnell que M. Dassault était plus âgé que lui; il a alors été d'accord pour aller lui rendre visite à Paris mais cela n'a pu se faire[21]. »

Les premiers contacts avec les compagnies aériennes sont difficiles d'autant plus que la documentation sur l'avion n'existe qu'en français. L'avion ne tient pas assez compte de certaines caractéristiques propres au réseau américain : dimensions plus grandes des sièges, prestations à bord plus nombreuses, importance croissante des bagages légers en cabine ainsi que la publicité. Il est également réclamé des toilettes à l'avant et à l'arrière car *« si les étapes sont courtes, la cabine est longue*[22]».

Le poste de pilotage est dimensionné pour un équipage de trois personnes alors que le Mercure est certifié pour deux, il est possible de le réduire pour augmenter le nombre de sièges passagers.

C'est le 28 mai 1971 que le Mercure 100 effectue son premier vol, avec comme équipage Jean Coureau, Jérôme Résal et Gérard Joyeuse. Le 2 juin, l'appareil est présenté au salon du Bourget.

Deux événements extérieurs portent un rude coup au programme Mercure. Le 18 décembre 1971 et le 12 février 1973, le dollar est dévalué de 7,89 % puis de 9,52 %. Le prix de vente de l'appareil s'en trouve augmenté et atteint 40 millions de francs. Il est alors nettement plus cher que son principal concurrent, le Boeing 737 qui bénéficie des amortissements d'une production importante. Un coût d'exploitation pourtant inférieur de 25 % ne permet pas au Mercure de percer sur le marché international.

Si les dévaluations américaines ont pénalisé la société Dassault, les dévaluations françaises l'ont avantagée :

« Marcel Dassault était partisan des dévaluations monétaires car cela lui permettait de mieux vendre ses avions à l'exportation.

« Comme je lui faisais remarquer que les dévaluations rendent les importations plus chères, il a répondu : " Mais les exportations rapportent plus, vous devriez dévaluer tous les deux ans ! "

« Il était patriote en général et très dur dans les affaires, il ne voyait que par l'exportation[23]. »

---

20. Président de McDonnell Douglas.
21. Entretien de Francis Gervès avec l'auteur.
22. *Ibid.*
23. Entretien de Michel Debré avec l'auteur.

Marcel Dassault précise, en 1981, sa conception des dévaluations :

« Je ne suis pas partisan d'une dévaluation pour la dévaluation. Depuis 1914, le franc s'est diminué de plus de mille pour cent. Il y a eu par exemple le palier de De Gaulle et de Pinay qui, en dévaluant de 20 %, a eu la prospérité jusqu'en 1968. En 1968, il y a eu les événements, tout a été foutu par terre et ainsi de suite. On devra diminuer le temps de travail pour réduire le chômage et dévaluer de 10 % et, pour être plus sûr, de 20 % pour avoir une marge. Je crois qu'il faudra y arriver, il n'y a pas d'autre solution[24]. »

C'est dans ce contexte qu'intervient une révision du contrat signé avec l'Etat français. Le 5 avril 1972, un protocole additionnel concernant les modalités de déroulement de la phase d'industrialisation est signé ainsi qu'un avenant aux conditions de remboursement. En vue de faciliter la réalisation des premières ventes d'avions Mercure et pour exercer une impulsion favorable sur le marché de cet appareil, il est convenu d'aménager le calendrier des remboursements de l'aide financière. La Société Dassault remboursera les sommes avancées par l'Etat à partir du 45e appareil vendu et non plus du premier. Les sommes à rembourser sur les avions vendus ainsi que sur les rechanges correspondants sont de 450 000 francs du 45e au 150e appareil, de 1,6 million du 151e au 200e et de 1,5 million à partir du 201e avion.

A ces événements, s'ajoute la crise économique accélérée par les conséquences de la guerre du Kippour de 1973. Le prix du baril de pétrole passe de 3 à 11 dollars en l'espace de deux mois. Une récession économique s'ensuit qui diminue le nombre de passagers alors que les compagnies sont équipées d'avions à grande capacité comme les Lockheed Tristar ou les Douglas DC 10. Elles ne veulent pas investir dans de nouveaux appareils.

Le Mercure 100 est équipé de réacteurs de conception relativement ancienne, les Pratt & Whitney JT 8 D 15. Le nouveau prix du pétrole les rend peu attractifs, de plus ils sont un peu trop bruyants.

Marcel Dassault veut vendre son avion, il fait porter l'effort commercial sur les grandes compagnies mais aussi sur les compagnies locales. Le Mercure, présenté comme un successeur du Douglas DC 9, pénètre pourtant difficilement sur le marché américain où Douglas et Boeing règnent en maîtres. Quelques compagnies se déclarent intéressées mais ne passent pas de commandes devant le prix trop élevé de l'appareil qui passe de 40 à 60 millions de francs.

Les compagnies recherchent un avion polyvalent capable d'étapes courtes et moyennes. Enfin, les pilotes aiment bien avoir un avion ayant une certaine autonomie. Les ailes du Mercure peuvent contenir du carburant permettant à l'avion de couvrir 2 500 kilomètres. Il peut atteindre 2 000 kilomètres avec 130 passagers et 1 000 avec 150. Les compagnies aériennes préfèrent un

24. Marcel Dassault, Antenne 2, 3 février 1981. En 1981, le gouvernement Pierre Mauroy fait passer la semaine de travail de 40 à 39 heures et dévalue le franc.

avion qui peut aller le plus loin possible avec un maximum de passagers, ce n'est pas le cas avec le Mercure. Dans ce domaine, l'intuition chère à Marcel Dassault a fait défaut.

Le Mercure 100 est certifié le 12 février 1974 mais les commandes manquent. Air France n'en veut pas ce qui met fin aux espoirs :

« Air France avait fait valoir auprès du gouvernement français qu'on lui avait imposé Concorde et Airbus plus le déménagement d'Orly à Roissy et que ce cumul de charges financières lui était préjudiciable. Cela a fait peur au gouvernement qui a entériné la décision de la compagnie nationale [25]. »

La non commande d'Air France a fait l'objet d'une explication complémentaire de la part de Pierre Marion :

« Nous fûmes à nouveau, à la fin des années 1960, soumis à la pression conjuguée des pouvoirs publics et de Dassault pour l'avion Mercure. Nos évaluations faisaient à nouveau ressortir son inadaptabilité et sa non rentabilité. [...]

« A quelles interventions de haut niveau ne nous sommes trouvés soumis ! Nous réussîmes à ne pas acquérir l'avion, mais Air Inter, qui n'avait pas le même poids que nous, fut obligé de l'exploiter, là aussi avec une subvention [26]. »

Finalement, ce sont dix Mercure 100 [27] seulement qui sont fabriqués et livrés à Air Inter qui bénéficie, pour cet achat, des mêmes conditions que celles offertes par Boeing pour son B 727 [28].

Le Mercure a été vendu 40 millions de francs à Air Inter, nettement moins cher que le prix réel [29]. Le prix de vente a été calculé sur la base de 300 appareils vendus, la Société Dassault ayant pris la différence à son compte.

Marcel Dassault comprend alors qu'il vaut mieux ne pas insister pour éviter la faillite. Il s'en explique au directeur général d'Air France :

« Si le Mercure 100 ne s'est pas vendu, ce n'est pas parce qu'il n'a pas trouvé de clients, c'est parce que nous n'avons pas voulu en vendre du fait que nous n'avons pas reçu de soutien de l'Etat pour la vente des premiers avions jusqu'à ce que le niveau de rentabilité soit atteint.

« L'opération Mercure 100 que nous avons traitée à forfait nous a coûté naturellement très cher. Les 10 premiers avions vendus à Air Inter nous coûtent également très cher.

« C'est la raison pour laquelle nous ne souhaitons pas en vendre, même pas à Air West malgré son insistance [30]. »

---

25. Entretien de Bernard Latreille avec l'auteur.
26. Pierre Marion, *Le pouvoir sans visage, essai sur le complexe militaro-industriel*, Calmann-Lévy, 1990, Le livre de poche, page 55.
27. Le prototype du Mercure est, ultérieurement, mis au standard des avions de série, il constitue le onzième appareil d'Air Inter.
28. Soit un prêt à 6 % l'an pendant 12 ans pour 80 % de la commande et d'une garantie contre la hausse des prix au-delà de 3 % par an pendant 4 ans.
29. A la même époque, le prix de vente du Boeing 737 était de 33 millions de francs et celui du DC 9-60 de 45 millions.
30. Lettre de Marcel Dassault à Pierre Donatien Cot, 27 mars 1974, archives Dassault.

Marcel Dassault n'insiste pas et décide de stopper le programme Mercure 100. La chaîne de montage est arrêtée le 19 décembre 1975. Il ressent durement l'échec :

« Il était furieux après tout le monde. Pour lui, ça a été un deuil profond et une période difficile pour ses collaborateurs. Quant à Vallières, il a très mal pris l'échec du fait de la grande perte financière [31]. »

Marcel Dassault est finalement réaliste sur les raisons de la mévente du Mercure :

« Si nous ne l'avons pas vendu, ce n'est pas parce qu'il n'y avait pas de clients mais parce qu'on perdait 20 millions de francs par appareils sur les 10 vendus à Air Inter [32].

« Donc, tout en ayant fait un excellent avion, nous avons été forcés de l'arrêter pour ne pas faire faillite [33]. »

Une explication complémentaire est également avancée :

« L'Etat s'est aperçu que le Mercure ne marcherait pas et que si une cinquantaine d'avions était vendu, cela se situerait dans la tranche de coût maximum d'où une perte maximum. L'Etat a spécifié qu'il ne voulait pas voir une société, capitale pour les avions de combat, courir de tels risques et a fait stopper le programme Mercure [34]. »

Le Mercure 200

Marcel Dassault s'est aperçu que son avion manquait d'autonomie et de taille pour pouvoir intéresser les compagnies aériennes internationales. C'est pour cela que, dès le début des années soixante-dix, il fait étudier, en coopération avec Air France, une version moyen courrier dite Mercure 200 C pouvant transporter 140 passagers à 2 200 kilomètres. L'envergure de la voilure doit alors être augmentée d'un mètre quarante, le fuselage d'un mètre, le poids total passant de 55 à 60 tonnes.

Plusieurs compagnies aériennes américaines se montrent intéressées par ce nouveau Mercure qui, par rapport à son concurrent Boeing 727, et malgré une dévaluation de 20 % du dollar, présente un coût d'exploitation inférieur de 5 %.

Au début de 1973, le gouvernement est d'accord pour participer à ce nouveau programme sous la forme d'un prêt remboursable sur les ventes d'avions pour un montant forfaitaire de 200 millions de francs aux conditions économiques de juillet 1972. Le remboursement du prêt prévoit le versement d'une somme de un million de francs par appareil mais seulement à partir du 201e appareil vendu.

Air France demande que l'appareil soit équipé des nouveaux moteurs Pratt & Whitney JT 8 D 117, plus silencieux mais plus volumineux, ce qui

31. Entretien de Bernard Latreille avec l'auteur.
32. Lettre de Marcel Dassault du 9 décembre 1982, archives Dassault.
33. RTL, 3 novembre 1978.
34. Entretien de Jean Cabrière avec l'auteur.

nécessite d'augmenter la hauteur du train d'atterrissage. Cette modification amène la Société Dassault à demander à l'Etat un prêt supplémentaire de 80 millions de francs.

Le ministère des Finances décide que la société doit prendre à sa charge la moitié du financement du Mercure 200 C, ce qu'elle estime ne pas pouvoir faire après les investissements qu'elle a engagés dans l'opération Mercure 100.

Marcel Dassault tente alors d'obtenir qu'Air France renonce aux nouveaux réacteurs, que ne peuvent d'ailleurs pas recevoir les concurrents Boeing 727 et Douglas DC 9 qui possèdent des moteurs placés à l'arrière.

En même temps, il propose à la SNIAS de participer à la construction du nouvel avion ne se réservant que le montage final dans son usine d'Istres et les essais en vol, ce que semble accepter la société nationale :

« Dans la conjoncture actuelle, un appoint de charge pour mes usines – et tout particulièrement celles de Nantes et Saint-Nazaire – serait le bienvenu, et je prends bonne note de votre proposition. Il convient cependant de remarquer, sans complaisance, que la situation actuelle des risques économiques qu'encourt ma société, ne me permet pas d'aggraver ses charges, ni ses risques financiers, et qu'un travail de sous-traitance de ma part dans le programme Mercure ne pourrait être accepté qu'à des conditions normalement rémunératrices [35]. »

Ne pouvant faire face aux investissements, Marcel Dassault décide de mettre fin à l'opération Mercure 200 C. Il révèle les raisons de l'absence d'achat de son avion par Air France :

« Il avait été passé avec Air France un marché de trente-quatre Mercure équipés du moteur Pratt & Whitney JT 8 D amélioré, le JT 8 D 200, qui conférait à l'avion un rayon d'action plus grand.

« Quand ce contrat a été présenté au Conseil des ministres, M. Galley, alors ministre des Transports, l'avait refusé sous le prétexte que ce moteur JT 8 D 200 n'existerait peut-être jamais.

« Néanmoins, la Société des avions Marcel Dassault voue à M. Galley une éternelle reconnaissance pour avoir annulé ce contrat, car, étant donné les sommes perdues sur les dix premiers avions d'Air Inter, s'il avait fallu y ajouter trois fois plus de pertes pour les trente-quatre avions d'Air France, cela aurait mis la Société des avions Marcel Dassault en mauvaise posture [36]. »

---

35. Lettre de Charles Cristofini, président du directoire de la SNIAS à Marcel Dassault, le 28 janvier 1974, archives Dassault.
36. Marcel Dassault, *Jours de France*, 18 juin 1977.

Les différentes versions du Mercure

Pour répondre aux demandes des services officiels, la société Dassault propose un nouveau Mercure remotorisé avec des moteurs SNECMA – General Electric CFM 56 :

« Le secrétaire d'Etat aux Transports a pensé qu'il pourrait être intéressant que la France et d'autres pays d'Europe s'associent à l'Amérique sur certains programmes.

« C'est ainsi qu'il nous a été demandé d'entreprendre des conversations avec Douglas et Lockheed pour savoir s'ils seraient intéressés par la construction et la vente en Amérique du Mercure 200, réacteur CFM 56, en collaboration avec la SNIAS qui recevrait la licence du Mercure 200 et en deviendrait ainsi le maître d'œuvre [37]. »

Marcel Dassault n'est pas très optimiste sur la suite de ce programme :

« Ces constructeurs paraissent intéressés, mais tous ces pourparlers vont durer longtemps et nous perdons du temps.

« Si nous n'entreprenons pas immédiatement le montage des moteurs CFM56 sur le prototype Mercure 02, nous risquons d'être devancés par Boeing qui restera ainsi le maître incontesté de l'aviation de transport dans le monde [38]. »

« A l'époque où le Mercure a été lancé il n'y avait pas de moteurs modernes, il a été construit autour de moteurs anciens.

« Si le gouvernement décide d'équiper un Mercure avec deux moteurs de dix tonnes SNECMA-General Electric, le Mercure sera promis à un grand avenir [39]. »

Marcel Dassault s'inquiète du développement de ces moteurs qui n'ont jusqu'alors reçu aucune commande de compagnies aériennes. Il n'hésite pas à écrire au président de la SNECMA pour lui faire part de ses craintes :

« Votre moteur est lourd, encombrant et cher [40]. »

La réponse ne se fait pas attendre avec les explications techniques récusant ses arguments et en ce qui concerne le prix :

« Il ne le sera pas si l'administration française apporte – pour la production et la commercialisation du moteur – des aides proportionnelles à celles que votre Société a envisagées pour le Mercure 200 et que le rapport de M. Baudis sur le projet de Loi de Finances 1977 a évoquées [41]. »

Le constructeur américain McDonnell Douglas se déclare lui aussi intéressé par une coopération sur le programme Mercure 200. Mais les contacts restent sans lendemain car le constructeur américain vient de sortir une version allongée de son DC 9 qui contre le projet français, le DC 9-80. Marcel

37. Marcel Dassault, conférence de presse du 5 novembre 1975.
38. *Ibid.*
39. Marcel Dassault à *Aviation Magazine*, 1er mai 1976.
40. Lettre de Marcel Dassault à René Ravaud du 11 février 1977, archives Dassault.
41. Lettre de René Ravaud à Marcel Dassault du 17 février 1977, archives Dassault.

Dassault, qui se souvient de l'échec de l'opération Caravelle aux Etats-Unis, déjà en coopération avec Douglas, n'est pas surpris.

Il contacte alors d'autres constructeurs américains comme General Dynamics :

« Puisque vous ne faites pas encore d'avions de transport, j'ai pensé que vous pourriez peut-être être intéressé par une licence du Mercure, dont photo ci-incluse[42]. »

General Dynamics, constructeur du F 16, ne donne pas suite à cette proposition.

Lors de la manifestation célébrant les 100 000 heures de vol des Mercure d'Air Inter, Marcel Dassault a écrit à son président :

« Croyez bien que je serai de cœur avec vous lors de cette si sympathique manifestation que je vous remercie de faire en l'honneur des 100 000 heures de vol des Mercure d'Air Inter, fait tout à fait remarquable pour un type d'avion produit par un constructeur qui n'en avait jamais fait, et dont les mérites n'ont pas été reconnus parce que l'Etat n'a pas voulu, comme pour l'Airbus, payer la différence entre le prix de revient et le prix de vente de ces appareils dont on aurait vendus beaucoup, notamment en Amérique si nous avions été soutenus.

« Il me semble quand même qu'il est préférable de ne pas être soutenu et de ne pas être nationalisé, plutôt que d'être nationalisé et d'être soutenu.

« Bien entendu, nous ferons faire des photos pour relater dans Jours de France cet heureux événement[43]. »

L'échec des programmes Mercure s'explique essentiellement par un mauvais contexte économique et un rayon d'action trop faible mais aussi, peut-être, par une trop grande précipitation. N'aurait-il pas été préférable de faire du Mercure 100 un prototype et d'accélérer le programme de moteurs CFM 56 pour lancer la version Mercure 200? Mais, dans ce cas, le Mercure 200 se serait trouvé en concurrence avec le projet d'Airbus Industrie qui donne naissance à l'A 320.

Devant ces problèmes, se pose inévitablement une question : la décision de lancer le programme Mercure n'était-elle pas une erreur? Plusieurs hauts responsables actuels de la Société Dassault sont enclins à le penser.

L'exemple du Mercure montre finalement la complexité d'une prise de décision en matière d'aéronautique et le peu de place pour l'erreur.

Marcel Dassault a mal vécu cet échec qui reste une des plus mauvaises affaires de sa carrière. Son intuition, habituellement judicieuse, lui a joué un mauvais tour, son refus des études de marché l'a fourvoyé. Pourtant, souple dans l'adversité et fataliste devant les événements contraires, il ne se

---

42. Lettre de Marcel Dassault à David Lewis, président directeur général de General Dynamics, 11 juin 1979, archives Dassault.
43. Lettre à Robert Vergnaud, 17 septembre 1979, archives Dassault.

laisse pas abattre et encore, en 1981, tente de relancer le programme Mercure car il est opportuniste par tempérament.

Le 24 mars, il lit dans *Interavia Courrier aérien* que le président de la compagnie aérienne américaine Eastern Airlines, qui vient de commander neuf Airbus A 300 supplémentaires, recherche un court-courrier de 150 places et estime avoir besoins de 100 appareils. Le 26 mars, il écrit au président Frank Borman :

« Nous avons appris que vous recherchiez un avion de 150 places.

« Nous avons l'honneur de vous faire savoir que nous avons construit en grande série un avion de 150 places, le Mercure, qui depuis cinq ans fonctionne de façon absolument régulière sur le réseau d'Air Inter.

« Les pilotes apprécient particulièrement ses qualités de vol et c'est un avion qui est équipé pour l'atterrissage tous temps.

« Malheureusement, la dimension de nos installations industrielles ne nous permet pas de le construire en série.

« C'est la raison pour laquelle, s'il vous intéresse, nous sommes prêts à en donner la licence à un constructeur américain de votre choix, Lockheed par exemple[44]*. »*

Un mois plus tard, il apprend qu'une filiale de McDonnell Douglas est à la recherche d'un appareil de type Mercure, il écrit alors à John F. McDonnell :

« La société des avions Marcel Dassault serait naturellement d'accord pour vous céder la licence du Mercure à un prix très avantageux.

« Le bureau d'études de la Société des avions Marcel Dassault serait disposé à vous fournir tous renseignements nécessaires au cas où vous voudriez appliquer quelques modifications à cet appareil[45]*. »*

Malgré ses efforts, aucun accord ne peut se concrétiser, le Mercure 100 ne connaît aucun descendant.

44. Lettre du 26 mars 1981, archives Dassault.
45. Lettre du 8 avril 1981, archives Dassault.

8

LES SECRETS DE LA REUSSITE INDUSTRIELLE

La réussite aéronautique française des années soixante et soixante-dix, particulièrement dans le domaine des appareils militaires à hautes performances, fait perdre aux Américains et aux Anglais des marchés qu'ils contrôlaient depuis plus de vingt ans [1].

Marcel Dassault a expliqué, en 1967, les raisons de ses succès, comme toujours de manière simple :

« Pour la conception des avions, il y a trois pays qui comptent : les Etats-Unis, la France et l'Angleterre. Il me semble, je dis bien il me semble, que la France est en train de produire une qualité d'avions plus poussée que les Britanniques.

« Ce que je crois faire presque aussi bien que les Américains, ce sont les intercepteurs. Depuis l'après-guerre, le marché mondial s'est partagé entre les Mirage III et les F 104 [2]. »

Ses concurrents, surtout les Américains, ont essayé d'en analyser les causes. Une des études les plus complètes sur le sujet a été faite en 1973, à la demande de l'armée de l'Air des Etats-Unis, par la Rand Corporation, organisme de recherche californien.

Auparavant, plusieurs missions de l'*US Air Force* étaient venues examiner les appareils français avec l'intention d'adopter certaines de leurs méthodes de fabrication. Leur but était de réduire les coûts de production qu'une trop grande rationalisation des choix budgétaires, le recours abusif à l'ordinateur et la subordination des programmes au fameux rapport coût-efficacité rendaient inquiétants.

En 1970, le général commandant l'*Air Force System Command* de l'armée de l'Air des Etats-Unis constate :

---

1. Les analyses de ce chapitre concernent les années soixante et soixante-dix. Avec le développement de l'informatique, dans les années quatre-vingt, les clés de cette réussite ont été bouleversées.
2. *L'Expansion*, octobre 1967.

« *Le secret est de construire sur ce qui est connu, démontré, fiable. En ce qui concerne Dassault, cette méthode marche excessivement bien et il est probable que nous verrons des chasseurs Mirage dans plus de forces aériennes mondiales que nous ne le souhaiterions en réalité*[3]. »

Cette réussite est celle d'une société de taille modeste comparée à ses concurrentes américaines :

« *Chacun des 439 ingénieurs de Lockheed qui travaillaient à la transformation de l'Electra en P 3A Orion serait bien surpris s'il savait que la réalisation du chasseur Mirage III est due au travail de 55 ingénieurs, 50 dessinateurs et 95 ouvriers spécialisés, et que ces hommes passèrent de la notification du contrat au premier vol en 13 mois*[4]. »

A la fin des années soixante, les méthodes du constructeur français en matière de développement d'avions peuvent se résumer ainsi :

– la conception des études,
– le déroulement des programmes,
– la filiation des avions Dassault,
– la rigueur dans la gestion,
– la gestion du personnel,
– les rapports avec les syndicats.

La conception des études

Le bureau d'études de la Société réalise lui-même toutes les recherches sur les nouveaux avions. Les ingénieurs ne sont pas spécialisés, ils concentrent leurs efforts sur quelques paramètres nouveaux à intégrer dans des systèmes déjà éprouvés :

« *Son équipe d'ingénieurs est alimentée par un apport constant de jeunes. Ses ingénieurs ne sont pas compartimentés, ils peuvent passer d'un programme à l'autre, du civil au militaire ce qui étonne toujours les Américains*[5]. »

Ces jeunes ingénieurs ont généralement fait un stage dans la société à la fin de leurs études, seuls les meilleurs ont été embauchés. Marcel Dassault suit peut-être les conseils lus dans *Barenton Confiseur* :

« *Efforcez-vous de ne jamais embaucher quelqu'un sur des renseignements, si bons qu'ils soient. Engagez-le pour une période d'essai : ce n'est pas au pied du mur qu'on connaît le maçon; c'est tout en haut*[6]. »

A partir du premier vol, Marcel Dassault retire la plupart des ingénieurs du projet pour éviter trop de modifications, donc des augmentations de coûts, et les affecte à un nouveau programme. Ce sont les essais en vol qui

---

3. Général James Fergusson, cité dans *Interavia*, octobre 1970, page 1 255.
4. *Space & Aeronautics* de mars 1969, cité dans *Interavia*, octobre 1970, page 1 255.
5. Entretien d'André Gintrand avec l'auteur.
6. Auguste Detoeuf, *Propos de O. L. Barenton Confiseur*, Seditas, 1977, page 124 (1re édition en 1938).

servent à tester l'appareil et qui orientent les transformations éventuelles. Marcel Dassault ne souhaite pas que ses ingénieurs inventent tout eux-mêmes [7]. Il leur conseille d'aller voir ailleurs, non pour copier mais pour ne pas réinventer et ainsi gagner du temps. Il tient aussi à être tenu au courant des moindres difficultés et si son interlocuteur hésite il insiste :

« Je ne vous demande pas ce qui va bien, je vous demande de me dire ce qui va mal [8] ! »

La Rand Corporation estime qu'à programme identique, le coût des études ne représente chez Dassault qu'entre 35 et 45 % de celui d'une société américaine. Cette différence pourrait laisser supposer une certaine aversion de la part de la société française pour les technologies ultramodernes. En fait, il n'en est rien, les résultats sont obtenus par une grande rigueur industrielle.

La Société Dassault entend posséder un puissant bureau d'études lui permettant d'assumer la maîtrise d'œuvre des appareils. Marcel Dassault recrute des ingénieurs qui sortent des plus grandes écoles puis les forme en les faisant passer dans divers services :

« Je leur fais faire au début un boulot de dessinateur, comme ça ils voient plus vite les erreurs, ça évite des modifications et ça fait gagner du temps [9]. »

S'il ne pouvait trouver en France les collaborateurs recherchés, il n'hésiterait pas à se tourner vers l'étranger :

« Alors que j'appartenais au cabinet du ministre des Armées, la SNECMA avait reçu un milliard de francs pour construire une usine à Corbeil. Je demande à Marcel Dassault ce qu'il aurait fait de cet argent s'il avait été à leur place. Il m'a répondu :

« – Moi, j'aurais fait une usine pour 500 millions de francs et avec les 500 autres, j'aurais été voir chez Rolls Royce ou chez Pratt & Whitney qui travaillaient bien chez eux et je les aurais embauchés chez moi.

« Il avait le sens des opportunités et savait placer les gens. Il disait souvent après avoir fait procéder à une mutation : " Là, il va être bien [10] ! " »

S'il respecte beaucoup les ingénieurs, il porte sur eux des jugements parfois surprenants :

« Il avait une politique d'ingénieur. Il disait souvent en riant que si cela était possible, il embaucherait des ingénieurs pour balayer, comme ça ce serait mieux fait [11]. »

Il disait aussi comme dans Barenton Confiseur *: " Il y a trois manières de se ruiner : le jeu, les femmes et les ingénieurs. Les deux premières sont plus agréables, mais la dernière est plus sûre [12] ! " »*

---

7. Il est à l'opposé de l'ingénieur René Leduc qui, très perfectionniste, créait lui-même tous les éléments de son avion, y compris ce qui existait déjà ailleurs.
8. Propos rapportés par Bruno Revellin-Falcoz à l'auteur.
9. Propos rapportés par Pierre François à l'auteur.
10. Entretien d'André Gintrand avec l'auteur.
11. Entretien de Jean Cabrière avec l'auteur.
12. Propos rapportés par Xavier d'Irribarne à l'auteur (*Propos de O. L. Barenton Confiseur*, page 124).

Respectueux, Marcel Dassault l'est également de ceux qui, à son image, sont des capitaines d'industrie. Un de ses anciens collaborateurs à *Jours de France* l'a constaté en assistant à la conversation suivante :

« Un jour que nous déjeunions avec son épouse à l'hôtel Richmond à Genève, la conversation vient sur Jean Prouvost alors patron de Paris-Match *chez qui j'ai fait mes premières armes et chez qui je suis retourné après* Jours de France. *J'entreprenais son éloge.*

« Madeleine : Enfin, cher Monsieur, vous n'allez tout de même pas comparer mon mari avec ce Jean Prouvost !

« Silence gêné. Petit rire de Marcel Dassault.

« – Après tout, poursuit Madeleine, Prouvost n'est jamais qu'un journaliste.

« Marcel Dassault lève les yeux au ciel.

« – Dis pas de bêtises, Madeleine. C'est quand même un monsieur. Il est industriel.

« Madeleine était suffoquée.

« – Evidemment, La Lainière de Roubaix, les filatures, qu'est-ce-que tu en fais [13] *? »*

Les solutions qu'il apporte aux problèmes techniques sont souvent basées sur sa grande expérience des hommes :

« Un samedi matin, en réunion à Saint-Cloud des " cerveaux d'acier ", il y avait un problème de relais électrique qui ne fonctionnait pas sur un avion.

« Marcel Dassault arrive et dit d'emblée : " On n'est pas là pour une réunion de condoléances ! Je voudrais savoir ce qui s'est passé. "

« Après qu'on lui ait expliqué qu'il s'agissait d'un problème de boîtier électrique il a demandé :

« – Qui a fait ce boîtier ?

« – C'est la société X.

« – Ce n'est pas ce que je vous demande ! Qui est l'ingénieur ? Téléphonez pour vous renseigner ! »

« Quand il a eu l'information il a demandé le curriculum vitae de cette personne. Après l'avoir rapidement étudié, il s'est écrié :

« – Croyez-vous qu'avec l'expérience qui apparaît dans ce CV cet ingénieur soit qualifié pour faire un relais de cette importance ? Finalement, ce n'était pas un problème électrique mais un problème d'organisation [14]. *»*

A la mort de Marcel Dassault, le Suisse Jean-Pierre Weibel, qui a participé à la négociation d'achat du Mirage III S, a apporté un témoignage intéressant sur les méthodes et le fonctionnement de la Société Dassault :

« Sans avoir rencontré Marcel Dassault lui-même, nous avons pu sentir sa présence. [...] *La personnalité du patron était omniprésente et contraignante. »*

---

13. Michel Clerc, *Le Figaro Magazine*, 26 avril 1986.
14. Entretien d'André Gintrand avec l'auteur.

Dans un paragraphe intitulé : « L'obligation de la réussite », Jean-Pierre Weibel explique :

« La pression exercée sur l'équipe des bureaux d'études et de calculs était énorme : un chef de bureau, présent au début de nos visites, avait subitement disparu de la situation, remplacé par un ingénieur appelé en hâte d'une des usines du groupe. Il s'est avéré que le premier avait été prié de faire valoir son incompétence ailleurs, avant même que soit envisagée sa succession. Le second ayant attiré l'attention sur ses qualités dans un poste subalterne, avait été appelé à Paris du jour au lendemain, avec un confortable gradient de salaire, une voiture de service et des compétences pratiquement sans limite. Sa carrière ultérieure a confirmé en tout point le jugement de ses supérieurs.

« Chez Dassault, le rythme de travail était avant tout réglé par la nécessité : nécessité de terminer des calculs ou un projet à la date fixée, nécessité de répondre aux exigences formulées, nécessité de convaincre le client du bien-fondé des solutions proposées, sans égard pour les autres contraintes. Ce climat est éminemment fructueux, chacun donnant le meilleur de soi-même sans compter et épaulant ses collègues dans les risques inhérents à ce rythme. Mais il faut bien reconnaître qu'en une dizaine d'années, nous avons vu des hommes fringants vieillir terriblement au physique, parce qu'incapables de dire non à la moindre de ces sollicitations constantes [15]. »

Marcel Dassault entretient une émulation et une concurrence constantes entre ses principaux collaborateurs. Chacun vit dans l'espoir d'être un jour désigné et sait que pour cela il doit donner le meilleur de lui-même. Il ne se contente pas d'un bon élément, il veut le meilleur, celui qui a quelque chose en plus, et se trouve toujours disposé à le rémunérer en conséquence. Ceci fait dire à ses collaborateurs qu'on entre chez Dassault comme on entre en religion.

Il est très exigeant – il montre d'ailleurs l'exemple – mais sait aussi ne pas aller jusqu'à l'excès. Quand, après une longue et fatigante réunion technique, il constate que l'attention de ses collaborateurs se relâche, il n'hésite pas à changer d'activité :

« Bon, puisque je vois que tout le monde est fatigué, on va choisir les filles !

« Les filles, c'étaient les photos des modèles de mode à faire paraître dans Jours de France*! On allait alors les choisir ensemble* [16] *! »*

Le déroulement des programmes

Dès que l'état-major a exprimé son besoin d'un nouvel avion, les services techniques de l'Etat établissent une fiche programme qui sert de base aux études du constructeur. En même temps, un officier de l'armée concernée (Air ou Marine) est chargé, en tant qu'officier de marque, de suivre l'avion

15. *Ingénieurs et Architectes suisses* (publié en Suisse), 7 mai 1986.
16. Entretien d'Yves Thiriet avec l'auteur.

de la planche à dessin jusqu'aux essais en vol. Les pilotes du Centre d'essais en vol (CEV) et du Centre d'expérimentations aériennes militaires (CEAM) jouent, très tôt, un rôle actif en participant aux vols des prototypes et à la mise au point d'équipements sur des avions banc d'essais volants.

Cette collaboration étroite entre l'utilisateur et la société Dassault permet souvent d'éviter des demandes inconsidérées :

« Dassault et les divers services du ministère de la Défense semblent être conscients du fait que les performances se paient et agissent en conséquence. Du moment qu'une exigence est trop poussée, Dassault n'est plus en mesure de fournir ou alors le coût dépasse les moyens financiers disponibles. Ni l'une ni l'autre de ces possibilités ne convient aux deux partenaires.

« Cette coopération permet également d'alléger les contrôles administratifs. Dans le cas du Mirage IV, l'équipe mise en place par le gouvernement n'a pas excédé quarante personnes et, pour le Mirage III, une vingtaine de personnes. Aux Etats-Unis, les équipes sont de cinq à dix fois plus importantes et pèsent lourdement dans la souplesse de réalisation des matériels [17]. »

S'il est très rigoureux sur le travail de ses cadres, Marcel Dassault sait aussi les soutenir quand ils rencontrent des difficultés :

« Je dois reconnaître de la part de M. Dassault une certaine indulgence parce que comme toujours, on faisait des bêtises, on commettait des erreurs qui coûtaient cher parfois, et à ce moment-là, M. Dassault était le plus rayonnant. On dirait presque qu'il était content qu'il y ait quelque chose à modifier, qu'il y ait quelque chose à mettre au point [18]. »

Quand on examine successivement les divers programmes étudiés par la Société Dassault, on se rend compte de leur diversité. Par contre, le fait que ces programmes se chevauchent souvent est moins flagrant, cela signifie que le bureau d'études et Marcel Dassault ont été capables d'étudier en même temps plusieurs appareils aux formules radicalement différentes :

« Grâce à ses connaissances, il assimilait des choses d'une grande complexité. Il avait un esprit terriblement logique et se concentrait sur ce qui le passionnait, la partie technique. Comme il écoutait beaucoup, cela alimentait son intuition et lui permettait de faire ce que les autres ne savaient pas faire [19]. »

C'est ainsi qu'alors qu'il développe les avions à aile en flèche Mystère, Marcel Dassault étudie son appareil à aile delta : le Mirage. Tandis qu'il perfectionne le Mirage III, il conçoit les Falcon et l'appareil à décollage vertical et, avant que ce dernier programme ne soit abandonné, les avions à aile en flèche F 2, F 3 et F 1. Alors qu'ils sont en plein développement, il réalise

17. *A Dassault Dossier : Aircraft Acquisition in France*, Robert Perry, Rand Corporation, Santa Monica, Californie. Rapport *United States Air Force Project Rand, R-1148-PR*, septembre 1973, page 21.
18. Benno Claude Vallières, 15 octobre 1980, archives Dassault.
19. Entretien de Jean-François Cazaubiel avec l'auteur.

les avions à flèche variable mais aussi le Mercure. Aucune autre société de construction aéronautique dans le monde n'a connu un tel foisonnement, une telle diversité.

Les dates des premiers vols des avions les plus connus constituent le meilleur point de repère :

- 1949 : Ouragan
- 1951 : Mystère II (aile en flèche)
- 1952 : Mystère IV
- 1955 : Mirage I (aile delta)
- 1956 : Mirage III, Super-Mystère B2 et Etendard IV
- 1959 : Mirage IV
- 1962 : Mirage Balzac (décollage vertical)
- 1963 : Mystère-Falcon 20
- 1964 : Mirage III T
- 1965 : Mirage III V
- 1966 : Mirage F 2 et Mirage F 1 (retour à l'aile en flèche)
- 1967 : Mirage G, monoréacteur (aile à flèche variable)
- 1968 : Hirondelle et Jaguar
- 1970 : Falcon 10
- 1971 : Mirage G 8 et Mercure 100
- 1973 : Alpha Jet
- 1974 : Super Etendard et Mirage F 1 E
- 1976 : Falcon 50 (aile supercritique)
- 1978 : Mirage 2000 (aile delta, commandes électriques)
- 1979 : Mirage 4000
- 1982 : Mirage III NG
- 1983 : Mirage 2000 N
- 1984 : Falcon 900
- 1986 : Rafale A

Cette liste ne comprend pas les avions dérivés comme les versions biplace ou motorisées différemment. De 1949 à 1986, c'est une moyenne d'un avion nouveau par an qui est réalisée par la Société Dassault. On comprend que les Américains aient pu être impressionnés et qu'ils aient décidé de réagir devant la prolifération de cette famille d'avions.

La filiation des avions Dassault

Le rapport Rand cite la famille Mirage comme l'exemple le plus significatif de la constitution d'une famille d'avions. Du Mirage III sont dérivés les Mirage III C, B, E, R, 5. Toutes ces versions possèdent le même réacteur et les mêmes éléments de cellule que le Mirage III d'origine. Les modèles exportés sont identiques, mises à part les petites modifications demandées par chaque armée de l'Air étrangère. Il en est de même pour la famille des Mirage F 1 puis du Mirage 2000.

La société Dassault sait que la France ne peut mettre en chantier deux prototypes concurrents. Tout appareil lancé doit être réussi, il n'y a pas droit à l'erreur. Elle sait aussi que ses appareils doivent être exportables.

Pour les Américains, l'une des plus grandes réussites techniques de la Société Dassault est l'avion à flèche variable Mirage G réalisé en moins de 16 mois. Le coût total du programme est estimé à 175 millions de francs. Le Mirage G a fait son premier vol en 1967 et s'est immédiatement affirmé comme une réalisation de grande valeur :

« Pour 28 millions de dollars, Dassault a construit le Mirage G. Je l'ai vu décoller, manœuvrer, mouvoir ses ailes et atterrir, et j'ai été pour le moins impressionné [20] *.»*

En effet, la société française a démarré ses études cinq années après Convair-General Dynamics pour son F 111 avion d'une taille plus grande et d'une électronique très élaborée mais a achevé la mise au point de la cellule avant les Américains. La réussite est telle que la société américaine Ling-Temco-Vought (LTV) a acheté la licence du système de voilure à flèche variable et a envisagé d'associer Dassault en tant que coopérant sur un projet d'avion de combat destiné à l'armée de l'Air des Etats-Unis. Ce projet n'a pas abouti.

Le processus d'évolution progressif permet à la Société Dassault de limiter les risques financiers. Les techniques nouvelles pouvant présenter des aléas sont testées en vol à partir de matériels déjà éprouvés :

« C'est probablement là que réside le secret du tour de force remarquable qui a consisté à mener le bombardier Mirage IV du stade conceptuel à la mise en service opérationnelle en près des deux tiers du temps exigé pour le F 111 (avion comparable en taille et en performance) et environ 10 % du prix. Les deux avions ont été développés sensiblement sous des priorités identiques et des calendriers d'exécution similaires ; tous deux ont accusé des glissements de délai d'environ 10 % mais le Mirage IV a effectivement répondu aux exigences opérationnelles en quelque trois années de moins que le F 111 [21]*. »*

Si les Américains se montrent élogieux, les Soviétiques ne le sont pas moins. Dans un ouvrage intitulé *Les Avions de guerre des pays capitalistes – La famille des Mirage* l'auteur note que la France renouvelle constamment ses forces armées par la technique et l'armement modernes. Il insiste sur *« le développement particulièrement soigné »* de l'aviation. Il en déduit que *« tout ceci caractérise suffisamment clairement la nature agressive du monde capitaliste* [22] *».*

---

20. Général James Fergusson, *Interavia*, octobre 1970, page 1 255.

21. *A Dassault Dossier : Aircraft Acquisition in France*, Robert Perry, Rand Corporation, Santa Monica, Californie. Rapport *United States Air Force Project Rand, R-1148-PR*, septembre 1973, page 33.

22. Colonel V. Suslikov, *Aviatsija i Kosmonavtika*, 1980, fascicule VI, juin 1980.

Marcel Dassault, présent dans l'aéronautique depuis la Première Guerre mondiale, bénéficie d'une expérience peu ordinaire. Comme il est servi par une extraordinaire mémoire il se souvient des problèmes rencontrés, des remèdes apportés antérieurement et, souvent, par analogie, trouve la solution. Ainsi, ses directeurs sont-ils étonnés de l'entendre quelquefois comparer les avions actuels à ceux d'avant-guerre :

« Le Mirage 4000, vous ne voyez pas que ça ressemble au trimoteur colonial [23] ! »

Il ne reste plus aux intéressés qu'à faire un gigantesque effort pour essayer de comprendre où est cette similitude si évidente pour Marcel Dassault, celle qui lui permet d'entrevoir une solution.

Marcel Dassault ne perçoit pas un avion comme une machine, mais comme un être vivant. A l'usine de Saint-Cloud, après une séance de travail intense avec ses directeurs, il se rend toujours auprès du prototype en cours de fabrication :

« – Venez, nous disait-il. On va voir les avions.

« Quand il était devant, il se comportait comme un amoureux, il y avait de la tendresse dans ses yeux. Il en parlait comme d'un être humain avec des formules bien à lui, par exemple pour la pointe avant :

« – Celui-là, il a le nez qui pend!

« – Celui-ci, il regarde entre ses pieds [24] ! »

Il est également très attentif à l'avenir global de sa société aéronautique. S'il n'est pas intéressé par la planification au jour le jour ou même à l'année – cela relève de ses directeurs – il se sent très concerné par l'avenir à long terme et surtout par le lancement de prototypes. C'est ainsi qu'à quatre-vingts ans, craignant une rupture dans l'enchaînement de ses prototypes, il s'exclame :

« Mais alors, qu'est-ce qu'on va faire dans vingt ans [25] ! »

Marcel Dassault affecte souvent de ne pas se préoccuper de la gestion. S'il agit ainsi c'est qu'il sait avoir des gestionnaires qui répondent à ses critères et qui ont sa confiance. De ce fait, la gestion de sa société est particulière.

La rigueur de la gestion

La société des avions Dassault est, depuis sa création, dirigée par le même homme : Marcel Dassault. Il possède les qualités du technicien, du gestionnaire et du « chasseur de têtes ». Son expérience, il l'a acquise dans la meilleure des écoles d'application qui soit au monde : la Société des avions Marcel Dassault.

---

23. Entretien de Jean-François Cazaubiel avec l'auteur.
24. Entretien d'Yves Thiriet avec l'auteur.
25. *Ibid.*

Marcel, à droite, en compagnie de sa cousine Rosine
et de son cousin Darius Milhaud.

Élève au lycée Condorcet en 1904
où il a effectué toutes ses études secondaires.

Marcel au tableau noir traitant une équation.

Le futur ingénieur médite devant quelques grandes inventions du XIXe siècle dont la lampe électrique, la TSF et le gramophone : *« J'aime le fécond silence où naît pour moi une autre musique, celle des tâches, des projets, une musique où chante le futur. »*

En 1940, Madeleine et ses deux fils : Claude passionné de musique et d'opéra et Serge (à droite) qui hérite des passions scientifiques de son père.

Les Français du bloc 26 à Buchenwald après la libération du camp par les Américains, 16 avril 1945.

La célèbre silhouette de l'avionneur
devant le prototype du *Mystère IV* en 1953.

Marcel Dassault, industriel, accueille le général de Gaulle, président de la République,
devant le stand Dassault au Salon du Bourget, 13 juin 1959.

En 1917, Georges Guynemer devant son *Spad XIII*
équipé de l'hélice *Éclair* dessinée et construite par Marcel Bloch.

Madeleine et Marcel en 1919, année de leur mariage. Marcel Dassa

M B 151, équipement de l'armée de l'Air française en 1940.

evait déclarer plus tard : *« C'est le plus beau souvenir de ma vie. »*

Marcel Dassault, patron de presse,
présente son quotidien *Vingt-quatre Heures* en 1964.

Pierre Messmer, ministre des Armées, entouré de Marcel Dassault et Benno Claude Vallières, devant la maquette du *Languedoc* au Salon du Bourget de 1969.

En 1971, au Bourget, Marcel Dassault entre Georges Pompidou et Michel Debré. Derrière le président de la République, Benno Claude Vallières et Serge Dassault.

Marcel Dassault avec le président Valéry Giscard d'Estaing lors des démonstrations en vol du Salon du Bourget de 1975.

Marcel Dassault et le Premier ministre, Jacques Chirac, au Salon du Bourget de 1975.

En 1975, sur TF 1 lors de l'émission « Le marché du siècle », il est entouré par Andrieu, Georges Suffert, Jean-Pierre Farkas, Roland Faure.

En 1975, trois générations Dassault : Marcel, Olivier et Serge qui fête ses cinquante ans.

Marcel Dassault
et son fils aîné Claude en 1981.

Marcel Dassault, producteur de cinéma, en compagnie de son épouse, assiste au tournage du film *L'Été de nos quinze ans* dans sa propriété de Coignières.

Marcel Dassault en 1983, à Beauvais,
tirant les rois en compagnie de Chantal Goya.

Marcel Dassault en compagnie d'un de ses acteurs préférés,
Louis de Funès, en visite au Rond-Point des Champs-Elysées.

Serge, Nicole et Madeleine Dassault assistent au discours de Marcel Dassault, doyen d'âge de l'Assemblée nationale, le 3 juillet 1981.

Marcel Dassault, doyen d'âge de 1978 à 1986, à son pupitre de président de la séance inaugurale du 4 avril 1978.

Marcel Dassault et une partie de l'équipe des essais en vol au Salon du Bourget de 1979 : *« Les avions sont comme l'âme, ils ont des ailes et prolongent la vie. Les miens voleront encore quand je ne serai plus là. »*

Le Premier ministre Pierre Mauroy et Marcel Dassault lors de la signature de la prise de participation de l'État, hôtel Matignon, le 8 octobre 1981. Dans la glace, le secrétaire d'État Georges Lemoine.

Marcel Dassault reçoit le grand patron japonais Soichiro Honda qui déclare après sa visite : *« Ah ! J'ai rencontré Marcel Dassault... Un homme extraordinaire ! »*

Avec le président François Mitterrand au Salon du Bourget.
Au centre, Pierre de Bénouville et Benno Claude Vallières.

Serge Dassault
devant la maquette du Rafale.

La famille de Serge Dassault en vacances dans le sud de la France en août 1990. De gauche à droite, Martine épouse de Laurent, Nicole Dassault, Carole épouse d'Olivier, Marie-Hélène. Assis de gauche à droite, Benoît époux de Marie-Hélène, Adrien et Julien, fils de Laurent, Serge Dassault, Thierry, Laurent, Olivier.

(Toutes ces photos proviennent de la famille Dassault.)

Les effectifs de la société sont réduits au maximum. En cas de besoins importants, il est fait appel à la main d'œuvre intérimaire. Cette stabilité des effectifs est suivie d'une stabilité dans l'emploi ; il n'est pas rare de rencontrer des ingénieurs, des techniciens, des ouvriers ayant fait toute leur carrière dans la société :

« *Il a su recruter les meilleurs même s'il avait le défaut, par fidélité, de les garder trop longtemps. Il a su les rendre heureux avec de l'argent et fiers avec ses avions*[26]. »

Une politique souple de sous-traitance permet à la firme un plan de charge régulier et évite les à-coups. Etant le principal fournisseur des avions de combat français, la Société Dassault peut, dans une certaine mesure, bénéficier de ce privilège pour obtenir des sous-traitances avantageuses.

Le personnel administratif est également limité au strict nécessaire et, sauf en ce qui concerne les machines-outils et les moyens d'essais, ne peut se comparer avec l'environnement des firmes américaines.

Pour la gestion interne de ses sociétés, Marcel Dassault fait confiance à ses directeurs qui peuvent prendre de très importantes décisions. Seule la stratégie remonte jusqu'à lui :

« *Vallières pouvait lancer 500 millions de francs d'investissements dans le cadre du fonctionnement de la société sans le consulter mais, par exemple, coopérer ou non avec une autre société, cela ne relevait que de M. Dassault*[27]. »

En 1973, lors de l'élaboration du rapport Rand, la Société Dassault qui emploie 15 000 personnes et réalise 3 462 millions de francs de chiffre d'affaires dont 65 % à l'exportation, n'est qu'une entreprise à peine moyenne à l'échelle mondiale. Ses résultats, par contre, sont tout à fait du niveau des grandes sociétés internationales. Le génie de Marcel Dassault, disent ses collaborateurs, lui tient lieu de puissance. Ses réussites à l'exportation entraînent un grand développement :

« *La société investissait dans tout ce qui était prototype et présérie, ce qui fait que l'on perdait entre 20 et 30 %.*

« *Sur la série des avions français, si on gagnait, après les cent premiers, entre 3 et 4 % c'était le bout du monde. Les marges étaient plus importantes à l'exportation*[28]. »

Les sociétés aéronautiques étaient au départ dirigées par leurs fondateurs. Puis, à partir d'une certaine taille, elles sont passées entre les mains de groupes financiers ou des Etats. La Société Dassault est une exception : Marcel Dassault dirige tout lui-même à travers quelques hommes soigneusement sélectionnés. Il est l'exemple même du gestionnaire centralisateur mais, dans son cas, centralisation a pour corollaire efficacité et décision rapide.

---

26. Entretien de Bernard Capillon avec l'auteur.
27. Entretien d'André Gintrand avec l'auteur.
28. Entretien de Pierre François avec l'auteur.

Pour lui, la technique prime tout. Il s'occupe d'abord du produit puis de faire des économies et ensuite de la rentabilité. Dans les autres sociétés, c'est souvent l'inverse. Il y a moins de créativité, celui qui dirige n'a plus, ou ne peut plus avoir, le même sens technique. Il lui faut établir des dossiers pour prouver que ce sera bien, il lui faut franchir le mur des gestionnaires.

S'il est seul à décider, Marcel Dassault le fait après avoir beaucoup consulté. Sa décision prise, tout doit concourir à l'œuvre qu'il s'est assignée. Il n'aime pas que l'on conteste ses décisions :

« Il reçoit un jour un important responsable d'une société d'électronique qui vient l'entretenir de la concurrence que lui crée l'Electronique Marcel Dassault. Ce responsable déclare subitement :

« – Vous ne pouvez pas faire ce que je fais mais je peux faire tout ce que vous faites !

« – Marcel Dassault réplique faisant celui qui n'avait pas compris :

« – Ah bon ! Vous voulez faire des avions?

« Vous auriez vu la tête de son interlocuteur qui était désarçonné et qui n'a plus rien trouvé à ajouter [29]. »

Si les Américains ont été très surpris par les faibles effectifs de son bureau d'études, ils l'auraient été encore plus s'ils avaient su que Marcel Dassault, qui écrivait beaucoup, n'a jamais eu qu'une seule secrétaire particulière en quarante ans. Il n'a jamais eu non plus de directeur de cabinet ni tout l'aréopage habituel des grands capitaines d'industrie.

Il vise en premier l'efficacité. Il a su remarquablement organiser son temps de travail, passant sans problème d'une activité à l'autre [30]. De plus, il est toujours disponible pour répondre à toute nouvelle sollicitation. Comme il s'occupe de tout, il étonne par son extraordinaire puissance de travail que la variété de ses occupations n'altère aucunement. Il demeure cependant conscient des risques encourus :

« Il ne faut pas croire que cette entreprise soit un jardin dans lequel les fleurs poussent au printemps et les fruits en automne. C'est au contraire une entreprise délicate, nerveuse, subtile, une erreur technique ou un retard dans la décision peut lui être fatale [31]. »

Marcel Dassault a compris que travailler dans le secteur aéronautique est une aventure risquée et qu'il faut être prudent :

« L'aéronautique, ce n'est pas une industrie, c'est une série de coups réussis ou ratés qui conditionnent l'avenir [32]. »

C'est ainsi qu'il évite de s'engager dans des dépenses considérables nécessitant un brutal changement de taille :

« D'une façon générale, une entreprise ne doit pas s'agrandir trop vite. Elle doit le faire par autofinancement en augmentant chaque année le capi-

29. Entretien de Bertrand Daugny avec l'auteur.
30. Voir les six premiers chapitres de la IIIe partie.
31. Marcel Dassault, 15 octobre 1980, lors de la remise de la croix de grand officier de la Légion d'honneur à Benno Claude Vallières, archives Dassault.
32. Propos de Marcel Dassault rapportés par Albin Chalandon à l'auteur.

tal à l'aide des bénéfices réalisés, ou alors il faut trouver un associé ou un emprunt avant de développer son affaire et non après [33]. »

Cet avenir industriel, technologique, financier, Marcel Dassault a aussi compris qu'il repose sur les hommes.

La conception de la gestion du personnel

Les cadres sont embauchés à la sortie de l'école car Marcel Dassault souhaite qu'ils partagent son point de vue et veut les former. Il organise ses affaires autour de lui, il est le cerveau central qui dirige jusque dans le moindre détail même s'il laisse beaucoup de champ d'action à ses collaborateurs de toujours, Benno Claude Vallières en particulier :
« *Pour les usines et la production, il faut voir Vallières* [34]. »

Un jour, étudiant la candidature d'un ingénieur ayant déjà une grande expérience professionnelle, il rend le curriculum vitae en disant :
« *Il connaît trop de choses ! Je veux des jeunes pour les former et ne pas avoir de problèmes* [35]. »
Ses cadres doivent correspondre à l'idée qu'il se fait du travail. Il a une très bonne perception intuitive de la valeur de ses interlocuteurs. Quand ils ne lui plaisent pas, il le fait savoir :
« *Dites, c'est vous qui avez embauché ce coco-là! Je trouve qu'il a un de ces airs* [36] *!* »
Les qualités professionnelles ne sont pas toujours l'unique critère pour l'embauche des cadres, il y a quelques exceptions :
« *Il recrute un jour un ingénieur pour un poste important. J'étais d'accord sur le fait que cet ingénieur soit brillant mais je trouvais qu'il avait des lacunes dans ses capacités de jugement, Marcel Dassault m'a alors répondu : " Ce n'est pas pour son jugement que je le recrute, c'est pour ses relations* [37] *! "* »
Pour Emile Blanc :
« *Marcel Dassault a su détecter les très bons ingénieurs et leur offrir des voies à tremplins multiples. Il a eu le souci de la gestion des carrières. Chez lui régnaient l'esprit d'équipe et l'esprit maison. C'est encore vrai de nos jours en 1991* [38]. »

---

33. Lettre du 21 septembre 1970 à l'un de ses amis politiques de Beauvais, archives Dassault.
34. Propos de Marcel Dassault rapportés par Jean-François Cazaubiel à l'auteur.
35. Propos rapportés par Robert Bing à l'auteur.
36. Propos rapportés par Jean Cabrière à l'auteur.
37. Propos rapportés par Jacques Maillet à l'auteur.
38. Entretien d'Emile Blanc avec l'auteur.

L'aéronautique est un métier où l'erreur est fatale, un métier à haut risque qui nécessite des personnels aux nerfs d'acier, à l'esprit d'équipe, mais surtout passionnés. Lucien Martin a pu le constater :

« J'ai été le copain de tous les pilotes [...] *On s'engueulait quelquefois, mais on formait une vraie équipe.*

« Pour moi l'avion c'est quelque chose qui vit, c'est comme un animal familier que l'on voit grandir à ses côtés. [...] *L'aéronautique c'est quelque chose qui vous prend au cœur et aux tripes*[39] *! »*

Passionné lui même, Marcel Dassault sait extraire la quintessence des informations apportées par ses interlocuteurs :

« Il était capable de vous transcender, c'est là une de ses plus grandes qualités, qualité rare. On se surprenait soi-même à sortir des idées auxquelles on n'avait pas pensé. Il faisait fonctionner notre cerveau dans des zones où il n'avait pas l'habitude d'aller[40]*. »*

« Comme il ne pouvait toujours dialoguer dans des domaines techniques nouveaux et complexes, il fallait faire un effort de synthèse extraordinaire pour qu'il comprenne et puisse discuter. Il nous forçait à présenter nos résultats techniques de façon très synthétisée ce qui faisait sortir la solution d'elle-même[41]*. »*

« Il m'a appris à réfléchir en posant souvent la question : " Pourquoi faites-vous cela ? " et non " Comment le faites-vous ? " Il obligeait ses interlocuteurs à se remettre en question avec ses pourquoi[42]*. »*

Il est très exigeant et se souvient de tout. Servi par son extraordinaire mémoire, il se rappelle ce qu'on a pu lui dire et, si son interlocuteur se contredit avec le temps, il l'arrête en disant : *« Vous ne m'aviez pas dit ça*[43] *! »*

Comme il a de l'expérience et qu'il est sûr de sa valeur, il accepte difficilement la contradiction mais ne s'y refuse pas. Un jour, un de ses plus importants ingénieurs rencontre des problèmes de mise au point sur un élément difficile à réaliser. Comme Marcel Dassault l'aiguillonne un peu trop, il lui déclare excédé :

« Si vous n'êtes pas content, vous n'avez qu'à me foutre à la porte ! »

Marcel Dassault garde son calme et, comme toujours dans la difficulté, il se montre conciliant, se contentant de répondre :

« Ah ben , il n'a pas l'air content[44]*. »*

Les désaccords se produisent parfois aussi avec de hauts cadres de la société. Ainsi pour le secrétaire général :

« Ça n'a pas toujours été facile. Il m'est arrivé d'avoir trois différends importants avec Marcel Dassault. Il m'a chaque fois mis à la porte en disant : " Vous ne faites plus partie de la société ! "

« Le lendemain, il me téléphonait pour me reprendre et sauvait la face en

---

39. Lucien Martin, *Dassault-Breguet Informations* n° 29, décembre 1975.
40. Entretien de Charles Edelstenne avec l'auteur.
41. Entretien de Bruno Revellin-Falcoz avec l'auteur.
42. Entretien de Bertrand Daugny avec l'auteur.
43. Entretien de Jean Cabrière avec l'auteur.
44. Propos rapportés par Jean Cabrière à l'auteur.

disant : " Vous avez trop mauvais caractère ! Finalement faites donc ce que vous voulez ! "

« Il avait réfléchi et était revenu sur sa position mais autant vous dire que je n'avais pas intérêt à échouer[45]*. »*

Marcel Dassault bénéficie avec ses nombreux programmes d'une grande expérience. Alain Poiré, son principal interlocuteur pour le cinéma, a pu l'observer :

« Un jour, alors que j'étais dans son bureau, on lui téléphone du Centre d'essais en vol. Je perçois que quelque chose ne collait pas. Je le vois réfléchir puis dire à son interlocuteur :

« – Voilà ce que vous allez faire, en lui précisant les modifications à effectuer.

« Il m'a semblé entendre :

« – Bien, monsieur, nous allons le faire tout de suite, je vous téléphonerai pour vous dire si ça marche.

« C'est alors qu'il a répondu calmement et avec assurance :

« – Ce n'est pas la peine de me téléphoner, ça marchera[46]*. »*

Comme de telles conceptions du fonctionnement d'une entreprise vont complètement à l'encontre des idées reçues, des journalistes ont voulu connaître ses méthodes. Quand on lui demande s'il a des méthodes de management à l'américaine, Marcel Dassault répond, étonné d'une telle question : *« Je ne sais pas »* et *ajoute :*

« J'ai une organisation très simple : trois usines avec un directeur pour chacune, qui s'occupe de la fabrication et des relations avec le personnel. Un service d'achat centralisé pour l'ensemble de l'affaire. Un directeur commercial, un directeur technique, deux bureaux d'études, l'un à Saint-Cloud et l'autre à Mérignac[47]*. »*

Sa société ne possède pas d'organigramme rigide. Chacun sait quels sont les responsables mais sans que ceux-ci soient éternellement assurés de leur poste. Marcel Dassault estime que ses cadres doivent pratiquer l'interdépendance, la solidarité et constituer une équipe qui s'identifie à sa société :

« A la SNCASO, on se préoccupait de remplir un organigramme avec des noms. Chez Dassault, on mettait en place une structure qui était faite autour des individus[48]*. »*

Les notes de service sont, le plus souvent, adressées nominativement aux divers responsables sans indication de leur titre ni de leur service :

« Marcel Dassault avait compris comment marche une industrie. Il

---

45. Entretien de Pierre François avec l'auteur.
46. Entretien d'Alain Poiré avec l'auteur.
47. Marcel Dassault, *L'Expansion*, octobre 1967.
48. Entretien de Xavier d'Irribarne avec l'auteur.

savait limiter l'importance de la hiérarchie et avait compris toute l'importance de l'homme ou des hommes qui coordonnent[49]. »

Cette absence d'organigramme officiel permet la superposition des responsabilités, chacun doit être un peu au courant de ce que fait l'autre et ne peut se permettre l'indifférence. En même temps, cela place les cadres en concurrence permanente, entretient l'esprit de combativité et d'innovation que récompensent des promotions rendues aisées par l'absence d'une structure figée.

Un des autres talents de Marcel Dassault est de savoir écouter ses collaborateurs, de savoir les consulter, de se faire une opinion puis de prendre une décision à laquelle il se tient et que tout le monde doit respecter. La discussion est collégiale, la décision est personnelle :

« *Lors des réunions du samedi, nous donnions tous notre avis sans aucune restriction de sa part. Il écoutait et demandait des explications.*

« *Le dimanche soir, ses ordres tombaient :*

« – *Voilà ce qu'il faut faire ...*

« *Et il fallait que tout le monde suive*[50] *!* »

Marcel Dassault a horreur de ceux qui ne jouent pas le jeu mais sait récompenser ceux qui le servent avec fidélité. Il a d'ailleurs toujours en réserve un vivier de « types bien » dans son bureau d'études dans lequel il puise pour des postes de direction :

« *J'ai mis en place un certain nombre de types bien. Certains ont fait un trou plus grand que d'autres, je régularise ça par des promotions*[51]. »

Pour stimuler la création, Marcel Dassault aiguillonne ses collaborateurs par une compétition à outrance qui met quelquefois les hommes en opposition :

« *Ceux qui perdaient allaient au placard. On pouvait se tromper mais il ne pardonnait que si on faisait tout pour réparer. Quant au mensonge, le couperet tombait sans hésitation, c'était sans appel*[52]. »

Marcel Dassault a l'habitude de rencontrer des hommes importants, au niveau le plus élevé, mais qui sont parfois déconnectés de la réalité. Pour obtenir les renseignements qu'il désire, il n'hésite pas à contacter des personnes moins importantes, sans passer par la hiérarchie :

« *Un jour, il a invité à sa table deux ou trois ingénieurs spécialistes de radar qui étaient de bon niveau, ni trop haut ni trop bas. Il s'est fait expliquer pendant le déjeuner tout ce qu'il voulait connaître*[53]. »

L'une des raisons complémentaires de la réussite de Marcel Dassault est de savoir payer très correctement ses collaborateurs. Benno Claude Vallières résume cette volonté en disant :

49. Entretien de Raoul Rouot avec l'auteur.
50. Entretien de Jean-François Cazaubiel avec l'auteur.
51. Propos rapportés par Xavier d'Irribarne à l'auteur.
52. Entretien de Bruno Revellin-Falcoz avec l'auteur.
53. Entretien de Charles Edelstenne avec l'auteur.

« Je paye bien mes cadres supérieurs pour qu'ils soient à l'aise chez eux, pour qu'ils ne soient pas obligés de faire la vaisselle et le ménage[54] *! »*

Marcel Dassault, qui veut pouvoir compter sur le dévouement de chacun, a compris que le salaire ne pouvait être la seule motivation. Les principaux responsables et tout le personnel sont directement concernés par les résultats de l'entreprise :

« Une vingtaine de personnes sont intéressées directement aux bénéfices et l'ensemble du personnel est intéressé au chiffre d'affaires[55]*. »*

Ainsi, pour son ancien secrétaire général :

« Je ne me suis jamais considéré comme un salarié au point de vue esprit, mais comme un partenaire de Marcel Dassault et de Benno Claude Vallières[56]*. »*

Marcel Dassault estime qu'en plus du salaire mensuel la participation aux bénéfices de l'entreprise peut et doit constituer une forte motivation. Si les résultats sont bons, les salariés en tirent un revenu supplémentaire mais s'ils sont moins bons ils sont moins payés.

Ce dernier cas n'a pas été vécu par les personnels de sa société dont la prospérité a toujours été éclatante grâce aux ventes à l'exportation. Personne ne pouvait imaginer un ralentissement de la croissance et les difficultés à venir[57].

Les relations avec les syndicats

Les relations de Marcel Dassault avec les syndicats sont uniques dans l'histoire des rapports patronat-syndicat.

En effet, pour Marcel Dassault, un conflit social est un échec pour toutes les parties en présence. Comme il désire l'efficacité avant tout, il fait en sorte d'éviter tout ce qui peut paralyser ses activités industrielles et reste fidèle à une tactique qu'il pratique depuis 1930 : il paye.

Marcel Dassault n'a pas peur de discuter avec les responsables syndicaux ni avec les ouvriers lors des manifestations. Généralement, il va à leur rencontre, ce qui surprend beaucoup. A ses collaborateurs qui s'en étonnent, il répond :

« Si on a peur de ses ouvriers, il vaut mieux fermer ses usines. Ce sont mes ouvriers, c'est à moi de m'en occuper[58]*. »*

Son petit-fils, qui a eu l'occasion de l'accompagner lors de manifestations ouvrières, se dit frappé par l'impression de puissance qui se dégage de ce petit homme frêle, aux grosses lunettes bombées, à la voix aigre-douce, à la peau lisse comme celle d'un bébé :

« Sa seule présence réussissait à imposer le respect mais aussi une affec-

---

54. Propos rapportés par Charles Edelstenne à l'auteur.
55. Marcel Dassault, *L'Expansion*, octobre 1967.
56. Entretien de Pierre François avec l'auteur.
57. Voir les chapitres 10 et 11 de la IIIe partie.
58. Propos rapportés par Olivier Dassault à l'auteur.

tion certaine, faite à la fois d'admiration et de tendresse pour ce roseau qui ne rompt jamais[59] ».

Dans ses usines, jusqu'en 1983, le syndicat majoritaire est la CGT ce qui fait dire à l'un des hauts cadres de la société :

« *A travers le comité d'établissement, Marcel Dassault finançait littéralement le parti communiste.* »

Marcel Dassault n'a jamais oublié que les communistes lui ont sauvé la vie. Si la déportation l'a rendu conscient de la nécessité d'être généreux, elle l'a rendu encore plus conscient de l'importance du rôle des partis politiques et des syndicats. Bénéficiant d'un contexte favorable, la centrale syndicale pousse au maximum ses revendications :

« *Il ne disait jamais non à la CGT, en conséquence la CGT a été très dure avec nous. Il était libéral face aux syndicats, il manquait de fermeté, cela gênait la profession*[60]. »

Marcel Dassault désire faire passer dans les faits les aspects positifs du capitalisme. Il distribue de l'argent car c'est sa conception de la générosité, c'est une sorte de paternalisme missionnaire.

Comme sa société est bien gérée et dégage d'importants bénéfices, il veut faire la démonstration que son personnel est le plus heureux au monde grâce à sa générosité.

Les avantages sociaux

La politique sociale suivie par la Société Dassault a eu pour objectif le dialogue avec les syndicats et la volonté d'apporter à l'ensemble du personnel des avantages particuliers en fonction des résultats économiques de la société.

– Une prime d'ancienneté est attribuée depuis plus de trente ans : 3 % après six mois de présence, 10 % à cinq ans, 15 % à neuf ans, 18 % à vingt-sept ans.

– Une prime annuelle, dite d'intéressement, est attribuée depuis les années soixante. En juin 1970, elle est transformée en un 13e mois.

– Le personnel est mensualisé depuis le 1er avril 1967, cette mesure est en avance sur la loi de mensualisation qui n'est votée qu'en juillet 1970.

– Depuis 1970, tout le personnel bénéficie de la participation aux bénéfices de l'entreprise.

– Les horaires de travail ont été ramenés, pour un même salaire, de 48 heures par semaine en 1968 à 37 heures depuis 1983.

– En ce qui concerne les indemnisations pour maladie et accident du travail, la Société Dassault apporte une aide en maintenant les rémunérations

59. Entretien d'Olivier Dassault avec l'auteur.
60. Source privée.

de son personnel absent pendant un temps supérieur à celui fixé par la convention collective de la profession.

– Les congés payés constituent l'exemple le plus célèbre de progrès social puisque c'est Marcel Bloch qui, le premier en France, en 1935, accorde une semaine de congés payés et maintient cette semaine d'avance chaque fois que l'Etat accorde une semaine supplémentaire jusqu'à cinq semaines.

– A ces cinq semaines de congés payés s'ajoutent des congés d'ancienneté : 1 jour au bout de trois ans, 2 à six ans, 3 à neuf ans, 4 à douze ans, 5 à vingt-quatre ans.

– Lors des départs en préretraite, des avantages supplémentaires sont offerts par rapport à la loi.

– Le comité d'établissement de la société bénéficie, depuis le 1er janvier 1946, d'une subvention mensuelle de 5 % sur l'ensemble des salaires alors que le taux dans la branche métallurgie dans laquelle se trouve l'aéronautique n'est généralement que de 1 %.

Ces avantages ont été soit discutés avec les organisations syndicales soit décidés par la Société Dassault seule. Ils constituent l'échiquier d'une politique sociale à la fois hardie et raisonnée que s'efforce de continuer Dassault Aviation en fonction des impératifs économiques.

A ces avantages qui ont fait l'objet d'accords contractuels, s'ajoute la générosité personnelle de Marcel Dassault. Le comité central d'entreprise reçoit régulièrement des chèques pour ses œuvres. Il en est de même du Comité d'entreprise de chaque usine. Les sommes offertes peuvent atteindre plusieurs centaines de milliers de francs quand il s'agit de constructions ou de manifestations classiques et plusieurs millions quand il est question de réalisations exceptionnelles comme des ensembles sportifs ou des restaurants.

Le règlement des conflits

Depuis la fusion Dassault-Breguet, Marcel Dassault a été amené à amplifier sa politique sociale de partage des profits et de valorisation des ressources humaines. Cela n'empêche pas quelques revendications supplémentaires.

Quand un conflit éclate dans une usine, les syndicats exigent de discuter avec Marcel Dassault. Il fait répondre systématiquement qu'il n'est rien dans la Société des avions Dassault et qu'il faut s'adresser au président directeur général Benno Claude Vallières mais cependant il accepte toujours de les recevoir et, très souvent, après avoir écouté, discuté, leur donne satisfaction.

Les syndicats ont compris qu'il fallait aller trouver Marcel Dassault. Les manifestations ont donc lieu devant l'immeuble du Rond-Point des Champs-Elysées.

C'est ainsi qu'en 1968, après une fin de non-recevoir de Benno Claude

Vallières, les ouvriers de ses usines « montent » à Paris, pour manifester. Marcel Dassault les observe de sa fenêtre. Quand il les entend chanter « L'Internationale », il s'écrie, avant de les recevoir :

« Et en plus, ils chantent faux[61] *! »*

En 1976, lors de la grève de l'usine de Seclin (Nord), le personnel réclame la parité des avantages avec ceux des usines du groupe installées dans la région parisienne. Le conflit s'éternise pendant trois semaines sans résultat. Les grévistes « montent » alors à Paris et s'installent au Rond-Point. Marcel Dassault reçoit les représentants syndicaux et leur accorde tout ce qu'ils ont demandé : parité des salaires, treizième mois, cinq jours de vacances en hiver, reclassement des qualifications. Il refuse néanmoins de payer les heures de grèves mais, toujours attentif à son image de marque, il accorde, sur son compte, 400 francs à chaque ouvrier.

Quand après un conflit social des familles sont en difficulté, Marcel Dassault se fait communiquer les noms par les syndicats et accorde une aide. C'est ainsi qu'après une grève de la fin de l'année 1981, 68 familles reçoivent chacune 4 000 francs.

Il est évident qu'avec un tel patron, les syndicats veillent à ce que l'Etat ne délaisse pas la société Dassault-Breguet. Ils « bombardent » littéralement le gouvernement, surtout les ministres concernés, de lettres pour défendre les programmes de la société et, pour la CGT, de préférence les programmes nationaux de façon à assurer un maximum d'emploi. Le 6 juin 1985, la CGT organise une manifestation pour défendre la commande d'une présérie de l'avion Rafale avec des banderoles au texte très clair : *« Indépendance nationale emploi – Construisons des Avions Français. »*

De son côté, Marcel Dassault n'hésite pas à contacter directement les responsables syndicaux, ainsi en octobre 1985 :

« Cher Monsieur,

« Les affaires ne tournent pas rond.

« Vous pourriez venir me voir en prenant rendez-vous avec ma secrétaire, je vous mettrai au courant de la situation.

« Croyez, cher Monsieur, à mes sentiments les plus cordiaux[62]. *»*

On peut considérer qu'entre Marcel Dassault et les syndicats existe une véritable convergence d'intérêts, chacun sait jusqu'où il peut aller et jusqu'où il ne doit pas aller. S'y ajoutent ses conceptions très particulières en ce qui concerne les rapports sociaux. Certes, il paye pour avoir le calme et assurer la production de ses usines mais en plus, il a une sorte de générosité naturelle qui l'entraîne à partager une partie des gains que le ciel, la providence, le travail et l'habileté ont placés dans ses mains.

Finalement, comme l'aspect humain ne lui est pas indifférent, il essaye de

61. Propos rapportés par Jean Le Cunff à l'auteur.
62. Archives Dassault.

trouver la convergence des intérêts entre les siens et ceux de son personnel avec un grand sens du résultat global.

Dans une lettre, adressée à l'un de ses amis qui dirige une banque, il livre son sentiment au sujet d'une entreprise en difficulté à la suite d'une grève :

« *Nous avons eu tort d'aider X. à redémarrer car c'est une entreprise où il n'y a pas de patron.*

« *Le directeur général que vous avez choisi est un employé qui touche son salaire et qui fait le flambard en n'accordant rien à son personnel.*

« *On n'a pas idée de laisser les gens pendant trois semaines sans négocier. Cela prouve qu'il se moque à la fois des actionnaires, de ceux qui l'ont aidé et des possibilités d'existence de son personnel et de leurs familles.*

« *Un vrai patron comme H. aurait agi autrement.*

« *Votre choix du directeur général de X. a été lamentable*[63]. »

Entre Marcel Dassault et Benno Claude Vallières existe une véritable connivence. Souvent, lors des négociations, Benno Claude Vallières dit non alors qu'il sait très bien que son patron va dire oui; personne n'est dupe. Néanmoins, l'opposition quasisystématique du président directeur général est un peu dans son tempérament et se retrouve dans son attitude face aux demandes présentées. Serge Dassault lui rappelle :

« *Ta méthode était simple. Tu disais non à tout. Et comme un jour je te demandais pourquoi, tu me dis : " C'est bien simple. Si après une première fois on ne redemandait pas, c'était que ce n'était pas nécessaire, on n'en parlait plus. Au bout de la troisième fois, je commençais à étudier la question*[64]. " »

Marcel Dassault, quant à lui, n'hésite pas à accorder des primes aux employés de sa société, primes payées sur son compte et non sur celui des Avions Marcel Dassault-Breguet Aviation. Il octroie des primes pour les vacances, pour le Salon du Bourget, pour Noël. Elles sont payées par chèques individualisés et varient de 200 à 500 francs. Certains les trouvent modestes, d'autres apprécient le geste. En tout cas, sa banque n'a plus qu'à faire imprimer 15 000 chèques et à les envoyer !

Après 1981 et l'arrivée de la gauche au pouvoir, Marcel Dassault fait, de temps en temps, traîner les choses quand il est sollicité :

« *Je vous ai aidé avant 1981 mais maintenant que la nationalisation est passée, le principal actionnaire de la société c'est l'Etat. C'est donc à lui que vous devez vous adresser pour obtenir la subvention que vous souhaitez*[65]. »

---

63. Lettre du 28 septembre 1979, archives Dassault.
64. Serge Dassault, le 6 novembre 1986 lors du départ de Benno Claude Vallières, archives Dassault.
65. Lettre à un des comités d'établissement d'une des usines Dassault, février 1985, archives Dassault.

Les bons rapports entre la direction et les syndicats n'empêchent pas quelques conflits exceptionnels comme en 1976.

La grève générale de 1976

Alors qu'au niveau national les grèves n'étaient pas nombreuses, en 1976 un conflit social d'une importance exceptionnelle secoue la société.

Tous les syndicats représentés aux AMD-BA sont d'accord sur une plate-forme de revendications communes concernant la refonte des classifications professionnelles à laquelle s'ajoute une demande d'augmentation de salaire arguant des bénéfices exceptionnels de la société.

La grève débute au mois de mars par des arrêts de travail de deux heures par jour pendant plus d'un mois. Aucun résultat n'est obtenu. La direction ne veut pas négocier avant la reprise du travail, les syndicats ne veulent reprendre le travail qu'après l'acceptation de leurs revendications.

Ils décident alors une grève générale qui paralyse la société pendant un mois. Aucun avion ne sortant d'usine, Marcel Dassault commence à s'inquiéter et donne l'ordre à la direction de sa société d'entamer les discussions.

Les négociations débutent à Saint-Cloud, en présence de Marcel Dassault. Elles durent cinq heures. Les syndicats refusent de s'adresser à la direction de la société. Ils n'acceptent de parler qu'à Marcel Dassault et finalement obtiennent quasiment tout ce qu'ils ont réclamé.

Un des acteurs de cette réunion a déclaré :

« Dans l'histoire du mouvement ouvrier européen, je ne pense pas que de tels avantages aient été jamais accordés. Le CNPF en a été ébranlé[66]. »

Alors que la réunion se termine, les syndicats tentent une ultime démarche : le paiement des heures de grève. Le président directeur général, Benno Claude Vallières, prie Marcel Dassault de ne pas céder et engage une longue discussion, en aparté, avec lui. A l'issue de celle-ci, Marcel Dassault tranche en disant à ses directeurs présents :

« Calculez-moi combien ça coûte ! »

Stupéfait, le comité de direction s'exécute. Benno Claude Vallières fait passer un papier à Marcel Dassault : 3 milliards de centimes ! Ce dernier n'hésite pas un instant. S'adressant à Benno Claude Vallières, il dit :

« Vous payez la moitié, je prends l'autre ! »

Les membres présents se rappellent encore le regard du président directeur général qui vient d'être complètement désavoué : jusqu'alors, dans la Société Dassault, les avantages sociaux étaient octroyés après consultation, on ne les négociait pas.

Quand, les années suivantes, les syndicats ont voulu renouveler l'opération, Benno Claude Vallières n'a pas cédé. Cette fois, Marcel Dassault ne

66. Source privée.

s'est pas manifesté. Avec l'âge, il s'occupe moins directement des relations avec les syndicats et laisse faire Benno Claude Vallières.

Lorsque en 1975, le secrétaire du comité central d'Entreprise affirme que ce sont les 50 000 ouvriers qui font vivre Marcel Dassault et non l'inverse, Pierre de Bénouville, en tant qu'administrateur des AMD-BA, lui répond :

« Il faut se rendre compte que si le capital de la société était placé en obligations garanties par l'Etat, il rapporterait aux actionnaires un dividende net trois fois plus élevé que celui de la société, sans soucis et sans risque de nationalisation.

« Que feraient ces 50 000 ouvriers si M. Marcel Dassault n'avait pas créé son entreprise ?

« Evidemment, ils seraient au chômage. C'est justement ce que M. Marcel Dassault veut éviter car, si une hirondelle ne fait pas le printemps, il sait que dans la société il ne compte que des amis[67]. »

Marcel Dassault fait adresser à tout le personnel de sa société un exemplaire de cette lettre circulaire. Il joint un commentaire pour son directeur du personnel, commentaire concernant le syndicaliste :

« Je ne pense pas que l'opinion d'un seul – dont c'est d'ailleurs le métier – soit l'opinion de tout le personnel de la société[68]. »

Pierre de Bénouville a soulevé un important problème, celui de la nature de la fortune de Marcel Dassault et des commentaires que l'on peut faire à ce sujet.

Effectivement, des placements bancaires seraient plus rémunérateurs mais, sans sa société aéronautique, sa passion, Marcel Dassault s'amuserait-il autant?

---

67. Lettre-circulaire adressée au personnel des AMD-BA, 8 décembre 1975, archives Dassault.
68. Lettre à la direction du personnel, 8 décembre 1975, archives Dassault.

9

LES EXPORTATIONS DES MIRAGE ET LEURS REPERCUSSIONS

Les grands succès français à l'exportation depuis 1945 reposent sur les appareils militaires, particulièrement sur les Mirage [1]. La réussite de ces appareils mérite que l'on analyse leur percée sur le marché international.

Le Mirage renforce la position de l'aéronautique française en s'imposant dans un domaine jusqu'alors réservé aux Etats-Unis, à la Grande-Bretagne et même à l'Union soviétique :

« *Quand j'allais en URSS, les Russes me parlaient de Dassault, j'en étais plutôt fier mais ils ne connaissaient pas Sud Aviation. Pour eux, Dassault c'était le signe de la réussite française dans le domaine aéronautique* [2]. »

Les ventes à l'étranger des appareils de combat permettent à l'armée de l'Air française, grâce aux longues séries, de les acquérir à un prix plus abordable. De plus, les bénéfices pour l'économie nationale sont évidents :

« *Quand on examine le cas du Mirage III et la somme investie par l'Etat pour avoir ce Mirage III plus l'outillage pour le fabriquer et que l'on rapporte cette somme au chiffre d'affaires à l'exportation, celui-ci représente 1,58 %. C'est-à-dire que pour 1,58 franc d'investissement on a procuré 100 francs d'exportation à l'Etat* [3]. »

Si l'Etat bénéficie des retombées financières des exportations, elles permettent également de porter au plus haut niveau les avancées technologiques françaises pour répondre aux qualités des appareils concurrents. En même temps, elles placent la Société Dassault dans une situation de compétition qui n'existe plus en France pour les avions de combat. L'Etat garantit ainsi le niveau technique et les prix.

---

1. 1 012 avions Mirage III et Mirage 5 ont été vendus à 20 pays auxquels s'ajoutent les 407 exemplaires construits pour la France.
2. Entretien de Pierre Messmer avec l'auteur.
3. Benno Claude Vallières, président directeur général des Avions Marcel Dassault-Breguet Aviation lors de son audition devant la commission d'enquête parlementaire, 1977, tome II, page 200.

L'armée de l'Air participe à la promotion du Mirage III lors des meetings avec un pilote de démonstration : le capitaine Bernard Capillon, choisi pour son expérience d'ancien commandant de la patrouille de France :

« J'avais eu l'habitude de travailler à basse altitude et puis aussi j'étais commandant d'une unité de Mirage III.

« En meeting les choses étaient moins normalisées que maintenant. Le secret de la réussite, c'est de ne pas refuser le sol, c'est d'aller le chercher. C'est comme cela qu'en Italie, lors d'un meeting, je me suis posé plus court que le Fiat G 91. Les Italiens n'en revenaient pas. Je les ai vus, après mon arrivée au parking, passer la main sur l'avion en disant : " Mais qu'il est beau [4] ! " »

La première tentative : l'Allemagne

Curieusement, la première tentative d'exportation du Mirage est un échec.

En 1956, la *Luftwaffe*, dans le cadre de ses engagements dans l'OTAN, demande à son gouvernement un équipement en chasseurs-bombardiers tous temps. Ce souhait est appuyé par les industriels aéronautiques allemands qui voient là une occasion de revenir dans la course technologique. Les dirigeants de l'aéronautique allemande veulent acquérir du matériel américain car ils pensent qu'en bénéficiant de la technologie d'outre-atlantique ils pourront, à terme, parvenir à distancer les industries aéronautiques britannique et française.

En 1957, deux avions sont en lice : le Lockheed F 104 Starfighter américain et le Mirage III français. La firme américaine, soutenue par son gouvernement, met tout en œuvre pour enlever le marché. De son côté, le gouvernement français ne montre pas beaucoup d'enthousiasme à voir la *Luftwaffe* s'équiper de matériel performant :

« Il n'a pas été donné au constructeur français l'autorisation d'aller défendre son avion en Allemagne, alors qu'au contraire, les constructeurs américains y avaient établi des bureaux permanents [5]. »

Le gouvernement français n'autorise que des évaluations de l'appareil se déroulant en France. Roland Glavany se souvient des vols effectués par le pilote allemand :

« C'était un colosse qui ne faisait pas dans la dentelle. Au cours d'un vol nous avons entendu à la radio des borborygmes en allemand qui semblaient vouloir dire : " train... tombé ". Après l'atterrissage nous avons compris qu'il avait si violemment secoué l'avion que l'indicateur train rentré – train sorti s'était décroché du tableau de bord et pendait au bout de ses fils. L'avion, solide, n'était pas plissé mais l'impression donnée fut mauvaise.

« Au cours d'un autre vol, tout s'était bien passé, l'avion allait se poser. Je dis au pilote du CEV, Michel Marias, qui regardait à côté de moi :

---

4. Entretien de Bernard Capillon avec l'auteur.
5. Note de Marcel Dassault du 7 octobre 1960, archives Dassault.

“ Cette fois, ça a bien marché. ” Il me répondit : “ Fils, il ne faut jamais dire ça avant que l'avion soit revenu au parking. ” Et le pilote allemand cassa net une jambe de train à l'atterrissage pour terminer dans la luzerne[6] *! »*

Le 8 juillet 1958, le ministre de la Défense allemand, Franz Joseph Strauss, vient voir l'appareil à Melun-Villaroche. Les spécialistes allemands reprochent au Mirage ses insuffisances de réacteurs et une électronique trop peu élaborée. Lockheed, de son côté, promet toutes les modifications demandées; quant au gouvernement américain, il accepte que les sommes engagées pour payer les F 104 servent à régler une partie des frais de stationnement de ses troupes en Allemagne de l'Ouest.

Malgré une ultime intervention du nouveau gouvernement du général de Gaulle, qui a compris l'importance de ce marché, le gouvernement fédéral allemand passe commande, le 20 octobre, de 700 avions F 104 Starfighter qui sont construits sous licence en Allemagne de l'Ouest.

Imitant la RFA, les autres pays européens membres de l'OTAN passent des accords avec les Etats-Unis pour la fourniture de F 104; le marché européen échappe à la France :

« La décision allemande a cassé la coopération technique dans l'industrie aéronautique européenne. L'acharnement américain pour obtenir cette commande a porté un coup fatal à la formation d'une Europe industrielle indépendante qui aurait pu trouver en son sein le matériel nécessaire à sa défense, sans aller le chercher outre-atlantique. La préférence européenne était totalement ignorée, elle l'est d'ailleurs encore aujourd'hui[7]*. »*

Les collaborateurs de Marcel Dassault sont également déçus, ce que constatent les nouveaux venus :

« C'était mon premier jour dans la société. Le matin, je suis présenté à Henri Déplante qui était en larmes, il m'a dit : “ L'Allemagne a choisi le F 104 au lieu du Mirage III. ”

« J'ai acquis l'esprit maison en quelques minutes et j'ai tout de suite compris quelle était la part affective des relations dans la Société Dassault[8]*. »*

Rapidement, le choix de la *Luftwaffe* s'avère désastreux, de nombreux accidents mortels ponctuent les vols du Starfighter allemand. En effet, la *Luftwaffe*, en demandant d'importantes modifications de cet intercepteur pour lui permettre la pénétration basse altitude, a fortement alourdi l'avion qui perd les qualités de la version américaine. De plus, le personnel navigant de la *Luftwaffe* est encore insuffisamment formé et entraîné au vol sur un tel appareil; de son côté, l'assistance technique au sol n'est pas habituée à un matériel aussi perfectionné.

---

6. Entretien de Roland Glavany avec l'auteur.
7. Entretien de Serge Dassault avec l'auteur.
8. Entretien de Raoul Rouot avec l'auteur.

Les ventes à Israël

A la fin de l'année 1958, l'Etat d'Israël fait examiner le Mirage III. Déjà acheteur de l'Ouragan, du Mystère IV, du Super Mystère, il souhaite acquérir un appareil à hautes performances.

L'expérience des Israéliens amène l'état-major français à tenir compte de leurs suggestions dans la configuration définitive du Mirage III C. Israël en commande 72 exemplaires.

Les exploits de ces appareils face aux aviations arabes équipées du MiG 21 soviétique, durant la guerre des Six-Jours de juin 1967, crée la réputation de l'avion français et contribue fortement aux succès de son exportation.

Forte de son expérience dans cette guerre, l'armée de l'Air israélienne souhaite également acquérir cinquante Mirage 5, version dépourvue des équipements électroniques non nécessaires à la guerre dans le désert. Toutefois, à la suite de l'attaque israélienne lors de la guerre des Six-Jours, les Mirage 5 commandés par Israël font l'objet d'un embargo du gouvernement français, qui retrouve sa traditionnelle politique arabe, et ne sont pas livrés. C'est l'armée de l'Air française qui doit s'en équiper.

Du fait de l'embargo français, l'Etat d'Israël a entrepris de fabriquer lui-même une version plus puissante du Mirage, le Kfir (Lionceau) en le dotant du réacteur américain General Electric J 79. Cette idée avait été celle de Boeing pour américaniser le Mirage lors de sa tentative de coopération avec la Société Dassault :

« *Le J 79 est plus court que l'Atar 9 mais est plus lourd; il a une meilleure consommation spécifique, une meilleure endurance des parties chaudes et coûte moins cher.*

« *Nous avons fait une étude en plaçant l'arrière du J 79 dans le même plan que celui de l'Atar, ce qui conduit, pour centrer l'appareil, à le rallonger de l'avant, récupérant ainsi un volume de carburant supplémentaire. C'était la meilleure solution technique. Mais, les Israéliens ont préféré une solution modifiant beaucoup moins l'avion et donc moins chère.*

« *Ils ont placé l'avant du J 79 au même niveau que celui de l'Atar, ce qui n'entraînait pas de modification de l'avant. Ils ont coupé l'arrière du fuselage d'où un plus gros culot qui a amené une pénalisation de la traînée. De plus, ils ont dû installer une entrée d'air de refroidissement au pied de la dérive. L'Atar avait une double enveloppe, ce qui n'était pas le cas du J 79 qu'il fallait refroidir*[9]. »

Interrogé sur la manière dont les Israéliens ont pu construire le Kfir, Marcel Dassault précise :

« *Ils ont demandé une licence, on leur a donnée*[10]. »

---

9. Entretien de Jean Cabrière avec l'auteur.
10. Marcel Dassault, Antenne 2, 3 février 1981.

Comme le journaliste demande si cette licence a été vendue, Marcel Dassault ajoute laconiquement : « *Pas cher !* »

Il donne également son point de vue sur son rôle de marchand d'armes :

« *Il y a beaucoup de cas où les avions sont indispensables comme tout l'armement en général parce qu'il y a des guerres justes et des guerres qui ne le sont pas.*

« *J'ai construit des avions de guerre parce qu'il fallait les faire pour conserver à la France sa liberté. L'armement est un cœfficient de paix* [11]. »

Le Kfir est proposé par Israël à l'exportation mais les Etats-Unis s'opposent longtemps aux ventes.

L'embargo français envers Israël, suivi du rapprochement avec les pays arabes, entraîne un essor considérable des ventes à l'exportation du Mirage. Il est réclamé par les aviations arabes, en particulier la Libye qui en commande 110 exemplaires en 1970.

Michel Debré se souvient des discussions d'achat par la Libye :

« *Marcel Dassault attendait beaucoup de ce contrat mais il était embêté à cause d'Israël et ne se prononçait pas. Il a attendu la décision de Georges Pompidou* [12]. »

L'Etat d'Israël s'est également intéressé au Mirage IV dont il souhaitait acquérir quelques exemplaires. Le gouvernement français a soulevé des objections craignant que l'équipement radar, secret, ne tombe dans des mains « inamicales » en cas d'accident de l'avion.

Le 6 juin 1961, le président du Conseil israélien, Ben Gourion, rencontre le général de Gaulle. Il souhaite obtenir l'autorisation de se procurer trois ou quatre Mirage IV pour des missions de reconnaissance qui ne nécessitent pas d'équipements électroniques particuliers.

Le général de Gaulle lui promet d'examiner la question dans les meilleurs délais, tout en estimant que les Mirage III déjà livrés représentent un geste important, il avisera s'il est possible d'y ajouter des Mirage IV.

L'affaire reste sans suite, le Mirage IV n'est pas vendu à Israël mais intéresse une autre nation, la Grande-Bretagne.

L'intérêt de la Grande-Bretagne pour le Mirage IV

La période 1960-1964 a vu la Grande-Bretagne se rallier progressivement au point de vue américain en matière de défense, notamment après les accords de Nassau du 21 décembre 1962.

En 1965, les Britanniques, qui avaient sacrifié leur capacité de construire des avions de combat en misant toute leur expansion sur le développement des missiles, se trouvent dans l'obligation de renouveler une grande partie du matériel de la *Royal Air Force.*

La France propose le Mirage III, le Mirage IV équipé de moteurs Rolls

11. Marcel Dassault, Antenne 2, 3 février 1981.
12. Entretien de Michel Debré avec l'auteur.

Royce Spey et l'avion cargo Transall déjà propulsé par des moteurs Rolls Royce. Mais, une nouvelle fois, la Grande-Bretagne se tourne vers les Etats-Unis et achète des avions à flèche variable General Dynamics F 111, des McDonnell Phantom, des Lockheed C 130 Hercules.

L'attitude anglaise mécontente beaucoup le gouvernement français qui espérait ainsi voir la technologie nationale reconnue. Néanmoins, les dirigeants de British Aircraft Corporation continuent à chercher un avion capable de concurrencer le F 111 américain et qu'ils pourraient construire sous licence dans leurs usines.

La société Dassault, contactée, propose son Mirage IV équipé de réacteurs Rolls Royce Spey qui pourrait effectuer les mêmes missions que le F 111 mais à un prix beaucoup moins élevé. Marcel Dassault se montre personnellement intéressé par cette demande anglaise : équiper la *Royal Air Force* n'est pas pour lui déplaire.

La *Royal Air Force* envoie une équipe à Mont-de-Marsan pour tester l'appareil. Après une série de onze vols totalisant une quinzaine d'heures, elle conclut :

« – *Excellentes caractéristiques de pilotage dans tous les domaines de vol jusqu'à des vitesses de 650 nœuds à l'altitude de soixante mètres. Excellent dans le haut supersonique;*

« – *Bon comportement en particulier dans un air même très turbulent;*

« – *Qualités de vols peu affectées par les charges extérieures les plus diverses emportées (bombes et bidons)* [13]. »

Henri Déplante ajoute :

« *Ils partirent enthousiastes, après avoir envoyé à l'état-major de la RAF un message annonçant avoir fait, en une journée, plus d'heures de vol à Mach 2 que toute la RAF réunie.*

« *Notre Mirage n'en portera pas pour autant l'Union Jack.* »

En effet, par son livre blanc de février 1966, le gouvernement du Premier ministre Harold Wilson impose le F 111 américain. La commande de F 111 sera finalement annulée devant les difficultés de mise au point de l'appareil.

La percée en Australie

En 1959, l'Australie cherche à remplacer ses Sabre à moteur Rolls Royce Avon et s'intéresse au Mirage III.

Serge Dassault et Bernard Waquet reviennent d'Australie convaincus que l'avion a ses chances, ce qui étonne tout le monde :

« *Mon père ne croyait pas au départ à l'exportation. Il m'a dit : " Si ça t'amuse, vas-y ! " Il m'a d'ailleurs dit la même chose, plus tard pour les exportations de Falcon aux Etats-Unis.*

« *Je suis arrivé en Australie, accompagné d'un seul ingénieur, avec*

---

13. Henri Déplante, *A la conquête du ciel*, page 163.

mon dossier Mirage III sous le bras. La modestie de cette délégation vous donne une idée de la façon dont la Société Dassault croyait en cette initiative[14]. »

L'avion français se retrouve en concurrence avec le Lockheed F 104 Starfighter américain.

Le chef d'état-major de l'armée de l'Air australienne reçoit Serge Dassault qui lui présente les caractéristiques du Mirage III :

« *Il connaissait vaguement la Société Dassault. Après ma présentation, il est tombé des nues : " Comment, me dit-il, Vous construisez un avion qui vole à Mach 2 ! " Il n'en revenait pas et a décidé de venir en France pour tester l'appareil*[15]. »

Pour plaire aux Australiens, Benno Claude Vallières fait adapter sur un Mirage un réacteur anglais Avon. La comparaison avec les modèles Mirage Atar lors des essais en vol tourne à l'avantage de ces derniers :

« *Rolls digèrera mal son infortune, mais devra s'incliner devant les résultats d'essais en vol. Pour rattraper la poussée à Mach 2 de l'Atar, Rolls avait modifié la sortie de son réacteur et perdu, de ce fait, totalement l'avantage qu'il avait en consommation*[16]. »

La Société Dassault demande alors à Rolls Royce d'utiliser une version améliorée de l'Avon :

« *Cette société n'a pas accepté, ce qui fait que, contre toute attente, l'Australie a choisi le Mirage équipé de l'Atar ; ultérieurement la Suisse a fait de même*[17]. »

L'Australie construit alors, sous licence, cent Mirage III O[18], Serge Dassault est content de lui :

« *L'Australie, pays anglophone, lié aux Etats-Unis pour des raisons autant économiques que politiques ou stratégiques, avait choisi d'équiper sa défense de matériels français. Cela représentait une belle revanche sur le F 104. Nous venions de démontrer que la France était capable, aussi bien que les Etats-Unis, de réaliser et de vendre des avions de combat sur le marché mondial. J'étais heureux*[19]. »

Les Australiens se montrent satisfaits de l'appareil français lui reprochant cependant quelques faiblesses au niveau du radar. Le Premier ministre Menzies déclare à Benno Claude Vallières et Pierre François :

« *C'est la première fois que l'Air Force de mon pays achète un avion qui ne coûte pas une livre de plus, qui n'a pas de retard et qui tient les performances*[20]. »

---

14. Entretien de Serge Dassault avec l'auteur.
15. *Ibid.*
16. Henri Déplante, *A la conquête du ciel*, page 154.
17. René Ravaud, président directeur général de la SNECMA. Audition devant la Commission d'enquête parlementaire, *Journal officiel*, annexe 2 815, 21 avril 1977, tome II, page 284.
18. O pour Australie car la lettre A est déjà prise pour le Mirage III A.
19. Entretien de Serge Dassault avec l'auteur.
20. Entretien de Pierre François avec l'auteur.

L'Australie se montrera également intéressée par le Mirage IV B [21] mais adopte finalement le Convair – General Dynamics F 111 américain avec lequel elle connaît de nombreux déboires.

L'intérêt des Etats-Unis pour le Mirage III

Voulant être présent sur le marché des avions de combat à hautes performances et, souhaitant contrer les ventes du Northrop F 5, la société Boeing propose à la société Dassault une coopération pour construire le Mirage III aux Etats-Unis.

Boeing adoptait la cellule et les servocommandes françaises, remplaçait le réacteur Atar par un General Electric J 79 et installait une électronique américaine. Cet appareil devait s'appeler Mirage III W [22].

Serge Dassault se rend aux Etats-Unis pour rencontrer les dirigeants de Boeing. Les contacts vont jusqu'à la rédaction de projets de contrats de licence et de coopération mais l'opération n'aboutit pas :

« J'ai fait des exposés sur le Mirage III W au Pentagone. C'était un début de présentation et d'intérêt mais on n'a pas été soutenu par le gouvernement français. Nous avons eu aussi des relations avec Hughes pour un radar [23]. »

Par contre, un échange informel d'ingénieurs entre les deux sociétés a été établi lors de ces contacts.

L'affaire des Mirage suisses

La vente des Mirage III à la Suisse a donné lieu à des polémiques retentissantes, largement relayées par la presse. Les mécanismes industriels créent une affaire politique.

Les relations entre la Société Dassault et la Suisse avaient commencé en 1956 quand le Hawker Hunter anglais avait été choisi de préférence au Mystère IV. Marcel Dassault, au cas où il aurait remporté le marché, avait envisagé de créer dans ce pays une usine pour construire des petits éléments d'avions [24].

Vers la fin des années cinquante, les Suisses désirent se doter d'un appareil de combat de fabrication nationale, le P 16. Les difficultés de réalisation et le coût du programme les amènent finalement à opter pour l'achat d'un avion étranger qu'ils désirent construire sous licence.

Lorsqu'il est décidé, au printemps de 1958, de renoncer à la fabrication du P 16, le Département militaire fédéral (DMF) fait reprendre les recherches d'information sur les principaux modèles étrangers : essentiellement le Lockheed F 104 Starfighter américain, le Saab Draken suédois, le

21. Version finalement non réalisée par la France.
22. W pour Wichita, ville américaine où sont implantées des usines Boeing.
23. Entretien de Serge Dassault avec l'auteur.
24. Note du 23 août 1956, archives Dassault.

Mirage III français. Le Starfighter éliminé pour des raisons de performances, seuls restent en lice le Draken et le Mirage.

C'est à la fin de novembre 1960 qu'a lieu la confrontation entre les deux appareils. La Société Dassault envoie un Mirage III qui est testé par un pilote suisse [25]. Quatre jours avant les vols de comparaison, c'est la catastrophe : le pilote casse le train d'atterrissage et endommage l'aile en se posant avant la piste. L'accident a lieu un vendredi, l'équipe Dassault qui est sur place demande immédiatement une nouvelle aile.

Profitant de la présence providentielle d'un Breguet Deux-Ponts à Cazaux, la Société Dassault obtient de l'état-major de l'armée de l'Air l'autorisation de faire transporter aussitôt une aile neuve par l'appareil ; elle arrive le soir même. Le chef mécanicien, Lucien Martin, se souvient :

« On a travaillé le samedi et le dimanche d'affilée, de jour et de nuit. Le lundi matin avec Caucal, mécanicien, on mettait le moteur en route au moment où les ouvriers entraient à l'usine, lesquels n'en croyaient pas leurs yeux [26] ! »

C'est ainsi, qu'au grand étonnement des autorités suisses, le Mirage est à nouveau prêt à voler.

Finalement, le Mirage l'emporte. Il n'a pas été pénalisé par son principal handicap : des distances de décollage et d'atterrissage supérieures à celles du Draken. Lors de la confrontation, la société française a doté son Mirage d'un parachute de freinage aux couleurs helvétiques : rouge avec une croix blanche. Un « oh ! » admiratif s'élève du groupe des personnalités présentes quand il se déploie. La presse suisse est subjuguée : Dassault, à coup sûr, sait présenter ses avions.

Les Suisses, avant de signer le contrat, annoncent qu'ils préfèrent équiper l'avion d'un radar plus puissant qu'ils n'ont pas encore choisi. Marcel Dassault accepte, les Suisses signent alors l'achat de cent Mirage III S qu'ils doivent fabriquer sur une période de cinq années.

Le Mirage III est équipé du radar CSF Cyrano II que les Suisses veulent comparer au matériel étranger avant d'arrêter leur décision.

Le 28 décembre 1960, le Conseil fédéral confirme le choix du Mirage III S et charge son Département militaire de rédiger un projet de message à l'intention du Parlement. En avril 1961, il lui demande 871 millions de francs suisses [27] fermes et définitifs mais sans préciser que l'électronique est encore à l'étude.

Le contrat avec la Société Dassault est signé le 25 juillet 1961. Le 7 octobre, le radar américain Hughes Taran est préféré au Cyrano II de CSF et à l'Airpass de l'Anglais Ferranti.

25. Futur chef d'état-major de la force aérienne suisse.
26. Lucien Martin, *Dassault-Breguet Informations* n° 29, décembre 1975.
27. Les sommes indiquées dans la partie consacrée à l'affaire des Mirage suisses sont toutes exprimées en francs suisses.

Au cours du premier semestre de 1961, l'état-major suisse demande que 18 avions soient spécialisés dans la reconnaissance ce qui entraîne une augmentation des coûts. La version suisse du Mirage ressemble maintenant plus à un dérivé du Mirage III E qu'au Mirage III C.

Déjà, par rapport au Mirage III C, le train d'atterrissage a été renforcé et les adaptations nécessaires pour garer les avions dans les cavernes de l'aviation suisse ont été effectuées [28]. Le renforcement du train d'atterrissage ayant entraîné l'allongement du fuselage, les avions ne peuvent plus entrer dans les cavernes. Il a été décidé de rendre le nez articulable pour le plier une fois à l'intérieur ce qui entraîne une nouvelle augmentation du prix.

L'épuisement des crédits initiaux amène le Conseil fédéral à revenir devant le Parlement. Le 24 avril 1964, il demande 556,3 millions de crédits supplémentaires se répartissant en 355,9 millions pour couvrir les dépenses entraînées par les modifications de l'avion et 200,4 millions pour le renchérissement dû au nouveau système d'armes.

L'opinion publique suisse qui fait confiance à ses spécialistes du Département militaire fédéral, découvre subitement, au début du mois de mai 1964, que la procédure d'achat de Mirage III S conduit à l'impasse. Elle reproche un dépassement important des crédits; des décisions mal préparées, mal exécutées; un contrôle inefficace du Parlement sur l'administration; des lacunes dans l'organisation de celle-ci, dans la formation de certains fonctionnaires, dans la circulation des informations à l'intérieur des services ou avec les organes exécutif et législatif et enfin entre les autorités fédérales et le public [29].

La presse, les partis politiques, les milieux économiques demandent des explications et crient au scandale.

Les autorités helvétiques exigent immédiatement un rapport d'enquête sur l'acquisition de l'appareil français.

Le rapport estime que les difficultés rencontrées sont dues principalement à une méconnaissance des problèmes posés par l'acquisition d'un avion à hautes performances. Il précise que l'achat n'a été considéré que du seul point de vue militaire en négligeant les aspects industriels. Il indique aussi qu'il n'a pas été tenu compte de l'avis de la Société Dassault qui, dans une réunion du 3 octobre 1961, avait signalé les risques de dépassement de crédits et de retards dans le programme si on ne créait pas un comité de coordination destiné à adapter aux avions le système d'armes américain.

En juin 1964, le Parlement suisse refuse les crédits additionnels et décide la création d'une commission d'enquête parlementaire qui évalue le prix total d'acquisition des cent Mirage entre 1 500 et 1 700 millions de francs auxquels il faut ajouter 300 millions pour l'infrastructure, les dispositifs

28. Les avions de combat suisses sont abrités dans des cavernes creusés dans les montagnes bordant les bases aériennes.

29. Cf. Paolo Urio, *L'Affaire des Mirages – Décision administrative et contrôle parlementaire*, Editions Médecine et Hygiène, Genève, 1972, 311 pages.

pour les décollages et les atterrissages sur courte distance, pour le système de guidage et d'attaque et les constructions nécessaires à cet effet.

Devant l'importance de la somme, la commission demande la réduction de la commande de 100 à 57 appareils [30] dont 18 de reconnaissance.

Le Département militaire fédéral, invoquant la sécurité nationale, estime inacceptable la réduction mais devant la tournure politique prise par l'affaire renonce et se soumet. Quelques jours plus tard, le Conseil fédéral annonce la démission du chef de l'état-major général et le licenciement du chef de l'aviation.

Le scandale qui s'ensuit est préjudiciable à la bonne réputation de l'appareil français, même si ses qualités et le bien-fondé de son choix n'ont jamais été remis en cause et si la faute en incombe au montage du radar américain.

Les relations aéronautiques entre la Suisse et la France sont sérieusement refroidies.

Le Milan

A la fin des années soixante, la Suisse cherche à remplacer ses appareils d'appui tactique De Havilland Venom anglais, son choix s'oriente vers l'avion américain Ling Temco Vought A 7-A Corsair.

La Société Dassault se met néanmoins sur les rangs et propose une version modernisée du Mirage III équipé de surfaces portantes rétractables dans le nez de l'avion [31] : le Milan. Ces surfaces portantes, baptisées « moustaches », ont été étudiées en 1968 et 1969 par la Fabrique fédérale d'avions d'Emmen et la Société Dassault. Elles permettent une réduction des vitesses d'atterrissage et une amélioration de la maniabilité [32].

La confrontation entre les deux appareils est acharnée. Elle est entachée par le comportement des officiels suisses envers l'avion français. Les desiderata suisses sont toujours envoyés tardivement et vont à l'encontre des possibilités de l'appareil. C'est ainsi, qu'en juin 1967, lorsque la Société Dassault propose un système de navigation et d'attaque inertiel, le Groupement de l'armement annonce, le 24 novembre, qu'il préfère une solution à base de Doppler laser dont les performances se dégradent sur cible au-dessus de l'eau.

Le 13 avril 1972, lors d'une réunion présentant le Corsair, un tableau comparatif des caractéristiques des appareils est présenté à la presse; il comporte de nombreuses erreurs ou omissions défavorables à l'avion français.

30. Le chiffre de 57 avions correspond à un compromis entre le coût initialement accepté (871 millions pour 100 avions) et le coût que le Département militaire et le gouvernement sont disposés à payer pour 100 avions modifiés soit 1 500 à 1 700 millions de francs.

31. Ce type de « moustaches » figure également sur le supersonique soviétique Tupolev TU 144.

32. Elles permettent au Milan de gagner 25 nœuds à l'atterrissage par rapport au Mirage III qui se pose à 180 nœuds.

Le 2 mai, lors de la présentation des caractéristiques du Milan à la presse, la majeure partie de la conférence de Benno Claude Vallières est rendue inaudible par la mise en route du réacteur du Corsair pendant 15 à 20 minutes à proximité du hangar où se tient la réunion.

Lors de la présentation en vol ainsi que des exercices de tir et de bombardement, la compétition se déroule dans des conditions curieuses. Le tir ne doit s'effectuer qu'au dessus d'un lac ce qui favorise le système de navigation inertiel dont est équipé le Corsair. De plus, les autorités suisses ont placé un réflecteur sur le lac pour faciliter encore plus sa visée. Par ailleurs, l'extinction de la post-combustion, dès le décollage, a été imposée à l'avion français pour amoindrir ses performances, le Corsair n'en étant pas équipé.

La Société Dassault proteste contre les conditions dans lesquelles s'est déroulée la confrontation. Marcel Dassault adresse à une très haute autorité fédérale suisse une lettre rappelant les anomalies constatées. Il termine en précisant qu'ayant complètement informé le destinataire de la lettre sur la mauvaise foi qui a présidé, de la part du Département militaire, à l'organisation de ce concours « *il est préférable d'y mettre fin, étant entendu que nous sommes toujours disposés à effectuer une présentation du Milan aux mains de notre pilote devant les parlementaires réunis autour du lac de Neuchâtel* [33] ».

De son côté, la presse suisse, qui avait été très critique envers le gouvernement fédéral lors de l'affaire des Mirage III S, commence à s'émouvoir. Le journal *La Suisse*, après une série de trois articles décrivant les avantages et inconvénients des deux appareils, titre le 31 mai 1972 sur toute la largeur de la page : « Corsair et Milan à Payerne : la journée des dupes ».

Dans un article documenté, le journaliste écrit :

« *Tout s'est passé comme si l'on avait voulu adapter les exigences aux possibilités d'un avion, plutôt que d'examiner lequel des deux appareils s'approchait le plus de toutes les exigences fondamentales définies par la Commission de défense nationale. C'est maintenant une certitude.*

« *Sans aller jusqu'à dire que les dés ont été pipés, force est de constater – et les évaluateurs devront bien l'admettre – que l'un des concurrents a été défavorisé* [34]. »

Il évoque ensuite les exercices de bombardement au-dessus de l'eau :

« *L'ennemi peut brouiller le radar, mais pas le laser. Avantage donc au Milan. Mais le laser devient inutilisable lorsqu'il s'agit de viser un objectif situé sur l'eau. Avantage donc au Corsair. Or, qu'a-t-on fait? On a largement expérimenté le bombardement et le tir sur des objectifs lacustres, plaçant ainsi le Milan en état d'infériorité. Comme si nos ennemis éventuels devaient concentrer leurs forces sur nos lacs...* [35] »

Dans un autre paragraphe intitulé : « Révélations calculées et silences

33. Lettre du 24 mai 1972, archives Dassault.
34. Article de Martin Leu, *La Suisse*, 31 mai 1972.
35. *Ibid.*

obstinés », le journaliste pose la question de savoir pourquoi les résultats des combats aériens n'ont pas été publiés alors que des indiscrétions ont montré la nette supériorité de l'appareil français. Il s'étonne également des limitations de performances imposées au Milan :

« Comment prouver la supériorité d'un avion à hautes performances en le bridant ? »

L'article se termine par un jugement sévère :

« Dupés nous l'avons été, par une présentation certes séduisante, mais sans signification. Dupés nous nous sentons lorsque nous découvrons les singularités de l'évaluation. Dupés nous sommes quand, avant même la décision finale concernant l'avion de combat des années soixante-dix, on nous parle déjà de celui des années quatre-vingt. [...]

« Si le Corsair a gagné face aux experts, il lui reste à vaincre face aux politiques. C'est assurément la bataille la plus difficile. Décidément, le dossier n'est pas près d'être refermé[36]*.* »

Le 31 août, le chef du Groupement de l'armement donne sa démission estimant que son gouvernement ne l'a pas défendu devant les critiques françaises.

Le 11 septembre 1972, après de longues hésitations, le Conseil fédéral, tant pour éviter de choisir que pour des raisons financières, annonce qu'il ne commande ni l'avion américain ni l'avion français. Finalement, malgré une ultime proposition française de livrer 40 Mirage III S modernisés, la Suisse commande un autre appareil, le Northrop F 5 Freedom Fighter américain, solution transitoire et de compromis qui ne satisfait personne.

Marcel Dassault a toujours accordé une grande importance au marché suisse et à la réputation de ses avions dans ce pays. C'est ainsi que, deux mois avant sa disparition, quand il lit dans *Le Figaro* du 13 février 1986 l'expression « l'avion du scandale » au sujet de l'affaire du Mirage III S, il écrit au rédacteur en chef pour lui donner son point de vue et termine ainsi sa lettre explicative :

« Si vous pouvez apporter une explication de l'expression " l'avion du scandale ", j'aimerais que vous fassiez ressortir qu'aux dires mêmes des Suisses, la Société des avions Marcel Dassault n'y est pour rien[37]*.* »

Au début des années quatre-vingt-dix, la Suisse souhaite remplacer ses Mirage III S. Un concours est ouvert où se retrouvent face à face, le McDonnell Douglas F 18 et, à nouveau, un avion de la Société Dassault, le Mirage 2000. C'est l'appareil américain qui est choisi malgré une tardive contre-proposition française d'un modèle modernisé, le Mirage 2000-5. Le Parlement suisse doit ratifier cette décision au début de 1992.

---

36. *La Suisse*, 31 mai 1972.
37. Lettre du 14 février 1986, archives Dassault.

Des Mirage sur tous les continents

La réputation des appareils français est telle que la Belgique et l'Espagne passent à leur tour commande.

Suprême consécration, les pays d'Amérique du Sud, pourtant chasse gardée américaine, refusent de s'équiper en Northrop F 5 qu'ils estiment inférieur à l'avion français et commandent des Mirage.

A la fin de 1985, les ventes cumulées de Mirage III et 5 représentent près de 1 500 appareils. Trois pays, la Belgique, la Suisse et l'Australie, ont acquis la licence de fabrication. Le Mirage F 1 se vend à plus de 700 exemplaires, l'Afrique du Sud acquiert la licence.

Marcel Dassault est devenu très conscient de l'importance de ces ventes pour l'économie nationale, pour son entreprise mais aussi pour la sécurité de la France. En 1983, il réclame la création d'un secrétariat d'Etat à l'Exportation :

« L'exportation présente un avantage qui est en général oublié. Supposons qu'en 1987 nous nous trouvions dans une situation analogue à celle de Munich. L'Etat réquisitionnerait immédiatement les avions en cours de livraison et de fabrication commandés à l'exportation, ce qui doublerait ou triplerait certainement dans l'immédiat et dans un délai très court le nombre des avions livrés à cette époque à l'armée de l'Air[38]. »

Les ventes à l'exportation, aidées par le gouvernement, n'ont pas empêché Marcel Dassault de porter un jugement sévère sur la politique d'armement de la France :

« L'aéronautique française a souffert et souffre du désir qu'on a eu d'avoir une bombe atomique. La création de la bombe, c'est-à-dire le matériel nucléaire, est extrêmement coûteuse. Après le prélèvement fait pour l'étude des engins sol-sol qui la transporteront désormais, il reste peu de crédits pour les moteurs et les cellules. Avec plus de crédits d'études, nous aurions pu exporter beaucoup[39]. »

Le développement de l'exportation précipite la société Dassault et son fondateur sous les feux de l'actualité lors de quelques grandes « affaires » qui ont attiré l'attention de l'opinion publique.

Le « marché du siècle » et l'affaire Stehlin

Le 23 avril 1974, quatre Etats européens membres de l'OTAN, la Belgique, la Hollande, le Danemark et la Norvège, décident d'effectuer une commande commune de 348 appareils pour remplacer leurs avions de combat des années soixante, en particulier les Lockheed F 104 Starfighter

38. Note de Marcel Dassault du 19 septembre 1983, archives Dassault.
39. Marcel Dassault, *L'Expansion*, 1967.

américains. Il s'agit d'un marché d'environ 18 milliards de francs. Pour la presse, c'est « le contrat du siècle ».

Comme pour l'affaire des Mirage suisses, les implications politiques et industrielles de l'opération, souvent révélées par des indiscrétions de la presse, mettent au grand jour les mécanismes des exportations et leurs répercussions.

Deux adversaires s'affrontent, le General Dynamics F 16 américain et le Mirage F 1 E français. L'avion américain est entièrement nouveau, le français correspond à une version améliorée du F 1 remotorisé par un réacteur plus puissant, le M 53 de la SNECMA.

En septembre 1974, le Pentagone annonce son intention de commander 650 chasseurs légers de fabrication américaine dont 250 doivent être basés en Europe. Leur maintenance sera confiée aux pays européens qui auront fait le même choix.

Pour ne pas être en reste, le gouvernement français donne la caution de son armée de l'Air en annonçant, en septembre 1974, qu'elle commandera 40 Mirage F 1 E, (E pour Europe). Cet appareil effectue son premier vol à Istres, le 22 décembre 1974, aux mains de Guy Mitaux-Maurouard.

L'affaire prend une forte tournure politique quand le Premier ministre, Jacques Chirac, déclare qu'en ne choisissant pas l'avion français, les quatre Etats concernés auraient une attitude contraire à la déontologie européenne. Ces propos, émanant du Premier ministre d'un pays qui a quitté l'organisation militaire intégrée de l'OTAN, soulèvent la suspicion de ces Etats; ils n'y voient qu'une tentative de la France pour renforcer son potentiel industriel aérospatial.

De leur côté, les Américains ne sont pas en reste. Si leurs pressions sont moins perceptibles, elles sont très efficaces pour écarter l'avion français car son choix renforcerait l'industrie d'un pays que les Etats-Unis jugent déjà trop concurrentiel.

Ils menacent les Hollandais de réduire leurs droits de transport civil sur l'Atlantique Nord, les Norvégiens de ne plus assurer à leur place la surveillance aérienne du Spitzberg. Le secrétaire d'Etat, Henry Kissinger, adresse, par voie diplomatique, une lettre aux chefs de gouvernement des quatre pays, faisant valoir que s'ils choisissent l'avion français au détriment du F 16, les Etats-Unis d'Amérique pourraient reconsidérer leur participation à l'Alliance atlantique.

En réalité, les jeux sont déjà faits. Ils n'ont rien à voir avec des critères objectifs, industriels ou militaires. Seuls comptent les critères politiques. En effet, il apparaît peu probable que des pays dépendant des Etats-Unis pour leur défense puissent acheter français dans un contrat d'une telle importance. Ensuite, c'est une façon de rembourser une partie des dépenses américaines en Europe et d'éviter, après quelque manifestation de mauvaise humeur du Congrès, la diminution des effectifs américains y stationnant.

Alors que la bataille d'arguments fait rage, que quelques scandales l'émaillent – chacun accusant l'autre de verser des pots-de-vin aux pays concernés – une affaire franco-française défraye la chronique.

Le 24 septembre 1974, le général Paul Stehlin, ancien chef d'état-major de l'armée de l'Air, député centriste de Paris depuis les élections législatives du 30 juin 1968, vice-président de l'Assemblée Nationale, adresse une lettre à Valéry Giscard d'Estaing, président de la République.

Elle est accompagnée d'un dossier, rédigé sur papier à en-tête de l'Assemblée nationale, comparant les technologies américaine et européenne. Paul Stehlin se dit préoccupé du retard de la France, il estime qu'elle ne peut plus entretenir une industrie aéronautique autonome.

Dans le cadre de l'Alliance atlantique – seule à ses yeux capable d'assurer la défense de l'Europe – il préconise l'achat de matériels américains qui pourraient être fabriqués, sous licence, en Europe à moindre coût et précise :

« Le fameux " contrat du siècle " serait surtout, le cas échéant, et une fois de plus, une bonne affaire pour M. Dassault, mais une mauvaise affaire pour notre industrie aéronautique dans son ensemble et aussi pour l'argent public français.

« Je ne mets dans ces propos aucune passion, encore que, chef d'état-major de l'armée de l'Air, j'ai eu à souffrir, pour le développement de mon arme, des décisions que M. Dassault réussissait à nous faire imposer par le gouvernement contre mon avis et celui de mon état-major [40]. »

Paul Stehlin adresse plusieurs exemplaires de la lettre et du dossier à quatre ministres dont celui de la Défense mais ne l'adresse pas au Premier ministre qui est pourtant directement impliqué.

Dans le dossier, il rappelle qu'étant attaché de l'Air à Londres, en 1947, il a contribué à l'acquisition par la France de la licence de fabrication du Vampire :

« Mais l'industrie aéronautique française, plus soucieuse, peut-être, de ses propres intérêts que de celui de notre défense, s'orienta vers la construction de modèles strictement français, bien que dans les débuts les moteurs fussent anglais. C'est ainsi que commença un processus farouchement nationaliste qui, à partir du moment où prit fin la cession gratuite par les Etats-Unis d'armements au titre de l'OTAN, dégénéra en une production de plus en plus coûteuse, de moins en moins nombreuse, et, pour cette raison, plus onéreuse d'année en année [41]. [...]

« M. Marcel Dassault sentit aussitôt dans cette opération le danger qu'elle représentait pour ses projets. Ne vit-on pas venir à Londres un ministre de l'Air pour m'enjoindre de mettre un terme à mes efforts de coopération franco-britannique et plus généralement européenne, dans le

---

40. Lettre publiée dans *L'Express* des 11-17 novembre 1974 et figurant dans le livre du général Paul Stehlin, *La France désarmée,* Calmann-Lévy, 1974.

41. Paul Stehlin, *La France désarmée,* page 165.

domaine aéronautique. En même temps, la maison Dassault avait jeté un coup d'œil du côté des Etats-Unis et, aussi riche en talents d'observation que dans l'innovation, elle avait lancé le prototype d'un chasseur, l'Ouragan, que dans la suite elle réussit à imposer à l'armée de l'Air[42]. »

La suite du texte est un véritable réquisitoire, contre la Société Dassault qui aurait fait gaspiller l'argent de l'Etat avec des projets sans intérêt ni avenir pour les forces aériennes comme le décollage vertical et la flèche variable. Paul Stehlin omet de préciser que ces programmes ont été commandés par l'Etat à la Société Dassault.

La lettre et la note jointe ne soulèvent aucune réaction de la part de leurs destinataires. Elles viennent de l'étranger. En effet, des photocopies supplémentaires ont été distribuées, y compris aux représentants des quatre pays concernés.

Le 30 octobre 1974, Pierre de Bénouville reçoit d'un ami copie du dossier. Il peut lire en particulier que :

« *Si les demandeurs avaient à prendre leur décision dans le sens des progrès technologiques dont ont bénéficié les deux avions américains, le choix ne ferait pas de doute. Le Y 16 et le Y 17 sont indiscutablement supérieurs au Mirage F 1 ainsi que le démontre le déroulement du programme intensif d'essais en vol auquel ces deux appareils sont soumis*[43]. »

Dans son dossier, Paul Stehlin n'aborde le problème que sous son aspect militaire. Il veut – et il a raison en cela – que les armées de l'air possèdent le meilleur matériel mais il méconnaît l'aspect industriel et surtout celui de l'indépendance nationale. Fidèle défenseur de l'Alliance atlantique et de l'OTAN, il oublie le contexte national.

Il accuse la Société Dassault de n'avoir pas tenu compte de ses objections quand, chef d'état-major de l'armée de l'Air, il refusait, en particulier, l'avion à décollage vertical. Le général Paul Stehlin et son état-major voulaient que tout nouvel appareil soit parfaitement adapté aux besoins de l'armée de l'Air :

« *Peu nous importait qu'il fût de conception britannique, américaine ou française, pourvu qu'il satisfît aux conditions opérationnelles que nous avions exprimées*[44]. »

Cette phrase, qui dénote une absence d'analyse globale, est étonnante même si elle est nuancée par la suite du texte :

« *Bien entendu, nous avions demandé que l'industrie aéronautique française participât le plus largement possible à la réalisation de cet avion et que lui revienne, pour le moins, la production de la part des commandes destinées à la France. Cette proposition* [d'un avion de combat construit dans le cadre de l'Alliance atlantique], *jugée trop " atlantiste ", selon un jargon politique qui ne veut absolument rien dire, sinon être péjoratif à*

42. Paul Stehlin, *La France désarmée*, page 176.
43. *Ibid.*, page 180.
44. *Ibid.*, page 178. Paul Stehlin omet de signaler que les avions Mirage III et F 1 sont, à l'origine, issus d'un financement personnel de la Société Dassault et que le gouvernement ne les a commandés que parce qu'il estimait qu'ils satisfaisaient les besoins de l'armée de l'Air.

l'égard de ceux qui croient à la nécessité vitale de la sécurité collective, n'alla pas plus loin que le cabinet du ministre de la Défense.

« A la place de ce projet naquit six ou sept ans plus tard le Jaguar entré tout récemment en service. »

Paul Stehlin ajoute à propos de la Société Dassault :

« Un constructeur qui sait qu'à tous les stades de ses réalisations il peut compter sur l'argent public et qu'il ne prend aucun risque financier personnel trouve son plus grand intérêt au stade de la conception[45]*. »*

Cette appréciation est étonnante. Paul Stehlin ne pouvait ignorer que Marcel Dassault prenait de grands risques personnels en finançant des prototypes dont personne ne pouvait prévoir s'ils seraient commandés ou non.

Le 2 novembre 1974, la presse américaine porte l'affaire sur la place publique suivie par la presse française. L'information est alors reprise par tous les médias. Marcel Dassault qui, habituellement, n'intervient que par personne interposée, réplique immédiatement et personnellement en signalant que si Paul Stehlin agit ainsi c'est pour remercier ses anciens employeurs américains[46] :

« Qu'aujourd'hui il soit reconnaissant à ses anciens patrons en préconisant l'achat pour l'Europe d'un avion américain, cela n'est qu'une manifestation de sa gratitude[47]*. »*

Le 7 novembre, Marcel Dassault fait le point sur les critiques de Paul Stehlin :

« L'Europe n'étant pas l'Amérique, les avions américains ne conviennent pas exactement à l'Europe.

« En ce qui concerne les moteurs, les moteurs de la SNECMA sont plus simples, plus robustes, plus endurants, consomment plus, mais cela n'a qu'une importance limitée quand il s'agit de parcours de 1 000 à 2 000 kilomètres, alors que les Américains étudient leurs avions pour des parcours beaucoup plus longs dont nous n'avons pas besoin en Europe, et la consommation de leurs moteurs est moindre. Par contre, ils perdent de leur puissance en altitude alors que les moteurs de la SNECMA en gagnent, la post-combustion faisant statoréacteur.

« Ceci est très important pour un avion d'air-supériorité.

« De même, les pistes américaines n'étant pas susceptibles d'être bombardées autrement que par bombes nucléaires, ils sont toujours sûrs en Amérique de faire atterrir leurs avions sur des pistes qui leur permettent d'utiliser des pneus à haute pression qui sont plus légers que les pneus à basse pression.

« En Europe, au contraire, où les pistes peuvent être bombardées, il est intéressant d'avoir des pneus à moyenne pression qui permettent de se poser sur l'herbe.

45. Paul Stehlin, *La France désarmée*, page 178.
46. Paul Stehlin a été vice-président pour l'Europe de la société américaine Hughes mais a démissionné de ce poste quand il a été élu député en 1968.
47. Lettre de Marcel Dassault au *Figaro*, 6 novembre 1974.

« L'exemple du Lockheed F 104 qui a été choisi contre le Mirage III il y a dix ans et dont 200 ont été perdus sur une commande de 1 000, montre que tous les avions américains ne sont pas forcément meilleurs que les avions européens, bien que l'Amérique fasse d'excellents avions [48]. »

Les accusations réciproques prennent immédiatement une tournure politique. A l'Assemblée nationale, les esprits s'enflamment. Les mots de trahison, de félonie, de forfaiture sont prononcés. Pierre de Bénouville veut intervenir à la tribune. Jacques Chirac l'en dissuade en lui rappelant qu'il est administrateur de la Société des avions Dassault et que ses propos seraient immédiatement critiqués.

Paul Stehlin, quant à lui, se défend en précisant qu'il n'a eu à l'esprit que deux préoccupations : défendre l'utilisation de l'argent public et la sécurité de la France.

A l'Assemblée nationale, le ministre des Armées, Jacques Soufflet, déclare qu'il va consulter le Conseil supérieur de l'Air sur la mise à la retraite du général Paul Stehlin, officier général donc toujours du cadre de réserve.

L'opposition de gauche profite de cette affaire pour relancer ses propositions de nationalisation de la Société Dassault.

Le 7 novembre 1974, Paul Stehlin, pour retrouver son entière liberté d'action, démissionne de son poste de vice-président de l'Assemblée nationale et quitte le groupe des réformateurs centristes et des démocrates sociaux. Le 13 novembre, le Conseil des ministres prononce sa mise à la retraite d'office.

Cette affaire soulève également le problème des commissions versées à des intermédiaires, parfois de très haut niveau [49].

Au Japon et en Hollande, des enquêtes officielles aboutissent à la certitude que le Premier ministre japonais et le prince Berhnard des Pays-Bas ont été financièrement intéressés au programme Lockheed F 104.

Le député hollandais Piet Dankert, spécialiste des questions de défense au parti socialiste, lance des accusations contre l'industrie aéronautique française, en particulier la Société Dassault et son secrétaire général Pierre François qui auraient proposé de lui verser des commissions si le Mirage était commandé.

A la suite d'une émission de télévision mettant face à face Piet Dankert et Pierre François et d'une longue audition du secrétaire général de la Société Dassault par le Procureur général de la Reine, cette accusation est déclarée sans fondement.

---

48. Note de Marcel Dassault du 7 novembre 1974, archives Dassault.
49. A partir de 1972, le ministère des Finances a accordé des facilités légales aux sociétés exportatrices afin de leur permettre de régler les dépenses importantes qui découlent des frais de prospection et de rémunération à l'étranger.

L'ampleur des réactions sur cette affaire, les sanctions prises laissent entrevoir que la place de Marcel Dassault dans le paysage politique et industriel français est contestée. L'affaire Stehlin a mis en route un processus qui n'attend qu'une autre affaire pour ressurgir.

L'ÉPILOGUE DU « MARCHÉ DU SIÈCLE »

Le 4 avril 1975, les ministres de la Défense des Pays-Bas, de la Norvège et du Danemark annoncent qu'ils sont convaincus de la supériorité technique de l'avion américain et de son meilleur coût. Après quelques hésitations, la Belgique se range à leur avis acceptant de participer au choix commun. Cette décision est annoncée le 7 juin, le jour du discours du Premier ministre français au Salon international de l'aéronautique et de l'espace du Bourget. Marcel Dassault apprend la nouvelle en se rendant au Bourget en compagnie de son petit-fils, Olivier :

« Mon grand-père avait déclaré : " Il me semble difficile que ces pays qui appartiennent à l'OTAN et dont la sécurité dépend des Etats-Unis, puissent choisir un avion militaire français. Si les trois autres pays choisissent le F 16, la Belgique qui, pourtant, est notre client, ne pourra plus se permettre de continuer à acheter des Mirage. Elle devra obligatoirement s'aligner. "

« Quand la radio nous a appris la nouvelle, il y a eu un moment de silence puis il a dit : " J'avais raison. Tant pis, ce sera pour la prochaine fois [50] ! " »

Il semble bien que Marcel Dassault n'ait jamais été dupe et qu'il n'ait pas réellement envisagé d'équiper les armées de l'Air européennes du F 1 E à réacteur M 53. Le 28 août 1974, il écrivait au Premier ministre, Jacques Chirac :

« Je donne, comme l'état-major, une priorité absolue au Super-Mirage [51] qui est un avion d'avenir, mais du fait que sa commande a beaucoup trop traîné le F 1 – M 53 nous intéresse aujourd'hui comme avion de transition [52]. »

En 1978, Marcel Dassault est interrogé à la radio sur « le marché du siècle » :

« – Le patron de General Dynamics, la firme américaine qui vous a battu dans le " marché du siècle ", à la question : " Quel est votre concurrent le plus sérieux ? " a répondu : " C'est Marcel Dassault ". Alors qu'en pensez-vous ?

« – Eh bien, il y a un président directeur général qui est très bien, qui a toujours travaillé dans l'aviation, qui avant était chez Douglas. Le principal actionnaire est un vieux monsieur très sympathique qui fait des gâteaux, qui a des drugstores, qui fait de la confection, qui fait de tout,

50. Entretien d'Olivier Dassault avec l'auteur.
51. Première désignation du Mirage 4000.
52. Archives Dassault.

donc au point de vue financier ils n'ont pas d'ennuis. Il faut dire qu'en dehors des avions, ils s'occupent aussi des sous-marins, des sous-marins atomiques notamment. Là, il y a un très bon constructeur, comme il y a un très bon constructeur chez Boeing, un très bon constructeur chez Douglas, un très bon constructeur chez Lockheed. Nous, on fait ce que l'on peut [53]. »

Après ces aimables propos, quelles leçons peut-on tirer de l'échec français?

Tout d'abord, il faut reconnaître que, par rapport au Mirage F 1 E, le F 16 est d'une technologie plus avancée. Il faut comparer ce qui est comparable : l'appareil américain dispose de commandes électriques, il utilise des matériaux composites en grande quantité, le réacteur possède un rapport poussée sur poids supérieur à un. Le F 1 E n'a aucune de ces améliorations, un fossé technologique s'est creusé entre les deux avions.

On peut se demander si la politique des « petits pas », chère à Marcel Dassault – politique qui lui a assuré d'indéniables succès – est encore valable quand il s'agit d'affronter réellement la puissante industrie aérospatiale des Etats-Unis.

En effet, jamais la France ne s'est trouvée confrontée à un appareil spécialement conçu pour la concurrencer. Jusqu'alors, les Etats-Unis, trop engagés dans la guerre du Vietnam, ne se préoccupaient pas trop des percées françaises. Elles présentaient même pour eux un avantage : pouvoir contrer indirectement les tentatives soviétiques de vente de MiG 21 dans les pays qui ne souhaitaient pas acheter américain pour des raisons politiques.

Le F 104 n'a pas été conçu pour concurrencer le Mirage III, le Northrop F 5 n'est pas de la même catégorie ni le McDonnell Douglas F 4 Phantom. Seul, le General Dynamics F 16 est destiné à contrer l'avion français. Les bureaux d'études américains ont réalisé un avion entièrement nouveau disposant d'une avance suffisante pour corriger les inévitables défauts de jeunesse.

La France a présenté un bon avion, d'une technologie éprouvée, trop peut-être puisque l'armée de l'Air française ne souhaite pas s'équiper du F 1 E qui lui était imposé pour des raisons politiques d'exportation [54].

Par contre, le fait que l'avion de Marcel Dassault ait pu, à ce point, déranger les Etats-Unis est un formidable argument publicitaire. Le monde entier a entendu parler du « marché du siècle », de ce combat de « David contre Goliath ». Mais, cette fois, la fronde n'a pas été assez efficace.

N'est-on pas en train d'assister, à partir du milieu des années soixante-dix, à un décrochage de l'industrie aéronautique militaire française par rapport à la technologie américaine?

La commande, en décembre 1975, du Mirage 2000 répond à la volonté de

53. Interview de Marcel Dassault sur RTL, le 3 novembre 1978.
54. Le F 1 E n'étant pas commandé par les pays européens, l'armée de l'Air française ne l'a pas acquis.

rattraper le retard. Cette volonté se retrouve dans les documents d'élaboration du 7e Plan :

« En aéronautique militaire, la compétition F 1 E – F 16, bien qu'entachée par des facteurs débordant largement le cadre technique, a quand même mis en évidence une certaine tendance de nos matériels à être dépassés par certains côtés et a montré ce à quoi pouvait conduire la création de matériels nouveaux résolument fondés sur l'innovation technologique. Dans le futur proche, avec le lancement du Mirage 2000, le danger devrait pouvoir être conjuré, mais cet épisode doit servir d'avertissement et conduire à prendre pour l'avenir les mesures de sauvegarde qui s'imposent[55]. »

On peut néanmoins se demander s'il n'aurait pas été plus opportun de lancer plus tôt le Mirage 2000 avec une proposition de coopération, dès l'avant-projet, aux pays européens intéressés. On peut penser que cela ne s'est pas fait pour deux raisons :

– A cause de l'ACF bimoteur que préféraient le chef d'état-major de l'armée de l'Air, le général Grigaut, Marcel Dassault et le Premier ministre, Jacques Chirac ;

– Parce qu'à cette époque, Marcel Dassault était trop absorbé par ses tentatives de commercialisation de l'avion de transport civil Mercure et a manqué, pour une fois, de rapidité d'adaptation.

La réussite du General Dynamics F 16 s'oppose désormais à la percée du matériel français, la commande européenne sert de faire valoir à la firme américaine auprès d'éventuels clients.

La société Dassault-Breguet tente alors, avec le Mirage 2000, de maintenir ses positions. Elle pense y arriver en développant au maximum les techniques nouvelles et en prenant des risques mesurés. La réussite du programme Mirage 2000 est vitale pour le maintien des exportations françaises mais aussi pour la société Dassault qui, partie intégrante de la construction aérospatiale nationale, ne peut accepter, sans réagir énergiquement, la concurrence américaine.

Certains s'interrogent alors sur l'avenir de la société. En 1975, Marcel Dassault a quatre-vingt-trois ans, a-t-il encore la capacité de réagir et de la faire évoluer? Ne faudrait-il pas une intervention de l'Etat?

C'est une nouvelle affaire, l'affaire de Vathaire qui, en 1976, attire à nouveau l'attention sur Marcel Dassault.

---

55. *Industrie aérospatiale*, préparation du 7e Plan, La Documentation française, 1976, page 71.

10

L'AFFAIRE DE VATHAIRE ET SES CONSEQUENCES

Le 6 juillet 1976, le chef comptable pour les activités non-aéronautiques de Marcel Dassault, Hervé de Vathaire, disparaît après avoir retiré, dans la matinée, huit millions de francs [1] en coupures de 500 francs du compte de l'agence de la BNP de l'avenue de la Grande-Armée, à Paris.

Immédiatement averti, Pierre de Bénouville porte plainte auprès du procureur de la République pour escroquerie et abus de confiance avec constitution de partie civile. A cette époque, Marcel Dassault est malade, il soigne un début de congestion pulmonaire.

L'affaire ne dépasse pas le cercle restreint de l'entourage de Marcel Dassault et celui de la Justice qui pensent qu'Hervé de Vathaire s'est enfui avec un « mercenaire », Jean Kay et deux amies.

Apprenant la plainte de Pierre de Bénouville, Hervé de Vathaire fait savoir qu'il a remis à Jean Kay non seulement l'argent mais aussi un dossier explosif dans lequel figureraient les preuves d'opérations frauduleuses de Marcel Dassault. Ce dossier compromettant accuse Marcel Dassault d'avoir systématiquement appauvri les actifs de ses sociétés bénéficiant de financements de l'Etat au profit de la société holding Générale Immobilière Marcel Dassault. Il l'accuse également d'avoir mélangé ses comptes personnels et ceux de ses entreprises ainsi que d'avoir bénéficié de la bienveillance de deux hauts fonctionnaires du ministère des Finances qui lui auraient évité de lourds redressements fiscaux.

Le 12 juillet, un appel téléphonique d'un membre de la famille d'Hervé de Vathaire fait savoir à Marcel Dassault qu'il peut prendre rendez-vous pour avoir connaissance du document :

« M. Marcel Dassault, ne pouvant rester serein à l'égard de ce que pouvait contenir un quelconque document présenté de la sorte, téléphona à la police judiciaire en la priant d'appeler ce monsieur au numéro indiqué et

1. Environ 22 millions de francs 1990.

de lui dire qu'il n'avait qu'à remettre ce document à la police, ce qui fut fait.

« La police ayant transmis ce document au juge d'instruction, il figure maintenant au dossier de Vathaire [2]. »

Le 2 août, Marcel Dassault porte plainte à son tour et se constitue partie civile. Puis, subitement, le 8, il retire sa plainte expliquant qu'il agit ainsi en souvenir des loyaux services rendus par son ancien employé et à la demande pressante de ses parents. Ceux-ci craignent un geste de désespoir de leur fils qui vient de perdre sa femme dans des circonstances tragiques :

« Les choses auraient pu rester en l'état jusqu'au jour où M. de Vathaire serait revenu, mais il avait rédigé un dossier et la presse, la presse étrangère en particulier, s'en est saisie croyant trouver là une autre affaire Lockheed [3]. »

Marcel Dassault feint l'indifférence face à ce vol et au chantage. En réalité, il se sent trahi, il cherche à comprendre et à expliquer le comportement de son collaborateur. Son état de santé se dégrade au point qu'il doit s'aliter.

Le 8 septembre, Hervé de Vathaire est arrêté à son retour de Grèce où il s'était réfugié. La justice retrouve le cheminement de l'argent qu'il avait donné dans sa quasi-totalité à Jean Kay et à son amie. Placé dans des banques suisses, une partie a été dépensée, Marcel Dassault peut récupérer environ la moitié de la somme dérobée.

Interrogé par la presse, Marcel Dassault fait une déclaration maladroite. Il tente de minimiser l'affaire et déclare que huit millions de francs ce n'est pas grand-chose. Certes, cette somme ne met pas en péril l'équilibre de ses affaires mais, huit millions de francs, pour l'opinion publique, c'est quelque chose. Il ajoute qu'il est prêt à pardonner. Personne ne comprend alors son attitude.

Une véritable campagne de presse doublée d'une campagne politique se déclenche. Comment Marcel Dassault peut-il gagner autant d'argent et considérer 8 millions de francs comme une somme dérisoire? L'argent ainsi gagné l'est-il au détriment de l'Etat? Est-il normal que la Société Dassault ne soit pas nationalisée?

L'affaire de détournement de fonds se transforme en affaire d'Etat faisant surgir au grand jour des intérêts complexes et variés :

« Si Dassault-Astérix plaît aux Français par ses prouesses et ses défis à l'ogre américain, Dassault le milliardaire, le marchand d'armes, le potentat gaulliste, passe pour un croque-mitaine, et ses grandeurs attirent la foudre [4]. »

---

2. Note de Marcel Dassault après avoir pris connaissance du « dossier de Vathaire », 16 septembre 1976, archives Dassault.
3. Note de Marcel Dassault, archives Dassault.
4. *Le Point* n° 209, 20 septembre 1976.

A partir de l'affaire de Vathaire, Marcel Dassault – jusqu'alors plutôt bien traité par la presse d'opposition – est l'objet d'attaques régulières. La nationalisation de sa société, un des leitmotive du député centriste réformateur Jean-Jacques Servan-Schreiber, redevient d'actualité.

L'opposition politique profite de l'occasion pour remettre en cause le mandat de député de Marcel Dassault; elle demande des comptes sur les aides généreuses qu'il recevrait de l'Etat en échange du financement de certains partis. Les partis de gauche réclament la nationalisation de l'industriel et la création d'une commission d'enquête parlementaire.

Nationaliser Dassault, pourquoi pas? Mais que sait-on de cet industriel jusqu'alors très discret? Ses avions sont mondialement connus, mais lui, et sa société?

Marcel Dassault est-il comme son Mirage *«Aussi invulnérable aux coups de l'adversaire que le mirage est insaisissable pour le voyageur du désert »* comme l'indique la publicité? L'industriel présente-t-il la même caractéristique d'invulnérabilité?

Marcel Dassault répond aux accusations par des interventions à la radio et à la télévision. L'opinion publique découvre un homme étonnant, aux réponses toujours aimables, voulant faire plaisir, prêt à pardonner.

Il précise qu'Hervé de Vathaire n'était pas le chef comptable de la société Avions Marcel Dassault-Breguet Aviation (AMD-BA) mais de la société holding à responsabilité limitée, la Générale immobilière Marcel Dassault (GIMD), et des autres sociétés à responsabilité limitée. Donc, il n'a pu avoir connaissance du fonctionnement de la société aéronautique et des soi-disant sommes considérables qui auraient été dissimulées dans sa comptabilité.

Accusé d'appauvrir la société AMD-BA au profit d'une autre de ses sociétés, Marcel Dassault précise qu'étant propriétaire de toutes il ne voit pas comment il pourrait se voler lui-même. D'autre part, il rappelle qu'AMD-BA fait l'objet des contrôles de gestion habituels aux sociétés anonymes cotées en bourse auxquels s'ajoutent ceux de l'Etat à travers les contrôleurs des ministères des Finances et de la Défense.

Quant au règlement des redevances de licence des avions qui reposeraient, selon Hervé de Vathaire, sur une fiction, il incombe à la société Dassault International chargée par la société AMD-BA de régler toutes les questions relatives à l'exportation de ses différents matériels. Ces redevances sont versées à la GIMD, propriétaire des licences, puisque c'est à elle qu'avait été passé, en 1954, alors qu'elle s'appelait Société centrale d'études et d'investissements, la commande du MD 550 duquel découle la famille des avions Mirage.

Sur les loyers exorbitants qu'AMD-BA paierait à la GIMD, Marcel Dassault révèle qu'un inspecteur général des Impôts avait été nommé deux ans auparavant pour expertiser le montant des loyers et qu'il les avait déclarés parfaitement raisonnables.

En ce qui concerne les sociétés financières d'exportation suisse et américaine dont le dossier de Vathaire fait mention, elles ont été créées en accord avec le ministère des Finances et les dividendes régulièrement et officiellement rapatriés en France.

Hervé de Vathaire accuse également Marcel Dassault de subventionner le journal que Jacques Chirac édite dans sa circonscription :

« *En fait, M. Marcel Dassault n'a pas versé de chèques au journal de M. Chirac pour la bonne raison que celui-ci n'en a pas. M. Dassault a alloué des subventions à une agence de presse qui aidait différents journaux hebdomadaires dans la région du Centre, dont* L'Essor du Limousin *qui soutenait la candidature de M. Chirac* [5]. »

En 1976, Jacques Chirac est Premier ministre depuis deux ans. Ses relations avec le président de la République Valéry Giscard d'Estaing ne sont pas bonnes. Jacques Chirac semble être visé à travers la personne de Marcel Dassault. Mais, comme celui-ci apporte sa contribution à tous les partis, les attaques politiques finissent par se calmer.

Le 18 octobre 1976, l'affaire prend une plus grande ampleur quand l'hebdomadaire *Le Point* publie les principaux passages du dossier rédigé par Hervé de Vathaire en précisant que les sommes détournées ou soustraites au fisc auraient atteint le milliard et demi de francs.

Cette « révélation » entraîne la réaction des collaborateurs de Marcel Dassault. Le 26 octobre, les directeurs techniques et les ingénieurs responsables des études de la société signent une lettre de protestation en réponse aux affirmations de l'hebdomadaire :

« *M. Marcel Dassault, après avoir déclaré à TF 1 et à Antenne 2 devant 20 millions de spectateurs, que le fisc n'avait découvert dans la comptabilité de ses sociétés aucune fraude fiscale, considère cette affaire comme terminée. Mais nous, le bureau d'études de la Société des Avions Marcel Dassault-Breguet Aviation, constatons que vos informations ont été largement reproduites par la presse étrangère qui s'en est naturellement réjouie et que les constructeurs d'avions concurrents en font leur profit.* [...]

« *Ce n'est donc plus seulement M. Marcel Dassault que vous attaquez mais à travers lui la Société des Avions Marcel Dassault-Breguet Aviation.*

« *Quelle est la motivation de cette campagne diffamatoire? S'agit-il uniquement d'augmenter le tirage de votre hebdomadaire ou d'attaquer l'image de marque de notre société en faisant le jeu de la concurrence étrangère.*

« *C'est le travail des 15 000 ingénieurs et ouvriers de notre société, ainsi que le travail des ouvriers qui construisent les moteurs, les trains d'atterrissage, l'électronique équipant nos appareils, qui est compromis, comme d'ailleurs le travail des ouvriers de la SNIAS* [6] *qui coopèrent à nos fabrications* [7]. »

---

5. Note de Marcel Dassault après avoir pris connaissance du « dossier de Vathaire », 16 septembre 1976, archives Dassault.
6. Ancienne appellation de la société Aerospatiale.
7. Archives Dassault.

Devant les remous, le ministère des Finances engage une double action : vérification des activités des deux hauts fonctionnaires cités par Hervé de Vathaire et enquête fiscale détaillée des comptes de Marcel Dassault ainsi que ceux de ses sociétés.

Une nouvelle fois, Marcel Dassault semble prendre la chose avec flegme ou fatalisme. C'est du moins l'image qu'il veut donner. En réalité, il est très marqué par cette affaire. Une note en témoigne :

« M. Gaston Defferre a dit à Europe n° 1 que je subventionnais l'élection des députés UDR[8] *pour ensuite avoir des commandes d'avions, et que les bénéfices de la société Avions Marcel Dassault-Breguet Aviation, c'était l'argent des contribuables.*

« En fait, j'ai subventionné une petite agence de presse qui soutenait quelques hebdomadaires UDR, alors que M. Defferre, pour soutenir les candidats socialistes, dispose de deux magnifiques quotidiens.

« Lorsque j'ai construit le premier avion d'armes français à réaction, l'Ouragan, il n'y avait pas à l'époque de gouvernement UDR. Il n'y en avait pas non plus quand le Mirage IV fut commandé. [...] C'est un gouvernement socialiste qui a commandé le Mirage III construit à plus de 1 200 exemplaires et le Mirage IV de la force de dissuasion.

« En fait, les seuls avions commandés par un gouvernement UDR ont été le Mirage F 1 et le Mirage 2000.

« Pourquoi, parce qu'ils étaient conçus par un député UDR, le gouvernement français aurait-il privé l'armée de l'Air des meilleurs avions européens, parfois américains, qui avaient fait leurs preuves aux mains de pilotes israéliens en gagnant la guerre des Six-Jours ?

« Par ailleurs, tous les avions Dassault ne sont pas construits aux frais des contribuables français comme le sont les routes, les ponts, les centrales atomiques, etc. Les 500 avions d'affaires Mystère 20 et le Mystère 10, dont 300 ont été vendus en Amérique et le reste dans le monde entier, n'ont pas été payés par les contribuables français. Sur 1 200 avions Mirage III, 300 ont été commandés par la France, 900 ont été vendus à l'étranger, et, comme les avions d'affaires, ils ont rapporté des bénéfices sur lesquels l'Etat a perçu des impôts.

« En ce qui concerne les avions commandés par la France, ils n'ont jamais rapporté à la Société Dassault un bénéfice supérieur à 5 %, soit 2,5 % après impôt.

« Enfin, chaque année, les devises rentrées au titre des ventes d'avions Dassault permettent de payer l'essence consommée par les Français pendant les vacances[9]*. »*

Devant les diverses réactions, l'opposition politique, à l'Assemblée nationale, maintient sans illusion sa demande d'enquête sur les fonds publics alloués à la Société des avions Marcel Dassault. A la surprise générale, la majorité accepte la résolution instituant une commission d'enquête mais...

8. Union pour la défense de la République, parti de Marcel Dassault.
9. Note de Marcel Dassault du 15 septembre 1976, archives Dassault.

en élargissant son champ d'investigation aux sociétés nationales. Dans une lettre à Jean-Jacques Servan-Schreiber publiée par *L'Express*, Marcel Dassault écrit :

« *J'ai demandé au groupe UDR de s'associer à la demande du groupe socialiste, afin que cette commission soit acceptée* [10]. »

Sous la présidence du député Jacques Limouzy est constituée une commission d'enquête sur l'utilisation des fonds publics alloués aux entreprises privées ou publiques de construction aéronautique :

« *L'enquête s'étendra à l'ensemble des marchés publics d'études, de fournitures et de travaux, dont ces sociétés bénéficient et portera sur toute aide, avance, annulation de dette, subvention d'équilibre, augmentation de capital, consenties par l'Etat ou des organismes publics ou parapublics.*

« *Elle pourra s'étendre aux filiales des sociétés en cause* [11]. »

Marcel Dassault n'attend pas pour donner son avis. *Jours de France* publie son sentiment sur les commissions d'enquêtes parlementaires :

« *Une commission d'enquête faite à l'encontre d'une seule société démoralise son personnel et ses clients.*

« *Une commission d'enquête appliquée à tout le monde, c'est la justice et c'est, en général, ce que veulent les socialistes.*

« *On constatera que l'argent de l'Etat est mieux utilisé dans les sociétés privées que dans les sociétés nationales* [12]. »

Marcel Dassault explique alors que la SNIAS a un très bon personnel, de très belles usines, d'excellentes machines mais des présidents qui ne restent pas assez longtemps en place et qui ne sont pas assez payés. Il cite le cas de Georges Héreil qui est parti chez Chrysler qui lui offrait des appointements cinq fois supérieurs à ceux qu'il gagnait à la société nationale. Il ajoute encore :

« *Ce qu'il faut, c'est savoir faire l'avion qu'il faut au moment où il faut, et cela c'est ma spécialité.* »

Il rappelle que dans le cas du Concorde, il s'est retiré parce qu'il n'y avait pas de moteurs adaptés :

« *Je me suis esquivé à l'anglaise, j'ai employé mon temps et celui de nos ingénieurs et de nos ouvriers à faire le Mystère 20 et le Mirage F 1, avions beaucoup moins prestigieux que le Concorde, mais beaucoup plus rentables.*

« *Un président de société nationale peut se permettre de perdre de l'argent parce que l'Etat le lui rembourse, un président de société privée ne peut pas se permettre de perdre de l'argent car il ferait faillite, ce qui est arrivé, hélas! à beaucoup d'entre eux. [...]*

« *Le Concorde a été fait trop tôt puisqu'il n'existait pas de moteurs pour*

10. *L'Express*, 25-31 octobre 1976.
11. *Journal officiel*, Assemblée nationale, n° 552, 3 novembre 1976.
12. *Jours de France* n° 1 142, 1976.

faire un long-courrier, et la Corvette est venue dix ans après le Mystère 20, ce qui était une erreur[13]. »

Les propos de Marcel Dassault sont sévères. Ne risquent-ils pas d'indisposer les membres de la commission d'enquête?

Le rapport est rendu public le 21 avril 1977[14] Il remonte dans ses investigations jusqu'à 1962 et fournit des éléments d'appréciations portant sur une longue période. Ceci permet de mieux comprendre le fonctionnement et les résultats de la Société Dassault-Breguet mais aussi des sociétés nationales.

Les conclusions du rapport parlementaire

Les parlementaires sont persuadés qu'ils vont découvrir des irrégularités commises par la Société Dassault-Breguet sur l'utilisation des fonds publics et, à travers elle, par le député Marcel Dassault. Ayant étendu le champ d'investigation à toutes les sociétés privées ou publiques, le rapport tourne à l'avantage de Marcel Dassault et accable les sociétés nationales. La commission finit par constater que l'on reproche souvent à la Société Dassault ce que l'on voudrait que les sociétés nationales fassent.

Les analyses de la commission portent sur quelques domaines importants :
- les changements fréquents d'hommes et de programmes,
- le monopole des avions de combat,
- les sous-traitances avantageuses,
- les avances non remboursées.

Les changements fréquents d'hommes et de programmes

La commission est très critique envers l'Etat et les militaires. Elle estime que la Société Dassault-Breguet a développé des techniques d'avenir mais que l'indécision et les changements chez les politiques et les militaires n'ont pas permis de passer aux constructions en série malgré l'importance des sommes engagées. Les programmes annulés d'avions et de moteurs militaires auprès des sociétés Dassault, Breguet et SNECMA sont estimés par la commission à 2 328 millions de francs[15] de 1960 à 1975.

Elle constate que l'état-major de l'armée de l'Air *« a fait preuve d'une certaine irrésolution »*. Les changements trop fréquents des hommes à la tête de l'armée de l'Air lui paraissent être la cause essentielle de la remise en question successive des avions de combat. La Délégation ministérielle pour l'armement se voit reprochée de s'être cantonnée dans un rôle strictement technique et de n'avoir pas tenté de représenter l'élément de permanence face aux défilés des chefs militaires.

13. *Jours de France* n° 1 142, 1976.
14. *Annexe du Journal officiel* n° 2 815, 21 avril 1977, 2 tomes, 208 et 437 pages.
15. Environ 7 milliards de francs 1990.

Pour la commission, seules la valeur des bureaux d'études et la capacité d'adaptation des industriels français ont permis de présenter des matériels compétitifs que prouvent leurs succès à l'exportation :

« C'est là l'unique mais important problème qui se pose en matière militaire car l'abondance et la qualité des contrôles exercés par l'Administration sur les prix des matériels limitent les cas de gonflement exagéré des devis [16]. »

Comparée aux sociétés nationales qui sont littéralement mises en accusation, la Société Dassault reçoit la palme de la réussite et de la rigueur. Jacques Chirac apporte une explication sur les changements de programmes et le rôle de l'Etat :

« La grande faiblesse de notre système, c'est que les chefs d'états-majors ne restent que deux à trois ans. C'est un système pervers. Chaque chef d'état-major arrive avec l'idée que ce qui a été fait par son prédécesseur est une erreur. Cela ressemble à une caricature, mais c'est la vérité.

« Le vice du système est à rechercher non dans les pressions politiques mais dans le changement fréquent des chefs d'états-majors [17]. »

Pour l'ancien délégué général pour l'armement, Emile Blanc :

« Les chefs d'états-majors sont là pour préparer les forces dans l'avenir. Ils jouent un grand rôle dans la définition des programmes ce qui peut expliquer les divergences en cas de changement de chef d'état-major.

« Marcel Dassault n'a pas submergé l'aéronautique française. L'Administration a joué son rôle, elle ne s'est pas laissé imposer toutes ses idées. C'était un dialogue à trois : les services, le Bureau plans et matériels de l'armée de l'Air et l'industriel. De plus, les études d'amont n'impliquent pas l'industriel, l'Etat peut les orienter selon ses souhaits [18]. »

Les sociétés nationales, il faut le reconnaître, ne se sont pas toujours montrées à la hauteur. A leur décharge, il faut constater que leurs réorganisations successives rendent difficile leur bon fonctionnement. Ainsi pour la SNIAS :

« Manifestement, notre société qui a servi pendant de longues années de structure d'accueil pour toutes les sociétés en péril, n'est pas adaptée aux charges prévisibles et raisonnables qui sont envisagées, il y a un décalage [19]. »

Le changement fréquent des présidents et une certaine absence de responsabilité de la part de l'Etat nuisent à la compétitivité des sociétés nationales :

« Certes, j'ai trouvé, en face de moi, des gens d'éminente qualité qui assument telle ou telle part de la fonction d'actionnaire. Mais je dois dire que je n'ai jamais véritablement trouvé l'interlocuteur capable de faire la

16. Commission d'enquête parlementaire, page 160.
17. Entretien de Jacques Chirac avec l'auteur.
18. Entretien d'Emile Blanc avec l'auteur.
19. Audition du général Jacques Mitterrand, président directeur général de la SNIAS, devant la commission d'enquête parlementaire, tome II, page 324.

synthèse, c'est-à-dire d'apprécier une proposition de politique, de la juger, d'y adhérer et d'en tirer les conséquences [20].»

Les présidents des sociétés nationales se sont souvent plaints de ne pas être traités sur un pied d'égalité :

« *Quand Marcel Dassault voulait voir le président de la République, le Premier ministre ou un ministre, il était rapidement reçu. Le président d'une société nationale doit dire pourquoi et fournir des éléments* [21]. »

Pierre Messmer apporte son point de vue :

« *Il est exact que quand Marcel Dassault me demandait une audience, il l'avait rapidement mais il faut comprendre pourquoi.*

« *Les présidents des sociétés nationales sont souvent d'anciens fonctionnaires même s'ils essaient de faire oublier qu'ils l'ont été. Le ministre a tendance à les traiter comme des fonctionnaires même s'il a tort. En plus, à cette époque, les sociétés nationales ne venaient me voir que pour réclamer de l'argent, pour des augmentations de capital. Marcel Dassault venait avec des programmes à lancer, des avions à commander* [22].»

Le monopole des avions de combat

Ayant remporté tous les concours face aux sociétés nationales, la Société Dassault est devenue le principal fournisseur de l'armée de l'Air. Cette position de quasi-monopole est vivement critiquée par les membres de la commission. Mais ce n'est pas la première fois qu'une telle critique est faite, Marcel Dassault avait eu l'occasion d'apporter son point de vue en 1973 :

« *Les programmes les plus importants, les plus chers et les plus prestigieux sont naturellement réservés à la société nationale* [...] *Concorde, excellent appareil expérimental* [...], *les grands engins balistiques nucléaires de notre force de dissuasion* [...], *les engins sol-sol, air-air, sol-air, air-sol, mer-mer* [...], *enfin tous les types d'hélicoptères.*

« *La Société des avions Marcel Dassault construit, pour la France, des Jaguar, des F 1 et des Mirage, mais c'est l'exportation qui lui permet de maintenir et de développer son activité, car elle représente plus de la moitié de son chiffre d'affaires* [23].»

Cette répartition des activités industrielles entre Dassault et la SNIAS, pour laquelle Marcel Dassault aurait fait jouer des pouvoirs occultes [24], correspond en fait à une décision gouvernementale des années soixante.

Dès le début de ces années, le ministère des Armées a décidé de spéciali-

---

20. Audition du général Jacques Mitterrand devant la commission d'enquête parlementaire, tome II, page 315.
21. Entretien d'Henri Martre avec l'auteur.
22. Entretien de Pierre Messmer avec l'auteur.
23. *Jours de France* n° 947, 1973.
24. Bernard Waquet, dans *Le Monde* du 6 novembre 1976, fait état d'un accord secret entre Marcel Dassault et Georges Héreil, président directeur général de Sud Aviation. Cette affirmation est démentie par Georges Héreil dans le même numéro du journal.

ser les entreprises nationales et privées : la Société Dassault est chargée des avions de combat.

Pour la société nationale Sud-Aviation, présidée par le général André Puget, un tel partage ne convient pas. En 1962, il juge que toutes les futures études de sa société reposent sur l'avenir du supersonique civil Concorde, dont l'accord de coopération vient d'être signé avec la Grande-Bretagne, mais aussi sur les activités militaires.

En 1963, Sud-Aviation tente un rapprochement avec la société américaine Northrop afin de construire sous licence l'avion d'école et d'appui tactique F 5. Hispano Suiza, de son côté, fabriquerait le réacteur General Electric J 85. Le général Stehlin et l'état-major de l'armée de l'Air ont, un temps, envisagé de commander l'avion américain mais le projet est resté sans suite.

En 1964, Sud-Aviation s'estime systématiquement écartée des études dans le domaine des avions militaires quand la maîtrise d'œuvre du programme d'avion à flèche variable est confiée à la Société Dassault. L'année suivante, Sud-Aviation conteste l'interdiction ministérielle faite aux sociétés de se concurrencer dans le domaine des avions militaires français.

Le 18 octobre 1965, le ministre des Armées, Pierre Messmer, justifie sa décision au président directeur général de Sud-Aviation; la société nationale doit continuer à se spécialiser dans le secteur des hélicoptères et développer l'activité engins :

« En revanche, il serait préjudiciable à l'intérêt national que soient créés ou développés des bureaux d'études pour les avions militaires alors que du fait de la limitation des programmes, les sociétés les plus actives dans ce secteur n'ont pas un plan de charge assuré[25]. »

Contre son abandon de toute étude dans le domaine des avions militaires, Sud Aviation demande la confirmation de son monopole, en France, pour les avions de transport. Le ministre précise :

« En confiant à Sud-Aviation l'étude et la réalisation de l'avion supersonique Concorde, de loin le plus important des programmes aéronautiques actuellement entrepris en Europe, le gouvernement a reconnu la position privilégiée de Sud-Aviation dans le domaine des avions de transport civil[26]. »

En 1966, dans un souci de rationalisation industrielle, le ministère des Armées souhaite continuer à spécialiser les sociétés : Nord-Aviation doit se consacrer aux engins balistiques, Sud-Aviation aux activités concernant les avions de transport civils et militaires ainsi que les hélicoptères, la Société Dassault aux avions de combat :

« La polémique sur le partage civil/militaire ne m'a pas beaucoup gêné. L'urgent pour moi était de spécialiser ou de faire fusionner les sociétés nationales de constructions aéronautiques pour mettre de l'ordre.

« En ce qui concerne les avions d'armes, il y avait une telle supériorité

25. Archives privées.
26. *Ibid.*

des avions Dassault que le choix s'imposait naturellement. Sud-Aviation avait des ambitions mais avait perdu la main donc on ne leur donnait plus l'occasion de faire des avions d'armes. Si Marcel Dassault a gagné, c'est parce qu'il était le meilleur[27]. »

Cette répartition, désapprouvée par André Puget qui tient à ce que Sud-Aviation soit présent dans le secteur des avions de combat, entraîne son départ. Il est remplacé, en janvier 1967, par un ancien préfet de police de Paris, Maurice Papon.

Alors qu'est contestée la prééminence de la Société Dassault pour les avions de combat, Jean Cabrière assiste à une conversation entre un très haut fonctionnaire de l'aéronautique et Marcel Dassault :

« *Le fonctionnaire de l'Etat lui a déclaré que le Mirage III serait le dernier avion piloté que fabriquerait sa société et qu'il devait prendre des dispositions en conséquence.*

« *Si Marcel Dassault avait été raisonnable, s'il l'avait écouté, il se serait retiré de la construction aéronautique et aurait laissé les sociétés nationales fabriquer des avions. Il ne l'a pas fait. Heureusement*[28] *!* »

La commission s'étonne auprès de Jacques Mitterrand, président directeur général de la SNIAS, de ce monopole des avions de combat. Il précise alors :

« *Pendant longtemps, j'ai été usager de matériel militaire. Je reconnais que, quand on a pris l'habitude d'un fournisseur qui donne satisfaction, on hésite à en changer*[29]. »

La Société Dassault-Breguet, bénéficiant de l'expérience des avions de combat, semble effectivement mieux placée pour remporter les contrats. Faisant allusion au choix du Mirage 2000, le ministre de la Défense déclare devant la commission :

« *Les constructeurs ont été convoqués. La SNIAS a fait savoir qu'elle pourrait présenter des plans dans un délai de deux à trois ans, alors qu'AMD-BA a déposé rapidement à la Délégation ministérielle pour l'armement le premier dossier d'un avion de combat répondant aux caractéristiques requises*[30]. »

Le président de la SNIAS admet l'expérience de Dassault-Breguet pour les avions de combat mais ne la reconnaît pas pour les avions d'entraînement. A cette époque, en effet, l'Alpha Jet de Dassault-Breguet, associé à l'Allemand Dornier, a eu la préférence sur l'Eurotrainer de la SNIAS associée à Messerschmitt Bölkow-Blohm :

« *Là, le choix était possible. Or, il se trouvait que dans le domaine des avions-écoles, nous étions les héritiers du savoir-faire, puisque nous étions*

27. Entretien de Pierre Messmer avec l'auteur.
28. Entretien de Jean Cabrière avec l'auteur.
29. Commission d'enquête parlementaire, tome II, page 318.
30. Audition d'Yvon Bourges, commission d'enquête parlementaire, tome II, page 376.

les héritiers du Fouga. Dans ce cas, la pratique n'a pas joué. Il en a été de même de l'usage et des liens traditionnels. Je ne peux en dire plus[31]. »

Pourtant, selon André Gintrand :

« *L'Eurotrainer a été essentiellement éliminé pour des raisons techniques, en particulier parce que sa dérive en forme de T devenait inopérante en voltige*[32]. »

Interrogé à son tour, Marcel Dassault fait une réponse qui est, à cette époque, une révélation étonnante :

« *On n'a jamais sollicité la Société des avions Marcel Dassault pour la construction d'hélicoptères*[33], *d'engins tactiques ou balistiques, qui sont bien du matériel militaire. Pourtant la Société Dassault savait parfaitement le faire. C'est ainsi que nous avons fabriqué pour Israël un engin balistique d'une portée de cinq cents kilomètres, qui a été essayé à l'île du Levant*[34] *Il a donné toutes satisfactions et lors de l'embargo, nous avons livré à Israël les engins terminés et les pièces détachées restant en commande.*

« *Lorsque la SNIAS a obtenu les commandes du Pluton dont la portée est de cent kilomètres, l'engin de cinq cents kilomètres de portée aurait pu être construit sans aléa et à peu de frais. Comme on ne me l'a pas demandé, je ne l'ai pas fabriqué*[35]. »

Cette déclaration de Marcel Dassault sur l'engin balistique est la première révélation officielle de ce programme très secret.

Les test expérimentaux du missile MD 620 sont réalisés à l'île du Levant. L'assemblage des fusées est effectué dans une usine construite spécialement à Martignas. Cette opération est interrompue, en janvier 1969, après l'embargo français des armes vers Israël.

Si la Société Dassault bénéficie d'un monopole de fait, ses partenaires n'ont pas le même privilège dans leurs secteurs. Le président directeur général de la SNECMA rappelle que pour réaliser les Mirage F 2 et F 3 les pouvoirs publics se sont tournés vers le constructeur américain Pratt & Whitney qui, en échange d'un accord d'assistance technique, a été rémunéré par une prise de participation de 10,9 % dans le capital de sa société.

La Société Dassault, quant à elle, n'hésite pas à proposer des moteurs étrangers sur ses avions :

« *C'est ainsi que l'Atar 9 K 50 a été en concurrence avec un moteur General Electric pour le Mirage F 1, l'Atar 8 K 50 avec un moteur Pratt & Whit-*

---

31. Audition du général Jacques Mitterrand, commission d'enquête parlementaire, tome II, page 321.

32. Entretien d'André Gintrand avec l'auteur.

33. S'il n'a pas été sollicité, Marcel Dassault s'est néanmoins intéressé aux hélicoptères. Il a assisté à une présentation d'hélicoptères de la société américaine Kaman, à Issy-les-Moulineaux, en vue d'une association qui n'a pas abouti. Selon Jean Cabrière, Marcel Dassault a déclaré : « *Ça fait trop de bruit et c'est très laid !* »

34. Ce missile est connu sous la désignation MD 620.

35. Audition de Marcel Dassault devant la commission d'enquête parlementaire, tome II, page 356.

ney pour le Super Etendard, le Larzac avec un moteur General Electric pour l'Alpha Jet[36]. »

Si la Société Dassault propose d'équiper certains de ses avions d'un moteur étranger, les services techniques de l'Air ne sont pas en reste. Ainsi, en 1975, alors que les discussions se déroulent sur le lancement de l'ACF biréacteur Atar, le Service technique demande une étude d'un Mirage III motorisé avec un moteur américain General Electric F 100. Marcel Dassault écrit alors au président directeur général de la SNECMA :

« *Vous devriez calmer ce genre d'initiative*[37]. »

Jean Cabrière apporte une explication complémentaire sur la répartition entre les sociétés nationales et la GAMD :

«*A cette époque, la Direction technique industrielle et la Délégation ministérielle pour l'armement pensaient qu'il fallait abandonner les avions pilotés au profit du missile. Ils nous ont dit : " Les Anglais ont compris, il faut faire comme eux. "*

« *Les sociétés nationales ont fini par accepter la présence de Dassault dans les avions de combat parce qu'elles étaient persuadées qu'il n'y avait plus d'avenir dans ce secteur. Quand elles ont réalisé leur erreur, c'était trop tard*[38]. »

Finalement, pour Marcel Dassault, ce monopole, « *c'est le monopole de la qualité*[39] » Il précise néanmoins qu'il a été bien aidé dans son ascension par l'indigence de ses concurrents.

La préférence donnée à la Société Dassault dans les avions de combat est constamment l'objet de commentaires très critiques :

« *La préférence donnée à Dassault est due à l'étendue de son pouvoir et de son influence sur les décideurs politiques et techniques, toile patiemment tissée depuis 1945. La puissance financière qui en résultera va lui permettre d'élargir encore cette influence et de se soustraire largement à la réalité de la tutelle des organes du gouvernement, en particulier de la Défense.* [...]

« *L'absence de concurrence entraîne la création de poids lourds technologico-industriels qui imposent leur solution. Les connivences qui se créent entre firmes d'une part, ingénieurs d'Etat et officiers d'autre part, constituent un réseau occulte détournant les processus de décision*[40]. »

On ne peut être plus clair dans l'affirmation de l'indigence et la faiblesse de caractère des décideurs politiques, techniques et militaires. Il semble qu'il leur appartient de répondre à de telles accusations ce qu'ils ne font pas, accréditant ainsi toute spéculation sur leur comportement.

---

36. Audition de René Ravaud, commission d'enquête parlementaire, tome II, page 278.
37. Lettre à René Ravaud du 28 août 1975, archives Dassault.
38. Entretien de Jean Cabrière avec l'auteur.
39. Marcel Dassault, *L'Expansion*, mai 1977.
40. Pierre Marion, *Le Pouvoir sans visage, essai sur le complexe militaro-industriel*, Calmann-Lévy, 1990, Le Livre de poche, pages 40 et 45.

Sur l'accusation portée contre Marcel Dassault « d'acheter » les décideurs pour obtenir des avantages, Pierre Messmer fournit une explication : « *Marcel Dassault se comportait honnêtement vis-à-vis du gouvernement, du ministre des Armées, de l'état-major de l'armée de l'Air.*

« *Je suis persuadé qu'il n'a jamais donné de dessous-de-tables à des personnels militaires. Mais tout le monde savait à la Délégation ministérielle pour l'armement, comme dans l'armée de l'Air, que quand on prenait sa retraite on pouvait avoir un travail intéressant professionnellement et financièrement chez Dassault.*

« *Il y avait une sorte de compréhension sympathique entre eux. Les ingénieurs, les officiers généraux qui n'avaient pas énormément de caractère ne voulaient pas contrer Marcel Dassault sur un programme majeur*[41]. »

Selon Jacques Chirac :

« *Il y avait une véritable osmose entre Marcel Dassault et les chefs de l'état-major de l'armée de l'Air, ils se comprenaient au mieux des intérêts de chacun*[42]. »

Jean Cabrière apporte, de son côté, des éléments complémentaires :

« *Deux sortes de personnes peuvent avoir une mauvaise opinion de Marcel Dassault : ses opposants industriels et ceux qu'il n'a pas estimés à la hauteur ou encore ceux qui n'ont pas eu le poste qu'ils souhaitaient.*

« *Les services officiels insistaient souvent auprès de nous sur le fait que les sociétés nationales, elles, étaient très bien entourées par des généraux et des ingénieurs généraux et que c'était une bonne chose. Ils pensaient à leur pantouflage*[43]. »

Les sous-traitances avantageuses

Les sociétés nationales n'ayant pas un plan de charges suffisant, elles travaillent en sous-traitance pour la Société Dassault qui confie près de la moitié de son volume de travail à des sociétés extérieures :

« *Jusqu'aux années soixante, le génie de Marcel Dassault a été d'avoir des prototypes technologiquement en avance sur les sociétés nationales et de sous-traiter. Il agissait ainsi comme une sorte d'intermédiaire, cela convenait à tout le monde.*

« *Sa seule faute, c'est d'avoir décidé de construire lui-même ses propres séries. Il a littéralement asséché les sociétés nationales, d'où la guerre entre elles et lui. Il n'était plus l'intermédiaire qui sous-traitait, son bureau d'études devenait en fait celui des sociétés appartenant à l'Etat.*

« *S'y est ajouté l'absurdité de la pensée de l'Etat en matière aéronautique. Les prototypes proposés par les sociétés nationales servaient surtout à concurrencer Dassault pour lui faire baisser les prix*[44]. »

41. Entretien de Pierre Messmer avec l'auteur.
42. Entretien de Jacques Chirac avec l'auteur.
43. Entretien de Jean Cabrière avec l'auteur.
44. Entretien de Diomède Catroux avec l'auteur.

La SNIAS, qui reçoit une part importante de ses sous-traitances de Dassault, n'en présente pas moins de mauvais résultats. Ses bilans annuels sont souvent déficitaires. En 1975 le déficit net comptable est de 487 millions de francs, 364 millions pour 1974 et 485 millions pour 1973. La commission tente de donner une explication :

« L'obsession du plan de charge conduit à exiger[45] *que soit sous-traitée à la SNIAS une part déterminée des travaux confiés à AMD-BA. Ces sous-traitances sont parfois lourdement déficitaires, car il n'est pas dans la vocation de l'entreprise nationale de travailler pour le compte d'autrui*[46]. »

Pourtant, comme les taux horaires de la société nationale sont supérieurs à ceux de la Société Dassault, l'Etat prend à son compte la différence.

Marcel Dassault a, bien entendu, une vision différente de celle de la SNIAS sur la sous-traitance :

« Comme la SNIAS perd sur tout, elle peut aussi bien perdre sur ce qu'elle fait pour nous ! Etant sous-traitant, elle ne devrait pas compter ses frais de prospection, ses frais d'études, qui représentent environ 30 % de son prix de revient[47]. »

Pour le programme d'avion d'affaires Mystère 20, la SNIAS, sur un total de chiffre d'affaires de 584,9 millions de francs, avoue une perte de 187,4 millions.

Henri Ziegler, ancien président directeur général de la SNIAS, estime que les contrats ont été mal négociés :

« Effectivement, pour le Mystère 20 les modalités suivant lesquelles le premier contrat avait été accepté étaient en fait inacceptables. Je suis désolé de vous le dire, mais c'est connu. Comme bien des avions que lance Dassault, le prototype du Mystère 20 était un avion bâclé à toute allure, qui ne répondait pas aux besoins du marché. Or, Sud Aviation avait signé le premier contrat sur des données incomplètes, sans avoir les dessins, sans posséder les données technologiques de production. Il était d'ailleurs prévu au contrat que Sud Aviation ferait l'aile, mieux étudiée et définie, et Dassault le fuselage et l'empennage. Ce programme étant lancé, il est apparu que l'avion ne pouvait être placé sur le marché américain qu'avec des modifications sérieuses. [...]

« Puis, un beau jour, Dassault a dit : " On va changer. Je vais faire l'aile, et vous ferez le fuselage ! " Le président a signé un contrat qui n'était pas bon. C'était un bon président, mais il s'est fait avoir, je vous le dis confidentiellement[48]. »

Georges Héreil, ancien président directeur général de Sud Aviation, apporte des précisions sur le programme Mystère 20 :

« La construction de ce petit avion devait se faire à égalité de responsabi-

45. Interventions du ministre de la Défense, tuteur de l'industrie aéronautique en faveur de la SNIAS.
46. Commission d'enquête parlementaire, tome I, page 87.
47. Commission d'enquête parlementaire, tome II, page 363.
48. *Ibid.*, page 229.

lités entre Sud-Aviation et la Société Marcel Dassault. M. Dassault avait même accepté de verser à Sud Aviation une redevance supplémentaire symbolique, puisqu'il utilisait le principe des réacteurs à l'arrière du fuselage, couvert par une licence de Sud-Aviation. M. Dassault a souscrit à cet accord. Sur ces entrefaites, j'ai démissionné de Sud-Aviation, car je ne voulais pas fabriquer Concorde. Le général Puget qui m'a succédé n'a pas voulu être associé avec Dassault et il a accepté de travailler en sous-traitance. Sud-Aviation a alors perdu de l'argent [49]. »

La SNIAS réalise également la pointe avant du Mirage F 1. Ce contrat est, au départ, octroyé à la société Hurel-Dubois. Mais, la SNIAS, pour maintenir son plan de charge, s'est fait rétrocéder par l'Etat la sous-traitance au prix négocié avec Hurel-Dubois. Cette société aurait sciemment présenté une soumission largement inférieure aux coûts réels :

« *Le contrat avec Hurel-Dubois a été un incroyable trucage* [...] *Les prix étaient intenables, et en outre, Hurel-Dubois n'avait pas les moyens industriels d'exécuter la fabrication* [...] *En raison de l'incapacité physique d'Hurel-Dubois à exécuter le contrat, tous les professionnels vous diront que c'était un contrat bidon, qui ne pouvait avoir pour objet que d'acculer la SNIAS à des prix déficitaires* [50]. »

Dans une note, Marcel Dassault apporte une réponse précise :

« *La Société des avions Marcel Dassault a proposé à la SNIAS d'exécuter la construction des fuselages avant du F 1 et le prix fourni par la SNIAS étant de 65 % trop élevé, la commande a été passée à Hurel-Dubois.*

« *Si, après les trente premiers avions, l'Etat désire, pour soutenir la SNIAS, verser une indemnité à Hurel-Dubois et verser une subvention à la SNIAS pour l'indemniser des pertes qu'elle réalisera sur la fabrication de ces fuselages avant de F 1 pour la France et l'exportation, la Société des avions Marcel Dassault n'y voit aucun inconvénient* [51]. »

Lors de son audition, le président directeur général d'Hurel-Dubois fait valoir que sa société a déjà réalisé des fabrications aussi complexes et surtout qu'une société de sous-traitance a des frais moindres :

« *Les sociétés de sous-traitance dont les effectifs s'élèvent en moyenne à cinq cents ou mille personnes ont une structure administrative beaucoup plus légère que les grandes sociétés* [...] *Grâce à cette économie sur l'encadrement, le taux horaire des entreprises de sous-traitance oscille selon le mode de calcul entre les deux tiers et les trois quarts du taux horaire des grands constructeurs, si bien gérés soient-ils* [52]. »

Malgré ces problèmes, Marcel Dassault, à la demande constante du gouvernement, propose des activités de sous-traitance à la SNIAS. C'est ainsi

---

49. *Le Monde*, 6 novembre 1976.
50. Henri Ziegler, commission d'enquête parlementaire, tome II, page 229.
51. Archives Dassault.
52. Jacques Dubois, commission d'enquête parlementaire, tome II, page 338.

qu'il a suggéré de lui confier la fabrication de tous les éléments du Mercure :

« La société des avions Marcel Dassault serait d'accord pour que la SNIAS construise ces quarante à cinquante appareils, se réservant seulement le montage et les essais en vol à exécuter dans son usine d'Istres.

« Enfin, le prototype Mercure 02 étant disponible, la SNIAS pourrait être chargée, avec nos conseils, de réaliser l'étude, la fabrication et le montage des fuseaux moteurs correspondant aux réacteurs de dix tonnes SNECMA General Electric sur cet appareil[53]. »

Les avances non remboursées

Le chapitre qui traite de ces questions dans le rapport parlementaire est intitulé :

« L'emploi des deniers publics : pas de scandale mais des problèmes[54]. »

Le ton est donné, la Société Dassault n'est pas accusée de malversations. Les problèmes se retournent contre les sociétés nationales.

Pour permettre le lancement de programmes, pour aider à exporter, l'Etat accorde des avances remboursables aux constructeurs aéronautiques. Il existe plusieurs types d'aides publiques dont le remboursement est échelonné en fonction du nombre d'appareils vendus.

Le total des aides publiques accordées à la Société Dassault de 1962 à 1975 s'élève à 799 millions de francs. Sur cette somme, 109 millions environ ont été remboursés, ce qui est peu. Cette situation est critiquée tant par la commission d'enquête parlementaire que par la Cour des comptes.

Toutefois, la commission cite aussi les chiffres d'autres sociétés, en particulier la SNIAS et la SNECMA. La première, sur 7 590 millions de francs d'aides publiques a remboursés 101 millions; la seconde n'a rien remboursé des 2 469 millions de francs avancés. Les députés de l'opposition étaient pourtant persuadés que la Société Dassault s'enrichissait en étant le plus mauvais payeur et voulaient le démontrer.

Leur embarras est porté à son comble quand ils constatent que la Société Dassault a toujours fait des bénéfices et payé des impôts ce qui est loin d'être le cas pour les sociétés nationales que l'Etat doit sans cesse remettre à flot en injectant des aides.

Le rapport de la commission d'enquête conclut finalement à l'existence de problèmes mais ne trouve pas d'éléments montrant un comportement scandaleux, bien au contraire.

53. Lettre au président Valéry Giscard d'Estaing du 3 octobre 1974, archives Dassault.
54. Commission d'enquête parlementaire, tome II, page 111.

Epilogue de l'affaire de Vathaire

Jugé, Hervé de Vathaire est condamné à quatre ans de prison et à dix mille francs d'amende. Marcel Dassault, à qui Hervé de Vathaire demande régulièrement de sa prison d'intervenir en sa faveur pour une libération anticipée, écrit au garde des Sceaux :

« M. de Vathaire a été le directeur du service comptable de ma société pendant vingt-cinq ans. Il m'a donné toute satisfaction jusqu'au jour où, probablement troublé par la mort de sa femme survenue dans des circonstances tragiques, il a commis l'indélicatesse que vous connaissez.

« J'avais déposé une plainte contre lui uniquement pour avoir connaissance du dossier, puis je l'ai retirée. Enfin, je souhaite qu'une remise de peine lui soit accordée [55]. »

Hervé de Vathaire est libéré après trois ans de prison. Aux journalistes qui lui demandent : *«Allez-vous le reprendre?* » Marcel Dassault répond ironiquement : *« Hélas, j'ai été pris de vitesse! Il a été déjà engagé par une entreprise d'expertise comptable!* »

Ne montrant aucune rancune, Marcel Dassault intervient même ultérieurement en faveur de son ancien comptable qui a besoin de papiers d'identité pour partir travailler en Amérique du Sud.

Attitude étonnante d'un homme trahi par son collaborateur et qui, malgré tout, pardonne, bien que l'affaire ait eu d'importantes répercussions fiscales, politiques et industrielles. Cette affaire est un tournant important dans la carrière de Marcel Dassault. En effet, en juin 1977, l'Etat lui impose une participation dans sa société [56].

En 1977, Marcel Dassault fête ses quatre-vingt-cinq ans. Pour beaucoup, depuis longtemps, l'âge de la retraite a sonné. Pas pour lui qui continue l'œuvre de sa vie : construire des avions.

Il convient maintenant d'examiner ses autres activités, aussi diverses que variées, menées avec la même rigueur et le même enthousiasme. La construction immobilière, la politique, la banque, la bourse, la presse sont autant de passe-temps qui réservent également quelques surprises, tant par la manière dont ils sont entrepris que par leur ampleur, sans oublier le style inimitable de Marcel Dassault.

Comme il l'écrit si bien dans *Le Talisman* :

« Qui êtes-vous, monsieur Dassault? »

---

55. Lettre du 9 mai 1979 adressée au garde des Sceaux, ministre de la Justice, archives Dassault.

56. Voir le chapitre 8 de la IIIe partie.

Troisième Partie

PUISSANCE
GLOIRE ET DIVERTISSEMENTS

1

MARCEL DASSAULT INTIME

Dans la légende de la vie de Marcel Dassault, légende qu'il a lui-même contribué à accréditer, il est souvent difficile de faire la part du vrai et du faux.

Les personnes qui l'ont connu et surtout ses archives apportent des éléments qui permettent de mieux cerner l'homme, de comprendre sa personnalité et son mode d'action.

La vie privée de Marcel Dassault est simple. Elle se déroule à l'abri de ses confortables résidences. S'il ne semble pas avoir beaucoup de vrais amis, ceux qu'il a lui sont fidèles et sont souvent admiratifs et intimidés par ce que certains appellent son génie. Marcel Dassault apprécie leur présence et leur attachement qu'il sait discrètement remercier par des gestes généreux.

Mais d'abord comment se définissait-il ?

Le Talisman

En 1970, paraît dans la collection livre de poche des Editions J'ai Lu, un petit livre à couverture bleue : *Le Talisman*; son auteur : Marcel Dassault.

En 123 pages d'une présentation très aérée, il se raconte :

« Ma nature, le poids de mes occupations, tout me porte à répondre brièvement aux questions dont je connais la réponse. Par instinct, je ne réponds pas aux autres. Et comme, bien entendu, ceux qui m'interrogent me trouvent un peu court sur le sujet qu'ils ont choisi, il leur arrive, ne se contentant pas de ce que je dis, de répondre pour moi. Or, chacun sait comment naissent les anecdotes et ce que sont conduits à leur ajouter ceux qui, avec brio, les racontent pour le plaisir de la conversation [1]. »

---

1. Marcel Dassault, *Le Talisman*, pages 8 et 9.

L'auteur du présent ouvrage, alors qu'il préparait une thèse de doctorat d'Etat sur l'aéronautique, avait écrit à Marcel Dassault afin d'avoir un complément d'informations. La réponse, rapide et courte, conclue après ses regrets :

« Je ne puis rien vous dire de plus que ce qui figure dans Le Talisman. »

Marcel Dassault ne s'est jamais départi de cette ligne de conduite et ne veux pas apporter d'éléments véritablement nouveaux. Il a d'ailleurs écrit à son éditeur :

« Lorsqu'un journaliste me demande une interview, il me pose des questions insidieuses auxquelles je réponds de mon mieux, il les traduit toujours autrement.

« Lorsqu'on me demandera une interview, je dirai : "Achetez Le Talisman [2] ". »

Lors de ses interviews à la radio ou à la télévision, il reprend, parfois mot pour mot, le texte du *Talisman.* Il apprend par cœur ses discours mais aussi ses réponses aux journalistes [3]. Dans ses archives figurent des fiches sur lesquelles sont dactylographiées les réponses aux questions qu'il prévoit; si elles sont différentes et gênantes, il répond à côté et récite le texte préparé.

Au départ, *Le Talisman* de 123 pages n'en faisait que 34. Marcel Dassault l'avait d'abord proposé à l'éditeur Robert Laffont dont il est actionnaire. Ce dernier, très embarrassé, avait réussi à le faire renoncer à son projet lui suggérant d'ajouter plus éléments au récit de sa vie.

Marcel Dassault a revu sa copie et s'est adressé aux Editions J'ai Lu. *Le Talisman* a fait l'objet d'une négociation particulière avec l'éditeur. Marcel Dassault souhaite une large diffusion de son ouvrage mais a conscience du handicap représenté par le faible nombre de pages. La présentation est alors très étudiée :

« Un certain nombre de pages blanches se trouveront au commencement et à la fin. Le texte sera en caractères relativement importants avec de grandes marges [4]. »

Curieusement, le livre ne comprend pas d'illustrations :

« Je ne veux pas faire de ce livre une revue aéronautique. Ce qui intéressera les lecteurs ce n'est pas de voir mes avions qu'ils connaissent mais d'apprendre mon histoire [5]. »

Pour compenser, il fixe lui-même le prix de vente à 3 francs [6] et garantit l'achat de 200 000 exemplaires.

Au premier abord, l'examen du *Talisman* laisse le lecteur sur sa faim car le style, très simple, voire ingénu, donne l'impression de ne rien livrer de son auteur. Pourtant, une lecture au second degré dément cette impression.

Trois versions ont été publiées depuis l'édition originale de 1970 : celles

---

2. Lettre du 22 octobre 1970, archives Dassault.
3. Comportement que l'on retrouve chez d'autres hommes de sa génération comme le général de Gaulle.
4. Lettre de Marcel Dassault à son éditeur, 8 octobre 1970, archives Dassault.
5. Lettre de Marcel Dassault du 22 octobre 1970, archives Dassault.
6. Environ 13 francs 1990.

de 1973, 1978, 1983 appelées *Le Talisman illustrée* à cause des photographies qui y ont été ajoutées, plus l'édition américaine de 1971. Marcel Dassault les a réactualisées par de nouveaux chapitres concernant ses nouvelles réalisations mais surtout par la suppression de passages si ce n'est de chapitres entiers. Tout ce qui, dans sa vie privée ou dans l'expression de ses sentiments, pouvait prêter à interprétation, même légère, a disparu. Finalement, *Le Talisman illustré* de 1983, malgré les photos, ne compte que 113 pages.

Cet ouvrage est néanmoins fondamental et témoigne bien, à la fois de la personnalité de son auteur et de sa volonté de créer une image conforme à ses conceptions de la vie. Son livre se termine par un message d'espoir : « *J'ai écrit ce livre en pensant aux jeunes. J'ai voulu leur montrer qu'il n'est pas nécessaire d'hériter pour réussir et qu'il suffit de persévérer. Enfin, si tout le monde n'a pas son trèfle à quatre feuilles, chacun du moins a son étoile*[7]. »

Au *Talisman* qui est son œuvre écrite, il faut associer sa voix si particulière. Cette voix qu'imitent toujours ses collaborateurs quand ils évoquent sa mémoire.

Nasillarde, monocorde, teintée d'accent parisien, elle reste cependant distinguée. Par un débit régulier, il veille à gommer toute trace d'émotion, affectant l'indifférence quel que soit le sujet abordé.

Chez cet homme au destin exceptionnel, peu de personnes ont joué un très grand rôle sauf peut-être sa femme. Il a souvent dit que le jour de son mariage constituait le meilleur souvenir de sa vie[8].

Madeleine, sa femme

Marcel Dassault a épousé Madeleine en 1919. Ils n'ont été séparés que deux fois, du fait de la guerre et de l'enlèvement de Madeleine.

Le 22 mai 1964, Marcel et Madeleine Dassault rentrent en voiture à leur domicile après une réception chez des amis. Il est près de minuit quand le chauffeur arrête la Cadillac devant le perron de leur maison de Paris. Marcel Dassault descend et aide sa femme à quitter la voiture quand deux hommes masqués et armés surgissent d'une camionnette, se précipitent sur Madeleine et l'entraînent vers leur voiture garée à côté.

Le chauffeur qui s'est interposé, reçoit un coup de crosse de revolver sur la tête. Marcel Dassault, qui a alors soixante-douze ans, se jette sur les agresseurs; également frappé à la tête, il ne peut s'opposer au kidnapping de son épouse.

---

7. *Le Talisman*, page 119.
8. Sur Antenne 2, en 1984, il précise que le plus mauvais, c'est le jour où il est arrivé à Buchenwald.

Il rentre précipitamment chez lui et appelle le ministère de l'Intérieur. Le ministre, Roger Frey, fait immédiatement appliquer un plan de bouclage des principales sorties de la capitale mais en vain, les kidnappeurs ont disparu avec leur victime.

Le lendemain, la presse annonce, en titres énormes à la une, le kidnapping de la femme de l'homme le plus riche de France. Pendant ce temps, près de son téléphone, Marcel Dassault attend. Les suppositions se multiplient : enlèvement crapuleux? enlèvement politique? Aucune nouvelle ne filtre de toute la journée. Finalement, des coups de téléphone se réclamant de l'OAS demandent une rançon de 10 millions de francs mais la police est sceptique.

A partir de là, les choses évoluent rapidement. La police et la gendarmerie, qui pensent que les kidnappeurs n'ont pu aller loin, procèdent à un ratissage de la région parisienne. Le 24 mai, à 10 h 30, un communiqué annonce que Mme Dassault a été retrouvée par des gendarmes, saine et sauve, dans un pavillon abandonné à quelques kilomètres de Creil :

« Le kidnapping de ma mère contre une rançon nous a évidemment tous plongés dans l'angoisse mais là encore elle a fait preuve d'une grande dignité. L'anecdote est très connue. Quand les gendarmes la découvrirent dans une maison des environs de Paris, elle était étonnamment calme et digne. Quand elle leur a dit qui elle était, ils ne l'ont pas crue et ils lui ont demandé ses papiers [9]. »

Le dénouement est heureux : Madeleine est sauve, ses kidnappeurs arrêtés. Marcel Dassault déclare qu'il n'aurait pas survécu à la disparition de son épouse tandis qu'elle même reconnaît avoir compris qu'il ne pouvait vivre comme les autres, qu'il était fait pour l'action et qu'elle devait l'aider.

C'est à travers cet enlèvement qu'est apparu le rôle de Madeleine Dassault, rôle très peu connu. En effet, elle n'apparaît que très rarement dans les activités de son mari; pourtant sa place est essentielle même si, un peu jaloux, son mari aime bien la savoir à la maison.

Elle se plaît à bridger avec des amies et plus encore à jouer du piano. Elle s'occupe de leur intérieur et veille particulièrement sur la santé de son époux :

« Il était très occupé, je le voyais peu et ne me suis jamais mêlée de ce qu'il faisait. Il me parlait cependant de ses problèmes mais pas trop pour ne pas m'inquiéter [10]. »

Pierre de Bénouville souligne l'entente du couple :

« Marcel Dassault disait que sa femme était un être qui porte bonheur, il trouvait auprès d'elle réconfort et chaleur [11]. »

Madeleine Dassault voue une très grande admiration à son mari, elle le considère comme un génie doué d'une très grande intuition. On pénètre peut-être ici dans un jardin secret que Marcel Dassault a emporté avec lui

9. Entretien de Serge Dassault avec l'auteur.
10. Entretien de Madeleine Dassault avec l'auteur.
11. Entretien de Pierre de Bénouville avec l'auteur.

dans l'éternité. Pour Madeleine, les talents exceptionnels de son mari sont un don du ciel :

« Le Bon Dieu l'a fait comme ça[12] *! »*

Discrète et solide, Madeleine Dassault, a certainement joué un rôle ignoré par beaucoup mais reconnu par son fils :

« Pendant les diverses arrestations de mon père pendant la guerre, elle a fait preuve d'une énergie et d'un courage peu communs pour obtenir sa libération. Elle même, arrêtée et internée à Drancy, elle fut admirable.

« Souvent, sans en avoir l'air, il lui demandait conseil. C'est elle qui obtint qu'il ne démolisse pas le Rond-Point pour y construire à la place un immeuble commercial[13]. »

Nicole Dassault apporte des précisions complémentaires :

« Ce qui comptait pour elle, c'était de ne pas embêter son mari, que tout se déroule bien et contribue à créer une ambiance propice à ses occupations. Elle lui a consacré sa vie[14]. »

Les femmes

Marcel Dassault a des idées bien arrêtées sur les femmes. Certains le disent misogyne. En fait, il n'aime pas que les épouses de ses collaborateurs soient un frein à leur disponibilité. Quand c'est le cas, il s'écrie : *« J'aurais dû embaucher des curés ! »*

Il accorde néanmoins une grande importance au rôle des femmes dans ses rubriques de *Jours de France* :

« Les femmes sont aussi intelligentes que les hommes : le fait qu'une jeune fille ait été reçue première à Polytechnique le prouve amplement. »

Il est partisan de les encourager à rester au foyer tout en leur donnant la possibilité de s'instruire et de se distraire. Cela doit constituer pour elles *« un bien autre épanouissement que de rester toute la journée debout devant un tour dans une usine. »*

Marcel Dassault, très vieille France, ajoute :

« Et puis, quel plaisir pour les femmes d'aller chercher paisiblement leurs enfants à l'école, de les ramener à la maison, de leur faire faire leurs devoirs, de leur apprendre leurs leçons, de les préparer pour la nuit, de mettre des fleurs sur la table afin que le mari, quand il revient de son travail, puisse trouver une atmosphère agréable.

« Et quel plaisir aussi de pouvoir faire ses achats sans se presser, de pouvoir choisir, de déceler la meilleure qualité au meilleur prix, toutes choses interdites aux femmes qui travaillent[15]. »

Pour les aider à rester à la maison, il propose, plutôt que de payer des

12. Entretien de Madeleine Dassault avec l'auteur.
13. Entretien de Serge Dassault avec l'auteur.
14. Entretien de Nicole Dassault avec l'auteur.
15. *Jours de France* n° 1 210, 1978.

indemnités de chômage, d'accorder à la femme au foyer un supplément familial égal à 60 % du SMIC pendant trois ans lorsqu'elle a un enfant, pendant trois autres années si elle en a un autre, enfin jusqu'à cinquante-cinq ans si elle a au moins trois enfants. Au-delà de cinquante-cinq ans, elle recevrait 60 % de la retraite du SMIC.

Marcel Dassault qui a une mauvaise vue, n'en est pas moins homme. Lors d'une réception au Rond-Point des Champs-Elysées, une jolie jeune femme, épouse du président d'une grande société aéronautique, est vêtue d'une robe particulièrement transparente. Marcel Dassault discute avec ses collaborateurs quand elle passe devant lui, il la suit du regard et dit :

« *Elle est quand même pas mal*[16] *!* »

Un autre jour, une jolie femme traverse la rue devant sa voiture arrêtée à un feu rouge. Le chauffeur et le garde du corps la suivent du regard. C'est alors que la vitre de séparation se baisse et Marcel Dassault leur dit goguenard :

« *Hé, dites, les gars, c'est devant que ça se passe*[17] *!* »

Henri Déplante qui a connu Marcel Dassault en 1930 se souvient qu'il avait la réputation d'avoir bien vécu :

« *Les frous-frous, il aimait bien car ça lui rappelait sa jeunesse. Il adorait les spectacles du Lido, de l'Alcazar*[18]. »

Marcel Dassault est quelquefois espiègle. Son petit-fils, Olivier, se souvient qu'il aimait le voir en compagnie de ses petites amies :

« *Il me demandait de leurs nouvelles, il voulait savoir comment s'était passée la soirée*[19]*!* »

Sa famille

Marcel et Madeleine Dassault sont très attachés à leur famille. Nicole et Serge Dassault leur ont donné quatre petits-enfants : Olivier, Laurent, Thierry et Marie-Hélène.

Marcel Dassault est un grand-père gâteau qui adore leur acheter des jouets et déjeuner avec eux :

« *Quand nous allions manger chez nos grands-parents, c'était une fête. On avait des gâteaux à volonté, ils nous donnaient un peu d'argent de poche et ne nous faisaient pas de reproches*[20]. »

A travers ses petits-enfants, Marcel Dassault se sent rajeunir et tolère l'agitation qu'ils sèment autour de lui. Cette extrême bienveillance ne facilite pas toujours la tâche des parents. Ainsi pour leur mère :

« *J'ai eu des problèmes dans l'éducation de mes enfants, le comporte-*

16. Entretien de Pierre François avec l'auteur.
17. Entretien de Gustave Parchet avec l'auteur.
18. Entretien d'Henri Déplante avec l'auteur.
19. Entretien d'Olivier Dassault avec l'auteur.
20. Entretien de Thierry Dassault avec l'auteur.

ment de leur grand-père ne facilitait pas les choses car il les laissait tout faire[21]. »

S'il a beaucoup d'affection pour eux, Marcel Dassault ne les embrasse pas car il craint les microbes. Il serre la main de ses petits-enfants, même à Olivier qui a travaillé trois ans avec lui[22].

Pour ses petits-enfants, il est « Coco » :

« *Quand nous étions enfants nous appelions les œufs des " coco ". Mon grand-père aimait en manger, il nous a dit un jour : " Je suis un bon coco ", le surnom lui est resté*[23]. »

Il aime bien passer les fêtes en leur compagnie et offrir des cadeaux, souvent des jouets mécaniques. Il porte aussi beaucoup d'attention aux cérémonies religieuses, baptêmes, communions et mariages.

Lors des repas de famille, il discute peu à table mais aime bien que sa petite-fille lui récite des fables de La Fontaine. Il se distrait aussi avec les couverts :

« *Quand nous allions déjeuner chez lui, le dimanche, il s'amusait souvent à empiler les verres et faire des constructions qui tenaient en équilibre*[24]. »

Quand c'est l'heure de partir et que ses petits-enfants n'en manifestent pas l'intention, il leur dit qu'il doit les quitter « *car c'est l'heure d'aller coucher Madeleine*[25] », leur grand-mère.

Comme il est difficile de lui offrir pour sa fête, son anniversaire ou pour Noël un objet qu'il ne possède pas déjà, ses petits-enfants lui offrent un jouet :

« *Il adorait les jouets en peluche animés. C'est ainsi qu'il a beaucoup apprécié un Babar qui parlait quand on tirait sur une ficelle. Généralement, il jouait cinq minutes puis le jouet rejoignait les précédents dans un placard. Par contre, c'était très pratique quand j'allais jouer chez lui, j'avais le choix*[26] ! »

La vie de tous les jours

Sa vie, bien organisée, est centrée sur sa famille, son travail, sa maison.

Contrairement à ce que supposent beaucoup de ses collaborateurs, Marcel Dassault, sans être un gros dormeur, dort quand même sept à huit heures d'affilée. Il n'est pas insomniaque et ne se lève pas aux aurores.

A sept heures du matin, il prend son petit déjeuner, souvent au lit, c'est un moment d'intimité qu'il apprécie en compagnie de sa femme. En même

21. Entretien de Nicole Dassault avec l'auteur.
22. Voir le chapitre 7 de la IIIe partie.
23. Entretien de Thierry Dassault avec l'auteur.
24. Entretien de Marie-Hélène Habert-Dassault avec l'auteur.
25. Entretien de Thierry Dassault avec l'auteur.
26. Entretien de Marie-Hélène Habert-Dassault avec l'auteur.

temps, il prend connaissance des principaux journaux qu'il lit lui-même car il ne se fie pas à une revue de presse et veut être au courant tout de suite.

L'autre activité matinale de Marcel Dassault, c'est le téléphone dont il fait un usage intensif. Comme il n'aime pas se déplacer, il appelle dès qu'il a besoin d'un renseignement ou pour donner des instructions. Téléphoner à ses collaborateurs à sept heures du matin ne le gêne pas, ceux-ci sont loin d'imaginer qu'il leur téléphone souvent de son lit.

Après sa toilette, il sort de sa chambre toujours très bien habillé, tiré à quatre épingles.

Son chauffeur passe le prendre vers 9 heures pour l'amener à son bureau du Rond-Point des Champs-Elysées.

Il déjeune généralement chez lui ou au Rond-Point s'il a des invités. Comme il n'aime pas rester à table, le repas est toujours servi rapidement. Il retourne au bureau mais rentre quelquefois chez lui, vers 15 heures, quand il est fatigué pour une sieste d'une heure puis retourne au bureau jusqu'à 19 h.

A nouveau chez lui, il va dans sa chambre faire un peu de toilette puis lit un journal ou un magazine et regarde les informations à la télévision.

Après un rapide dîner, il retourne regarder à la télévision les débats politiques et les variétés mais rarement au-delà de 22 heures. Il va ensuite se coucher en compagnie de Madeleine et, auparavant, souhaite une bonne nuit à son personnel.

De caractère égal à l'extérieur, Marcel Dassault est plus naturel quand il est chez lui ou au bureau. Ses collaborateurs savent qu'il y a des moments où il vaut mieux ne pas venir présenter un projet. Quand il est de mauvaise humeur, sa main droite se balance de droite à gauche, son regard s'obscurcit.

A l'extérieur de son domicile, ces mouvements de colère froide sont exceptionnels car il fait toujours attention à son comportement pour qu'on ne puisse pas le critiquer.

Inversement, quand tout va bien, il aime toucher un objet qui peut se trouver sur son bureau ou sur son passage. Il le caresse du bout des doigts, il en épouse la forme.

La tenue vestimentaire

Marcel Dassault est soucieux de sa tenue vestimentaire. Avant de quitter son domicile, il se regarde dans la glace pour rectifier le revers d'un col, une cravate pas droite, un manteau mal boutonné.

Il choisit lui-même ses vêtements, du chapeau aux chaussures. Sa correspondance avec son tailleur, son bottier fourmille de détails. Il affectionne les costumes en tissus anglais légers. Quand il n'est pas obligé de porter un costume sombre, sa couleur préférée est le beige clair.

Ses chaussures doivent lui permettre d'être à l'aise, il n'aime pas les chaussures étroites. Elles doivent comporter une semelle de crêpe ou, si elle est en cuir, être recouverte par un caoutchouc anti-dérapant :

« *Ce qui m'évitera de faire du bruit et de glisser en marchant* [27]. »

Ses chaussettes doivent être bien ajustées afin de ne pas retomber sur les chaussures. Comme il désire la taille 8 1/2, difficile à trouver, il les fait confectionner sur mesure.

L'homme le plus riche de France ?

Interrogé sur ce sujet, Marcel Dassault apporte une réponse très personnelle :

« *Pourquoi l'homme le plus riche de France? Si à une date donnée j'avais eu dans un coffre le montant de ma fortune en dollars ou en francs j'aurais su ce que j'avais. Mais du fait que chaque fois que j'ai gagné de l'argent, notamment grâce à l'exportation, je l'ai immédiatement investi en usines, en machines, en création de prototypes, c'est une marchandise qui ne vaut pas de l'or en barre, mais je m'en console facilement car si j'aime l'argent, c'est pour créer et non pas pour en profiter.*

« *J'ai vécu quelques mois à Buchenwald dans la plus grande misère et le plus grand dénuement. Donc on ne peut pas dire que je ne vis que dans l'opulence, la bonne cuisine et les coussins de satin gonflés au duvet d'oison* [28]. »

Il dit ne pas aimer l'argent pour l'argent mais pour le pouvoir et les facilités qu'il peut procurer. Sa grande fierté, c'est que ses créations aient permis de donner du travail. S'il avait aimé l'argent il n'aurait pas investi dans l'aéronautique où le bénéfice avant impôts est rarement supérieur à 3 % du chiffre d'affaires. N'importe quel placement bancaire rapporte au moins le double sans entraîner autant de soucis de gestion et de tels risques. De plus, les placements financiers sont discrets alors que la construction aéronautique, secteur prestigieux et souvent d'actualité, est toujours en première ligne.

En France, le nom de Dassault est souvent accolé de façon péjorative à celui de milliardaire, de profit, de réussite, de combine. Interrogé sur son sentiment devant cette association d'idées, il déclare avec un certain fatalisme :

« *Je crois que c'est plutôt un état d'esprit français auquel il n'y a rien à faire. Quand en Amérique quelqu'un réussit des affaires on l'admire. Quand quelqu'un réussit en France, on dit "Quel mauvais coup a-t-il fait?" Je sais que ce n'est pas la faute du gouvernement et qu'aucun gouvernement ne changera rien* [29]. »

---

27. Lettre du 9 juillet 1985, archives Dassault.
28. Archives Dassault.
29. « Grand Jury », RTL-*Le Monde*, 23 mai 1982.

La feuille d'impôt de Marcel Dassault

Les Français, qui restent toujours très discrets sur leurs revenus et sur leurs impôts, sont souvent très attentifs à ceux de leurs voisins. Marcel Dassault n'a pas échappé à cette curiosité.

Sa fortune n'a pas manqué d'attirer l'attention de la presse. Le 19 septembre 1979, *Le Canard enchaîné* publie sa feuille d'impôts dont le montant a été caché car la loi interdit de le mentionner. Le jour même, Marcel Dassault est interviewé sur France Inter. Quand le journaliste regrette que le montant d'impôts ait été rayé, il précise immédiatement :

« Je paye plus d'un milliard de centimes d'impôts[30] *! »*

Etonné, le journaliste lui demande s'il est le premier contribuable de France :

« Je n'en sais rien car je n'ai pas été consulter les feuilles d'impôts des autres contribuables. Mais ce que je peux vous dire c'est que si j'ai un revenu de 20 millions de nouveaux francs, c'est-à-dire deux milliards de centimes, et si je paye plus d'un milliard de centimes d'impôts c'est parce que depuis 70 ans j'ai beaucoup travaillé et que j'ai eu beaucoup de chance.

« Alors, je ne suis pas du tout contrit que Le Canard enchaîné *le fasse savoir au public parce que c'est plutôt un point d'honneur d'être le contribuable non pas qui paye le plus d'impôts, parce que je ne sais pas ce que payent les autres, mais qui en paye évidemment pas mal. »*

Le dialogue est relancé par la question : *« Que fait-on lorsqu'on a autant d'argent ? »* La réponse fuse :

« Je donne énormément aux œuvres. »

Il précise, par exemple, qu'il donne trois millions de centimes chaque année au Secours catholique, qu'il aide aussi les communes du département de l'Oise. Il rappelle également que, dans ses sociétés, les ouvriers gagnent beaucoup plus que le salaire minimum légal.

Marcel Dassault est-il gêné de gagner nettement plus que la moyenne des salaires ? Sa réponse est claire :

« Eh bien, cela ne me fait aucun effet parce qu'il est bien évident que pour gagner de l'argent il faut prendre des risques alors qu'un ouvrier ou un fonctionnaire qui est payé tant par mois quand il a fini son travail à six heures du soir, eh bien, il s'en va rigoler avec les amis et il va jouer au billard, tandis qu'un petit industriel, un petit commerçant, comme un épicier, ou même un industriel plus important comme je l'ai été, il a des risques et des responsabilités. [...]

« Quelqu'un qui monte une industrie, s'il fait faillite, il n'a plus rien, et il est déshonoré en plus. »

Il ajoute qu'il a quand même profité de la vie mais qu'il a surtout travaillé :

« Et c'est travailler qui m'a amusé ! »

Puis il revient sur sa fortune :

30. France Inter, 19 septembre 1979.

« Je vous dirai que je ne tiens pas tellement à l'argent puisqu'en tant que doyen d'âge et président de l'Assemblée nationale le jour de l'ouverture de la session, j'ai moi-même proposé qu'on fasse un impôt de solidarité sur la fortune pour pouvoir construire des usines en Lorraine et dans le Nord pour redonner du travail aux ouvriers.

« Je dirai aussi que dans les usines que j'ai créées il y a aujourd'hui 18 000 emplois, eh bien, si par un coup de baguette magique, il y avait en France cent Marcel Dassault, il n'y aurait plus de chômage. Alors, cela vaut bien un petit revenu [31]. *»*

S'il a gagné beaucoup d'argent, il en a aussi beaucoup dépensé pour satisfaire ses goûts mais également pour répondre à de très nombreux solliciteurs.

Sa générosité

Sa générosité est proverbiale. L'examen de sa correspondance montre qu'il est difficile d'imaginer jusqu'où il l'a poussée. Elle est remplie de centaines de réponses favorables à des sollicitations constantes de parents, d'amis, de collaborateurs, d'écoles militaires, de bases aériennes, d'associations de bienfaisance, d'anciens camarades déportés, d'électeurs potentiels, d'hommes politiques. Les sommes offertes sont parfois très importantes.

Dans quelques rares cas, c'est un refus mais sans qu'il soit possible de donner une explication car le don, chez Marcel Dassault, repose sur des critères irrationnels, subjectifs.

Marcel Dassault agit par générosité et par calcul. Cela répond à la fois à un sentiment naturel de gentillesse et de pur calcul. De toute façon, dans tous les cas, il fait plaisir.

S'il sait se montrer généreux, il n'est cependant pas dupe : un des classeurs de sa correspondance est significativement intitulé *« Tapeurs »*.

C'est ainsi, par exemple, qu'une importante école militaire reçoit, pour sa manifestation de prestige annuelle, un chèque légèrement inférieur à la somme reçue habituellement. L'officier général, commandant l'école, s'en étonne, par lettre, auprès de Marcel Dassault. Ce dernier se contente d'accuser réception et joint un chèque de complément sans aucun commentaire.

Dans un autre domaine, tous les mois, un de ses parents lui adresse un courrier pour lui demander de l'argent. Il répond toujours favorablement et agrémente quelquefois ses réponses de remarques :

« Enfin, puisque tu y tiens tant, je suis d'accord mais je te conseille de faire des économies pour t'y habituer le jour où tu ne pourras pas faire autrement [32]. *»*

---

31. France Inter, 19 septembre 1979.
32. Lettre du 28 octobre 1985, archives Dassault.

Dire que Marcel Dassault sait être généreux sans aucun calcul est aussi la vérité. Un exemple extrait de sa correspondance en témoigne. En 1980, un de ses employés souhaite pouvoir disposer immédiatement de l'intéressement aux bénéfices que la loi interdit de toucher avant cinq ans. Marcel Dassault lui répond :

« Un vieil adage français dit : Donner et retenir ne vaut.

« C'est la raison pour laquelle je me suis toujours opposé à ce que l'intéressement du personnel soit bloqué pendant cinq ans, ce qui fait qu'avec la dévaluation il perd la moitié de son pouvoir d'achat.

«Aussi, c'est bien volontiers que je vous avance votre intéressement. Vous me le rembourserez au fur et à mesure de vos disponibilités [33]. »

Trouvant d'ailleurs particulièrement injustes les mesures qui bloquent pendant plusieurs années les participations au capital des entreprises que touchent leurs personnels, il en fait un article de deux pages dans *Jours de France* :

« S'il est vrai que des générations et des générations d'actionnaires se sont succédées pour fournir aux entreprises les capitaux qui leur étaient nécessaires, des générations et des générations d'ouvriers ont œuvré pour la prospérité de ces entreprises.

« Il ne s'agit donc pas d'un cadeau mais du remboursement d'une dette [34]. »

Les pourboires

Marcel Dassault aime être bien servi. Il a des exigences particulières mais sait toujours rétribuer les services qu'on lui rend et la disponibilité que l'on montre à son égard. De plus, il semble bien qu'il désire éviter d'être pris pour quelqu'un *« près de ses sous »*. Pour faciliter les relations, il distribue de généreux pourboires.

En vacances, quand il quitte l'hôtel où il réside pour monter dans sa voiture, il donne chaque fois un billet. Il déclare un jour au portier qui se précipite :

« Voilà 500 francs mais comme je vais revenir plusieurs fois ce n'est pas la peine de me courir après [35] *! »*

Un autre jour, il veut donner un pourboire au portier qui lui a ouvert la porte de sa voiture mais n'arrive pas à trouver un billet. Après avoir cherché dans plusieurs poches [36], il en trouve un et le donne. Dans la voiture, il dit à son chauffeur :

33. Archives Dassault.
34. *Jours de France* n° 1 344, 4 octobre 1980.
35. Entretien de Gustave Parchet avec l'auteur.
36. Marcel Dassault a une poche pour les billets de 500 francs et une autre pour les billets de 100 francs.

« J'ai eu plus de mal à chercher mon billet que lui à refermer la portière [37] ! »

A la fin de son séjour à l'hôtel, il ne manque jamais de remercier le personnel :

« Quand on partait de l'hôtel à Gstaadt, à six heures du matin, il y avait au moins une trentaine de membres du personnel pour le saluer et recevoir des pourboires. Il sortait une liasse et distribuait jusqu'à ce qu'il n'en ait plus. Le directeur de l'hôtel ne savait plus où se mettre devant l'attitude de ses employés qui se précipitaient.

« Il faisait ça pour son image de marque. Il avait compris que pour avoir une bonne image de marque, il fallait donner de petites sommes mais souvent et à beaucoup de gens [38]. »

Comme il téléphone beaucoup, la demoiselle du standard est particulièrement choyée. Le personnel des cuisines, quant à lui, reçoit régulièrement sa visite accompagnée de ses habituelles gratifications ce qui lui permet, en même temps, d'inspecter l'hygiène des lieux.

Marcel Dassault veut récompenser et encourager ceux qui lui rendent service et lui facilitent la vie :

« Pour être juste, il faut savoir être humain [39]. »

Quand il offre un cadeau, ce n'est pas que pour obtenir un service, c'est aussi pour rétribuer ce service :

« Il avait horreur de la gratuité, il estimait qu'on n'avait pas à travailler à l'œil. S'il donnait des pourboires généreux ou des enveloppes à ses collaborateurs, c'était pour les remercier de leur fidélité et surtout de leur disponibilité. Bien entendu, en même temps il se les attachait encore plus [40]. »

Son personnel a toujours précisé qu'il le récompensait avec tact et discrétion. Quand il y a eu des décès parmi ses pilotes, Marcel Dassault a veillé immédiatement à assurer l'avenir de leurs familles, en particulier l'éducation des enfants, par un don placé dans un secteur sûr. Il a demandé aux personnes chargées de ces opérations de garder le silence.

Marcel Dassault sait être aimable avec ceux qui le servent correctement ou ceux qu'il veut séduire. Les cadres de ses entreprises sont habitués à ses actes de générosité. Par contre, il fait preuve d'une grande dureté avec ceux qui ne conviennent pas. Michel Debré a pu le constater :

« Un jour que je lui parlais d'un général dont je rapportais les propos, il m'a dit : " Ce général, c'est un de mes employés, je puis le renvoyer du jour au lendemain ! " Son ton était tel que j'en ai eu froid dans le dos [41]. »

Marcel Dassault sait jouer habilement de sa puissance. Cela lui permet d'arriver plus rapidement à ses fins, à la réalisation de cette œuvre qu'il s'est

---

37. Entretien de Gustave Parchet avec l'auteur.
38. *Ibid.*
39. Propos de Marcel Dassault rapportés par Guy Forgeau à l'auteur.
40. Entretien de Tigrane Hékimian avec l'auteur.
41. Entretien de Michel Debré avec l'auteur.

assignée. En même temps, cette générosité contribue à créer le personnage qu'il veut être :

« En distribuant mon argent, je m'amuse[42] *! »*

Alors qu'en penser, Marcel Dassault, généreux ou calculateur? Les avis diffèrent :

« Je crois que Marcel Dassault devait son immense fortune à une certitude aussi profondément ancrée en lui que sa foi catholique : tout est à vendre, y compris les hommes. La parabole de Judas est, à ses yeux, la plus instructive de l'Evangile.

« L'originalité de Marcel Dassault était qu'il ne méprisait pas ceux qu'il achetait. L'argent est fait pour ça. Parce que l'argent est ce qui fait courir le monde. Marcel Dassault s'est offert le suprême luxe : un certain détachement[43]*. »*

Pour le père Michel Riquet :

« Il avait un sens extraordinaire des affaires mais ce n'était pas un homme de bas calculs, il était très généreux et volontiers bienfaisant[44]*. »*

Une explication complémentaire est apportée par Guy Forgeau sur l'attitude de Marcel Dassault face à l'argent :

« Il m'a dit un jour, parlant de ses largesses : "Avec elles, j'entre vivant dans la légende[45] *!" »*

L'ÂGE

Marcel Dassault dit ne pas être préoccupé par son âge :

« Pour ce qui est de mon âge, je n'y ai jamais attaché beaucoup d'importance. Cependant, un jour, le 22 janvier 1922, je me trouvais dans un hôtel où il fallait remplir une fiche d'identité. J'ai donc rempli la fiche et, sous naissance, j'ai mis 22 janvier 1892. Je me suis dit : " Tiens, j'ai trente ans aujourd'hui. "

« Trente ans, ça m'a frappé parce que quand on n'a plus vingt ans, on n'est plus absolument un jeune homme, on est un homme avec toutes sortes de responsabilités.

« Alors trente ans, bon, tant pis. Alors quarante, cinquante, soixante ans, etc. ça passe sans incidents. Il n'y a qu'un anniversaire qui m'a fait plaisir, c'est celui de mes quatre-vingts ans, parce que dans quatre-vingts ans, il y a quatre fois vingt ans. Cela m'a rappelé mes vingt ans. Mais à part cela, je n'y attache aucune importance[46]*. »*

Ces propos, qu'il tient devant des journalistes, cachent la réalité. En fait, il n'aime pas que l'on fasse référence à son âge surtout quand cela peut signifier qu'il se rapproche d'une inévitable échéance. Il se sait mortel, même s'il ne veut pas en parler, et a fait construire son caveau de son vivant.

---

42. Propos de Marcel Dassault tenus à Guy Forgeau.
43. Michel Clerc, *Le Figaro Magazine*, 26 avril 1986.
44. Entretien du père Riquet avec l'auteur.
45. Entretien de Guy Forgeau avec l'auteur.
46. Marcel Dassault sur Europe 1, 8 avril 1982.

De toute façon, il se persuade de sa jeunesse, il y croit et apparaît ainsi à son entourage :

« Ce que je trouvais extraordinaire chez mon grand-père, c'était sa jeunesse d'esprit. Je l'ai pourtant connu âgé mais cela n'était pas visible comme si le temps n'avait pas de prise sur lui[47]. »

Sa secrétaire a pu faire les mêmes constatations :

« Il reçoit un jour une lettre d'une personne qui indique son âge : quatre-vingt-cinq ans. Il me dit : " Qu'est-ce qu'il veut ce vieux crabe? "

« S'apercevant de ma surprise – il a alors lui-même quatre-vingt-douze ans – il se met à rire[48]. »

Marcel Dassault est persuadé qu'il sera centenaire :

« Lors de son quatre-vingt-quatorzième anniversaire, en janvier 1986, trois mois avant sa mort, je l'ai félicité. Il m'a répondu irrité : " Vous me féliciterez quand je serai centenaire[49] *! "* »

Il a encore déclaré, un mois avant son décès :

« Quatre-vingt-quatorze ans, c'est bien. Cent ans, c'est mieux ! »

Puis, après un temps d'arrêt, a prononcé cette phrase qui résume bien la grande motivation de sa vie :

« Les avions sont comme l'âme, ils ont des ailes et prolongent la vie. Les miens voleront encore quand je ne serai plus là[50]. »

Finalement, il vit tellement dans l'action qu'elle l'absorbe entièrement au point qu'il n'a pas le temps de s'interroger sur sa fin. De toute façon, il pense plus au travail qu'à la mort.

Son secrétariat

Dans son immeuble du Rond-Point des Champs-Elysées, Marcel Dassault a fait aménager deux bureaux au deuxième étage. Un premier sur la façade et un deuxième, côté jardin, qu'il utilise l'hiver car il bénéficie d'un meilleur ensoleillement.

Sa table de travail n'est jamais encombrée. Elle est décorée d'une petite boîte argentée recouverte d'un trèfle à quatre feuille, elle contient un petit fer à cheval. A côté figurent des petits éléphants en ivoire ou en jade qui, pour Marcel Dassault, sont des porte-bonheur. Le sous main et les accessoires de bureau, en cuir, sont illustrés d'un petit dessin gravé représentant un Mirage G.

A côté, sur une petite table, sont disposés plusieurs téléphones dont certains sont des lignes directes. On y trouve également un petit poste de radio

47. Entretien de Marie-Hélène Habert-Dassault avec l'auteur.
48. Entretien de Jeanine Grandin avec l'auteur.
49. Entretien de Tigrane Hékimian avec l'auteur.
50. *Le Figaro*, 23 avril 1986.

portatif jaune et un cadre contenant trois trèfles séchés, un à quatre feuilles, un à cinq feuilles et une espèce rare à sept feuilles.

Au même étage se trouve le bureau de sa secrétaire. Marcel Dassault n'a jamais disposé d'un important secrétariat. De 1947 à 1986, une seule secrétaire s'occupe de tout son courrier professionnel et politique, une autre plus spécialement de *Jours de France* et du cinéma.

Il lit régulièrement son courrier et, contrairement à ce qui a été raconté, il écrit beaucoup car il a l'habitude de confirmer par une courte missive ce qu'il a dit. Il s'attache aussi à répondre à tous ceux qui lui écrivent :

« Comme il est très méticuleux, il dicte quatre ou cinq fois une lettre avant d'adopter la tournure définitive. Heureusement, Jeanine travaille avec lui depuis bientôt quarante ans et ne s'en effraie plus[51]. »

Marcel Dassault dicte son courrier sans faire de brouillon dans un style souvent télégraphique, allant directement à l'essentiel et modifiant sans cesse ses termes :

« Les lettres internes étaient rédigées comme du courrier militaire sans introduction ni conclusion, sans formule de politesse. Quelquefois, c'était différent mais uniquement quand il voulait marquer sa satisfaction[52]. »

Comme il a ses habitudes, il n'aime pas les modifier :

« Il aimait bien les caractères Direction *d'une machine à écrire IBM. Comme il n'a jamais voulu en changer, j'avais la plus vieille machine de la maison.* »

Marcel Dassault travaille en étroite collaboration avec sa secrétaire mais se livre peu :

« Je n'ai jamais eu de conversation personnelle avec lui. Il ne m'a jamais parlé du passé. Ce qui l'intéressait, c'était d'abord les avions et après Jours de France.

« Je n'allais jamais de moi-même dans son bureau où il ne fallait pas fumer. Il me sonnait quand il avait besoin de moi. Quand j'arrivais, il me disait souvent : "Alors, qu'est-ce qu'il y a de neuf dans vos rayons[53] *?* " »

S'il écrit beaucoup, il téléphone encore plus : *« Cela me fait gagner du temps. »* En effet, il n'aime pas que les choses traînent. Comme il travaille vite, ses collaborateurs doivent suivre son rythme et ne pas être malades :

« Je n'ai été malade qu'une seule fois en quarante ans de travail avec lui. Il a téléphoné chez moi pour avoir de mes nouvelles et savoir si j'avais pris des médicaments. Comme ce n'était pas encore le cas, il m'en a fait porter par son chauffeur[54] *! »*

Quarante ans avec une telle personnalité, cela laisse une empreinte :

« Il n'était pas parfait, il était quelquefois imprévisible et tyrannique,

51. Entretien d'Olivier Dassault avec l'auteur.
52. Entretien de Jeanine Grandin avec l'auteur.
53. *Ibid.*
54. *Ibid.*

mais je n'aurais pas été travailler ailleurs même si je me disais souvent que je n'allais pas rester. Finalement, je suis restée quarante ans. Il a marqué ma vie[55]. »

Marcel Dassault travaille beaucoup mais sait aussi se ménager et prendre des vacances.

LES VACANCES

Il a l'habitude de prendre un mois et demi de vacances par an dont quinze jours à Pâques mais, avec l'âge, il en prend de moins en moins.

Quand il part, généralement en voiture, il utilise deux véhicules. Un pour sa femme et lui, un autre pour transporter les bagages mais aussi au cas où le premier aurait une panne.

Il emporte de nombreux bagages, une quinzaine de valises et n'oublie pas ses médicaments qui, à eux seuls, en remplissent une.

Généralement, pendant ses vacances, il s'ennuie. Il préférerait travailler mais comme il cherche quand même à se ménager, il se force à prendre du repos.

Il respecte néanmoins les vacances de ses collaborateurs et, sauf à de très rares exceptions, ne les fait pas rappeler : « *Tout le monde a besoin de se reposer* », dit-il à ses directeurs[56]. Par contre, il n'hésite pas à leur téléphoner dès qu'il a besoin d'un renseignement.

Pendant ses vacances, il fait un peu de marche à pied en compagnie de son chauffeur ou d'un visiteur de passage mais continue surtout à se tenir au courant de ses affaires.

LES VOITURES

Marcel Dassault a toujours été passionné par l'automobile et aime souvent en changer. Ses voitures préférées sont les américaines, les Cadillac en particulier, parce qu'elles sont confortables, spacieuses et surtout solides. Il y a finalement renoncé parce qu'il fallait trop longtemps pour les faire réparer : son premier chauffeur, peu habitué aux modèles de grande taille, avait fréquemment des accrochages.

Ses préférences vont ensuite essentiellement aux Rolls Royce, Rover et Mercedes. Pour cette dernière marque, son choix est un peu orienté : « *Mercedes m'a acheté deux Falcon, je peux bien leur fait plaisir en roulant dans leur voiture*[57] ! »

Marcel Dassault, qui ne parle pas l'anglais, rencontre quelques difficultés

55. Entretien de Jeanine Grandin avec l'auteur.
56. Entretien de Pierre François avec l'auteur.
57. Entretien de Gustave Parchet avec l'auteur.

avec la traduction du mode d'emploi de la climatisation de ses voitures étrangères :

« Vous pouvez m'envoyer un vendeur pour me faire signer le bon de commande. Qu'il apporte en même temps la notice et la traduction et qu'il m'explique lui même s'il a compris [58]. »

Comme il redoute les courants d'air, il roule vitres fermées. Il aime que la température soit comprise entre 28 et 30 degrés quelle que soit la saison.

A son immeuble du Rond-Point des Champs-Elysées, une prise a été installée, à côté du perron, pour maintenir la température intérieure de la voiture, grâce à un radiateur électrique, lorsque le moteur est arrêté.

Pour éviter les courants d'air en voiture et afin que son chauffeur et son garde du corps, installés à l'avant, puissent ouvrir leurs fenêtres, il a fait installer une vitre de séparation. En même temps, cela lui permet de discuter avec un passager sans être entendu.

Toutes ses voitures sont équipées d'un radiotéléphone. Marcel Dassault n'aime pas être contacté dans sa voiture, il ne s'en sert que pour appeler puis coupe le contact.

Quand il se déplace sur de longues distances, il veut que son chauffeur fasse réviser la voiture :

« Une fois, je lui ai fait observer que c'était inutile, il m'a répondu : " Pourquoi, c'est vous qui payez ? Et puis, pouvez-vous me garantir qu'elle ne tombera pas en panne [59] *? " »*

Marcel Dassault aime la vitesse, il n'a pas peur. Il se renseigne systématiquement sur le temps mis pour le trajet et demande souvent : *« Est-ce qu'on peut aller plus vite ? »*

Quand son chauffeur lui fait remarquer qu'il risque d'être ballotté dans les virages, il répond : « *Qu'est ce que vous croyez, je me tiens* [60] *!* »

En roulant, il discute souvent voitures avec son chauffeur. Leur conversation est interrompue, chaque heure, lors des informations à la radio car il se tient régulièrement au courant de l'actualité. La conversation reprend dès la fin des informations :

« Il me demandait la marque des voitures qu'il ne connaissait pas et commentait les formes. Il m'a dit un jour, en regardant une Renault 5 : " Pourquoi font-ils ce noir en bas de la caisse, ces deux teintes, ça coupe la ligne, ça surbaisse ? Pourquoi ne pas tout peindre de la même couleur ? "

« Il m'a raconté, plus tard, qu'il avait écrit à Georges Besse, le président directeur général de Renault, pour lui commander trois R 5 mais à condition qu'il les peigne entièrement de la même couleur, ce qui a été fait. Depuis, d'ailleurs, toutes les R 5 GTI ont été comme ça [61]. »

Son chauffeur souligne que Marcel Dassault était très courtois, très aimable. Ses instructions, souvent écrites, sont toujours claires et polies :

58. Marcel Dassault, lettre du 25 mai 1970, archives Dassault.
59. Entretien de Gustave Parchet avec l'auteur.
60. *Ibid*
61. *Ibid.*

« Mon cher Gustave,

« Vous allez à tel endroit faire telle et telle chose ...

« Veuillez agréer ... »

Une autre fois, il écrit à l'hôtel où il se rend pour ses vacances afin de réserver des chambres pour ses amis et lui. A la fin de la lettre, il ajoute : *« Vous voudrez bien considérer Gustave, qui est aussi mon ami, comme un client à part entière.*

« Il m'a montré la lettre et, devant mon étonnement, m'a dit : " C'est pour qu'on vous traite bien[62] *! " »*

Sa curiosité automobile est insatiable, un de ses invités se souvient :

« Tout l'intéressait. Un jour, j'avais déjeuné avec lui à Coignières. Il se préparait à rentrer à Paris en même temps que moi; son chauffeur lui ouvrait déjà la portière quand il s'est approché de ma voiture, une Renault 30 de série, modèle bien classique mais très récemment sorti. Il a voulu rentrer avec moi et tout savoir de cet engin nouveau[63]. »

Grand amateur de voitures, Marcel Dassault sait aussi, à l'occasion, prendre l'avion.

En avion

S'il est méthodique pour organiser un voyage en voiture, il en va de même pour ses déplacements en avion.

On a souvent raconté qu'il avait horreur de prendre l'avion ou même qu'il ne l'avait jamais pris. C'est faux.

Lorsqu'en 1976, *Le Figaro* donne cette information, Marcel Dassault écrit à Robert Hersant :

« J'ai fait plus de cent vols comme ingénieur d'essais sur des Farman, des Caudron et des Spad. J'ai volé une cinquantaine de fois sur Mystère 20 qui m'ont été fournis par Europe Falcon Service, mon agence de location d'avions.

« J'ai continué mes vols jusqu'au jour où mon médecin m'a interdit de monter en avion, aussi bien dans un avion Dassault que dans un autre[64]. »

Son pilote se souvient comment se préparait le vol :

« Marcel Dassault me demandait de faire réviser son Falcon deux ou trois jours avant et me priait de lui téléphoner personnellement la veille pour lui dire que cela avait été fait.

« Le chauffeur l'amenait et le reprenait au pied de l'avion, il était d'ailleurs toujours avec sa femme.

« L'hôtesse, qui devait convenir aux deux, devait veiller à ce qu'il y ait toujours à bord :

– une couverture pour Monsieur,

– des bonbons anglais acidulés pour Madame,

---

62. Entretien de Gustave Parchet avec l'auteur.
63. Alain Poiré, *200 films au soleil*, Ramsay, 1988, page 357.
64. Lettre du 9 septembre 1976, archives Dassault.

– du champagne rosé.

« Quant à moi, je devais veiller au bon équilibrage de la pression qui devait rester faible dans la cabine car Marcel Dassault avait des faiblesses d'oreille et ne voulait pas prendre de risques. C'est la raison pour laquelle il évitait de prendre l'avion[65]. »

Marcel Dassault a des problèmes d'oreille à la suite d'une otite contractée durant son enfance. Son père ayant alors refusé qu'on lui perce le tympan, opération classique dans ce cas, il en a gardé des séquelles et supporte mal les différences de pression.

Soucieux de sa santé, il y accorde une grande importance.

La santé

Il a horreur de la maladie et des microbes et ne veut prendre aucun risque. Alors que sa société d'électronique vend des matériels médicaux, il répugne à accompagner le directeur général dans ses visites :

« Marcel Dassault ne m'accompagnait que très rarement dans les hôpitaux, il avait peur d'être malade. Par contre, il a toujours été très généreux dans la fourniture de matériels médicaux[66]. »

Sa secrétaire se souvient de son aversion pour les microbes :

« Une fois, j'ai éternué dans son bureau, je ne l'ai plus vu de la journée[67] *!* »

Il se fait soigner et régulièrement examiner pour être sûr que rien n'est en train d'évoluer défavorablement :

« C'était un des rares malades pour qui je me déplaçais. Il me faisait prendre en voiture.

« Il était très facile, très confiant et en même temps méfiant. Quand je n'ai plus exercé, il a choisi entre deux de mes élèves mais il me faisait toujours parvenir l'ordonnance avant de l'exécuter. Comme il connaissait les examens que je lui faisais faire, il savait aussi les médicaments qu'il fallait prendre[68]. »

Sa peur de la maladie lui fait prendre tellement de précaution qu'il résiste à tout et termine sa vie à quatre-vingt-quatorze ans alors qu'il a toujours été décrit comme étant de faible constitution :

« Il a eu des problèmes de santé importants mais avait une résistance incroyable. Avec tous les médicaments qu'il prenait de lui-même il aurait dû s'intoxiquer !

« Son aspect maladif, c'était une apparence, une façon de se protéger. Il pensait que s'il enlevait son chapeau il allait s'enrhumer, il le gardait même quand il venait chez moi, c'était souvent psychosomatique[69]. »

---

65. Entretien de Jérôme Résal avec l'auteur.
66. Entretien de Bertrand Daugny avec l'auteur.
67. Entretien de Jeanine Grandin avec l'auteur.
68. Entretien de Paul Milliez avec l'auteur.
69. *Ibid.*

La silhouette de Marcel Dassault est célèbre. Régulièrement vêtu d'un manteau, il porte également chapeau et écharpe. En effet, souffrant d'hypothermie, la température de son corps est de 36,5 degrés. Il a froid en permanence et a besoin de se couvrir.

Pendant un Salon du Bourget particulièrement chaud, l'air conditionné d'un hall de présentation tombe en panne. Les installateurs sont désespérés de la chaleur ambiante. Ils ont la surprise de voir Marcel Dassault se rendre auprès d'eux pour les féliciter, leur disant : *« C'était très bien, je n'ai rien senti* [70] *! »*

Avec l'âge, Marcel Dassault entend mal, il porte des lunettes équipées d'un système auditif, ce qui lui fait dire :

« J'ai des lunettes pour voir et d'autres pour entendre ! »

Il en possède plusieurs paires qu'il fait constamment adapter et améliorer par les meilleurs spécialistes à qui il demande de faire léger ce qui pose des problèmes car sa vue nécessite des verres épais donc relativement lourds.

La nourriture

Il mène une vie sobre. Il ne fume pas, boit très peu [71] mais a cependant un petit défaut : il est gourmand. Seulement, étant ou se croyant malade, il surveille sa nourriture et ne mange pas n'importe quoi.

Tous ses collaborateurs connaissent son plat habituel, des nouilles à l'eau, sans sel. Interrogé, le professeur Paul Milliez précise :

« Ce n'était pas une prescription médicale. Je lui aurais conseillé de manger de la viande, du lait. »

Son chauffeur explique :

« Il m'a dit qu'il mangeait des pâtes au début du repas parce que ça plâtrait l'estomac et qu'après il pouvait mieux manger le reste. Peut-être a t-il appris cela de son père qui était médecin [72]. *»*

Avec une telle conception des repas, Marcel Dassault ne peut pas se livrer à beaucoup d'écarts :

« Il avait horreur des cocktails mais surveillait si les petits fours étaient conformes à ses souhaits. Dans ce domaine, il avait des goûts classiques, il n'aimait pas les mets exotiques [73]. *»*

Finalement, selon ses proches, il aime le saucisson, le gigot, le filet de bœuf, le poulet avec des haricots verts, les carottes, les pommes de terre et les fruits.

Il fait quand même de temps en temps des entorses à son régime, surtout quand sa femme ou Pierre de Bénouville ne sont pas là pour le surveiller :

« J'étais à Genève avec Marcel Dassault et Vallières quand, lors d'un repas, au lieu de commander ses plats habituels, il demande un bœuf strogonoff.

70. Entretien de Tigrane Hékimian avec l'auteur.
71. Il aime bien le champagne rosé.
72. Entretien de Gustave Parchet avec l'auteur.
73. Entretien de Jeanine Grandin avec l'auteur.

« Le soir nous retrouvons son épouse à dîner. Le maître d'hôtel, croyant être aimable, lui demande comment il a trouvé le bœuf.
« Vallières et moi, nous nous serions cachés sous la table si nous avions pu. Qu'est ce qu'on s'est fait engueuler par sa femme de l'avoir laissé faire[74] *! »*

André Frossard, qui déjeune de temps à autre avec son ancien compagnon de prison à Montluc, a raconté l'un de ces repas. Il a, par la même occasion, décrit les relations entre Marcel Dassault et Pierre de Bénouville :

« Le menu à la main, il s'amuse à scandaliser le fidèle général de Bénouville qui est à la fois son mentor, son chapelain, son Joinville, son Bonneval, son petit frère, sa nurse et sa tour de contrôle, en affectant de choisir des plats aussi éloignés que possible de l'idée que le général se fait d'un ordinaire sainement composé.
« – Un civet? Un bon vieux confit d'oie à l'armagnac?
« Le fidèle Bénouville se récrie :
« – Vous n'étiez pas bien hier soir! Des nouilles! De la purée!
« Petit gloussement derrière la carte :
« – Rognons madère?
« Les liaisons fonctionnent à merveille. Lorsque l'avionneur décrit dans les airs des paraboles un peu trop excentriques, un clignotement de la tour de contrôle le ramène au terrain. Tout à l'heure, quand il sera question de religion, le rappel se fera par onde courte, sur fréquence particulière.
« Finalement, le menu sera léger et ne ralentira pas notre exploration d'un passé d'ailleurs raconté tout au long dans Le Talisman *par mon invité*[75]*. »*

Cette intimité, décrite par André Frossard, met à jour un élément important de la vie de Marcel Dassault : le cercle restreint des intimes.

Les intimes

Marcel Dassault a toujours été entouré par des hommes sûrs qu'il a placés à des postes clés. Germain Bloch, Auguste Le Révérend ont joué un grand rôle avant et après la guerre. Les activités se diversifiant, d'autres personnalités sont apparues : Benno Claude Vallières pour la direction des avions, Henri Déplante et Jean Cabrière pour la partie technique, Pierre Gallois pour les relations avec les militaires, Albin Chalandon puis Jean-Marc Vernes pour la banque, le sénateur Jean Natali pour les relations avec l'Oise, les députés Edouard Corniglion-Molinier et Pierre de Bénouville pour la politique générale et la presse.

---

74. Entretien de Pierre François avec l'auteur.
75. André Frossard, *Le Figaro Magazine*, 24 février 1979.

Depuis 1945, Edouard Corniglion-Molinier, jusqu'à sa mort en 1964, et Pierre de Bénouville ont tenu une place importante auprès de Marcel Dassault car ce sont des hommes publics. Ils sont souvent vus en sa compagnie.

Ce ne sont pas que des collaborateurs, ce sont des intimes, des confidents. Ils ont accès en permanence à son bureau, ils peuvent le rencontrer, lui parler chaque fois que cela leur paraît nécessaire. Marcel Dassault les consulte pour les affaires délicates et leur confie des missions importantes. Ils sont ses *missi dominici.*

En même temps, ils servent d'interface entre les milieux officiels et Marcel Dassault qui répugne à « monter au créneau ». Ils disposent d'un important carnet d'adresses qui leur permet d'intervenir dans tous les centres de décision : politique, économique, industriel, militaire.

Ils constituent également un fusible qui le protège en cas de difficulté majeure. Il a compris qu'il lui fallait se cantonner dans le rôle du sage, dans celui du très grand patron que l'on voit rarement et qui parle peu. Quand il parle ou se montre, ce doit être un événement.

Comme ces collaborateurs sont brillants, ont de la facétie, de la fantaisie, du charme, une grande culture, il est heureux en leur compagnie. Ils sont également son poisson pilote dans la politique, dans les relations avec les médias et le guident dans la distribution des subventions.

On a souvent attribué à ces collaborateurs le rôle d'éminence grise. Ils ne répugnent pas à être perçus ainsi, cela contribue à leur puissance.

Il n'est pas certain que Marcel Dassault ait toujours considéré la chose ainsi : *« Il s'illusionne s'il pense être une éminence grise »*, a-t-il déclaré un jour parlant de l'un d'entre eux [76].

LA SUPERSTITION

Même s'il prétend ne pas être superstitieux, il accorde beaucoup d'importance à son talisman, le trèfle à quatre feuilles qu'il a trouvé en 1939.

Ce trèfle est tellement associé à sa vie et à celle de sa société qu'en 1990 Dassault Aviation a choisi pour emblème un trèfle à quatre feuilles inscrit dans un delta.

Marcel Dassault a montré son talisman lors d'une émission de télévision. Il le garde constamment dans son portefeuille :

« Il faut le manier avec précaution car il est enfermé entre deux feuilles de buvard et je n'aimerais pas qu'il arrive des ennuis à mon talisman. »

Curieusement, Marcel Dassault n'aime pas les oiseaux, les paons en particulier : *« Ça porte malheur »*, dit-il.

Superstitieux, il ne prend jamais de rendez-vous important le treize de chaque mois et interdit tout premier vol de prototype un tel jour. Quant à être treize à la même table, il n'en est pas question :

Un jour que nous déjeunions en famille chez lui, nous nous sommes

76. Propos de Marcel Dassault rapportés à l'auteur, source privée.

retrouvés treize à table. Il a fait installer une table supplémentaire, pour lui tout seul, à côté de la nôtre[77]*.* »

Ses collaborateurs savent qu'il n'apprécie pas ceux qui n'ont pas de chance :

« *Il ne fallait surtout pas lui dire : " Je n'ai pas de chance ", mais plutôt : " Je n'ai pas compris " ou reconnaître que l'on avait fait une erreur. L'erreur avouée lui donnait l'occasion d'être utile, il était ravi et disait : " Je vois bien ce que c'est, il faut que je vous aide, je vais vous expliquer*[78] *"* »

Le siège social de la société AMD-BA est un temps installé à Vaucresson (Hauts-de-Seine)[79]. C'est dans le bâtiment qui jouxte l'allée Saint-Cucufa que se trouve la direction générale. A la suite d'une série de revers, Marcel Dassault déclare :

« *Ce bâtiment ne nous porte pas chance, il faut en changer*[80] *!* »

Il achète alors les bâtiments voisins qu'il baptise : les Mirage.

En fait, il est surtout un homme d'instinct. Qu'il s'agisse de juger les hommes ou de prendre des options techniques ou industrielles, il donne l'impression d'avoir des dons surnaturels.

Les goûts de Marcel Dassault

Sa couleur préférée est le vert clair couleur que l'on retrouve dans ses immeubles et dans ses usines.

Il aime les fleurs, particulièrement les roses avec de longues tiges et les géraniums dont il dit qu'ils éloignent les insectes.

Lui qui n'est pas très porté vers la peinture peut subitement se prendre de passion pour un peintre. Ainsi, Renoir devient un de ses préférés et à un point tel qu'il écrit à une célèbre galerie d'art :

« *Je suis toujours intéressé par les Renoir, quel qu'en soit le prix s'ils sont beaux*[81]*.* »

Marcel Dassault manifeste quelquefois des idées inattendues. Comme il a toujours été sensible à la réputation de son nom, ses ascendances familiales l'ont amené à envisager l'utilisation d'un titre nobiliaire. C'est ainsi qu'une note, en date du 17 décembre 1980, précise :

« *Mon cousin issu de germains, le comte Nissim de Camondo, est mort pour la France en 1914-1918 sans laisser de descendant.*

« *Je souhaiterais relever ce titre de comte pour m'appeler dans l'avenir comte Dassault.*

« *Je rappelle que j'ai participé à la réparation des vitraux de la cathé-*

---

77. Entretien de Marie-Hélène Habert-Dassault avec l'auteur.
78. Entretien de Pierre François avec l'auteur.
79. Le siège social actuel est situé au Rond-Point des Champs-Elysées.
80. Entretien de Pierre François avec l'auteur.
81. Lettre du 20 juin 1983, archives Dassault.

drale de Beauvais ainsi qu'à l'achat des orgues de l'abbaye du Mont-Saint-Michel, et que j'ai restauré une centaine de petites églises dans l'Oise [82]. »

Facétieuse ou réelle, cette idée est restée sans suite.

L'ORGANISATION DE SES RÉCEPTIONS

Homme d'affaires, industriel, homme politique, patron de presse, producteur de cinéma, Marcel Dassault est amené à organiser régulièrement des réceptions, des cocktails pouvant réunir plusieurs centaines d'invités.

Il pourrait confier la totalité de leur organisation à des spécialistes mais, dans ce domaine, comme dans les autres, il n'a confiance qu'en lui. C'est ainsi qu'il passe lui-même les commandes de nourriture et de boisson, qualité et quantité, d'après des échantillons qu'on lui apporte au Rond-Point et surveille, malgré sa mauvaise vue, le bon déroulement de la réception. Il tient à ce que ses invités ne manquent de rien. Si quelque chose ne lui convient pas, il ne fait pas d'esclandre mais, dès le lendemain, réagit par courrier.

Deux lettres parmi de nombreuses, mélange de colère froide et d'humour, méritent d'être citées. En octobre 1970, après un cocktail, il écrit son mécontentement à son traiteur :

« *Comme je vous paie au nombre de pièces et non pas au poids, chaque fois que vous diminuez le volume, je suis désavantagé.*

« *Les sandwiches à la langue ont été parfaits car on sait dans la maison que chaque fois que je m'approche d'un buffet, si, par hasard, je prends quelque chose, c'est un sandwich à la langue.*

« *Par contre, les canapés étaient lamentables. Chacun sait qu'un canapé doit recevoir une tranche de pain d'une épaisseur supérieure à celle d'un sandwich où il y en a deux, et que la charcuterie qui est posée dessus doit avoir une épaisseur d'au moins 2,5 millimètres. Or, vos canapés correspondaient plus à deux feuilles de papier à cigarettes qu'à autre chose.*

« *Quant à vos pains briochés, ils étaient trois fois plus petits que la normale et n'avaient pratiquement rien à l'intérieur.* »

A ces remarques suit une pleine page de protestations sur le comportement des serveurs, le mauvais approvisionnement des tables et le détournement d'une partie de la nourriture :

« *Après la dernière heure, le personnel peut se partager les marchandises qui sont sur le buffet et non pas les marchandises qui sont cachées.* »

Il ajoute :

« *Pendant que je parlais avec des personnalités, dont un ministre, un malheureux maître d'hôtel est venu nous offrir des petits cakes qui ressemblaient en petit à des boules de pain que l'on donne aux éléphants au Jardin d'Acclimatation.* »

En janvier 1977, les serveurs commettent l'erreur de ne pas mettre les

82. Note de Marcel Dassault du 17 décembre 1980, archives Dassault.

sandwiches à la langue en présentation. Dès le lendemain, Marcel Dassault écrit :

« Lors du dernier cocktail qui devait comporter des pains surprises à la langue, j'ai cherché vainement les pains surprises sur le buffet, les maîtres d'hôtel aussi. Finalement, on les a trouvés, ils étaient cachés sous le buffet.

« Comme évidemment après le buffet le personnel s'envoie ce qui reste, il semble qu'il ait préféré s'envoyer des sandwiches à la langue plutôt que des sandwiches à la noix et aux raisins.

« Veuillez donner des instructions à vos maîtres d'hôtel pour qu'ils ne cachent pas ce qu'il y a de moins mal dans le buffet. »

Il ne faudrait pas déduire de ces exemples que Marcel Dassault est éternellement mécontent de la nourriture de ses cocktails. De nombreuses lettres de satisfaction sont aussi envoyées aux traiteurs. A plus de quatre-vingt ans, il a encore l'œil et n'est pas dupe du comportement de ses fournisseurs même s'il les paye toujours très scrupuleusement.

Quand il organise un spectacle lors d'un dîner, Marcel Dassault continue de tout prévoir : le menu, la décoration florale, le choix des artistes, de leurs sketchs ou de leurs chansons, la disposition de la scène et même le minutage. Ainsi, en février 1972, il envoie cette lettre à un très grand hôtel parisien chargé d'organiser l'une de ses réceptions :

« – 21 h 15 : je fais mon discours
– 21 h 30 : vous passez le caviar
– 21 h 45 : Thierry Le Luron
– 22 h 05 : vous passez le canard et le foie gras
– 22 h 45 : Roger Pierre et Jean-Marc Thibaud
– 23 h 05 : vous passez les fromages, desserts et cafés
– 23 h 20 : Jean Rigaux
– 23 h 40 : Mireille Mathieu. »

Marcel Dassault a, aussi des idées arrêtées quant aux artistes. Outre ceux cités ci-dessus, on retrouve souvent dans ses réceptions son cousin Sacha Distel, Annie Cordy, Marcel Amont, l'orchestre Caravelli, Henri Salvador, Jacques Dutronc. Il veille à ce que les numéros ne puissent prêter à incidents. Thierry Le Luron peut faire des imitations mais pas de sketchs politiques, Jacques Dutronc peut chanter ce qu'il veut à condition de ne pas parodier Mireille Mathieu. Tout cela est précisé par lettres, très courtes et toujours très courtoises. Quant aux cachets des artistes, ils sont à la hauteur de leur réputation et de celle de Marcel Dassault. Quand ils chantent gratuitement, il n'omet pas de leur offrir un cadeau dont ils gardent longtemps le souvenir.

Parmi les chanteuses, Chantal Goya est une de celles qu'il préfère. Il va assister à ses spectacles en compagnie de sa femme et d'un des inspecteurs chargés de sa protection rapprochée. Comme il se sent un peu gêné au milieu de tous les enfants, il résout le problème en disant à son inspecteur : *«Amenez votre fils, comme ça on aura l'air moins c...* [83] *!* »

Ses invitations étant très recherchées, ses réceptions font le plein de personnalités dont il faut assurer la sécurité.

Depuis le kidnapping de Madeleine Dassault, il a embauché plusieurs gardes du corps qui assurent nuit et jour sa protection et celle de son épouse. A cette protection discrète et efficace, s'ajoute celle qu'il demande au commissariat de police du lieu où est organisée la réception. Le service d'ordre est effectué par les policiers qui veillent au stationnement des véhicules. Après la manifestation, Marcel Dassault sait avoir un geste généreux envers les fonctionnaires de la police ainsi que les œuvres sociales de la Sûreté nationale.

Le mot de la fin peut être laissé à l'intéressé lui-même. Lors de son interview à « Radioscopie », Jacques Chancel lui dit qu'il a une solide carapace mais qu'il aimerait quand même trouver un peu de faiblesse dans son personnage, Marcel Dassault lui répond :

« Il n'y a pas de faiblesse. Etre revenu de Buchenwald, cela représente une certaine forme de caractère et une bonne dose d'espoir [84]. »

C'est cette forme de caractère et cette bonne dose d'espoir qui l'amènent à s'évader de ses avions en « s'amusant », selon ses propres termes, dans la construction, la presse, le cinéma, la banque, la bourse pour ne citer que quelques-unes de ses activités complémentaires.

---

83. Entretien de Guy Forgeau avec l'auteur.
84. « Radioscopie », 6 janvier 1971.

2

LA PASSION DU BATIMENT

L'intérêt de Marcel Dassault pour la construction immobilière est très peu connu et pourtant c'est chez lui une véritable passion.

« *Marcel Dassault avait la maladie de la pierre* », affirme son architecte, Tigrane Hékimian [1]. Mais, comme dans l'aéronautique, c'est la construction qui l'intéresse et non la possession :

« *Il ne faut pas dire que je suis présent dans le secteur immobilier. J'ai une société immobilière qui gère des immeubles. C'est tout.*

« *Quand on est ingénieur et qu'on a fait du dessin, on peut aussi bien faire un avion qu'une carrosserie, qu'une maison ou qu'un hebdomadaire. N'importe quoi, cela reste toujours du dessin.*

« *J'ai construit les maisons que j'ai habitées. J'ai construit mes usines, et j'ai voulu qu'elles soient belles. Je crois avoir été le premier en France. J'ai construit des hôtels et j'en ai restauré. J'ai voulu faire des maisons économiques et familiales* [2]. »

L'architecture est le jardin secret de Marcel Dassault. Dans sa jeunesse, il a été tenté d'entrer à l'Ecole des beaux-arts avec son ami Georges Hennequin, mais a finalement choisi l'aviation, attendant l'instant de matérialiser son penchant artistique.

Les maisons individuelles

C'est dans les années cinquante qu'il se lance véritablement dans la construction immobilière. Il n'aime pas les grands ensembles et s'intéresse aux maisons individuelles, à l'accession à la propriété qui constitue, à ses yeux, l'un des éléments essentiels de la joie de vivre, de la justice et de la paix sociale. Son rêve est de devenir ministre de la Construction.

1. Entretien de Tigrane Hékimian avec l'auteur.
2. *L'Expansion*, octobre 1967.

Le marché de reconstruction de l'après-guerre est considérable, Marcel Dassault entreprend d'y appliquer son goût pour l'habitat. Afin de réduire les prix de revient, il suggère que soit utilisé un maximum d'éléments préfabriqués et que l'on applique les concepts de fabrication en série à l'instar de ceux en usage dans l'industrie aéronautique et automobile. C'est ainsi que, dans ses plans, la menuiserie, le chauffage central, l'installation électrique sont standardisés. La salle de bains et la cuisine sont placées de part et d'autre d'une même cloison afin de bénéficier des mêmes arrivées et évacuations d'eau intégrées et moulées dans un même ensemble sanitaire. Il propose qu'à l'intérieur d'un plan quinquennal, à voter par le Parlement, soit déterminé l'équipement standard de l'habitat :

« *J'estime que si l'on avait fait les plans de trois cuisines (pour un deux pièces, un trois pièces et un quatre pièces) comprenant fourneau, évier, placards, les équipements sanitaires pour la salle de bains, la chaudière et les radiateurs pour le chauffage central, on aurait pu commander ces équipements par millions.* [...] *Inutile de vous dire que sur de telles quantités, on aurait pu obtenir des prix de revient très bas tout en ayant de l'excellente qualité. Tout le prix de la construction en aurait subi l'heureuse répercussion. Soit une diminution que je chiffre à 50 %* [3]. »

Il préconise, pour les maisons individuelles, une charpente métallique semblable à celle des wagons de chemin de fer. Cette charpente peut être vite assemblée. Les murs, faits en ciment moulé comportant à l'intérieur de la laine de verre pour l'isolation thermique, sont montés sur la charpente d'une façon mécanique sans l'interposition de ciment. Le toit et les murs étant rapidement construits, les travaux intérieurs peuvent se dérouler à l'abri des intempéries. Marcel Dassault préconise de confier la réalisation des charpentes aux chantiers navals qui sont périodiquement menacés de chômage et de faillite. Par ailleurs, il charge les ingénieurs du bureau d'études de la GAMD de concevoir des ferrures idéales pour la charpente.

Avant d'arrêter un modèle définitif de maison, il consulte plusieurs architectes et ses collaborateurs. Ainsi, Pierre Gallois dessine plusieurs projets. Plus tard, en 1981, Henri Déplante qui est à la retraite – mais qui « *ne peut que s'ennuyer* » selon Marcel Dassault – est associé à un projet de construction immobilière de maisons individuelles équipées de matériaux nouveaux (panneaux en Fibrociment, protection phonique et thermique) :

« *J'ai fait des dessins et des maquettes. Marcel Dassault a finalement abandonné car le marché était devenu trop encombré* [4]. »

Elu député des Alpes-Maritimes, en 1951, Marcel Dassault pense qu'il va enfin pouvoir concrétiser son rêve. Bien entendu, il est membre de la Commission de la reconstruction et de l'urbanisme de l'Assemblée nationale :

3. « Radioscopie », France-Inter, 6 janvier 1971.
4. Entretien d'Henri Déplante avec l'auteur.

« Alors, plein d'ardeur, j'ai déposé une proposition de loi pour faire des maisons individuelles, pour faire des plans standards pour que cela soit moins cher, pour qu'il y ait une prime à la construction, une aide au logement, pour que les entreprises participent au financement du logement de leur personnel [5] *. »*

La proposition de loi [6] veut permettre l'accession à la propriété de maisons individuelles, notamment de trois à cinq pièces standardisées, aux personnes à revenus modestes. Les entreprises employant des salariés y participeraient sous forme d'une prime production-construction à raison de 2 % sur le chiffre d'affaires. L'enthousiasme de Marcel Dassault est cependant vite refroidit lorsqu'il constate qu'il n'est pas facile de faire voter une loi :

« La Commission de la construction a accepté ce projet. Il y a eu un rapporteur de nommé. Le rapporteur, au lieu de rapporter le projet, est allé trouver le ministre de l'époque qui lui a dit : " L'accession à la propriété ne m'intéresse pas, je ne suis que pour le locatif. " Mon affaire est tombée dans le lac [7]. *»*

Marcel Dassault a échoué, ce qui peut, en partie, s'expliquer par les conceptions de l'habitat des années cinquante. En effet, à l'époque, le ministère du Logement estime que, les ouvriers devant être professionnellement très mobiles, il est préférable de leur proposer des logements locatifs dans des grands ensembles. Or, la proposition de loi de Marcel Dassault va à contre courant de cette idée. Il est très déçu :

« J'ai été dégoûté, naturellement, et je n'ai pas insisté. Après cet échec, pour montrer que je n'avais pas tort j'ai construit des maisons économiques et familiales à Cannes, à Nice, à Antibes, à Menton.

« A l'époque, ces maisons valaient deux millions. J'achetais un terrain en bordure de la ville de façon à ce qu'il soit incorporé dans la ville au fur et à mesure qu'elle se développait et j'ai construit, par exemple, six maisons dans un coin.

« Je suis allé trouver le Maire et je lui ai dit : " Il y a six maisons, c'est vous qui les affectez à qui vous voulez, mais par contre, vous vous engagez à me donner un employé de mairie pour aider ces braves gens à devenir propriétaires, c'est-à-dire pour leur désigner un notaire, pour faire un emprunt au Crédit foncier, pour se débrouiller au milieu des primes et des avantages de toutes sortes et quand ils auront touché leur prêt du Crédit foncier, ils me rembourseront. " Comme en plus il fallait disposer de 10 % au moment de l'achat, je leur prêtais les 10 % en traites acceptées remboursables en 5 ans.

« Eh bien, voilà des maisons qui ont trente ans aujourd'hui et quand j'y vais je ne vois que des gens heureux qui me remercient [8]. *»*

« Je croyais vraiment que la formule pouvait se généraliser. Je n'en ai

---

5. France Inter, 4 avril 1978.
6. *Journal officiel*, Assemblée nationale, proposition de loi, n° 249, 20 juillet 1951, et n° 1 828, 4 décembre 1951.
7. France Inter, 4 avril 1978.
8. « Grand Jury », RTL-*Le Monde*, 23 mai 1982.

fait que quarante en tout. Mais tous les ministres préfèrent les projets de leurs services à ceux qui leur sont apportés du dehors [9]. »

En novembre 1955, le président du Conseil, Edgar Faure, le charge d'étudier le régime de l'accession à la propriété des personnes modestes. Enchanté, il se lance dans cette étude pour le compte du ministère de la Reconstruction. La mission ne dure que quelques semaines : l'Assemblée nationale est dissoute.

Ses maisons individuelles ne sont pas retenues, il n'est pas ministre de la Construction mais n'abandonne pas. Pendant tout le reste de sa vie, il essaye d'intéresser les plus hautes autorités politiques à ses projets.

En 1975, Marcel Dassault essaye de faire voter une loi permettant la création, dans toute entreprise employant au moins 1 000 salariés, d'un comité pour l'accession à la propriété chargé de conseiller les salariés dans l'acquisition de leur maison. L'exposé des motifs du projet de loi a certainement été rédigé par Marcel Dassault en personne, le style en témoigne :

« *Un ouvrier ou un employé qui travaille toute la journée ne dispose que du dimanche pour rechercher une maison ou un appartement à sa convenance.*

« *Même avec une voiture, il est difficile de visiter suffisamment de chantiers pour trouver à coup sûr l'objet de ses rêves, et l'on ne doit vraiment pas engager au hasard les économies de toute une vie de travail.*

« *Un dimanche de printemps, on pourra être séduit par un terrain particulièrement agréable sans se douter qu'en hiver il deviendra un marécage* [10]. »

Cette proposition de loi reste également sans suite.

En 1978, il écrit à Valéry Giscard d'Estaing, président de la République :

« *Il serait souhaitable de construire en série et en usine des maisons individuelles susceptibles d'être exportées, comme on construit des automobiles, des bateaux ou des wagons.*

« *De telles maisons, entièrement construites en série et en usine, seraient montées y compris l'équipement : cuisines, salles de bains, chauffage central, électricité; elles seraient ensuite démontées puis remontées sur le terrain en quelques jours.*

« *Je pense que seul Renault serait habilité à concevoir une construction en série de telles maisons* [11] *et devrait, avec l'aide de l'Etat, réaliser deux ou trois prototypes* [12]. »

En fait, il n'arrive pas à faire accepter sa conception de la maison individuelle aux divers industriels qu'il consulte, il rencontre même souvent de l'incompréhension. Il décide alors de tout concevoir selon sa propre idée :

9. *L'Expansion*, 1967.

10. *Journal officiel*, proposition de loi n° 1 534, 11 avril 1975, page 2.

11. La Régie Renault avait annoncé au milieu des années soixante-dix qu'elle avait l'intention de diversifier ses activités.

12. Lettre de Marcel Dassault au président Valéry Giscard d'Estaing du 9 octobre 1978, archives Dassault.

« Pour qu'il n'y ait plus d'erreurs à l'avenir sur ce qui doit être fait, Renault n'ayant pas accepté de les faire, j'ai réalisé moi-même avec quelques ingénieurs de la Société des avions Marcel Dassault tous les plans de la construction de cette maison individuelle et j'ai recherché les matériaux nécessaires à cette construction [13]. »

Malgré toutes ses tentatives son projet ne voit pas le jour.

Toutefois, son grand âge lui a permis de voir que la politique des grands ensembles est un cuisant échec social et que, hormis la construction en grande série des équipements standards, tout ce qu'il avait proposé, en juillet 1951, a finalement été progressivement adopté, quelquefois même au-delà de ce qu'il avait envisagé :

« Vingt-cinq ans après, j'ai tout de même réussi à faire passer une loi qui a été votée à l'unanimité, qui consiste à dire qu'il faut une information et une aide à l'accession à la propriété dans les entreprises. J'ai réussi à faire débloquer immédiatement pour les candidats propriétaires l'intéressement du personnel au bénéfice des sociétés qui est en principe bloqué pendant cinq ans [14]. »

Quelques années plus tard, Marcel Dassault apporte des précisions sur les difficultés rencontrées pour faire voter cette loi :

« Il a fallu d'abord comparaître devant le parti parce qu'il y avait des gens qui étaient pour et des gens qui étaient contre, après ça, il a fallu aller devant la Commission de la construction, après ça il a fallu aller devant la Commission des affaires sociales. [...] *On a fait venir Bénouville chez le secrétaire d'Etat aux Finances, on lui a dit : " Mais c'est épouvantable avec la loi de M. Dassault, il faut le dissuader de la présenter parce que tout le monde va vouloir construire et tout le monde va retirer son argent des SICAV, alors que vont devenir ces SICAV? "*

« Du moment qu'on dépose de l'argent dans une banque, on n'a pas le droit de le tirer, c'est bien à ça que ça revient. Finalement il a dit : " Mais non, c'est une excellente loi. " Bon, sur ce, la loi arrive pour être votée, le ministère des Finances avait trouvé moyen d'ajouter qu'il ne s'agissait que de maisons principales, c'est-à-dire qu'un employé qui voulait construire une maison secondaire n'en avait pas le droit, il fallait qu'il laisse son argent bloqué. Comme il fallait tout de même en sortir, on a présenté la loi, les rapporteurs l'ont rapportée, elle a été votée à l'unanimité [15]. »

Si pour les revenus modestes, Marcel Dassault recommande les maisons préfabriquées, ses goûts personnels le portent plutôt vers l'architecture des XVIIIe et XIXe siècles. Il apprécie le style Napoléon III, les réalisations d'Haussmann. Il veut faire revivre les plus belles formes architecturales du XIXe siècle en y intégrant le fonctionnel et le métal, caractéristiques du

---

13. Lettre du 30 janvier 1979 au secrétaire général adjoint de la présidence de la République, archives Dassault.
14. France Inter, 4 avril 1978. Cette loi a été votée en juin 1976.
15. Marcel Dassault, RTL-*Le Monde*, 23 mai 1982.

XXe siècle. L'hôtel particulier de Camondo qu'il a connu dans sa jeunesse continue de l'impressionner.

En 1959, il travaille avec le cabinet d'architectes Fildier, où il fait la connaissance de Tigrane Hékimian. Le jeune architecte, d'origine arménienne, arrive rapidement à concilier ses qualités propres, les impératifs techniques et les goûts particuliers de son client :

« Mon affinité avec Marcel Dassault, c'est mon orientalisme [16]. »

Marcel Dassault est exigeant, débordant d'idées sur toutes choses et disposant d'une fortune personnelle qui lui permet de les concrétiser. Quand Tigrane Hékimian lui demande quelles sont ses conceptions en matière de construction, il reçoit pour toute réponse :

« J'aime les moulures, les corniches et pas le moderne. »

La réhabilitation ne l'intéresse pas, il cherche à faire du neuf, même s'il faut détruire, afin de marquer de son empreinte ses demeures et ses usines avec un souci de prestige personnel.

Néanmoins, quelques temps auparavant, Marcel Dassault a rénové une maison à Villennes, acquise dans des conditions particulières.

La maison de Villennes

Son ami, le célèbre publiciste, Marcel Bleustein-Blanchet, est, comme lui, passionné d'aviation, il détient son brevet de pilote et a possédé des avions de tourisme. Il l'invite régulièrement, lors de ses réceptions, le dimanche, dans sa propriété de Villennes, sur les bords de la Seine :

« On s'amusait à Villennes, on était heureux, on disait ouf après les ennuis de la guerre [17]. »

Marcel Dassault peut y faire la connaissance des amis de Marcel Bleustein-Blanchet :

« Il n'était pas très connu. Il était fermé et ne fréquentait que des milieux fermés. Le tout-Paris de la " commère ", il ne le connaissait pas, il lui fallait savoir qui était qui. Ce qui l'amusait c'était tout ce monde autour de moi.

«A Villennes, il découvrait le tout Paris, il était heureux de rencontrer les grands, je le renseignais sur leur comportement. Je lui ai présenté beaucoup de ceux qui l'ont aidé par la suite et aussi qu'il a aidés [18]. »

En 1954, au cours d'un repas, Marcel Dassault dit à son ami qu'il a envie de s'installer près de chez lui. *« Il y a un chalet normand à côté, il est peut-être à vendre?* » lui répond Marcel Bleustein-Blanchet qui téléphone immédiatement à l'agent immobilier de la petite ville. Ce dernier part voir les propriétaires qui sont à table. Fort étonnés, ils répondent que leur chalet n'est

16. Entretien de Tigrane Hékimian avec l'auteur.
17. Entretien de Marcel Bleustein-Blanchet avec l'auteur.
18. *Ibid.*

pas à vendre, puis se ravisant ils formulent un prix sensiblement double de la valeur réelle.

L'agent immobilier, inquiet de la réaction de Marcel Dassault, lui transmet néanmoins l'information; il répond qu'il achète mais à la condition que les propriétaires quittent la maison le jour même, ce qu'ils font [19]. Marcel Bleustein-Blanchet est surpris :

« Il m'a étonné, il n'a pas discuté mais a marqué son mépris en les faisant déguerpir.

« Il a alors entièrement réaménagé le chalet et comme il n'aime pas avoir une vue sur l'eau il a fait construire un mur entre la Seine et son chalet [20]. »

Marcel Dassault a apporté une réponse à cet égard :

« L'histoire du mur de Villennes pour cacher la Seine est une plaisanterie de Bleustein-Blanchet qui a déjà été reprise dans de nombreux hebdomadaires et quotidiens. En fait, je n'ai pas construit un mur pour cacher la Seine, j'ai construit un mur pour soutenir une terrasse de laquelle on voyait mieux la Seine [21]. »

Son architecte donne des raisons complémentaires :

« Il avait horreur des insectes, surtout des mouches et des moustiques. Il avait horreur de l'humidité donc de l'eau. Le mur est fait aussi, en réalité, pour protéger sa maison des inondations car le terrain est inondable, c'est une sorte de digue, incomplète d'ailleurs [22]. »

A Villennes, Marcel Dassault élargit son cercle de relations. Il y mène une vie calme qu'animent les réceptions de Marcel Bleustein-Blanchet :

« Quand il me voyait, il disait : "Alors mon petit Marcel, comment tu vas? Alors, la publicité?"

« Il vivait comme un bon bourgeois, il était simple, c'était un riche modeste. En même temps, c'était un personnage extraordinairement différent des autres. Sous les apparences fragiles d'un retraité se cachaient force et intelligence. On ne pouvait pas ne pas l'admirer. Il était authentiquement différent, il ramenait tout à une extrême simplicité, il disait les choses en deux mots. Il avait un sens inné pour simplifier tout ce qui était compliqué pour les autres.

« Il me comprenait, moi qui avais été un cancre à l'école. Nous avions le même langage, celui de la communale. Je l'admirais pour le génie qu'il représentait. Marcel était un être exceptionnel [23]. »

Marcel Dassault se lasse pourtant rapidement de cette maison qu'il n'a pas construite. Quand il apprend que Marcel Bleustein Blanchet quitte Villennes, il décide aussi de partir :

---

19. Cette histoire de l'achat de la maison se retrouve dans une scène du film de Francis Véber, *Le Jouet*, tourné en 1976. On y retrouve aussi l'aversion de Marcel Dassault pour les mains moites et les barbus.
20. Entretien de Marcel Bleustein-Blanchet avec l'auteur.
21. Lettre de Marcel Dassault au directeur de *Minute*, 27 octobre 1976, archives Dassault.
22. Entretien de Tigrane Hékimian avec l'auteur.
23. Entretien de Marcel Bleustein-Blanchet avec l'auteur.

« Quand j'ai vendu Villennes, Marcel Dassault m'a dit : " Si tu t'en vas, je m'en vais aussi ! " C'est ce qu'il a fait en donnant la maison à son fils [24]. »

La villa du Golf

Quittant Villennes, Marcel Dassault décide de construire une maison de campagne : ce sera sa résidence de Coignières.

En 1964, il demande au cabinet d'architectes Fildier et à Robert Bing de prospecter pour l'achat de terrains répondant aux conditions suivantes.

Comme son bureau du Rond-Point des Champs-Elysées, son appartement du boulevard Suchet, l'usine de Saint-Cloud et l'établissement de Vaucresson sont sensiblement sur un axe sud-ouest par rapport à Paris, il souhaite que le terrain, plat et d'au moins 100 hectares, soit situé dans le prolongement de cet axe et à moins de 50 kilomètres de la capitale. Il évite ainsi la dispersion et facilite ses déplacements.

Il le trouve à Coignières, petite localité située sur la nationale 10, à 30 kilomètres de Paris :

« J'ai acheté un terrain à blé pour construire une petite maison de campagne, venez, on va voir le site », dit-il à son architecte avant de l'entraîner sur place :

« Il y avait un petit coin charmant avec de beaux arbres, un vieux puits. Marcel Dassault a tout fait détruire pour partir de zéro et s'est installé au milieu d'une prairie plate. Il m'a dit que ça lui donnait l'impression d'être sur une plaine d'aviation, un terrain d'envol des premiers avions [25]. »

Pour que les travaux puissent se dérouler en toute tranquillité, Marcel Dassault fait entourer la partie de sa propriété réservée à sa villa d'un mur de 2,4 kilomètres de longueur. Il est réalisé en pierres très dures, d'aspect rustique, taillées sur place en forme de pentagones et d'hexagones : il vient lui-même vérifier la bonne exécution de ses instructions.

En réalité, cette clôture d'une quarantaine de centimètres d'épaisseur, est constituée de deux murs de pierres de 20 centimètres chacun entre lesquels est placé un autre mur en béton; l'ensemble est coiffé d'un chaperon.

Le style de la résidence est très particulier. La maison [26] est construite entre 1967 et 1969 sur un seul niveau d'habitation mais avec un sous-sol. Elle possède des colonnes à chapiteau ionique et un toit en terrasse. Elle est construite avec une charpente métallique recouverte par un revêtement de briques pleines, lui-même dissimulé par un revêtement de pierres.

Marcel Dassault n'a que faire des objections de son architecte qui invoque les difficultés d'associer des matériaux qui se dilatent de façon différente selon la chaleur. D'ailleurs, il est toujours pressé :

---

24. Entretien de Marcel Bleustein-Blanchet avec l'auteur.
25. Entretien de Tigrane Hékimian avec l'auteur.
26. 65 mètres de longueur sur 25 de large.

« Il était impatient quand il voulait quelque chose, il ne voulait pas attendre [27]. *»*

Un couloir sépare la maison en deux; les pièces de la façade correspondent aux pièces d'habitation de la famille ; celles de l'arrière sont réservées à ses employés de maison qui, selon sa volonté, sont proches de lui.

Marcel Dassault n'aime pas les musées, pourtant l'ensemble rappelle un temple grec ou le Grand Trianon :

« Marcel Dassault a été voir seul le Trianon pour vérifier si j'avais raison dans mes mesures et mes conseils. Il était d'un tempérament méfiant. Comme je lui avais dit que j'étais insomniaque et que je travaillais tôt, il m'a téléphoné peu de jours après, un dimanche, à 6 heures du matin, sous le prétexte de vérifier l'exactitude du rendez-vous du jeudi suivant à 11 heures. En fait, c'était pour savoir si j'avais dit vrai [28]. *»*

A Coignières, Marcel Dassault ne néglige rien pour imposer la beauté telle qu'il la conçoit. Il fait appel à des artistes de renom tels Raymond Subes, membre de l'Institut, auteur d'une superbe ferronnerie d'art pour la porte d'entrée, ou Paul Belmondo, également membre de l'Institut, auteur de bas-reliefs d'esprit florentin. La chaufferie, elle-même est une œuvre d'art. Marcel Dassault accorde toujours une grande priorité à l'artisanat, aux artistes, parce que leurs productions ne se font pas mécaniquement :

« C'est pour cela que j'estime tant la création : dans l'ameublement, dans la ferronnerie d'art, dans la sculpture. Si on n'encourage pas les artistes, ils vont disparaître [29]. *»*

La décoration intérieure, conçue par la maison Jansen de Paris, ressemble à celle de ses autres résidences. Il ne veut pas être dépaysé; ainsi il impose des réfrigérateurs de General Electric car il est actionnaire de cette société américaine.

Associant sa recherche d'élégance à son souci de sécurité [30], il fait construire sur place le logement de ses gardiens. Ils habitent dans cinq pavillons, deux à l'intérieur de la propriété, trois à l'extérieur face à l'entrée.

En juin 1967, Marcel Dassault consulte l'un de ses collaborateurs, Jean Le Cunff, grand chasseur :

« Je sais que vous êtes connaisseur de la nature. On me propose d'acheter le bois qui est à côté de ma propriété de Coignières. Est-ce qu'on peut y chasser [31] *? »*

Jean Le Cunff se rend sur place, il est conquis par cette forêt dont il recommande l'achat. Marcel Dassault en acquiert alors 150 hectares qu'il porte, par achats successifs, à 450 hectares.

Pour s'en occuper, il lui faut un garde-chasse qualifié. Marcel Dassault ne peut se contenter de n'importe qui. Il écrit au président de la République,

---

27. Entretien de Tigrane Hékimian avec l'auteur.
28. *Ibid.*
29. « Radioscopie », Jacques Chancel, 6 janvier 1971.
30. Son épouse a été kidnappée en 1964.
31. Entretien de Jean Le Cunff avec l'auteur.

Charles de Gaulle, pour lui demander d'embaucher l'un des gardes-chasses du domaine national de Rambouillet. Il obtient l'autorisation.

Quand celui-ci part à la retraite, Marcel Dassault doit en embaucher un autre à qui il consent le contrat suivant :

« Je suis d'accord pour engager monsieur en qualité de garde-chasse, et madame pour s'occuper d'un petit poulailler.

« Une voiture sera mise à votre disposition dont les frais seront payés.

« Le travail de garde-chasse consiste exclusivement à assurer la garde de la villa côté bois, et à vous promener dans les bois pour surveiller, éventuellement, les braconniers. Vous n'avez absolument rien d'autre à faire.

« Le petit poulailler devra comporter la production d'un poulet et de douze œufs pour moi par semaine, et également pour vous, étant entendu que j'achèterai le grain, désirant que les poulets soient nourris uniquement au grain[32]. »

On ne peut être plus précis sur une définition de poste !

Sur les 450 hectares que Marcel Dassault possède à Coignières, 35 sont occupés par la villa et le parc, 65 sont exploités par la ferme qu'il possède à côté de sa villa, le restant constitue la forêt.

Sur les 35 hectares du parc, il envisage de faire installer un golf à neuf trous. Comme le terrain est rigoureusement plat il fait apporter de la terre pour créer un paysage vallonné. Quand il voit les buttes en cours de constitution, il s'écrie :

« Qu'est-ce que c'est que ces taupinières? Enlevez-moi ça! »

Les camions remportent la terre, c'est la fin du golf.

Peu après son installation, en 1969, Marcel Dassault a la désagréable surprise d'apprendre que des citernes de stockage de produits pétroliers vont être installées à Coignières. Or, ces réservoirs, même s'ils sont éloignés de sa villa, sont parfaitement visibles de sa terrasse. Il est placé devant le fait accompli, sa vue est gâchée, il ne voit plus que ça.

Ces réservoirs le hantent. Pour ne plus les voir, il fait construire, en bordure de la nationale, un bâtiment de 70 mètres de long qu'il met à la disposition de la mairie pour en faire un foyer rural dont il paye le gardiennage, l'éclairage, le chauffage.

C'est insuffisant, les réservoirs sont toujours visibles. Il décide alors de faire planter des arbres dans le parc. Pour fixer son choix, il fait venir quelques spécimens d'espèces variées dont, sur les conseils de Jean Le Cunff, quelques conifères. Mais, quand il apprend que ce sont des essences à croissance lente, il ne veut plus en entendre parler :

« Attendre était contraire à ses principes. S'il ne s'est pas intéressé à la nature et aux arbres, c'est parce qu'il n'avait aucune prise sur leur cycle de croissance. Il n'aimait que ce sur quoi il pouvait avoir une action[33]. »

Son choix se porte alors sur des peupliers d'Italie, arbres touffus à crois-

32. Lettre du 15 février 1977, archives Dassault.
33. Entretien de Jean Le Cunff avec l'auteur.

sance rapide. Il désire des peupliers d'au moins 14 mètres de hauteur qu'il fait placer sur 7 rangées en quinconce tous les 3,5 mètres, ce qui fait un mur de 3 500 peupliers qu'il a fallu trouver dans toute l'Europe [34]. Au milieu des arbres, il fait alors aménager... un nouveau golf!

En 1970, un « drame » se prépare : la société de stockage de produits pétroliers veut s'agrandir, Marcel Dassault mène une véritable bataille pour l'en empêcher. Il intervient auprès du préfet de la région parisienne, auprès des ministres concernés. Il finit par obtenir que les nouveaux réservoirs soient placés derrière ceux qui existent déjà et ne soient pas plus hauts.

Il suit de très près l'aménagement floral de son parc. L'entreprise responsable des travaux est « bombardée » d'instructions écrites. Le 1er octobre 1973 par exemple, une lettre d'une page et demie précise ses souhaits concernant le remplacement de tilleuls en mauvais état mais dit aussi :

« – remplacer les deux rhododendrons : un mort et un de mauvaise couleur entre la route et la maison principale,

« – remplacer les huit rhododendrons violets par des rhododendrons roses [35]. »

Il remarque tout.

Marcel Dassault qui aime les lapins depuis son enfance veut en avoir dans son parc. Mais comme les lapins creusent des terriers, ils ravageraient son terrain. Il fait alors acheter des lièvres qui ne font pas de terriers et qui peuplent un temps la propriété.

Pour avoir de l'eau à volonté et à la pression suffisante, Marcel Dassault fait creuser des puits et construire une station de purification qui nécessite l'installation d'un important et coûteux système.

Lorsque l'entreprise responsable de l'installation lui présente le tarif mensuel d'entretien, il l'estime déraisonnable : *« Avec cet argent je puis m'acheter 2 000 bouteilles d'eau minérale par mois! »* Il en fait la remarque au responsable de la société et, les choses ne s'arrangeant pas, lui demande de retirer toute son installation qu'il a cependant payée en rajoutant : *« Vous me prenez pour un Américain? Vous croyez que j'ai plein de dollars* [36]*! »*

Une autre fois, en 1970, il reçoit un devis de 180 000 francs pour une fourniture de 600 mètres de tubes galvanisés. Il fait part de sa surprise à l'entreprise concernée :

« Votre prix m'a complètement ahuri. Est-ce que vous vous rendez compte que cela représente le prix de 25 Renault 4L.

« Pourtant dans 25 Renault 4L, il y a bien de quoi faire 600 mètres de tuyau galvanisé, sans parler de tout le reste.

« J'aimerais savoir ce que vous pensez de ce prix [37]*? »*

34. Entretien de Tigrane Hékimian avec l'auteur.
35. Marcel Dassault, archives Dassault.
36. Propos rapportés par Tigrane Hékimian à l'auteur.
37. Lettre du 3 octobre 1970, archives Dassault.

En vacances, au Grand Hôtel de Gstaad, en Suisse, il lui arrive d'aller au bowling. Il décide d'en faire installer un dans sa villa et charge Tigrane Hékimian de sa réalisation dans le sous-sol tandis qu'il fait acheter des paires de chaussures de toutes les tailles pour ses invités.

Le bowling terminé, il a le plaisir de l'essayer mais constate vite que les boules sont trop lourdes pour lui, il en veut de plus légères :

« Hékimian, débrouillez-vous ! »

L'intéressé fait venir des Etats-Unis des boules conçues à l'origine pour des enfants. Marcel Dassault trouve alors que l'emplacement des trois trous pour les doigts n'est pas pratique. Il fait commander, toujours aux Etats-Unis, six boules non trouées, en Néoprène, qu'il fait percer d'un trou pour le pouce et d'un seul autre pour les quatre derniers doigts [38]. Le bowling a fait long feu :

« Il a joué quelques fois avec puis, un jour, il s'est arraché un ongle. Il m'a téléphoné furieux en me disant : " Hékimian, foutez-moi ça en l'air, c'est une connerie, faites-moi un cinéma à la place ! "

« C'est ce que j'ai fait [39] *»*

En 1973, une salle de cinéma confortable remplace le bowling. Marcel Dassault peut maintenant recevoir ses invités et leur offrir une projection privée de ses films préférés.

La multiplication des aménagements a considérablement majoré le prix de sa villa :

« Hékimian, vous êtes cher, mais au moins j'ai ce que je veux et puis vous connaissez mes goûts ! » lâche un jour Marcel Dassault [40].

Perfectionniste, il lui arrive d'écrire plusieurs fois par jour à son architecte des lettres marquant son accord ou sa désapprobation :

« Ce n'était pas la serrure qui l'intéressait mais les vis qui la faisaient tenir [41] *! »*

Satisfaire les goûts d'un tel client n'est pas évident. Pourtant, Tigrane Hékimian semble avoir répondu à ses souhaits. Marcel Dassault lui a dédicacé un exemplaire du *Talisman* avec cette phrase : *« Pour Hékimian, Roi des Architectes. Cordialement. Marcel Dassault. »*

A Coignières, Marcel Dassault n'est pas indifférent à la population locale qu'il appelle « mes amis de Coignières » ni à la vie de la commune.

Quand il commence les travaux de sa villa, il constate que ce petit bourg d'un millier d'habitants n'a pas le tout à l'égout. Il crée alors un réseau d'assainissement pour raccorder sa villa au tout-à-l'égout de la commune voisine avec des canalisations d'un diamètre suffisant pour que Coignières puisse se brancher sur son installation.

---

38. Lettre de Marcel Dassault à Tigrane Hékimian du 8 décembre 1969, archives Dassault.
39. Entretien de Tigrane Hékimian avec l'auteur.
40. *Ibid.*
41. *Ibid.*

Par ailleurs, il suggère à Jean Le Cunff de se présenter aux élections municipales de 1971 :

« Comme je lui faisais remarquer que je ne connaissais rien à la politique, il m'a répondu :

« – Moi je connais ! Voilà ce qu'il faut faire : vous allez organiser des bals, faire les bistrots, vous y faire photographier avec un maximum d'électeurs. Il vous faut avoir un journal qui ne tache pas les doigts, utilisez du papier glacé.

« Les électeurs y ont été sensibles, c'est ainsi que je suis entré au conseil municipal [42]. »

Devenu maire adjoint de Coignières, Jean Le Cunff obtient du conseil municipal de baptiser l'avenue Maison Blanche qui jouxte la villa du Golf du nom de Marcel Dassault. Lorsqu'il lui fait part de ce souhait, Marcel Dassault s'en montre très flatté répondant *« Ah bon ! Ah bon ! »*

La sous-préfecture s'oppose alors à cette décision arguant que l'on ne donne pas le nom d'une personnalité vivante à une rue :

« Je n'ai pas osé répondre au sous-préfet qu'il y avait déjà eu un précédent avec le général de Gaulle mais je lui ai rappelé qu'une avenue Tino-Rossi avait été inaugurée en Corse par l'intéressé même. Ça a emporté la décision [43]. »

Le 20 octobre 1984, lors de l'inauguration de l'avenue, Marcel Dassault est souffrant, il doit rester à Paris. Le maire de Coignières et Jean Le Cunff, émus, prononcent chacun une allocution. Serge Dassault répond en lisant un texte écrit par son père pendant que son fils Thierry filme la cérémonie.

Le soir même, Marcel Dassault se fait projeter le film vidéo et perçoit l'émotion de son collaborateur. Il lui adresse une lettre de remerciement en lui précisant :

« Je constate que, sous des aspects de porc-épic, vous avez un cœur de demoiselle [44]. »

L'immeuble du Rond-Point des Champs-Elysées

Robert Bing, chargé de chercher des terrains à construire bien placés, apprend, en juillet 1952, que deux petits immeubles situés au Rond-Point des Champs-Elysées, sur un terrain d'environ 3 000 mètres carrés sont mis en vente 300 millions de francs par la famille Sabatier d'Espéran :

« Je lui téléphone à Gstaad, en Suisse, où il était en vacances. Il me répond que c'est assez cher et qu'il verra. Je me permets de lui faire remarquer que c'est peut-être un peu cher mais qu'il n'y a qu'un seul Rond-Point

---

42. Entretien de Jean Le Cunff avec l'auteur.
43. *Ibid.*
44. Lettre de Marcel Dassault du 26 octobre 1984, archives Dassault.

des Champs-Elysées. Finalement, il décide d'acheter l'ensemble en octobre 1952[45]. »

Il s'agit de deux bâtiments carrés, l'un sur l'avenue Montaigne, l'autre sur les Champs-Elysées. Les premiers aménagements sont effectués par son ami Georges Hennequin.

Comme il a besoin d'une grande salle de réception, il envisage d'en aménager une en modifiant les deux bâtiments mais, la voulant sans piliers, il lui faut faire du neuf; c'est d'ailleurs ce qu'il préfère.

Quand le vieil immeuble jouxtant le sien, sur les Champs-Elysées, est en vente, il le rachète. Puis lorsque l'immeuble suivant qui abrite une brasserie alsacienne et des bureaux l'est à son tour, il s'en porte acquéreur. Il dispose maintenant d'une surface au sol lui permettant de réaliser un grand ensemble.

Il pense d'abord à un grand immeuble à usage commercial en forme de L, entre l'avenue Montaigne et les Champs-Elysées. Il y renonce, suivant les conseils de son épouse et de la Commission des sites, mais aussi parce qu'il a peur de ne pas s'entendre avec les locataires : « *Ils ne voudront pas chauffer en même temps que moi*[46] ! »

Il décide alors de s'en tenir à un immeuble donnant sur le seul Rond-Point des Champs-Elysées, ce qui représente 8 000 mètres carrés de locaux. L'hôtel du duc de Morny, situé sur les Champs-Elysées, est alors démonté pierre par pierre et celles-ci stockées à côté de Coignières.

L'architecte des bâtiments nationaux lui soumet un premier plan du futur immeuble qui ne lui plaît pas. C'est l'impasse. Travaillant alors avec les architectes Fildier et Hékimian, il élabore son propre plan et, se payant d'audace, arrive à présenter la maquette à Georges Pompidou. Finalement, son projet est préféré et se concrétise grâce au soutien du président de la République[47].

Fidèle à sa conception, Marcel Dassault marie la pierre et le métal. Le bâtiment est d'abord entièrement construit en poutrelles métalliques ce qui fait fortement réagir les Parisiens qui le prennent pour un hangar. En réalité, il y a deux bâtiments en un. Un premier, métallique, qui constitue la charpente, et un deuxième, en pierre, accolé au premier :

« *Cela a été compliqué à réaliser mais ça a permis de faire tout de suite le toit et de travailler tout le reste du temps à l'abri des intempéries. Marcel Dassault tenait à ce que tout le monde travaille à l'abri*[48]. »

Marcel Dassault s'implique entièrement dans la construction de son immeuble. De son bureau voisin il peut en suivre quotidiennement les travaux et faire le point avec son architecte.

Malgré sa très mauvaise vue – un œil étant quasiment perdu – améliorée

45. Entretien de Robert Bing avec l'auteur.
46. *Ibid.*
47. Entretien de Tigrane Hékimian avec l'auteur.
48. *Ibid.*

par de gros verres correcteurs, il perçoit la moindre anomalie. Ainsi il montre à Pierre de Bénouville une corniche qu'il trouve trop longue par rapport aux autres :

« Je ne voyais rien d'anormal. Il a fait mesurer la corniche qui s'est avérée être effectivement plus longue que les autres, il avait raison[49]. »

Les travaux sont lents, il faut parfois les arrêter pour éviter le bruit qui gêne Marcel Dassault et Pierre de Bénouville.

Le plus délicat dans le chantier c'est la réalisation de la grande salle sans piliers :

« Il a fallu pour tenir l'ensemble de l'immeuble placer à son plafond, tenue aux deux extrémités, une poutre métallique de soutien pesant 57 tonnes.

« Elle est placée au-dessus de la salle de réception et tient l'ensemble. C'est une poutre drapeau de 3,5 mètres de hauteur et 25 mètres de longueur percée de trois ouvertures correspondant à trois portes de bureaux du premier étage. C'est en fait un mur en métal qui fait en même temps poutre[50]. »

Le 8 juillet 1971, cette poutre, construite par l'usine de Rouen de la Compagnie française d'entreprise métallique (CFEM), est amenée de nuit, par un convoi exceptionnel bloquant toute la circulation sur les Champs-Elysées.

Marcel Dassault veille également à la décoration intérieure de son immeuble. Les moulures sont dorées à l'or fin. De grands lustres aux lames en cristal illuminent les salons. Il aime que ce soit beau et lumineux. Un jour qu'il circule dans les salons avec son beau-frère Marcel Minckès, ce dernier fait une remarque aux employés car les lustres sont tous allumés et ajoute :

« Ça se voit que ce n'est pas vous qui payez ! »

Marcel Dassault répond du tac au tac :

« Mais c'est beau ! De toute façon, ce n'est pas toi qui payes non plus ! Les lumières, c'est fait pour être allumé[51] *! »*

Sous le jardin intérieur de l'immeuble du Rond-Point, Marcel Dassault fait aménager un parking pouvant abriter une centaine de voitures. Soucieux d'éviter les accidents, il exige qu'il soit construit sans piliers. C'est ainsi que des poutres, en béton armé de 32 mètres de longueur et de 1,50 mètre de hauteur sur 0,80 mètre de largeur, supportent la dalle du plafond recouverte de deux mètres de terre végétale. Le sol de ce parking est situé à six mètres au-dessous du niveau de l'avenue des Champs-Elysées.

Comme à Coignières, pour voir les films qu'il préfère, il fait construire dans les sous-sols de son immeuble du Rond-Point, une superbe salle de 80 places.

---

49. Entretien de Pierre de Bénouville avec l'auteur.
50. Entretien de Tigrane Hékimian avec l'auteur.
51. Entretien de Gustave Parchet avec l'auteur.

L'immeuble du Rond-Point a été le siège de *Jours de France*. Il est actuellement celui du siège social de Dassault Aviation.

Pour Madeleine Dassault, l'immeuble du Rond-Point symbolise le mieux la passion de son mari pour la construction immobilière. Après sa mort, elle écrit à Jacques Chirac, maire de Paris, Premier ministre, pour lui demander de donner le nom de Marcel Dassault au Rond-Point des Champs-Elysées. Jacques Chirac répond qu'il est prêt à donner son nom à une belle rue ou à une belle avenue de Paris mais Madeleine Dassault tient au Rond-Point [52].

L'affaire reste en suspens jusqu'en 1991 date à laquelle, en prévision de la célébration du centième anniversaire de la naissance de Marcel Dassault, le conseil de Paris, à l'unanimité, sur proposition de Jacques Chirac, décide que le Rond-Point des Champs-Elysées sera désormais appelé Rond-Point des Champs-Elysées – Marcel Dassault en hommage à celui qui a contribué à son embellissement [53].

Le Cinéma Le Paris

Quand Marcel Dassault se lance dans le cinéma, il s'intéresse à une salle contiguë à son immeuble du Rond-Point où il pourra projeter ses propres films [54] : Le Paris.

Les propriétaires sont tellement exigeants qu'il doit, contrairement à son habitude, attendre quatre années avant de signer l'acte d'achat. Enfin propriétaire, en 1972, il entreprend sa rénovation.

En 1985, quand il se retire du cinéma, Marcel Dassault fait détruire Le Paris et le remplace par un immeuble de bureaux de 1 800 mètres carrés. Il avait prévu de se faire installer un appartement au dernier étage afin d'être plus proche de son lieu de travail. La mort a mis un terme à ce projet, l'immeuble est terminé en 1988, sans appartement.

Quelques autres travaux

Selon son architecte, Marcel Dassault construit pour les autres comme pour lui : cela coûte très cher. Il lui arrive même quelquefois de perdre de l'argent sur la revente de l'immobilier.

De plus, certaines réalisations, comme Coignières, sont tellement personnalisées qu'elles en deviennent invendables et, de toute façon, hors de prix.

Pour satisfaire ses goûts bien arrêtés, Marcel Dassault ne compte pas. S'il décide d'acheter à Paris l'immeuble du 72, avenue Foch, appartenant à Marcel Boussac, c'est parce que d'une fenêtre du 2e étage il aurait assisté, le

52. Entretien de Madeleine Dassault avec l'auteur.
53. Entretien de Jacques Chirac avec l'auteur. Le Conseil de Paris a pris cette décision le 21 octobre 1991.
54. L'activité cinématographique de Marcel Dassault fait l'objet du chapitre 4 de la IIIe partie.

14 juillet 1919, au défilé commémorant la victoire des armées alliées [55]. Il paie cet hôtel particulier de 2 500 mètres carrés près de 20 millions de francs et le fait rénover pour 17 millions. La revente n'en sera pas facilitée.

Marcel Dassault voit très rapidement où se trouve l'utile et l'inutile, selon ses concepts, bien entendu. Il devient alors très exigeant et très difficile d'autant plus que la plupart des personnes qui arrivent à l'aborder cherchent à lui plaire et le contredisent rarement.

Lorsqu'il propose des idées contestables, il est en butte aux impératifs de sécurité ou aux simples possibilités matérielles. Il répond alors à ses contradicteurs, qui sont généralement ses très proches collaborateurs : *« Bon, je vois, vous ne voulez pas faire ce que je vous demande »* et se retire. *Quelques jours après, ayant réfléchi, il revient en disant : « Bon, pour vous faire plaisir on va faire comme vous le souhaitez* [56] *».*

Dans la construction immobilière, Marcel Dassault peut se payer toutes ses idées, même les plus extravagantes. Comme dans d'autres domaines, il y montre une attitude difficile à saisir.

Son architecte, Tigrane Hékimian, raconte que lorsqu'il s'est installé à son compte, Marcel Dassault lui a spontanément proposé de lui prêter de l'argent :

« J'ai refusé car je ne voulais pas être dépendant d'un de mes clients. Il a insisté, j'ai alors senti que s'il n'avait pas satisfaction j'allais casser quelque chose.

« J'ai compris qu'il aimait, à la fois rendre service et en même temps rendre son entourage débiteur. J'ai accepté, signé des traites puis progressivement tout remboursé [57]. »

Alors que les travaux sont engagés dans l'un de ses immeubles, les sociétés qui fournissent les faux plafonds et les carrelages font faillite. Leurs ouvriers, qui travaillent particulièrement bien, sont appréciés de Marcel Dassault. Il leur conseille de créer leur propre entreprise. Pour qu'ils puissent se lancer, il les fait participer à la construction de Coignières.

Marcel Dassault fait aussi jouer la solidarité des anciens déportés. Max Brézillon [58], déporté avec lui à Buchenwald, dirige une entreprise de travaux publics. Marcel Dassault le fait travailler à Coignières et dans l'Oise. Pichon-Darambide, lui aussi déporté, patron d'une entreprise de peinture et de ravalement est choisi pour l'immeuble de la place de l'Etoile.

A Coignières, comme ailleurs, Marcel Dassault continue d'étonner. L'un de ses chauffeurs possède un chien qui ne veut jamais quitter sa voiture et refuse d'aller dormir dans sa niche. Pour ne pas contrarier l'animal, Marcel Dassault, qui aime les chiens, achète une nouvelle voiture.

Par contre, sur un de ses chantiers, alors qu'un ouvrier lui rapporte une

55. Entretien de Tigrane Hékimian avec l'auteur.
56. Entretien de Robert Bing et Tigrane Hékimian avec l'auteur.
57. Entretien de Tigrane Hékimian avec l'auteur.
58. Conseiller régional de l'Oise.

liasse de billets de banque tombée de sa poche – sans que personne ait rien remarqué – tous s'attendent à un geste de générosité. Marcel Dassault ne donne rien et maugrée : « *Celui-là, il ne sera jamais riche!* »

Lorsque les ouvriers du chantier de Coignières mettent à jour un petit sac rempli d'une cinquantaine de pièces d'or, il ne demande pas sa part de propriétaire mais répartit les pièces entre les ouvriers présents [59].

Contraste étonnant chez un homme à la fois reconnaissant, généreux et imprévisible.

Avec l'âge, Marcel Dassault entend mal au téléphone. Pour faciliter leur communication, son architecte lui propose d'installer un petit bureau dans une pièce vide de l'immeuble du Rond-Point afin de pouvoir établir une permanence journalière, à heure fixe. Marcel Dassault accepte et, le jour même, fait libérer un bureau contigu au sien. Il en informe immédiatement Tigrane Hékimian :

« *Votre bureau est débarrassé. Vous pouvez donc commander une table à dessin, un tabouret de table à dessin, un bureau, un fauteuil et deux chaises allant avec le bureau, éventuellement un classeur.*

« *Faites livrer tout cela avec la facture au Rond-Point* [60]. »

Il n'a plus qu'à s'installer rapidement.

L'architecte, rencontrant fréquemment Marcel Dassault, a pu remarquer son comportement avec d'autres interlocuteurs :

« *Quand on allait dans son bureau, soit il vous mettait en face, soit il venait s'asseoir à côté de vous, soit sur le canapé en face, ceci selon le degré de familiarité qu'il voulait créer.*

« *En quittant son bureau, il vous saluait devant la porte, ou vous raccompagnait jusqu'à l'ascenseur ou jusqu'en bas de l'ascenseur. C'était selon son humeur et la considération qu'il voulait y mettre* [61]. »

Jusqu'à ses derniers jours, Marcel Dassault s'est passionné pour la construction immobilière. Son architecte en est encore étonné :

« *Trois mois avant sa mort, il m'a dit qu'il avait en projet une autre grande réalisation, plus importante que ce qu'il avait fait jusqu'à présent mais il ne m'en a pas dévoilé l'objet.*

« *Quand il agissait, c'était toujours avec une idée bien précise, il y avait toujours une raison à ses actions. Je pense que, comme les grands hommes, il a voulu laisser sa trace avec des constructions* [62]. »

Les goûts de Marcel Dassault peuvent être discutés mais pas la passion qu'il a mise dans ses réalisations. La villa du Golf et l'immeuble du Rond-Point des Champs-Elysées constituent ses créations les plus spectaculaires.

Passionné par la construction, il l'est aussi par la sauvegarde du patri-

---

59. Entretien de Tigrane Hékimian avec l'auteur.
60. Lettre du 6 mai 1985, archives Dassault.
61. Entretien de Tigrane Hékimian avec l'auteur.
62. *Ibid.*

moine national. Il envisage de créer une fondation pour aider la recherche scientifique à prévenir ou arrêter le cours des maladies de la pierre qui touchent les sites historiques. En 1969, il est disposé à effectuer un premier versement de 500 000 francs [63] pour subventionner cette fondation qui porterait son nom :

« *Cette recherche scientifique – dont les conséquences sont incalculables, sur le plan économique comme sur le plan culturel – se trouve entravée par l'insuffisance des ressources qui lui sont affectées. Sait-on qu'en 1969, le Centre de recherches sur les monuments historiques n'a disposé que de 200 000 francs pour lutter contre les maladies de la pierre* [64] *?* »

Toutefois, devant de nombreuses difficultés administratives, le projet de cette Fondation n'aboutit pas.

Toutes ces activités de construction immobilière n'empêchent pas Marcel Dassault de concevoir des avions et de compléter ses activités par un domaine totalement différent : la presse.

63. Environ 2,5 millions de francs 1990.
64. Marcel Dassault, note du 31 décembre 1969, archives Dassault.

3

LA PRESSE

Pourquoi Marcel Dassault s'est-il lancé dans la presse? Il n'existe que peu d'explications si ce n'est cette justification donnée à Jean Cabrière :

« *Le seul moyen de se défendre, c'est de faire partie de leur corporation*[1]. »

Marcel Dassault commence très tôt à vouloir acquérir un organe de presse :

« *Quand j'ai été élu député avec Bénouville, en 1951, nous avons voulu faire un journal. Le titre :* Semaine de France. *C'était plutôt un sous-*Match. *On y parlait de politique dans le but de faire revenir le général de Gaulle au gouvernement.* »

L'hebdomadaire n'est pas un succès. Marcel Dassault interrompt sa parution à la fin de 1952 et revend son titre à Robert Hersant :

« *Parce que nous faisions de la politique et que* Match *était mieux équipé que nous, nous étions battus par lui sur son propre terrain*[2]. »

« *Je n'ai jamais voulu faire ni un journal comme* L'Aurore *ni comme un autre journal analogue. Je n'ai jamais fait de journaux avec Prouvost. Je sais que les amis de Pinay avaient voulu faire un anti-*Monde *mais je n'ai pas participé à ce projet. Je n'ai pas davantage voulu faire un journal comme* L'Excelsior[3]. »

Jours de France

En 1954, Marcel Dassault crée un nouvel hebdomadaire, *Jours de France* qui cherche également à concurrencer *Paris Match* mais sur un autre terrain.

Les premiers mois sont difficiles :

---

1. Propos rapportés par Jean Cabrière à l'auteur.
2. *L'Expansion*, octobre 1967.
3. 19 janvier 1983, archives Dassault.

« Au début, Jours de France *était un journal politique mais, très vite, nous avons compris que, pour qu'un journal politique ait une influence, il fallait qu'il soit beaucoup lu et que, pour être beaucoup lu, il ne fallait pas y parler de politique*[4]*. »*

C'est sur ce constat que se base toute la stratégie de presse de Marcel Dassault :

« Cela nous a conduits à faire un hebdomadaire à grande diffusion dans lequel nous ne parlons jamais des catastrophes que l'on voit à la télévision, dont nous entretient la radio et que reprennent tous les quotidiens. Nous avons voulu donner à nos lecteurs quelque chose d'autre[5]*. »*

« D'un hebdomadaire déficitaire, j'ai voulu faire un hebdomadaire bénéficiaire. J'aurais pu laisser tomber, mais j'avais des collaborateurs sympathiques. Ce journal est devenu une habitude.

« Petit à petit, j'en suis venu à lui donner sa formule actuelle. Je la crois agréable : on ne dit jamais de mal de personne et toujours du bien quand il y a une occasion d'en dire. Il y a des romans intéressants, de très belles photos de mode, de l'actualité gaie. Pas de choses tristes, ou très rarement. J'aurais aussi bien pu l'appeler La Vie en rose.

« Nous approchons du million en tirage[6] *: nous sommes à 750 000 de vente. Nous avons un gros budget de publicité. Notre chiffre d'affaires oscille de 130 à 150 millions de francs, avec un bénéfice de 4 ou 5 millions.*

« J'ai créé une formule nouvelle qui a trouvé sa propre clientèle. L'avantage de Jours de France, *c'est que j'en ai fait un journal automatique. Il tourne en quelque sorte tout seul, avec un minimum de travail pour moi. J'ai choisi des dessinateurs, des auteurs de romans. Je ne publie pas de romans tout faits, je veux que ces romans soient faits dans le style de mon journal et pour lui. Une seule partie d'actualité, avec essentiellement du cinéma et des princesses*[7]*. »*

Marcel Dassault cible également la clientèle de son hebdomadaire :

« Les femmes sont très intéressées par nos romans, et surtout par la mode, bien sûr, qui plaît également aux hommes.

« C'est, en quelque sorte, l'hebdomadaire de la vie en rose !

« Lorsque, par hasard, nous publions un article politique, il est vu par quatre millions de lectrices et de lecteurs[8]*. »*

24 Heures

En octobre 1965, Marcel Dassault a envie de lancer un quotidien, *24 Heures* :

---

4. Marcel Dassault, *Le Talisman*, page 115.
5. *Ibid.*, page 116.
6. En 1967.
7. *L'Expansion*, octobre 1967.
8. Marcel Dassault, *Le Talisman*, page 116.

« Puis un jour, j'ai été de nouveau hanté par le quotidien. Mais je me suis rendu compte qu'il faudrait tenir pendant des années et le quotidien est un travail harassant. Je ne pouvais pas m'y laisser prendre[9]. »

« Quelqu'un qui fait d'abord de l'aviation peut s'intéresser à d'autres sujets qui ne l'absorbent pas trop, mais être rédacteur en chef d'un quotidien, c'est impossible[10]. »

Effectivement, ce journal est un échec et cesse de paraître en septembre 1966. Marcel Dassault a sous-évalué les difficultés mais en tire des leçons :

«Alors, je l'ai supprimé ; mais j'ai gardé quelque chose de cette expérience. 24 Heures *a contribué à améliorer* Jours de France. *Par exemple, j'y ai transféré des bandes dessinées, mais avec des dessins élégants, comme des miniatures*[11]. »

Si Marcel Dassault n'a pas réussi dans son journal, il ne refuse pas d'aider les autres. Quand Jean-Jacques Servan-Schreiber veut créer le sien, il reçoit une proposition d'aide de Marcel Dassault :

« Dassault, qui est aussi humain dans les rapports personnels qu'il peut se montrer dur et cynique dans les rapports d'affaires, exprime son espoir dans notre réussite et ajoute : " J'aime la jeunesse. C'est vous qui allez la guider. Moi, je ne peux faire qu'une chose : vous aider. Venez me trouver si vous avez des difficultés. Et, pour vous témoigner ma sympathie, je vous ai apporté un premier petit chèque. Tenez, le voilà. "

« Et il me tend, de la main à la main, un chèque signé Dassault, sur la banque Dassault, de 5 millions de francs

« L'intention est attendrissante. Comment pourrait-il se rendre compte que je ne peux absolument pas accepter ce genre d'appui. Sans vouloir le froisser, je dois néanmoins couper court à tout malentendu... et à tout ragot[12]. »

Marcel Dassault, rédacteur en chef

On a souvent prêté à Marcel Dassault des propos et des actes qui ne correspondent pas à la réalité du personnage. Comme il n'a que très rarement répondu aux critiques, une véritable légende s'est créée autour de lui.

Quand, en 1976, *Minute* publie quelques anecdotes le concernant, il écrit au directeur de l'hebdomadaire :

« J'ai lu votre article me concernant paru dans votre hebdomadaire de ce jour. Je reconnais bien volontiers qu'il a le mérite de ne pas être diffamatoire.

« Par contre, il me fait passer pour un idiot. [...]

---

9. *L'Expansion*, octobre 1967.
10. Marcel Dassault, 19 janvier 1983, archives Dassault.
11. *L'Expansion*, octobre 1967.
12. Jean-Jacques Servan-Schreiber, *Passions*, Editions Fixot, 1991.

« On me prête toutes sortes d'attitudes et de mots que je n'ai jamais prononcés et qui n'ont jamais été les miens [13]. »

Marcel Dassault s'insurge alors contre l'histoire très connue selon laquelle, voyant des photographies de mauvaise qualité, il aurait demandé : *« Par qui ont-elles été faites? »* Un de ses collaborateurs répond : *« Par Bélino* [14] ». Marcel Dassault aurait alors dit : *« Ce Bélino, foutez-le à la porte! »*

Dans la même lettre, il précise :

« Où je deviens complètement idiot, c'est quand vous me faites dire : " Bélino, foutez-le à la porte ". Je vois d'ailleurs très bien d'où vient cette aimable plaisanterie.

« Je crois qu'à l'avenir il sera préférable d'en rester à votre attitude précédente, c'est-à-dire le silence, jusqu'à ce qu'éclate une vérité qui sera là une véritable information. »

L'examen de ses archives permet d'apporter un éclairage nouveau sur le comportement de Marcel Dassault. Il est à la fois tyrannique, calculateur, moqueur, généreux, paternaliste et excellent vendeur.

Tout d'abord, il dirige personnellement et avec beaucoup d'intérêt le comité de rédaction de ses publications, il est donc responsable, en tant que propriétaire et rédacteur en chef, des orientations qui font leur réussite ou leur échec. C'est ensuite au lecteur de sanctionner le journal en l'achetant ou non.

Marcel Dassault joue la carte de la complémentarité et non celle de la concurrence. Lorsqu'il arrive à son bureau, il prend connaissance des dernières publications :

« Je fais comme tout le monde : je lis Le Figaro *et* L'Aurore, *le soir* France-Soir *et* Le Monde. *Bien entendu, j'y ajoute les informations financières.*

« Je ne lis pas tout. Ce qui m'intéresse est bien suffisant.

« J'écoute la radio à sept heures du matin et je branche à nouveau mon poste à sept heures et demie, puis à huit heures. Alors, je sais déjà beaucoup de choses. Je n'ai pas besoin de les relire dans les journaux. C'est bien pour cela que j'aimerais y trouver d'autres documents [15]. »

Dans ses publications, comme dans toutes ses entreprises, Marcel Dassault s'occupe de tout ce qui l'intéresse : choix des articles, des dessins, des photos, des mots-croisés, des romans, de la mise en page, etc. :

« Il s'occupait vraiment de tout, il a même fait rectifier les dessins des signes du zodiaque. Il s'intéressait aussi à la façon dont étaient conçus les patrons de mode qui permettent de confectionner les robes [16]. »

---

13. Lettre au directeur de *Minute*, 27 octobre 1976, archives Dassault.
14. Système de transmission des images par fil.
15. « Radioscopie », France Inter, janvier 1971.
16. Entretien de Jeanine Grandin avec l'auteur.

Michel Clerc, qui a été rédacteur en chef de *Jours de France*, a raconté en détail ses journées de travail avec son patron [17] :

« Il ne redoutait que deux choses au monde : les microbes et les courants d'air. Il avait des mains diaphanes et la peau ivoirine. Mais, si l'enveloppe était fragile, l'homme était en béton armé.

« Si l'on croyait lire la détresse du monde dans son regard presque oriental, c'était justement parce que de toutes ses forces, il rejetait le malheur.

« Quand j'étais son collaborateur, il lui arrivait de s'inquiéter : " Vous avez l'œil un peu brillant ce matin, monsieur le rédacteur en chef, qu'est-ce qui ne va pas? "

« Interrompant une séance de travail, il venait près de moi. Il tirait de son gousset une belle montre ciselée et, posant son index sur mon poignet, il commençait alors à compter les battements de mon pouls. Silence de mort.

« Marcel Dassault, fils de médecin, avait un don de médium pour déceler un début de grippe ou le plus minime risque de contagion.

« Cet excès de sollicitude l'amenait à me téléphoner tous les matins sur le coup de 7 heures pour s'enquérir de ma santé. C'était aussi une façon pour me rappeler qu'il ne supportait pas les retards au bureau [18]. »

Capable de grandes synthèses, il ne néglige aucun détail. Il affecte de ne pas s'intéresser à ce qui préoccupe les autres :

« J'étais, il y a plusieurs années, le rédacteur en chef de son magazine Jours de France, *expérience professionnellement inutile, mais que la personnalité de Marcel Dassault devait me rendre inoubliable.*

« Une seule chose m'étonnait : Dassault semblait indifférent au progrès du tirage et attachait une importance capitale à des détails qui paraissaient négligeables. Cette attention aux détails était sans doute la clé de son génie industriel. Il voyait ce que je ne voyais pas et simplifiait à outrance les choses compliquées [19]. »

A travers son hebdomadaire, Marcel Dassault n'a pas la prétention d'instruire ses lecteurs mais de les distraire. Michel Clerc confirme cette volonté de concevoir un journal agréable pour tous :

«Alors que j'essayais de faire un magazine d'actualités savoureux et bien assaisonné, je voyais grandir de jour en jour l'effroi de Marcel Dassault qui lui, tout au contraire, souhaitait éviter les vagues et me répétait avec cette voix si particulière que je finissais par l'imiter sans le vouloir :

« - Dans le journalisme, il faut être gentil. Faites pas de mistoufles.

« Les mistoufles revenaient souvent dans son vocabulaire qui semblait emprunté à celui de la comtesse de Ségur.

« Il m'interdisait de publier dans Jours de France *des documents montrant des animaux sauvages, des catastrophes ferroviaires ou aériennes, des Noirs, des Asiatiques, des bossus, des chameaux ou des singes : " Tout cela,*

---

17. *Le Figaro Magazine*, 26 avril 1986.
18. *Ibid.*
19. *Ibid.*

disait-il, ça donne des rêves. " Rêves, bien entendu, était un euphémisme pour cauchemars [20]. »

Il est exact que Marcel Dassault refuse les mauvaises nouvelles dans son hebdomadaire, il s'en explique :

« *On me reproche de ne pas faire publier les nouvelles tristes; on ironise parce que mon hebdomadaire n'a pas consacré une ligne à l'assassinat du président Kennedy. C'est vrai : je ne veux pas accabler les lecteurs en leur parlant de meurtres et d'incidents ferroviaires, de catastrophes et d'enfants qui meurent de faim au Biafra. Mais, si je ne publie pas ces informations c'est aussi parce que je ne veux pas que mon hebdomadaire diffuse des nouvelles déjà répandues par les quotidiens, la radio ou la télévision* [21]. »

Le principal concurrent de *Jours de France* est *Match*, Marcel Dassault ne tente pas de copier mais de se démarquer. Il tient à ce que sa couverture, quel qu'en soit le sujet, présente la dernière actualité mais pas avec n'importe quelle vedette :

« *Nous avons baissé le tirage avec la couverture de X.*

« *C'est toujours la même chose, les couvertures doivent être d'actualité ou se rapporter à des vedettes connues comme Brigitte Bardot, Sylvie Vartan, Sheila et compagnie.*

« *Une actrice quelconque dont on joue le film ne constitue pas une actualité pour le commun des mortels dont je suis* [22]. »

Son hebdomadaire est avant tout un journal de mode, il tient à conserver cette image de marque. Néanmoins, *Jours de France* contient une partie intitulée « Monde-actualités » qui traite de tous les problèmes. Il accepte alors d'y parler de catastrophe si elle est très récente et non traitée par ses concurrents.

Bien entendu, quels que soient les sujets, puisqu'il s'agit de distraire les lectrices et les lecteurs, les photos doivent être belles. Pour Marcel Dassault, il ne suffit pas d'être membre d'une famille royale pour avoir droit aux honneurs de la couverture de *Jours de France*, il faut aussi être beau :

« *Les rois et les princes sont intéressants dans des costumes de cour ou dans des photos gentilles. Ils ne sont pas intéressants par principe quand ils sont moches* [23]. »

L'intérêt que Marcel Dassault accorde à son hebdomadaire s'étend à tous ses collaborateurs :

« *Il souhaitait connaître personnellement tous les collaborateurs du journal.*

« *Je venais d'embaucher un débutant pour lire la presse étrangère, d'ailleurs mal payé.*

« *– Qui c'est ce nouveau? me demande Marcel Dassault.*

---

20. *Le Figaro Magazine*, 26 avril 1986.
21. Marcel Dassault, *Corriere della Serra*, Milan, 14 mars 1970.
22. Note du 8 octobre 1975, archives Dassault.
23. Note du 26 août 1970, archives Dassault.

« Connaissant les critères du patron, j'insistai sur sa bonne éducation et la mise tout à fait correcte de mon nouveau collaborateur qui portait, en outre, un titre de marquis.

« - S'il est marquis, me dit Marcel Dassault, alors on peut être à peu près tranquille.

« Il va faire sa connaissance. Le marquis lui tend une main moite comme une éponge. Cela fit sur Marcel Dassault l'effet d'un révulsif. Dans le quart d'heure qui suivit, il m'appela :

« - Foutez-moi ça à la porte ! hurlait-il dans le téléphone, foutez-moi ces mains moites à la porte ! Oui, monsieur, parfaitement, votre marquis a les mains moites ! »

Marcel Dassault a apporté quelques précisions sur son antipathie des mains moites :

« Vous comprenez bien pourquoi j'ai pris cette mesure; nous n'aurions pas pu l'envoyer serrer la main à un ministre tandis que X, il a une bonne présentation et porte de belles cravates ; il pourra, de ce fait, aller partout [24]. »

Marcel Dassault aime les belles cravates. Il en fait la remarque à un de ses collaborateurs qui en arbore régulièrement de splendides :

« J'aurais dû vous acheter La Belle Jardinière, vous auriez fait des affaires avec [25] *! »*

Fidèle à son habitude, il observe et envoie des notes, quelquefois coléreuses et très acides :

« Cher X,

« En voyant ce mauvais numéro de Jours de France *tout le monde dans la maison s'est dit : " Tiens, X. est revenu. "*

« La prochaine fois que vous ne vous conformerez pas à mes instructions de ne mettre dans le journal que d'excellentes photos et une mise en page élégante et que vous continuerez à nous imposer vos mauvaises photos et votre ramassis habituel, j'ai décidé de prendre en main, moi-même, votre rubrique.

« J'engagerai deux secrétaires qui seront là de 9 heures à 13 heures et de 14 heures à 19 heures à la disposition des agences et qui, n'ayant pas d'amitiés particulières, achèteront toujours les meilleures photos dans quelque agence que ce soit.

« Je prendrai un maquettiste (qui ne sera pas Y.) qui sera heureux d'apprendre son métier avec moi, de faire un beau journal et d'obtenir de l'augmentation.

« Vous resterez dans vos fonctions avec vos appointements actuels, mais vous aurez ainsi tout le loisir de vous pavaner chez Régine et autres lieux et de vous adonner, sans remords, à vos occupations clandestines.

« Recevez, cher X., toutes mes amitiés [26]. »

---

24. Marcel Dassault au « Grand Jury » RTL-*Le Monde*, 23 mai 1982.
25. Entretien de Claude Flohic avec l'auteur.
26. Archives Dassault, août 1981.

Bien entendu, X. reste dans ses fonctions. Un autre jour, mécontent, il adresse une note à l'une de ses collaboratrices :

« Lorsque vous arrivez en retard vous seriez aimable de laisser le téléphone dans sa position normale pour qu'il sonne et qu'on ne réponde pas et qu'on sache que vous n'êtes pas là.

« L'astuce qui consiste à mettre le téléphone sur la position " pas libre " laisse supposer que vous êtes en train de téléphoner, ce qui vous laisse un petit délai pour arriver [27]. »

Michel Clerc se souvient des réactions de Marcel Dassault quand ce dernier était particulièrement mécontent :

« Les colères de Marcel Dassault me terrifiaient. Je voyais des veines toutes bleues se gonfler à ses tempes, le nez aux narines palpitantes se pinçait dangereusement, sa pâleur virait au bleu. Rares, mais imprévisibles, ses colères éclataient toujours pour des raisons incongrues.

« Un jour, Marcel Dassault s'affolait parce que j'avais envoyé Victor Franco [28] *au Gabon :*

« - Il va attraper des microbes, il nous contaminera !

« Un autre jour où Edgar Schneider dans sa rubrique avait raconté le sacrifice d'un coq noir au consulat d'Haïti dans un numéro où paraissait également un article de Jacques Garai [29] *sur une organisation terroriste La Main rouge, Marcel Dassault, jugeant que la coupe était pleine, m'adressa une note qui commençait ainsi :*

« - Votre Gabon, vos coqs noirs, vos mains rouges m'empêchent de dormir ! »

Michel Clerc se souvient d'un important différend lors de la mort de l'acteur Gérard Philipe, dont il voulait faire la couverture. On assiste alors au dialogue suivant :

« - Des morts ! Toujours des morts ! Décidément vous êtes morbide !

« – Mais ce n'est pas moi qui fais l'actualité, M. Dassault.

« – Je me fiche de l'actualité !

« – Vous savez bien, M. Dassault, que les femmes adoraient Gérard Philipe. Cette semaine, c'est Gérard Philipe qui se vendra. »

Michel Clerc voit alors briller une étincelle dans l'œil de Marcel Dassault :

« – Non, monsieur, me dit-il, cette semaine, ce qui se vendra, ce n'est pas votre tête de mort : ce sont les " bibis " de BB ! »

En effet, à cette époque, Brigitte Bardot adorait se faire photographier avec des chapeaux originaux et charmants.

Marcel Dassault n'est pas attentif qu'à la couverture, il lit tout le magazine et donne ses commentaires :

« A propos de l'article sur Gilbert Bécaud, vous auriez pu citer n'importe

---

27. Archives Dassault, juin 1983.
28. Futur rédacteur en chef de *Jours de France.*
29. Futur rédacteur en chef de *Marie-Claire.*

laquelle de ses chansons, qui sont en général charmantes, mais vous avez préféré faire de la publicité pour la chanson La Vente aux enchères.

« Or que l'on parle de la vente aux enchères d'un chagrin d'amour, cela m'est complètement égal, bien que je ne comprenne pas à quoi cela correspond, par contre, je n'admets pas qu'on parle dans cette chanson de la mort du héros [30]. »

Ou encore en ce qui concerne la rubrique livres :

«A propos de cette rubrique, je vous rappelle que dans Jours de France *on ne dit jamais de mal de personne et que si un livre est mauvais, pour ne pas tromper le lecteur, on n'en parle pas* [31]. »

Michel Clerc finit par estimer qu'il ne peut plus continuer à travailler dans ces conditions :

« Un type comme moi, contaminé par le virus du journalisme classique, n'avait plus sa place. Ce fut Marcel Dassault qui me succéda comme rédacteur en chef. Il a fait de Jours de France *le premier magazine de bibliothèque rose* [32]. »

Marcel Dassault essaie d'appliquer à son hebdomadaire les normes de gestion et de réalisation qui réussissent bien dans sa société aéronautique. Il s'en explique auprès de ses collaborateurs :

« Si vous aviez fini de lire Plick et Plock *vous sauriez probablement qu'il faut réfléchir avant d'agir.*

« C'est parce que je sais que vous ne réfléchissez pas que j'ai été forcé de faire un journal automatique [33]. »

« Je tourne en rond pour trouver la formule de Jours de France *qui vous donnera le moins de travail parce qu'elle est pratiquement automatique et qui me donnera le moins de chance à moi-même d'attraper une attaque* [34]. »

Il semble oublier qu'un journal ne peut être conçu selon les mêmes critères et que, surtout, les délais de réalisation ne sont pas les mêmes car tous les huit jours un nouveau numéro doit sortir ce qui laisse peu de temps pour la réflexion.

Quand son petit-fils Olivier vient travailler avec lui, Marcel Dassault, connaissant son goût pour la photographie, lui dit :

« Tiens, Olivier, si tu veux arrondir tes fins de mois, tu pourrais faire quelques couvertures de Jours de France [35]. »

Enchanté, Olivier se met au travail, espérant jouer par la suite un rôle dans l'élaboration de l'hebdomadaire :

« J'étais enthousiaste. J'espérais faire naître de nouvelles rubriques (critiques de cinéma, mode pour les jeunes, etc.). Ce fut le cas, mais je me ren-

---

30. Note du 29 septembre 1983, archives Dassault.
31. Note du 9 octobre 1975, archives Dassault.
32. *Le Figaro Magazine*, 26 avril 1986.
33. Note du 26 décembre 1973, archives Dassault.
34. Note du 22 mars 1976, archives Dassault.
35. Entretien d'Olivier Dassault avec l'auteur.

dis rapidement compte que le journal avait son style propre et qu'il était difficile de le faire évoluer. C'était à moi de me plier ou de refuser[36]. »

Olivier Dassault admire la passion de son grand-père pour cet hebdomadaire :

« *Il fallait parler dans* Jours de France *de santé, d'amour, de fantaisie, raconter la vie merveilleuse des princesses et des grands de ce monde, présenter les collections de haute couture, illustrer les cocktails et les grands dîners. C'est-à-dire faire passer un certain nombre d'idées par une palette complète d'informations visant à embellir et non à assombrir la vie de tous les jours*[37]. »

Les personnalités que l'on retrouve régulièrement sur la couverture de *Jours de France* sont les préférées de Marcel Dassault : Mireille Mathieu, Chantal Goya, Thierry Le Luron, Caroline de Monaco, Brigitte Bardot, Sylvie Vartan, Sheila.

Pour ses pages de mode, il aime les mannequins qui correspondent à ses goûts. Il les fait habiller par les plus grands couturiers, particulièrement Coco Chanel et Christian Dior :

« *N'oubliez pas de choisir des mannequins jeunes et des robes élégantes, surtout pas typiques, c'est-à-dire ridicules*[38]. »

« *Si l'on veut faire une photo d'un mannequin avec un manteau de fourrure, comme en général quand on porte une fourrure il fait froid, elle doit avoir les yeux mi-clos et la joue se frottant sur la douceur de la fourrure.*

« *L'espèce de folle qui rigolait et que vous avez affublée d'un manteau de fourrure aurait été très bien sortant de l'eau, dans un costume de bain.*

« *Quand on fait une photo, il faut tout de même se placer dans l'ambiance qui correspond au vêtement que l'on porte*[39]. »

« *Vous seriez aimable ou de prendre des mannequins de quatorze ans ou de prendre des femmes qui aient une taille.*

« *Soit que vos mannequins n'en ont pas, soit que les modèles soient mal choisis, elles ont l'air de poteaux télégraphiques et plus exactement de barriques*[40]. »

La moindre anomalie de présentation déclenche sa réaction. Une note s'ensuit rapidement :

« *Je vous ai dit et écrit plus de mille fois en trente ans que, sauf cas exceptionnel, on ne devait pas faire plus de quatre pages pour un même sujet.* [...]

« *Je sais bien que pendant trente ans vous vous êtes dit : " Cause toujours mon bonhomme, moi je fais ce qui me plaît " et vous l'avez fait. Mais comme trente ans c'est long, cela vous conduit tout doucement, en rigolant*

36. Entretien d'Olivier Dassault avec l'auteur.
37. *Ibid.*
38. Note du 11 septembre 1971, archives Dassault.
39. Note du 25 septembre 1971, archives Dassault.
40. Note du 16 juin 1975, archives Dassault.

à l'âge de la retraite et le général [de Bénouville] *vous a dit ce qu'il en pensait* [41]. »

Exceptionnellement, « l'accusé » répond :

« Vatel s'est suicidé pour moins que cela, mais rassurez-vous, je ne le ferai pas, car je pense que tout au long de ces trente années passées auprès de vous, ma " cuisine " ne fut pas mauvaise et qu'elle continuera longtemps encore à faire ses preuves [42]. »

Jours de France doit avoir le style de Marcel Dassault, gare à celui qui l'oublie et envoie un article qui ne correspond pas à son attente :

« J'ai lu votre article. Il est bien documenté, je reproche toutefois qu'on y trouve trop de phrases entre parenthèses ou entre virgules, qui ralentissent le cours de la lecture et qui sont inutiles. Ci-joint votre article réécrit [43]. »

Coléreux et exigeant, Marcel Dassault sait aussi remercier ses collaborateurs : il est rarement rancunier. C'est ainsi qu'à presque chaque numéro de *Jours de France*, quand il apprécie un reportage, une photographie, une belle présentation, il distribue des primes, quelquefois avec humour :

« La photo de couverture de Sylvie Vartan est excellente. C'est probablement un hasard qui, malgré tout, vous vaut une gratification de 1 000 francs [44]. »

En 1985, il arrive que les primes atteignent 5 000 francs. C'est ainsi que ceux-là même qui reçoivent mercredi une lettre de reproches, reçoivent vendredi des félicitations accompagnées de gratifications substantielles.

Etre renvoyé est difficile chez Marcel Dassault car il accepte les erreurs et les faiblesses humaines mais il ne faut surtout pas lui mentir ni trahir sa confiance.

Quand il part en vacances, il délègue avec peine une parcelle de son autorité :

« Faites en sorte que je n'attrape pas une maladie de cœur en voyant des numéros qui n'auraient plus rien à voir avec les bons principes que je vous ai inculqués [45]. »

En ce qui concerne la publicité qui est gérée directement par *Jours de France*, il rappelle sans cesse ses conceptions :

« Je crois vous avoir déjà dit que je ne voulais pas prendre de publicité rédactionnelle qui encombre le journal et trompe le lecteur.

« Les placards publicitaires ne trompent pas le lecteur et, dans certains cas, peuvent lui être utiles [46]. »

Jours de France est certainement le seul journal de mode au monde à passer toutes les semaines des publicités pour des avions. Régulièrement, les

41. Note d'août 1983, archives Dassault.
42. Lettre d'août 1983, archives Dassault.
43. Note du 27 novembre 1970, archives Dassault.
44. Note du 3 août 1970, archives Dassault.
45. Note du 11 décembre 1974, archives Dassault.
46. Note du 18 septembre 1980, archives Dassault.

Mirage, Falcon et Mercure sont présents. Publicité facile dont Marcel Dassault ne cherche pourtant pas à abuser :

« Trois publicités d'aviation, comme aujourd'hui, dans le n° 1 100, c'est beaucoup trop, cela n'a pas de raison d'être dans un journal de mode.

« En conséquence, il faut en faire une par semaine et deux si, par hasard, il y a un trou à boucher[47]. »

Pour diffuser largement son hebdomadaire, Marcel Dassault offre des abonnements gratuits à de nombreuses personnes. Les membres du gouvernement, les parlementaires, les élus et les habitants de sa circonscription électorale sont abonnés gratuitement ainsi que ceux de Coignières. De nombreux cabinets médicaux et salons de coiffure reçoivent également l'hebdomadaire de la « vie en rose ». Marcel Dassault pense ainsi faire passer sa conception de la vie dans les salles d'attente.

Il obtient parfois des réactions inattendues. C'est ainsi que dans l'Oise, certains marchands de journaux protestent contre ce qu'ils considèrent comme une concurrence déloyale et une perte de chiffre d'affaires. Marcel Dassault calme les esprits en envoyant un chèque de dédommagement aux intéressés.

Au début des années quatre-vingt, la parution du *Figaro Magazine* ampute une partie de la clientèle et de la publicité de *Jours de France*. En 1984, Robert Hersant se propose de le racheter mais Marcel Dassault ne peut s'y résoudre.

Ce n'est qu'après sa mort que l'hebdomadaire est vendu à Havas qui le revend à Robert Hersant.

Les relations avec la presse

Homme public, Marcel Dassault est obligé de tenir compte des réactions des journalistes.

Dans sa société aéronautique, il emploie toujours un ancien pilote comme correspondant de presse avec la mission d'être « *copain* » avec les médias et surtout de ne pas trop les informer. Depuis ses problèmes d'avant guerre, il se méfie de la presse mais cherche toujours à l'avoir de son côté.

En ce qui le concerne, il est son propre attaché de presse. Il y réussit bien puisque, jusqu'au milieu des années soixante-dix, il est rarement l'objet d'attaques. Certains disent qu'il sait prendre des précautions en offrant ce qu'il faut à ceux qui veulent le critiquer. D'autres racontent qu'il fait remettre, tous les mois, d'importantes sommes d'argent à des journaux à scandales pour éviter qu'on ne parle de lui. Une chose est certaine, Marcel Dassault sait récompenser ceux qui lui sont agréables et sait anticiper pour éviter les désagréments, sa correspondance en témoigne. La chose est telle-

47. Note du 8 janvier 1976, archives Dassault.

ment connue que certains journalistes n'ont pas hésité à écrire quelques lignes désagréables sur lui ou sur ses avions afin de déclencher le généreux réflexe de prévention de l'illustre avionneur.

Selon Marcel Bleustein-Blanchet, la moindre déclaration hostile était désagréable à Marcel Dassault :

« Comme il n'aurait pas pu se défendre tout seul, il a su choisir les intermédiaires pour se battre. Bénouville le protégeait de tous ceux qui voulaient lui soutirer de l'argent et ils étaient nombreux!

« Ses publicités étaient destinées à faire plaisir. Il payait des publicités pour éviter le chantage [48]. »

Marcel Dassault feint d'être indifférent aux critiques dont il est l'objet ou aux révélations sur sa vie privée. En réalité, il encaisse durement les coups et ne sait pas toujours comme réagir.

C'est ainsi qu'il hésite sur la conduite à tenir lors de la parution, en 1983, du livre de Pierre Assouline, *Monsieur Dassault*, qu'il juge *« plein d'erreurs et diffamatoire »* : faire saisir le livre? racheter la maison d'édition? écrire un « contre livre »? faire un procès? Finalement, il laisse faire avec ce commentaire :

« Il ne me paraît pas nécessaire aujourd'hui de contraindre un petit éditeur, comme trop de petits commerçants et artisans, à déposer son bilan.

« Et puis, où commence et où finit la liberté de la Presse [49]*?* »

Par contre, il s'amuse à la lecture de *Vol 714 pour Sydney* d'Hergé disant : *« C'est bien moi! »* puis envoie au célèbre auteur belge une lettre de félicitations [50].

Selon son entourage [51], il est resté insensible aux bandes dessinées de Régis Franc, intitulées *Tonton Marcel*, présentant un capitaine d'industrie, constructeur d'avions, mégalomane, atrabilaire et tyrannique, caricature de Marcel Dassault.

Marcel Dassault toujours à la recherche d'un nouveau média lui permettant de s'exprimer et de se distraire, s'intéresse aussi à la radio.

EUROPE 1

Il désire d'abord prendre une participation dans Radio Télé Luxembourg (RTL) mais le président Valéry Giscard d'Estaing s'y serait opposé, ce que dément Marcel Dassault :

« Giscard était tout à fait d'accord pour que j'achète 8 % de Radio Luxembourg, mais ce sont les actionnaires qui n'ont pas voulu sous prétexte qu'ils allaient payer trop d'impôts dans un délai donné. Ils voulaient

48. Entretien de Marcel Bleustein-Blanchet avec l'auteur.
49. 24 janvier 1983, archives Dassault.
50. Entretien de Laurent Dassault avec l'auteur.
51. Entretien avec Madeleine Dassault, Pierre de Bénouville, Olivier et Laurent Dassault.

attendre une date plus lointaine pour les vendre. Fatigué d'attendre, j'ai préféré entrer à Europe n° 1 [52]. »

Après l'arrivée de la gauche au pouvoir et le développement des radios libres, Marcel Dassault acquiert, au début de 1982, sur les conseils de Sylvain Floirat, 20 % de la société Europe 1 – Images. Il devient ainsi le deuxième actionnaire après la SOFIRAD représentant l'Etat français. Les négociations ont été très rapides :

« *Sylvain Floirat lui a proposé d'acheter des actions. Mon grand-père a dit : " Elles cotent combien actuellement ? " Sylvain Floirat a donné le chiffre, il a répondu : " C'est d'accord ! " et l'affaire s'est faite* [53].

Marcel Dassault avait aussi envisagé d'étendre ses activités à la télévision mais la mort a mis un terme à ses projets.

Malgré ses occupations dans *Jours de France*, Marcel Dassault a besoin, pour « charmer ses loisirs », d'une nouvelle activité. Le cinéma devient alors une autre de ses grandes passions.

52. Archives Dassault, 19 janvier 1983.
53. Entretien de Laurent Dassault avec l'auteur.

4

LE CINEMA

Marcel Dassault fait le point sur ses distractions :

« L'aéronautique : bon ! je m'occupe des prototypes, mais on n'en fait pas souvent [1]. Jours de France, *c'est de la routine. La politique : bon, tout va bien, j'ai des électeurs fidèles. Alors le cinéma, ça distrait : j'ai toujours aimé raconter des histoires. Au lycée, j'avais de bonnes notes en narration. »*

Il s'est toujours intéressé au septième art et va régulièrement au cinéma, avec son épouse, le dimanche après-midi et quelquefois au théâtre [2].

En 1967, Marcel Dassault, rencontrant des journalistes, parle de ses projets :

« Regardez ces deux bandes dessinées. Lisez-les. Vous vous apercevrez qu'elles pourraient faire un film merveilleux. Je suis actuellement en train de reprendre le courant de mes affaires. Si j'ai le temps, pourquoi ne pas faire du cinéma [3]. »

La vente de l'ensemble immobilier jouxtant son immeuble du Rond-Point des Champs-Elysées, qui contient la salle de cinéma Le Paris, lui offre l'occasion de mettre un pied dans l'industrie cinématographique :

« Quand on est propriétaire de quelque chose, il est normal d'acheter ce qui se présente à côté. J'ai acheté Le Paris. »

Son petit-fils, Olivier, raconte :

« La salle du Paris était à vendre. Plutôt que de laisser des " étrangers " s'installer sous ses fenêtres, il préféra l'acheter en disant :

« – Je ne veux pas que quelqu'un puisse regarder dans mon jardin [4]. »

Bien entendu, Marcel Dassault ne peut pas posséder un cinéma ordinaire avec un personnel peu payé et mal habillé. Il fait réaménager entièrement le

---

1. Dans sa carrière, Marcel Dassault a quand même réalisé 92 prototypes différents auxquels s'ajoutent les avions dérivés soit une moyenne de plus d'un prototype par an !
2. Entretien de Madeleine Dassault avec l'auteur.
3. *L'Expansion*, octobre 1967.
4. Entretien d'Olivier Dassault avec l'auteur.

cinéma qu'il dote de deux salles, décide de mensualiser le personnel et de le faire habiller par un grand couturier.

Il entend appliquer ses idées en ne projetant que des films qui lui plaisent. Mais, ne possédant qu'un seul cinéma, il est hors des grands circuits de distribution :

« J'ai commencé par passer d'anciens films comme Le Docteur Jivago *ou* My Fair Lady *et puis évidemment ça s'est vite épuisé.*

« Comme je ne fais pas partie d'un circuit je me suis dit bon il faut que je fasse moi-même mes films, j'ai été coproducteur[5]*.»*

Fidèle à sa tactique, il rencontre alors plusieurs personnalités du monde du cinéma pour se faire expliquer les subtilités du septième art.

Marcel Dassault producteur

Ayant apprécié plusieurs films de la société Gaumont International, il invite à déjeuner son président, Alain Poiré et, en février 1974, lui propose une association :

« J'ai fait une rencontre décisive pour ma vie et pour Gaumont : celle d'un personnage extraordinaire pour lequel je garde une affection profonde. Outre que c'était un génie et qu'il est toujours formidable de côtoyer des génies, c'était un génie qui débordait d'humour.

« Je ne sais pourquoi Marcel Dassault me faisait sans cesse penser à Sacha Guitry. Sans doute sa façon de tout entendre sans écouter (il aurait fallu être bien fou pour se fier à sa surdité !), de tout savoir sans questionner, de lire en vous sans qu'on ait à s'exprimer, de demander à la vie de vous amuser sans s'occuper du prix qu'il faudrait payer[6]*. »*

Effectivement, Marcel Dassault a beaucoup de points communs avec Sacha Guitry : il est tourné vers le faste, la magnificence, le beau; il en a le côté grand seigneur accompagné d'une certaine philosophie assortie d'une façon de faire originale.

Comme Sacha Guitry, il aime ceux qui sont courtois, qui font immédiatement ce qu'il dit ; comme lui, il téléphone lui-même à ses interlocuteurs sans passer par sa secrétaire.

Par contre, Marcel Dassault ne dilapide pas son argent et sait gérer ses affaires.

Une autre comparaison peut être faite avec le milliardaire américain Howard Hughes, propriétaire de la société aéronautique du même nom et de la compagnie aérienne TWA. Pilote d'avions, titulaire de records de vitesse et de distance, constructeur, c'est aussi un producteur de cinéma, grand amoureux des stars avec lesquelles il défraye la chronique.

Un certain parallélisme peut exister entre les deux hommes : l'aviation, le cinéma, un certain sens de l'aventure et de l'action. Ils partagent également

---

5. « Grand Jury » RTL-*Le Monde*, 23 mai 1982.
6. Alain Poiré, *200 films au soleil*, page 354.

la même phobie des microbes, Marcel Dassault n'allant quand même pas jusqu'aux excès d'Howard Hughes qui connaît une fin dramatique.

En 1974, Marcel Dassault devient coproducteur, à 50/50 avec Gaumont, de films qu'il est libre de financer ou non.

Sa première réalisation est *La Gifle* de Claude Pinoteau avec Annie Girardot, Lino Ventura mais aussi avec une nouvelle actrice au talent prometteur... Isabelle Adjani dont c'est le premier grand rôle au cinéma. Le scénario, proposé par Gaumont et qu'il a beaucoup aimé, est de Jean-Loup Dabadie.

En janvier 1974, il monte sa propre société, Productions 2000 [7], avec un objectif simple :

« *Je désire me spécialiser soit dans les films romantiques, pour le moment tous nos espoirs reposent sur Autant-Lara, soit dans des films jeunes et gais, comme* La Gifle, *mais disposant en plus d'un certain nombre de gags, comme dans* La Course à l'échalote [8]. »

Pour l'aider dans cette nouvelle société, il propose à Alain Poiré de venir travailler en exclusivité pour lui. Alain Poiré est réticent, il désire rester chez Gaumont. Marcel Dassault estime qu'on ne peut pas lui résister. Quand il a confiance en quelqu'un, il lui faut avoir cette personne sous la main. Il pense alors déclencher une offre publique d'achat (OPA) sur Gaumont puis, finalement, en août 1974, il s'entend avec Nicolas Seydoux et achète 10 % des actions à Jean Le Duc. Alain Poiré peut alors travailler pour lui comme producteur conseil tout en restant chez Gaumont.

Olivier Dassault participe aux activités de Productions 2000 et en explique le nom :

« *Mon grand-père n'a pas donné son nom à la nouvelle société par prudence. Il préférait attendre d'être davantage fixé sur les possibilités de réussite de l'entreprise.*

« *Je crois bien qu'il s'est donné à son nouveau métier avec plus de fougue et de passion que jamais. Une passion parfois exclusive. J'étais là pour apporter un regard critique, le point de vue de ma génération, mais pas autre chose. Je ne prenais aucune décision sans le consulter. Mon grand-père entendait bien que le cinéma ne fût point pour lui comme un œillet à sa boutonnière, ni qu'il parût un caprice de magnat vieillissant* [9]. »

Contrairement à ce qui a souvent été raconté, Alain Poiré confirme que Marcel Dassault n'est jamais intervenu dans la réalisation des films en coproduction, il laisse faire la société Gaumont. Par contre, pour les films produits à 100 % par Productions 2000, il se mêle de tout :

« *Il découvrait un nouveau jouet et voulait en tirer le maximum d'amusement. Il suivait le montage, il faisait aller les machines en avant et en*

---

7. Le 1er janvier 1978 les Productions 2000 deviennent Productions Marcel Dassault.
8. Lettre du 28 novembre 1975 à Alain Poiré, archives Dassault.
9. Entretien d'Olivier Dassault avec l'auteur.

arrière avec une évidente satisfaction. Le secret de sa jeunesse résidait dans cette faculté d'émerveillement et cette volonté de s'amuser[10]. »

Marcel Dassault entretient une extraordinaire correspondance avec Alain Poiré, ses metteurs en scène, les monteurs de ses films. Dire qu'il se mêle de tout est un euphémisme quand on constate qu'il n'hésite pas à réécrire complètement certaines scènes du scénario. Rien n'échappe à son œil vigilant, une scène tournée avec une robe rose alors que le scénario prévoyait une robe blanche et c'est immédiatement une lettre de semonces :

« *Je constate une fois de plus qu'on ne suit pas le scénario et que les choses vont comme elles peuvent. Ce sera peut-être beaucoup mieux ainsi, mais si on pratiquait de cette manière pour faire un avion, ce serait une catastrophe*[11]. »

Servi par son extraordinaire mémoire, il se souvient de tous les essais de tournage et peut, plusieurs semaines après, réclamer un plan plutôt qu'un autre alors qu'il ne l'a visionné que quelques secondes. Il participe ainsi, avec beaucoup de pertinence, au tournage et au montage des films :

« *Le cinéma, ça l'a beaucoup amusé, beaucoup passionné. On faisait tout ce qu'il avait envie de faire, il n'y avait d'ailleurs pas moyen de le freiner. Il avait, à la fois, des goûts de midinette et d'homme de son âge. Il avait aussi un très grand bon sens*[12]. »

Il ne se limite pas au montage, au tournage, il s'occupe également de la musique de ses films. Lorsqu'il demande à Jean-Jacques Debout ou à Michel Sardou de la composer, il leur suggère les paroles en prose en leur demandant de s'en inspirer pour les rédiger en vers.

Pour le film *Cha-Cha-Cha*, il fait créer un générique représentant la marque Productions Marcel Dassault :

« *Ce film durera de 12 à 18 secondes et devra composer une musique que vous voudrez bien faire assez rapidement. La musique démarrera douce, puis grossira de plus en plus et deviendra éclatante au moment où apparaîtront les mots Productions Marcel Dassault.*

« *Comme vous le verrez, le dessin représente l'aurore dans laquelle le soleil a été remplacé par un delta pour rappeler les ailes de mes avions. Le delta grandit jusqu'à couvrir tout l'horizon et quand cet horizon est entièrement orange on voit écrit Productions Marcel Dassault*[13]. »

Bien sûr, il est particulièrement sensible à la qualité des images :

« *Les photos du film Y. sont absolument épouvantables et si je l'avais vu avant, je n'aurais certainement pas pris X. comme metteur en scène. Malgré les conseils que je lui donne et que vous vous pourrez lui donner, je crains que nous n'ayons pas fait un bon choix pour le metteur en scène et que ce soit, encore une fois, un film raté.*

---

10. Alain Poiré, *200 films au soleil*, pages 356 et 357.
11. Lettre du 23 août 1983, archives Dassault.
12. Entretien d'Alain Poiré avec l'auteur.
13. Lettre du 14 juin 1982 à Jean-Jacques Debout, archives Dassault.

« *Prions et espérons, mais prions beaucoup* [14]. »

Il fait également très attention au cadrage des scènes. Dans *Gloria*, il réclame le tournage d'une scène dans un omnibus plutôt que dans le métro :

« *Vous savez que dans un omnibus la porte est à l'arrière et que les voyageurs sont sur deux rangées face à face. Ainsi de la porte, on voit tout le monde.*

« *Je ne veux pas de la solution du métro, car les portes étant latérales, même si on ne prend que la moitié ou les trois quarts du wagon de métro, comme la moitié des gens sont de dos et cachent en partie ceux qui sont en face, l'effet n'est évidemment pas du tout le même* [15]. »

Tous les éléments du film l'intéressent, les acteurs, les accessoires et même les animaux. Dans *Le Temps des vacances*, une scène est tournée à la montagne dans la neige en Autriche, les acteurs se déplacent en troïka :

« *Une troïka ou à la rigueur un traîneau avec deux chevaux fringants.* [...] *Je tiens à avoir des chevaux en bonne santé, qui iront vite car je sais qu'il y a, en France, des traîneaux où il y a un malheureux cheval avec une couverture sur le dos pour qu'il n'attrape pas froid, et qui marche au pas* [16]. »

Si les actrices connaissent mal ou peu un des aspects de leur rôle, Marcel Dassault n'hésite pas à les confier à un très grand professionnel. Dans un de ses films, une jeune actrice doit interpréter une danse. Marcel Dassault lui fait donner des cours par Claude Bessy, étoile de l'Opéra de Paris, qu'il dédommage généreusement par un don à son école de danse.

Il n'y a que pour l'exploitation et la distribution qu'il s'en remet totalement à Gaumont. Un film, c'est comme un prototype d'avion, il faut qu'il réponde à ses critères de créateur. Ses préférences vont aux belles histoires, bien construites et claires, ne comportant ni violence, ni horreur, ni sexe, ni morosité :

« *Il veut des histoires racontant la vie comme elle devrait être* [17]. »

A la première du film *Borsalino*, quand il voit que l'un des acteurs est jeté dans une chaudière de locomotive, il s'écrie :

« *Si j'avais su que j'allais faire un film aussi dégoûtant, je ne l'aurais pas fait* [18] ! »

Olivier n'est pas toujours d'accord avec les goûts de son grand-père :

« *Il est arrivé que nous soyons en désaccord sur un scénario. Parfois il a cédé, signe de son esprit tolérant.*

« *Il a coproduit, en 1976, trois films ne correspondant absolument pas à ses goûts en faisant les commentaires suivants :*

« - Dracula père et fils *: "Ça va faire peur aux enfants!"*

« - On aura tout vu : *"C'est trop cochon!"*

14. Lettre du 8 juin 1976, archives Dassault.
15. Lettre du 25 novembre 1976, archives Dassault.
16. Lettre du 19 juin 1978 à la société Gaumont.
17. Entretien d'Olivier Dassault avec l'auteur.
18. Entretien de Claude Flohic avec l'auteur.

« - Le Grand Escogriffe : *“On ne fait pas un film avec une histoire d'enlèvement !”*

« Ses remarques étaient simples mais de bon sens. A chaque fois le film ne fut pas un grand succès [19]. »

Un autre de ses petit-fils, Thierry, s'est lancé dans la production vidéo. Après son service militaire, il réalise un clip vidéo pour la chanteuse Buzy, clip primé au festival du film d'Antibes. Très heureux, il annonce la bonne nouvelle à son grand-père qui lui répond goguenard :

«Ah bon ! Tu as acheté le jury [20]*?* »

Marcel Dassault scénariste

A la suite du film *L'Hôtel de la plage*, Marcel Dassault demande au scénariste, Michel Lang, d'en écrire un second :

« Mais malheureusement, il avait des soucis de famille et il m'a dit qu'il ne pourrait pas en faire un autre dont la sortie serait possible avant septembre 1979. Comme c'était loin, je me suis dit : “ Eh bien puisqu'il ne peut pas l'écrire, moi je vais en écrire un en attendant [21] *! ”*

« Je me suis rappelé qu'étant au lycée, j'avais fait des narrations comme tous les enfants qui sont allés à l'école, et une narration c'est finalement un scénario [22]. »

C'est ainsi que Marcel Dassault, industriel aéronautique engagé à cette époque dans la réalisation des Mirage 2000 et 4000, député, rédacteur en chef de *Jours de France*, architecte, décorateur, trouve le temps de devenir le scénariste d'un film *Le Temps des vacances :*

« J'ai donc réfléchi sur ce problème et j'ai trouvé assez facilement qu'une jeune fille pouvait aimer son professeur. Comme dans tout film il y a une scène d'amour, j'ai pensé que pour une très jeune fille un rêve était préférable à la réalité, c'était plus convenable [23]. »

Après avoir imaginé l'histoire, il s'occupe des décors :

« Le soleil de Djerba, la neige de l'Autriche et, pour se promener sur la neige, un traîneau, mais il ne fallait pas n'importe quel traîneau, je voulais une troïka parce que c'est plus romantique.

« Le Temps des vacances *est un peu une féerie que les enfants aimeront, les jeunes voudront vivre la même aventure et les parents retrouveront leur jeunesse.*

«Alors, avec une jeune fille, un professeur, un peu de soleil, un peu de neige, une troïka, il n'y avait plus qu'à faire un film [24]. »

---

19. Entretien d'Olivier Dassault avec l'auteur.
20. Entretien de Thierry Dassault avec l'auteur.
21. Marcel Dassault, Antenne 2, 23 novembre 1978.
22. Marcel Dassault, 25 janvier 1979, archives Dassault.
23. *Ibid.*
24. *Ibid.*

C'est ce qu'il fait avec Claude Vital comme metteur en scène. Marcel Dassault sélectionne aussi les interprètes :

« *Il avait des phobies : une pomme d'adam proéminente, par exemple, éloignait le candidat immédiatement.*

« *Il voulait savoir comment seraient les robes des actrices et, mieux, les commander chez un grand couturier sur la vue d'un modèle paru dans* Jours de France [25]. »

« *Il venait toujours voir ses films au montage. Les réunions pouvaient durer de deux à quatre heures. C'est ainsi qu'il a beaucoup modifié* Le Temps des vacances *dont il connaissait très bien le scénario* [26]. »

Il aime avoir de nombreux figurants, des décors luxueux et des acteurs de son choix. Un jour que le réalisateur Claude Vital n'est pas d'accord sur le choix d'une actrice, Marcel Dassault lui déclare :

« *Vous de toute façon, vous n'aimez que les boulottes, les petites grosses et les mousmés !* »

Vexé, Claude Vital répond du tac au tac : « *Si vous connaissiez ma femme, elle est grande, blonde, mince, presque maigre* » et s'attire cette remarque qui clôt la discussion :

« *Ça ne prouve pas qu'elle vous plaise* [27] *!* »

Marcel Dassault a des goûts bien affirmés sur les actrices et acteurs et le fait savoir :

« *Evidemment, pour jouer le rôle de X., il faudrait trouver quelqu'un dans le genre de Y.*

« *Celui que vous m'avez amené ce matin, tout en étant sympathique, n'était pas vraiment beau. Je préférerais encore Z. Ce que j'apprécie en lui, c'est qu'il est sain, qu'il a une figure normale et, à présent, des proportions normales* [28]. »

Une autre fois, le metteur en scène Claude Autant-Lara qui cherche à tourner *La Chartreuse de Parme*, contacte Marcel Dassault. Ce dernier accepte de financer le film à condition qu'il réalise auparavant *Gloria* dont le scénario est tiré d'un roman paru dans *Jours de France.*

Alain Poiré raconte :

« *Quand on faisait un film avec Marcel Dassault, je choisissais un réalisateur qui ne risquait pas de poser des problèmes car il avait des conceptions bien à lui sur le cinéma.*

« *Avec Autant-Lara, ça n'a pas raté. Il a fait dans* Gloria *une fin triste contre l'avis de Marcel Dassault et n'a rien voulu savoir. Conclusion : Marcel Dassault n'a plus voulu travailler avec lui et n'a pas fait* La Chartreuse de Parme [29]. »

Marcel Dassault donne sa version de l'échec :

---

25. Alain Poiré, *200 films au soleil*, page 361.
26. Entretien d'Alain Poiré avec l'auteur.
27. Alain Poiré, *200 films au soleil*, page 362.
28. Lettre du 8 juillet 1982 à Alain Poiré, archives Dassault.
29. Entretien d'Alain Poiré avec l'auteur.

« En fait, le scénariste, au lieu de finir le film – les deux acteurs se retrouvant et se mariant, comme dans le roman – a préféré faire mourir l'héroïne, alors évidemment l'histoire ne valait plus rien[30]. »

Claude Autant-Lara, qui se rappelle avoir travaillé dans d'excellentes conditions financières sur *Gloria*, estime avoir été dupé mais ne semble pas trop en tenir rigueur. Pour lui, Marcel Dassault avait beaucoup d'argent mais c'était aussi un homme qui aimait le luxe dans la simplicité et la richesse avec modestie : un jour, déjeunant avec lui à Coignières, il lui fait servir une petite brioche toute simple, selon ses dires, mais copieusement fourrée de truffes.

Lors des premières des films, Marcel Dassault aime se placer au fond de la salle pour observer les réactions du public :

« Lors des premières il y a toujours des histoires avec les gens qui s'estiment mal placés. Comme Marcel Dassault s'installait toujours au fond de la salle, au dernier rang, ça m'arrangeait beaucoup en faisant remarquer aux râleurs qu'il était au fond[31]. »

Au cocktail qui suit, Marcel Dassault aime bien être entouré par les jeunes actrices. Il ne manque pas de les complimenter et de leur demander :

«Alors, dites-moi ce qui vous ferait plaisir? »

Une des intéressées, émue, lui répond qu'elle souhaite la robe dessinée par Yves Saint-Laurent qu'elle portait lors du tournage ; une autre, la voiture qui avait servi dans le film. Ravi de faire plaisir, il leur donne satisfaction en disant : *« Vous l'avez*[32] *! »*

Marcel Dassault ne prétend aucunement réaliser des chefs-d'œuvre :

« Il n'était pas convaincu de l'immortalité de ses productions. Il a toujours fait preuve d'un recul et d'un humour fantastiques, surtout par rapport à lui-même[33]. »

Le soir de la première de son film *Le Temps des vacances*, il y a foule et certains n'ont pas de place. A son petit-fils, Olivier, qui lui dit que c'est un franc succès, il répond :

« Tu parles, c'est une gentille ânerie[34] *! »*

Dans *Jours de France*, la rubrique cinéma tient une grande place. Il n'y parle que des films qui lui plaisent :

« Des films agréables comme La Gifle, Pas de problème *et* Le Téléphone rose *sont évidemment des sujets à raconter dans* Jours de France.

« Rien ne vous empêche également de raconter des films de gangsters, parce qu'on sait que ce sont des inventions.

« On peut aussi raconter avec beaucoup de ménagements des films por-

30. 19 janvier 1983, archives Dassault.
31. Entretien d'Alain Poiré avec l'auteur.
32. Propos rapporté par Laurent Dassault à l'auteur.
33. Entretien d'Olivier Dassault avec l'auteur.
34. *Ibid.*

nos, mais des films sur la guerre ressassant de vieilles histoires aujourd'hui oubliées, il est inutile d'en parler.

« Cela ne vous empêchera pas de raconter La 7e compagnie s'évade *qui est un film sur la guerre, mais particulièrement drôle comme* La Grande Vadrouille *par exemple*[35]. »

MARCEL DASSAULT FACE AU CINÉMA

Pour Marcel Dassault, le cinéma est une détente, une marotte, une passion mais pas une « danseuse ». Contrairement à des affirmations répandues, Marcel Dassault n'a pas perdu d'argent dans le cinéma :

« Globalement, pour l'ensemble des films en coproduction et ceux faits par lui, il a gagné de l'argent avec le cinéma. Actuellement, la famille Dassault possède un portefeuille de 24 films (14 en coproduction avec Gaumont et 10 seuls) qui vaut plusieurs dizaines de millions de francs[36]. »

Parmi ceux qui ont eu le plus de succès : *La Boum*. Ce film a nécessité un investissement d'environ 4 millions de francs, le bénéfice retiré s'est élevé à 20 millions de francs auxquels s'ajoutent les droits de retransmissions sur les chaînes de télévision qui peuvent représenter plusieurs centaines de milliers de francs.

Dans *La Gifle*, il investit 2,5 millions de francs qui lui rapportent plus du triple. *Le Téléphone rose* a coûté et rapporté 2 millions. *La 7e Compagnie* a bien marché ainsi que *Le Chasseur de chez Maxim's*, réalisé uniquement parce qu'il avait aimé la pièce quand il était jeune.

Par contre, il perd environ 6 millions de francs en participant au financement des *Chinois à Paris*.

Il est également présent dans le montage financier de *Carmen* avec Julia Migenes Johnson et Placido Domingo, qu'il a beaucoup appréciés :

Ce film est magnifique et si, du fait de son prix de revient, il ne rapporte pas de bénéfice, et même s'il en résulte une perte, cela n'a pas d'importance car il faut de temps en temps penser à l'art[37].

Il participe aussi à *L'As des as* avec Jean-Paul Belmondo et à *La Grande Vadrouille* avec Bourvil et Louis de Funès. Ce dernier film est une des plus grosses entrées du cinéma français. Henri Déplante se souvient d'une conversation téléphonique avec Marcel Dassault commençant ainsi :

Allô, Henri ! Est-ce que vous avez vu La Grande Vadrouille*? Dépêchez-vous d'aller la voir*[38] ! »

Marcel Dassault adore Louis de Funès qui lui rend plusieurs fois visite au Rond-Point des Champs-Elysées et envisage de réaliser avec lui un de ses célèbres *Gendarmes* dont le thème aurait été aéronautique.

---

35. Note du 27 août 1975 à *Jours de France*, archives Dassault.
36. Entretien d'Alain Poiré avec l'auteur.
37. Lettre à Nicolas Seydoux, président de Gaumont, 19 mars 1984, archives Dassault.
38. Entretien d'Henri Déplante avec l'auteur.

Certains films entièrement produits par Marcel Dassault sont quelquefois des échecs financiers :

« Pour Le Temps des vacances, *il voulait avoir au moins 250 000 entrées. Il a donc décidé de faire beaucoup de publicité dans les journaux. Le résultat final a été six millions de perte mais, sans le budget publicité, le film aurait permis de gagner de l'argent* [39]. »

A Jean-Marc Vernes qui l'interroge sur les pertes éventuelles lors de la réalisation des films, il répond serein :

« J'apprends mon métier [40] *! »*

On peut néanmoins se poser des questions au sujet des pertes. Si on raisonne comme Marcel Dassault, on obtient une réponse à plusieurs niveaux. En effet, tout en faisant la promotion de son film, il aide financièrement les journaux avec de la publicité. Peuvent-ils alors réellement critiquer un homme qui contribue, par ses largesses publicitaires, au maintien de leur journal?

Dans ses nouvelles activités, Marcel Dassault fait preuve d'optimisme. Quand le président de Gaumont International émet quelques réserves sur l'avenir d'un film, il répond :

« Vous avez sans doute raison. Mais ça m'amuse! »

Quand un film démarre lentement, il reste calme :

« Lors de la sortie de Pas de problème, *le film a mal démarré. J'ai pensé qu'il fallait changer la publicité. Je vais voir Marcel Dassault pour lui en parler. Il me dit que ce n'est pas utile : " Ça marchera! " a-t-il ajouté. Et ça a marché, le film a démarré quelques jours plus tard. »*

Et si le film ne s'avère pas un succès et ne marche pas, *« il l'oubliait et n'en parlait plus* [41] *».*

Il aurait aussi voulu être metteur en scène si sa santé le lui avait permis [42]. Son engouement pour le cinéma semble pourtant le quitter subitement pendant l'été de 1985. Il ferme alors son cinéma Le Paris et le fait démolir pour construire à la place un immeuble de bureaux [43]. Il ne s'est jamais expliqué en public sur cette décision qui pourtant n'est pas le résultat d'une lubie :

« Réflexion faite, j'aime autant vous dire que le cinéma ne m'a jamais intéressé qu'en ce qui concernait les films que je faisais mais, malheureusement, j'ai toujours été trahi par le metteur en scène, [...] *car il est curieux qu'on s'entende avec un metteur en scène et qu'on s'aperçoive ensuite que le film est fait par un commis du metteur en scène qu'on n'a jamais vu, auquel on n'a jamais donné d'instructions, etc.*

« Pour le moment, avec la construction de mon petit immeuble des Champs-Elysées et les élections [législatives de mars 1986], *sans parler du*

39. Entretien d'Alain Poiré avec l'auteur.
40. Entretien de Jean-Marc Vernes avec l'auteur.
41. Entretien d'Alain Poiré avec l'auteur.
42. Entretien de Thierry Dassault avec l'auteur.
43. Voir le chapitre 2 de la IIIe partie sur la construction immobilière.

reste, je suis un peu surchargé, mais peut-être après les élections envisagerais-je de refaire un Temps de nos quinze ans, *peut-être en demandant à Jullian un scénario que je me permettrai de modifier. Pour le metteur en scène, on verra plus tard.*

« Si le film est réussi, on pourra s'intéresser à d'autres choses[44]. »

Mais, dès le 2 décembre 1985, soit quatre mois avant sa mort, il écrit à Alain Poiré :

« Si vous voulez venir déjeuner au Rond-Point, nous parlerons de choses et d'autres, et notamment de cinéma, car j'ai été repris du démon du producteur.

« J'ai demandé à Jullian de faire un scénario dont je lui ai donné le canevas, qui s'inspire de L'été de nos quinze ans *et qui continue par une histoire de Résistance*[45]. »

Personnage particulier, Marcel Dassault a laissé un grand souvenir à Alain Poiré :

« Je n'ai eu avec lui que des relations fort agréables.

« Il avait une mémoire étonnante. Il était fidèle en amitié. Je me rappelle qu'en février 1984, il m'a invité à déjeuner en tête à tête pour commémorer le dixième anniversaire de notre rencontre.

« Ce que je trouvais extraordinaire c'est que je ne le dérangeais jamais. Cet homme qui avait beaucoup de responsabilités était tout le temps disponible. En même temps, je suis persuadé que s'il s'était arrêté de travailler il serait mort.

« Quand il allait dans les studios, il visitait avec de la joie de vivre et il s'amusait.

«Avec l'argent qu'il a mis dans les films il aurait pu faire autre chose mais il a fait travailler des quantités de gens dans un secteur où il y a beaucoup de chômage. Je lui en suis reconnaissant.

« Il a marqué ma vie et m'a donné une certaine philosophie de l'existence qui a changé ma façon de voir. Avec lui, je me suis trouvé avec un véritable rapport de tendresse. Il me manque aujourd'hui. Je l'ai aimé comme quelqu'un de ma famille, je crois qu'il m'aimait bien aussi[46]. »

Si Marcel Dassault s'est intéressé de près à la presse et au cinéma, il ne s'est pas limité à ces secteurs. D'autres domaines allant de la banque à la fabrication de motocyclettes l'ont également passionné.

---

44. Lettre du 12 novembre 1985 à Alain Poiré, archives Dassault.
45. Archives Dassault.
46. Entretien d'Alain Poiré avec l'auteur.

5

BANQUE, BOURSE, VITICULTURE MEDICAMENTS ET MOTOCYCLETTES

Marcel Dassault contrôle ses affaires à travers un holding : la Générale Immobilière Marcel Dassault (GIMD) qui devient Société centrale d'études Marcel Dassault (SCEMD). Elle lui appartient à 95 %, les derniers 5 % reviennent à son fils Serge.

Ses revenus proviennent essentiellement de trois sources : des droits de licence versés par la société Dassault International sur les ventes à l'exportation de ses avions, des loyers d'immeubles et terrains appartenant au holding Société centrale d'études Marcel Dassault et enfin des dividendes versés par la société Avions Marcel Dassault-Breguet Aviation et ses filiales. S'y ajoutent les revenus de ses opérations bancaires, boursières et des placements effectués dans divers domaines.

La banque

Les relations de Marcel Dassault avec la banque sont un des domaines les plus discrets du roman de sa vie.

Avant la guerre, Marcel Dassault était client de l'agence de la Banque nationale de crédit (BNC) devenue Banque nationale pour le commerce et l'industrie (BNCI), avenue de la Grande Armée.

Par fidélité, mais aussi parce que c'est dans cette agence que sont regroupés les comptes de plusieurs sociétés aéronautiques françaises, il y maintient son compte principal lorsqu'elle devient la Banque nationale de Paris (BNP).

Après les nationalisations de l'industrie aéronautique de 1936, il fait la connaissance de François Chirac [1], directeur de l'agence de la BNCI de Neuilly et conseiller financier d'Henry Potez.

Après la guerre, Marcel Dassault souhaite posséder une banque :

1. Père de Jacques Chirac.

« Avoir une banque était pour lui une sorte de reconnaissance sociale [2]. »

La rencontre d'un jeune inspecteur des Finances qui rédige un rapport sur la réorganisation de l'industrie aéronautique et qui ne souhaite pas rester dans l'administration, permet de concrétiser ses ambitions :

« En 1948, le ministre des Finances, M. René Mayer, m'a envoyé un jeune attaché de cabinet, inspecteur des Finances, qui était particulièrement brillant. Il s'appelait Albin Chalandon. Nous nous sommes liés. Un jour il m'a dit : " Pourquoi ne feriez-vous pas une banque ? " Je lui ai répondu : " Pourquoi pas ? Mais je ne m'en occupe pas [3]. " »

Marcel Dassault s'est livré à une véritable cour pour faire venir Albin Chalandon chez lui et a obtenu satisfaction. Albin Chalandon ne regrette pas sa décision :

« Il m'a donné la possibilité de créer et de développer une entreprise. En plus, j'étais associé aux bénéfices. C'est le premier patron qui ait ainsi associé ses responsables à ses affaires [4]. »

En 1952, Marcel Dassault achète la banque R. Josse, E. Lippens et Cie qui devient la Banque immobilière et commerciale puis la Banque commerciale de Paris (BCP). Albin Chalandon en devient administrateur, puis directeur général et enfin, en 1964, président directeur général :

« Mes relations avec Marcel Dassault n'ont pas toujours été faciles. Il ne connaissait pas le fonctionnement d'une banque ni même le langage bancaire. J'étais cartésien, il était irrationnel. Il prenait les problèmes à l'envers et avait le génie d'aller immédiatement à l'essentiel, de détecter les points faibles. Il me paraissait parfois incohérent, incompréhensible. Je n'ai vraiment perçu et compris son mode de raisonnement qu'avec l'âge [5]. »

La Banque commerciale de Paris est une banque d'affaires, sans lien avec les activités aéronautiques de Marcel Dassault. Son développement s'est fait avec d'autres clients :

« J'en suis actionnaire, comme je le serais de la Royal Dutch. Et cette banque a réussi. Elle vient immédiatement après celle des Rothschild. Elle a 250 millions de dépôts et a gagné 10 millions l'an dernier [6]. »

Sa conception de la banque est très particulière. Quand on lui demande s'il a une recette pour devenir riche grâce à la banque, il répond :

« Il faut d'abord se rappeler que les banques, c'est bon pour y déposer son argent et pour toucher des intérêts créditeurs, pas pour emprunter. Un industriel a un bénéfice net de 2 à 3 %. Si la banque lui prête, c'est à 10 %. Il faut donc que l'argent emprunté tourne cinq fois par an pour payer l'intérêt.

« Une autre chose qu'il faut comprendre, c'est l'importance du facteur temps. Entre ma première hélice et aujourd'hui, entre ce petit début et cette

2. Entretien de Laurent Dassault avec l'auteur.
3. *L'Expansion*, octobre 1967.
4. Entretien d'Albin Chalandon avec l'auteur.
5. *Ibid.*
6. *L'Expansion*, octobre 1967.

fortune, il y a cinquante-deux ans. Si je m'étais pressé et si j'avais emprunté, j'aurais fait comme les autres, je serais tombé sur la route.

« *Vous voyez, dans ce domaine, je n'ai pas d'idées originales* [7] »

Néanmoins, Marcel Dassault a horreur d'emprunter : « *Les intérêts, ça mange tout le bénéfice!* » dit-il un jour à Jean-Marc Vernes [8].

Sous la présidence d'Albin Chalandon, la Banque commerciale de Paris devient la huitième banque d'affaires française. En même temps, Albin Chalandon se lance dans la politique. Après avoir été secrétaire général de l'Union pour la nouvelle République (UNR) en 1959, député en 1967, réélu en 1968, il devient ministre de l'Equipement et du Logement et quitte la banque avec l'approbation de Marcel Dassault :

« *Contrairement au comportement de beaucoup de patrons, il ne m'a jamais empêché de mener de front d'autres activités* [9]. »

Après le départ d'Albin Chalandon, Marcel Dassault décide de se séparer de sa banque car il estime qu'elle n'a pas une taille suffisante. Entrent alors dans le capital de la BCP : l'Union financière et Minière de Jack Francès à hauteur de 16 %, la banque Vernes pour 15,5 %. Les principaux autres partenaires sont les Assurances L'Abeille SA 10 %, la Compagnie générale d'électricité 19,7 %, la banque américaine Franklin International Corporation 15 % et la Hamburgische Landesbank 9,8 %. Marcel Dassault ne conserve que 14 % des parts.

En 1971, la banque Vernes fusionne avec la Banque commerciale de Paris donnant naissance à la Banque Vernes et Commerciale de Paris, Marcel Dassault ne conservant alors qu'environ 10 % du capital.

Il crée alors son propre établissement, la Financière Atlantique, banque de dépôt et d'escompte.

En juin 1972, il revient dans la banque Vernes au niveau de 30 % portant le capital de 60 à 100 millions de francs.

Selon Jean-Marc Vernes, Marcel Dassault s'est associé avec lui parce qu'il le trouvait sympathique et qu'ils avaient le même état d'esprit, ils aimaient les affaires et la bourse.

« *En 1972, le général de Bénouville me téléphona un lundi en me disant : " Débrouillez-vous, vous déjeunez mercredi avec M. Marcel Dassault et moi. C'est important ! "*

« *En pénétrant dans la salle à manger du Rond-Point, Marcel Dassault me dit :*

« - *Mettez-vous entre nous deux, car c'est vous qui présidez puisque nous allons parler de banque. Nous nous connaissons bien maintenant et nous sommes des copains. Je voudrais revenir à la Banque Vernes et Commerciale de Paris, ajouta-t-il.*

7. *L'Expansion*, octobre 1967.
8. Propos rapportés par Jean-Marc Vernes à l'auteur.
9. Entretien d'Albin Chalandon avec l'auteur.

« – Cela me pose des problèmes avec mes divers partenaires, répondis-je.

« – Vous réglerez cela si vous le souhaitez, me dit-il.

« Au dessert tout était réglé et, depuis ce jour, nos rapports se resserrèrent tous les jours davantage. Il me témoigna une amitié dont je m'honorais [10]. »

Le petit-fils de Marcel Dassault, Laurent, qui s'intéresse à la banque et à la Bourse, entre en décembre 1977 dans la banque Vernes :

« Je me suis toujours intéressé aux questions financières. Quand j'étais adolescent, mon grand-père m'a offert une petite somme qu'il m'a laissé gérer. Je lui rendais régulièrement compte de mes investissements [11]. »

En 1981, la banque Vernes est nationalisée. Jean-Marc Vernes reçoit une indemnité de 100 millions de francs et doit cesser ses fonctions le 1er juillet 1982 :

« A partir de ce jour-là, j'ai décidé de reprendre un établissement bancaire. J'ai alors travaillé étroitement avec Marcel Dassault et son petit-fils Laurent qui avait la même passion que moi. Marcel Dassault m'a aidé parce qu'il avait apprécié ma volonté de redémarrer malgré la nationalisation [12]. »

En 1982, Jean-Marc Vernes a la possibilité de racheter au Comptoir Lyon-Alemand-Louzet (CLAL) la Banque industrielle et commerciale du Marais. Il forme alors un groupe autour de la Société des étains de Kinta qu'il possède et, pour obtenir l'autorisation du gouvernement, fait entrer dans ce groupe Marcel Dassault ainsi que la Compagnie financière Edmond de Rothschild :

« Il a fallu un an de lutte avec le gouvernement pour obtenir l'autorisation.

« En décembre 1982, Marcel Dassault et moi avons passé trois heures ensemble, l'avant veille de Noël, pour rédiger la lettre d'acceptation à Jacques Delors, le ministre des Finances. En partant, à 7 heures du soir, je pensais que la version était définitive.

« Le lendemain matin, à 7 h 45, Marcel Dassault me téléphone pour me dire qu'il avait réfléchi et que la lettre n'allait pas. Nous nous sommes retrouvés au Rond-Point pour la refaire [13]. »

En juillet 1983, la Banque du Marais est achetée. Aussitôt après, la Société des étains de Kinta devient la Société centrale d'Investissement (SCI) dans laquelle Marcel Dassault souscrit une augmentation de capital lui donnant un peu plus de 33 % des parts.

La SCI rachète ensuite la participation souscrite au départ par Marcel Dassault dans la Banque du Marais. Il ne demeure alors qu'actionnaire de la SCI :

---

10. *Jours de France*, avril 1986.
11. Entretien de Laurent Dassault avec l'auteur.
12. Entretien de Jean-Marc Vernes avec l'auteur.
13. *Ibid.*

« Ce fut pour moi un appui déterminant. Par la suite – et je regrette vivement que Marcel Dassault n'ait pu le voir – cette société a acquis 25 % de la Compagnie industrielle qui contrôlait le groupe d'assurances Victoire. »

La Société centrale d'investissement possède une importante participation dans ce groupe d'assurances :

« Mon grand-père m'avait dit lors de sa participation dans la SCI : " Il y a une chose de bien dans cette société, c'est sa participation dans les assurances [14] " »

Le groupe Victoire fait l'objet, à la fin de 1989, d'une offre publique d'achat (OPA) de Suez. Jean-Marc Vernes n'arrive pas à s'y opposer mais reçoit 6,5 milliards de francs :

« Ce groupe avait pris une plus-value considérable depuis son achat. La mise de fonds de Marcel Dassault était d'un peu plus de 70 millions de francs, elle s'est trouvée valorisée à plus de 2 milliards de francs. C'est une satisfaction pour moi – même s'il n'est plus là – d'avoir pu ainsi le remercier de son soutien [15]. »

Selon *La Vie française*, la famille Dassault a pu, de son côté, réaliser près de 900 millions de plus-values sur la cession de la moitié de sa participation dans la SCI [16].

Le 1er janvier 1991, la Banque du Marais devient la Banque Vernes. La famille Dassault, après le départ de Laurent Dassault qui veut se consacrer avec plus d'indépendance au métier de la banque, conserve 15 % de la Société centrale d'investissement.

La Bourse

Marcel Dassault a toujours aimé jouer en bourse et a le goût des placements. Il suit personnellement et très attentivement l'évolution de son portefeuille-titres ainsi que la tendance des grandes places boursières internationales. René Massing, son collaborateur pour les questions boursières, est un de ses premières visiteurs du matin.

Marcel Dassault saisit les opportunités, achète et vend, même à perte, quand il sent la situation se dégrader. Il ne persiste pas dans l'erreur et place son argent liquide en bons du Trésor ou en compte bloqué en attendant un meilleur placement :

« Marcel Dassault disait que, pour faire un bon placement en Bourse, il fallait acheter ce qu'il y avait de meilleur mais en même temps, ce qu'il demandait dans une nouvelle affaire, c'est qu'elle l'intéresse et même qu'elle l'amuse. C'était pour lui essentiel, beaucoup plus que de gagner de l'argent [17] »

---

14. Entretien de Laurent Dassault avec l'auteur.
15. Entretien de Jean-Marc Vernes avec l'auteur.
16. *La Vie française*, 19 janvier 1991, page 8.
17. Entretien de René Massing avec l'auteur.

Il a en permanence sur lui une petite fiche cartonnée sur laquelle figure le détail des titres qu'il possède. Marcel Bleustein-Blanchet se souvient :

« Un jour à Villennes, en se promenant dans une allée, je lui dis que j'avais un peu d'argent à placer mais que je ne connaissais rien à la Bourse.

« Il a sorti une petite feuille, une petite carte et m'a dit : " Il te faut acheter telle société qui fabrique des pneus car ils ont découvert un produit qui va faire augmenter considérablement leurs ventes. "

« Finalement, je ne l'ai pas écouté, j'ai eu tort[18] »

Le portefeuille boursier de Marcel Dassault est extrêmement fluctuant. Il n'achète que des actions de sociétés ayant un large marché car il souhaite pouvoir vendre à tout moment pour disposer de liquidités.

On a souvent dit qu'il était actionnaire de telle ou telle société. Ce n'est exact que pendant une courte période car il ne garde pas longtemps ses actions. Il achète et vend dès qu'il sent qu'il peut effectuer une bonne opération des actions de grandes sociétés américaines comme General Electric, Bœing, IBM ou ATT dont il a, un jour, bloqué les cours à Wall Street en vendant d'un coup plusieurs dizaines de milliers d'actions.

Confiant dans la marque américaine Polaroïd lorsqu'elle lance la photo à tirage instantané, il achète un gros paquet d'actions. Il les vend avec un bénéfice confortable dès qu'il apprend que Kodak se lance dans ce secteur en disant : *« Ça va faire des procès, les actions vont baisser*[19] *! »*

Quand on lui demande pourquoi il possède des actions de son concurrent aéronautique américain General Dynamics qui construit le F 16, il répond amusé :

« Si je ne peux pas construire des avions, autant que je gagne de l'argent[20] *! »*

Dans une lettre à un de ses agents de change, il s'amuse à préciser une de ses motivations d'achat d'actions :

« En attendant mieux, suivant le vieil adage publicitaire : " Chez Dupont, tout est bon ", je pense que Dupont de Nemours est une bonne valeur[21]. »

Pour éviter que le cours des actions de Dassault-Breguet lui apporte quelques soucis, il donne un ordre d'achat permanent. Il en fait une question de principe en disant, sous forme de boutade, alors qu'il possède directement 95 % de la Société :

« Moins il y aura d'actionnaires à poser des questions à l'Assemblée générale mieux ça vaudra[22] *! »*

Donner quelques chiffres concernant les transactions effectuées par l'agence de la BNP de l'avenue de la Grande-Armée n'aurait pas de véri-

18. Entretien de Marcel Bleustein-Blanchet avec l'auteur.
19. Propos rapportés par Laurent Dassault.
20. Propos rapportés par Tigrane Hékimian à l'auteur.
21. Lettre du 19 juin 1970, archives Dassault.
22. Propos rapportés par Pierre François à l'auteur.

table signification. Leur montant est bien à la hauteur de la fortune de Marcel Dassault tant en actions qu'en achat de devises ou d'or.

Marcel Dassault effectue également des transactions sur d'autres places boursières comme Genève avec Terramaris qu'il a constitué en 1952 ou New York avec sa Marcel Dassault Trading Corporation, créée en 1957.

Lorsqu'il suit une opération importante, il prend avec lui un petit poste de radio au restaurant de l'hôtel où il descend et écoute les cours de la Bourse au grand étonnement des autres clients [23].

Avant de partir en vacances, pour ne pas s'ennuyer, il achète une cinquantaine de valeurs :

« *Comme ça je pourrai charmer mes loisirs* [24] *!* »

Après ses vacances, il ne garde que celles qu'il estime porteuses d'avenir.

L'un des éléments fondamentaux pour estimer la santé d'une société est l'analyse de son bilan. Si Marcel Dassault s'amuse souvent à dire : " *S'il suffisait de faire Sup'Aéro pour construire des avions, tout le monde en ferait !* ", son jugement est similaire pour l'Ecole des hautes études commerciales (HEC).

Comme a pu constater Bertrand Daugny, président directeur général de Dassault Electronique, sans avoir appris il est capable d'interpréter lui-même les bilans des sociétés :

« *Quand j'avais à lui présenter le bilan annuel de la société, c'était une épreuve très redoutable, un vrai tribunal. Il avait une très grande facilité à lire les bilans et à en tirer des enseignements. Il m'a beaucoup appris* [25]. »

Pierre François, ancien secrétaire général des avions Dassault-Breguet, fait la même constatation :

« *Benno Claude Vallières et moi passions des journées à préparer le bilan de la société que j'allais ensuite présenter à Marcel Dassault. La première fois, c'était en 1953.*

« *C'était une rude épreuve qui s'étalait sur plusieurs demi-journées et puis, au bout de quatre ans, il m'a dit : " J'ai confiance. Est-ce qu'on fait des bénéfices? Est-ce qu'on peut lancer un prototype? " Ça ne durait plus qu'une dizaine de minutes* [26] *!* »

Après la prise de participation de l'Etat dans le capital de sa société, en 1981, le nombre d'actions situé dans le domaine public est insignifiant (moins de 3 %). Comme les cours de la Bourse sont calculées en fonction de l'offre et de la demande, le titre subit des variations de cours qui n'ont rien à voir avec la santé de l'entreprise ni d'éventuelles opérations de vente puisque ni l'Etat ni la famille Dassault ne sont vendeurs. Pour éviter le mauvais effet créé par les brutales variations de cours non significatives, la société Dassault a demandé à ne plus figurer dans les cotations ce que n'a pu accepter

23. Entretien de Gustave Parchet avec l'auteur.
24. Propos rapportés par René Massing à l'auteur.
25. Entretien de Bertrand Daugny avec l'auteur.
26. Entretien de Pierre François avec l'auteur.

la Commission des opérations de Bourse qui ne voulait pas se priver d'un titre au nom aussi prestigieux.

VITICULTEUR À SAINT-EMILION

Marcel Dassault n'est pas un grand buveur mais quand il reçoit ses amis, il aime leur offrir un vin excellent. Bien entendu, il a voulu savoir comment on fait du bon vin et en a déduit que : « *La meilleure façon, c'est de le faire soi-même*[27] *!* »

Il entreprend alors de trouver une propriété et, en 1955, achète pour 44 millions de francs un domaine viticole à Saint-Emilion, le château Couperie :

« *On a acheté un vignoble qui ne valait pas grand-chose, et puis on a eu de la chance. L'hiver suivant il a gelé*[28]. »

De 1956 à 1958, Marcel Dassault fait replanter et restructurer le vignoble :

« *On a remis des plants d'un grand cru si bien qu'aujourd'hui ce Château-Dassault est un grand cru classé et il marche très bien*[29] »

En 1961, il constitue la Société civile agricole du Château-Dassault, qui comprend environ trente hectares dont vingt-six de grand cru Saint-Emilion classé, depuis le 11 septembre 1969, par l'Institut national des appellations d'origine[30].

Marcel Dassault est plus attaché à la qualité de son vin qu'à l'embellissement des chais même si ceux-ci sont modernes :

« *Je préfère de beaucoup des pieds de vigne de bonne qualité et un château Dassault rustique plutôt que des chais luxueux et des pieds de vigne qui ne valent rien*[31]. »

La municipalité et le syndicat viticole ont parfois bénéficié de ses libéralités, même si Marcel Dassault n'est jamais retourné sur ses terres parce qu'il les trouvaient trop loin de sa résidence parisienne.

Un de ses principaux clients a été Pan American mais aussi de nombreux célèbres restaurants français. Le vin est, naturellement, servi au chalet Dassault lors du Salon du Bourget.

En 1971, Marcel Dassault envisage d'acquérir le prestigieux Château-Petrus. Il y renonce car, au même moment, il a besoin de liquidités pour ses affaires aéronautiques[32]

---

27. Propos rapportés par Laurent Dassault à l'auteur.
28. Marcel Dassault, Antenne 2, 3 février 1981.
29. *Ibid.*
30. Parution au *Journal officiel* du 5 décembre 1969.
31. Lettre de Marcel Dassault au responsable de son domaine, 13 mai 1970, archives Dassault.
32. Entretien de Laurent Dassault avec l'auteur.

L'Institut Mérieux

Marcel Dassault est très soucieux de sa santé et prend de nombreux médicaments. Le hasard lui donne l'occasion de s'introduire dans l'industrie pharmaceutique :

« *Un jour dans le Midi, j'avais une grippe intestinale, cela arrive à tout le monde, un docteur m'avait recommandé un médicament qui était le Bacti-intestiphage. Alors par la suite, j'en ai pris de temps en temps. J'en étais très content.* [...]

« *Et puis, un beau jour, il n'y en avait plus chez le pharmacien.* »

Pierre de Bénouville apprend que la société qui fabrique ce médicament a été rachetée par les laboratoires Mérieux :

« *Alors on a pensé que Mérieux allait en faire, on a attendu, rien n'est venu* »

Pierre de Bénouville demande alors à l'Institut Mérieux s'il ne peut en fabriquer; la société accepte et lui en fournit pour quatre ans :

« *Mérieux nous a dit : " J'ai acheté ce produit mais je ne sais pas quoi en faire car pour qu'un produit pharmaceutique soit intéressant, il faut le vendre en Amérique et les Américains sont contre les virus. "*

« *Nous lui avons dit que, si les Américains n'aimaient pas les virus, nous nous aimions le Bacti-intestiphage et pour nous faire plaisir il en a fabriqué pour nous, et pour lui aussi d'ailleurs qui en avait besoin, mais il ne l'a pas commercialisé. Ce produit est très efficace et m'a beaucoup servi pendant vingt-cinq ans* [33]. »

En 1979, Marcel Dassault rencontre la famille Mérieux et apprend qu'elle a besoin d'un partenaire financier :

« *Nous avons parlé avec eux, un peu de leur famille, etc. Toujours est-il que pour des raisons diverses, ils n'ont plus que 20 % dans l'entreprise. C'est Rhône-Poulenc qui est majoritaire à 51 %.*

« *Je leur ai dit* [à Mérieux] : *" Pour que vous ayez avec moi la minorité de blocage, je vais acheter des actions. " J'ai acheté en Bourse 15 % de Mérieux si bien que avec Mérieux nous avons la minorité de blocage. Vous voyez que cela vient de loin. En général, mes aventures viennent toujours de loin. Elles ne viennent pas par hasard* [34] »

Ces 15 % appartiennent toujours à la famille Dassault.

Motobécane

Marcel Dassault aime les motos, dans sa jeunesse il rêvait d'en avoir une. Il apprécie l'escorte motocycliste de la Gendarmerie nationale qui

33. Marcel Dassault, 10 mars 1981, archives Dassault.
34. Marcel Dassault, Antenne 2, 3 février 1981.

l'accompagne lors du Salon du Bourget, *« Cela l'amuse*[35] *! »* A l'arrivée du cortège, il ne manque jamais de serrer la main des motards et de leur offrir un généreux « souvenir ».

Un jour, en revenant du Bourget, une moto de son escorte tombe en panne; les autres continuent leur route. De retour chez lui, Marcel Dassault s'inquiète pour le motard retardé :

« Il doit être triste sans sa moto, il faut lui en acheter une autre[36] *»*

Ses collaborateurs ont les plus grandes difficultés à lui expliquer que c'est impossible.

Un souci le tracasse : il regrette que les motos qui escortent les véhicules officiels soient de marques étrangères :

« On n'a pas des motos françaises! On ne peut vraiment pas en faire? »

Il en fait d'ailleurs un thème de son discours de doyen d'âge à l'Assemblée nationale. C'est le déclic qui le décide à investir dans ce secteur pourtant difficile.

En mai 1980, il charge son petit-fils, Laurent, de prendre une participation de 20 % dans la firme française Motobécane lorsque Renault s'en dégage. Il tente alors de lancer un modèle français, en participant directement à la conception d'un nouveau moteur de petite cylindrée :

« Les grosses motos, c'est plutôt l'affaire des constructeurs de moteurs de voitures. Mais on peut perfectionner les vélomoteurs actuels qui ont 50 centimètres cubes parce qu'il y a toutes sortes de besoins. Il y a les jeunes de treize-quatorze ans qui veulent avoir un vélomoteur qui ressemble à une vraie moto; et puis il y a les femmes et les gens paisibles qui veulent au contraire avoir ce que les Japonais appellent un scooter, c'est-à-dire un système bloc moteur très ramassé qui dégage tout à l'avant de la moto. Au lieu d'avoir une selle, il y a un siège et on a les pieds qui reposent sur le bas du cadre de la moto. Alors, là, le moteur est complètement oublié; c'est quelque chose qui se vendra très bien et qu'on est en train d'étudier[37]*. »*

Le scooter connaît effectivement un regain d'intérêt au milieu des années quatre-vingt, les livreurs et les jeunes en font un usage intensif.

Marcel Dassault envisage de réaliser le moteur en coopération avec un groupe japonais :

« Si on veut vendre nos motos, il faut s'allier avec les meilleurs, avec les Japonais. On va faire un accord avec eux sur le moteur[38]*. »*

Recherchant des débouchés, il se tourne vers le ministère de la Défense et lui propose ses motos :

« Il voulait que les armées adoptent sa moto et souhaitait un marché d'études. Mais sa moto était trop technique, il lui avait appliqué ses

35. Entretien de Claude Flohic avec l'auteur.
36. *Ibid.*
37. « Grand Jury » RTL-*Le Monde*, 23 mai 1982.
38. Propos rapportés par Laurent Dassault à l'auteur.

méthodes aéronautiques, le prix de revient était trop élevé, ça n'a pas marché[39]. »

Devant cet échec, Marcel Dassault revend la plus grande partie de Motobécane à un groupe japonais en mars 1982. Dans cette opération, il a perdu environ 70 millions de francs et reconnaît que cela n'a pas été son meilleur investissement[40].

Au milieu de toutes ces activités, Marcel Dassault trouve encore le temps de s'occuper de politique et d'y faire carrière.

---

39. Entretien d'Henri Martre avec l'auteur.
40. Entretien de Laurent Dassault avec l'auteur.

6

PERE ET FILS FACE A LA POLITIQUE

Les rapports de Marcel Dassault avec la politique sont difficile à cerner. Il se montre à la fois intéressé et désabusé mais y attache une grande importance. Il est profondément attaché à certaines valeurs et pourtant soutient des partis politiques qui ne les partagent pas.

Son intérêt pour la politique s'explique facilement. Il n'oublie pas les relations tendues qu'il a connues avec le Parlement et les commissions parlementaires avant guerre, époque où il a été violemment attaqué sans pouvoir véritablement se défendre. Désormais, il est l'un des leurs :

« Il faut que je sois député pour pouvoir aller dans les couloirs défendre mon beefsteak [1]. *»*

Il a compris que l'influence politique, associée au pouvoir de la presse, peut le placer à l'abri des grandes perturbations de la vie nationale.

PARLEMENTAIRE SOUS LA IVE RÉPUBLIQUE

En 1951, Marcel Dassault est élu député des Alpes-Maritimes sur une liste du Rassemblement du peuple français (RPF) menée par son ami Edouard Corniglion-Molinier.

En Ille-et-Vilaine, Pierre de Bénouville, membre du conseil de direction du RPF, ami d'Edouard Corniglion-Molinier et de Marcel Dassault, est également élu député.

Marcel Dassault avoue n'avoir jamais fait de politique jusqu'à l'âge de soixante ans :

« J'avais ma carte du parti radical et radical socialiste. Je votais régulièrement pour le candidat radical de mon quartier sans jamais le connaître et sans jamais rien lui demander.

---

1. Propos rapporté par Jean Cabrière à l'auteur.

« En 1951, mon ami le général Corniglion-Molinier, gai, spirituel, toujours plein d'entrain me dit un jour :

" Le général de Gaulle va créer un mouvement : le Rassemblement du peuple français, il faut que ce mouvement ait le maximum d'élus pour qu'un jour le général de Gaulle puisse revenir aux affaires. Je me présente, présente-toi aussi. "

« Je suivis ce conseil et devins député[2]*. »*

Quand un journaliste lui demande s'il est radical socialiste par conviction, il se contente de répondre : *« C'était la mode. Tout le monde l'était*[3] *! »*. Et, concernant Léon Blum :

« Le programme du Front populaire de 1936 était excellent, je le revoterai aujourd'hui[4]*. »*

« Tout mon passé me pousse vers le socialisme, pas forcément le socialisme marxiste mais le socialisme humaniste de Léon Blum.

« Je me rappelle qu'en 1937, Léon Blum avait déclaré : " Je voudrais que chaque travailleur puisse le soir reposer sa tête fatiguée sur un oreiller. " Certains d'entre eux n'en avaient donc pas? En ont-ils tous aujourd'hui[5] *? »*

Force est de constater qu'il possède toute sa vie des idées sociales généreuses qui restent conformes à ses orientations d'avant-guerre. En même temps, Marcel Dassault sait que ses activités aéronautiques dépendent du gouvernement, il ne peut se permettre d'agir contre son principal client et vote toujours en faveur de la majorité. Ses véritables idées politiques, il ne les manifeste pas. De toute façon, depuis son retour de Buchenwald, il est pour l'union nationale : *« J'approuve tous les régimes quels qu'ils soient, pourvu qu'ils représentent la majorité du peuple français*[6]*. »*

Le nouveau député s'attache à promouvoir le développement des maisons individuelles qui lui tient à cœur et caresse l'espoir d'être ministre de la Construction et du Logement.

En janvier 1956, les élections se déroulent à la proportionnelle. Placé en fin de liste électorale, Marcel Dassault n'est pas réélu.

Pour des commodités d'ordre géographique, il tente de se rapprocher de la région parisienne. En novembre 1956, il achète 30 millions de francs le quotidien *L'Oise libérée*[7] au sénateur de l'Oise, le journaliste Robert Séné. A cette même époque, Robert Hersant, député de l'Oise, possède également un journal dans ce département, *L'Oise Matin* :

« Le président du Conseil général, le député François Bérard, est alors allé voir Marcel Dassault pour lui demander s'il ne pourrait pas faire campagne dans l'Oise. Autrement dit, il a demandé à Dassault de faire la

2. Marcel Dassault, *le Talisman*, pages 109 et 110.
3. *Le Monde*, 4 avril 1978.
4. Antenne 2, 23 novembre 1978.
5. Marcel Dassault, 19 janvier 1983, archives Dassault.
6. Note de Marcel Dassault, 19 janvier 1983, archives Dassault.
7. Pierre de Bénouville devient le directeur de la rédaction.

contrepartie, sur le plan politique, de ce que pouvait faire Hersant dans le même département [8]. »

Le 14 février 1957, le sénateur Robert Séné démissionne. Marcel Dassault se présente alors comme candidat du Rassemblement rural de l'Oise. Il est élu le 7 avril 1957 et entre au Conseil de la République [9] :

« *Sa notoriété et son argent ont beaucoup plus joué pour le faire élire que sa connaissance des problèmes politiques ou agricoles. Il a été élu parce qu'il avait de l'argent et qu'il était généreux. Il ne faisait pas de la politique, il faisait des affaires* [10]. »

Marcel Dassault se préoccupe aussitôt des besoins et des désirs de ses électeurs. Ils ont, par exemple, des problèmes de transport pour se rendre aux marchés de Noyon et de Compiègne, il crée alors les Rapides de Noyon et finance un service d'autocar gratuit. Il fait aussi construire une vingtaine de petites maisons individuelles dont les propriétaires n'ont à verser que de faibles mensualités de remboursement.

Au delà de sa circonscription, Marcel Dassault s'intéresse à l'évolution politique de la France. Il retrouve, chez son ami Marcel Bleustein-Blanchet [11], de nombreux hommes politiques, des journalistes, des artistes, des industriels. C'est là qu'il rencontre régulièrement François Mitterrand, Vincent Auriol, Pierre Mendès France, Félix Gaillard, Maurice Bourgès-Maunoury, Jacques Chaban-Delmas, Edouard Corniglion-Molinier, le maréchal Alphonse Juin, réunis autour de Pierre Lazareff et de Carmen Tessier la redoutable « commère » de *France-Soir* :

«*A Villennes, Marcel bavardait avec tout le monde et assistait aux parties de tennis de mes invités. Il était respecté mais beaucoup de gens l'approchaient pour le taper, il fallait le protéger.*

« *On savait qu'on s'aimait bien. On était désintéressé l'un vis-à-vis de l'autre et puis nos activités n'étaient pas en concurrence* [12]. »

Pour Jacques Chaban-Delmas qui venait régulièrement à Villennes :

« *Marcel Dassault était de ceux qui parlaient le moins mais chaque fois pour aller à l'essentiel. Il savait faire preuve d'humour, il n'était jamais grinçant. Il était d'un commerce agréable au plus haut point, discret, modeste, attentif.*

« *Notre amitié ne pouvait que naître, elle s'est développée jusqu'à la fin de sa vie* [13]. »

Marcel Dassault fréquente également d'autres cercles. Il participe régulièrement aux repas du vendredi qu'organise l'écrivain Hervé Bazin. C'est une sorte de club d'information, de discussions qui réunit des personnalités

8. Entretien d'un élu de l'Oise avec l'auteur.
9. Nom porté par le Sénat sous la IVe République.
10. Entretien d'un élu de l'Oise avec l'auteur.
11. Il possède Publicis et Radio Cité.
12. Entretien de Marcel Bleustein-Blanchet avec l'auteur.
13. Entretien de Jacques Chaban-Delmas avec l'auteur.

en vue comme François Mitterrand, Louis Aragon, Wladimir d'Ormesson. Il en profite pour élargir ses relations afin de s'intégrer davantage dans le monde politique car il est rarement présent aux cérémonies officielles et évite les cocktails.

Parlementaire sous la Ve République

Marcel Dassault a toujours eu une profonde admiration pour l'œuvre du général de Gaulle qui n'a pourtant pas fait de lui un ministre de la Construction mais lui manifeste son estime. En 1954, il lui a adressé ses *Mémoires de guerre* avec la dédicace suivante [14] :

A M. Marcel Dassault, en souvenir de notre combat,
en témoignage de ma haute considération pour la part qu'il prend au " standing " de la France.

Amicalement !
C. de Gaulle.
11 Nov. 1954

Selon le père Michel Riquet, Marcel Dassault est un de ceux qui ont contribué au retour au pouvoir du général de Gaulle :

« *En août 1957, en vue de sa préparation à sa conversion, il est venu me chercher en voiture et m'a dit : " J'ai été à Colombey et j'ai convaincu le général de reprendre le pouvoir* [15]. " »

Marcel Dassault a évoqué cette entrevue au cours d'une émission de télévision en 1978. Il y a fait part de son admiration pour le général de Gaulle et surtout pour l'appel du 18 juin 1940 qu'il dit avoir entendu et trouvé très émouvant. Ayant rencontré le Général quelques mois avant mai 1958, il précise lui avoir déclaré : « *Si nous perdons l'Algérie, cela va être très grave pour la France.* » Marcel Dassault livre alors la réponse du Général :

« *Cela n'est pas ce qu'il fallait faire. Il fallait s'entendre avec le Maghreb. Faire un grand Maghreb comprenant la Tunisie, l'Algérie et le Maroc qui auraient eu entre eux un espèce de Marché commun et des relations privilégiées avec la France.*

« *Il avait donc déjà compris et il avait dit à Brazzaville d'ailleurs en 40 : " Les peuples qui sont avec nous auront la liberté après la guerre. " Il n'a fait que tenir sa promesse* [16]. »

Marcel Dassault, et c'est là une attitude rare chez lui, porte un jugement politique sur le général de Gaulle :

« *Seulement étant là et étant entraîné par l'armée française, il a été forcé de composer et quand il a dit : " Je vous ai compris ", à mon avis il voulait*

14. Ouvrage figurant dans la bibliothèque de Marcel Dassault. Dédicace reproduite avec l'aimable autorisation de Mme Madeleine Dassault.
15. Entretien du père Michel Riquet avec l'auteur.
16. Antenne 2, 23 novembre 1978.

dire : " Je vous ai compris, vous voulez l'Algérie Française. " Mais cela ne voulait pas dire qu'il la faisait. Il l'aurait peut-être faite s'il l'avait pu, mais il ne le pouvait pas[17]. »

Avant le référendum d'octobre 1958 qui adopte la Constitution de la Ve République, Marcel Dassault, sénateur de l'Oise, publie dans *Jours de France* un éditorial de deux pages ayant pour titre :

« *Oui, au général de Gaulle et à la constitution de la Ve République*[18]. »

Lors des élections législatives qui suivent, le 30 novembre, Marcel Dassault est élu député UNR de l'Oise. Il est constamment réélu jusqu'à sa mort, en 1986. Dans ce département, il bénéficie de l'assistance de son ami, Jean Natali, son conseiller politique qui collabore à *Jours de France* et devient, à son tour, sénateur de l'Oise :

« *Marcel Dassault a d'abord été accueilli avec un peu de suspicion dans ce département essentiellement rural puis a été adopté par tout le monde*[19]. »

Marcel Dassault, avec le retour du général de Gaulle, espère, une nouvelle fois, devenir ministre de la Construction mais, Michel Debré, Premier ministre, s'y oppose :

« *Je n'en ai pas voulu comme ministre de l'Urbanisme car je voulais des ministres obéissants*[20] *!* »

Quand le général de Gaulle apprend que Marcel Dassault souhaite être ministre de la Construction, il déclare à ses collaborateurs :

« *M. Dassault est un bon constructeur d'avions, ça lui suffit !* »

Et selon Pierre Messmer :

« *Charles de Gaulle avait une grande considération pour Marcel Dassault à qui il trouvait des qualités exceptionnelles et dont il disait que c'était un grand personnage mais il ne voulait pas voir mélanger les activités.*

« *Georges Pompidou, par contre, était plus ouvert sur le monde de l'industrie. Il avait une sympathie intellectuelle pour Marcel Dassault avec en plus un espèce de sentiment, il le trouvait très généreux, humain*[21]. »

Jacques Chirac regrette que Marcel Dassault n'ait pu être nommé ministre :

« *Il avait la passion de l'architecture. Ça a été une erreur de l'Etat de ne pas le nommer ministre de la Construction car il gérait les affaires financières avec la rigueur d'un architecte, d'un ingénieur*[22]. »

Marcel Dassault en a ressenti une profonde déception :

« *Il était gaulliste mais il en a voulu au général de Gaulle car son grand*

17. Antenne 2, 23 novembre 1978.
18. *Jours de France* n° 202.
19. Entretien de Jean Natali avec l'auteur.
20. Entretien de Michel Debré avec l'auteur.
21. Entretien de Pierre Messmer avec l'auteur.
22. Entretien de Jacques Chirac avec l'auteur.

rêve c'était de devenir ministre de la Construction. C'était un constructeur d'avions avec une pierre dans le ventre[23]. »

Marcel Dassault rencontre néanmoins régulièrement le général de Gaulle à qui il rend compte de l'évolution du Mirage IV mais aussi des programmes d'appareils à décollage vertical ainsi que de ceux à flèche variable. Dans sa correspondance avec le chef de l'Etat, il revient sur ses thèmes politiques favoris : les questions sociales, l'accession à la propriété des ouvriers. Le général de Gaulle n'est pas insensible aux suggestions :

« *L'importance des questions que vous évoquez dans votre récente lettre ne m'a pas échappée.*

« *J'ai signalé au ministre du Travail et au ministre de la Construction l'intérêt de vos suggestions et leur ai demandé de les mettre à l'étude.*

« *Croyez, mon cher député, à mes sentiments les meilleurs*[24]. »

Député dans l'Oise

L'action du député Marcel Dassault dans sa circonscription de l'Oise a fait l'objet de nombreuses remarques, généralement négatives. Pour beaucoup d'observateurs de la politique française, il a acheté ses électeurs en les couvrant de cadeaux. Qu'en est-il exactement?

Il est difficile de donner une explication rationnelle aux succès électoraux de Marcel Dassault dans l'Oise. C'est un mélange de générosité et de paternalisme conforme à la complexité du personnage.

Les anecdotes fourmillent sur son comportement. Tandis que ses adversaires l'accusent d'acheter ses électeurs, ses amis louent sa générosité le comparant à d'autres milliardaires aux libéralités plus modestes.

En fait, l'attitude de Marcel Dassault est conforme à sa ligne de conduite. Il entend être apprécié dans sa circonscription, contribuer avec les moyens dont il dispose à l'amélioration du bien-être de ses électeurs et surtout ne pas être accusé d'être « radin ». Il veut plaire à tout le monde :

« *Il était social, il estimait que c'était à la fois son devoir et son intérêt. Il n'aimait l'argent que pour la considération que cela pouvait lui apporter*[25]. »

Marcel Dassault a horreur de la foule, il se rend rarement dans sa circonscription, si ce n'est pour quelques banquets en périodes électorales ou pour inaugurer une des nombreuses réalisations qu'il a financées. On ne compte plus les piscines, les patinoires, les stades, les cours de tennis, les écoles, les clubs sportifs, les routes, les casernes de pompiers, les églises qui bénéficient de ses largesses :

23. Entretien d'un élu de l'Oise avec l'auteur.
24. Lettre du 15 décembre 1962, archives Dassault.
25. Entretien de Michel Debré avec l'auteur.

« Bien sûr, il avait beaucoup d'argent et les moyens de faire tout cela, mais d'autres aussi fortunés que lui n'en ont pas fait autant.

« Pour Beauvais, son mécénat a été très important. A chaque élection législative il faisait refaire le toit des églises, creuser des piscines, etc. [26]. »

Si ses réalisations portent son nom, il n'en abuse cependant pas. Ainsi, en 1970, lorsqu'il donne 200 000 francs à la ville de Beauvais pour compléter la subvention de 800 000 de l'Etat destinée à la construction d'une halte-garderie dans la ZUP, il écrit :

« Mon nom figurant déjà sur le parc Marcel Dassault, il est inutile qu'il figure dans tous les coins du pays [27]. »

Il propose alors de donner le nom du maire de Beauvais à la garderie.

A la veille des élections ou pour Noël, il s'enquiert de leurs difficultés auprès des maires, des curés, des associations d'aide aux handicapés. Il leur demande une liste des nécessiteux et fait envoyer des colis, généralement par le magasin Au Bon Marché de Paris. Ces colis sont très appréciés et réclamés par ceux qui ont été oubliés. De nombreuses personnes, dans le besoin ou simplement seules, lui adressent des lettres, souvent poignantes, pour solliciter un colis ou le remercier. Marcel Dassault fait aussi acheter du charbon ou du mazout pour le chauffage des personnes âgées et les déshérités. Tous les électeurs de sa circonscription sont abonnés gratuitement à *Jours de France* et à *L'Oise Libérée.*

Il répond favorablement à toute les demandes de subvention émanant de sa circonscription pour les kermesses, les foires, les voyages scolaires, les rencontres sportives. Il achète des casques et des trompettes pour les pompiers, des filets pour les buts des équipes de football ou pour les cours de tennis, des coupes pour les sportifs, fait passer des annonces gratuites pour toutes les manifestations dans *L'Oise Libérée* qui rend fidèlement compte aux lecteurs des événements du département.

Il veille à aider ceux qui sont en difficulté et prête de l'argent oubliant parfois de se faire rembourser. Quand un agriculteur ne peut plus payer son tracteur, les représentants de Marcel Dassault dans la circonscription ont pour consigne d'y remédier sans contrepartie.

Les habitants de Coignières sont, comme il aime les appeler, « ses amis », ils bénéficient des mêmes largesses :

« Il offrait un feu d'artifice pour la fête de la commune. Il a acheté une voiture pour le foyer rural, fait construire les ateliers municipaux de Coignières. Il est à l'origine du tout-à-l'égout.

« Les colis qu'il offrait pour le troisième âge, sans trop regarder à l'âge d'ailleurs, étaient portés directement au domicile des bénéficiaires. Il donnait facilement des autorisations de pêche dans ses étangs.

« En fait, il voulait être bien avec tout le monde et avoir la paix.

« Je me souviens qu'un jour je lui conseillais de ne pas accorder une autorisation de pêche à un garde champêtre qui était un ivrogne. Il m'a

26. Entretien d'un élu de l'Oise avec l'auteur.
27. Lettre au maire de Beauvais, Pierre Jacoby, 25 juin 1970, archives Dassault.

répondu : " Un ivrogne est un électeur comme un autre, vous risquez de perdre une voix [28] *! " »*

Interrogé sur sa générosité pendant les campagnes électorales, Marcel Dassault répond :

« C'est normal. Quand on a de l'argent, il faut bien qu'on en fasse bénéficier ses amis [29] *! »*

Contrairement à la majorité des hommes politiques fortunés, il ne cherche pas à cacher sa fortune. Il déclare, au contraire, qu'elle joue en sa faveur. Son slogan est :

« Oui, je suis riche ! Mais il vaut mieux avoir des amis riches qui peuvent vous aider plutôt que des amis pauvres qui ne peuvent rien faire pour vous ! »

Le 14 février 1978, sur Europe 1, Marcel Dassault est interrogé sur le montant de ses dons :

« Vous avez donné 42,5 millions de francs au chef-lieu de Grandvilliers, vous avez donné 5 millions à Dameraucourt, 4,5 millions à Halloy, 10 millions pour une salle polyvalente à Feuquières ; cela fait beaucoup d'argent. »

Fidèle à son personnage, il répond :

« La plupart du temps, il s'agit des églises, mais il y a aussi bien d'autres questions que vous ne soupçonnez pas. Par exemple, il n'y a pas de lavabos dans certaines écoles ; il n'y en a pas dans certaines mairies ; en général les logements des instituteurs en sont dépourvus. Vous savez également que les routes nationales sont entretenues par l'Etat, que les chemins communaux sont entretenus par la commune. Vous avez des communes qui sont un peu isolées comme des îles dans l'immense campagne et ces hameaux se trouvent quelquefois à 3 ou 4 kilomètres de la route départementale. Si bien que, quand le car ramène les enfants de l'école, il s'arrête sur la route départementale et les enfants pataugent dans la boue pour regagner leur maison.

« – Vous êtes le bienfaiteur de la circonscription, c'est cela ?

« – Je ne suis pas le bienfaiteur de la circonscription, mais dans la mesure de mes moyens... Si je mettais mon argent en Suisse ou si j'entretenais un ballet comme Paul-Louis Weiller, cela serait très bien, d'ailleurs, je serais reçu à l'académie des Beaux-Arts, mais enfin il y a bien d'autres moyens de dépenser son argent.

« – Et vous en avez trouvé une ?

« – C'est d'aider les communes les plus malheureuses. »

Après cette émission, estimant avoir tenu des propos désagréables envers Paul-Louis Weiller, il lui écrit ainsi qu'au journaliste qui l'a interviewé pour « *compléter le tableau un peu raccourci* » qu'il avait fait de son ami :

---

28. Entretien avec Jean Le Cunff, maire-adjoint de Coignières de 1977 à 1983.
29. *Le Monde*, 4 avril 1978.

« Qui mieux que Paul-Louis Weiller pouvait encourager les lettres et les arts.

« Ce faisant, il a non seulement fourni du travail aux menuisiers et aux peintres qui font les décors, aux couturiers et aux couturières qui font des costumes, mais enfin et surtout, aux jeunes gens et aux jeunes filles auxquels il a permis de réaliser leur vocation, faute de quoi ils seraient probablement partis à l'étranger [30]. »

Marcel Dassault aide aussi ses amis politiques du département de l'Oise. Il les aide à payer leurs frais de secrétariat, de déplacement et organise régulièrement des banquets qui se terminent par de grandes kermesses avec des chanteurs connus. Après l'un de ces festins, l'attraction principale est une tombola dont les gros lots sont cinq Renault 5. Olivier Dassault tire la tombola en présence de son grand-père. A la suite d'une erreur, il se présente plus de gagnants qu'il n'y a de voitures. Pierre de Bénouville et Olivier Dassault proposent de procéder à un nouveau tirage au sort. Marcel Dassault s'y oppose en disant :

« Il ne faut pas leur faire de la peine, il y aura une voiture pour chaque gagnant [31] *!* »

C'est ainsi que trente-cinq Renault 5 sont distribuées à la grande joie des participants.

Dans un autre bourg de l'Oise, organisant une grande fête avec une tombola dotée de quinze Renault 5, il voit des gens malheureux de ne pas avoir gagné. Il fait alors ajouter cinq voitures supplémentaires.

Marcel Dassault, comme dans toutes ses autres activités, pense au détail :

« Comme sa fête avait empêché les cafetiers de faire des recettes, en compensation de leur perte de chiffre d'affaires, il leur a fait apporter un billet de 500 francs. Ils ont immédiatement fermé et sont venus rejoindre la fête [32]. »

Début 1983, Marcel Dassault est attaqué par le maire socialiste de Beauvais qui lui reproche d'avoir donné à sa commune des cadeaux empoisonnés. Il s'en défend en écrivant :

« Je dois dire, ce qui n'a pas été dit, que j'ai acheté dans un endroit aéré et boisé un grand terrain de 18 hectares. J'y ai construit toutes sortes d'équipements de distraction : une piscine olympique, une patinoire, une écurie pour les ânes. J'ai installé pour les enfants une pataugeoire, des balançoires, des chevaux de bois, et quand j'ai acheté ce terrain j'en avais fait don à la ville de Beauvais en disant que je demandais simplement qu'il s'appelle parc Marcel Dassault.

« Elu maire, il fallait bien que le maire trouve quelque chose contre moi et écrive à ses électeurs que l'entretien de la piscine coûtait fort cher. Une

30. Lettre de Marcel Dassault du 15 février 1978, archives Dassault.
31. Entretien d'Olivier Dassault avec l'auteur.
32. Entretien de Claude Flohic avec l'auteur.

piscine qui a déjà quinze ans d'âge, il est naturel qu'elle ait besoin d'une révision de temps en temps[33]. »

Alors que l'on déplore de nos jours la délinquance dans les banlieues, Marcel Dassault, le 3 décembre 1977, lors de l'inauguration de la piscine couverte de la ZUP de Beauvais, rappelle qu'elle est construite afin d'animer les quartiers périphériques et offrir à ses habitants les moyens d'occuper leurs loisirs en faisant du sport.

Lors des dernières élections législatives auxquelles il a participé dans l'Oise, en mars 1986, un mois avant son décès, un sondage d'opinion permet de situer la popularité du député Marcel Dassault[34].

A la question : Avez-vous entendu parler où connaissez-vous ne serait-ce que de nom les personnalités suivantes figurant sur une liste de 18 personnalités politiques de l'Oise? Marcel Dassault obtient 97 % de oui. Ce pourcentage égale la notoriété des présidents de la République dans les sondages.

A la deuxième question : Avez-vous une bonne ou mauvaise opinion? Marcel Dassault obtient 59 % de bonnes opinions, 10 % de mauvaises opinions, 31 % sans opinions. La personnalité qui vient après lui n'obtient que 23 % de bonnes opinions.

Le soutien aux partis politiques

Marcel Dassault ne limite pas ses prodigalités à ses électeurs. Tous les partis politiques en bénéficient puisque, comme il aime le rappeler, il est pour l'union nationale mais il a quand même une préférence pour le parti du général de Gaulle :

« *J'ai subventionné le RPR. C'est une de mes danseuses*[35]. »

Au RPR, qui est encore l'UNR (Union pour la nouvelle République), Marcel Dassault retrouve un de ses hommes politiques préférés, Jacques Chirac.

Ce dernier a connu Marcel Dassault alors qu'il était encore enfant, avant la Seconde Guerre mondiale. Le père de Jacques Chirac était le directeur de l'agence de la Banque nationale de crédit devenue Banque nationale pour le commerce et l'industrie, à Neuilly :

« *Je ne le connaissais que parce que je le rencontrais dans l'escalier du 46, avenue Kléber, immeuble qui appartient par moitié à Potez et à moi*[36]. »

En effet, conseiller financier d'Henry Potez, François Chirac oriente ses placements après qu'il a touché les indemnisations de la nationalisation de

33. Marcel Dassault, 19 janvier 1983, archives Dassault.
34. Sondage effectué par la SOFRES en novembre 1985.
35. *Paris Match*, 15 février 1980, interview de Philippe Bouvard.
36. Marcel Dassault, 19 janvier 1983, archives Dassault.

1936. François Chirac entre ultérieurement chez Henry Potez comme directeur général.

Marcel Dassault a raconté à Franz-Olivier Giesbert une anecdote sur Jacques Chirac :

« A la fin des années trente, j'étais en cure à Vichy avec ma femme et, un jour, en nous promenant, nous rencontrons les Chirac à la terrasse d'un café. Avec son fils, on regardait passer les voitures pendant que les adultes parlaient entre eux de choses importantes. Il me disait : " Ça, c'est une Citroën ; ça, c'est une Renault. "

« Il ne se trompait jamais. Alors j'ai voulu le mettre à l'épreuve. A cette époque, j'avais une grande voiture assez rare et j'étais sûr qu'il ne pourrait pas m'en donner le nom. Je l'ai donc conduit jusqu'à mon automobile et il s'est écrié : " Monsieur, c'est une Graham Paige. " J'avoue que j'étais très étonné. On est entré dans un magasin de jouets et nous l'avons dévalisé [37]. »

Jacques Chirac se souvient que c'est ainsi qu'il reçut son premier train électrique [38].

Plus tard, quand Jacques Chirac, après un passage à la Cour des comptes et au Secrétariat général du gouvernement, est nommé chargé de mission auprès du Premier ministre Georges Pompidou, il a, entre autres, la charge des dossiers de la construction, de l'aménagement du territoire, de l'industrie aéronautique et des transports aériens. A ce poste, il fait son apprentissage politique. Il a, selon Franz-Olivier Giesbert, facilité l'élection de Jean Natali comme sénateur de l'Oise.

Les élections législatives de 1967 ont lieu alors que Georges Pompidou envisage de faire de Jacques Chirac le directeur des Transports aériens, poste que ce dernier souhaite occuper [39]. Georges Pompidou lui conseille néanmoins de se présenter à la députation, ce qu'il fait en Corrèze. Marcel Dassault soutient sa campagne :

« Même si le génial inventeur du Mirage et du Falcon a l'excuse d'être une vieille relation des parents de Chirac, il subventionne la campagne électorale de celui qui, à Matignon, est chargé des dossiers de l'aéronautique. C'est un fâcheux mélange des genres, même si on peut imaginer que la tendre affection de Marcel Dassault ait joué autant que ses intérêts bien compris. Mais les sentiments n'empêchent pas les affaires [40]. »

Dès 1966, Marcel Dassault charge un de ses collaborateurs de *Jours de France*, le journaliste Philippe Alexandre, de suivre Jacques Chirac :

« Je vais vous présenter un homme dont je voudrais faire un secrétaire d'Etat à l'Aviation civile. Je voudrais que vous vous occupiez de lui. [...] *Vous allez vous installer à Limoges et monter un journal local pour lui.*

---

37. Franz-Olivier Giesbert, *Jacques Chirac*, Editions du Seuil, 1987, page 23.
38. Entretien de Jacques Chirac avec l'auteur.
39. *Ibid.*
40. Franz-Olivier Giesbert, *Jacques Chirac*, Editions du Seuil, 1987, page 110.

[...] *Vous ferez tout pour qu'il soit content. Il le mérite. C'est un garçon très gentil* [41]. »

L'Essor du Limousin assure donc la promotion de Jacques Chirac, élu député le 12 mars 1967.

Marcel Dassault se montre beaucoup plus discret sur son aide au parti communiste même s'il reconnaît avoir une dette, plus particulièrement à l'égard de certains de ses membres :

« *Après la guerre, j'ai engagé des communistes qui avaient été licenciés de la SNCASO qui était la société nationale qui avait absorbé mes usines en 1937. Enfin je leur rends de petits services quand je peux* [42]. »

Il passe des publicités dans *L'Humanité* au même titre que dans les journaux soutenant la majorité.

La participation de Marcel Dassault au financement des partis politiques est un fait suffisamment connu pour ne pas être contesté.

Sa fortune, longtemps estimée la première de France, lui permet de satisfaire ses « hobbies ». Lui donne-t-elle un pouvoir politique?

« *Non, la meilleure preuve c'est que je n'en ai pas. Elle me donne le pouvoir d'avoir l'ennui de la gérer* [43]. »

Pierre Messmer apporte un éclairage particulier sur cette aide :

« *Je n'ai jamais eu l'impression qu'en tant qu'homme politique, en tant que député, il ait eu beaucoup d'influence sur le gouvernement.*

« *Tout le monde savait que Marcel Dassault était généreux. Que le RPR se soit arrangé avec lui, c'est possible mais je n'en sais rien. En fait, il aidait indirectement en disant : "Qui voulez-vous que j'aide dans telle campagne, quel candidat ?" C'était ainsi plus diffus* [44]. »

Selon Jacques Chaban-Delmas :

« *Le financement des partis : cela faisait partie de sa stratégie. Il n'oubliait pas, il avait une longue mémoire, ce n'était pas un ingrat* [45]. »

En fait, l'aide de Marcel Dassault aux hommes politiques est diverse et discrète comme par exemple la mise à disposition d'avions Falcon pendant leur campagne électorale, l'achat de colis de nourriture distribués dans leur circonscription ou encore l'achat d'espaces publicitaires dans les publications de leur parti ou dans leurs journaux électoraux. Le paiement de ses libéralités est effectué sur son compte personnel et non sur celui de sa société aéronautique ainsi que le prétendent souvent ses adversaires.

Ayant compris qu'il n'hésite pas à distribuer son argent, de nombreux partis politiques ont fait appel à lui. Les archives sur ce sujet laissent apparaître des noms que l'on est surpris de trouver en pareille occasion. D'ailleurs, selon deux de ses très proches collaborateurs, seuls, en quarante ans, deux hommes politiques ont refusé ses dons.

---

41. Franz-Olivier Giesbert, *Jacques Chirac*, Editions du Seuil, 1987, page 110.
42. Antenne 2, 23 novembre 1978.
43. Marcel Dassault, *Le Monde*, 4 avril 1978.
44. Entretien de Pierre Messmer avec l'auteur.
45. Entretien de Jacques Chaban-Delmas avec l'auteur.

S'il est généreux avec « ses amis » – et ils sont nombreux – Marcel Dassault a une attitude surprenante envers les parlementaires en ce qui concerne l'indemnité qu'ils reçoivent. C'est ainsi, qu'en 1959, il propose que les parlementaires fortunés ne reçoivent qu'un franc par an, leur indemnité étant alors versée par l'Etat à la Caisse de secours des Anciens Combattants. Il ajoute :

« *Ces parlementaires pourront être reconnaissants à M. Pinay d'avoir créé un franc lourd, car ainsi, en recevant en guise d'indemnité parlementaire un franc lourd par an, ils recevront tout de même quelque chose représentant un certain pouvoir d'achat, alors qu'un franc de l'ancienne monnaie ne représentait pratiquement plus rien*[46]. »

On devine l'intérêt qu'une telle proposition a dû entraîner chez les parlementaires concernés !

Marcel Dassault, homme de gauche?

Avec Alfred Coste Floret et Pierre de Bénouville, Marcel Dassault décide de créer le parti La Démocratie chrétienne. C'est, selon lui, un parti de gauche, la suite du MRP. Ses conceptions méritent d'être citées :

« *Vous savez que j'ai toujours été radical socialiste jusqu'au jour où le général de Gaulle a voulu rassembler les Français dans le RPF.*

« *Le général de Gaulle et, avec lui, le RPF ont toujours eu des idées sociales, si ce n'est socialistes. C'est ainsi que le général de Gaulle a préconisé l'association capital-travail et que le président Pompidou a réalisé la mensualisation de tout le personnel des entreprises, ce qui confère à ce personnel à la fois plus de dignité et plus de sécurité. Cela constitue la réforme sociale la plus importante depuis les vacances payées de 1936.*

« *Un semblant d'association capital-travail a été réalisé sous la forme de la participation qui n'est qu'une sorte d'intéressement, alors que le programme de La Démocratie chrétienne propose le partage pur et simple du bénéfice : la moitié aux actionnaires, la moitié aux travailleurs.*

« [...] *Je vous dirai que La Démocratie chrétienne présente un programme qui me paraît excellent et précis.*

« *Le parti de Jaurès et de Léon Blum qui est, malheureusement, devenu tout à fait marxiste, et par conséquent athée, ne donne plus aux chrétiens la possibilité de voter socialiste. C'est la raison pour laquelle M. Coste-Floret et le général de Bénouville proposent aux lecteurs chrétiens de voter pour La Démocratie chrétienne, c'est-à-dire de voter pour un socialisme à visage humain.*

«*Au surplus, les protestants sont aussi des chrétiens.*

« *Quant aux Juifs et aux musulmans français, ayant le même Dieu, " le Dieu unique ", ils pourront aussi voter pour un parti religieux, La Démocratie chrétienne*[47]. »

46. Editorial de Marcel Dassault, député de l'Oise, *Jours de France* n° 219, 1959.
47. Marcel Dassault, *Jours de France* n° 1 177, 1977.

Avec un tel programme, la tentative de développer un nouveau parti s'avère rapidement un échec.

Pour Pierre Mauroy, Marcel Dassault est un homme inclassable :
« Ce n'était pas un capitaliste classique, je ne le classais pas parmi les patrons de droite. Il était entre la droite et la gauche avec qui il avait une espèce de contact naturel. Il avait aussi une liaison incontestable avec le peuple car c'était un homme de bonne volonté, attaché à faire le bien[48]. »

Marcel Dassault a, incontestablement, une conception bien particulière des notions de droite et de gauche. Dans une de ses rubriques politiques de *Jours de France*, il fait dialoguer deux élèves de Sciences po, François et Marie, partisans d'un gouvernement d'Union nationale qui comprendrait des ministres de gauche et du centre. Marie demande à François de définir le centre et la droite :

« - *François : Le centre, ce sont tous les Français qui ne sont ni socialistes ni communistes et qui n'appartiennent pas davantage à ce qu'on appelle la droite.*

« La droite, ce sont certains Français qui, par tradition, restent fidèles au souvenir des quarante rois qui ont fait la France. Ils représentent 2 à 3 % de la totalité des électeurs. Ils sont groupés en différentes formations, telle que celle de M. Le Pen qui est la plus active.

« Le centre, c'est évidemment l'UDF qui est présidée par M. Lecanuet, un ancien MRP. Il y a d'ailleurs beaucoup d'anciens MRP dans l'UDF, notamment au CDS et aussi, comme au CNI, des admirateurs passés et toujours présents du président Pinay et on ne fera croire à personne que les adeptes de " l'homme au chapeau rond " sont à droite.

« De même, le RPR est présidé par M. Chirac, un ancien radical-socialiste comme beaucoup d'autres radicaux-socialistes qui ont répondu à l'appel du général de Gaulle quand il a formé le RPF, M. Chaban-Delmas, notamment. Ceux-là non plus ne représentent pas la droite.

« Quant aux radicaux-socialistes de la gauche et du centre, ils devraient bien se mettre d'accord pour former un seul groupe, autrement on risque de voir disparaître le radical-socialisme, un parti qui a donné tant d'hommes illustres à la France[49]. »

La compatibilité des fonctions parlementaires

Les activités industrielles et politiques de Marcel Dassault entraînent un certain malaise dans une partie de la classe politique surtout après les affaires Stehlin et de Vathaire. Le véritable problème, en ce qui concerne Marcel Dassault, c'est qu'il est « le parlementaire le plus riche de France ».

Prenant ses opposants de vitesse, Marcel Dassault demande, le 28 octobre

48. Entretien de Pierre Mauroy avec l'auteur.
49. *Jours de France* n° 1 496, 3 septembre 1983.

1976, au Conseil constitutionnel de se prononcer sur la compatibilité de ses activités professionnelles avec l'exercice de son mandat de député. Le 28 mars 1977, la haute juridiction estime qu'elle ne peut retenir sa demande car elle n'est pas saisie par le bureau de l'Assemblée nationale.

C'est à la requête du parti communiste que le bureau de l'Assemblée présente le dossier. Marcel Dassault réagit immédiatement :

« *Malheureusement pour le groupe communiste, ma seule activité, en dehors de mon activité parlementaire, consiste dans le fait que je suis rédacteur en chef de* Jours de France.

« *En ce qui concerne la société d'aviation Dassault-Breguet, je n'en suis ni le président, ni directeur général, ni administrateur, et je n'y occupe aucune fonction et n'en reçois aucune rémunération d'aucune sorte*[50]. »

En 1977, ce qui est communément appelé le groupe Dassault est constitué par une société mère, la Générale Immobilière Marcel Dassault (GIMD) qui possède les diverses sociétés du groupe. Marcel Dassault possède 91 % de la GIMD.

Ce groupe est composé de vingt et une sociétés dans lesquelles Marcel Dassault dispose personnellement de 0,16 à 15 % des actions sauf en ce qui concerne Europe Falcon Service où sa part est de 84 %. Les sociétés les plus connues sont les Avions Marcel Dassault-Breguet Aviation et l'Electronique Marcel Dassault.

Dans ces vingt et une sociétés, dont il est le propriétaire, il n'exerce que trois fonctions, rédacteur en chef de la société de presse *Jours de France*, cogérant de la Société immobilière et foncière aéronautique, administrateur de la Société immobilière du 23, Champs-Elysées. Aucune de ces trois sociétés n'est en relation avec l'Etat.

En ce qui concerne la société holding Générale Immobilière Marcel Dassault, il n'assiste pas à l'Assemblée générale donnant un pouvoir en blanc, acceptant d'avance les décisions de l'assemblée.

Le problème de l'incompatibilité est soulevé en vertu de l'article LO 146 du code électoral.

Cet article stipule que sont incompatibles avec le mandat parlementaire les fonctions de chef d'entreprise, de président de conseil d'administration, de président et de membre de directoire, de président du conseil de surveillance, d'administrateur délégué, de directeur général, directeur général adjoint ou gérant exercées dans les sociétés, entreprises ou établissements jouissant sous forme de garanties d'intérêts, de subventions ou, sous forme équivalente, d'avantages assurés par l'Etat ou par une collectivité publique.

Sont également incompatibles avec le mandat parlementaire les fonctions énumérées ci-dessus exercées dans les sociétés ou entreprises dont l'activité consiste principalement dans l'exécution de travaux, la prestation de fournitures ou de services pour le compte ou sous le contrôle de l'Etat, d'une col-

50. Lettre au président de l'Assemblée nationale, 6 janvier 1977, archives Dassault.

lectivité ou d'un établissement public ou d'une entreprise nationale ou d'un Etat étranger.

La situation de Marcel Dassault est claire : il n'exerce aucune fonction professionnelle dans la Société des avions Marcel Dassault-Breguet Aviation dont le président directeur général est Benno Claude Vallières. Le Conseil constitutionnel n'hésite pas et reconnaît que Marcel Dassault n'exerce pas de fonctions interdites par le code électoral.

Par contre, le dernier alinéa du l'article LO 146 pose des problèmes d'interprétation. Il précise que les dispositions de cet article sont applicables à toute personne qui, directement ou par personne interposée, exerce en fait la direction de l'un des établissements, sociétés ou entreprises citées auparavant.

Marcel Dassault se montre très précis sur ce point :

« Les relations qu'entretient M. Vallières avec les autorités techniques et commerciales des gouvernements étrangers acheteurs d'avions Dassault, et en France avec le ministère des Armées ainsi qu'avec le commissaire du gouvernement auprès de la société Dassault-Breguet, et le personnel nombreux qui travaille sous ses ordres, attestent de la façon la plus claire qu'il est un chef d'industrie qui mérite à la fois le respect et considération.

« En outre, il arrive à M. Vallières d'être convoqué à l'Assemblée et au Sénat pour être entendu par les commissaires des commissions des Finances, de la Défense nationale et des Transports, et chaque fois son audition produit un effet très favorable, ce qui montre qu'en aucun cas il ne saurait être confondu avec ce qu'on appelle " un homme de paille " [51]. »

Le Conseil constitutionnel considère que la notion de direction de fait, doit s'entendre comme une participation à la conduite générale de l'entreprise active, régulière et comportant prise de décisions. Il estime que Marcel Dassault n'exerce pas directement ou par personne interposée la direction des sociétés concernées.

Le Conseil constitutionnel fait aussi remarquer que cet alinéa ne doit pas faire l'objet d'une interprétation extensive. En conséquence, l'incompatibilité ne peut être étendue aux personnes détenant la propriété d'une partie, quelle qu'en soit l'importance, du capital d'une société car elles ne font qu'exercer les droits qui y sont attachés. La haute juridiction considère donc le fait que Marcel Dassault détient la majorité des titres de différentes sociétés n'a pas pour effet de le placer en situation d'incompatibilité.

Le 18 octobre 1977, le Conseil Constitutionnel rend publique sa décision :

« M. Marcel Dassault, au jour de la présente décision, ne se trouve dans aucun des cas d'incompatibilité prévus à l'article LO 146 du code électoral. »

---

51. Lettre de Marcel Dassault à son avocat, lettre du 25 novembre 1976, archives Dassault.

L'INTÉRÊT POUR LA POLITIQUE

Que lui apportent ses activités parlementaires? Ses réponses sont toujours claires quand on lui reproche de ne pas aller souvent à l'Assemblée nationale :

« Je n'y vais jamais parce qu'on n'y fait pas grand-chose. Ça ne m'empêche pas de plaire aux électeurs de l'Oise [52]. »

Interrogé sur ce que la politique lui rapporte, il répond :

« Cela m'a apporté un peu de distraction parce que, malgré tout, à l'Assemblée, tout le monde est poli. Même quand on s'engueule, c'est très poliment. On se rencontre dans les couloirs, on va au buffet. Enfin, je vous dis, c'est un club. Alors, on peut très bien aller à un club pour se distraire même quand on construit des avions [53]. »

Marcel Dassault ne garde pas un bon souvenir de ses débuts de député. La proposition de loi qu'il avait voulu déposer sur le logement individuel lui a fait découvrir les mécanismes législatifs :

« Je croyais que, quand un député déposait une loi, il allait à la tribune, qu'il l'exposait et que d'autres venaient lui répondre et que si tout le monde était content la loi était votée et que si personne n'était content elle ne l'était pas. Ça n'est pas ça du tout ! Quand un député avait déposé une proposition de loi, on allait demander l'avis du ministre concerné.

« A l'époque, on ne voulait entendre parler que de locatif. Au fond, les lois sont faites par les cabinets des ministres, et quand un député propose une loi, il y a tellement d'obstacles qu'il n'y arrive jamais. Un député n'a aucun pouvoir [54]. »

Derrière cette boutade se cache une certaine déception en constatant que Marcel Dassault député a moins de pouvoir que Marcel Dassault industriel :

« Aussi la politique américaine le séduit-elle, où toute prise de responsabilité peut être favorisée par une réussite préalable dans les affaires. Il ne lui paraît pas sain que les principaux agents économiques d'une nation soient, en France, ainsi sous-représentés au gouvernement comme au Parlement [55]. »

Michel Debré apporte un éclairage complémentaire :

« Il avait le mépris de la politique. Il m'a dit un jour que tout était achetable et qu'il s'en sortirait toujours car il rendait service à l'Etat.

« Il était un peu agaçant avec sa certitude qu'il rendait service à l'Etat, il pensait toujours avoir raison. Comme je lui faisais remarquer que le bénéfice était partagé entre l'Etat et lui, il m'a répondu : " L'intérêt de l'Etat, c'est de faire vivre la société Dassault. " Là, je reconnais que j'ai été d'accord car c'était un industriel exceptionnel [56]. »

52. *Paris Match*, 15 février 1980.
53. Interview à Antenne 2, 1984.
54. « Grand Jury », RTL-*Le Monde* du 23 mai 1982.
55. Entretien d'Olivier Dassault avec l'auteur.
56. Entretien de Michel Debré avec l'auteur.

Marcel Dassault affiche une attitude de dilettante face à son mandat de député, c'est en réalité une façade car il y est très attaché. Cette marque de reconnaissance nationale figure dans son épitaphe.

En fait, plus que le mandat, c'est la plate-forme politique qui l'intéresse. Elu du peuple, il peut exprimer ses idées politiques y compris au plus haut niveau de l'Etat :

« Par ailleurs, Monsieur le Président, je me permets de vous rappeler que je suis le doyen d'âge de l'Assemblée nationale, député depuis bientôt trente ans, et que je reste à votre disposition dans le cas où vous voudriez me convoquer pour envisager la situation politique comme nous l'avions fait dans les semaines qui ont précédé votre élection à la présidence de la République [57]. »

Les éditoriaux

S'il néglige l'hémicycle de l'Assemblée nationale dont il est un des députés les moins assidus, Marcel Dassault entend faire passer autrement son message politique. Il achète des pages entières dans les quotidiens pour exposer, en gros caractères, ses idées sur les grands débats nationaux. Interrogé sur ses motivations, il répond sans plus d'explication :

«Ah! ben ça... On donne des idées [58]. »

Bien entendu, *Jours de France* a la primeur de ses éditoriaux qui paraissent sur une ou deux pages consacrées à un grand thème d'actualité. Le style est toujours aussi déroutant et les thèmes inattendus. On peut en citer quelques uns :

– Soutien au référendum concernant l'entrée de la Grande-Bretagne dans le marché commun avec une page entière comportant une photographie de Winston Churchill et un titre aux gros caractères : *« Oui à l'Angleterre héroïque, stoïque et victorieuse* [59]. » Le texte qui suit est une apologie du comportement britannique dans la Seconde Guerre mondiale, cinq lignes seulement sont consacrées au référendum.

– Restauration des vieilles maisons de Paris pour que la capitale retrouve son âme [60].

– Restauration des églises : *« La grande misère des petites églises de France* [61]. »

Pour aider les communes rurales à entretenir leurs églises, il propose de leur affecter le revenu du tiercé ou du loto et termine en précisant : *« C'est à M. le ministre de la Culture à prendre sa décision.* »

---

57. Lettre du 8 octobre 1979 adressée au président Valéry Giscard d'Estaing, archives Dassault.
58. *Le Monde*, 4 avril 1978.
59. *Jours de France*, n° 905.
60. *Ibid.*, n° 1 158, 1977.
61. *Ibid.*, n° 1 208, 1978.

On devine la tête dudit ministre à la lecture de l'article du député de l'Oise.

On retrouve très souvent le thème des églises dans les propos de Marcel Dassault :

« *Quand je parcours ma circonscription, je m'aperçois que les petites églises de France sont toutes en très mauvais état* [...] *car les campagnes se sont vidées de leurs habitants, donc les impôts communaux sont insuffisants pour les entretenir.*

« *Les gens aiment leurs églises parce qu'ils y ont fait leur première communion, parce qu'ils s'y sont mariés, parce qu'ils y ont baptisé leurs enfants, parce que auprès de l'église il y a le petit cimetière où reposent les parents, les grands-parents et les autres. Le clocher de l'église dans une commune c'est un peu le drapeau dans le régiment* [62]. »

– L'accession à la propriété [63].

– Création d'une caisse des calamités commerciales qui viendrait en aide aux petits commerçants, non pas pour une mauvaise gestion, mais quand ils sont victimes de l'installation d'un supermarché à côté de leur magasin ou de la fermeture d'usines mettant leur clientèle au chômage [64].

– Création par l'Etat d'une grande usine moderne pour créer et fabriquer des machines-outils permettant une meilleure rentabilité aux entreprises, une augmentation des exportations donc une diminution du chômage [65].

– Création d'un style Ve République pour donner du travail aux artistes, aux artisans [66].

– Pour la défense du monde rural [67].

– Contre le boycott des jeux Olympiques de Moscou demandé par les Etats-Unis, en 1980, après l'invasion de l'Afghanistan : « *Il n'y a pas de raison de priver de cette manifestation les athlètes, les spectateurs du monde entier, pas plus que le peuple russe qui n'a pas démérité et qui, paraît-il, n'a pas tellement de distractions.* »

Une fois n'est pas coutume, Marcel Dassault critique la politique d'une autre nation. Il rappelle aux Etats-Unis qu'ils feraient bien de tenir compte du niveau de vie des pays qu'ils désirent protéger : « *C'est ainsi que si l'Amérique, tutrice de l'Iran, avait conseillé au Shah d'adopter une constitution démocratique, et, si au lieu de dépenser les revenus de son pétrole en industrialisation à outrance et en super-armement, il s'était préoccupé d'élever le niveau de vie de son peuple, l'Iran n'en serait pas là où il en est aujourd'hui et la Russie n'aurait jamais envahi l'Afghanistan* [68]. »

– Pour développer de nouvelles sources d'énergie, en particulier une usine marémotrice utilisant les marées du Mont-Saint-Michel : « *Les puits de*

62. Europe 1, 14 février 1978. Ces clochers des petits villages de France feront le succès de l'affiche « La force tranquille » du candidat François Mitterrand lors des élections présidentielles de 1981.
63. *Jours de France*, n° 1 211, 1978.
64. *Ibid.*, n° 1 214, 1978.
65. *Ibid.*, n° 1 218, 1978.
66. *Ibid.*, n° 1 244, 1978.
67. *Ibid.*, n° 1 260, 1979.
68. *Ibid.*, n° 1 310, 1980.

pétrole s'épuisent, les centrales atomiques vieillissent, les marées du Mont-Saint-Michel sont éternelles [69]. »

– Pour réhabiliter la mémoire de Marcel Bouilloux-Lafont fondateur de la société Aéropostale [70].

A ces éditoriaux aux thèmes variés mais sans fil conducteur succèdent subitement, à partir de février 1981, une célèbre rubrique intitulée : « La politique au café du Commerce. »

LE « CAFÉ DU COMMERCE »

Marcel Dassault vient d'utiliser une expression qui va faire fortune. Le « Café du Commerce » le propulse au devant de la scène politique.

Sur une page entière de journal, quelques lignes en gros caractères résument les idées du député Marcel Dassault. Le fond de l'histoire est toujours le même. Deux ou trois jeunes gens et jeunes filles ou des petits commerçants se rencontrent et ne débattent que d'un sujet : le chômage, l'immigration, la France coupée politiquement en deux, etc. Pour s'en sortir, ils préconisent l'union nationale chère à Marcel Dassault, union nationale à laquelle il n'a pas cessé d'inviter les Français *« dans un style dépouillé, avec des formules simples que les beaux esprits toujours ironiques baptisaient simpliste. Et pourtant! Il y avait plus de bon sens dans son* " Café du Commerce " *que dans beaucoup de leurs considérations distinguées* [71]. »

L'examen de ces rubriques fait apparaître que Marcel Dassault est volontiers provocateur et quelquefois déconnecté des réalités. En fait il s'exprime, volontairement, à la manière des Français anonymes que l'on peut écouter dans les cafés où les propos sont souvent péremptoires, mais généralement simples.

Marcel Dassault revient régulièrement sur les thèmes de l'immigration et du chômage. Il n'est pas partisan de renvoyer les immigrés chez eux : *« Ce n'est pas possible parce que la France est généreuse et reconnaissante envers ceux qui sont venus à son appel il y a vingt ans et plus* [72]. »

Dans un de ses dialogues, il fait intervenir la fille d'un commerçant qui présente son fiancé à ses parents. Il fait dire aux parents :

«Autrefois, c'était les garçons qui demandaient la main des filles à leurs parents, aujourd'hui, c'est le monde à l'envers.

« Grâce aux lois votées récemment par le Parlement, les femmes sont devenues les égales des hommes et les jeunes filles en prennent à leur aise. »

Les parents trouvent le jeune homme *« pas mal »* et même *« beau gar-*

69. *Jours de France*, n° 1 315, 1980.
70. *Ibid.*, n° 1 328, 1980.
71. Hommage du président de l'Assemblée nationale, Jacques Chaban-Delmas, au député Marcel Dassault après sa disparition, *Journal officiel* du 30 avril 1986, Assemblée nationale.
72. *Jours de France*, n° 1 370, 4 avril 1981.

çon». Leur fille précise qu'il n'est pas chômeur, qu'il est entré à Polytechnique et qu'elle l'appelle Sidi.

« – La mère : Sidi, c'est gentil, mais ce n'est qu'un diminutif.

« – La fille : Mon fiancé, maman, s'appelle Sidi Bel Abbès [73]. »

Le dialogue s'arrête sur ces mots, il est suivi de la signature habituelle : Marcel Dassault, député de l'Oise.

Dans un autre « Café du Commerce » sur l'avenir des petits commerçants, il fait dire à une mère qui s'adresse à son fils, sans que cela ait quelque chose à voir avec le thème : *« Fais attention aux vélos, c'est la sortie de l'usine* [74]. »

Apparemment, Marcel Dassault n'a pas remarqué que les motos et les voitures ont remplacé les vélos à la sortie des usines !

Le 6 juin 1981, il fait dialoguer des sous-officiers de hussards et leurs femmes. Les hommes sont inquiets de leur avenir dans l'armée car la prochaine guerre *« sera faite entièrement par des sous-marins et leurs fusées stratégiques nucléaires »*. Ils se demandent s'ils ne feraient pas mieux de demander une mutation dans les CRS :

« Nous ramasserions les blessés sur les routes et nous irions repêcher les jolies baigneuses qui s'éloignent trop loin de la plage. »

Une des épouses n'est pas d'accord et répond qu'ils feraient aussi bien de s'engager dans la Marine :

« – Et puis, votre sous-marin c'est un peu l'Arche de Noé, parce que quand il n'y aura plus personne en France, il ne restera que les marins dans les sous-marins et ce ne sera pas suffisant pour reproduire la race française. Il faudrait que vous installiez mon hamac dans un petit coin de votre sous-marin et puis, pas vrai, un Normand comme toi et une Bourguignonne comme moi, il n'y a rien de mieux pour renouveler la race et j'emmènerai Minet et Minette.

« – Pour quoi faire ?

« – Ils me tiendront chaud dans mon hamac et il faut bien aussi qu'il y ait de nouveau des petits chats français [75]. »

La lecture de ce « Café du Commerce » a dû laisser perplexe plus d'un lecteur.

Un autre thème a sans doute entraîné la même réaction. Des ouvriers discutent ensemble des affaires du moment et de la Renault 9 qui est au même prix qu'une voiture japonaise. La femme d'un artisan précise :

« Depuis quatre ans, on avait des voitures qui se vendaient mal parce que les Japonais exportaient des voitures moins chères. On disait " Ce n'est pas étonnant que les ouvriers japonais soient payés très bon marché car ils se contentent d'un bol de riz par jour et puis ils ont vraiment l'esprit maison.

---

73. *Jours de France*, n° 1 370, 4 avril 1981.
74. *Ibid.*, n° 1 374, 2 mai 1981.
75. *Ibid.*, n° 1 379, 6 juin 1981.

C'est ainsi que, quand un patron passe dans un atelier, tout le monde crie : Bravo patron, Bravo patron! " »

La même personne fait remarquer que, malgré que la Renault 9 soit concurrentielle, que la cantine de chez Renault serve « *des menus très variés* », que le patron de chez Renault « *soit un bon patron* », personne ne dit rien quand il passe dans les ateliers et que même « *certains bougonnent parce qu'il ne faut jamais laisser croire qu'on est content de son sort.* »

« *La Renault 9 est plus élégante qu'une voiture japonaise parce que les Français sont quand même des artistes. Elle consomme moins parce qu'ils ne sont pas riches, comme tous les artistes, alors que les Japonais, avec toutes leurs exportations, ont autant de dollars qu'ils veulent pour acheter de l'essence.* »

Particulièrement en verve dans ce « Café du Commerce » de trois pages, Marcel Dassault continue en faisant dire à la femme de l'ouvrier qu'autrefois, au Mardi gras, on promenait sur un char à Paris, sur les grands boulevards de la Madeleine à la Bastille, le bœuf gras qui avait gagné le concours agricole. A cette occasion des bals étaient organisés :

« *Enfin on sortait de la morosité habituelle, au moins un après-midi. Pourquoi ne mettrait-on pas une Renault 9 sur un char traîné par quatre paires de bœufs blancs du Charolais et escorté par vingt-quatre jeunes filles montées sur des ânes gris? Il y aurait d'autres chars, des fanfares, des fleurs partout et, comme autrefois, tout le monde serait joyeux. Et ce serait : " Le triomphe de la Renault 9 ".* »

Pour faire bonne mesure, la femme de l'artisan ajoute qu'il faudrait donner la Légion d'honneur à la Régie Renault et une distinction à tous les ingénieurs, techniciens et ouvriers qui ont travaillé à la construction du prototype, à la création des robots et à la chaîne de montage.

Habituellement, Marcel Dassault s'arrête à ce stade; ici, il continue le dialogue et fait apercevoir à ses acteurs le préfet et le président du Conseil général « *qui, pour une fois, n'ont pas l'air de se chamailler alors qu'ils se disputent tout le temps au sujet de leurs futures attributions réciproques quand M. le Préfet sera devenu commissaire de la République.* »

Quel peut être leur grave sujet de discussion? Une histoire de femmes.

« – *La femme de l'ouvrier : Il n'est pas question de leur femme légitime naturellement. Mais M. le préfet, dans l'un de ses services, a une petite secrétaire avec qui il s'entend très bien. A présent il est question que le service où travaille la petite secrétaire passe dans les attributions du Conseil général et il semble que M. le président du Conseil général s'intéresse aussi à la petite secrétaire.*

« *Alors vous voyez, tout cela fait des histoires et des histoires à n'en plus finir* [76]. »

Si ses rubriques ont souvent une fin inattendue, elles sont aussi quelquefois un peu légères.

---

76. *Jours de France*, n° 1 403, 21 novembre 1981.

En janvier 1982, deux députés jouent au jacquet en parlant de la création d'un parti républicain démocrate.

« – Premier député : Ce serait un parti social dans tous les domaines et spécialisé dans la défense des petits commerçants, artisans et petites et moyennes entreprises qui ont tant souffert au cours de la précédente législature. [...]

« – Deuxième député : Eh bien, constituons notre parti. Je vois justement au café d'en face notre jeune collègue RPR. Il n'a que vingt-cinq ans. Il a une conversation très animée avec la fille d'un ministre socialiste. Ils ont déjà fait l'union nationale. Allons leur demander leur avis.

« – Premier député : C'est une bonne idée et après nous reprendrons notre partie de jacquet [77]*. »*

Deux autres députés, un RPR, l'autre socialiste, discutent, en juin 1982, de la guerre des Malouines. Le RPR insiste sur la nécessité de disposer de forces conventionnelles à côté de forces nucléaires. Le socialiste déclare que ce serait mieux si on pouvait faire voter le désarmement.

Le RPR constate que Mme Thatcher s'est engagée dans la guerre contre l'Argentine sans avoir de chasseurs bombardiers à long rayon d'action. Comme son collègue demande pourquoi, il lui explique les raisons :

« L'Angleterre a mis au point un avion à décollage court ou à décollage vertical qui ne nécessite pas la construction de grands porte-avions très chers, mais de simples cargos munis d'une plate-forme.

« Cependant, avec un avion à décollage court, le poids de l'appareil ne peut pas être supérieur à la poussée du réacteur. Par exemple, un réacteur de 9 tonnes correspond à un poids d'avion de 9 tonnes, alors que pour les avions classiques embarqués la poussée des [deux] *réacteurs de 9 tonnes peut faire décoller un avion de 14 ou 15 tonnes.*

« Dans l'avion à décollage court, pour économiser du poids on met moins d'essence [78]*, si bien que cet avion est un chasseur bombardier à court rayon d'action.*

« Mme Thatcher gagnera quand même sa guerre, mais que de temps et de vies humaines auraient pu être épargnés si elle avait disposé d'un chasseur bombardier possédant un rayon d'action de 1 200 kilomètres, une vitesse de Mach 2 (deux fois la vitesse du son) et de radars et d'engins ayant une portée de 80 à 100 kilomètres. »

Le lecteur a du être surpris par ces précisions techniques mais a pu apprécier le dénouement de l'histoire car, après que le député socialiste a admis que *« la France devrait faire en sorte de disposer d'une force de dissuasion conventionnelle intégrée à l'OTAN égale à celle de l'adversaire éventuel »*, son collègue RPR lui dit :

« Je vois au café d'en face Mme la Présidente de la Croix-Rouge qui

---

77. *Jours de France*, nº 1 413, 30 janvier 1982.
78. Marcel Dassault dit généralement essence au lieu de pétrole.

parle avec Monseigneur l'Evêque, nous pourrions aller leur demander s'ils trouvent une solution pour faire aboutir votre projet de désarmement [79]. »

Une autre fois, deux autres députés, un radical-socialiste et un RPR, après avoir discuté de la nécessité d'aider les petits commerçants et de faire l'union nationale, aperçoivent *« au café d'en face »* le président de la commission des Finances et le ministre du Budget :

« Ils sont accompagnés de deux demoiselles et ont l'air de très bonne humeur. Allons leur demander ce qu'ils pensent de notre projet d'union nationale [80]. »

Dans un autre « Café du Commerce », deux élèves de mathématiques spéciales parlent d'immigration et souhaitent la création par la France d'usines automobiles en Afrique du Nord afin que les Maghrébins chômeurs en France puissent devenir des travailleurs dans leurs pays. Le dialogue se termine sur cette scène :

« – Premier élève : Je vois au café d'en face trois Africaines de la deuxième génération. Celles-là ne sont pas des tractions avant, mais des tractions arrière fort bien plantées. La grande me plaît beaucoup.

« – Deuxième élève : Moi, je préfère la petite et nous trouverons bien un copain pour distraire la troisième.

«Allons leur exposer notre projet de construction d'usines au Maghreb pour donner du travail aux Maghrébins chômeurs en France.

« – Premier élève : Allons-y, faute de l'accord du président de la République, nous aurons peut-être l'accord de ces trois jeunes Africaines [81]. »

Une autre fois, deux élèves de Sciences po, François et Marie, se retrouvent pour parler d'un gouvernement d'union nationale puis rencontrent des copains *« au café d'en face »* :

« – François : Nous voulions vous parler de l'union nationale qui est la seule façon de rétablir la confiance. Mais, puisque vous êtes en bonne compagnie, je vous propose de nous rencontrer demain à 17 heures.

« – Premier copain : L'union nationale nous intéresse beaucoup. D'accord pour le rendez-vous de demain.

« – François : Après le dîner, emmenez-donc ces demoiselles au cinéma, il y a de très bons films en ce moment.

« – Un jeune copain à un troisième copain, en souriant : Au cinéma ou ailleurs [82] *!* »

Tous ces messages sont à la fois simples, naïfs, comiques, émouvants, banals, mais attirent toujours l'attention et font réagir. Pour sortir de la crise, l'union nationale reste le thème principal. Ainsi en mars 1985 :

« On constituerait un gouvernement à raison d'un ministre pour quinze députés. Un programme commun, comme dirait Marchais, serait établi [...], *les uns faisant des concessions et recevant des avantages, les autres recevant des avantages et faisant des concessions.* »

79. *Jours de France*, n° 1 433, juin 1982.
80. *Ibid.*, n° 1 473, 26 mars 1983.
81. *Ibid.*, 10 mai 1983.
82. *Ibid.*, n° 1 496, 3 septembre 1983.

L'ampleur de la diffusion de ces messages fait qu'ils ne peuvent que parvenir à leurs destinataires : les décideurs politiques. Il est certain que les opinions de Marcel Dassault, ainsi exprimées, ont fortement agacé les ministères concernés, mais ils ne peuvent oublier que le signataire est un député, il le leur rappelle d'ailleurs sous sa signature dans toutes les rubriques.

Ces pages entières de publicité rédactionnelle, véritable aubaine pour les journaux, ont à la fois étonné, scandalisé et fait sourire les lecteurs selon leur sensibilité. Les appréciations vont de « C'est débile ! » à « C'est génial ! » sans souvent qu'on cherche à comprendre la finalité de ces messages alors qu'il y en a une évidente :

« Son " Café du Commerce ", c'était de l'apostolat politique, il était partisan de l'union. Il exprimait ses idées politiques de façon inattendue certes mais compréhensible par tous[83]*. »*

Les écrits et discours de Marcel Dassault ont fait dire au président de l'Association des journalistes professionnels de l'aéronautique et de l'espace :

« Il y a du naïf en vous, monsieur, mais au sens où on l'entend en peinture, c'est-à-dire avec du génie[84] *! »*

Pour Pierre Mauroy, si Marcel Dassault est *« un avionneur prestigieux »*, il est atypique par ses conceptions politiques et sociales :

« Son " Café du Commerce ", *qui avait une pointe de populisme, était souvent très déroutant et entraînait quelquefois un phénomène de rejet à son égard. Il avait une approche un peu romantique, voire même angélique de la politique mais je crois finalement qu'il croyait ce qu'il écrivait*[85]*. »*

Le « Café du Commerce » s'accorde bien aux thèmes médiatiques qu'affectionne Marcel Dassault en politique. Il est caractéristique du personnage et, en tout cas, n'a pas été imité ni non plus déclenché de « contre-Café du Commerce ».

DOYEN D'ÂGE DE L'ASSEMBLÉE NATIONALE

Ce même style se retrouve dans les discours prononcés par Marcel Dassault en tant que doyen d'âge de l'Assemblée nationale.

Il est d'ailleurs très fier de ce titre :

« Autrefois, à la radio, il y avait une émission qui s'appelait " Reine d'un jour ". Alors, c'était très agréable parce qu'elle recevait des tas de cadeaux. Moi, j'ai été le doyen d'un jour et je n'ai pas eu de cadeaux[86]*. »*

« C'est, comme on dit, au bénéfice de l'âge, ce n'est pas un bénéfice extraordinaire. je le ferai le mieux possible. C'est un gros boulot. Je parlerai de

83. Entretien de Michel Debré avec l'auteur.
84. Albert Boccara lors de la remise du prix Icare à Marcel Dassault, 1982.
85. Entretien de Pierre Mauroy avec l'auteur.
86. Interview sur France Inter, 4 avril 1978.

l'union, de l'industrie et des jeunes. Non, je ne parlerai pas de politique[87]. »

En 1978, devant un auditoire étonné, il lit un discours qui dure à peine quatre minutes :

« *C'était suffisant parce que le personnel politique était plus intéressé par l'élection du président de l'Assemblée que par mon discours*[88]. »

Il parle d'emblée du chômage, des petits commerçants « *qui ont fait faillite et des industriels qui ont perdu le goût d'entreprendre*[89] ».

Il proteste contre l'achat de machines-outils en Amérique, de motocyclettes au Japon, d'appareils photographiques à l'étranger. Il attribue ces difficultés au fait que les industriels français ne disposent pas des crédits nécessaires. Il propose alors de recourir à un moyen de financement parallèle :

« [...] *Ce ne peut être qu'un impôt de solidarité, un grand impôt sur la fortune une fois pour toutes.* »

Il précise immédiatement que le produit de cet impôt ne devra pas être versé au budget général mais à une caisse qui répartirait ces crédits au mieux des intérêts de la France :

« *Les investissements de cette caisse resteraient sa propriété et seraient loués aux industriels à un prix raisonnable.*

« *Ainsi, la France serait de nouveau en mesure d'investir dans l'industrie, de faire repartir l'économie et de résorber le chômage.* »

Il termine son discours en signalant qu'il y a encore d'autres chômeurs, dans les métiers d'art notamment : la peinture, la sculpture, la ferronnerie d'art, et aussi l'hôtellerie, la restauration et le spectacle :

« *Pour animer ces différents secteurs, il faudrait que le gouvernement décide d'organiser en 1980 une grande exposition universelle.*

« *Une exposition universelle, c'est cinquante millions de clients étrangers qui viendraient en France dépenser leurs devises et acheter nos produits.*

« *Une exposition universelle, c'est aussi la fête ; les jeunes seraient heureux.*

« *Et alors, la France meurtrie par la guerre, l'occupation, la déportation, les guerres coloniales et la crise aurait-là l'occasion de retrouver son sourire*[90]. »

Son discours étonne, les commentaires politiques sont très négatifs. Une nouvelle fois, il n'est pas compris. Il est certain que les cabinets ministériels sont habitués à un autre style de langage et considèrent que celui de Marcel Dassault est un peu simplet. On s'inquiète même de laisser entre ses mains une telle puissance industrielle.

Marcel Dassault ne s'en formalise pas, il estime que le temps travaille

87. *Le Monde*, 4 avril 1978.
88. Interview sur TF 1, 2 décembre 1980.
89. *Journal officiel*, 3 avril 1978.
90. *Journal officiel*, 3 avril 1978. C'est l'Espagne qui organise, en 1992, une exposition universelle.

pour lui. Dès le lendemain, sur France Inter, il continue de défendre ses idées, particulièrement l'exposition universelle :

« *Cela faisait venir des étrangers en France, naturellement qui exposaient aussi. Cela faisait un grand remous général. Je trouve que la France aujourd'hui est un peu triste. Toutes les guerres sont finies depuis longtemps, je trouve que c'est le moment de s'amuser un peu* [91]. »

Il en rajoute en publiant deux pages dans *Jours de France* consacrées à sa proposition d'un impôt sur la fortune :

« *Pour surmonter la crise, il faut un plan Marshall français dont les fonds pourront être fournis par l'impôt de solidarité sur la fortune que j'ai préconisé* [92]. »

Cet impôt permettrait la création d'une Caisse du commerce et de l'artisanat qui prêterait au taux de 3 %, elle prêterait aussi « *pour restaurer les petites églises, joyaux de nos campagnes, et faire ainsi travailler les petites entreprises artisanales et rurales* [93] ».

Les apparitions de Marcel Dassault sur toutes les chaînes de télévision, dans des fonctions officielles, élargissent sa popularité auprès de l'opinion publique qui ignorait souvent, jusqu'alors, qu'il était député. Son image de marque bon enfant en sort renforcée.

Marcel Dassault se livrant peu, chaque intervention à la radio ou à la télévision constitue un événement. Il répond toujours avec courtoisie et humour aux questions, cherchant à plaire à tout le monde. Il répète inlassablement les mêmes anecdotes pour peaufiner le personnage qu'il a décidé d'être à la fin des années quarante et auquel il se tient scrupuleusement.

Interrogé, en novembre 1978, sur l'évolution politique de la France, il répond avec une certaine prescience :

« *Etant donné la montée inéluctable du socialisme, au-delà de ces quelques années, on ne sait pas ce qui arrivera.*

« *Je dis que la montée du socialisme est inéluctable parce que les petits propriétaires disparaissent, ils sont remplacés par les trusts et les trusts, c'est la féodalité; et, comme la féodalité a été abattue, les trusts sont faits pour être abattus, donc finalement c'est le socialisme partout.* »

Pour Marcel Dassault, les fils des entreprises familiales sont embauchés comme employés, ils seront alors pris en main par les syndicats et comme ce sont les syndicats qui les défendent, ils voteront socialiste :

« *Il n'y a rien à faire contre ça, c'est la rançon du progrès* [94]. »

Rencontrant Robert Fabre [95], à la télévision, il lui déclare qu'il fait des publicités sous forme de lettres ouvertes dans la presse pour suggérer ses solutions :

---

91. Interview sur France Inter, 4 avril 1978.
92. *Jours de France*, n° 1 301, 1979.
93. *Ibid.*, n° 1 301, 1979.
94. Antenne 2, 23 novembre 1978.
95. Député, chargé de mission sur l'emploi auprès du président de la République Valéry Giscard d'Estaing, ancien président du Mouvement des radicaux de gauche, signataire du Programme commun.

« Un impôt de solidarité qui serait versé pour développer l'industrie et l'agriculture qui pourraient ainsi embaucher des chômeurs. La création d'un style Vᵉ République pour relancer l'artisanat. »

Il propose à nouveau une grande exposition universelle ou une exposition des arts décoratifs et ce jour-là, ajoute-t-il, « *la jeunesse de France aura perdu sa morosité et retrouvé le sourire* [96] ».

Comme toujours, il est très attentif aux jeunes car, pour lui, la jeunesse c'est l'avenir du pays.

1981 ET 1986

Le 10 mai 1981, François Mitterrand est élu président de la République, il dissout l'Assemblée nationale. Au milieu du tourbillon politique qui submerge la France en ce mois de mai, Marcel Dassault reste calme. Le 15 mai, il écrit à un de ses amis politiques qui critique l'arrivée de la gauche :

« Je pense que M. Chirac sûrement et M. Lecanuet s'il le désire sont appelés à jouer un grand rôle dans l'avenir, car il ne peut être question de contrer le président de la République mais au contraire de faire un gouvernement d'union nationale comportant au moins le RPR, les socialistes, et les communistes dont le rôle sera ainsi amoindri, ainsi que l'UDF s'il le désire [97]. »

Le 2 juillet 1981, après les élections législatives, toujours doyen d'âge, il inaugure la nouvelle législature. Son discours est un peu plus long que celui de 1978. Les thèmes développés concernent le chômage, les matériels achetés à l'étranger car non construits en France, les artisans. Il maintient sa proposition d'une exposition des arts décoratifs comme celle de 1925 et suggère de créer un style à l'occasion de cette exposition. Tenant compte des critiques de son discours de 1978, Marcel Dassault termine ainsi :

« Excusez-moi, mes chers collègues, de ce discours, plus précisément de cette conversation, qui n'est peut-être pas tout à fait dans les habitudes parlementaires, mais je suis un ingénieur et je vous ai parlé comme un ingénieur. Je suis un Français et je souhaite pour mon pays que l'on sorte de la crise économique mondiale en supprimant le chômage et en retrouvant la prospérité [98]. »

En 1982, Marcel Dassault, qui se dit toujours radical-socialiste, apporte une définition bien personnelle du radical-socialisme :

« Eh bien, c'est véritablement un parti de centre qui est constitué par des bourgeois sociaux ! »

Au journaliste qui veut savoir si c'est le cas du Rassemblement pour la République (RPR), il confie :

---

96. Antenne 2, 23 novembre 1978.
97. Archives Dassault.
98. *Journal officiel*, 2 juillet 1981.

«Ah, pas complètement! Pas complètement[99] *!»*

Radical socialiste ou RPR, de toute façon, ce qui compte pour lui, c'est toujours et encore l'union nationale :

« Je dis qu'aujourd'hui nous sommes en guerre économique et, quand on est en guerre, il faut l'union nationale. Je ne regrette pas la présence des communistes au gouvernement, je regrette l'absence des autres. Il y a un inconvénient à ne pas avoir les autres parce qu'avec les autres, même avec les communistes, on fait une moyenne[100]. »

Marcel Dassault ne se contente pas d'exprimer ses opinions auprès des médias, il entretient une correspondance politique suivie avec le chef de l'Etat et le Premier ministre, et leur rappelle qu'il respecte leurs responsabilités. Ayant été invité, le 14 juillet 1983, par François Mitterrand au grand défilé aérien organisé par l'armée de l'Air à Orange, il répond que sa santé ne lui permet malheureusement pas de s'y rendre et ajoute :

« Lorsque mes avions passeront devant vous, à travers le vacarme des réacteurs vous entendrez une petite voix qui vous dira :

« " Monsieur le Président, vous êtes le président de tous les Français, vous n'agissez pas autrement et nous vous en sommes reconnaissants[101]. " »

En 1984, quand on lui demande si le fait que le pays soit dirigé par un gouvernement de gauche lui paraît une bonne ou une mauvaise chose pour l'économie française, il répond :

« – Jusqu'à présent, cela n'a pas donné de bons résultats. Maintenant, il leur reste encore deux ans, on verra ce qu'ils feront. Au fond, là, c'est la gauche qui fait un peu une politique de droite. Pour le reste, il n'y a rien de changé.

« – Et si vous aviez à trouver un slogan, vous diriez : Mitterrand, Giscard : blanc bonnet et bonnet blanc en finale?

« – Oui.

« – Mais vous en choisissez un des deux quand même?

« – Pas forcément. Il faut voir venir.

« – Préférez-vous disposer d'une grosse fortune ou influer sur le pouvoir politique?

« – Moi, j'aime créer. Alors avec la fortune, en quelque sorte, on peut créer n'importe quoi. D'abord développer l'affaire d'aviation par autofinancement. Mais la fortune ne m'intéresse pas pour moi personnellement, je ne mange pas six poulets par jour, je ne dors pas dans deux lits et finalement, je fais des avions[102]. »

Interrogé, en octobre 1985 sur France Inter, il déclare quand on lui demande pourquoi il se représente encore aux élections législatives à quatre-vingt-treize ans :

---

99. RTL-*Le Monde*, 23 mai 1982.
100. *Ibid.*, 23 mai 1982.
101. Propos rapporté par Jean Cabrière à l'auteur.
102. Marcel Dassault, *le Talisman*, pages 109 et 110.

« Tout le monde trouve ça très naturel. Je suis dans le département depuis si longtemps que, si j'abandonnais, il y en a beaucoup qui me regretteraient. »

Il en profite pour rappeler qu'il est contre une France coupée en deux :

« Quand on a 51 % des gens qui nomment tous les ministres, tous les préfets, les autres, qui n'ont rien, ne peuvent pas être de bonne humeur. C'est difficile de faire une nation de 55 millions d'habitants en étant 26 à travailler. Il y a la moitié de la France qui travaille et l'autre qui rigole.

«Aujourd'hui, si j'étais Premier ministre, je ferais un gouvernement de Le Pen à Jospin. S'il y a des socialistes bien, on peut les prendre dans le gouvernement plutôt qu'un type de droite plus ou moins idiot. »

Questionné sur son espoir de devenir le premier député centenaire de la République, il répond en riant :

« Je ne sais pas . On verra! De toute façon, c'est pas encore pour cette législature. A la grâce de Dieu! »

Réélu en mars 1986, un mois avant sa mort, Marcel Dassault, qui a maintenant quatre-vingt-quatorze ans, tient à exercer ses prérogatives de doyen d'âge :

« Il voulait présider la première séance de la nouvelle assemblée et prononcer le discours d'ouverture.

« Malgré sa fatigue, il s'est obligé à sortir, à monter et à descendre des escaliers, à apprendre son discours par cœur [103].

La maladie, puis son hospitalisation l'empêchent de prononcer son discours qui est lu, le 2 avril, par Edouard Frédéric-Dupont, le plus âgé des députés après lui. Le texte est toujours aussi court. Les thèmes en sont les problèmes sociaux, le chômage, la démocratie à l'usine, l'union nationale. Cet ultime message politique se termine sur cette exhortation :

« Lorsque je suis revenu de Buchenwald, j'ai vu sur les murs de Paris de grandes affiches représentant un ouvrier qui relevait ses manches et qui disait : " Je relève mes manches pour relever la France. " Aujourd'hui, nous devrions faire de grandes affiches comportant un employé mécanicien, un technicien, un petit commerçant et un agriculteur qui diraient tous ensemble, et moi avec eux, et vous avec moi : " Relevons nos manches pour faire la France unie qui fera disparaître le chômage. " »

Si Marcel Dassault est entré en politique, il n'est pas le seul dans sa famille. Son fils Serge, puis son petit-fils, Olivier, possèdent le même goût de la « chose publique ».

Serge Dassault et la politique

C'est la lecture du programme commun, en 1972, qui incite Serge Dassault à faire de la politique :

« J'ai pensé qu'il n'était pas possible d'appliquer une telle politique. J'ai

103. *Le Monde*, 4 avril 1978.

alors écrit un livre[104] *pour en présenter une autre, libérale, pour dire la vérité aux électeurs*[105]. »

Estimant alors qu'aucun parti ne propose son programme, il entre au Centre national des Indépendants parce que « *Pinay était le seul homme politique vraiment libéral par conviction* ». Il en devient le vice-président avant de fonder, en 1982, le parti libéral avec comme devise le libéralisme économique :

« *Je souhaitais apporter mon expérience de chef d'entreprise, mes idées sur les relations humaines, mes projets d'économie libérale, mes espoirs pour permettre l'émergence d'une société véritablement libérale, c'est-à-dire une société qui garantit la liberté individuelle, la dignité personnelle et le bien être de chacun.* »

Serge Dassault lance des idées qui vont à l'encontre des intérêts particuliers et corporatistes, voire syndicalistes :

« *Je vois les choses quelquefois trop en avance, il faut souvent que j'attende un peu pour pouvoir les mettre en application ou qu'elles deviennent crédibles.* »

Pour mettre en pratique ses idées, il essaye d'avoir une assise politique locale :

« *Je n'ai pas voulu d'une circonscription gagnée d'avance. J'ai choisi un territoire communiste : Corbeil-Essonne. Faisant de la politique par conviction et non par profession, je voulais gagner une circonscription dans une commune communiste. Georges Marchais m'a dit un jour : " Vous feriez mieux de vous présenter dans le XVIe ! ". Il avait sans doute raison mais ce n'était pas le XVIe qui m'intéressait, c'était Corbeil-Essonne.* »

Quand Marcel Dassault apprend que son fils se lance dans la politique dans ces conditions, il doute du succès en disant :

« *Tant qu'il ne sera pas député, je vois mal ce qu'il pourra faire.* »

En 1977, Serge Dassault se présente aux municipales à Corbeil-Essonne. Il entreprend alors sa première campagne électorale :

« *J'ai appris à vivre dans une ville communiste. J'ai constaté la façon dont la municipalité différenciait, traitait ceux qui étaient communistes et ceux qui ne l'étaient pas.*

« *J'ai découvert une ville triste, sans animation, où régnait un climat de peur. Les gens avaient peur de me parler, de discuter. Ils avaient peur de montrer qu'ils n'étaient pas communistes et se taisaient quand j'entrais dans une boutique. Ils étaient imprégnés de l'idée que les communistes étaient les seuls défenseurs des gens dans une situation difficile, ce qui était faux mais ils ne le savaient pas.* »

Lors de cette première tentative politique, Serge Dassault obtient 34,8 % des voix :

« *C'est à cette occasion que j'appris toutes les manœuvres qui pouvaient*

---

104. Antenne 2, 23 novembre 1978.
105. Marcel Dassault, 19 janvier 1983, archives Dassault.

être utilisées par l'adversaire si l'on n'y prenait garde. J'ai aussi eu droit à des slogans comme : " Dassault – Salaud – On aura ta peau ! " Je répondais en faisant un bras d'honneur ! »

Nullement découragé, il se présente à la députation lors des élections législatives de 1978. Il obtient 25 % au premier tour contre 28 % à son adversaire communiste et 47,5 % au deuxième tour. Alors que personne ne l'attendait, il échoue de peu et en tire la leçon :

« Mon expérience s'est peu à peu enrichie. D'abord technique par ma formation professionnelle, puis sociale par ma fonction de chef d'entreprise, puis économique et politique, et enfin humaine par mes campagnes électorales sur le terrain dans cette ville communiste. »

Lors des élections présidentielles de 1981, il décide, malgré ses excellentes relations avec Jacques Chirac, de soutenir Valéry Giscard d'Estaing :

« Je pensais qu'il était le plus apte à battre François Mitterrand mais Jacques Chirac m'en a voulu et Valéry Giscard d'Estaing ne m'en a pas su gré. »

Avec l'arrivée des partis de gauche au pouvoir, Serge Dassault estime que la France cède aux tentations de l'utopie et qu'elle ne peut que sortir affaiblie, amoindrie et frustrée de l'expérience :

« La gauche française de l'époque a cru qu'en pénalisant la réussite des uns et en confisquant le produit de cette réussite, on allait organiser plus de justice pour les autres. Quelle erreur ! On a découragé les initiatives individuelles et on a appauvri la France. »

En 1983, lors des municipales, Serge Dassault obtient 47 % des voix et entre au conseil municipal de Corbeil-Essonne :

« Les différentes campagnes électorales et le contact des gens qu'elles m'ont permis, m'ont beaucoup plus enrichi socialement et politiquement que si j'avais passé mon temps à palabrer dans les salons parisiens des grands partis politiques d'opposition. »

A partir de 1986, il change de méthode et applique le porte-à-porte :

« J'ai monté des centaines d'escaliers, tapé à des milliers de portes dans les HLM et, partout, j'ai été bien accueilli sauf chez quelques irréductibles. Les électeurs étaient contents de me voir et me parlaient très librement de leurs problèmes ce qu'ils n'auraient jamais fait dehors. Les communistes étaient tellement agressifs qu'ils ne me serraient pas la main quand je leur disais bonjour. »

Serge Dassault est également aidé dans ses campagnes par sa femme, Nicole :

« Elle a un contact merveilleux avec les gens. Pendant mes campagnes, elle n'avait pas son pareil pour faire les marchés, dire un mot aimable à tous, sourire à tout le monde.

« Elle n'est pas toujours d'accord sur mon engagement politique car elle

ne supporte pas les échecs électoraux, même si la barre est haute, mais je sais que je l'aurai toujours à mes côtés quand il le faudra. »

Serge Dassault est considéré par ses adversaires politiques comme un homme de droite. En fait, ses idées politiques sont mesurées et parfois même inattendues lorsqu'il manifeste, par exemple, une certaine méfiance dans la capacité des hommes politiques de droite à appliquer une politique libérale :

« *Ils ont trop de complexes vis-à-vis de l'application de la doctrine libérale. C'est sous le gouvernement Laurent Fabius que le ministre Auroux a supprimé l'échelle mobile des salaires, mesure libérale qui a permis de diminuer l'inflation.*

« *L'augmentation des charges et des prélèvements obligatoires n'a pas toujours été réalisée par des gouvernements socialistes. Les contraintes imposées aux chefs d'entreprise n'ont pas été allégées lorsqu'elles auraient pu l'être.* »

Progressivement, au contact des hommes politiques de gauche qu'il est amené à côtoyer dans le cadre de ses activités professionnelles et politiques, il fait une comparaison :

« *Les socialistes savent reconnaître leurs erreurs et ne persévèrent pas quand ils s'en sont aperçus. C'est grâce à cette adaptation que la politique socialiste est devenue peu à peu plus libérale et que la réduction des impôts a été reconnue comme une nécessité.* »

Il souhaite une diminution des charges des entreprises, la libéralisation de l'emploi :

« *C'est Pierre Bérégovoy qui a réduit les impôts sur les bénéfices des entreprises. Il reste cependant dans la politique socialiste des points durs comme les nationalisations, mais qui commencent aussi a être entamés.*

« *Ce qui se passe en Union soviétique et dans les pays communistes est extraordinaire. Les théories communistes ont échoué car elles n'ont abouti qu'à l'appauvrissement général des populations. Les régimes qui veulent niveler les revenus et supprimer les motivations ne peuvent aboutir qu'à la pénurie. Il est cocasse de voir qu'il n'y a plus qu'en France qu'un parti ose encore s'appeler communiste.* »

Serge Dassault souhaite que la France s'engage dans une voie encore plus libérale :

« – *avec la nécessité de réduire le déficit budgétaire et la dette;*

« – *en supprimant toutes les nationalisations;*

« – *en réduisant les prélèvements obligatoires qui sont, en France, les plus élevés du monde, en particulier les charges sur salaires pour les entreprises et les salariés;*

« – *en réduisant ou supprimant l'impôt sur les successions d'entreprises;*

« – *en supprimant toutes les contraintes sur l'emploi intérimaire ou à durée déterminée* ».

Serge Dassault, devenu président directeur général de Dassault Aviation en 1986, s'est éloigné de la politique nationale pour se consacrer aux avions. Il est néanmoins encore présent aux élections municipales de 1989, aux cantonales et aux régionales car il n'entend pas renoncer à la politique :

« Je suis actuellement conseiller régional d'Ile-de-France et conseiller général de l'Essonne. Je souhaite continuer ce que j'ai entrepris. Ce que j'ai commencé en 1977, je le réussirai bien un jour : c'est-à-dire libérer Corbeil-Essonne des communistes. »

Encore une fois, face à ces épreuves, Serge Dassault a trouvé un fidèle soutien à travers son épouse :

« Elle est extraordinaire. Elle a gardé de son enfance difficile, pendant la guerre, un sens remarquable du travail bien fait et de l'effort. »

Nicole Dassault, au tempérament dynamique, essaie d'apporter son soutien à son mari :

« Mon beau-père avait adopté comme devise : " Dans l'adversité soyons fort ".

J'ai fait mienne celle de l'Ecole de l'Air : " Faire face " car, dans la vie, il ne faut pas être rebuté par les difficultés.

«Après mes études à Sciences po et mon mariage, j'aurais aimé travailler mais je me suis occupée de mes quatre enfants. Maintenant, j'adore faire ce qui me plaît, mais sans jamais oublier mon devoir, consacrant beaucoup de mon temps à des œuvres sociales et aidant mon mari dans tous les domaines où il ne peut être présent [106]. »

Serge Dassault précise :

« Elle est ouverte à tous les arts, elle est passionnée de musique, de peinture, de sculpture, domaines où je le suis moins.

« Je ne suis pas assez disponible pour elle avec toutes mes activités professionnelles, politiques ou sportives, comme je ne l'ai pas été assez avec mes enfants. Je m'en rends compte, mais quoi faire quand on doit à tout prix réussir une activité professionnelle difficile et essayer de participer à la politique économique de son pays? »

Cet intérêt pour la politique des deux premières générations de Dassault se retrouve chez un des petits-enfants, Olivier.

---

106. Note de Marcel Dassault, 19 janvier 1983, archives Dassault.

7

OLIVIER DASSAULT ET SON GRAND-PERE

Si Serge Dassault est depuis longtemps présent auprès de son père qui l'a associé en tant que deuxième actionnaire de ses principales sociétés, l'aîné de ses petits-fils, Olivier, n'est venu auprès de son grand-père qu'en 1974. La présence du jeune homme a entraîné quelques perturbations.

L'ENFANCE

Olivier Dassault est né à Paris en 1951 ; il est l'aîné de quatre enfants. Dès son enfance, il s'intéresse à l'aviation. Ses jeux préférés sont la construction de maquettes d'avions à hélices et la lecture des bandes dessinées de ses héros, Tanguy et Laverdure, Buck Danny, Dan Cooper. Il passe des heures entières en leur compagnie :

« *Je rêvais d'être pilote, mais je ne pensais pas piloter à cause du mal de l'air et de mer que je ressentais à l'époque*[1]. »

L'éducation du jeune garçon est simple, Nicole et Serge Dassault sont surtout attentifs à la réussite scolaire de leur aîné au tempérament dynamique, très casse-cou, quelques fractures au bras et à la jambe en témoignent ainsi que l'explosion d'un pétard caché dans sa poche.

Pour ses quatorze ans, il veut une Mobylette. Craignant que son turbulent de fils n'ait un accident, son père ne se montre pas pressé de lui donner satisfaction. Pierre de Bénouville, parrain d'Olivier, veut lui offrir. Les parents refusent, puis finissent par accepter à condition que leur fils obtienne le prix d'excellence. Olivier obtint, cette année là, le prix d'excellence et... sa Mobylette. Suit une tournée de la France à Mobylette qui se termine à Biarritz où Serge vient récupérer son fils... en panne[2].

---

1. Sauf mention contraire, toutes les citations de ce chapitre sont issues d'entretiens d'Olivier Dassault avec l'auteur.
2. Entretien de Serge Dassault avec l'auteur.

De son éducation, le jeune garçon hérite de la passion de sa mère pour les arts :

« Ma mère a un grand sens artistique, elle m'a donné le goût de la littérature et des musées. Ma passion pour la peinture est née à cette époque. »

Le jeune Olivier rencontre régulièrement ses grands-parents, chez qui il va, avec ses parents, déjeuner une fois par semaine. Madeleine et Marcel disent généralement oui quand les parents répondent non, rôle quelquefois tenu par des grands-parents plus conciliants avec leurs petits enfants qu'ils ne l'étaient avec leurs enfants mais dont l'effet est quelque fois désastreux. Olivier se souvient des avantages :

« Mon premier argent de poche, c'est ma grand-mère qui me l'a donné. Si nous étions sages, après le dîner elle distribuait à chacun de nous une pièce d'un franc puis plus tard dix ou cinquante francs lorsque nous rapportions une place de premier. Inutile de dire que c'était un très bon stimulant. Quant aux parents, ils pensaient que si j'avais besoin de quelque chose, je n'avais qu'à le leur demander. »

Olivier remarque les habitudes de son grand-père qui est très strict sur le respect des heures des repas et mange peu à cause de son estomac fragile. Il remarque aussi l'attention de sa grand-mère qui surveille de très près le régime de son mari et qui le gronde quand, sous prétexte de suivre ses petits-enfants, il mange son dessert préféré, une meringue glacée arrosée de chocolat chaud :

« Il avait, depuis de nombreuses années, l'estomac fragile. Ma grand-mère veillait sur lui et était toujours tyrannique quant à son régime. »

L'enfance se déroule sans prise de conscience particulière du milieu dans lequel il vit :

« C'est lors de l'enlèvement de ma grand-mère, en 1964 – j'avais alors treize ans – que j'ai véritablement pris conscience de l'importance de mon grand-père en lisant les titres des journaux sur " La femme de l'homme le plus riche de France ". »

Il fait ses études secondaires au lycée Janson-de-Sailly où il se montre un élève studieux :

« Je ne travaillais plus pour faire plaisir à mes parents ou pour leur obéir, mais parce que je voulais moi-même réussir[3]*. »*

S'il est travailleur, le jeune Olivier n'en est pas moins bon vivant. Vers l'âge de quinze ans, son grand-père l'autorise à transformer la salle de ping pong qu'il a fait installer pour ses petits-enfants dans le sous-sol de sa maison en une sorte de salle de « boum », baptisée « Club 41 » (numéro de l'adresse), pour organiser des surprises-parties le jeudi après-midi. Olivier distribue alors des cartes d'entrées, gratuites pour les filles, payantes pour les garçons :

« Mon grand-père, qui avait trouvé l'idée amusante au départ, s'en aperçut et entra légitimement dans une colère noire quand il constata que

3. Citation extraite du manuscrit *L'Apprentissage de l'envol*, écrit par Olivier Dassault.

j'avais transformé la chose en une affaire commerciale ; en plus, il y avait régulièrement un attroupement de jeunes devant sa maison. Les clés de la salle me furent immédiatement retirées.

« Par la suite, chaque fois que je faisais quelque chose qui ne lui plaisait pas vraiment, il me disait : "Ah oui, cela me rappelle le Club 41 !" Quand je suis devenu député, j'ai retrouvé un « Club 41 » à Beauvais[4]*, cela me fait chaque fois penser à mon enfance. »*

Le turbulent jeune homme a dix-sept ans quand éclatent les événements de mai 1968. Ils sont pour lui une occasion de se rapprocher de son père en compagnie duquel il vit le déroulement de la crise :

« Ce rapprochement me toucha infiniment. Jusque-là nos relations étaient restées un peu distantes. Je n'avais jamais réussi à lui parler aussi franchement. Mon père est un homme sévère, réservé, presque timide. Il peut être spontané et jovial, mais il y a comme une barrière à franchir pour l'atteindre vraiment.

« Lorsque j'étais plus jeune, je le voyais à peine. Il travaille énormément et, lorsqu'il rentrait le soir, souvent très tard, nous avions déjà dîné. Pendant toute mon enfance, je ressentis assez fortement cette absence[5]*. »*

Comme beaucoup de jeunes, Olivier Dassault tente de s'affirmer par la négation de ses aînés, eux-mêmes se confirmant parfois par la négation de leurs puînés :

« Cela explique la relative distance entre mon père et moi et aussi que mon grand-père ait pris une telle importance dans ma vie. Je reportai sur lui une partie de l'affection que je ne pouvais donner à mon père; j'avais trouvé un confident, un ami et un modèle[6]*. »*

Le jour où il obtient son permis de conduire, il se précipite chez son grand-père en claironnant triomphalement : *« Je l'ai eu ! »* Marcel Dassault lui répond alors ironiquement : *« C'est bien! Au moins tu pourras être chauffeur de taxi ! »*

Le jeune homme a déjà des idées arrêtées sur sa future carrière qu'il conçoit comme un compromis entre celle de son grand-père, celle de son père et sa propre approche de la vie :

« Je m'étais fixé quatre objectifs : travailler avec mon grand-père, monter un jour ma propre entreprise pour avoir ma propre expérience, devenir député, voir ma passion pour la photographie et la musique être reconnue par les critiques. »

---

4. Club réservé aux plus de quarante ans.
5. *L'Apprentissage de l'envol.*
6. *Ibid.*

L'Ecole de l'Air

Son baccalauréat en poche, Olivier Dassault prépare le concours de l'Ecole de l'Air de Salon-de-Provence en suivant mathématiques supérieures et mathématiques spéciales au lycée Saint-Louis.

Quand il apprend qu'il prépare Salon, son père approuve en disant : *« Tes camarades de promotion seront peut-être un jour tes futurs clients. »*

De son côté, son grand-père se contente de dire sans aucun autre commentaire : *« C'est bien ! »*

Olivier Dassault a l'impression que, si son grand-père est content qu'il entre à Salon, il ne s'enthousiasme pas à l'idée de le voir devenir pilote car il a une prédilection pour les ingénieurs. Il dit souvent que, *« Quand un ingénieur rencontre un autre ingénieur, ils peuvent au moins se raconter des histoires d'ingénieurs ».*

Quand il est reçu à l'Ecole de l'Air son grand-père n'en revient pas et, pour le féliciter, lui offre une Mercedes.

A Salon-de-Provence, Olivier Dassault intègre la promotion 1971. On pourrait croire que porter un nom aussi connu soit pour lui un avantage. Il n'en est rien. Au contraire, il subit tous les bizutages traditionnels. Il est traité plus sévèrement que ses camarades par ses professeurs et les responsables de l'encadrement qui veulent être persuadés de sa vocation.

Au départ, il est affublé de surnoms peu élogieux. Pour montrer son intérêt envers l'Ecole de l'Air, il arrive à se faire élire président du club Loisirs et Cultures auquel il fait obtenir, grâce à ses relations et à son sens du commerce, des aides appréciables. Ses camarades apprécient, il en retire un nouveau surnom : *« le fabuleux ».*

Les études durent trois ans, les deux premières années sont surtout théoriques, la troisième année est celle de la formation au pilotage sur Fouga Magister.

Le jeune homme a de l'appréhension car il est toujours sujet au mal de l'air. Il arrive à surmonter son handicap avec beaucoup de volonté et l'aide de son instructeur, le maître-principal Millour, à qui il garde une grande reconnaissance.

Si la première année à l'Ecole se passe en internat, les deux autres sont en externat. Olivier Dassault ne manque pas d'en profiter et un des qualificatifs qui commencent à lui être appliqué est celui de play-boy.

Olivier rend régulièrement visite à son grand-père qui le reçoit à dîner presque tous les dimanches soir et lui pose des questions sur sa vie, sa santé, son travail à l'Ecole, ses petites amies :

« C'était la première fois qu'un adulte s'intéressait à moi. Je n'avais jamais eu avec mon père de conversations sérieuses sur ce sujet[7]*. »*

7. *L'Apprentissage de l'envol.*

Quand à vingt-trois ans, Olivier Dassault obtient son diplôme de l'Ecole de l'Air, il hésite sur la conduite à tenir : rester comme pilote dans l'armée où répondre à d'autres appels :

« *Il me trottait des projets qui dépassaient la technique ou le militaire. J'avais deux passions qu'il m'avait fallu quelque peu freiner : la musique et la photo*[8]. »

Son grand-père, qui a alors quatre-vingt deux ans, lui offre la possibilité de travailler avec lui. De son côté, son père lui propose de travailler dans une des usines du groupe. Il n'hésite pas très longtemps, estimant que travailler auprès de son grand-père allait être pour lui comme une seconde grande école. Il démissionne tout en prenant l'engagement, auprès du général commandant l'Ecole de l'Air, de continuer à piloter et de passer les brevets de pilote professionnels. Il promet avec d'autant plus de facilité que son grand-père, pour le féliciter de sa réussite, lui a offert un bimoteur Cessna 310.

Auprès de Marcel Dassault

En 1974, Olivier Dassault prend ses nouvelles fonctions auprès de son grand-père, au Rond-Point des Champs Elysées. Il y reste trois ans :

« *Mon patron avait deux idées bien précises en me prenant avec lui :*

« *– que je m'occupe avec lui de la maison de production cinématographique qu'il venait de créer,* Productions 2000[9]*;*

« *– que j'aille toutes les semaines assister aux essais en vol, pour lui remettre un rapport détaillé sur leur déroulement.* »

L'arrivée du petit-fils du fondateur de la société ne se fait pas sans difficultés, beaucoup voient en lui l'espion qui raconte tout au patron :

« *Ce ne fut pas tout de suite très facile. Au début, les gens se méfiaient de moi ; il est vrai qu'officiellement, j'étais l'œil du maître. Peu à peu cependant, ils me firent confiance*[10]. »

Progressivement, il s'intègre à l'équipe des essais en vol ce qui lui donne l'occasion de participer à de nombreux vols et même à des tentatives de records.

Il est un des copilotes de l'équipe dirigée par Hervé Leprince-Ringuet qui bat le 9 octobre 1977, sur Mystère-Falcon 50, le record du monde de vitesse par catégorie, sur parcours reconnu New York Paris à 887 kilomètres/heure de moyenne et, en même temps, le record du monde de distance en ligne droite pour cette catégorie d'appareil, de Teterboro (Etat de New York), siège de Falcon Jet Corporation, à Paris, soit 5 840 kilomètres.

Aux essais en vol, il est surnommé Oscar Delta, expression tirée du code

8. *L'Apprentissage de l'envol.*
9. Les activités cinématographiques sont abordées dans le chapitre 4 de la IIIe partie.
10. *L'Apprentissage de l'envol.*

alphabétique aéronautique où le O et le D, ses initiales, sont ainsi identifiées.

Les fonctions d'Olivier auprès de son grand-père qui le surnomme « l'intrépide » et l'appelle familièrement « mon petit ami » quand il s'adresse à lui, ressemblent à celles d'un aide de camp :

« J'essayais de suivre scrupuleusement mon grand-père dans ses directives tout en ayant mes propres idées. De toute façon, en dernier recours, c'est lui qui tranchait. »

Olivier Dassault est étonné par son grand-père qui mène de front des activités variées avec aisance et tranquillité. Quand il lui fait part de son étonnement, Marcel Dassault lui en explique le secret :

« C'est simple, je suis comme Naf-Naf, le petit cochon de Walt Disney, je travaille en m'amusant[11] *! »*

Marcel Dassault déborde d'affection et de compréhension pour ce petit fils qui le rajeunit et qui ne manque pas de le surprendre par sa volonté d'indépendance :

« Mon grand-père avait parfois une attitude contradictoire à mon égard. Il aimait que l'oisillon volât de ses propres ailes, mais à condition que ce fût autour du nid[12]. »

Aide de camp de son grand-père, Olivier Dassault n'en suit pas moins les cours de l'université de Paris Dauphine où il prépare et obtient, en 1976, un DEA de mathématiques de la décision. Ce diplôme est complété, en 1982, par l'obtention d'un doctorat de troisième cycle, spécialité informatique des organisations.

La volonté d'indépendance du jeune homme entraîne quelques heurts avec l'entourage de Marcel Dassault. Certains proches collaborateurs prennent ombrage de la présence de cet intermédiaire et colportent des propos qu'ils auraient entendus, comme ils l'ont déjà fait pour son père – propos destinés à semer la discorde entre grand-père, père et fils – pensant ainsi conserver une certaine audience auprès de leur patron.

Marcel Dassault qui apprécie le dynamisme de son petit-fils n'en surveille pas moins son expansion. C'est ainsi qu'il réagit sévèrement quand le contrôle de ce dernier lui échappe :

« Quelques temps après mes débuts au Rond-Point, je pris une participation avec Robert Monteux dans un journal qui s'appelait Le Revenu français. *Nous avions acheté le titre ensemble, à un très bon prix.*

« Très fier, j'apportais le premier numéro de la nouvelle formule à mon grand-père. J'étais certain que cela allait l'amuser. Pas du tout ! Sa réaction fut rien de moins que glaciale. Il appela sa secrétaire :

« – Jeanine, écrivez, je vous prie :

« " Monsieur,

« " Finalement, je ne donne pas suite à notre projet. Pour les préjudices

11. *L'Apprentissage de l'envol.*
12. *Ibid.*

que mon retrait pourrait entraîner, je vous fais don du titre que nous avons acheté ensemble. Je vous demande de me rembourser mon compte courant et vous adresse mes salutations les meilleures ".

« Puis se tournant vers moi et me tendant un stylo :

« " – Tiens ! "

« Pendant que je signais, il me dit :

« – Imagine un seul instant qu'un de mes ingénieurs puisse se mettre demain à faire un journal pour son propre compte.

« Ce fut pour moi une déception d'autant plus cruelle que Le Revenu français *a bien marché. Il est aujourd'hui propriétaire de la revue aéronautique* Air et Cosmos [13]. »

S'il n'accepte pas les digressions dans les domaines qu'il se réserve, Marcel Dassault se montre conciliant sur le activités musicales et photographiques de son petit-fils qui aime aussi collectionner les beaux objets, les tableaux et les sculptures.

Olivier publie des ouvrages de photographies : *Fugues* en 1975, *Oniropolis* en 1977, *Egypte* en 1978. Il compose la musique de plusieurs films comme *Une fille cousue de fil blanc* en 1977, *L'Amour en question en* 1978, *Robe noire pour un tueur en* 1980, *Emmanuelle 6* en 1989.

Etre l'assistant de Marcel Dassault, celui qui se trouve en permanence à ses côtés, cela déclenche des rumeurs sur son rôle exact et sur son avenir dans le groupe Dassault. Cette situation ne va pas sans créer quelques problèmes relationnels avec sa famille :

« Lorsque j'ai commencé à travailler avec mon grand-père, certains ont vu en moi l'héritier présomptif. J'ai alors eu à mes basques un certain nombre de flatteurs et de gens intéressés, s'imaginant sans doute que je détenais les clés du royaume dont je n'étais qu'un serviteur.

« Quand je l'accompagnais dans sa circonscription de Beauvais, il se trouvait toujours des gens pour dire sur notre passage : " Il vient avec Olivier, c'est lui le successeur. "

« J'avais vingt-quatre ans, j'étais grisé de me sentir sollicité, apprécié, aimé. Toutefois, mon père et mon grand-père m'avaient mis en garde. "Attention, m'avait dit ce dernier, à présent que tu travailles avec moi, tu ne vas plus compter les nouveaux amis. "

« J'ai pris conscience que ceux qui me mettaient en avant le faisaient dans un but précis et que cela finirait par échauffer désagréablement les oreilles de mon père et de mon grand-père.»

Avec l'âge et au contact des affaires de son grand-père, Olivier Dassault sent se développer en lui une dimension de patron qu'il voudrait voir se substituer rapidement à celle d'assistant. Il a un nom, il veut se faire un prénom :

« J'étais las maintenant de passer trop de mon temps à éconduire une

---

13. *L'Apprentissage de l'envol.*

foule de quémandeurs pour qui j'étais le poussin de la poule aux œufs d'or[14]. »

Olivier fait alors part à son grand-père de son intention de le quitter :

« *Ce n'était pas chose facile. Je m'y suis pris brutalement, avec ce rien de provocation qu'on a parfois quand à soi-même on se fait un peu violence.*

« *Je lui ai dit un jour, tout de go :*

« – *Je n'ai pas de responsabilités. Je n'ai pas fait l'Ecole de l'Air, un DEA de mathématiques et de gestion à Dauphine, et surtout trois ans et demi à tes côtés, pour n'être en fin de compte qu'un exécutant*[15]. »

Marcel Dassault se montre très affecté par la décision de son petit-fils :

« *Qu'avais-je dit là ! Il me bouda pendant quinze jours.*

« *J'appris par ma grand-mère, Mamoune, qu'il avait été très peiné de ma réflexion :*

« – *Comment ! Lui dire que tu n'as pas de situation, alors qu'il t'a tout donné, qu'il t'a offert la plus belle des situations. En fait, il se demande si tu ne réagis pas comme si tu voulais diriger la société à sa place*[16]. »

En accord avec son grand-père, Olivier Dassault, passionné par la communication et les possibilités offertes par la révolution télématique, fonde, en 1979, une société de communication, Inter Promotion, à laquelle il associe l'agence de publicité Publi Matignon créée en 1980.

En 1982, Inter Promotion devient ODIC (Olivier Dassault International Communication) et s'associe, en 1983, avec l'Américain Ted Bates, numéro deux mondial de la profession, à qui il cède ses parts en 1984. Puis, il s'associe avec ONSY auquel, en 1986, il finit par céder toutes ses sociétés.

Les rumeurs courent alors sur la disgrâce du petit-fils. Son grand-père l'aurait éloigné pour ne pas être associé à de mauvaises affaires. Les relations se seraient dégradées entre Olivier et Marcel Dassault qui, finalement, ne se serait plus reconnu dans son petit-fils.

En 1984, Marcel Dassault a l'occasion de s'exprimer sur son petit-fils. Ses propos sont nets. Questionné sur celui de ses enfants ou de ses petits enfants qui incarne le mieux l'esprit Dassault, il répond : « *C'est Olivier*[17]. »

Quand le journaliste lui fait remarquer qu'Olivier s'est éloigné rapidement de l'aviation pour se lancer dans la publicité et lui demande si leurs relations sont à l'orage ou au beau fixe, Marcel Dassault donne quelques explications :

« – *En général, c'est au beau fixe. mais quand il fait une bêtise, je ne le félicite pas.*

---

14. *L'Apprentissage de l'envol.*
15. *Ibid.*
16. *Ibid.*
17. Antenne 2, 1984.

« – Et il fait beaucoup de bêtises?

« – Oh! De temps en temps!

« – Par exemple?

« – Par exemple, il avait une agence de publicité, il en a acheté une autre sans avoir l'argent pour la payer. Alors il a emprunté de l'argent, ce n'était pas très brillant comme opération.

« Je crois que c'est celui qui me ressemble le plus. Seulement, les conditions ne sont pas les mêmes. On ne réussit pas aujourd'hui dans la publicité comme on réussissait en 1913 dans l'aviation[18]*. »*

Olivier Dassault garde un grand souvenir des années passées en compagnie de son grand-père dont il a pu constater la ténacité :

« Il a montré, dans tout ce qu'il entreprenait, une volonté de réussir telle qu'elle dépassait tout le reste. »

En 1986, après la mort de Marcel, Serge Dassault nomme son fils ingénieur des ventes civiles au sein de la société Dassault Aviation puis directeur adjoint d'Europe Falcon Service.

En 1988, Olivier Dassault est élu député de l'Oise.

Malgré ses occupations politiques, il arrive à satisfaire ses passions pour la musique et la photographie.

Il réalise des photographies avec des surimpressions multiples, parfois jusqu'à cinq. Les agrandissements sont collés sur des panneaux en bois, eux-mêmes recouverts ensuite de sept couches de laque. Cela permet de mieux les valoriser et de leur donner plus d'intensité. On a alors l'impression que la lumière vient de l'intérieur. Ce procédé a été breveté.

Dans toutes ces activités, Olivier Dassault se veut un *« homme de la renaissance du XXIe siècle*[19]*. »*

Olivier Dassault espère s'associer à cette renaissance du XXIe siècle. Un des moyens d'y parvenir, c'est de participer à la vie politique de son pays. Il raconte que cette révélation lui est venue lors d'un safari en Afrique où il a failli être dévoré par un lion :

« J'en suis sorti par miracle. J'en ai déduit qu'il y avait une étoile qui me protégeait et que j'avais à remplir une mission. J'ai alors vendu mes agences de publicité et me suis orienté vers la politique. »

Olivier Dassault et la politique

Olivier Dassault a trouvé de l'intérêt pour la politique et l'envie d'en faire en accompagnant son grand-père. Est-ce une marque de famille ou le fait qu'il est né le jour où son grand-père est devenu député, en 1951 ?

Constatant que son petit-fils s'intéresse à la politique, Marcel Dassault lui suggère de se présenter, comme candidat du RPR, aux élections muni-

18. Antenne 2, 1984.
19. Slogan politique du député Olivier Dassault.

cipales de Paris et d'y faire ainsi ses premières classes politiques. Alors que Marie-France Garaud, conseillère de Jacques Chirac, estime qu'il devrait se présenter à Beauvais, Marcel Dassault insiste pour que ce soit Paris. Olivier Dassault sait que ce sera là son apprentissage :

« Les gens, par excès de zèle et de compliments, m'avaient mis, malgré moi, en position de rivalité avec mon grand-père dans l'Oise. Cela ne pouvait que lui déplaire, sa succession n'étant pas ouverte. De toute façon, je ne pouvais qu'accepter son idée qui était pour moi une forme de reconnaissance dans une nouvelle passion. »

C'est en tant que suppléant de Pierre de Bénouville qu'il se présente dans le 12e arrondissement de Paris :

« En 1977, je me jetais dans la bataille. Avec le général de Bénouville qui m'a beaucoup aidé, j'ai été voir les commerçants, j'ai été sur les marchés, dans la rue, dans les cafés, les restaurants, à la rencontre des électeurs car ce ne sont pas uniquement dans les urnes que se gagnent les scrutins, c'est aussi dans les contacts humains.

« Finalement, grâce à l'effort de tous, notre liste est passée. »

Un an après, Pierre de Bénouville démissionne, son suppléant Olivier Dassault le remplace. Pour le nouveau conseiller de Paris, c'est l'apprentissage d'une autre vie. Il prend véritablement conscience des problèmes sociaux en recevant ses administrés à sa permanence :

« J'étais troublé, je l'avoue. Je n'avais pas pris conscience jusqu'alors de la véritable détresse dans laquelle vivent encore certains Français. C'est beaucoup, déjà, que ce poste de conseiller m'ait ouvert les yeux sur le malheur de ceux qui sont défavorisés et sur la chance que j'ai trouvée en naissant. »

Olivier Dassault se confie à son grand-père qui lui donne ses analyses et ses conseils :

« Pour lui le critère le plus important du développement d'un pays était l'élévation du niveau de vie. C'était pour cela, disait-il, qu'il fallait, lorsqu'une affaire marchait bien, faire participer les ouvriers aux bénéfices de l'entreprise. Les aider, également, à accéder à la propriété.

« Il m'a rappelé qu'après Léon Blum et ses admirables intuitions de 1936, après la participation, géniale initiative de De Gaulle, et l'actionnariat promu par Georges Pompidou, il importait de continuer dans cette voie.

« Il m'a indiqué ce que devait être mon comportement, mon action :

« – Te voilà conseiller, tu dois intervenir auprès des députés, des chefs de cabinet, des secrétaires d'Etat, des ministres pour aider tes administrés. Tu dois te battre. Avant d'être Dassault, sois un bon conseiller de Paris car avoir un nom, c'est risquer de n'être que lui ! »

Quand le député Marcel Dassault meurt, en avril 1986, il est remplacé par Arthur Dehaine, le quatrième sur la liste RPR-UDF de l'Oise.

Lors des élections législatives de 1988, la circonscription est redécoupée. L'ancien suppléant de Marcel Dassault, Guy Desessart, est élu après annulation des voix socialistes mais quand le Conseil constitutionnel annule l'élection, il décide de ne pas se représenter.

Le président du Conseil général de l'Oise, Jean-François Mancel, propose alors à Olivier Dassault de se présenter. Il accepte après avoir obtenu de nombreuses signatures d'élus.

Un problème survient alors avec son père. Serge Dassault n'est pas d'accord sur la candidature de son fils.

En septembre 1988, Olivier Dassault est élu député de l'Oise. Après son élection, son père le licencie de ses fonctions de directeur adjoint d'Europe Falcon Service.

En 1989, Olivier Dassault est élu conseiller municipal de Beauvais. La même année, il épouse Carole Tranchant, fille de l'industriel Georges Tranchant, député des Hauts-de-Seine. Ils ont une fille, Héléna.

Depuis 1990, il est secrétaire national du RPR, chargé du commerce extérieur. Au même moment, il est réembauché comme directeur de la stratégie des avions civils au sein de la société Dassault Aviation.

En tant que député, Olivier Dassault vote la motion censurant le gouvernement. Cela ne peut convenir à son père qui dirige une société tributaire des commandes de l'Etat et se sépare de lui, de nouveau, à la fin de 1990 :

« *J'ai considéré que la carrière politique d'Olivier ne pouvait être compatible avec ses activités dans la société ne serait-ce que pour une question de temps. Quand il s'est mis à critiquer le gouvernement et a voté les motions de censure, je n'ai pas admis qu'il continue à travailler dans une société travaillant pour le gouvernement*[20]. »

Olivier Dassault, aux côtés de son grand-père, a été très jeune confronté à la question du pouvoir réel ou supposé et de son partage :

« *C'est la dynamique familiale qui m'a fait comprendre que je devais être le même et tout ensemble un autre. Le même en effet que Marcel et Serge – qui ont été pour moi des exemples constants – mais un autre aussi, c'est-à-dire Olivier, dont l'engagement dans la politique et dans la communication ne relève pas du caprice, pour affirmer quelque différence gratuite, mais constitue comme le prolongement nécessaire de la technologie du groupe familial.* »

Il a choisi de poursuivre l'œuvre de son grand-père et de son père mais avec sa personnalité, ses différences :

« *Mon talisman à moi, je l'ai trouvé sur le tableau de bord d'un Fouga-Magister, dans un ciel immaculé, où l'alphabet des essais en vol me donna une fois pour toutes la passion des avions et l'amour de l'action. Non pas l'action comme exaltation solitaire, puisque tableau il y a, et alphabet, qui disent bien le rapport aux hommes ; mais l'action*

---

20. Entretien de Serge Dassault avec l'auteur.

comme volonté toujours solidaire. Jusque dans la solitude du plein ciel, communiquer avec la terre et les autres.

« Héritier de l'avenir, telle je voudrais que soit ma devise. Si elle évoque le triomphalisme béat, si elle exalte l'avidité conquérante, ce n'est pas la mienne. Mais en ce qu'elle unit la résolution d'espérer à la gratitude de recevoir, l'ambition d'un projet à la conscience d'une filiation, je l'adopte et promets de m'y tenir [21]. »

---

21. *L'Apprentissage de l'envol.*

8

MARCEL DASSAULT FACE A LA NATIONALISATION

Le 17 novembre 1964, le député François Mitterrand, membre du Rassemblement démocratique, dépose une proposition de loi « *relative à la dissolution de la Société générale aéronautique Marcel Dassault et à la création de la Régie autonome de construction d'avions militaires* [1] ».

Après avoir rappelé la nécessité pour la nation de confier le soin de la production des armes de guerre à l'Etat, nécessité qui s'est traduite par les nationalisations de 1936 et 1945, François Mitterrand estime que la construction d'avions militaires est tributaire de l'initiative privée et même d'une seule entreprise privée. « *Cette situation devient chaque jour plus dommageable* », précise-t-il.

Il estime que l'Etat doit s'assurer la maîtrise directe de la fabrication de ces matériels, notamment des avions porteurs de bombes. En conséquence, « *la dignité de l'Etat lui commande de prendre en compte ce qui n'est encore qu'un pseudo service public assumé par un particulier* ».

Pour François Mitterrand certaines circonstances de la politique intérieure française « *font qu'actuellement la fabrication des avions militaires et des engins de transports atomiques concentrée pratiquement dans une seule entreprise donne à la firme en question, qui en use jusqu'à l'excès, le moyen d'intervenir plus que jamais dans de multiples domaines étrangers à sa vocation et de peser de la sorte abusivement sur la conduite de nos affaires* [2] ».

La Régie autonome qu'il propose serait un établissement public à caractère industriel et commercial doté de la personnalité civile et de l'autonomie financière, placé sous l'autorité et le contrôle du ministre des Armées.

La proposition de loi, à défaut de constitution d'une commission spéciale prévue par le règlement de l'Assemblée nationale, est renvoyée à la commission de la production et des échanges, qui ne donne pas suite.

---

1. Assemblée nationale, *Journal officiel*, document n° 1 182, 17 novembre 1964.
2. *Ibid.*

En 1972, le parti socialiste et le parti communiste placent la société Dassault en tête des groupes à nationaliser lors de l'élaboration d'un programme commun de gouvernement.

Marcel Dassault déclare à ce sujet :

« *Il est bien évident que, si la majorité du peuple français se prononce pour la nationalisation des industries d'armement, il n' y a qu'à se soumettre à sa décision, cela va de soi.*

« *Cependant, je pense que les ouvriers, techniciens et ingénieurs de la Société des avions Marcel Dassault, une fois nationalisée, ne seront pas plus heureux ni mieux payés, et que les avions ne seront pas plus réussis que ceux que l'on fait actuellement*[3]. »

« *Le fait d'être nationalisé ne pénalise nullement une société de construction aéronautique. Il est cependant nécessaire qu'elle dispose d'un capital suffisant et que l'on ne change pas de président tous les deux ans*[4]. »

En 1977, Marcel Dassault, en indiquant son titre de député de l'Oise, signe dans *Jours de France* un éditorial d'une page avec un gros titre :

« *Marcel Dassault répond à Monsieur François Mitterrand*[5]. »

Il répond au député socialiste qui demande toujours sa nationalisation :

« *M. François Mitterrand, qui est un homme d'Etat éminent, a l'habitude de dire : " La SNIAS qui fait des avions civils est nationalisée et Dassault qui fait des avions militaires ne l'est pas. "* »

Il rappelle que Dassault construit aussi des avions civils dont des prototypes ont été réalisés aux frais de la société et sans l'aide de l'Etat et ajoute :

« *La SNIAS construit des avions civils dont les prototypes sont payés par l'Etat. Bien qu'ils soient parfaitement réussis, s'ils se vendent peu c'est qu'ils ne répondent pas aux besoins de la clientèle.*

« *Il faut savoir faire l'avion qu'il faut au moment où il le faut.*

« *Mais la production de la SNIAS ne s'arrête pas là. Elle construit aussi des hélicoptères et des engins tactiques pour l'armée de l'Air, pour l'armée de Terre et pour la Marine.*

« *La SNIAS construit encore les grands engins balistiques qui iront porter chez l'ennemi les bombes d'Hiroshima.*

« *Si M. François Mitterrand veut appeler ces engins-là des avions de transport, moi je veux bien puisqu'ils transportent la bombe*[6]. »

La première intervention de l'Etat

Le 1er juin 1977, un peu moins d'un an après le début de l'affaire de Vathaire, le Conseil des ministres décide une prise de participation minoritaire de l'Etat dans le capital des Avions Marcel Dassault-Breguet Aviation.

Le 8 juin, lors du Salon du Bourget, Raymond Barre, Premier ministre,

3. Conférence de presse du 3 juillet 1972.
4. *Aviation Magazine*, 1er-15 mai 1976.
5. *Jours de France*, n° 1 160, 1977.
6. *Ibid.*

confirme la prise de participation de l'Etat. Cette opération, dit-il, est une mesure de rationalisation de l'industrie aéronautique. Toutefois, l'Etat ne désire pas assumer la gestion de l'entreprise qu'il estime efficace technologiquement et commercialement [7].

Le Premier ministre charge Jean Blancard d'une mission de coordination entre la SNIAS et AMD-BA en vue de la constitution d'une société holding regroupant la participation de l'Etat dans ces deux sociétés, mais sans affecter leur autonomie ni leur identité.

Marcel Dassault semble n'avoir pas été prévenu par le gouvernement et mis devant le fait accompli. Quelques mois plus tard, interviewé par Yves Mourousi, il précise :

« *Lors du déjeuner du Salon du Bourget du mois de juin dernier, un associé m'est tombé du ciel. Le Premier ministre avait annoncé que l'Etat voulait prendre une participation dans la Société des avions Marcel Dassault.* »

Quand le journaliste lui demande s'il y a eu des négociations difficiles entre l'Etat et lui sur la prise de participation financière, il ajoute :

« *Non. En fait, il n'y a pas de discussion difficile entre l'Etat et moi. Il n'y en a jamais eu. Il n'y en a pas plus en cette occasion qu'en une autre et je peux dire que nous sommes, en principe, d'accord* [8]. »

Pourtant, rien n'est clairement défini. Le gouvernement n'a jamais précisé le but poursuivi par cette prise de participation : fusion interne des deux sociétés? Répartition différente de leur spécialisation?

La commission des finances du Sénat s'interroge même sur l'opportunité de cette prise de contrôle :

« *Quoi qu'il en soit, on peut se demander dans quelle mesure cette minorité de blocage pourrait être utilisée et si elle aurait une efficacité plus grande que celle découlant de l'aide publique : d'ores et déjà, compte tenu de l'importance de celle-ci et du montant des marchés d'Etat, on ne voit pas comment la Société AMD-BA pourrait avoir une politique industrielle qui n'aille pas dans le sens des objectifs du gouvernement* [9]. »

Les rapports difficiles qu'entretiennent l'Aérospatiale et Dassault-Breguet ont, semble-t-il, poussé l'Etat à intervenir.

Jusqu'au lancement du programme Mercure, en 1974, les sociétés AMD-BA et Aérospatiale ont respecté une sorte de *modus vivendi* : Dassault construisant des avions militaires et des avions civils d'affaires; Aérospatiale, des avions de transport civils et militaires, des hélicoptères et des missiles. A partir de ce moment, les relations se dégradent :

– Le fait que la société Dassault ait voulu développer le programme Mercure « *a été ressenti par la SNIAS comme un outrage* [10] »;

7. En 1977, la valeur de la société AMD-BA est estimée à 2,2 milliards de francs; le bénéfice net comptable de 1977 est de 207 millions de francs.

8. Interview de Marcel Dassault, TF 1, 9 mars 1978.

9. *Journal officiel*, Sénat, rapport n° 131 de la commission des finances, du contrôle budgétaire et des comptes économiques de la nation, 9 décembre 1978, page 41.

10. *Journal officiel*, Assemblée nationale, rapport n° 1 099 de la commission de la défense nationale et des forces armées, 23 mai 1979, page 5.

– Dans les années 1976-1977, Dassault tente de coopérer avec l'Américain McDonnell Douglas sur le programme Mercure 200. La tentative échoue, mais l'Aérospatiale n'apprécie pas d'avoir été écartée ;

– De son côté, l'Aérospatiale développe un concurrent du Mystère 20, la Corvette qui se solde par un échec et une perte de près d'un milliard de francs.

En 1978, la société AMD-BA est une filiale de la Société centrale d'études Marcel Dassault dont plus de 90 % des parts sont la propriété de Marcel Dassault. Cette société holding exerce son contrôle :

– Sur des sociétés de commercialisation comme Dassault International et Europe Falcon Service, des sociétés immobilières et de presse;

– Sur deux entreprises industrielles, juridiquement indépendantes, mais dont le capital est détenu par un actionnaire prépondérant, la Société centrale d'études Marcel Dassault à hauteur de 97,01 % pour la société anonyme AMD-BA et de 70 % pour la société anonyme Electronique Marcel Dassault.

Dans l'exposé des motifs du projet de loi, l'Etat estime qu'exerçant des fonctions importantes dans le secteur aéronautique, il convient qu'il se donne les moyens d'assurer la cohésion de la conception et du contrôle des résultats de sa politique. Une participation dans le capital de la Société des avions Marcel Dassault-Breguet Aviation lui assurant une minorité de blocage est donc indispensable.

L'interpénétration des productions entre Dassault et la SNIAS, son principal sous-traitant, est un des arguments invoqués par Raymond Barre pour institutionnaliser le rapprochement des deux groupes :

« *Il s'agit d'une mesure de rationalisation qui exclut toute idée de nationalisation et doit maintenir l'autonomie et la créativité des sociétés existantes, dans un cadre de coordination de leurs activités*[11]. »

Quand on lui demande s'il est choqué que l'Etat veuille le nationaliser, Marcel Dassault répond :

« *Non, moi, cela ne me gêne pas du tout. L'Etat a bien le droit de faire ce qu'il veut si c'est l'idée de la majorité du peuple français. Le peuple français a toujours été souverain. Qu'il s'agisse de la nationalisation ou d'autre chose, on se soumet à la volonté du peuple français*[12]. »

Lors d'un autre entretien, il précise :

« *Si mon entreprise était nationalisée, je serais bien tranquille parce que M. Mitterrand, chaque fois qu'il y a des élections, a l'amabilité de me prévenir que je suis en tête des nationalisations du Programme commun. C'est plutôt un honneur qu'il me fait parce que Pierre Cot disait en 1937 : " On ne nationalise pas les branches mortes. " Ce qui prouve que ma société n'est pas une branche morte aujourd'hui non plus.*

---

11. *Journal officiel*, Assemblée nationale, rapport n° 736 de la commission des finances, de l'économie générale et du plan, 30 novembre 1978, page 40.
12. Europe n° 1, 14 février 1978.

« Si j'étais un garçon prudent, si j'étais un capitaliste qui aime l'argent, devant les avertissements de M. Mitterrand, j'aurais pu m'arrêter de construire de nouvelles usines, de faire de nouveaux investissements. Seulement, moi, mon plaisir n'est pas de savoir si je serai nationalisé ou non, mon plaisir c'est de construire.

« Un ingénieur aime construire. Je construis des usines, j'achète des machines, je fais des prototypes sans marché de l'Etat, je donne du travail à 15 000 ouvriers, c'est-à-dire à 50 000 avec les coopérants, je fais vivre 100 000 ou 200 000 personnes en France. Avec cela, je suis content [13]. »

Au journaliste qui lui fait remarquer que, s'il était nationalisé ses ouvriers continueraient à travailler, Marcel Dassault répond :

« Mais vous en avez déjà trop. Vous ne savez pas quoi leur faire faire. Alors si vous aviez mes ouvriers par-dessus le marché, qu'est-ce-que vous en feriez? Ce serait un désastre [14] *!* »

Les négociations permettent à l'Etat d'acquérir une minorité de blocage de 20 % au terme de deux ans, sans débours de fonds et en annulant les créances publiques, soit 540 millions de francs.

Ces créances publiques concernent les avances consenties par l'Etat aux AMD-BA pour le développement de programmes civils comme le Falcon 50 et le règlement des redevances dues par la société à l'Etat au titre de marchés d'études et de conventions.

Le capital des AMD-BA est réparti en actions nominatives détenues par la Société centrale d'études Marcel Dassault (près de 59 %), et en actions au porteur dont la majorité est également détenue par cette société.

L'Etat prend 20 % du capital par l'intermédiaire de la SOGEPA (Société de gestion de participation aéronautique) avec droit de vote double limité à ces actions à compter du 1er mars 1982.

La première étape passe par la nomination de quatre représentants de l'Etat au conseil d'administration : Jean Blancard, Jean-Etienne Sriber, Claude Grigaut et André Valls. Marcel Dassault ne semble pas s'offusquer que le gouvernement puisse lui imposer sa volonté :

« Je l'accepte très bien parce que, bien qu'on exporte beaucoup et qu'on vende des avions civils en Amérique, notre base de départ, notre premier client, c'est quand même le gouvernement français. Alors, il n'est pas anormal, étant le principal client, qu'il ait un droit de regard dans la société.

« Je crois que d'être associé avec l'Etat n'a rien de déshonorant. Ce n'est pas donné à tout le monde et cela ne me gêne pas du tout [15]. »

Si Marcel Dassault fait celui qui n'est pas étonné et se contente de déclarations lénifiantes, cette prise de participation de l'Etat est parfois sévèrement jugée dans la classe politique :

« Les 20 %, je n'ai pas trouvé que c'était une bonne décision. Quand on se

---

13. Interview à la télévision en 1978.
14. *Ibid.*
15. France Inter, 4 avril 1978.

prétend les représentants de l'économie libérale, on ne se conduit pas comme cela [16]. »

Le 14 juin 1978, l'assemblée générale des AMD-BA accepte la cession à l'Etat, par la Société centrale d'études Marcel Dassault, de 20 % des 10 028 241 titres émis. L'Etat désirant disposer de la minorité de blocage a demandé et obtenu, à l'unanimité, la modification de l'alinéa 2 de l'article 31 des statuts afin d'attribuer un droit de vote double aux seules actions faisant l'objet de la cession précitée.

Cette disposition n'est pas conforme au droit des sociétés qui stipule que le privilège du droit de vote double ne peut être réservé à certaines actions mais à toutes celles qui remplissent la condition d'ancienneté de deux ans. En 1988, le tribunal de commerce de Paris a reconnu que cette disposition devait être non écrite car contraire à l'ordre public. En effet, la loi interdit que l'on donne à un actionnaire des droits que l'on ne donne pas à un autre. Tous les actionnaires doivent avoir des droits égaux. La légalité de cette disposition n'est donc pas évidente mais, pour des raisons de bonnes relations avec l'Etat socialiste, Serge Dassault n'a pas jugé utile, en 1988, d'approfondir cette disposition.

Ce droit de vote double, qui permet à l'Etat de disposer de 40/120e des voix soit le tiers bloquant, n'est toutefois attribué aux dites actions qu'au bout de deux ans.

En janvier 1979, l'Etat devient propriétaire de 2 005 650 actions représentant une valeur de 540 millions de francs. Marcel Dassault a accepté de prolonger d'un mois son accord qui arrivait normalement à terme le 31 décembre 1978 pour permettre à l'Etat l'exécution matérielle des décisions prises par le Parlement [17].

La SOGEPA, créée en 1979, n'est finalement qu'une simple société de portefeuilles et ne constitue pas le pôle de concentration envisagé en 1977.

Valéry Giscard d'Estaing et Raymond Barre ont, par contre, bel et bien engagé un processus pouvant aboutir à une nationalisation pure et simple de la société Dassault. Cette situation est perçue avec inquiétude par le personnel de la société :

« *On ne parlait que de nationalisation entre 1979 et 1981. Marcel Dassault disait que ça ne le dérangeait pas, nous si. On se sentait attaqué dans notre culture, ça nous heurtait qu'il s'en moquât. C'est, à mon avis, le premier risque d'incompréhension entre Marcel Dassault et le personnel de sa société* [18]. »

---

16. Entretien de Pierre Messmer avec l'auteur.
17. Information donnée par le Premier ministre, Raymond Barre, lors de son exposé devant l'Assemblée nationale, le 6 décembre 1978. Il a également tenu à souligner la coopération dont Marcel Dassault a fait preuve tout au long de la négociation.
18. Entretien de Raoul Rouot avec l'auteur.

Les négociations de 1981

Après les élections présidentielles de mai 1981 qui conduisent François Mitterrand à la présidence de la République et les législatives qui donnent la majorité au parti socialiste, la nationalisation de la société Dassault-Breguet revient à l'ordre du jour.

Le 8 juillet 1981, lors de sa déclaration de politique générale du gouvernement, le Premier ministre, Pierre Mauroy, précise qu'il entend engager une nouvelle politique économique dont une des réformes essentielles est le renforcement et l'extension du service public :

« Les nationalisations donneront au gouvernement des moyens déterminants pour conduire sa politique économique. [...]

« La nationalisation sera immédiate pour le groupe Dassault, qui vit essentiellement de commandes militaires. Il en ira de même pour la branche " armements " de la société Matra.

« Des études seront engagées sans délai pour tenir compte de la situation spécifique de ces deux groupes[19]. »

Les négociations commencent dès août 1981. L'Etat est représenté par le Premier ministre, Pierre Mauroy, assisté de son conseiller, Jean Peyrelevade, ingénieur en chef de l'aviation civile ainsi que par Georges Lemoine, secrétaire d'Etat auprès du ministre de la Défense assisté de son directeur de cabinet, le contrôleur général Jacques Barthélemy.

Du côté de Dassault, les premiers interlocuteurs sont le président de la société Benno Claude Vallières, assisté du secrétaire général, Charles Edelstenne. La véritable négociation s'engage ensuite avec Marcel Dassault, assisté par Pierre de Bénouville.

Les négociations avec Marcel Dassault représentent un cas unique car il échappe aux normes industrielles et financières classiques ainsi qu'aux préjugés politiques. De plus, c'est la deuxième fois de sa vie qu'il est nationalisé.

Pierre Mauroy, passionné d'aviation, découvre alors un homme assez mystérieux :

« Avant que je ne sois Premier ministre, c'était pour moi l'homme des avions et du " Café du Commerce ". Ces deux images s'entrecroisaient. J'avais de lui l'image que beaucoup d'hommes de gauche avaient de lui.

« Lors de la nationalisation, je me suis aperçu que ce n'était pas un capitaliste classique. C'était un homme inclassable, un ingénieur qui avait le génie des avions, un homme de talent, de nature effacé, timide même, mais avec une immense volonté[20]. »

Entreprenant une nationalisation, le gouvernement hésite sur les modalités. Faut-il nationaliser à 100 % ou à 51 % ?

---

19. *Journal officiel*, Assemblée nationale, 8 juillet 1981.
20. Entretien de Pierre Mauroy avec l'auteur.

La société Dassault représentant un cas particulier, l'approche est différente :

« Marcel Dassault n'était pas un patron classique de droite, il se situait entre la gauche et la droite. Il avait servi la France et l'aviation dans le monde. Il ne m'a jamais fait un discours du secteur privé et avait voulu avoir un contact direct avec moi. Il me disait : " Mon client, c'est l'Etat. Ma société ne peut pas vivre sans ses commandes. Je suis une sorte de prolongement du service public auquel j'apporte une équipe irremplaçable. "

« J'étais d'accord avec lui.

« Ce vieil homme qui a su conserver toute sa passion pour le ciel et les avions m'a touché. Il s'identifiait à son entreprise et me faisait penser au Vieil homme et la mer *d'Hemingway. Je me suis dit qu'à son âge je n'avais pas le droit de le priver de sa passion, de sa raison de vivre.*

« Je n'ai plus raisonné politiquement d'autant plus que nous sommes tombés d'accord sur le fait que nationalisé ou non, il ne pouvait pas y avoir de grandes industries en France s'il n'y avait pas de grands industriels, c'est-à-dire des hommes passionnés.

« Comme c'était un serviteur de la France, j'ai eu du respect pour sa personne et j'ai voulu qu'on ait des égards pour lui [21]. »

Selon Georges Lemoine, les discussions se déroulent dans un climat particulier, tendu certains jours, mais toujours courtois, voire cordial :

« Par courtoisie pour Marcel Dassault et du fait de son âge, je me suis déplacé à son bureau, au Rond-Point des Champs-Elysées, généralement en fin de matinée ou l'après-midi après sa sieste pour des entretiens d'environ deux heures.

« Il s'est montré charmant tout au long des négociations. Il venait m'accueillir au bas du perron et nous allions jusqu'à son bureau. C'était en plein été, il faisait très chaud, c'était moi qui souffrais le plus de la chaleur.

« Le général de Bénouville m'a beaucoup aidé en déterminant les heures les plus commodes pour travailler avec Marcel Dassault. Il a réussi à créer un climat qui a facilité les négociations [22]. »

Les deux parties sont conscientes de l'enjeu, il en va de l'avenir d'un secteur de l'industrie influant fortement la politique de défense et le commerce extérieur de la France. Georges Lemoine et Marcel Dassault mesurent parfaitement leurs points forts et leurs points faibles.

Marcel Dassault comprend que le gouvernement fait de sa nationalisation une question de principe et qu'il ne peut pas l'éviter, il tente alors de modifier les modalités de prise de contrôle par l'Etat.

Pierre de Bénouville, ami d'enfance du président de la République, qui sait quels sont les véritables sentiments de Marcel Dassault, sert d'intermédiaire dans cette opération :

---

21. Entretien de Pierre Mauroy avec l'auteur.
22. Entretien de Georges Lemoine avec l'auteur.

« J'ai été voir François Mitterrand, je lui ai dit que si Marcel Dassault était nationalisé cela le tuerait[23]. »

Georges Lemoine, dont la mission est délicate, ne possède qu'une liberté de manœuvre réduite :

– Les députés socialistes et communistes veulent une nationalisation complète;

– Compte tenu de la valeur de la société Dassault, une nationalisation complète serait trop coûteuse pour le budget de l'Etat;

– Si l'Etat nomme un nouveau responsable, ne risque-t-il pas de paralyser la société et surtout de lui retirer l'importante capacité de financement qui a largement contribué à ses succès[24]?

– Les syndicats sont soucieux de préserver les avantages acquis en matière de salaires et de primes. Le personnel est inquiet à la perspective d'être aligné sur le secteur public moins favorisé dans ce domaine;

– Un départ pour l'étranger des hauts cadres techniques et commerciaux de la firme est à craindre au moment où se négocient des accords de vente d'avions avec l'Egypte, l'Inde et l'Irak;

– De son côté, Marcel Dassault tient à garder le contrôle technique de sa société et veut maintenir Benno Claude Vallières à la présidence, il en fait une question de principe.

Tous ces facteurs sont pris en compte et un compromis se dessine. Marcel Dassault admet que ce qui relève de la défense puisse être contrôlé par l'Etat mais pas forcément à 100 %. Georges Lemoine est pour une forme de partenariat qui associerait la société à l'Etat ce qui éviterait une dépense trop importante.

Lors des rencontres, Marcel Dassault note régulièrement sur un petit carnet les chiffres qui font l'objet de la discussion :

« Il me le montrait ensuite pour savoir si j'étais d'accord sur les chiffres qu'il écrivait.

« Il était parfois comédien et faisait semblant de ne pas entendre. Le général de Bénouville prenait alors le relais. Je pense qu'il agissait ainsi pour se donner le temps de la réflexion[25]. »

Les partenaires jouent au chat et à la souris, chacun jaugeant l'autre et essayant de voir jusqu'où il peut aller trop loin. Georges Lemoine, menant en même temps les discussions de nationalisation de Matra, peut comparer la situation entre les deux sociétés. De son côté, Marcel Dassault ne manque pas de téléphoner à Sylvain Floirat, propriétaire de Matra, pour échanger des informations sur les propositions de l'Etat :

« J'ai quelquefois eu l'impression que Marcel Dassault savait à l'avance ce que j'allais dire. Néanmoins, nous savions que nous ne pouvions aboutir

23. Entretien de Pierre de Bénouville avec l'auteur.
24. Marcel Dassault a souvent anticipé en lançant sur ses fonds propres plusieurs programmes avant que l'Etat ne prenne la relève.
25. Entretien de Georges Lemoine avec l'auteur.

qu'au prix de concessions mutuelles, l'aspect relationnel a beaucoup joué. Je savais aussi que le général de Bénouville allait voir le président de la République.

« Lors de nos rencontres, Marcel Dassault me parlait de tout, y compris du cinéma, surtout de son nouveau film, Jamais avant le mariage. *Il m'amenait voir les nombreux tableaux qu'il possédait au Rond-Point. Un jour il m'a même demandé mon avis sur un choix de carrelages qu'il voulait faire placer dans une de ses maisons. C'était un homme délicieux*[26]*. »*

Les deux parties finissent par se mettre d'accord sur une formule originale. Marcel Dassault fait don à l'Etat de 26 % des actions des AMD-BA ce qui permet à ce dernier d'avoir la majorité à l'assemblée générale grâce aux 20 % déjà acquis avec le droit de vote double. Cela fait les affaires du nouveau gouvernement socialiste qui, engagé dans de coûteuses distributions sociales, n'a pas à dépenser la somme très importante qu'il lui faudrait trouver pour nationaliser complètement la société Dassault :

« Marcel Dassault ne pouvait être complètement nationalisé, le président de la République était d'accord avec moi là-dessus. Si cela avait été le cas, c'était la rupture car il ne pouvait se séparer de sa société, il voulait être partie prenante.

« Il m'a séduit au milieu de toutes ces nationalisations. La sienne était d'un autre type.

« Ses avions, c'était sa vie ! C'était un grand serviteur des ailes françaises. Avant lui, on était habitué aux grands pilotes comme Mermoz ou Saint-Exupéry. Avec lui, on découvrait celui qui fait les avions, un créateur, un petit homme génial qui s'était imposé par sa passion, ses calculs, son ambition et sa détermination. Mais, avant tout, il voulait servir la France[27]*. »*

Dans les quatre ans à dater de la signature de l'acte, l'Etat pourra user d'un droit de préemption, Marcel Dassault devra vendre ses actions à l'Etat si celui-ci désire les acheter. L'Etat qui possède déjà 20 % des actions avec droit de vote double, soit 40 %, peut ainsi y ajouter 26 % donnés par Marcel Dassault, ce qui représente 66/120ᵉ, soit environ 54 % des droits de vote.

Les sociétés Dassault International et Dassault Systèmes qui travaillent surtout à l'exportation donnent 51 % de leurs actions aux AMD-BA ce qui permet également de les contrôler.

De son côté, l'Etat, en échange du don de 26 % de la Société centrale d'études Marcel Dassault (soit environ 1,8 milliard de francs), accepte de maintenir Benno Claude Vallières à la présidence des AMD-BA pendant cinq ans tandis que Marcel Dassault devient conseiller technique aux appointements de cinq mille francs par mois. Le Premier ministre, Pierre Mauroy, entérine le maintien du président des AMD-BA et renonce à la nomination d'un vice-président.

---

26. Entretien de Georges Lemoine avec l'auteur.
27. Entretien de Pierre Mauroy avec l'auteur.

L'Etat s'engage à verser à la Société centrale d'études Marcel Dassault une redevance de 3 % sur les brevets et licences des appareils vendus.

Marcel Dassault obtient également l'autorisation d'entamer des discussions avec le ministère des Finances sur les modalités de droits de succession qu'auront à payer ses héritiers après sa mort [28].

La société AMD-BA, même si elle est entièrement nationalisée, conservera le nom de Marcel Dassault dans sa raison sociale :

« *Si l'Etat avait pris le contrôle complet de la société Dassault, il aurait certainement changé le nom pour l'appeler France Aviation. Nous savions aussi que, si tel avait été le cas, Marcel Dassault avait prévu de rejaillir techniquement aux Etats-Unis en partant de sa filiale Falcon Jet Corporation installée à Little Rock* [29]. »

Une fondation Marcel Dassault, en partie financée par l'Etat, doit être créée pour favoriser les vocations d'ingénieurs et de techniciens. Elle ne verra jamais le jour.

Georges Lemoine a pu découvrir deux hommes en Marcel Dassault :

« *D'une part, le chef d'entreprise qui s'efforce de produire des bénéfices. D'autre part, le chef de famille soucieux de bons placements. Cet homme exceptionnel a su à la fois construire des avions et bâtir des sociétés en les faisant évoluer au moment opportun. Il a eu un beau geste en cédant de son plein gré à l'Etat 26 % du capital de sa société. De son côté, je crois qu'il a été très sensible à notre idée de créer une fondation qui portera son nom et qui encouragera les vocations de jeunes ingénieurs de l'aéronautique* [30]. »

Si les discussions ont toujours été courtoises, elles ont été très serrées. Les quatre-vingt-neuf ans de Marcel Dassault ont, par moments, amené des inquiétudes :

« *Un jour, il a eu un malaise. J'ai été ému et un peu paniqué en pensant à ce qu'aurait pu écrire la presse, dans le genre : " Ce que Buchenwald n'a pas pu faire, la gauche l'a fait* [31] *! "* »

Finalement, la signature de l'acte a lieu le jeudi 8 octobre 1981, à l'hôtel Matignon.

Accueilli par Georges Lemoine sur le perron, Marcel Dassault salue ses hôtes et ne manque pas, conformément à ses bonnes habitudes, de distribuer discrètement des billets aux huissiers étonnés. Il est ensuite conduit dans le bureau du Premier ministre :

« *Il avait enlevé son chapeau et son manteau mais avait gardé un moment son écharpe. Il donnait l'impression d'être un petit retraité qui venait me parler. Il était enfantin, simple, émouvant et en même temps un génie de l'aviation, le plus grand avionneur français* [32]. »

Les signatures sont apposées par Pierre Mauroy et Marcel Dassault en

28. Entretien de Georges Lemoine avec l'auteur.
29. Entretien d'Emile Blanc avec l'auteur.
30. Georges Lemoine, *Le Nouvel Economiste* n° 308, 26 octobre 1981.
31. Entretien de Georges Lemoine avec l'auteur.
32. Entretien de Pierre Mauroy avec l'auteur.

présence du secrétaire d'Etat, Georges Lemoine, du contrôleur général, Jacques Barthélemy, de Jean Peyrelevade, ingénieur en chef de l'aviation civile et conseiller auprès du Premier ministre ainsi que Pierre de Bénouville.

La cérémonie est courte, les participants ont l'impression d'assister à un grand moment empreint de gravité et de courtoisie. Le Premier ministre raccompagne Marcel Dassault qui lui déclare en le quittant : « *Vous avez été très gentil*[33] *!* »

A la sortie de Marcel Dassault, un détachement de la garde républicaine lui présente les honneurs.

Pendant toute la période de négociation, Marcel Dassault s'est efforcé de ne pas laisser paraître son désappointement face à l'intervention de l'Etat. Pourtant, il rage en son for intérieur :

« *Me voilà donc aujourd'hui les bras ballants, une fois de plus déchargé d'une grande partie de mes responsabilités.*

« *Certes, pour concevoir ce plan futur, je n'en ai que pour quelques instants qui procureront cinq années de travail à la Société des avions Marcel Dassault.*

« *Je suis député avec un Etat socialiste auquel je souhaite bonne chance et si je peux, par mes conseils, l'aider quelquefois, j'en serai heureux, mais cela aussi n'est pas bien fatigant.*

«*Alors que dois-je faire? Peut-être créer des emplois*[34]. »

Finalement, il a été très marqué par cette épreuve. C'est d'ailleurs à partir de cette époque que sa santé se détériore et qu'il commence à maigrir.

Le 15 novembre 1981, le *Journal officiel* annonce la prise de participation de 26 % de l'Etat dans le capital d'AMD-BA par acceptation de la cession gratuite de 2 627 797 actions appartenant à la Société centrale d'études Marcel Dassault.

Curieusement, le gouvernement a nationalisé à 100 % les groupes qui travaillent dans le civil mais n'a nationalisé qu'en partie les deux sociétés d'armement les plus directement en contact avec l'Etat : Dassault et Matra. Pour Jean Le Garrec, secrétaire d'Etat chargé du secteur public :

« *Ce qui était en jeu, c'était la prise de contrôle majoritaire de l'Etat dans l'entreprise où les dirigeants de Dassault doivent d'une façon ou d'une autre rendre des comptes à l'Etat.*

« *On a été sensible au fait que Dassault fasse le premier pas et accepte de discuter avec Mauroy. En outre, Dassault était une entreprise simple avec des filiales transparentes. Ce n'était pas la peine de la nationaliser à 100 %*[35]. »

Selon Georges Lemoine :

« *Pour Dassault comme pour Matra, nous avons cherché une solution qui*

---

33. Propos rapportés par Pierre Mauroy et Georges Lemoine à l'auteur.
34. Marcel Dassault, 19 janvier 1983, archives Dassault.
35. Jean Le Garrec, *Libération*, 19 avril 1986.

permette d'exercer un contrôle sur des activités fortement dépendantes des crédits budgétaires sans pour autant menacer les entités industrielles. D'où ce niveau nécessaire et suffisant. Mais les chiffres étaient de notre côté. Nous étions bien placés pour connaître l'importance des bénéfices de la branche armement de Matra. Et, lors de nos discussions avec M. Dassault, nous savions presque aussi bien que lui qu'une bonne partie de sa fortune avait pu être constituée grâce aux commandes de l'Etat [36]. »

Au cours d'un débat RTL- *Le Monde* du 23 mai 1982, Marcel Dassault déclare qu'il a donné 180 milliards de centimes à l'Etat sans contrepartie aucune. Quand on lui demande pourquoi, il répond à nouveau :

« *C'est parce que j'ai toujours été radical-socialiste, et dans radical-socialiste il y a socialiste. Donc j'ai toujours été pratiquement socialiste* [37]. »

Pierre Mauroy apporte des précisions complémentaires :

« *Je suis assez content de ce que j'ai fait avec Marcel Dassault et de la façon dont je l'ai fait. Il n'y a pas eu de dissonance. Ce que j'ai fait se justifie parfaitement s'il est le personnage que j'ai cru voir en lui.*

« *Je l'ai fait par conviction, sans vouloir blesser personne en essayant de comprendre le personnage et ses ressorts. Comme c'était un grand serviteur de la France et des ailes françaises, j'ai pris tout cela en considération, c'est ma petite fleur bleue humaine de la nationalisation* [38]. »

Peu de temps avant sa mort, Marcel Dassault souhaite racheter une partie des actions, environ 9 %, pour reprendre le contrôle complet de sa société. Il compte également sur un changement de majorité, lors des élections législatives de mars 1986, pour obtenir de Jacques Chirac l'annulation du droit de vote double imposé par l'Etat sur 20 % des actions en 1977 [39].

Après sa mort, son fils Serge adopte la même position dans le cadre de la privatisation des sociétés nationalisées annoncée par le nouveau gouvernement de Jacques Chirac. Il continue les négociations entamées par son père :

« *J'attends de la privatisation que les actionnaires privés, c'est-à-dire notre famille, reprennent la majorité dans le capital et dans les décisions* [40]. »

Le journal *Le Monde* apporte un éclairage supplémentaire sur cette volonté :

« *Selon les négociations actuelles, l'Etat abandonnerait son droit de vote double et la Société centrale d'études Marcel Dassault, le holding du*

36. Georges Lemoine, *Le Nouvel Economiste* n° 308, 26 octobre 1981.
37. RTL- *Le Monde*, 23 mai 1982.
38. Entretien de Pierre Mauroy avec l'auteur.
39. Ce droit de vote double ne sera finalement pas supprimé malgré le changement de majorité. Lors de son entretien avec l'auteur, Jacques Chirac a précisé : « *Le droit de vote double n'a pas été supprimé parce que le ministère des Finances a fait valoir des arguments juridiques.* »
40. TF 1, 23 avril 1986.

groupe aéronautique, qui détient un peu plus de 50 % des actions, souhaiterait acquérir environ 9 % des actions de l'Etat afin de posséder 60 % du capital.

« Cette formule permettrait à l'Etat de conserver une importante minorité de blocage sans avoir directement plus de la moitié du capital [41]. »

De son côté, le député Jean-Pierre Bechter [42] écrit :

« L'Etat réaliserait avec la société Dassault sa meilleure opération financière, car il avait obtenu la majorité des droits de vote grâce à ce qui peut s'analyser comme un abandon de 440 millions de francs de créances alors qu'il a reçu à ce jour 548 millions de francs de dividendes, auxquels s'ajouteront le produit de la vente de 9 % des actions et les dividendes de la participation qu'il conserve [43]. »

Selon le personnel des AMD-BA, Marcel Dassault, en donnant 26 % à l'Etat, a sauvé la société :

« Une nationalisation aurait entraîné un départ des cadres. J'avais déjà contacté une société américaine. Si nous avions fusionné avec la société nationale Aérospatiale, cela se serait fait au dépens de Dassault [44]. »

La succession industrielle de Marcel Dassault

Pendant plusieurs années, les milieux politiques, industriels, la presse, s'interrogent sur un sujet tabou : qui sera le successeur de Marcel Dassault à la tête de ses sociétés industrielles?

En 1968, Marcel Dassault informe son secrétaire général, Pierre François, qu'il envisage, le jour où Benno Claude Vallières ne sera plus président, d'en faire son successeur :

«Aucune date n'avait été fixée. Je savais que Vallières serait resté comme conseiller. La vieille complicité entre Marcel Dassault et Benno Claude Vallières était telle que je savais que je n'aurais jamais pu être libre de mes décisions [45]. »

Le complément de contrôle entrepris par l'Etat, en 1981, semble éloigner la question. Il n'en est rien puisque le gouvernement envisage un successeur du vivant de Marcel Dassault.

Au mois d'août 1982, sur proposition du ministre de la Défense, Charles Hernu, Marcel Dassault accepte l'éventualité d'un président ou d'un vice-président qui aurait la préférence de l'Etat [46], mais pour cela il faut que Benno Claude Vallières parte. Suivant les conseils de Pierre de Bénouville, Marcel Dassault refuse et la question reste en suspens.

---

41. *Le Monde*, 23 avril 1986.
42. Député RPR de Corrèze, rapporteur de la commission de la défense Nationale, conseiller de Paris, adjoint au maire du 12e arrondissement.
43. *Le Monde*, 23 avril 1986.
44. Entretien de Raoul Rouot avec l'auteur.
45. Entretien de Pierre François avec l'auteur.
46. Roland Glavany, administrateur d'AMD-BA, aurait été pressenti.

Les proches collaborateurs de Marcel Dassault demeurent très inquiets sur les conséquences de son éventuelle disparition :

« On avait préparé, Vallières et moi, un papier d'une demi-page sur un minimum de mesures à prendre en cas de disparition subite. Après beaucoup d'hésitations, Vallières le lui a présenté. Marcel Dassault lui a alors dit : " C'est vrai ! Il faudra y penser. On verra dans une dizaine d'années ! " C'était en 1984, il avait quatre-vingt-douze ans[47] *! »*

En 1984, se pose la question du maintien de Benno Claude Vallières au-delà de ses soixante-quinze ans. Le 28 février, le conseil d'administration des AMD-BA accepte de prolonger sa présidence jusqu'à octobre 1986, cette décision entraîne la démission d'un des administrateurs, Roland Glavany :

« C'était une chambre d'enregistrement, on ne pouvait pas discuter de l'avenir de la société[48]*. »*

L'Etat, qui avait proposé que Benno Claude Vallières reste mais entouré de deux vice-présidents, Serge Dassault et Roland Glavany, cède finalement devant la volonté de Marcel Dassault, qui déclare à la fin de 1985 :

« Personnellement, je n'ai pas de successeur [désigné]. *Je laisse ma société à M. Vallières pour l'instant et, s'il le faut, il n'y a qu'à le prolonger d'au moins cinq ans*[49]*. »*

Cette déclaration de Marcel Dassault, qui a alors quatre-vingt-treize ans et Benno Claude Vallières soixante-quinze, est étonnante car elle semble barrer la route à son fils Serge. Une autre explication peut être donnée. En souhaitant prolonger le mandat de Benno Claude Vallières et en ne nommant pas un président plus jeune, difficile à écarter, il lui laisse une chance d'accéder à la présidence de la société.

Selon plusieurs de ses proches collaborateurs, Marcel Dassault était persuadé qu'il atteindrait cent ans donc qu'il avait le temps d'y penser. La maladie de Benno Claude Vallières, son fidèle collaborateur, perturbe cependant ses prévisions :

« La maladie de Vallières, ses absences intellectuelles ont été un très grand handicap pour la société. Il y avait des virages industriels à prendre, nous en avions pris de plus difficiles, cette fois ça ne s'est pas fait. Cette maison a une puissance considérable, mais il faut la mettre sur de bons rails[50]*. »*

En septembre et octobre 1985, Marcel Dassault, conscient de l'état de santé de Benno Claude Vallières, envisage de le remplacer et propose la présidence à Pierre François :

« Je vois que vous êtes toujours aussi jeune. Vallières n'est plus Vallières, il faut que vous preniez sa succession[51]*. »*

Devant le refus de l'intéressé, il fait un tour d'horizon des candidats pos-

47. Entretien de Pierre François avec l'auteur.
48. Entretien de Roland Glavany avec l'auteur.
49. Conférence de presse de Marcel Dassault du 25 septembre 1985.
50. Entretien de Jean-François Cazaubiel avec l'auteur.
51. Entretien de Pierre François avec l'auteur.

sibles, tous issus de sa société. Finalement, il préfère attendre car il juge l'un trop technique, l'autre trop administratif, un troisième trop pénalisé par sa méconnaissance de l'anglais.

Ce souhait de changement à la tête de la société AMD-BA intervient dans un contexte peu favorable : la perte du marché saoudien de Mirage 2000, les problèmes posés par le lancement du Rafale et surtout la création du consortium européen EFA dont la société est exclue. Marcel Dassault est très affecté par ces mauvaises nouvelles. Inquiet de l'avenir de sa société, il se souvient peut-être des conseils de *Barenton Confiseur* :

« Un industriel ne prend jamais sa retraite : c'est une machine à broyer du travail, qui se fausse dès qu'on l'arrête, mais qui ne s'arrête pas toujours quand elle est faussée[52]. »

Comme il ne peut se résoudre à se séparer de son président, il envisage, un temps, de créer deux postes de vice-présidents au bénéfice de Bruno Revellin-Falcoz et Charles Edelstenne. Il décide finalement d'attendre le résultat des élections législatives de mars 1986 et l'assemblée générale des AMD-BA de juin 1986 pour remplacer Benno Claude Vallières au terme de son mandat.

Le 31 janvier 1986, après la présentation à la presse du nouveau prototype Rafale, *L'Express* pose la question taboue : quel successeur pour Marcel Dassault? L'hebdomadaire fait sa couverture avec un portrait de Marcel Dassault assorti d'un grand titre : « Dassault – Crépuscule d'un empire ».

Les journalistes font le point sur l'année 1985 qu'ils estiment avoir été une année noire pour l'avionneur car le gouvernement a réduit les dotations en matériels pour l'armée de l'Air. Les ventes à l'exportation ont, en conséquence, une importance vitale car il faut fabriquer une centaine d'appareils militaires par an pour assurer la rentabilité de la société; or l'armée de l'Air ne peut guère en commander plus d'une trentaine. C'est dans ce contexte, précise *L'Express*, que l'Arabie Saoudite a choisi le Tornado à la place du Mirage 2000.

Marcel Dassault réagit et adresse une lettre à *L'Express* avec son style toujours aussi déroutant, surtout le quatrième point :

« Vous avez bien voulu consacrer la couverture de votre journal ainsi qu'un nombre important de pages, à moi-même et à la Société des avions Marcel Dassault.

« Je vous demande donc, en raison de mon droit de réponse, de publier ce qui suit dans votre prochain numéro :

« 1. Nos savants sont les meilleurs de France : ils ont gagné le concours d'Hermès, l'avion spatial.

« 2. Nos ingénieurs, nos techniciens et nos ouvriers sont d'une grande qualité, car les directeurs du ministère de la Défense ainsi que les officiers de l'armée de l'Air sont d'accord pour déclarer que l'avion Rafale, qui volera en mai prochain, est une merveille.

« 3. Nos ingénieurs commerciaux ont fait des miracles en 1985, réalisant

52. Auguste Detœuf, *Propos de O. L. Barenton Confiseur*, page 100.

notre plus gros chiffre d'affaires de commandes, soit plus de 18 milliards de nouveaux francs naturellement.

« 4. Nos secrétaires sont les plus jolies.

« Excusez-moi, je croyais écrire un article du “ Café du Commerce ” [53]. »

Trois mois après cette réponse, le décès inattendu de Marcel Dassault déclenche d'importants remous.

53. *L'Express*, 14 février 1986.

9

LE DECES DE MARCEL DASSAULT ET SA SUCCESSION

Le 16 mars 1986, Marcel Dassault est réélu député de l'Oise après une campagne électorale à laquelle il a peu participé du fait de son mauvais état de santé.

Les partis de droite ont obtenu la majorité des sièges à l'Assemblée nationale. La cohabitation entre un gouvernement de droite et un président de la République de gauche est une innovation sous la Vᵉ République. L'union nationale, chère à Marcel Dassault, va-t-elle enfin voir le jour ?

En tant que doyen d'âge de l'Assemblée nationale, il sait qu'il doit prononcer le discours d'ouverture de la législature, le 2 avril.

Le 20 mars, le *Quotidien de Paris*, d'après des informations dignes de foi, annonce la mort de Marcel Dassault en première page et lui consacre toute sa dernière. La nouvelle est rapidement démentie. Marcel Dassault commente ce raté journalistique en précisant qu'il ne portera pas plainte *« ne voulant pas tuer un journal déjà bien moribond »!*

Marcel Dassault, qui a maintenant quatre-vingt-quatorze ans, est cependant réellement fatigué : la campagne électorale, la préparation de son discours à l'Assemblée l'obligent à s'aliter. Le 1ᵉʳ avril, devant la dégradation de son état de santé, il est admis à l'hôpital américain de Neuilly où, de jour en jour, il s'affaiblit. Le père Riquet lui apporte l'extrême-onction.

Le 17 avril 1986 à 20 h 30, Marcel Dassault quitte le monde des vivants. Le lendemain à midi, une dépêche de l'Agence France presse annonce son décès. Au cours de l'après-midi, l'AFP publie une vingtaine de dépêches sur Marcel Dassault et sur les réactions que sa mort entraîne.

Les plus hautes autorités de l'Etat, dont le président de la République, et de nombreux pays étrangers adressent à sa famille des messages de condoléances.

Tous les médias français annoncent la nouvelle à la une et rendent un hommage unanime à sa personnalité et à son œuvre. La presse étrangère, de tous les continents, publie la nouvelle de la disparition du grand constructeur.

Les obsèques

Pour la veillée mortuaire, Marcel Dassault est placé dans son cercueil, revêtu de l'habit qu'il comptait porter à l'Assemblée nationale lors de son discours. A côté, trois coussins portent toutes ses décorations. Le cercueil, drapé de tricolore, est installé dans son immeuble du Rond-Point des Champs-Elysées, dans la grande salle de réception transformée en chapelle ardente.

Pendant quatre jours, plus de sept mille personnes, du chef du gouvernement au plus humble de ses collaborateurs, viennent lui rendre un dernier hommage.

Le gouvernement annonce que les obsèques de Marcel Dassault, député, doyen de l'Assemblée nationale, ancien sénateur, officier pendant la guerre de 1914-1918, grand croix de la Légion d'honneur, médaillé de la Résistance, croix de guerre 1939-1945, ancien déporté, seront célébrées à Paris, à l'Hôtel national des Invalides, haut lieu historique où se déroulent les principales cérémonies militaires de l'Etat, en présence du gouvernement et des corps constitués.

De son côté, l'armée de l'Air tient aussi à lui rendre un hommage exceptionnel. Son chef d'état-major, le général Bernard Capillon, décide que le cercueil sera porté par onze capitaines pilotes, chefs d'escadrille, et qu'une formation de six Mirage 2000, volant en delta, survolera les Invalides à l'issue de la cérémonie.

Le mardi 22 avril 1986, une foule immense attend le convoi funèbre. Le cercueil, entouré de gerbes de fleurs, est transporté en l'église Saint-Louis-des-Invalides où se déroule la cérémonie religieuse en présence des plus hautes autorités dont le Premier ministre, Jacques Chirac, le président du Sénat, Alain Poher et celui de l'Assemblée nationale, Jacques Chaban-Delmas.

Le père Riquet concélèbre la messe avec l'abbé Beauvais, compagnon de Marcel Dassault à Buchenwald, et prononce l'oraison funèbre. Il évoque « *les milliers d'hommes et de femmes auxquels le génie créateur et organisateur de Marcel Dassault a procuré un travail intéressant, voire passionnant et rémunérateur.* [...] *Sans le savoir, il mettait en œuvre, spectaculairement, la définition que saint Thomas d'Aquin donnait du droit de propriété : " Le pouvoir de créer, d'accroître et de gérer un capital et d'en répartir équitablement les fruits*[1]. " »

1. Oraison funèbre du père Michel Riquet, 22 avril 1986.

Après la cérémonie religieuse, les honneurs militaires lui sont rendus dans la cour d'honneur des Invalides. Au rythme sourd des tambours, les onze capitaines de l'armée de l'Air portent le cercueil de l'homme qui a fait de l'aviation française l'une des premières du monde.

D'un côté de la cour d'honneur sont rangés, au garde-à-vous, des détachements des trois armées accompagnés de la musique de l'Air. En face, le gouvernement, les bureaux des deux Assemblées, les chefs d'état-major et la famille tandis qu'une foule compacte déborde dans les galeries.

Jacques Chirac prononce l'éloge funèbre :

« Je n'aurais laissé à personne le soin de parler de Marcel Dassault. J'ai écrit le discours en disant ce que je pensais[2]. »

C'est avec une grande émotion que le Premier ministre rappelle que Marcel Dassault était un très grand ingénieur, un très grand inventeur :

« Avec je ne sais quoi de prophétique et de visionnaire, qui introduit dans la pure technique le souffle du génie[3]. »

Retraçant son itinéraire, il le cite comme exemple de courage, de générosité et de foi au patriotisme intransigeant et vibrant. Jacques Chirac termine ainsi :

« Curieux de tout et attentif à chacun, il y avait en Marcel Dassault l'esprit d'enfance, qui jamais ne vieillit, fait de passion, d'étonnement, d'enthousiasme et d'exigence. De sa voix si particulière, il n'a cessé de nous dire que tout restait toujours à construire et à inventer, que la ténacité était l'arme la plus sûre, la générosité et l'élégance morale les voies les plus certaines pour mériter le respect. Dans tous ses discours, dans tous ses écrits, il nous rappelait que l'union des Français était la plus noble des ambitions, et la grandeur de la France le plus élevé des idéaux. Voilà le testament que Marcel Dassault nous a laissé.

« Avec l'immense et respectueuse affection que, tout enfant, je lui portais déjà et qui n'ont fait au fil des ans que grandir, j'en ressens l'empreinte au plus profond de moi. De tout cœur, et avec lui, je souhaite que tous nous nous en montrions dignes[4]. »

Après son allocution, il s'incline devant le cercueil. Une minute de silence est observée suivie de « *La Marseillaise* ». Tandis que retentissent les dernières mesures, un grondement grandit puis, apparaissent dans le ciel, dans l'axe des Invalides, six Mirage 2000, en formation delta. Survolant le cercueil, ils apportent l'ultime hommage des ailes françaises au grand disparu. L'émotion est à son comble.

La cérémonie officielle terminée, le cercueil est transporté au cimetière de la porte de Passy où l'inhumation se déroule dans l'intimité familiale.

Située sous un arbre, la pierre tombale, en granit noir, est sobre. Elle a les formes douces et arrondies chères à Marcel Dassault. L'épitaphe est simple :

---

2. Entretien de Jacques Chirac avec l'auteur.
3. Discours de Jacques Chirac, 22 avril 1986.
4. *Ibid.*

Marcel Dassault
Ingénieur
Grand-Croix de la Légion d'Honneur
Député de l'Oise
1892-1986

Ce sont, dans l'ordre, les titres qui lui tenaient le plus à cœur et qui résument l'essentiel de sa vie publique.

Marcel Dassault repose dans le cimetière où sont déjà enterrés les pionniers de l'aviation Henry Farman et Dieudonné Costes. A quelques dizaines de mètres de sa tombe, se trouve celle de son chef pilote d'essai, Kostia Rozanoff, tué lors d'un accident d'avion en 1954. Les bras de la croix placée sur la tombe sont inclinés vers le bas en forme d'aile de Mystère IV, l'avion qu'il pilotait.

L'éloquence de la presse française et étrangère qui a relaté les obsèques de Marcel Dassault est assez unique en son genre :
– *« La mort du chevalier du ciel » (Le Parisien);*
– *« Dassault, un génie de l'aviation » (L'Est républicain);*
– *« La mort d'Icare » (La Suisse);*
– *« Mirage en deuil » (Le matin,* Suisse*);*
– *« Un avionneur aux ailes de géant » (Libération);*
– *« French Aircraft Genius Dassault Dies » (Asahi Evening News,* Japon*);*
– *« Marcel Dassault, genius of aircraft design, dies at 94 » (The Australian,* Australie*).*
Beaucoup de journaux reprennent sur leur première page la phrase prononcée par Jacques Chirac au début de son allocution :
« La mort de Marcel Dassault fait mal à notre pays. »

Le décès de Marcel Dassault est l'occasion de rappeler ses origines, ses réussites, ses difficultés mais aussi les inévitables anecdotes dont il avait horreur.

Marcel Dassault n'est plus. Sous des aspects fragiles, il paraissait indestructible, rusé, ce qui a fait écrire *« qu'il ne lui restait qu'un ennemi, un seul : le froid. Les autres, il les a tous mis dans sa poche : les Allemands, en revenant vivant de Buchenwald; les Américains en construisant de meilleurs avions de combat; les socialistes, en faisant cadeau au gouvernement Mauroy de 180 milliards de centimes; les gaullistes, en les étouffant sous les subventions, soutiens et enveloppes en tout genre; les antisémites enfin, en se faisant enterrer mardi dernier à Saint-Louis-des-Invalides* [5]. »

L'hommage est unanime, les milieux politiques, militaires, industriels, financiers, syndicaux, la presse, le cinéma, ses collaborateurs mais aussi ses

5. Pierre Bénichou, *Le Nouvel Observateur*, 25 avril 1986.

concurrents, tous ont le sentiment d'une grande perte et, pour certains, l'impression d'avoir perdu un père, de se trouver orphelin.

Le 30 avril 1986, devant l'Assemblée nationale debout le président Jacques Chaban-Delmas rend, comme il est de tradition, hommage au député disparu, son ami :

« Ainsi va le monde, d'époque en époque, illuminé par l'éclat des hommes véritablement grands. Ils disparaissent à nos yeux mais, comme celle des étoiles mortes, leur lumière peut encore guider l'humanité bien au-delà de nos existences.

« Marcel Dassault est mort : sa lumière brille[6]. »

Cinq ans après le décès de Marcel Dassault, son souvenir est encore vivace. Cinq anciens Premiers ministres, qui tous l'ont bien connu, confirment les jugements de 1986 :

Michel Debré : « *C'était un personnage unique, un homme de génie, un très grand industriel qui alliait les qualités de l'ingénieur au talent du chef d'entreprise*[7]. »

Jacques Chaban-Delmas : « *C'était un homme exceptionnel qui a jalonné notre siècle, au moins le temps de son existence. Je le place au premier rang et même un peu détaché du premier*[8].»

Pierre Messmer : « *En tant qu'ingénieur et industriel, je le tiens comme le plus grand Français du* XX*e siècle dans le domaine aéronautique. Sans lui, l'aéronautique française ne serait pas ce qu'elle est aujourd'hui*[9]. »

Pierre Mauroy : « *C'était un grand serviteur de la France et des ailes françaises. Il a permis à notre pays d'avoir une présence, quelquefois même une avance, dans le domaine aéronautique, il a contribué à son prestige*[10]. »

Jacques Chirac : « *Je le place au plus haut niveau aéronautique. Il a eu un véritable génie. Il aimait la France comme j'ai rarement vu quelqu'un aimer son pays. C'était un grand Français*[11]. »

Alors qu'il repose en paix, les esprits s'agitent déjà pour sa succession.

Le testament

L'héritage de Marcel Dassault comporte deux volets : son patrimoine privé et la succession à la tête de ses sociétés industrielles.

Le premier est réglé sans aucun problème car Marcel Dassault a pris, dès 1981, des dispositions testamentaires. Le testament définitif, en date du 26 janvier 1984, est déposé chez son notaire. Il y est précisé que son épouse recueillera sa part de communauté et que le reste sera partagé en deux parts

6. *Journal officiel*, 30 avril 1986.
7. Entretien de Michel Debré avec l'auteur.
8. Entretien de Jacques Chaban-Delmas avec l'auteur.
9. Entretien de Pierre Messmer avec l'auteur.
10. Entretien de Pierre Mauroy avec l'auteur.
11. Entretien de Jacques Chirac avec l'auteur.

strictement égales entre ses enfants. René Massing est chargé, par ce testament, de gérer les biens de Claude, le fils aîné de Marcel Dassault.

En fonction de leur personnalité et de leurs souhaits, le partage s'est réalisé sensiblement selon la répartition suivante : Claude Dassault hérite de l'immobilier et des sociétés de placements financiers, Serge Dassault de la partie industrielle. Chaque frère possède une participation dans le domaine de l'autre.

A son décès, en 1986, Marcel Dassault était propriétaire à 95 % du holding Société centrale d'études Marcel Dassault, son fils Serge possédant les 5 % restants. Cette société possédait, pour ne citer que les sociétés les plus connues :

– dans le domaine industriel : 69 % de l'Electronique Serge Dassault, 49,6 % des AMD-BA [12], 28,5 % d'Intertechnique;

– dans la finance : 32 % de la Société centrale d'investissement, 10 % de la Financière et industrielle gaz et eaux;

– dans les médias et le cinéma : 20 % d'Europe 1 Communication, 15 % de Paris-France, 8,5 % des Editions Robert Laffont, 8 % de Gaumont;

– dans l'industrie pharmaceutique : 14 % des laboratoires Mérieux.

En 1986, l'ensemble de ces sociétés est estimé à environ six milliards de francs.

La succession industrielle

On a beaucoup reproché à Marcel Dassault de n'avoir pas pris de dispositions pour sa succession industrielle. C'est en partie vrai, mais en partie seulement.

Quand il est interrogé sur ce sujet, il répond systématiquement qu'il a un fils, Serge, qui est polytechnicien, qui a fait Sup'Aéro et dirige sa société d'électronique :

« – *Qui vous succédera? Votre fils polytechnicien?*

« – *Oui.*

« – *A-t-il la même passion que vous?*

– *Oui. Seulement, aujourd'hui, il dirige l'affaire d'électronique* [13]. »

Il lui arrive d'apporter des précisions :

« *Il est normal, étant propriétaire de la société, que ce soit mon fils qui en hérite.*

« *Jusqu'à présent nous ne sommes pas encore à l'Est. Mais je vous dirai qu'à l'Est, il y avait Tupolev qui est mort récemment, qui a fait ses études en France, qui est devenu un grand constructeur d'avions de la Russie soviétique, qui a reçu les plus hautes distinctions, qui a eu une datcha et toutes sortes de confort. Quand ses avions passaient sur la place Rouge, il*

---

12. L'Etat en possède 45,8 %; le restant, c'est-à-dire 4,6 %, appartient soit au personnel de la société soit au public.

13. *L'Expansion*, octobre 1967.

était applaudi et son successeur, comme par hasard, c'est son fils! Si bien que, même en Russie soviétique, si l'héritage de la fortune n'existe pas encore – mais on y viendra prochainement – il y a déjà l'héritage de la fonction et l'héritage des honneurs [14]. »

Succéder à un tel homme, c'est s'exposer à d'inévitables comparaisons. Est-il d'ailleurs possible de lui succéder? Pour Pierre Messmer :

« *Comme Charles de Gaulle, Marcel Dassault ne pouvait avoir de successeur. Il pensait d'ailleurs qu'il ne pouvait pas en avoir. Dans son cas, on a des héritiers, on n'a pas de successeur* [15]. »

Madeleine Dassault apporte un complément d'information :

« *Il pensait être remplacé par son fils. En lui donnant la direction de l'Electronique, il lui a laissé ce qu'il pouvait; le reste, il le dirigeait lui-même* [16]. »

En avril 1986, Benno Claude Vallières a soixante-seize ans, son mandat expire en octobre de la même année [17]. La clause Mauroy de 1981 peut alors s'appliquer, l'Etat désignant le président de son choix.

Le ministre de la Défense, André Giraud, souhaite que soient séparées les fonctions d'actionnaire principal et de gestionnaire responsable des orientations industrielles et commerciales. Il veut substituer au conseil d'administration, un conseil de surveillance que présiderait Serge Dassault, associé à un directoire présidé par une personnalité connue du monde de l'aéronautique mais extérieure à la société.

Cette position du ministre de la Défense semble ne pas tenir compte de l'avis de la famille Dassault dont l'opinion est clairement exprimée par Serge Dassault dans une lettre adressée à tout le personnel après la mort de son père :

« [...] *L'ensemble des actions de la Société centrale d'études Marcel Dassault est maintenant réparti entre Mme Marcel Dassault, mon frère Claude Dassault et moi-même. Mme Marcel Dassault a le contrôle de toute la Société centrale d'études Marcel Dassault. Elle m'a confié la responsabilité de tout le secteur industriel aéronautique et électronique.*

« *Je reste président de la Société électronique Serge Dassault. M. Vallières reste président de la Société des avions Marcel Dassault jusqu'à la fin de son mandat en octobre 1986. Le nouveau président des Avions Marcel Dassault sera désigné à ce moment. Il ne viendra pas de l'extérieur.*

« *J'ai demandé à la presse de cesser de faire des pronostics à ce sujet, qui sont nuisibles pour les intéressés et pour la société. M. Vallières restera ensuite administrateur et conseiller du nouveau président. La continuité est et sera assurée.*

---

14. Antenne 2, 23 novembre 1978.
15. Entretien de Pierre Messmer avec l'auteur.
16. Entretien de Madeleine Dassault avec l'auteur.
17. En avril 1986, Serge Dassault est président directeur général de l'Electronique Serge Dassault.

« J'agirai en toute priorité pour continuer l'action et l'œuvre aéronautique de mon père. Vous pouvez compter sur moi. »

Cette lettre, pourtant claire sur les intentions de Serge Dassault, ne calme pas les rumeurs. Les spéculations vont bon train sur le nom du successeur. *Le Monde* rappelle dans quel climat Serge Dassault, X Aéro, est arrivé, avec *« contre lui, une administration de tutelle – le ministre de la Défense, X Mines – qui ne souhaitait pas voir le fils succéder au père. Querelle de polytechniciens?*

«Avec, contre lui, comme le raconte un de ses proches, " des fiefs solidement établis, des duchés fortement implantés " dans la société " et plus de roi pour arbitrer ". Querelle de barons?

«Avec contre lui encore le fait de ne pas avoir eu le pied mis à l'étrier par son père, du temps où Marcel Dassault aurait pu le former et le faire accepter par l'ensemble de ses collaborateurs. Querelle de famille [18]? »

Pour la direction de la société, l'Etat a le choix entre trois solutions :
– Serge Dassault,
– un candidat appartenant à la société,
– un candidat venu de l'extérieur.

Le ministre de la Défense convoque plusieurs hauts responsables de la Société Dassault pour leur demander leur avis sur un candidat possible et leur sentiment vis-à-vis de Serge Dassault. Ce comportement du ministre déclenche une lutte de clans à l'intérieur de la société :

« Toutes ces cabales interne-externe m'ont beaucoup surpris [19]. »

La solution du candidat extérieur semble l'emporter. Pour écarter Serge Dassault, André Giraud lui donne à choisir entre la présidence de la société et la commande du Rafale. Serge Dassault, dans l'intérêt de la société, s'incline et accepte la présidence d'un conseil de surveillance ce qui laisse la direction effective de la société à un président du directoire qui a la préférence du ministre de la Défense [20].

En juin 1986, un repas réunit les principaux dirigeants de la société autour de Jacques Bénichou [21] et de Serge Dassault pour discuter de la future nomination de Jacques Bénichou à la présidence du directoire pour trois années.

Mais, en août 1986, après avoir réfléchi, Serge Dassault, sur les conseils de sa mère et de Pierre de Bénouville, décide de devenir président directeur général. Revenant sur sa première acceptation, il estime que c'est une mauvaise solution que d'exclure le principal actionnaire des véritables responsabilités, que cela ne peut aboutir qu'à diluer le pouvoir au sein de l'entreprise :

« J'estimais qu'il m'appartenait de continuer l'œuvre de mon père et de

---

18. Jacques Isnard, *Le Monde*, 24 octobre 1987.
19. Entretien de Serge Dassault avec l'auteur.
20. *Ibid.*
21. A cette date, président directeur général de la SNECMA et président du GIFAS.

remettre sur pied la société. Depuis toujours, cela a été mon ambition finale. Je me suis préparé à cela pendant presque quarante ans[22]. »

André Giraud, finit par accepter un régime transitoire de deux ans : Serge Dassault serait président du conseil de surveillance tandis que Bruno Revellin-Falcoz[23] présiderait le directoire.

Serge Dassault rejette ce projet et se présente comme président directeur général avec le soutien de sa mère et de Pierre de Bénouville qui sont intervenus auprès du Premier ministre, Jacques Chirac. Madeleine Dassault est déterminée à affronter les obstacles et à aider son fils :

« *S'il le faut,* déclare-t-elle à Jean Le Cunff, *je viendrai, à votre bras, parcourir les ateliers*[24]. »

Le 29 octobre 1986, le conseil d'administration de douze membres, présidé par Benno Claude Vallières qui termine son mandat le 31, élit le nouveau président. Les six représentants de l'Etat déclarent qu'ils ont reçu comme instruction de s'abstenir. Pierre de Bénouville est furieux de ce comportement :

« *C'est incroyable! On est plus mal servi par la droite que par la gauche*[25] *!* »

Le conseil d'administration se prononce alors au scrutin secret. Serge Dassault obtient sept voix, l'un des représentants de l'Etat a voté pour lui[26]. Le nouveau président annonce qu'il nomme quatre vice-présidents : Affaires industrielles, Affaires économiques et financières, Affaires techniques et recherche, Relations internationales, tous de la Société Dassault. Ce sont ceux que le ministre de la Défense souhaitait voir présents dans le directoire ce qui fait dire à Serge Dassault qu'en nommant les vice-présidents, il ne pouvait qu'aller dans le sens du ministre :

« *La seule différence est que le président du directoire c'est plutôt moi et que je suis en même temps président du conseil de surveillance*[27]. »

« *Je ne me serais jamais contenté de vérifier les comptes. Dans une société, il faut un patron; il ne peut y avoir deux crocodiles dans le même marigot*[28]. »

André Giraud, veut contester ce qui lui apparaît comme un coup de force de Serge Dassault mais doit s'incliner devant la volonté du Premier ministre qui ne tient pas à déclencher une crise dans une société qui est une des locomotives de l'industrie aéronautique française.

Le 30 octobre, sur France Inter, Serge Dassault déclare avec fermeté :

« *Je n'avais pas envie de rester dans le placard.*

---

22. Entretien de Serge Dassault avec l'auteur.
23. A cette date, directeur général technique des AMD-BA.
24. Entretien de Jean Le Cunff avec l'auteur.
25. Source privée.
26. Le *Journal officiel* du 5 novembre 1986 annonce qu'un des représentants de l'Etat est démis de ses fonctions par le ministre de la Défense.
27. *Le Matin*, 30 octobre 1986.
28. *Les Echos*, 30 octobre 1986.

« Mon père a donné à l'Etat 26 % sans aucune compensation financière ni fiscale. Cela me donne quelques droits de succession, dans l'intérêt de la société [29]*. »*

Le nouveau président s'exprime également sur sa position vis-à-vis d'André Giraud :

« Le ministre de la Défense regarde la société de l'extérieur et moi de l'intérieur. Il y a peut-être dissension sur une formule plutôt que sur des objectifs. Je vais lui démontrer que cela marche bien ainsi. La nomination de quatre vice-présidents devrait aller dans le sens de M. Giraud puisqu'ils composaient le directoire souhaité. La seule différence, aujourd'hui, c'est que je suis, à la fois, le président de ce directoire et celui du conseil de surveillance [30]*. »*

« Cela m'avait assez perturbé, je dois le dire, on ne s'oppose pas comme cela à un ministre. Mais j'ai tenu bon grâce à l'appui de ma mère et de Bénouville qui m'ont soutenu à fond dans cette affaire. [...]

« C'est sûr que j'aurais aimé que la conjoncture fût plus favorable mais il a fallu faire avec et ce fut sans doute l'un des moments les plus durs de mon existence [31]*. »*

« Le plus mauvais souvenir que je garde de cette époque, ce sont mes discussions avec le ministre de la Défense, André Giraud [32]*. »*

Les péripéties de cette désignation ont été diversement appréciées. Une question écrite déposée par un député oblige le ministre de la Défense à préciser officiellement les droits de l'Etat :

« Après la donation à l'Etat de 26 % des actions faite par la Société centrale d'études Marcel Dassault, l'Etat détient directement ou indirectement 45,8 % du capital et 54,8 % des droits de vote dans les assemblées de la société des AMD-BA.

« Depuis 1982, six des douze membres du Conseil d'administration sont désignés par l'Etat, en cas de partage la voix du président de séance est prépondérante. Cette situation ne confère pas à l'Etat la majorité au sein du conseil d'administration de la compétence duquel relève la désignation du président [33]*. »*

Serge Dassault, à soixante et un ans, prend alors en main les destinées des Avions Dassault ce qui lui convient pleinement :

« Oui, je crois bien que c'était le presque unique objet de mes pensées [34]*. »*

Le nouveau président des Avions Marcel Dassault-Breguet Aviation, à la demande du ministre de la Défense, abandonne la présidence de l'Electro-

29. France Inter, 30 octobre 1986.
30. Déclaration de Serge Dassault à la presse, *Le Monde*, 31 octobre 1986.
31. *Aviation Magazine international*, 15 septembre 1989.
32. Entretien de Serge Dassault avec l'auteur.
33. Assemblée nationale, *Journal officiel*, 9 février 1987, page 649.
34. *Aviation Magazine international*, 15 janvier 1989.

nique Serge Dassault pour mieux se consacrer à ses nouvelles fonctions. Le 22 décembre 1986, le vice-président, Bertrand Daugny, lui succède.

Dès son élection, Serge Dassault doit affronter la presse, souvent sévère à son égard. *Le Monde* fait le point dès le lendemain de son élection :

« *Pourtant, Serge Dassault continue de ne pas convaincre tout à fait si l'on en juge par les sarcasmes entendus, ici où là, au ministère de la Défense. L'homme est fragile, dit-on, comme écrasé par la personnalité de son père. D'où ces craintes, difficiles à expliciter car elles relèvent d'une pure spéculation, que Serge Dassault ait du mal à mettre ses pas dans les empreintes laissées par son père.*

« *Lui, en tout cas, a le sentiment qu'on lui intente un procès injuste et indigne. Il est l'héritier. Avec tout ce que ce mot veut dire : Marcel, c'est Marcel, et moi, c'est moi* [35]. »

L'adaptation industrielle à un contexte économique difficile nécessite une évolution des mentalités qui n'est pas facile devant la force des habitudes :

« *On ne change pas une culture de cinquante ans en quelques années et puis le contexte économique n'est pas favorable. Il faut aussi compter avec l'opposition de certains hauts cadres de la société qui, par ambition personnelle, ne jouent pas toujours le jeu* [36]. »

Sortant d'une situation pénible, le décès de son père, et délicate, la succession industrielle, Serge Dassault doit maintenant affronter une nouvelle situation. Une page de sa vie vient d'être tournée, il devient le patron.

---

35. Jacques Isnard, *Le Monde*, 31 octobre 1986.
36. Source syndicale.

10

LA SITUATION INDUSTRIELLE EN 1986

Dès sa nomination, le nouveau président dresse un état des lieux. Si la santé financière de la société est bonne dans l'immédiat, des inquiétudes apparaissent rapidement pour l'avenir.

En effet, depuis le début des années quatre-vingt, des signes avant-coureurs de difficultés étaient apparus sans qu'aient été prises des mesures d'adaptation.

En 1982, le marché d'avions d'affaires s'effondre aux Etats-Unis à la suite de la crise économique de 1981. Seuls les avions haut de gamme semblent épargnés. Des études sont alors entreprises pour développer la gamme Falcon vers le haut et concurrencer le constructeur américain Gulfstream. Le Falcon 900 effectue son premier vol le 21 septembre 1984, piloté par Hervé Leprince-Ringuet. Sa fabrication est morcelée pour alimenter les différentes usines du groupe.

Cette même année, le gouvernement français annule sa commande annuelle de Mirage 2000 et un report de commande frappe la production de l'Atlantique 2 nouvelle génération.

La sophistication des avions d'armes réduit la part de la cellule dans le chiffre d'affaires au profit des équipements dont l'électronique. Enfin, les fabrications de Jaguar et de Super Etendard arrivent à leur terme sans qu'il y ait un remplaçant sur les chaînes de fabrication.

Le 4 octobre 1982, la direction générale de la société Dassault annonce, pour la première fois, des difficultés de plan de charges alors que le carnet de commandes est supérieur à 20 milliards de francs.

Les prototypes ne s'enchaînent plus aussi vite qu'auparavant ce qui entraîne une baisse des heures productives en atelier. La prépondérance des systèmes d'armes sur les avions militaires nécessite une augmentation du nombre d'ingénieurs au détriment du nombre d'ouvriers ce qui a des conséquences importantes sur la masse salariale du fait de la disparité des salaires.

Le Mirage 2000 est le seul appareil nouveau que peut proposer la société alors que les productions d'Alpha Jet et de Mirage F 1 commencent à se réduire. La perte du marché saoudien pour le Mirage 2000, en septembre 1986, est durement ressentie par la Société Dassault qui connaît subitement un tassement des ventes à l'exportation.

La société a entrepris de diversifier ses activités en développant un secteur spatial, en 1984, quand elle est choisie comme maître d'œuvre de la partie aéronautique de la navette européenne Hermès.

L'adaptation des structures à de nouvelles conditions économiques et industrielles semble nécessaire. Les regards se tournent alors vers la direction mais Benno Claude Vallières est malade et ne prend plus de décisions, Marcel Dassault ne veut pas le remplacer. Certains cadres pensent que c'est par fidélité, d'autres parce qu'il ne s'est pas aperçu de sa maladie, d'autres encore parce qu' *« il n'est plus dans le coup.* » Serge Dassault apporte une explication complémentaire :

« On ne donnait plus à mon père les bonnes informations. Tout le monde avait peur de l'informer des vrais problèmes [1]. »

En 1986, les difficultés concernent quatre domaines :
- les exportations,
- la recherche de la coopération,
- l'avion de combat européen,
- le lancement du programme Rafale.

LES EXPORTATIONS

L'avenir des exportations repose sur deux nouveaux appareils, les Mirage 2000 et 4000. Ce dernier est un biréacteur. Or, selon Pierre François :

« Notre fonds de commerce est fait d'une quarantaine de pays. Notre clientèle achète des avions monoréacteurs ayant moins de dix tonnes de poussée. Cette clientèle n'a pas les moyens d'acheter des biréacteurs. Seuls trois grands Etats européens peuvent en acheter : la RFA, la Grande-Bretagne et la France plus quelques clients exclusifs des Etats-Unis comme l'Arabie Saoudite ou le Japon [2]. »

Les tentatives de vente du Mirage 4000 à l'Arabie Saoudite ont été pénalisées par l'absence de commande du gouvernement français. En septembre 1985, c'est le Tornado britannique qui est choisi du fait de sa disponibilité immédiate et de son prix moindre. Néanmoins, en 1986, peu de semaines avant sa disparition, Marcel Dassault espère encore une commande de quelques Mirage 4000 de la part de l'Arabie Saoudite qui accepterait de prendre à sa charge l'industrialisation de la série. Mais, le premier avion opéra-

1. Entretien de Serge Dassault avec l'auteur.
2. Entretien de Pierre François avec l'auteur.

tionnel ne pouvant être livré avant 1990, le Mirage 4000 ne pourra plus, à cette date, prétendre être l'avion exceptionnel qu'il était quatre ou cinq ans plus tôt. Le radar qui devait l'équiper, le RDM 3, ne pourra plus être considéré comme moderne à l'aube de 1990. Il en est de même des réacteurs M 53.

Marcel Dassault, qui a compris que le Rafale ne peut sortir que dans la deuxième moitié des années quatre-vingt-dix s'inquiète des ventes du Mirage 2000. Il pense qu'une commande de Mirage 4000 pourrait assurer le maintien du plan de charges industriel. Il compte aussi sur une commande de Mirage 2000 de l'Arabie Saoudite en attendant la livraison des Mirage 4000.

Les ventes de Mirage 2000 démarrent bien à l'exportation mais sont rapidement pénalisées par l'aggravation du contexte économique international. Marcel Dassault pressent, dès 1984, les difficultés :

« A ce jour, on a vendu beaucoup de Mirage 2000 en peu de temps, si bien que l'on ne peut escompter en vendre au-delà de 1986 [3]. »

Comme il n'est pas très optimiste sur les ventes du Mirage 2000 d'origine, il demande à son bureau d'études d'étudier, dès la fin de 1985, une version modernisée qui comprendrait des « moustaches » comme sur le Mirage Milan, un nouveau radar et des instruments de bord dont les cadrans seraient remplacés par des indicateurs modernes.

Il tient à ce que l'augmentation de poids ne soit pas supérieure à 60 kilos pour éviter « *tout simplement de nous acheminer vers un veau* [4] » du fait de l'impossibilité d'augmenter la poussée du réacteur.

Les inquiétudes de Marcel Dassault ne tardent pas à se confirmer. Après la commande du Tornado à la place du Mirage 4000 par l'Arabie Saoudite, l'échec de la vente du Mirage 2000 à ce pays est une des plus grandes désillusions de la Société Dassault.

Les choses avaient pourtant bien commencé, ce pays étant très intéressé par le matériel français. Les négociations aboutissent à un accord officieux d'achat de quarante Mirage 2000 de défense aérienne. L'assistance technique française sur place est définie, les cadres de la Société Dassault qui doivent se rendre en Arabie Saoudite sont désignés quand, subitement, les Saoudiens annoncent qu'ils renoncent à l'achat du Mirage 2000.

Les Etats-Unis sont intervenus pour empêcher la concrétisation d'un marché significatif dans une région qu'ils entendent contrôler. Ne pouvant systématiquement imposer leurs matériels, ils ont suggéré à l'Arabie Saoudite de commander des Tornado à la Grande-Bretagne, laquelle doit, au même moment, acheter des matériels militaires américains.

En prévision d'une période difficile de 1986 à 1995, qu'il qualifie de « *sept ans de chômage* », Marcel Dassault pense combler la baisse du plan de charge par des ventes de Mirage 4000 :

« La Société des avions Marcel Dassault, de longue date, avait prévu le

3. Note de Marcel Dassault du 24 septembre 1984, archives Dassault.
4. Note de Marcel Dassault, archives Dassault.

chômage qui allait se produire et construit, à ses frais, le 4000 qui est un avion très moderne, dont les qualités de vol sont excellentes d'après le Centre d'essais en vol, et les performances bien supérieures à celles du Tornado : la version de pénétration à basse altitude démontre cela d'une façon éclatante.

« De plus, le 4000 est un excellent avion d'interception et de combat, alors que le Tornado est dans l'impossibilité de remplir ces missions.

« L'Irak et l'Arabie Saoudite étaient décidés à commander des 4000, mais comme la présérie de cinq appareils n'a pas été commandée par la France, le 4000 a été abandonné[5]*. »*

La recherche de la coopération

Au début des années quatre-vingt, Marcel Dassault commence à envisager de donner un successeur aux avions actuels. Il pense fabriquer cet avion en coopération et cherche des partenaires.

Henri Déplante discute au Salon du Bourget de juin 1981, avec le directeur des affaires internationales de la société américaine Grumman. Ils évoquent l'éventualité du lancement en commun d'un bimoteur de combat équipé du réacteur General Electric F 404. Début juillet, Marcel Dassault écrit au président de Grumman :

« Si vous êtes intéressé par une telle entreprise, la Société des avions Marcel Dassault sera prête, à son tour, à faire étudier pareil projet en liaison avec des représentants qualifiés de votre firme.

« Il serait peut-être intéressant de mettre sur pied un bureau d'études commun dans un des pays de la Communauté européenne, en Belgique par exemple, où je dispose depuis longtemps de quelques facilités en matière de production aéronautique.

« Puis-je vous demander de réfléchir à ce projet et de me faire connaître votre sentiment sur l'éventualité de sa réalisation[6]*? »*

Le 21 août, Georges Skurla, président de Grumman, répond qu'il est heureux d'explorer la possibilité d'établir une entreprise en commun pour le développement d'un avion de combat :

« Nous sommes persuadés que notre participation peut contribuer au transfert de la technologie américaine du turboréacteur nécessaire au futur avion de combat.

« Notre société Grumman a toujours eu beaucoup d'estime et de respect pour votre compagnie, et nous anticipons avec plaisir de travailler avec vous. La sensibilité personnelle et votre compréhension de l'aspect humain du leadership sont clairement décrites dans votre autobiographie, Le Talisman. *Durant le programme du Lunar Module à Cap Kennedy où je*

5. Note de Marcel Dassault du 24 septembre 1984, archives Dassault.
6. Lettre à Georges Skurla du 3 juillet 1981, archives Dassault.

commandais un groupe de techniciens très capables, j'ai apprécié les difficultés auxquelles vous avez fait face et surmontées[7]. »

Une rencontre a lieu à Paris entre les responsables de Grumman et Marcel Dassault pour définir une éventuelle coopération. Aux questions qu'il pose sur les conceptions de Grumman, le président Skurla répond, le 13 novembre, qu'il serait peut-être possible de coopérer avec la société allemande, MBB :

« *Notre opinion est qu'il y a des exigences communes entre MBB et votre société qui aboutiraient à une convergence d'idées en ce qui concerne la prochaine génération d'avions. Nous pensons également que nous pourrions les aider à se décider à s'engager dans le projet et d'y apporter une aide financière importante*[8]. »

La proposition américaine est séduisante mais Marcel Dassault est prudent :

« *Si MBB participe également à l'opération, c'est une possibilité d'intéresser les Allemands, et peut-être l'OTAN du fait de la présence de Grumman.*

« *Dans ce cas, les avions seraient livrés avec des moteurs General Electric F 404 et un équipement électronique américain. Plus tard, pour l'exportation, on pourra monter des moteurs SNECMA et une électronique française.*

« *Vue sous ce jour, cette affaire ne se présente pas mal.*

« *Si Grumman se contente de tirer des tuyaux sur nos procédés de fabrication puis de nous laisser tomber... alors il vaut mieux laisser tomber*[9]. »

Cette coopération n'aboutit pas, Marcel Dassault continue à s'intéresser à d'autres pays en particulier à la République fédérale d'Allemagne.

Dans le cadre d'un plan de développement de l'industrie aéronautique française dont il souhaite le vote, Marcel Dassault réclame la commande d'une présérie de cinq Mirage 4000 et préconise une coopération avec l'Allemagne fédérale pour la réalisation d'un avion expérimental permettant de définir l'avion successeur du Mirage 2000 et du F 16 :

« *Nous avons construit en coopération avec le constructeur allemand Dornier, l'Alpha Jet, qui a donné d'excellents résultats et qui équipe la patrouille de France, tandis qu'en Allemagne il équipe la patrouille allemande.*

« *C'est avec Dornier que nous devrions essayer de coopérer pour faire cet avion expérimental, mais pour cela il faudrait que la France dispose de quelques crédits et l'Allemagne aussi.*

« *Il serait souhaitable que les services compétents français entrent en relations avec les services compétents allemands pour leur conseiller de s'engager dans cette voie*[10]. »

---

7. Archives Dassault.
8. *Ibid.*
9. Note de Marcel Dassault du 17 novembre 1981, archives Dassault.
10. Note de Marcel Dassault du 17 septembre 1982, archives Dassault.

Alors que l'idée d'un avion de combat européen continue son chemin, les membres du consortium Panavia qui fabriquent le bombardier basse altitude Tornado, la Grande-Bretagne, la RFA et l'Italie, réfléchissent à la construction en commun d'un avion de chasse.

En 1979, British Aerospace et Messerschmitt Bölkow Blohm (MBB) associent leurs efforts et présentent l'European Combat Fighter (ECF). En 1980, après avoir consulté les Français qui décident de s'associer au projet, un avion désigné European Combat Aircraft (ECA) est étudié. L'ECA est un bimoteur, monoplace de supériorité aérienne.

Immédiatement des divergences apparaissent dans trois domaines :

– Les Français estiment qu'il faut un maître d'œuvre unique et éviter le système des comités. Arguant de l'expérience de la Société Dassault dans les avions delta, ils revendiquent pour elle la maîtrise d'œuvre. Les autres membres réclament une égalité des responsabilités ;

– Le deuxième problème concerne le poids de l'appareil. La France, pour des raisons de coûts, d'exportation ainsi que d'emploi sur ses porte-avions, souhaite un avion léger. Les Britanniques sont partisans d'un intercepteur à long rayon d'action donc plus lourd ;

– La troisième difficulté provient des moteurs. Les Britanniques proposent une version dérivée du RB 199 qui équipe déjà le Tornado ce qui donne la préférence à Rolls Royce. Les Français préfèrent une solution intérimaire, un moteur américain pour le prototype en attendant le SNECMA M 88 [11] pour les exemplaires de série. Quant aux Allemands, ils sont partisans du General Electric F 404 américain.

Pour satisfaire les demandes contradictoires, il est envisagé une cellule commune aux trois réacteurs mais qui, finalement, ne présente que 15 % d'éléments communs. Devant toutes ces hésitations, les gouvernements hésitent à s'engager et, en 1981, renoncent au programme ECA.

Les trois partenaires du consortium Panavia annoncent alors qu'ils veulent construire un avion sans la France. Toutefois, les Allemands maintiennent des relations avec la France.

Jusqu'en avril 1982, les discussions franco-allemandes, entre Dassault et MBB, sont proches d'aboutir. Deux modèles sont prévus, l'allemand avec des réacteurs américains F 404 et le français avec des réacteurs SNECMA.

Cet accord sur un biréacteur aurait permis à la Société Dassault de développer seule un petit monoréacteur de même conception pour l'exportation. C'était l'inverse de l'opération des années cinquante avec le Mirage III qui avait abouti au Mirage IV.

Le monoréacteur correspond aux besoins des clients de la France qui ont des avions d'un poids à vide de 7 à 9,5 tonnes. Pour des raisons financières, ils ne peuvent pas acheter plus gros. Le marché potentiel est très important car il y a 3 000 avions monoréacteurs à remplacer dans le monde.

---

11. Le programme M 88 a été lancé en 1978. Ce moteur militaire de nouvelle génération est appelé à remplacer la famille Atar de technologie plus ancienne.

La SNECMA est d'accord pour étudier un moteur de 10 à 11 tonnes de poussée extrapolé du M 88 alors en cours de réalisation. Le M 88 de base aurait équipé le biréacteur franco-allemand en version française, le gros M 88 de 10 à 11 tonnes de poussée le monoréacteur français. Le développement du nouveau moteur était estimé à un milliard de francs.

Toutefois, ni le gouvernement allemand ni l'état-major de la *Luftwaffe* ne veulent s'engager sur une commande. MBB propose alors à la Société Dassault de réaliser le programme sur fonds privés ce que la société française ne peut accepter après les dépenses engagées sur le Mirage 4000. En même temps, la société française est toujours un peu réticente à s'associer dans un domaine où elle sait qu'elle occupe la première place :

« Vallières, qui était déjà malade, et qui disait souvent : "La maîtrise d'œuvre ne se donne pas, elle se prend", a exploité la crainte de Marcel Dassault d'être copié.

« Pourtant, il était prévu que Dassault fasse l'essentiel des études et MBB l'essentiel de la production. Cela correspondait bien aux souhaits de Marcel Dassault qui n'a jamais eu beaucoup d'intérêt pour les fabrications en série ainsi que pour la vente en général[12]*. »*

« Marcel Dassault ne voulait pas de coopération politique de type Concorde avec dilution des responsabilités dans différents organismes politiques et industriels. Or, c'est toujours ce qu'on lui a proposé. Il voulait qu'il y ait une véritable maîtrise d'œuvre, bien entendu il préférait que ce soit sa société[13]*. »*

Voyant que les Français et les Allemands ne peuvent conclure, les Britanniques reviennent à la charge et présentent, au Salon de Farnborough de septembre 1982, la maquette d'un avion anglo-allemand baptisé Agile Combat Aircraft auquel viennent se joindre les Italiens. Le consortium Panavia est reformé par les trois pays qui n'ont jamais acheté d'avions de combat français.

L'AVION DE COMBAT EUROPÉEN

En octobre, devant le front reconstitué de Panavia, le ministre de la Défense français annonce que la France se lance dans la réalisation d'un avion de combat polyvalent devant être livré dans les années 1995-2000. Pour valider les perfectionnements dont sera doté cet avion, il est prévu de construire un avion démonstrateur ACX-ACT, baptisé ultérieurement Rafale.

La France souhaite quand même participer au programme ACA. La Grande-Bretagne et l'Italie ne se montrent pas empressées de coopérer. Au début de 1983, des pressions allemandes les amènent à engager des dis-

12. Entretien de Pierre François avec l'auteur.
13. Entretien d'André Gintrand avec l'auteur.

cussions avec la France pour établir des spécifications communes : opérationnelles entre état-major, définitions techniques entre les directeurs de l'armement, entre industriels pour la concrétisation.

Finalement, Anglais et Français décident de réaliser un avion de démonstration permettant de valider les nouvelles technologies utilisées, ACX pour Dassault, EAP pour British Aerospace [14]. Chaque nation espère que son démonstrateur sera retenu comme base du prototype EFA dont les caractéristiques restent à déterminer.

Les difficultés commencent dès qu'il s'agit de définir les normes opérationnelles, l'accord ne se fait immédiatement que sur la nécessité de concevoir un bimoteur.

La Grande-Bretagne, qui a des approches de haute mer à défendre et qui est la plus éloignée du front de l'Est, a besoin d'un avion à long rayon d'action donc d'un poids à vide d'environ douze tonnes. Il semble également que les Britanniques aient une idée supplémentaire en demandant un avion de plus de dix tonnes. S'ils ont effectivement besoin d'un avion à plus grande autonomie que leurs alliés continentaux, ils pensent également profiter du financement commun pour remotoriser leur Tornado avec le nouveau moteur de l'avion européen.

Les Français veulent un avion le plus léger possible car ils sont plus près des frontières de l'Est. De plus, l'expérience nationale a appris que les finances françaises ne peuvent guère aller au-delà d'un avion de 8,5 tonnes [15].

Les Allemands ont une position proche de celle de la France. Comme ils ont des avions de pénétration avec leur Tornado, ils veulent essentiellement un intercepteur mais sans choisir entre Français et Britanniques. Ils réclament néanmoins des réacteurs américains F 404 ce qui mène à un avion d'environ 9,5 tonnes de poids à vide.

Les Italiens veulent un avion léger mais avec un gros radar pour patrouiller au-dessus de la Méditerranée, d'où finalement un gros avion. En même temps, l'état-major de l'armée de l'Air italienne souhaite un gros appareil qui ne puisse pas se poser sur le porte-avions que va recevoir la Marine italienne. En effet, depuis Mussolini, une loi accorde l'exclusivité de l'utilisation des avions à l'armée de l'Air [16].

Les Espagnols, qui viennent de se joindre au programme et veulent entrer dans la Communauté économique européenne, ne souhaitent mécontenter personne. De plus, leur industrie n'est pas encore à un niveau technologique suffisant pour être véritablement partie prenante.

Comme aucun accord n'apparaît possible, en France, la Délégation générale pour l'armement et l'état-major de l'armée de l'Air finissent par accep-

---

14. Cf. *The Use of Prototypes in Selected Foreign Fighter Aircraft Development Programs*, Rand Corporation R-3687-P&L, septembre 1989, Santa Monica, Californie.

15. En 1991, pour un avion de combat polyvalent, il faut compter une moyenne de 25 000 francs par kilo.

16. Le Parlement italien finit par autoriser sa marine à s'équiper d'avions à décollage vertical anglais Harrier.

ter la réalisation d'un appareil allant jusqu'à 9,5 tonnes de masse à vide équipée. Lors de la réunion des ministres de la Défense à Madrid, en juillet 1984, un compromis intervient :

« *C'était le maximum que nous pouvions accepter. Un avion, ça se paye au poids* [17] . »

Néanmoins, il apparaît que le compromis d'un avion pesant 9,5 tonnes sera impossible à respecter. Les réticences françaises deviennent alors de plus en plus fortes car c'est l'avenir de la construction aéronautique militaire nationale qui est en jeu :

« *Dans ce programme, la Délégation générale pour l'armement revendiquait une maîtrise d'œuvre française pour la cellule et les moteurs* [18]. »

Devant l'attitude française qui se durcit, le lobby Tornado s'avère efficace en faisant valoir la nécessité de continuer la coopération déjà entreprise avec cet appareil mais en excluant la France. Néanmoins, construire un avion de combat sans faire participer le meilleur constructeur européen dans ce domaine, inquiète les Allemands qui proposent, sur suggestion de la Grande-Bretagne, un partage des tâches inattendu :

- la direction technique aux Britanniques,
- la direction industrielle aux Allemands,
- la direction financière aux Italiens,
- la négociation des contrats aux Espagnols,
- la présidence du consortium à la France.

La répartition se fait de façon égale, 20 % pour chaque pays et, en tous les cas, inférieure à 25 % ce qui constituerait une minorité de blocage.

Les Français qui commandent le plus d'avions, 335 contre 250 pour la Grande-Bretagne et la RFA, ne comprennent pas qu'ils puissent être cantonnés à une présidence sans pouvoir :

« *Les Britanniques nous ont invités comme ils invitent une dinde à dîner à Noël* [19] *!* »

Finalement, en Grande-Bretagne et en France, les industriels poussent au choix de leur appareil et veulent passer rapidement de l'avion de démonstration à l'avion prototype ce que tentent d'éviter, pour des motifs de coopération internationale, les gouvernements concernés.

Marcel Dassault, de son côté, est inquiet devant le développement du programme européen. En 1984, après avoir fait le point avec ses collaborateurs et le ministère de la Défense, il écrit :

« *L'ACX construit à cinq ne sera pas prêt à être vendu avant 1995 soit un trou de sept à neuf ans pendant lesquels tous les industriels de l'aéronautique militaire français : cellules, moteurs, radars, trains d'atterrissage, équipements, etc., seront dans une situation impossible* [20]. »

---

17. Entretien de Bernard Capillon avec l'auteur.
18. Entretien d'Emile Blanc avec l'auteur.
19. Entretien d'André Gintrand avec l'auteur.
20. Note de Marcel Dassault du 24 septembre 1984, archives Dassault.

Il estime que, même si sa société est désignée comme maître d'œuvre, il ne peut être envisagé d'abandonner le moteur M 88 de la SNECMA ni le radar car cela perturberait gravement l'économie des constructeurs nationaux :

« De plus, il faudrait partager les exportations. Or, comme il n'y a pratiquement que nous qui exportons, nous en perdrions les 4/5 sans aucun avantage en contrepartie.

« Enfin, un avion construit avec les Anglais coûte très cher et atteint rarement les performances prévues au marché. Exemple le Tornado[21]. »

En France, le ministère de la Défense et les industriels concernés sont également contre cette proposition allemande. Leur refus est approuvé par le gouvernement français.

En juin 1985, lors de la Conférence de Turin, c'est la rupture entre la France et les partenaires de Panavia :

« On avait déjà du mal à se payer le Mirage 2000. Alors, quand les Anglais ont demandé un avion encore plus gros, on a compris qu'il fallait s'arrêter[22]. »

La position des partenaires de la France s'avère rigide et bloquante. Ils refusent de discuter un dessin d'avion différent du leur, notamment en ce qui concerne la position des entrées d'air, du train d'atterrissage et de taille du radar, autant d'éléments fondamentaux pour la définition générale et l'architecture de l'avion. Le compromis auquel est invitée à se rallier la France doit être leur avion. Ils justifient leur intransigeance par des contraintes de calendrier empêchant des études ou essais complémentaires et précisent qu'en cas de refus, tout travail en commun deviendrait inutile.

La décision française convient à Marcel Dassault :

« Pour faire coucher ensemble, en quelque sorte, le projet de bimoteur léger et l'avion de supériorité aérienne lourd, on ne voit pas comment c'est possible. Comme aurait dit le président Herriot, c'était le mariage de la carpe et du lapin. Je n'ai pas assisté à ces conférences internationales, mais si j'y avais assisté, j'aurais dit dès le premier jour, qu'il n'y a pas de solution pour faire un avion qui réponde à la fois à un bimoteur léger et un avion de supériorité aérienne beaucoup plus lourd[23]. »

Interrogé sur les raisons du choix de l'appareil britannique par les autres pays européens, Marcel Dassault élude délicatement :

« Il y a peut-être eu des arguments politiques, mais j'ai tellement de respect pour le matériel et les pilotes anglais, étant donné ce qu'ils ont fait pendant la guerre, que ce n'est pas moi qui irais dire du mal d'un avion anglais, ou qui irais dire que la qualité est remplacée par la politique et par l'intrigue[24]. »

---

21. Note de Marcel Dassault du 24 septembre 1984, archives Dassault.
22. Entretien de Bernard Capillon avec l'auteur.
23. Conférence de presse de Marcel Dassault du 25 septembre 1985.
24. *Ibid.*

Cet échec de coopération entraîne une vaste polémique. La société Dassault est accusée d'avoir fait échouer l'accord à cinq en exigeant la maîtrise d'œuvre et en voulant confiner ses partenaires au rôle d'exécutants et de sous-traitants ce qui justifierait leur refus d'accepter sa tutelle.

Les partenaires de la France n'ont présenté qu'un seul aspect du problème, celui qui justifiait leur attitude. En réalité, la société Dassault avait clairement déclaré que l'avion serait conçu par une équipe internationale de techniciens répartis équitablement selon le niveau de participation de chaque pays. La seule question était alors de savoir qui dirigerait l'équipe. Les dirigeants de la société Dassault trouvaient naturel, du fait de leur expérience dans ce type d'appareil, de demander que ce chef d'équipe soit choisi parmi ses ingénieurs.

Pour empêcher cette désignation, qui aurait donné à la société Dassault un contrôle technique sur le programme, une vaste offensive est déclenchée par le consortium Panavia sur « l'arrogance » et les « prétentions » de la société Dassault. Cette offensive reçoit de larges échos dans la presse, y compris en France.

En juin 1986, le consortium Panavia se reconstitue autour de l'EAP rebaptisé Eurofighter [25]. A sa tête, se trouve bel et bien un chef d'équipe mais... britannique [26].

Le lancement du programme Rafale

Selon André Gintrand :

« Nous avons estimé que ça coûterait moins cher de faire la totalité du Rafale en France que de participer au programme de l'avion européen qui, de plus, aurait été trop lourd pour se poser sur nos futurs porte-avions, il aurait fallu alors acheter en plus des F 18 américains [27]*. »*

Le démonstrateur français, appelé ACX, a été lancé, en avril 1983, par Charles Hernu. L'Etat a demandé une importante participation aux industriels impliqués dans le programme puisqu'ils doivent financer 50 % du coût de l'avion.

Le nouvel appareil fait appel à toutes les innovations de la technologie :

« Avec le temps, les moteurs se sont améliorés alors que la cellule est arrivée à un tel niveau qu'elle ne peut plus beaucoup évoluer ou alors il faut tout changer [28]*. »*

L'avion conserve une aile delta améliorée. Les commandes sont électriques, l'utilisation de fibres de carbone est généralisée. Pour la première fois, les entrées d'air ne comportent pas de système mobile, elles sont fixes

---

25. Le protocole d'accord du lancement effectif du programme Eurofighter est signé le 16 mai 1988, l'Espagne s'y joint le 9 novembre 1988.
26. En avril 1988, un rapport de la Cour des Comptes de la RFA annonce un doublement des estimations initiales du coût de développement et un retard sur le calendrier de deux ans.
27. Entretien d'André Gintrand avec l'auteur.
28. Entretien de Bernard Capillon avec l'auteur.

quelle que soit la vitesse de l'avion ce qui nécessite de très importantes études sur ordinateur et en soufflerie.

Marcel Dassault se préoccupe sans cesse du poids de l'avion qu'il veut le plus léger possible :

« L'avion militaire le mieux réussi par la Société des Avions Marcel Dassault a été le Mirage III, et l'avion d'affaires le mieux réussi a été le Falcon 50.

« L'un et l'autre en passant en série ont dû être renforcés[29]*.*

« J'ai l'impression que, malgré la suppression des souris et le très large emploi des matériaux composites, l'ACX – peut-être sous l'influence des Anglais – pèsera trop lourd et sera trop grand.

« C'est donc l'inverse qu'il faudra faire pour la présérie qui devra être plus légère et plus petite malgré que les moteurs feront ultérieurement 8,5 tonnes[30]. »

A quatre-vingt-douze ans, Marcel Dassault continue d'observer le marché potentiel de ses avions. Il pense que l'intercepteur de défense aérienne ne correspond pas à la clientèle d'exportation :

« Les pays du Golfe n'ont pas besoin d'avions d'air supériorité parce que les Américains leur en donnent autant qu'ils en ont besoin.

« Par contre, ils ont besoin d'avions de navigation et de bombardement que les Américains ne leur donnent pas. C'est la raison pour laquelle ils s'intéressent aujourd'hui au Mirage 2000 et qu'ils pourront s'intéresser plus tard à l'avion expérimental.

« Vous verrez que je demande la possibilité avec la présérie [du Rafale] *de réaliser un avion polyvalent, ce qui nous donnera deux chances de satisfaire les clients au lieu d'une.*

« Ayant satisfaction avec votre avion d'air supériorité, je pense que vous ne contrarierez pas les démarches que je fais pour avoir un avion toutes missions[31]. »

Durant l'été de 1985, devant l'impossibilité d'un accord, la France se retire du programme European Fighter Aircraft. La coopération européenne ne pouvant aboutir, il ne reste plus que la solution d'un programme national :

« La coopération peut avoir son intérêt à condition qu'elle ne casse pas la compétitivité d'une entreprise. Quand on est seul, on fait tout. A quatre, on fait des morceaux et, au bout d'un certain temps, on ne sait plus faire l'ensemble, on devient alors dépendant.

« Je préfère construire trois cents avions complets que huit cents voilures, surtout que, sur un avion de combat, les éléments ne sont pas très gros, ce n'est pas comme sur un avion civil où un élément, une aile par exemple, représente une grande charge de travail.

« En plus, peuvent aussi se poser des problèmes d'exportation car ils faut

---

29. Ce qui a entraîné une augmentation de poids.
30. Note de Marcel Dassault du 7 novembre 1984, archives Dassault.
31. Lettre à la direction générale technique du 4 décembre 1984, archives Dassault.

que tous les coopérants soient d'accords. Tout le monde sait que la Grande-Bretagne est très portée à exporter ses avions d'armes mais pas la République fédérale d'Allemagne [32]. »

Le Rafale, 92e prototype de la Société Dassault, est présenté pour la première fois le 14 décembre 1985. C'est la dernière apparition publique de Marcel Dassault qui, devant la presse, qualifie son avion « *d'avion mondial* » :

« *Marcel Dassault était très heureux lors de la première présentation publique du Rafale. Il sentait que sa société était prolongée pour beaucoup de décennies* [33]. »

Ce sourire de façade cache pourtant une inquiétude qui se traduit dans une note dictée dans la foulée :

« *Je l'ai trouvé très beau mais trop grand et trop lourd apparemment pour ses moteurs. Tout le monde étant content, j'ai suivi la foule car je ne m'occupe jamais de ce qui marche, je n'interviens que lorsqu'il y a une difficulté à régler.*

« *Le chef d'état-major déclare que ce sont les Anglais qui l'ont entraîné à admettre le poids à vide de 9 500 kilos pour le Rafale, mais que primitivement il voulait un avion plus petit de 8 500 kilos à vide. Il faut donc y revenir, ce qui nous amène à un avion avec moins de surface et un fuselage moins long* [34]. »

De son côté, le ministère de la Défense rappelle que le Rafale est et doit rester un démonstrateur tant qu'aucune décision n'est prise concernant le développement du programme et, en premier lieu, la commande de prototypes.

A la fin de 1985, Marcel Dassault discute toujours avec les responsables de l'armée de l'Air sur l'avenir de son nouvel appareil et des adaptations éventuelles à décider. Alors qu'il va avoir quatre-vingt-quatorze ans, il défend l'avenir de son avion :

« *Mais alors, si on ne fait pas comme ça, qu'est-ce-qu'on vendra en l'an 2000* [35] *?* »

Marcel Dassault ne verra jamais l'an 2000. Si avant de mourir il a eu la satisfaction de voir son dernier prototype, le démonstrateur Rafale A, son « *avion mondial* », il n'a pas eu le temps de concrétiser la commande pour les avions de série. Cet avenir appartient désormais à son fils Serge.

---

32. Entretien de Serge Dassault avec l'auteur.
33. Entretien de Bernard Capillon avec l'auteur.
34. Note de Marcel Dassault, archives Dassault.
35. Propos rapportés par Bernard Capillon à l'auteur.

11

DE MARCEL A SERGE

Depuis 1986, l'avenir industriel du groupe Dassault repose sur un nouveau prénom : Serge.

Serge Dassault est très vite popularisé par les attaques des médias, les déclarations de ses concurrents, de ses collègues et de beaucoup d'envieux. Mais qui est-il exactement?

Polytechnicien, Sup'Aéro, ingénieur de l'armement, il entre au bureau d'études de la société paternelle en 1951, puis dirige les essais en vol avant d'être chargé des exportations, poste où il participe activement au succès du contrat des Mirage III australiens.

En 1963, il est nommé directeur général adjoint de l'Electronique Marcel Dassault :

«Avec le recul, je crois que mon père a préféré me donner une chance de réussir en dehors des avions et puis, comme cela, nous ne nous agacions plus réciproquement[1]. »

Il en devient le président en 1967. En 1982, sa société change de nom :

« Elle est devenue Electronique Serge Dassault. La décision a été prise par l'actionnaire principal, c'est-à-dire mon père. Il a mûri cette décision et me l'a annoncée un soir au détour d'une conversation.

« Je l'interprète comme une marque de confiance et d'indépendance mais cette indépendance n'existe que si les objectifs sont atteints. »

L'Electronique Marcel Dassault connaît une ascension fulgurante :

« Mon père avait l'intuition qu'il existait là un créneau porteur et que ses avions auraient de plus en plus besoin d'électronique. Il a eu l'idée de le cultiver mais il ne pensait sans doute pas que les besoins en électronique croîtraient aussi vite.

« Les avions Dassault devaient être équipés de radar et, en 1960, il n'en existait pas d'où le début d'une longue rivalité entre Dassault Electronique et Thomson-CSF qui se mit aussi à en fabriquer par la suite. »

---

1. Sauf mention contraire, toutes les citations de ce chapitre proviennent d'entretiens de Serge Dassault avec l'auteur.

La société réalise des radars, des autodirecteurs de guidage de missiles, des calculateurs de bombardement, des brouilleurs. Lors de la révolution informatique, Electronique Marcel Dassault a fabriqué les calculateurs digitaux des missiles de la Force nucléaire stratégique française.

Une de ses plus célèbres réalisations est l'autodirecteur qui équipe les missiles Exocet d'Aérospatiale et qui constitue une des raisons de leur succès :

« Il fallait faire vite. On a créé une sorte de commando qui est allé chercher dans la société les plus compétents, sans se préoccuper de la hiérarchie afin de nous permettre de résoudre les problèmes instantanément et ça a marché [2] ! »

La société équipe aussi d'autodirecteurs les engins de Matra, elle fabrique également des distributeurs automatiques de billets de banque bien connus du grand public.

L'Electronique Serge Dassault est devenue une importante société qui, en 1990, réalise 4 milliards de francs de chiffre d'affaires avec un effectif de 4 300 personnes :

« J'attribue ce succès à la formidable envie de réussir à conduire et développer une entreprise. Je le dois aussi à la qualité des hommes qui m'ont entouré dans cette affaire, à leur motivation. »

UN NOUVEAU STYLE

Malgré les succès de la société d'électronique, Serge Dassault est, jusqu'à soixante et un ans, placé dans l'ombre de son père. En 1986, il lui succède. Mais, peut-on succéder à Marcel Dassault? Faut-il accepter la comparaison ou cultiver la différence?

En fait, Serge Dassault, aux apparences physiques différentes de celles de son père – il apparaît plus grand, plus enrobé, plus souriant – possède avec lui de nombreux points communs.

C'est un gros travailleur, les heures ne comptent pas. Il aime l'effort solitaire, être seul, peut-être trop. Il a pourtant le goût de la chose publique et de la politique.

Comme son père, ses relations avec les médias sont quelquefois difficiles. Mais alors que Marcel Dassault minimise tout avec beaucoup d'amabilité accompagnée de grandes largesses, Serge Dassault est plus incisif. Ses courtes réponses sont quelquefois agressives ce qui lui vaut quelques flèches acides de la part des journalistes.

Etre le fils de Marcel Dassault n'est pas une simple affaire. Faut-il le copier ou s'en démarquer?

Il semble que Serge Dassault ait finalement choisi la deuxième solution après avoir commis l'erreur d'accepter la proposition de son père de venir

2. Entretien de Bertrand Daugny avec l'auteur.

travailler dans l'entreprise familiale et de se conformer au moule paternel. Il aurait peut-être été préférable qu'il aille d'abord travailler à l'étranger, plutôt que d'essayer de partager le pouvoir avec un père exceptionnellement centralisateur, ou travailler quelque temps dans le corps de l'armement :

« En famille, avec mon père, nous ne parlions jamais des problèmes de l'entreprise.

« J'avais essayé une fois, il y a bien longtemps, à la fin d'un repas de parler d'un problème bénin de gestion que nous devions résoudre. Mon père m'a fait dire le lendemain, avec toute la rigueur et l'humour assez froid dont il était capable, qu'il ne fallait pas confondre les réunions de famille du week-end avec des séances du comité de direction ou du comité d'entreprise. Quand je lui demandais quelque chose pour un membre du personnel, il me répondait : " Tu n'es pas délégué du personnel ! " Alors on n'en parlait pas. »

Travaillant dans l'entreprise de son père et avec un tempérament comme le sien, Serge Dassault n'a pu que s'opposer à Marcel Dassault. Ce dernier n'acceptant pas d'opposition, même venant de son fils, l'a constamment marginalisé. Serge Dassault a alors accepté d'encaisser les coups, attendant son heure.

Serge Dassault aime bien la chasse, la pêche au thon, le golf. Quand il regarde la télévision, il apprécie le héros du célèbre feuilleton américain, l'inspecteur Colombo :

« C'est un film policier qui commence par le meurtre et permet de voir ensuite comment se déroule l'enquête et comment l'inspecteur, qui travaille seul, arrive à remonter le fil grâce à son sens de l'observation. Sous des aspects anodins, il est très efficace. »

Professionnellement, ses grandes passions sont l'aviation et la gestion des sociétés.

La gestion participative

Si père et fils se rejoignent sur quelques idées politiques et sociales, Serge Dassault se démarque de son père par ses principes sur la gestion participative. Cette volonté de faire participer activement les salariés à la vie de l'entreprise et de ne pas se limiter à l'intéressement au bénéfice est une attitude plus proche d'un « management » à la japonaise que d'un concept français.

Serge Dassault préconise de rechercher les motifs d'insatisfaction et d'essayer de les supprimer :

« Ces motifs d'insatisfaction sont universels. Ils sont les mêmes pour tout le monde. Ils sont relatifs aux besoins fondamentaux de chacun, les besoins d'être, de savoir, de pouvoir et d'avoir.

« – Etre, c'est la considération, la reconnaissance de la personnalité de chacun.

« – Savoir, c'est le rôle de la communication.

« – Pouvoir, c'est la concertation, le besoin des responsabilités, d'être associé.

« – Avoir, c'est le salaire, la participation aux bénéfices, l'actionnariat.

« Sans la satisfaction de ces besoins, dont le dernier n'est pas le plus important, le personnel est rapidement démotivé. Il y a mécontentement, malentendu, démotivation, blocage du groupe et inefficacité. »

La participation des salariés nécessite un chef reconnu, qualifié et lui-même ouvert à la participation. Il doit définir la finalité de l'entreprise en particulier dans la satisfaction des demandes des clients. Un compromis doit être trouvé entre la satisfaction des salariés, des actionnaires, du client :

« Seule la satisfaction prioritaire des clients favorise le développement de l'entreprise, améliore la rentabilité, et finalement aboutit aussi à la satisfaction des salariés et des actionnaires. C'est cela la base du libéralisme. »

Pour Serge Dassault, la participation active est une méthode globale qui doit tenir compte de tous les éléments indiqués pour être efficace. Il rappelle qu'elle est utilisée par beaucoup d'entreprises aux Etats-Unis et au Japon où elle est une des raisons de leur réussite industrielle :

« Elle réalise une implication beaucoup plus grande des salariés dans leur travail grâce à une recherche permanente de la valorisation des hommes dont le potentiel et la compétence sont considérés comme la ressource essentielle. »

Ainsi concernés, les salariés doivent devenir de véritables associés amenant à un consensus social :

« Il est juste que le personnel soit associé aux bénéfices de l'entreprise mais il faut qu'il y ait une adaptation en fonction de ces bénéfices. C'est pour cela que je suis partisan d'une importante distribution des bénéfices au personnel plutôt que d'augmenter systématiquement les salaires.

« En effet, en période de crise, on ne peut pas toucher aux salaires, les charges de l'entreprise augmentent, cela aboutit à des licenciements ou pire à la disparition de l'entreprise. Il est normal que lorsque l'entreprise va bien, le personnel en profite mais, il est aussi normal que lorsque l'entreprise va mal, le personnel gagne moins. »

Serge Dassault précise ses conceptions de la gestion d'une entreprise moderne :

« Les chefs d'entreprise doivent associer leurs salariés à leur action.

« L'entreprise de l'an 2000, ce sera celle qui saura mettre en place la gestion participative qui maîtrisera les technologies et l'information, qui anticipera, qui réagira vite, qui assurera la qualité, qui saura que la bataille ne se gagne pas sans l'intelligence et l'ardeur de tous, mais avec des hommes et des femmes toujours mieux informés, mieux responsabilisés, plus motivés, mieux impliqués dans les décisions majeures, ayant compris combien la contribution de chacun est essentielle, combien la ressource humaine est au cœur de la performance économique.

« C'est une œuvre de longue haleine, car rien n'est plus long et plus difficile que de changer les mentalités par persuasion et c'est bien parce que ce sera long qu'il faut commencer tout de suite[3]*.»*

L'ADAPTATION DE DASSAULT AVIATION À LA CRISE

En 1986, Serge Dassault quitte la présidence d'ESD pour se consacrer aux Avions Marcel Dassault-Breguet Aviation :

« Je n'ai eu qu'un seul but, relancer l'entreprise, la moderniser, remotiver les cadres, l'adapter aux nécessités industrielles et surtout lancer le Rafale et exporter les Mirage 2000.

« Je ne suis pas un financier, je suis avant tout un industriel. Ma seule ambition est de développer mon entreprise et de poursuivre l'œuvre de mon père. »

Dès son arrivée, Serge Dassault, partisan de la transparence dans l'entreprise, informe tous les personnels de sa société des difficultés rencontrées depuis le début des années quatre-vingt :

« J'ai dit franchement que ça n'allait pas, qu'il fallait faire des réformes. Découvrant enfin les problèmes, certains ont dit que c'était moi qui en était la cause.

« J'ai fait au début quelques lettres d'information pour indiquer les difficultés. La presse s'en est emparée, cela a déclenché une campagne terrible contre la société que l'on croyait forte et que l'on découvrait fragile. »

Serge Dassault constate que la société a réalisé un chiffre d'affaires record en 1984 dont 69 % à l'exportation mais que, pour la première fois, AMD-BA a fermé entre Noël et le jour de l'an, la direction expliquant qu'il y avait des heures à récupérer.

La même année, le carnet de commande a chuté de 21 à 14 milliards de francs alors que les ventes militaires ne reposent plus que sur un seul cheval de bataille, le Mirage 2000 en version de défense aérienne.

Toujours au même moment, beaucoup de clients traditionnels connaissent des difficultés financières et reportent leurs achats. Comme l'endettement d'anciens clients augmente, le gouvernement refuse l'autorisation de leur vendre des avions.

En 1986, l'avenir ne repose plus que sur les exportations de Mirage 2000, sur les ventes de Falcon, sur le programme Rafale non encore lancé et sur la participation à la navette spatiale européenne Hermès. En ce qui concerne l'espace, la Société Dassault n'a pas beaucoup investi :

« Mon père n'était pas passionné par l'espace, ce n'était pas sa tasse de thé. On n'a pas lancé suffisamment tôt des équipes solides et on n'a pas pris de contrats. Remarquez, on n'a pas perdu d'argent non plus car, dans ces technologies nouvelles, il faut attendre longtemps avant que ce soit rentable, de plus la concurrence est forte. »

---

3. Serge Dassault, conférence sur la participation active, 12 mai 1987.

Dans l'aviation civile, les programmes Falcon apportent un complément d'activité industrielle :

« Nous avions fait une incursion dans les gros appareils avec le Mercure et cela ne nous a pas réussi. En France, il y a deux sociétés aéronautiques, l'Aérospatiale et nous. Il vaut mieux que chacun reste dans son domaine, l'Aérospatiale dans les avions de transport, les hélicoptères et les missiles, nous dans les avions de combat et les avions d'affaires, ainsi nous ne sommes absolument pas concurrents. »

Des réactions diverses suivent l'état des lieux effectué en 1986.

Une partie des cadres dirigeants est étonnée car Serge Dassault laisse entrevoir que l'avenir n'a pas été correctement préparé. La Société Dassault, à structure pyramidale, où tout était décidé par une très petite équipe, essentiellement Marcel Dassault et Benno Claude Vallières, n'a pas habitué ses directeurs à participer aux décisions stratégiques. En même temps, ces cadres sont surpris du nouveau style de direction souhaité par Serge Dassault :

« J'ai rencontré une réticence très nette chez certains cadres qui agissaient toujours selon la méthode commandement-discipline. »

Une partie du personnel, toujours habituée aux bonnes nouvelles, ne comprend pas pourquoi on lui demande tout à coup de faire des efforts de rentabilité pour abaisser les coûts de production et de réduire les effectifs :

« Chez Dassault, ils ont été gavés d'avantages, ils sont repus, ils ne veulent pas faire d'efforts. La moyenne des salaires mensuels en 1990 était de 17 000 francs, pourquoi voulez-vous qu'ils se battent[4] *! »*

Serge Dassault précise sa position :

« Les salariés ne savent pas suffisamment que ce n'est jamais le patron qui paie mais que ce sont les clients et quand les clients ne veulent plus payer, parce que les prix sont trop élevés, l'entreprise disparaît ainsi que ses emplois.

« On ne peut pas piloter l'entreprise comme un ballon qui ne se dégonfle jamais. A force de le gonfler, à un moment il éclate ! Il faut pouvoir aussi le dégonfler, c'est ça le libéralisme, la vie est faite d'adaptation.

« Tout être vivant qui ne sait pas s'adapter finit par disparaître et toute disposition qui l'empêche de s'adapter le conduit à sa perte. »

En 1989, le groupe allemand d'automobile Daimler Benz acquiert la société Messerschmitt Bölkov Blohm (MBB) constituant un groupe de très grande taille. Dans ce contexte, le gouvernement Michel Rocard, à travers le secrétaire d'Etat auprès du Premier ministre, Tony Dreyfus, souhaite regrouper les activités industrielles de la société nationale Aérospatiale avec celles de Dassault. Serge Dassault ne partage pas cette analyse :

« Ce qui compte, c'est la compétence des hommes ainsi que les moyens industriels et financiers. Je préfère ma société, telle qu'elle est actuellement, car elle est contrôlable, à une société à activités multiples de plus

4. Source syndicale.

grande dimension. Quand on est trop gros, la gestion devient impossible, d'ailleurs les Allemands en sont revenus. Et puis, big is not beautiful*!*

« Nous n'avons aucun complexe à avoir devant McDonnell Douglas, General Dynamics, British Aerospace ou Deutsche Aerospace à partir du moment où nous gardons notre compétence.

« Fusionner, cela sert à quoi quand cela n'apporte rien de plus! Au contraire, restons amis et chacun chez soi, " les vaches seront bien gardées! " »

Pour beaucoup de personnalités du monde de l'aéronautique, une telle stratégie industrielle revient à vouloir marier une carpe à un lapin. La culture industrielle des entreprises concernées étant très différentes de celle de la société Dassault, on aboutirait à une « fuite des cerveaux » vers d'autres secteurs ou pire vers l'étranger.

Peu d'observateurs ont compris que Serge Dassault est devenu président au moment où la situation était la plus critique.

Cet handicap s'est finalement transformé en un avantage. Comme il ne peut être tenu pour responsable des problèmes non résolus dans le passé, il a la possibilité de faire accepter les indispensables restructurations permettant une adaptation de sa société à la crise économique.

Son objectif est de permettre au secteur de production de Dassault Aviation de pouvoir fonctionner avec les seules commandes françaises à condition toutefois qu'elles restent suffisantes. Toute activité supplémentaire devant faire l'objet de sous-traitance :

« Mais, toute réduction des commandes françaises pourrait conduire à de nouvelles réductions d'emploi si elles ne s'accompagnent pas d'exportation. »

Pour ce faire, il adapte l'outil industriel en diminuant les effectifs, en rajeunissant les cadres et en fermant les centres de production jugés inutiles, toutes dispositions qui auraient pu être prises depuis le début des années quatre-vingt :

« Ce qui m'a surpris quand j'ai commencé à visiter les usines c'est que je les ai trouvées à moitié vides. Je ne m'y attendais pas, je n'étais pas au courant, personne ne me l'a dit quand je suis arrivé. D'ailleurs, personne n'avait osé en parler à mon père.

« J'ai décidé de fermer des usines pour remplir et rentabiliser les autres. On a alors, en cinq ans, supprimé presque 5 000 emplois, on est passé de 17 000 à 12 000 personnes. C'était la première fois qu'on licenciait, cela a surpris car personne ne s'y attendait ni à l'intérieur ni à l'extérieur de la société.

« Dans une société qui a réussi, qui vit sur sa lancée, qui a des habitudes, il est difficile de faire admettre des changements. C'est pour cela que, quelquefois, il n'est pas mauvais que quelqu'un vienne de l'extérieur avec des yeux neufs. »

Dassault Aviation effectue également d'importants investissements sur les matériaux composites et sur la robotique. Le personnel est sensibilisé à la maîtrise des coûts, à la recherche d'économies et à la planification :

« J'ai demandé l'établissement d'un plan de charge à dix ans alors qu'avant mon arrivée on faisait des plans à un an. J'ai aussi mis en œuvre la notion de qualité totale, c'est-à-dire la qualité dans tous les domaines ainsi que la gestion participative qui accorde plus d'importance aux relations humaines dans l'entreprise. »

En juin 1990, pour mieux marquer le changement et relancer son image, la Société des avions Marcel Dassault-Breguet Aviation change de nom et devient Dassault Aviation. Elle adopte un logo au graphisme évocateur : un delta contenant un trèfle à quatre feuilles, symbole du talisman de Marcel Dassault.

En même temps, l'Electronique Serge Dassault devient Dassault Electronique.

La société propriétaire de l'ensemble prend le nom de Dassault Industries :

« Il se trouve que si on continuait avec l'ancienne organisation, sans s'adapter, on n'aurait plus été longtemps rentable. Si on avait maintenu la société telle qu'elle était en 1986, elle n'existerait plus aujourd'hui.

« Mais, jamais rien n'est terminé car la recherche de l'amélioration permanente conduit à des remises en cause dans tous les domaines. La vie est ainsi faite. Aujourd'hui n'est pas hier et demain sera différent. Il ne sert à rien de se lamenter, il faut s'adapter. »

La commande du Rafale

Le Rafale A démonstrateur technologique, piloté par Guy Mitaux-Maurouard, décolle pour la première fois le 4 juillet 1986 avec six mois d'avance sur les délais :

« J'étais présent, mais je n'étais pas encore président. J'ai senti ce jour là qu'une nouvelle ère démarrait pour la société et qu'il ne fallait pas la rater. Les qualités de vol et les performances de cet avion se sont révélées du premier coup remarquables et tout à fait conformes aux prévisions. »

Le Rafale A est équipé de réacteurs General Electric F 404. En septembre 1986, ses vols de démonstration, au Salon de l'aéronautique de Farnborough en Grande-Bretagne, font sensation face à son concurrent britannique l'EAP, démonstrateur technologique de l'*EFA*, qui connaît déjà des problèmes [5].

En avril 1988, après de longues négociations avec le ministère de la Défense, le Rafale D, version plus petite du Rafale A, équipée de réacteurs SNECMA M 88, est commandée. Deux versions Marine et Air seront construites. Cinq prototypes sont prévus, le premier de série devant voler en 1996.

Le Rafale doit remplacer six types d'appareils : Etendard et Crusader

5. L'appareil n'est plus présenté dans les salons internationaux.

pour la Marine, Mirage III E, Jaguar, Mirage F 1 puis, plus tard, Mirage 2000 pour l'armée de l'Air :

« C'est la première fois en France qu'un avion, bénéficiant d'une même cellule de base, équipera l'armée de l'Air et l'Aéronautique navale. Cet avion est un bijou que l'on a façonné avec amour. On ne soulignera jamais assez le mérite de tous ceux qui ont contribué à sa réussite. Il sera très en avance sur son concurrent européen, l'Eurofighter et n'a, à ce jour, aucun concurrent américain. »

Le Rafale est un modèle plus léger que le démonstrateur : 9 tonnes contre 10 tonnes. Le radar RBE-2 retenu, est issu de la coopération Thomson-Dassault Electronique. Il sera réalisé avec une technologie nouvelle qui lui conférera une polyvalence totale.

Tous les industriels concernés par le programme Rafale participent à hauteur de 25 % au coût du développement. Ce poids financier, exigé par l'Etat, est une lourde charge que les industriels ont du accepter pour ne pas retarder le programme au-delà de 1996.

Le prototype Rafale C 01 effectue son premier vol, le 19 mai 1991 à Istres, aux mains de Guy Mitaux-Maurouard :

« Ce fut un moment d'intense émotion pour tous ceux qui y ont participé. J'y étais avec les ingénieurs, les compagnons de toutes les sociétés qui ont travaillé sur cet avion. On pleurait presque et on s'est tous embrassé après l'atterrissage. Le pilote, Guy Mitaux-Maurouard, comme à son habitude, était imperturbable.

« Ce premier vol fut magnifique. On a senti tous ensemble la cohésion d'une équipe de France qui, en se dépensant sans compter jour et nuit et sans week-end depuis des mois, a réussi ce tour de force : faire voler ce magnifique avion de façon parfaite dès le premier vol.

« Bravo l'équipe Dassault, mais aussi bravo l'équipe SNECMA, l'équipe Thomson, l'équipe Dassault Electronique et les équipes de tous les équipementiers ! »

L'avion est présenté, dès le mois de juin, au salon du Bourget, devant le président de la République alors qu'à cette date, l'avion concurrent, Eurofighter, n'a toujours pas volé.

Les nouveaux programmes

La récente guerre du Golfe a montré certaines inadaptations des matériels aériens français, comme l'absence de radar sur les Jaguar ou le manque d'autonomie des Mirage 2000 :

« Tout cela nous le savions. Il faut savoir ce que l'on veut car les avions ne sont que ce que l'on veut qu'ils soient. Nous avions proposé des modernisations mais cela n'a pas été possible pour des raisons budgétaires. Quant à l'autonomie, les Mirage 2000 qui décollaient à cinq cents kilomètres de

leur lieu de patrouille, ils devaient être ravitaillés en vol mais tous les avions étrangers ont été aussi ravitaillés.

« Il ne faut pas à la fois vouloir réduire le budget de la Défense et s'étonner ensuite que nos matériels ne soient pas toujours adaptés à leur mission. »

Pour relancer l'exportation de ses Mirage 2000 et ne pas rester une société monoproduit, Dassault Aviation lance, avec Thomson et Matra, une nouvelle version, le Mirage 2000-5, qui dispose d'un nouveau radar RDY dérivé du RDI, de nouveaux missiles Matra Mica, d'un nouveau poste de pilotage et de contre-mesures intégrées. Son autonomie est améliorée grâce à sa capacité d'emport supplémentaire de réservoirs extérieurs :

« Il n'y a pas de miracle, les clients n'achètent que ce qui leur convient et on ne leur impose jamais rien. C'est le client qui décide. Le Mirage 2000-5 correspond exactement aux besoins de nombreux pays. »

L'appareil effectue son premier vol le 24 octobre 1990 :

« S'il avait été disponible lors de la guerre du Golfe, il aurait été beaucoup mieux adapté à la situation. »

Dans le cadre de ses diversifications dans le domaine de ses compétences, la filiale Dassault Systèmes de Dassault Aviation a développé de façon spectaculaire un nouveau logiciel tridimensionnel pour la conception assistée par ordinateur, le logiciel CATIA.

De nombreuses sociétés dans le monde en sont équipées comme Boeing ou Mercedes qui réalisent leurs matériels avec ce logiciel :

« Nous coopérons avec IBM et ça se passe très bien. Ils fabriquent les ordinateurs, nous le logiciel, ainsi nous sommes complémentaires. IBM vend l'ensemble grâce à son important réseau de vente. »

A la suite d'un accord signé en 1989 avec Peugeot-Talbot Sports, Dassault Aviation a calculé la structure interne en composite de la *905* de Peugeot qui sert à la protection du pilote. Cette voiture participe au championnat du monde des sports prototypes groupe C où elle remporte, en septembre 1991, une victoire.

Dassault Aviation a également étudié la coque et la quille du bateau *Mairie-de-Paris*, barré par Marc Pajot, qui doit relever le défi de l'America's Cup en 1992, aux Etats-Unis, à San Diego :

« Nous avons des ingénieurs très compétents dans beaucoup de domaines scientifiques, pourquoi ne pas utiliser ce savoir-faire dans d'autres secteurs que l'aéronautique? Mais, cette diversification ne doit se faire que dans des domaines que nous maîtrisons bien.

« La presse, le cinéma, c'est certainement très intéressant, mais ce n'est pas mon métier. Le mien, c'est la technique, c'est l'aéronautique! »

Pour remplacer les Falcon 20 et 200, Serge Dassault lance l'étude du Falcon 2000, biréacteur transcontinental. Il dispose d'une cabine aussi confortable que celle du Falcon 900 pour huit passagers. Les premières livraisons sont prévues pour 1994.

L'AVENIR

En cinq ans de son premier mandat, Serge Dassault a restructuré sa société sans problèmes majeurs et l'a rendue plus compétitive. Les usines ont été spécialisées et sont devenues plus productives, le personnel a été sensibilisé à la notion de rentabilité. De nouveaux directeurs ont été nommés, de nouvelles directions créées, la direction des affaires internationales totalement renouvelée.

Trois nouveaux programmes ont été lancés : Rafale C et M, Mirage 2000-5, Falcon 2000. L'espace avec le programme Hermès, le patrouilleur maritime Atlantique 2 et les avions d'entraînement Alpha Jet dans des versions modernisées apportent un complément de production industrielle.

En 1990, le chiffre d'affaires de Dassault Aviation s'est situé au niveau de 17 milliards de francs, il est sensiblement constant depuis 1988. Les prises de commandes restent au niveau de 16 milliards de francs pour chacune des trois dernières années avec une part grandissante des commandes civiles :

« Il faut faire évoluer la composition de notre chiffre d'affaires. Actuellement, en 1991, nous réalisons 25 % dans le civil, 5 % dans l'espace et 70 % dans le militaire. Il faudrait monter à 35 % dans le civil et à 10 % dans l'espace. En attendant, nous nous sommes organisés pour que la société soit rentable sans exportations militaires, mais avec des commandes françaises suffisantes, tout en recherchant activement le maximum d'exportations.

« La société travaille pour la Défense nationale donc pour tous les gouvernements, quels qu'ils soient. La France est mon principal client, je travaille avec ses gouvernements la main dans la main et particulièrement avec les gouvernements socialistes avec lesquels je n'ai jamais eu de problèmes, en tous cas pas plus qu'avec les autres... »

Le chiffre d'affaires à l'exportation des matériels civils et militaires atteint 63 % en 1990. Depuis leur origine jusqu'en 1990, tous les programmes ont connu une importante part à l'exportation :

- Mirage III, 5 et 50 : 67 % soit 950 avions dans 20 pays;
- Mirage F 1 : 69,5 % soit 462 appareils dans 10 pays;
- Mirage 2000 : 42 % soit 169 avions dans 6 pays;
- Alpha Jet : 63 % soit 319 avions dans 10 pays;
- Jaguar : 57 % soit 331 avions dans 5 pays;
- Falcon 10 et 100 : 92 % soit 208 appareils dans 18 pays;
- Falcon 20 : 92 % soit 435 avions dans 42 pays;
- Falcon 200 : 86,5 % soit 32 avions dans 10 pays;
- Falcon 50 : 98,6 % soit 219 appareils dans 31 pays;
- Falcon 900 : 98 % soit 93 appareils dans 24 pays.

On peut constater la part très importante des exportations dans les ventes de Falcon surtout pour les modèles haut de gamme. Ces exportations s'effectuent dans le monde entier.

Le bénéfice net de 1990 est de 218 millions de francs pour Dassault Aviation seul et de 374 millions pour le groupe Dassault Aviation. La participation plus les intéressements représentent 92 millions de francs pour la société et 122 millions pour le groupe.

Cinq ans après sa nomination, le 4 juin 1991, Serge Dassault est réélu, à l'unanimité, président directeur général de Dassault Aviation pour six ans.

Depuis 1986, la société Dassault s'adapte progressivement à une nouvelle culture d'entreprise. A la recherche d'excellence technique qui était son but principal, s'ajoute une volonté de mieux faire, de réduire les coûts, d'être encore plus rentable pour résister à un contexte économique difficile, de s'ouvrir davantage à la coopération. De nouveaux investissements ont été réalisés et les relations humaines relancées :

« Tout le monde doit avoir le souci constant de la rentabilité et de la réduction des coûts. Il n'est pas question d'être déficitaire. L'avenir de la société dépendra de sa capacité d'adaptation.

« Les nouveaux programmes civils et militaires et l'espace sont bien adaptés à la demande. Malgré une concurrence acharnée des Américains qui font tout pour nous empêcher de vendre, les perspectives de vente à l'étranger sont prometteuses dans un contexte international difficile, dominé par une ambiance de désarmement et des difficultés financières.

« On nous reproche souvent de ne pas vouloir coopérer. C'est faux !

« Pour les avions de combat, ce sont les gouvernements qui décident des programmes et des coopérations et non les constructeurs. Nous serons toujours prêts à coopérer lorsque le temps d'un nouveau programme verra le jour et que le gouvernement nous le demandera. »

Serge Dassault souhaitait apporter sa touche personnelle, les circonstances l'ont, en partie, permis. Cinq ans après sa prise de fonction, il envisage l'avenir avec une certaine sérénité :

« Le temps travaille pour nous. Les avions de combat actuellement en service se démodent rapidement. Ils devront bientôt être remplacés. C'est alors que nous répondrons à toutes les demandes avec notre Mirage 2000-5 puis avec le Rafale.

« La Société Dassault n'est plus ce qu'elle était mais pas encore ce que je voudrais qu'elle soit. Il faudra encore beaucoup d'effort, beaucoup de travail et des contrats à l'exportation. C'est la vie ! Elle est faite d'effort, de difficultés, de travail et surtout d'espoir.

« Mais, qui y a-t-il de plus beau que de voir ses avions s'élancer dans le ciel à l'assaut des étoiles ? »

* *

CONCLUSION

Homme hors du commun, Marcel Dassault, durant sa longue vie – quatre-vingt-quatorze ans – a mené, avec bonheur, plusieurs existences. Son intelligence supérieure doublée d'une intuition innée lui ont permis de déterminer les objectifs à atteindre et d'élaborer des solutions efficaces.

Deux hommes se sont succédé en lui : Marcel Bloch puis Marcel Dassault. Ils sont identiques sous des allures dissemblables. Alors que Marcel Bloch ne s'intéressait qu'aux avions, Marcel Dassault mène de front plusieurs activités : il devient député alors qu'il développe l'Ouragan, lance son hebdomadaire *Semaines de France* et prépare le Mystère IV ; il écrit le scénario du film *Le Temps des vacances* au moment où il réalise les Mirage 2000 et 4000.

Malgré ses multiples activités, il ne se laisse pas déborder. Ponctuel mais jamais pressé, il accorde à chaque tâche le temps nécessaire et suffisant, se réservant toujours un moment pour la réflexion, la méditation et le repos indispensable à la « recharge des accus ». S'exprimant simplement, il va à l'essentiel.

Sa vie est dominée par la réflexion, une réflexion contenue par un cerveau qui n'arrête pas de construire, qui est sans cesse disponible pour analyser les nouveautés. Cette capacité de réflexion constitue une des clés de sa réussite. Persuadé que le jour le plus important de l'existence humaine, c'est demain, il ne revient jamais sur le passé. Devant les difficultés de la vie, il ne montre pas d'amertume, il garde son sang-froid. Esprit toujours jeune et dynamique, il est un homme d'avenir.

Avant de prendre une décision, il évalue la situation, c'est ainsi qu'il arrive à des solutions où convergent ses préoccupations et celles de ses interlocuteurs. Il ne cherche pas de compromis, mais la meilleure solution pour parvenir au résultat envisagé dans le respect des intérêts réciproques.

A son intuition, à son intelligence, à sa créativité s'ajoute une grande sensibilité qui se cache sous des apparences de fragilité, abritée derrière un manteau, un chapeau, des lunettes. Quand il est à l'extérieur, il cherche à se protéger du froid mais peut-être aussi du regard curieux et même inquisiteur d'autrui comme s'il ne voulait pas que l'on perce un secret, son secret. Il s'est donc créé un personnage mais aussi une carapace.

Entre Marcel Bloch et Marcel Dassault, entre le jeune homme de l'hélice Eclair de 1916 et l'homme affaibli qui revient de Buchenwald en 1945, il s'est produit une véritable mutation. Marcel Dassault a perdu les défauts de Marcel Bloch mais en a gardé les qualités.

Les épreuves l'ont mûri. Il a accumulé une grande expérience à laquelle s'ajoute une profonde réflexion sur la vie et sur les rapports humains. Ses analyses l'ont amené à adopter un comportement particulier. Mentalement, il se refuse à intégrer les événements désagréables, il y apporte rapidement remède afin de les écarter de sa pensée. Il sait qu'il est autrement que les autres, que sa destinée est unique, qu'il doit subir des épreuves pour se métamorphoser et se réaliser.

La phrase clé de sa vie : « *Tout, autour de moi, concourt et doit concourir à l'œuvre que je me suis assignée* » résume à la fois son courage, sa ténacité, mais aussi sa détermination à écarter tout obstacle. Il a estimé qu'il avait une œuvre à réaliser et a donc, en conséquence, employé tous les moyens à sa disposition pour y parvenir.

Sa vie d'homme repose sur le travail, l'action, la conscience professionnelle, la confiance, l'amitié mais aussi sur une redoutable efficacité. Très occupé par ses activités professionnelles, il a passé l'essentiel de sa vie à travailler. On peut même se demander s'il n'a pas été esclave de cette œuvre qu'il s'est assignée ou qu'il a estimé qu'on lui avait assigné. Dans ce cas, seule la mort pouvait le rendre enfin libre.

Il a la passion de son travail et sait, par volonté, écarter tout ce qui pourrait l'en détourner. Ainsi, il se montre très exigeant envers ses collaborateurs. Quand il a rencontré des hommes prêts à se consacrer à son œuvre, il les a fortement sollicités. Cette attitude serait inhumaine s'il n'avait montré un véritable souci de contribuer à leur bien-être. Homme d'intelligence, il est aussi un homme de cœur. Il s'intéresse à la vie de ceux qui l'entourent, il essaie de les rendre heureux avec son argent et fiers avec ses avions.

Il a donné plus d'argent à ses concitoyens qu'il n'en a dépensé pour lui-même. Il a donné avec générosité et même avec passion à ceux qui lui faisaient plaisir. Quand il a rencontré des hommes prêts à des compromissions, il a agi en conséquence, par pur calcul, en cachant son mépris. Sa réussite – il se plaît à le souligner – il la doit à la qualité de ses personnels, de ses matériels – ce qui est unanimement reconnu – mais aussi aux erreurs de ses concurrents qu'il a su parfaitement distinguer et exploiter.

Ses conceptions des relations patrons-ouvriers sont uniques, il est le premier à avoir accordé des congés payés en France. Ses relations avec les hauts responsables politiques, avec les autres industriels, avec les militaires sont inhabituelles parce qu'il est à leur écoute et qu'il sait ce qu'il faut leur proposer dans leur intérêt et dans le sien. Si ses méthodes sont critiquées en France, elles font l'admiration de l'étranger. C'est ainsi que Soichiro Honda, le grand patron japonais, déclare lors de sa visite en France :

« Ah ! J'y ai rencontré Marcel Dassault... Un homme extraordinaire[1] *! »*

Homme de légende, il l'est par son génie créatif mais aussi par le rêve qu'il procure, rêve matérialisé par le cinéma et *Jours de France*, ses distractions. Comme il a souffert et beaucoup travaillé pour oublier, il a besoin de diversions, de spiritualité, de rêve, de bonnes nouvelles. *Jours de France* et le cinéma sont pour lui un refuge où il peut recevoir des femmes et des hommes différents de ceux qu'il a l'habitude de fréquenter.

Mais, la grande œuvre de Marcel Dassault, celle qui le fait passer à la postérité, c'est l'aviation et plus singulièrement l'aviation à réaction. Jusqu'à sa mort, il a apporté à l'industrie aéronautique française des éléments puissants sans lesquels elle ne serait pas devenue ce qu'elle est : la troisième industrie aéronautique et spatiale au monde. S'il est un très grand personnage de l'aviation, il n'oublie jamais de rappeler qu'il doit aussi sa réussite à tous ses collaborateurs qui se sont donnés à fond pour réussir tant d'exploits.

Un des meilleurs bilans de ses activités dans ce domaine a été dressé, en 1981, par le directeur des essais en vol, Jean-François Cazaubiel, lors de la cérémonie où il reçoit la croix d'officier de la Légion d'honneur des mains de Marcel Dassault :

« Vous nous avez donné des avions de tous types : des avions expérimentaux, de chasse, d'attaque, de reconnaissance, de bombardement, des patrouilleurs maritimes, des avions de transport, des Falcon.

« Vous nous avez donné des avions à voilure haute, à voilure basse, avec l'empennage haut, avec l'empennage bas, sans empennage du tout, il y en a avec des moustaches, avec des aigrettes, avec des canards. Vous nous avez donné des avions avec toutes les flèches et aussi à flèche variable car ceux-ci étaient encore mieux.

« Vous nous avez donné des avions avec bien des moteurs, avec des moteurs français, anglais, américains, franco-américains. On a eu des avions avec des moteurs à pistons, à hélice, des turbopropulseurs, des avions à réaction, des avions fusée. Vous nous avez donné des avions monoplace, biplace, des avions avec beaucoup de places jusqu'à cent cinquante. Nous avons eu des avions monomoteur, bimoteur, trimoteur et jusqu'à neuf moteurs dans les avions à décollage vertical.

« Monsieur, quelle profusion ! Et notre premier sentiment c'est sûrement de vous remercier de tout le travail extraordinaire que vous avez bien voulu nous confier. Je crois vraiment qu'aucune société dans le monde ne peut prétendre à une pareille richesse et à de pareilles connaissances. »

De l'hélice Eclair à l'avion Rafale, l'œuvre de Marcel Dassault est une des plus prestigieuses du siècle.

Le plus grand hommage lui a été rendu par l'attribution, en 1977, de la médaille Guggenheim, la plus haute distinction aéronautique mondiale[2]. A

1. Antenne 2, 14 avril 1982.
2. Créée aux Etats-Unis, en 1927, par Daniel Guggenheim comme une reconnaissance internationale honorant les réussites exceptionnelles dans le progrès de l'aviation.

cette occasion, Malcolm S. Harned, président de Cessna Aircraft Company, a déclaré :

« C'est un grand privilège et un honneur que d'apporter en France l'hommage du conseil d'administration de la médaille Guggenheim à l'un des hommes qui ont dans le monde le plus contribué au progrès de l'aviation. »

Le président de Cessna a rappelé que les plus remarquables accomplissements de Marcel Dassault vinrent avec l'aviation à réaction :

« En une période de vingt-cinq ans, les Avions Marcel Dassault ont sorti vingt-quatre prototypes réussis d'avions à hautes performances, record que n'approche, même de loin, aucune autre société de construction d'avions dans le monde. »

Marcel Dassault laisse dans les milieux aéronautiques un extraordinaire souvenir et marque le siècle de son empreinte.

Lui qui est omniprésent disparaît pourtant avant un premier vol ou une démonstration et ne téléphone plus. Crainte? Timidité? Appréhension? Non, il a conscience que sa présence polarise l'attention et ne veut pas augmenter la pression. De toute façon, il n'a pas besoin de montrer qu'il est intéressé, tout le monde le sait et se doute que le téléphone va sonner dès l'avion posé.

Dans les périodes difficiles, il demeure calme et encourageant mais, dès que tout tourne bien, pour aiguillonner les esprits, il devient incisif, inquisiteur, tout en évitant de harceler ses collaborateurs si cela doit engendrer des risques. En revanche, il sait agir discrètement et avec efficacité autour d'eux pour que *tout* concourt à leur action. Il s'épanouit dans le combat : *« Dans l'adversité soyons fort*, aimait-il répéter, *on en a vu d'autres en 70! »*

Travailler pour lui, et à plus forte raison avec lui, n'est pas une sinécure ni toujours une partie de plaisir. Toutefois, il a donné à ceux qui étaient passionnés par leur métier la possibilité de réaliser leurs projets. Marcel Dassault est persuadé que le but de l'homme est de faire progresser la science et de devenir plus performant en travaillant. Il a fait sienne la doctrine d'Auguste Detœuf :

« On peut réussir dans l'industrie par intelligence, par habileté ou par hasard. Mais on ne réussit pas sans travail. Tous les grands maîtres de l'industrie ne sont pas intelligents ; tous ne sont pas habiles ; tous ne sont pas veinards, mais tous sont de grands travailleurs[3]. *»*

Ceux qui n'ont pas répondu à cette attente, ceux qui l'ont déçu, il les a écartés de son centre de décision et ne s'est pas montré tendre avec eux. Il a conscience qu'il demande beaucoup mais sait récompenser en conséquence ceux qui l'assistent.

Servi par une incroyable mémoire, il se souvient parfaitement des problèmes passés. C'est avec passion qu'il a mûri le dessin de ses avions, enregistré leurs résultats et tiré des conclusions pour les suivants. Il excelle à saisir les formes et les analogies avec un souci constant d'esthétique.

---

3. *Propos de O. L. Barenton Confiseur*, page 91.

Certes, il s'est quelquefois trompé dans ses analyses, comme pour le Mercure ou le Mirage 4000. Cependant, ce n'étaient pas les qualités techniques des appareils qui étaient en cause mais plutôt le marché qui, lui, a fait défaut. Ces échecs ont pu cependant être « absorbés », sans mettre en péril ses affaires et l'emploi dans ses entreprises.

Sa fortune n'est qu'un des moyens d'action pour arriver à ses fins, il en a fait un large usage capable à la fois d'actes de générosité pure, de générosité calculée et de froide indifférence.

A travers la politique, la banque, la presse, qui sont de formidables leviers, Marcel Dassault a aussi trouvé une sorte d'apaisement et s'est élevé socialement.

Pour gérer ses affaires, il ne mélange pas les activités mais passe de l'une à l'autre. Il ne traite qu'un sujet à la fois, c'est un esprit à tiroirs qui ne se laisse pas distraire : il sait se concentrer sur l'essentiel. Intelligence, mémoire, expérience, intuition, bon sens, connaissance des forces et des faiblesses de l'être humain, toutes ces qualités réunies ne pouvaient donner qu'un ensemble étonnant et difficile à saisir. Pourtant, même si parfois il agace, il suscite de la déférence. Les relations avec lui sont empreintes de respect voire de vénération mais aussi de crainte.

Marcel Dassault a réussi dans un pays dont la culture et les traditions constituent souvent un frein à la réussite et à l'enrichissement. Beaucoup pensent que l'on ne peut réussir et surtout gagner de l'argent qu'en trichant, en volant l'Etat ou autrui. Cette constatation l'a probablement incité à avoir un comportement très généreux afin d'éviter cette suspicion, en quelque sorte à faire pardonner son succès. Aux Etats-Unis, son savoir-faire aurait été reconnu et réclamé, sa réussite citée en exemple.

Alors que la France contemporaine se délecte des seconds, elle néglige souvent les premiers car ils lui paraissent inaccessibles. Avec Marcel Dassault, elle a, sans vraiment s'en rendre compte, possédé le plus grand industriel aéronautique de son histoire, les étrangers n'hésitent pas à dire le plus grand industriel aéronautique du monde.

En écrivant *Le Talisman*, Marcel Dassault a voulu répondre à la question : « *Qui êtes-vous, monsieur Dassault?* »

Au terme de cet ouvrage, le lecteur aura peut-être découvert un homme certes connu de son vivant mais méconnu dans ses motivations. Goût du travail bien fait, énergie, adaptation aux circonstances ont été les clés de sa réussite. Il a cependant manifesté trois regrets :

- l'échec du Mercure;
- de ne pas avoir fabriqué en série un avion de combat biréacteur;
- de ne pas être devenu ministre de la Reconstruction [4].

Les autres domaines, il n'en parle pas – ou peu. Ce sont ses distractions, distractions indispensables à une activité de création fébrile. Il a montré une certaine excentricité dans ses « hobbies », c'est évident, mais ils ne doivent pas

4. Propos de Marcel Dassault rapportés par Jean Le Cunff à l'auteur.

être l'arbre qui cache la forêt. Si ces « hobbies » n'avaient pas concerné des domaines aussi médiatiques que la presse et le cinéma, personne n'en aurait rien su comme cela est souvent le cas pour d'autres personnalités. Dans ces domaines, en s'amusant, il a voulu faire connaître ses conceptions de la vie et contribuer à donner du travail. On peut ne pas partager ses idées mais ceux qui ont bénéficié de ses largesses dans la presse, le cinéma ou la construction immobilière lui en sont encore reconnaissants.

C'est évidemment à l'aéronautique que Marcel Dassault a consacré sa vie. Sa réussite dans ce domaine est tellement éclatante, tellement exceptionnelle qu'elle mériterait d'être davantage connue. Il ne faut certes pas tomber dans l'excès d'admiration ni non plus dans l'excès de retenue mais écouter les étrangers et ses concurrents. Leurs propos élogieux se passent de tout commentaire. Jamais un tel hommage mondial n'a été rendu à un industriel de l'aéronautique lors de sa disparition.

La succession industrielle d'un tel homme ne pouvait pas être facile. Elle échoit à son fils Serge. Ayant vécu jusqu'à soixante ans à l'ombre d'un géant, il doit, pour s'imposer, tenter de se démarquer tout en ne négligeant pas les recettes qui sont à l'origine de la réussite de Marcel Dassault.

Le devenir d'une telle société ne peut laisser l'Etat, actionnaire majoritaire, indifférent. Il se doit d'assurer la pérennité d'une entreprise qui a su se hisser à un rang mondial dans des domaines de très haute technologie. L'Etat, qui doit quelquefois renflouer ses sociétés nationales, ne peut négliger qu'entre 1980 et 1990, la société Dassault Aviation lui a reversé près de cinq milliards de francs sous forme d'impôts sur les bénéfices, de dividendes et de redevances

Il ne peut non plus oublier que, de 1945 à 1992, ce sont plus de 6 000 avions qui ont été construits et que, chaque jour, dans le monde, volent encore 3 800 avions Dassault dont 1 000 Falcon.

Les dirigeants qui l'oublieront prendront devant l'Histoire une extraordinaire responsabilité. Ici, plus qu'ailleurs, la raison d'Etat impose de conserver et de développer, en l'adaptant, un outil industriel d'exception.

L'évolution de la situation internationale, l'accroissement du coût des matériels aéronautiques, amèneront la poursuite d'une indispensable et souhaitable ouverture européenne.

La société Dassault Aviation, comme d'ailleurs toute l'industrie aéronautique française, ne doit pas être diluée dans un ensemble européen. Bénéficiant de ses succès, de son expérience, de sa spécificité, elle peut constituer un des noyaux durs autour duquel se bâtira l'Europe aéronautique et spatiale.

C'est aux dirigeants actuels du groupe Dassault, à son président, aux autorités de tutelle, de veiller à ce que soixante-dix ans d'une histoire unique et exceptionnelle ne disparaissent pas et de montrer qu'ils sont les dignes successeurs de celui qui, en une seule vie, a bâti un tel empire et contribué à *« la légende d'un siècle »*.

REPÈRES CHRONOLOGIQUES

1892
Naissance de Marcel Ferdinand Bloch

1910
Baccalauréat
Entre à l'école Breguet

1912
Diplômé de l'école Breguet
Stage chez Panhard
Entre à l'Ecole supérieure d'aéronautique

1913
Diplômé de l'Ecole supérieure d'aéronautique
Service militaire

1915
Mise au point des liasses du Caudron G 3 avec Henry Potez

1916
Réalisation de l'hélice Eclair

1917
Conception du SEA 1
Commande du SEA 4

1918
Annulation de la commande de SEA 4
Abandon de l'activité aéronautique

1919
Mariage avec Madeleine Minckès
Activité dans le meuble et l'immobilier jusqu'en 1928

1920
Naissance de Claude Bloch

1925
Naissance de Serge Bloch

1928
Création du ministère de l'Air
Politique des prototypes
Retour de Marcel Bloch à l'aviation
Commande du trimoteur postal MB 60

1930
Henri Déplante entre chez Marcel Bloch
1er vol du MB 60 trimoteur postal

1932
1er vol du MB 70 trimoteur colonial
1er vol du MB 80 sanitaire
1er vol du MB 90 monomoteur de tourisme
1er vol du MB 110, monomoteur colonial

1933
Pierre Cot, ministre de l'Air
Création de l'armée de l'Air
1er vol du bombardier bimoteur MB 200
1er vol du MB 141, monomoteur de tourisme
Création d'Air France

1934
Le général Denain devient ministre de l'Air
Adoption du plan I de réarmement aérien
1er vol du MB 130 (BCR)
1er vol du bombardier MB 210 (version terrestre)
Bention Claude Grebelsky entre chez Marcel Bloch
Création avec Henry Potez de la Société aérienne bordelaise

1935
1er vol du bombardier MB 210, (version hydravion)
1er vol du MB 300 Pacifique, trimoteur de transport
Marcel Bloch accorde une semaine de congés payés

1936
Front populaire
Marcel Bloch accorde trois semaines de congés payés
Nationalisation de l'industrie aéronautique
Création de la SNCASO dont Marcel Bloch est nommé administrateur
Création de la Société anonyme des avions Marcel Bloch
1er vol de l'avion civil MB 220, bimoteur de transport
1er vol du MB 131, bimoteur de bombardement et de reconnaissance

1937
Conventions de licences et avenants signés avec l'Etat

1er vol du MB 150, chasseur monomoteur
1er vol du MB 160, quadrimoteur de transport
1er vol du MB 133 (MB 131 bidérive)

1938
Guy La Chambre devient ministre de l'Air
Affaire des licences
Polémiques sur les qualités des Bloch 150
1er vol du MB 170, bimoteur d'observation
1er vol des MB 151 et MB 152, chasseurs monomoteurs
Accords de Munich

1939
1er vol du MB 174, bimoteur de reconnaissance
1er vol du MB 135, bombardier quadrimoteur
1er vol du MB 134, bombardier bimoteur
1er vol du MB 480, hydravion bimoteur
1er vol du MB 161, quadrimoteur de transport
Déclaration de guerre à l'Allemagne
1er vol du MB 155, développement du MB 152
Drôle de guerre

1940
Affaire du MB 134
Démission de Marcel Bloch
1er vol du MB 700, chasseur léger (en bois)
1er vol du MB 162, bombardier quadrimoteur
1er vol des MB 175 et 176, bimoteurs de bombardement et de reconnaissance
Attaque allemande
La famille Bloch part pour Saint-Aignan
Armistice
Intérêt allemand pour le MB 175
1er vol du MB 800, triplace d'observation
La famille Bloch part pour Cannes
Arrestation de Marcel Bloch qui est interné à Pellevoisin

1941
Violentes attaques de *Gringoire* et d'*Au Pilori*
Assignation à résidence à Thiers
Marcel Bloch est arrêté et conduit à Riom

1942
Débarquement allié en Afrique du Nord
Occupation de la zone libre

1943
1er vol du MB 157, monomoteur de chasse
Marcel Bloch est transféré à la clinique-prison d'Ecully

1944
Janvier. La famille Bloch se regroupe à Ecully
Mars. Transfert au fort de Montluc

Mai. Madeleine Bloch et ses enfants sont transférés à Drancy
Juillet. Marcel Bloch est transféré à Drancy
Août. Marcel Bloch est envoyé à Buchenwald
Libération de Paris

1945
Les Américains libèrent le camp de Buchenwald
Retour de Marcel Bloch en France
Capitulation du IIIe Reich
Convalescence de Marcel Bloch et reprise des activités
Création de la Société nationale d'étude et de construction de moteurs d'aviation (SNECMA)

1946
Marcel Bloch devient Marcel Bloch-Dassault

1947
Vincent Auriol devient président de la République
Marcel Bloch reçoit la croix de guerre
1er vol du MD 303, bimoteur de liaison-transport
1er vol du MB 315 Flamant

1948
Marcel Dassault est nommé Commandeur de la Légion d'honneur

1949
Marcel Bloch-Dassault devient Marcel Dassault
1er vol du MD 450 Ouragan (réacteur Nene)
Signature du traité de l'Atlantique Nord (OTAN)

1950
Mariage de Serge Dassault
Début de la guerre de Corée
Adoption d'un plan quinquennal aéronautique 1951-1955
1er vol du MD 80 ABC, monomoteur d'entraînement triplace

1951
Marcel Dassault est élu député des Alpes Maritimes
Projet de loi sur l'accession à la propriété
Création d'Intertechnique
1er vol du MD 450 Ouragan (réacteur Tay)
1er vol du MD 452 Mystère II (réacteur Nene)
1er vol du MD 450 Ouragan (réacteur Atar)
Serge Dassault entre dans la Société Dassault
Lancement de l'hebdomadaire *Semaine de France*

1952
Achat de la banque Josse, Lippens et Cie
Achat de l'immeuble du Rond-Point des Champs-Elysées
1er vol du MD 450 Ouragan à entrées d'air latérales
1er vol du MD 452 Mystère II (réacteur Tay)
1er vol du MD 452 Mystère II (réacteur Atar 101 C)

1er vol du MD 453 Mystère de Nuit, biplace
1er vol du Mystère IV (réacteur Tay)
Le Mystère II est le premier avion français à passer le mur du son
Arrêt de la publication de *Semaine de France*

1953
Commande américaine de 225 Mystère IV destinés à l'armée de l'Air française
Exportation d'Ouragan en Inde et en Israël
1er vol du Mystère IV B (réacteur Avon à post-combustion)
René Coty devient président de la République

1954
1er vol du Lockheed F 104 Starfighter (Etats-Unis)
1er vol du MD 452 Mystère II (réacteur Atar à post-combustion)
1er vol du Mystère IV N, biplace (réacteur Avon)
Achat de la maison de Villennes
Création de *Jours de France*

1955
Achat d'une propriété viticole à Saint-Emilion
1er vol du MD 550 Mirage I (biréacteur Viper)
1er vol du Super Mystère B 1 (réacteur Avon)

1956
Exportation de Mystère IV en Israël
1er vol du Super Mystère B2 (réacteur Atar)
1er vol de l'Etendard II (biréacteur Gabizo)
1er vol de l'Etendard IV
Crise de Suez
1er vol du Mirage III (réacteur Atar 101 G)
1er vol du Breguet Alizé
Marcel Dassault reçoit la Grand Croix de la Légion d'Honneur
Achat de *L'Oise libérée*

1957
1er vol de l'Etendard VI (réacteur Orpheus)
Marcel Dassault est élu sénateur de l'Oise

1958
Record international de vitesse sur 1 000 kilomètres en circuit fermé par l'Etendard IV à 1 020 kilomètres à l'heure
1er vol du Mirage III A
Retour au pouvoir du général de Gaulle
1er vol de l'Etendard IV M (réacteur Atar 8)
1er vol du Super Mystère B 4 (réacteur Atar 9 à post-combustion)
Le Mirage III atteint, pour la première fois en Europe, la vitesse de Mach 2
Marcel Dassault est élu député de l'Oise

1959
1er vol du MD 415 Communauté
1er vol du Mirage IV
Record du monde sur 100 kilomètres en circuit fermé pour le Mirage III à

1 762 kilomètres à l'heure
1er vol du Northrop F 5 (Etats-Unis)
1er vol du Mirage III B (biplace)

1960
Le Mirage III atteint Mach 2,2 en palier
1er vol du Mirage III C de série
Explosion de la première bombe atomique française
1er vol du MD 410 Spirale
Record international de vitesse sur 1 000 kilomètres en circuit fermé par le Mirage IV à 1 820 kilomètres à l'heure
L'Australie achète le Mirage III

1961
1er vol du Mirage III O (réacteur Avon)
1er vol du Mirage III E
1er vol du Breguet Atlantic
1er vol du Mirage III R

1962
Record du monde de vitesse féminin sur 100 kilomètres en circuit fermé par Jacqueline Auriol sur Mirage III à 1 849 kilomètres à l'heure
Dissolution de l'Assemblée nationale, Marcel Dassault est réélu député de l'Oise
1er vol du Mirage Balzac à décollage vertical
Crise de Cuba

1963
Visite de Charles Lindbergh à Mérignac
1er vol du Mystère 20 (biréacteur Pratt & Whitney)
Nouveau record du monde de vitesse féminin sur 100 kilomètres en circuit fermé par Jacqueline Auriol sur Mirage III à 2 030 kilomètres à l'heure
La Pan American commande le Mystère 20

1964
1er vol du Mirage III T (réacteur TF 104)
Début des travaux de la villa du Golf à Coignières
Kidnapping de Madeleine Dassault
Entrée en service opérationnel dans l'armée de l'Air des premiers Mirage IV armés de la bombe atomique

1965
1er vol du Mystère 20 (biréacteur General Electric)
1er vol du Mirage III V
1er vol du Mirage III C2 (réacteur Atar 9 K)
Accord de coopération franco-britannique sur le Jaguar et un avion à flèche variable
Lancement du quotidien *24 Heures*

1966
Retrait de la France de l'organisation militaire intégrée de l'OTAN
1er vol du Mirage F 2

1er vol du Mirage F 1
Arrêt du quotidien *24 Heures*

1967
Elections législatives, Marcel Dassault est réélu député de l'Oise
1er vol du Mirage 5
Guerre israélo-arabe des Six-Jours
Embargo français sur les armes à destination d'Israël
1er vol du Mirage G
Serge Dassault devient président directeur général de l'Electronique Marcel Dassault
Dassault rachète Breguet

1968
Dissolution de l'Assemblée nationale, Marcel Dassault est réélu député de l'Oise
1er vol du Jaguar E
1er vol du MD 320 Hirondelle

1969
1er vol du Mirage Milan
Georges Pompidou est élu président de la République

1970
La Libye achète des avions Mirage
Accord franco-allemand sur l'Alpha Jet
1er vol du Falcon 10
Parution du *Talisman*

1971
1er vol du Mirage G 8
1er vol du Mercure 100
Fusion de Dassault et de Breguet, création d'Avions Marcel Dassault-Breguet Aviation (AMD-BA)
Rénovation et agrandissement de l'immeuble du Rond-Point des Champs-Elysées

1972
1er vol du Mirage G 8 monoplace
Achat du cinéma *Le Paris* sur les Champs-Elysées

1973
Fin de la guerre du Vietnam
Elections législatives, Marcel Dassault est réélu député de l'Oise
1er vol du Falcon 30
Le Mirage G 8 atteint Mach 2,34, la plus grande vitesse jamais réalisée en Europe
Guerre israélo-arabe du Kippour
1er vol de l'Alpha Jet

1974
1er vol du General Dynamics F 16 (Etats-Unis)
Valéry Giscard-d'Estaing est élu président de la République

1er vol du Tornado (RFA/Italie/Grande-Bretagne)
1er vol du Super Etendard
1er vol du Mirage F 1 E, réacteur M 53
Marché dit « du siècle » F 1 E contre F 16
Affaire Stehlin
Marcel Dassault achète 10 % des actions de Gaumont
Création de la société cinématographique Productions 2000
Coproducteur de *La Gifle*

1975
Décision gouvernementale de commander le Mirage 2000
Projet de loi sur l'accession à la propriété
Coproducteur de *Pas de problème*, *Le Téléphone rose*, *On a retrouvé la 7e compagnie*

1976
1er vol du Mirage F 1 B
Affaire de Vathaire
1er vol du Falcon 50
Vote de la loi sur l'accession à la propriété
Coproducteur du *Chasseur de chez Maxim's*, *Dracula Père et Fils*, *On aura tout vu*, *Le Grand Escogriffe*

1977
Commission d'enquête parlementaire sur l'utilisation des fonds publics par les sociétés nationales et privées de constructions aéronautiques
L'Etat impose une prise de participation de 20 % avec droit de vote double dans le capital des AMD-BA
1er vol du Falcon 20 G (Guardian)
Le Conseil constitutionnel reconnaît que le mandat parlementaire de Marcel Dassault est compatible avec ses autres activités professionnelles
Coproducteur de *Gloria*, *Le Maestro*, *La 7e Compagnie au clair de Lune*

1978
1er vol du Mirage 2000
Elections législatives, Marcel Dassault est réélu député de l'Oise, il devient le doyen d'âge de l'Assemblée Nationale (quatre-vingt-six ans)
Marcel Dassault, scénariste du film *Le Temps des vacances*
Coproducteur de *L'Hôtel de la Plage*

1979
1er vol du Mirage 4000
1er vol du Mirage 50
Sortie du *Temps des vacances*
Le *Canard enchaîné* publie la feuille d'impôts de Marcel Dassault

1980
1er vol du Falcon 200
1er vol du Mirage 2000 B
Début de la guerre Iran-Irak
Achat de Motobécane
Coproducteur de *La Boum*

1981
1er vol de l'Atlantique 2 NG
François Mitterrand est élu président de la République
Dissolution de l'Assemblée nationale, Marcel Dassault est réélu député de l'Oise
Marcel Dassault donne 26 % des actions des AMD-BA à l'Etat
Début des rubriques du « Café du Commerce ».

1982
Guerre des Malouines
1er vol du Mirage III NG
Electronique Marcel Dassault devient Electronique Serge Dassault
Revente de Motobécane
Coproducteur de *La Boum 2* et de *Jamais avant le mariage*

1983
1er vol du Mirage 2000 N
Décision gouvernementale de lancement d'un avion démonstrateur technologique Rafale A
Coproducteur de *L'Eté de nos quinze ans*

1985
1er vol du Falcon 900
Démolition du cinéma *Le Paris* transformé en immeuble de bureaux
1re présentation publique du Rafale A

1986
Elections législatives, Marcel Dassault est réélu député de l'Oise
Décès de Marcel Dassault
1er vol du Rafale A
Serge Dassault devient président directeur général des AMD-BA

1988
Décision gouvernementale de lancement du programme Rafale (Air et Marine)
Sortie d'usine du 1000e Falcon
Olivier Dassault est élu député de l'Oise

1990
AMD-BA devient Dassault Aviation
Electronique Serge Dassault devient Dassault Electronique
Europe Falcon Service devient Dassault Falcon Service
1er vol du Mirage 2000-5 (biplace)

1991
1er vol du Mirage 2000-5 (monoplace)
Guerre du Golfe
1er vol du Rafale C 01
1er vol du Rafale M 01

1992
100e anniversaire de la naissance de Marcel Dassault.

REMERCIEMENTS

La réalisation de cet ouvrage doit beaucoup aux personnalités citées ci-après qui ont accepté de me recevoir et permis de consulter des documents inédits. Je tiens à leur exprimer toute ma gratitude.

Jean-Pierre Bechter, conseiller de Paris, premier adjoint au maire du 12e arrondissement, ancien député de la Corrèze et rapporteur de la commission de la défense nationale.

Pierre Guislain de Bénouville, député de Paris, administrateur de Dassault Aviation, de Dassault Industrie et de la Financière et Immobilière Marcel Dassault, ancien président directeur général de *Jours de France*, général de brigade (cr).

Pierre Bergougnan, ancien directeur général des relations humaines et sociales des AMD-BA.

Robert Bing, ancien gérant de la Société centrale d'études Marcel Dassault, compagnon de prison de Marcel Dassault à Vals-les-Bains et à Ecully.

Emile Blanc, président directeur général de la Société nationale des poudres et explosifs, président du Groupement des industries concernées par les matériels de défense terrestres, administrateur de Dassault Aviation, ancien délégué général pour l'armement.

Marcel Bleustein-Blanchet, président et fondateur de Publicis, ami d'enfance de Madeleine et Marcel Dassault.

Jean Cabrière, ancien directeur général technique et conseiller du président des AMD-BA.

Bernard Capillon, général d'armée aérienne (cr), ancien chef d'état-major de l'armée de l'Air, ancien président directeur général de la SNECMA.

Jean Calmon, ancien directeur technique et production de la SNECMA.

Diomède Catroux, ancien secrétaire d'Etat aux Forces armées Air de Pierre Mendès France.

Jean-François Cazaubiel, directeur général technique délégué de Dassault Aviation, ancien directeur des essais en vol des AMD-BA.

Jacques Chaban-Delmas, député-maire de Bordeaux, ancien Premier ministre de Georges Pompidou, ancien ministre de la Défense nationale et des Forces armées, ancien président de l'Assemblée nationale.

Albin Chalandon, ancien président de la Banque commerciale de Paris, ancien ministre de l'Equipement et du Logement de Maurice Couve de Murville et de Jacques Chaban-Delmas, ancien ministre de la Justice de Jacques Chirac.

Jacques Chirac, maire de Paris, député de la Corrèze, ancien Premier ministre de Valéry Giscard d'Estaing et de François Mitterrand.

Madeleine Dassault, épouse de Marcel Dassault, administrateur de la Financière et Immobilière Marcel Dassault.

Claude Dassault, fils aîné de Madeleine et Marcel Dassault, directeur général et administrateur de la Financière et Immobilière Marcel Dassault.

Serge Dassault, fils cadet de Madeleine et Marcel Dassault, président directeur général de Dassault Aviation, président directeur général de Dassault Industries, vice-président de la Financière et Immobilière Marcel Dassault, commissaire général du Salon international de l'aéronautique et de l'espace du Bourget, conseiller général de l'Essonne et conseiller régional d'Ile-de-France.

Nicole Dassault, épouse de Serge Dassault, administrateur de la Financière et Immobilière Marcel Dassault et de Dassault Industries.

Olivier Dassault, fils de Nicole et Serge Dassault, député de l'Oise, conseiller municipal de Beauvais, administrateur d'Intertechnique.

Laurent Dassault, fils de Nicole et Serge Dassault, directeur de Dassault Investissements, administrateur de Dassault Industries, Dassault Electronique et SOGITEC.

Thierry Dassault, fils de Nicole et Serge Dassault, réalisateur et producteur associé chez Claude Delon Productions.

Bertrand Daugny, président directeur général de Dassault Electronique, administrateur de Dassault Industries et de Dassault Aviation.

Michel Debré, ancien Premier ministre du général de Gaulle, ancien ministre d'Etat chargé de la Défense nationale de Georges Pompidou.

Henri Déplante, ancien directeur général technique et administrateur des AMD-BA, collaborateur de Marcel Dassault depuis 1930.

Charles Edelstenne, vice-président de Dassault Aviation chargé des affaires économiques et financières, gérant de Dassault Systèmes, administrateur de Dassault Industries.

Claude Flohic, chef du service central de sécurité de Dassault Aviation.

Guy Forgeau, inspecteur, chargé de la sécurité de Marcel Dassault puis de Serge Dassault.

Pierre François, ancien secrétaire général et administrateur des AMD-BA, ancien chargé de mission auprès du président directeur général.

Pierre Gallois, général de l'armée de l'Air (cr), ancien directeur commercial des AMD-BA et conseiller militaire de Marcel Dassault.

Francis Gervès, ancien vice-président de Dassault International USA, ancien ingénieur du bureau d'études avancées de Lockheed et directeur des ventes des avions de transports pour l'Europe de la société américaine.

André Gintrand, ancien conseiller financier auprès du président directeur général des AMD-BA.

Roland Glavany, président des Ailes brisées, ancien chef pilote d'essai de la GAMD où il a effectué les premiers vols des Mirage I, III et IV, ancien commandant des écoles de l'armée de l'Air (général de corps aérien), ancien administrateur des AMD-BA.

Jeanine Grandin, attachée de direction, secrétaire de Marcel Dassault.

Marie-Hélène Habert, fille de Nicole et Serge Dassault, responsable d'une fondation pour handicapés.

Tigrane Hékimian, architecte DPLG, architecte de Marcel Dassault.

Xavier d'Irribarne, ancien directeur général adjoint des AMD-BA, ancien directeur de l'usine de Saint-Cloud, collaborateur de Marcel Dassault depuis 1936.

Pierre Julitte, ancien ingénieur général du génie rural, compagnon de Marcel Dassault à Buchenwald.

Bernard Latreille, directeur général des avions civils de Dassault Aviation.

Jean Le Cunff, directeur technique électricité de Dassault Aviation.

Georges Lemoine, député-maire de Chartres, ancien secrétaire d'Etat à la Défense du gouvernement Pierre Mauroy, négociateur des accords de 1981.

Jacques Maillet, président directeur général d'Intertechnique.

Henri Martre, président directeur général de l'Aérospatiale, président du Groupement des industries françaises aéronautiques et spatiales, ancien délégué général pour l'armement.

René Massing, président directeur général de la Financière et Immobilière Marcel Dassault, administrateur de Dassault Industries et de Dassault Electronique.

Pierre Mauroy, député-maire de Lille, ancien Premier ministre de François Mitterrand.

Pierre Messmer, ancien Premier ministre de Georges Pompidou, ancien ministre des Armées du général de Gaulle.

Paul Milliez, professeur à la faculté de médecine de Paris, médecin de Marcel Dassault.

Jean Natali, docteur en médecine, sénateur de l'Oise, conseiller politique de Marcel Dassault.

Pierre Pacalon, directeur de la communication de Dassault Aviation, général de l'armée de l'Air (cr).

Gustave Parchet, chauffeur de Serge Dassault, ancien chauffeur de Marcel Dassault.

Alain Poiré, président directeur général de Gaumont International.

Roland Potez, président directeur général de Potez-Aéronautique, petit-fils d'Henry Potez.

Jérôme Résal, ancien pilote d'essai des AMD-BA et pilote de Marcel Dassault, ancien chef du Service essais en vol.

Bruno Revellin-Falcoz, vice-président de Dassault Aviation chargé des affaires techniques, recherche et coopération, administrateur de Dassault Industries.

Michel Riquet, prêtre de la compagnie de Jésus, ancien prédicateur à Notre-Dame de Paris.

Raoul Rouot, président du comité de coordination de Dassault Industries, ancien directeur de la coordination générale des programmes civils et militaires de Dassault Aviation, ancien directeur des usines de Bordeaux des AMD-BA.

Yves Thiriet, directeur général technique de Dassault Aviation.

Charles Tillon, ancien ministre de l'Air (1944-1945) et de l'Armement (1945-1946).

Jean-Marc Vernes, président directeur général de la banque Vernes, administrateur de Dassault Aviation.

Henri Ziegler, ancien président directeur général de l'Aérospatiale, ancien administrateur-gérant d'Airbus Industrie, ancien directeur général d'Air France et de Breguet Aviation.

BIBLIOGRAPHIE

Les documents et ouvrages concernant Marcel Dassault, sa famille, ses réalisations ont été consultés dans des bibliothèques et fonds d'archives privés ou publics suivants :

Air Force Museum, Dayton, Ohio, Etats-Unis
Archives nationales, Paris
Bibliothèque de documentation internationale contemporaine, Nanterre
Bibliothèque de la Sorbonne, Paris
Bibliothèque nationale, Paris
Bibliothèque publique d'information du Centre Georges-Pompidou, Paris
Bibliothèque Sainte-Geneviève, Paris
Centre d'histoire de l'aéronautique et de l'espace, Paris
Centre de documentation juive contemporaine, Paris
Conservatoire national des arts et métiers, Paris
Dassault Aviation, Paris
Dassault Industries, Paris
Deutsche Museum, Munich, RFA
Direction générale de l'aviation civile, Paris
Ecole supérieure de guerre, Paris
Ecole supérieure de guerre aérienne, Paris
Etablissement cinématographique et photographique des armées, Ivry
Fondation nationale des sciences politiques, Paris
Fondation pour les études de défense nationale, Paris
Government Printing Office, Washington, Etats-Unis
Her Majesty Stationnery Office, Londres
Imperial War Museum, Londres
Institut d'histoire des conflits contemporains, Paris
Institut des hautes études de défense nationale, Paris
Institut national de la propriété industrielle, Paris
Journal Officiel de la République française, Paris
La Documentation française, Paris
Library of Congress, Washington, Etats-Unis
Mission permanente aux commémorations et à l'information historique du secrétariat d'Etat aux Anciens Combattants, Paris
Musée de l'air et de l'espace, Le Bourget
National Archives, Washington, Etats-Unis
Organisation du Traité de l'Atlantique-Nord, Bruxelles

Public Record Office, Londres
Rand Corporation, Santa Monica, Californie, Etats-Unis
Science Museum, Londres
Services historiques des armées (terre-mer-air), Vincennes
Service international de recherches de la Croix Rouge, Arolsen, RFA
Services d'informations et de relations publiques des armées, Paris

Les principaux ouvrages consultés sont :

Aerospace Industries Association of America, rapport annuel *Aerospace facts and Figures,* New York, Etats-Unis.
Aircraft Profile, n° 143, *The Dassault MD 450 Ouragan,* Londres, 1967, 12 p.
Aircraft Profile n° 230, *Dassault : La famille des Mirage,* Londres 1972, 24 p.
Assemblée nationale, *Rapport de la commission d'enquête parlementaire sur l'utilisation des fonds publics alloués aux entreprises privées ou publiques de construction aéronautique,* 21 avril 1977, *Journal officiel,* annexe n° 2815, 2 tomes, 208 et 437 p.
Assouline Pierre, *Monsieur Dassault,* Balland, 1983, 382 p.
Beaubois Henry, *L'Œuvre féconde et multiple de Marcel Dassault,* revue *Pionniers,* n° 58 et 59, 1978, 1979.
Bleustein-Blanchet Marcel, *Mémoires d'un lion,* Perrin, 1988, 329 p.
Bogdan Lew, *L'Epopée du ciel clair,* Hachette, 1988, 529 p.
Bonte Louis, *L'Histoire des essais en vol,* Larivière, 1975, 293 p.
Boudier Paul, Duke N., Bridgeman W., *Essais en vol,* Amiot Dumont, 1956, 305 p.
Bright Charles, *The Jet Makers, the Aerospace Industry from 1945 to 1972,* The Regents press of Kansas, 1978, 228 p.
Carlier Claude, *Chronologie aérospatiale 1945-1985,* CHAE-IHCC, 1986, 130 p.
Carlier Claude, *L'Aéronautique française 1945-1975,* Lavauzelle, 1983, 645 pages.
Carlier Claude, *Le Développement de l'aéronautique militaire française de 1958 à 1970,* Cedocar, 1979, 264 p.
Chadeau Emmanuel, *L'Economie du risque,* Orban, 1988, 327 p.
CHAE-IHCC, *De l'aéronautique à l'espace, 40 années de développement aérospatial français 1945-1985,* 1986, 285 p.
CHAE-IHCC, *Histoire des Triton, Mirage III, Mirage F1,* 1987, 234 p.
CHAE-IHCC, *L'Arme nucléaire et ses vecteurs,* 1990, 407 p.
CHAE-IHCC, *La Construction aéronautique, le transport aérien à l'aube du XXIe siècle,* 1990, 553 p.
Chaigneau Jean-François, *Le Dernier Wagon,* Julliard, 1981, 253 p.
Chancel Jacques, *Radioscopie,* Laffont, 1971, pages 207 à 231.
Commission des communautés européennes, *Les Industries aéronautiques et spatiales de la communauté comparées à celles de la Grande-Bretagne et des Etats-Unis,* n° 8284, 5 tomes, 1022 p.
Conseil économique et social, *L'Avenir de l'industrie aéronautique et spatiale,* n° 22, 10 septembre 1974, pages 1181 à 1218.
Conseil économique, *Etude du problème de l'industrie aéronautique française,* n° 18, 1er août 1953, pages 604 à 643.
Cot Pierre, *L'Armée de l'Air 1936-1938,* Grasset, 1939, 251 p.
Cuny Jean, *Les Avions de combat français 1944-1960, Chasse-Assaut,* Larivière, 1988, 289 p.
Cuny Jean, *Les Chasseurs Dassault, Ouragans, Mystères et Super Mystères,* Larivière, 1980, 511 p.
Dan Ben, *Mirage contre Mig,* J'ai Lu, 1967, 175 p.
Dassault Marcel, *Le Talisman,* J'ai Lu, 1970, 123 p.
Dassault Marcel, *The Talisman, The Autobiography of Marcel Dassault, Creator of the Mirage Jet,* Arlington House, New Rochelle, New York, Etats-Unis, 1971, 127 p.

Dassault Serge, *J'ai choisi la vérité,* Plon, 1983, 188 p.
Dassault-Breguet Informations, mensuel interne à la société Dassault.
Déplante Henri, *A la conquête du ciel,* Edisud, 1985, 233 p.
Deschodt Eric, *La France envolée, l'aviation et la décadence 1906-1976,* Société de production littéraire, 1977, 191 p.
Detoeuf Auguste, *Propos de O. L. Barenton Confiseur,* Seditas, 1977, 231 pages.
Duhamel Morvan, *Duel d'espions pour un Mirage,* France Empire, 1971, 220 p.
Gaillard Pierre, *Les Avions français de 1944 à 1964,* EPA, 1990, 249 p.
Gee Jack, *Le Mirage, arme secrète de la politique française.* Albin Michel, 1971, 237 p.
Giesbert Franz-Olivier, *Jacques Chirac,* Seuil, 1987, 454 p.
Gresa Jacques, *Complots contre l'aviation française,* Editions France d'abord, 1946, 222 p.
Groupement des Industries Françaises Aéronautiques et Spatiales, *L'Industrie aéronautique et spatiale française,* collectif, 1984, 3 tomes, 1637 p.
Groupement des Industries Françaises Aéronautiques et Spatiales, rapport annuel d'activité, Paris.
Gunston Bill, *Encyclopédie des constructeurs d'avions du monde entier,* Bordas, 1981, 265 p.
Huisman Georges, *Dans les coulisses de l'aviation 1914-1918,* La Renaissance du livre, 343 p.
Jalabert Guy, *Les Industries aéronautiques et spatiales en France,* Privat, Toulouse, 1974, 520 p.
Lauftin Laurence, *Quest for performance, the evolution of modern aircraft,* NASA, Washington, Etats-Unis, 1985, 547 p.
Marion Pierre, *Le Pouvoir sans visage, essai sur le complexe militaro-industriel,* Calmann-Lévy, 1990, Le Livre de poche, 319 p.
Mark Bernard, *Dassault, Douglas, Bœing et les autres...,* Jean Picollec, 1979, 292 p.
Martin Michel, *Warriors to Managers. The French Military Establishment Since 1945,* The University of North Carolina Press, Chapel Hill, Etats-Unis, 1981, 424 p.
Michelet Guy, *Breguet,* France Empire, 1963, 285 p.
Newhouse John, *The Sporty Game, The high-risk competitive business of making and selling commercial airliners,* Knopf, New York, Etats-Unis, 1985, 242 p.
Nœtinger Jacques, *Histoire de l'aéronautique française,* France-Empire, tome 1, 1978 : *L'épopée 1940-1960,* 342 p.; tome 2, 1984 : *L'essor 1960-1980,* 414 p.
Paillat Claude, *Dossiers secrets de la France contemporaine,* 3 tomes, Laffont, 1979, 1980, 1981.
Pellenc Marcel, *Rapport sur les sociétés nationales de constructions aéronautiques,* 1948, 273 p.
Peres Shimon, *David et sa fronde : l'armement d'Israël,* Stock, 1971, 351 p.
Philippe Jean-Paul, *Les Dessous du marché du siècle,* Grancher, 1978, 224 p.
Poiré Alain, *200 films au soleil,* Ramsay, 1988, 417 p.
Rand Corporation, *Multinational Developpement of Large Aircraft, The European Experience,* R-2596, Santa Monica, Californie, Etats-Unis, juillet 1980, 86 p.
Rand Corporation, Robert Perry, *A Dassault dossier : Aircraft Acquisition in France,* R-1148-PR, Santa Monica, Californie, Etats-Unis, septembre 1973, 41 p.
Rand Corporation, *The use of prototypes in selected foreign fighter aircraft development programs (Rafale, EAP, Lavi, Gripen),* R-3687-P&L, Santa Monica, Californie, Etats-Unis, septembre 1989, 68 p.
Revue d'histoire de la Deuxième Guerre mondiale, n° 73, numéro spécial sur *L'Aviation française 1919-1940,* PUF, janvier 1969, 144 p.
Roux Robert, *Les Avions militaires du monde,* Larivière, 1977, 387 p.
Rozanoff Kostia, *Double Bang,* Presses de la Cité, 1962, 313 p.
Service de documentation et d'information technique de l'aéronautique, *Rapport de la mission de productivité envoyée aux Etats-Unis,* 1955, 211 p.
Society of British Aerospace Companies, rapport annuel, Londres.

Space and Aeronautics, Shapero Albert, *Life styles of engineering*, mars 1969, pages 58 à 65.
Stehlin Paul, *La France désarmée*, Calmann Lévy, 1974, 203 p.
Tood Daniel et Simpson Daniel, *The World Aircraft Industry*, Auburn House Publishing Company, Dover, Massachusetts, Etats-Unis, 1986, 272 p.
Villain Jacques, La *Force de dissuasion française, genèse et évolution*, Larivière, 1987, 213 p.

La presse française et étrangère a également été examinée, essentiellement :

24 heures (Paris)
Aerospace (Washington)
Aerospace Historian (Kansas, Etats-Unis)
Air Combat (Canoga Park, Californie)
Air et Cosmos (Paris)
Air Fan (Paris)
Air Force Magazine (Washington)
Air Review (Canoga Park, Californie)
Au Pilori (Paris)
Avianews International, Belgique
Aviation & Marine international (Genève)
Aviation Magazine international (Paris)
Aviation Week and Space Technology (New York)
Défense Nationale (Paris)
Eurostratégie (Bruxelles)
Flight International (Londres)
Forces aériennes françaises (Paris)
Gringoire (Paris)
Heraclès (Paris)
Icare (Paris)
Interavia (Genève-Londres)
Jours de France (Paris)
L'Expansion (Paris)
L'Express (Paris)
L'Illustration (Paris)
Le Fanatique de l'aviation (Paris)
Le Figaro (Paris)
Le Monde (Paris)
Le Nouvel Economiste (Paris)
Le Nouvel Observateur (Paris)
Le Point (Paris)
Les Ailes (Paris)
Revue internationale de défense (Genève)
Sciences et Vie (Paris)
Space and Aeronautics (New York)

INDEX

Cet ouvrage a été réalisé par la
SOCIÉTÉ NOUVELLE FIRMIN-DIDOT
Mesnil-sur-l'Estrée
pour le compte des Éditions Perrin
en décembre 1991

Imprimé en France
Dépôt légal : décembre 1991
N° d'éditeur : 1024 – N° d'impression : 19388